国家出版基金项目
NATIONAL PUBLICATION FOUNDATION

"十三五"国家重点
图书出版规划项目

第一卷 1840—1915（上）

中国近代思想通史（1840—1949）

郑大华 著

岳麓书社·长沙
人民出版社·北京

王伟光为首席专家和主编的中国社会科学院创新工程特别重大课题和国家社会科学基金重大委托课题"中华思想通史"阶段性成果!

教育部人文社会科学重点研究基地中华伦理文明研究中心资助研究成果!

郑大华

湖南永顺县人，1990 年北京师范大学毕业，获历史学博士学位。湖南省首批"芙蓉学者"，湖南师范大学特聘教授，教育部人文社会科学重点研究基地中华伦理文明研究中心特约研究员，中国社会科学院近代史研究所研究员，并任国内外多所大学和科研机构的兼职教授、兼职研究员、国际学术顾问，中华民族团结进步协会专家委员会主任，享受国务院特殊津贴专家。第十三届全国政协委员、提案委员会委员，中央统战部"党外知识分子建言献策专家组"成员，湖南省人民政府参事。

长期从事中国近代思想史研究。主持国家社科基金重大招标课题、重点课题、特别委托课题、一般课题、青年课题，中国社会科学院创新工程重大招标课题、重大、重点课题，国家民委重大委托课题、重点课题，湖南省特别委托重大课题等共 24 项。出版著作 18 种，译著 5 种（含合译），点校整理资料 10 种 25 册，发表学术论文 180 多篇、报纸学术文章 30 多篇；获国家及省部级优秀成果特别奖 2 项，一等奖 4 项，二等奖 3 项，三等奖 4 项。其著作多次入选《国家哲学社会科学成果文库》《中国社会科学院文库》《湖南省哲学社会科学成果文库》和十九大前"砥砺奋进的五年"大型成就展。

序

王伟光

郑大华同志是中国社会科学院近代史研究所研究员，湖南师范大学特聘教授，博士生导师，中国近代思想史研究知名专家。我第一次听大华谈思想史研究是在 2016 年春。有一天我主持召开《中华思想通史·绪论》（目前已经出版）写作组全体成员会议，讨论《绪论》的写作大纲。在讨论"第四章：中华思想的形成、发展和演变"时，负责该章写作的大华提出，每一时代有每一时代所面临的时代主题，每一时代思想史的研究对象便是由这个时代所面临的时代主题决定的，亦即每一时代思想家或历史人物从他们所代表的阶级、阶层或政治集团和势力的利益出发，围绕这一时代主题所提出的各种思想、观念和主张以及由此引起的争论甚至斗争就是我们思想史研究的主要对象。他认为，如果我们能够以不同时代的思想家或历史人物围绕时代主题所提出的各种思想、观念和主张以及由此引起的争论甚至斗争作为我们思想史研究的主要对象，并从中找出规律性的东西，那么，我们写出的思想史就能够更好地反映思想史的主要内容。大华的发言给我的感觉，他的想法抓住了思想史的实质和主线，有自己的独到见解，值得重视。

后来在每次讨论《绪论》时，大华都能提出比较成熟的看法和建议，而且他的写作任务进度快，质量高。经了解，这源于他个人对中国近代思想史有精深研究，并正在撰写"十三五"国家重点图书出版规划项目——国内外第一部个人著多卷多册（三卷六册）的《中国近代思想通史（1840—1949）》。我了解到这一情况后，便希望他在保证质量的前提下，尽快把书稿撰写出来，作为我担任首席专家的国家社科基金重大委托课题和中国社会科学院创新工程特别重大课题"中华思想通史"的阶段性研究成果。

前不久大华告诉我，说他已完成了我交给他的任务，书稿已经完成，并获得国家出版基金的大力资助，将由岳麓书社、人民出版社联合出版，希望我审核书稿，为书稿的出版写几句话。我阅读这部书稿后感觉这是一部信史，有深度，守正创新，颇有价值。下面略谈几点看法。

第一，该书提出研究中国近代思想史，要以马克思主义唯物史观为指导，坚持具体问题具体分析的原则，要重视对思想家所处的历史时代、生存状况和生活经历的研究，搞清楚某一思想或思潮赖以产生的思想渊源和社会历史背景，考察思想家与其时代、思想的产生与物质生产之间的相互关系。在坚持以马克思主义唯物史观为指导的同时，也要注意避免对唯物史观的教条主义理解和运用，除着力研究思想家所生活的时代背景外，还应加强对思想家本人的生活经历、生存状况和生活环境的研究，看他有过什么样的生活经历，受过什么样的教育，到过哪些地方，经历过哪些事件，经济状况如何，有什么样的社会地位，喜欢和哪些人交往，其亲朋师友尤其是师友的思想是怎样的，对他产生过哪些影响，等等。因为社会存在决定社会意识，这是马克思主义唯物史观的基本原理，一种思想之所以产生于这个时代，而不是那个时代，是由这个时代的社会存在，亦即生产力与生产关系、经济基础与上层建筑的辩证运动决定的；而在同一历史时代的背景之下，之所以会产生不同类型的思想家，又与思想家个人的社会交往和经历有着密切的联系。

第二，该书认为中国近代思想史的研究对象是由中国近代所面临的时代主题决定的。中国近代的时代主题，是实现中华民族的伟大复兴。而要实现中华民族伟大复兴，就必须完成两大任务，一是要反对帝国主义以实现民族独立，使中华民族从西方资本主义列强亦即后来的帝国主义的侵略和压迫下解放出来；二是要反对封建主义以实现社会进步，使中华民族从封建主义的束缚和羁绊下解放出来。反帝与反封建，亦即民族独立和社会进步相互依存，民族独立是实现社会进步的保障，而社会进步又有利于民族独立的实现。中国近代思想史研究的就是各个不同时期的人们围绕实现中华民族伟大复兴这一时代主题在反对帝国主义以争取民族独立、反对封建主义以争取社会进步这两大任务究竟提出了哪些思想、观念和主张，这些思想、观念和主张提出后对社会产生过哪些影响，以及是通过什么途径对社会产生影响的，并总结其经验和教训，从中找出若干规律。他的这部《中国近代思想通史（1840—1949）》就是按照这个思路撰写的。这是该书的一大创新。

第三，该书还提出必须学会用历史的、发展的、联系的（或整体的）观点考察问题。近代中国社会始终处在急剧的变化之中，近一百年的时间走完了西方几百年才走完的历史行程，因此，面对这样一个急剧变化的时代，我们研究中国近代思想史，一是要把研究对象——思想、思潮或思想家，置于具体的历史条件下进行研究；二是要把研究对象——思想、思潮或思想家，作为运动的历史发展过程进行研究；三是要把研究对象——思想、思潮或思想家，作为统一的、有联系的、有机整体进行研究。同时要处理好三对关系，即思想家的思想与人民大众的思想之间的关系，思想理论与社会实践之间的关系，思潮史研究与思想家研究之间的关系。该书不仅这样主张也是这样践行的。比如，该书就将思想家研究与思潮史研究很好地结合了起来，即以近代思潮的演化脉络为经，以主要思想家的思想和活动为纬，经纬交织，一方面以思想家的思想来见证思潮的演化，另一方面又要以思潮的演化来加深对思想家思想的解剖。这就更加清晰地阐述了中国近代思想发展变化的脉络，也更加完整地体现了中国近代思想史的主要内容。该书还较多地采用了比较研究的方法，对思想和思想家进行前后（纵向）左右（横向）的比较。该书的这些主张和践行值得肯定，也为我们研究整个中华思想通史提供了范例和借鉴。

第四，除了研究对象、研究视角、研究方法外，在中国近代思想史的逻辑起源、发展动力、历史分期、研究体例、研究内容、研究观点等方面，该书也多有创新。比如在历史分期上，该书没有采纳一些思想史研究通常采纳的以政治史分期为分期的做法，而是依据思想史自身发展的逻辑，将中国近代思想史分为三个大的时期，即从1840年鸦片战争前后的嘉道年间到1915年《新青年》创刊之前为第一个时期；从1915年《新青年》创刊到1931年九一八事变之前为第二个时期；从1931年九一八事变之后到1949年10月1日中华人民共和国成立为第三个时期。当然，考虑到论述的完整性，有时对某一事件或某一思想、思潮的论述又必须跨越上述分期，延续到了下一个时期。这一分期法与以往中国近代思想史的系统著作中的分期存在着明显不同，学术界可能会有不同看法，但是这一分期法突出了"民族独立与社会进步"，亦即反对帝国主义与反对封建主义这两大时代主题，强调了历史逻辑与理论逻辑的内在统一，在学术上有其合理性，完全可成一家之言。又比如，该书对中国近代思想史中的一些重大问题或存在争论的问题，都做了深入而细致的研究，在充分论证的基础上，提出了自己的观点和看法，而且这些观点和看法都持之有据，言之有理，立论客观，辨析公正，颇有说服力。尤其是该书的"结语"所总结出的中国近代思想史留给今人的五个"启迪"，很有新意，具有"知古而鉴今"的现实意义。

第五，该书另一大特色，是具有很强的可读性。我国史学向来有文史不分家的优良传统，一个好的史学家，也是优秀的文学家，即所谓"出文入史"。如司马迁的《史记》，既是一部千古不朽的史学巨著，也是一部非常优秀的文学著作，被称为"无韵之离骚"。但现在这一优良传统受到挑战，有的文章和著作只是一大堆材料，文字毫无优美可言，读起来非常枯燥无味，令人提不起兴趣；有的只是罗列国外新名词，不知所云。而大华同志的《中国近代思想通史（1840—1949）》文笔十分清新流畅，深入浅出，如行云流水，读起来不感觉到累，可以说是近年我读到的文字功底深厚的学术著作之一。我曾问过大华，他的文字功夫是如何炼成的。他告诉我，他是"文革"后恢复高考的第一届大学生，其学生时代和上山下乡期间，亦即他上大学之前，除四卷本的《毛泽东选集》和《毛泽东诗词选》外，没有其他书可读，他就读《毛泽东选集》、背《毛泽东诗词选》，《毛泽东选集》他读了一遍又一遍，很多文章他当时都能倒背如流。正是通过一遍又一遍阅读《毛泽东选集》，他从中知道了文章应该如何写才能简练而不失深刻，优美而不至华丽，能使人看得懂，悟得透，读后对文章要表达的意思明明白白。他还告诉我，他出生在湘西自治州，当时的教育十分落后，上大学之前他没有学过英语和古代汉语，入大学后的第一次古文测试，他只得到23分，全年级倒数第一。为了弥补自己古文底子上的欠缺，他买了一套《古文观止》，天天看，天天读，最后也是倒背如流。熟读《古文观止》不仅使他知道了许多典故和成语的出处，丰富了自己的传统文化知识，而且也极大地提高了自己的写作能力，使他学会了如何让文字表达能简洁明了，娓娓道来。此外，该书是目前国内外第一部个人著多卷多册中国近代思想通史著作，第一卷、第二卷，为大华一人所著；第三卷，为大华提出写作大纲，他和俞祖华同志分头写作，最后由他修改、统稿和定稿而成，从而避免了多人合作的学术著作经常发生的作者水平不一、观点不一、文字表述不一、行文风格不一、前后衔接不一等问题的发生，真正做到了观点、文字、风格等各方面的"一以贯之"。

据大华同志介绍，该书是他研究中国近代思想史三十多年之成果的结晶。通读全书，结构合理，脉络清晰，观点明确，资料翔实，逻辑洽合，文笔流畅，多有创新，在一定程度上拓展和深化了中国近代思想史的研究。可以说，是中国近代思想史研究的一部精品力作。

人们常以"十年磨一剑"形容学术研究的艰辛、执着与精益求精。在《中国近代思想通史（1840—1949）》即将出版之际，为大华同志集三十余年之力，写出这样一部中国近代思想史研究的精品力作感到由衷的高兴。也祝愿大华同志的这部新著出版后能走进大众视野，引起学术理论界的重视，为构建当代中国马克思主义思想史学派做出应有的贡献。

是为序。

2022 年 1 月 2 日

（王伟光，第十三届全国政协常委、民族和宗教委员会主任，中国社会科学院原院长、党组书记、学部主席团主席，南开大学终身教授，中国社会科学院大学教授）

全书目录

第一卷目录
（上）

（下）

第二卷目录

（上）

（下）

第三卷目录

（上）

（下）

绪　　论

　　英国哲学家罗宾·乔治·柯林伍德在其名著《历史的观念》一书中曾提出过一个重要的史学思想，即"一切历史都是思想史"。他认为历史科学与自然科学的根本区别就在于：自然只是现象，它的背后没有思想，而历史则不仅仅是现象，它的背后还有思想。比如，一场地震可以死掉多少万人，但地震只是自然现象，其中并无思想可言。一场战争也可以死掉多少万人，但战争不仅仅是现象，它从头至尾还贯穿着人的思想，它是思想的行动，人们发动战争是受思想支配的。又比如，一个人由于自然原因死了，医生只需根据外部的现象就可以判断致死的原因，是死于疾病，还是意外事故？但是布鲁图刺死了恺撒，史学家便不能仅止于断言恺撒是被布鲁图刺死的，还必须追究这一事件背后的思想，包括布鲁图本人的思想，布鲁图为什么要刺杀恺撒，是其个人行为，还是受某一政治集团的指派？以及恺撒的死对当时社会的影响，如此等等。所以就此而言，历史学家所研究的与其说是历史事实或现象，还不如说是历史事实或现象背后的思想活动。

　　我们可以对柯林伍德的"一切历史都是思想史"的说法提出各种各样的批评，譬如说他过于夸大了思想的作用，而没有注意到思想背后的物质力量，但他对思想史在历史研究中之重要地位的强调，无疑值得我们认真思考。我们一般认为，历史研究的任务无非有两个方面或层次：一是回答历史"是什么"；二是回答历史"为什么"。换言之，第一个任务是还原历史，第二个任务是解释历史。或者说，第一个任务是描述历史现象，第二个任务是探求历史发展的规律。相比较而言，第二个任务比第一个任务更重要，难度也更大。而第二个任务，一般而言，属于思想史研究的范畴。我们通常讲历史的继承性，照本书的理解，所谓历史的继承性，主要也就是思想或文化的继承性。因为历史给我们留下的，一是文字的历史，亦即文字记载下来的历史，如"二十五史"；二是观念的历史，亦即长期形成的一些思想观念，如传统的"忠孝仁义"；三是物化的历史，如中国的长城、故宫，埃及的金字塔。无论哪一方面，能为人们所继承的，只能是蕴含其中的思想或文化，而非历史的本身。即便是物化的历史，实际上已成为一种思想或文化符号，或者说是思想或文化的象征。否则，物化的历史还有什么意义？！

柯林伍德强调了思想史在历史研究中的重要意义。"历史是一面镜子。"研究历史是为了更好地认识今天，展望明天。而要更好地认识今天，展望明天，就必须首先认识昨天和前天。因为历史不是一个孤立的空间岛屿，而是一个用时间联系起来的多维空间系统，昨天是前天的延续，今天是昨天的发展，明天包含着前天、昨天和今天，是以往一切历史的沉积。没有前天和昨天，也就没有今天和明天。如果说古代史是中国前天的话，那么，近代史则是中国的昨天。关于中国近代史，学术界虽有不同的看法，但一般都把 1840 年到 1949 年这 109 年历史称之为中国近代史，因为这 109 年间的社会性质相同：都是半殖民地半封建社会；面临的时代主题一样：实现民族独立和社会进步；革命的性质一样：民族民主革命；革命的对象相同：打倒帝国主义和封建主义。顾名思义，中国近代思想史研究的便是中国近代思想的历史。

一、中国近代思想史的研究对象和逻辑起源

中国近代思想史学科是新文化运动兴起后随着中国现代学术体系的建立而逐步形成的，已有百年历史。中国近代思想史学科的历史虽然不短，但学术界却一直缺乏理论上的自觉，缺乏对中国近代思想史学科自身的研究，对于中国近代思想史的研究内容与范围，中国近代思想史与中国近代哲学

史、中国近代文化史、中国近代学术史等其他中国近代史分支学科以及与中国近代政治思想史、中国近代文化思想史、中国近代学术思想史、中国近代经济思想史等其他专门思想史的联系与区别等等，都缺乏应有的讨论。学者们对思想史究竟应该写些什么，没有统一的认识，许多思想史著作写进了哲学史、文化史、学术史以及其他什么史的内容，成了各种思想的大拼盘、大杂烩，甚至以哲学史、文化史、学术史为主，学科界限混淆不清。胡适是用现代西方学术方法研究中国哲学史的开山人物，但他后来把自己的成名作《中国哲学史大纲》（上）改名为《中国古代思想史》，显然他已经发觉，他的书还不能算是纯粹的哲学史。然而改称"思想史"，似乎也不太合适，因为其中又有许多哲学史的内容。另一个例子是侯外庐先生的《中国思想通史》，哲学史的内容所占篇幅不少。用侯先生自己的话说："这部《中国思想通史》是综合了哲学思想、逻辑思想和社会思想在一起编著的，所涉及的范围比较广泛；它论述的内容，由于着重了（经济）基础、上层建筑和意识形态的说明，又比较复杂。"① 而侯先生的《中国近代哲学史》却又大量地写进了思想史的内容。中华人民共和国成立以来出版的一些"中国近代思想史"著作，在内容上与"中国近代政治思想史"和"中国近代哲学史"著作也并无多大区别。21世纪以来，随着社会史研究的兴起和西方用社会史的研究方法研究思想史之方法的输入，中国学术界也对思想史的研究内容和方法诸问题产生了越来越浓厚的兴趣。葛兆光提出思想史研究的是知识、思想与信仰，并据此写成两卷本的《中国思想史》。该书出版后引起学术界的较大反响，赞扬者有之，批评者也有之。又有学者提出中国近代思想史是研究这一时期各种思想观念，尤其是社会政治思想新陈代谢的历史过程及其规律性。还有学者提出近代带有资本主义倾向和性质的思想、观念和主张是中国近代思想史的研究内容。如此等等。

本书认为，每一个时代都有每一个时代所面临的时代主题，每一个时代思想史的研究对象或内容是由这个时代所面临的时代主题决定的。中国近代思想史的研究对象或内容也是由中国近代所面临的时代主题决定的。中

---

① 侯外庐：《序》，载侯外庐、赵纪彬、杜国庠、邱汉生《中国思想通史》第一卷，人民出版社，1957。

国近代的时代主题，是实现中华民族的伟大复兴。习近平总书记《在庆祝中国共产党成立 100 周年大会上的讲话》中指出："1840 年鸦片战争以后，中国逐步成为半殖民地半封建社会，国家蒙辱、人民蒙难、文明蒙尘，中华民族遭受了前所未有的劫难。从那时起，实现中华民族伟大复兴，就成为中国人民和中华民族最伟大的梦想。"而要"实现中华民族伟大复兴，必须进行反帝反封建斗争"（《中共中央关于党的百年奋斗重大成就和历史经验的决议》），因为"帝国主义和中国封建主义相结合，把中国变为半殖民地和殖民地"，这是导致"国家蒙辱、人民蒙难、文明蒙尘，中华民族遭受了前所未有的劫难"的根本原因。所以，"近代中国社会主要矛盾是帝国主义和中华民族的矛盾、封建主义和人民大众的矛盾"，反对帝国主义，以争取民族独立，把中华民族从帝国主义的侵略和掠夺下解放出来；反对封建主义，以争取社会进步，把中国人民从封建主义的束缚和压迫下解放出来，这是中国近代民主革命的两大任务，是实现中华民族伟大复兴这一时代主题在两个方面的展开，用毛泽东在《中国革命和中国共产党》一文的话说："帝国主义和中国封建主义相结合，把中国变为半殖民地和殖民地的过程，也就是中国人民反抗帝国主义及其走狗的过程。"[①]

围绕实现中华民族伟大复兴这一时代主题在反对帝国主义以争取民族独立、反对封建主义以争取社会进步两个方面的展开，中国近代不同时期的中国人从他们所代表的阶级、阶层或政治集团和势力的利益出发，提出过各种各样的思想、观念和主张，有时还展开激烈的争论甚至斗争。中国近代思想史研究的主要对象或内容就是各个不同时期的人们围绕实现中华民族伟大复兴这一时代主题在反对帝国主义以争取民族独立、反对封建主义以争取社会进步两个方面的展开，究竟提出了哪些思想、观念和主张，这些思想、观念和主张提出后对社会产生过哪些影响，以及是通过什么样的途径对社会产生影响的，并总结其经验和教训，从中找出规律性的东西。

如果以不同时期的中国人围绕实现中华民族伟大复兴这一时代主题在反对帝国主义以争取民族独立、反对封建主义以争取社会进步两个方面的展开而提出的各种思想、观念和主张及其争论作为中国近代思想史研究的主

[①] 毛泽东：《中国革命和中国共产党》，载《毛泽东选集》第二卷，人民出版社，1991，第 632 页。

要对象或内容，那么，中国近代思想史不仅自然而然地与中国近代哲学史、中国近代文化史、中国近代学术史等中国近代史的其他分支学科区别开来，而且也与各种专门思想史区别开来。因为"作为根源于人类社会实践的认识的辩证运动"，中国近代哲学史研究的主要是"哲学的根本问题即思维与存在的关系问题"①；中国近代文化史研究的主要是古今中西文化之间的关系，即古今中西文化的碰撞、冲突与融合，中国的传统文化是如何通过与西方近代文化的碰撞、冲突与融合而实现近代转型的；中国近代学术史研究的主要是中国传统学术的现代转换与现代学术的建立，它包括两个方面的内容，一是中国传统学术的现代化，二是西方学术的中国化。各项专门思想史研究的对象或内容是由它们所属的分支学科（如中国近代文化史、中国近代学术史、中国近代政治史、中国近代经济史等）的研究对象或内容决定的，由于它们所属的分支学科研究的对象或内容与中国近代思想史研究的对象或内容不完全相同，所以它们研究的对象或内容也就必然不完全等同于中国近代思想史研究的对象或内容。

基于上述认识，本书以近代不同时期的中国人围绕实现中华民族伟大复兴这一时代主题在反对帝国主义以争取民族独立、反对封建主义以争取社会进步两个方面的展开而提出的各种思想、观念和主张及其争论或斗争为主要研究对象或内容，其他中国近代思想史著作通常所写入的哲学史、文化史、学术史等内容，除与本书研究的主题有关外，一般不包括在本书的范围之内。本书也不准备探讨人的信仰和知识问题。比如，以孙中山的思想为例，我们重点研究的是他的"三民主义"，因为"三民主义"集中反映了孙中山对实现中华民族伟大复兴这一时代主题在反对帝国主义以争取民族独立、反对封建主义以争取社会进步两个方面的展开的思考和主张，而他的"知难行易"的哲学思想、他对中国文化尤其是中国伦理道德的论述，则不是我们重点要研究的内容。因为它们虽然也涉及实现中华民族伟大复兴这一时代主题在反对帝国主义以争取民族独立、反对封建主义以争取社会进步两个方面的展开，但不是孙中山对它的集中思考。其他人物的思想也都如此。如包世臣、龚自珍和魏源，他们不仅是嘉（庆）道（光）时期著

---

① 冯契主编《中国近代哲学史》上册，上海人民出版社，1989，第10页。

名的经世思想家，而且也是著名的哲学家（经学家）、佛学家和文学家（诗人），包世臣还是当时著名的书法家，有自己的书法理论，我们重点研究的是他们的经世思想，是他们批判封建社会，倡导"更法"和改革，尤其是魏源于鸦片战争前后，"开眼看世界"，提出"师夷之长技以制夷"的主张，而他们纯粹的哲学思想、佛学思想、文学思想以及书法理论，则不是我们要重点研究的内容。再如戊戌变法时期的康有为和梁启超，其思想就非常丰富，涉及多个方面，特别是梁启超，是百科全书式的人物，在学术和文化的多个领域有其独特建树，我们要研究的是他们的变法思想及其实践，至于其他方面的思想，除与变法思想有关外，我们一般不会涉及。因为他们的变法思想及其实践，集中反映了他们对实现中华民族伟大复兴这一时代主题在反对帝国主义以争取民族独立、反对封建主义以争取社会进步两个方面的展开的思考和主张。

实际上，中国近代不少思想家的思想都是多方面的，涉及政治、经济、哲学、文化、学术、军事等多个领域。我们写中国近代思想史，就不能写他们的所有思想，而必须有所选择，要选择集中反映他们对实现中华民族伟大复兴这一时代主题在反对帝国主义以争取民族独立、反对封建主义以争取社会进步两个方面的展开集中思考的思想，至于他们的其他思想，则可以视其属性交由哲学史、文化史、学术史、政治史、经济史、军事史等其他历史学的分支学科去研究、去处理。具体而言，他们的哪些思想是对实现中华民族伟大复兴这一时代主题在反对帝国主义以争取民族独立与反对封建主义以争取社会进步两个方面的展开的集中思考？哪些思想则不是？这就需要研究者自己去判断、去选择。这种判断和选择，实际上也是对研究者的研究能力和素养的一种检验和考察。

除研究的对象或内容外，中国近代思想史的逻辑起源，也是一个值得进一步讨论的问题。如前所述，中国学术界一般都以1840年的鸦片战争为标志，把此前的历史称之为中国古代史，此后的历史称之为中国近代史，也就是说1840年的鸦片战争成了中国古代史和中国近代史的分界线。与此相一致，1840年的鸦片战争也成了中国近代思想史的逻辑起源，国内出版的几乎所有中国近代思想史著作，包括近年来出版的几部有影响的中国近代思想史著作，都是从1840年的鸦片战争开始写起的。最近有学者对此提出

了批评，认为这是一种典型的外因决定论的历史观。在本书看来，以 1840
年的鸦片战争为中国近代思想史的逻辑起源的确值得进一步思考。因为，
第一，历史的发展，尤其是思想史的发展有其连续性，以某一重大事件为
标志把它分为前后两个性质不同的历史时期，这虽然便利了学者们的研究，
却割断了思想上的联系，使前一时期的思想成了无终之果，而后一时期的
思想则成了无本之源，思想的连续性被人为地中断了。第二，以 1840 年鸦
片战争为中国近代思想史的逻辑起源，如有的学者指出的那样，的确具有
外因决定论之嫌，这种观点只看到 1840 年鸦片战争引起的中国思想向近代
的转型，而没有进一步探讨西方挑战所以能引起中国思想向近代转型的原
因，忽略了 1840 年鸦片战争之前中国社会内部所孕育的一些新的社会和思
想因素，尤其是经世思潮的复兴。如果没有这些新的思想因素，没有经世
思潮的复兴对乾嘉考据学风束缚的突破，西方挑战引起的可能是另一类型
的反应，即：不是中国思想向近代的转型，而是固守传统。实际上如我们
后面将要看到的那样，1840 年鸦片战争后，面对西方的挑战，中国思想界
的反应是不同的，只有以林则徐、魏源、徐继畬、姚莹为代表的极少数具
有经世思想的官员和士大夫，才做出"开眼看世界""师夷之长技以制夷"
的正确回应，而绝大多数官员和士大夫则是固守传统，拒绝接受西方思想
和文化的任何影响。第三，我们已经指出，中国近代思想史研究的主要是
近代中国人围绕民族独立与社会进步这两大中国近代的时代主题而提出的
各种思想、观念和主张及其争论，而民族独立和社会进步这两大时代主题
虽然是 1840 年鸦片战争之后才正式提出来的，但追本溯源，它们都可以
追溯到鸦片战争之前。众所周知，鸦片战争的起因是中国的禁烟运动，而
中国之所以禁烟，是由于英国向中国大量地非法输入鸦片，给中国人民的
身心健康和社会经济造成了巨大危害。对于这种危害，早在鸦片战争之前，
以包世臣、林则徐、黄爵滋、龚自珍为代表的经世思想家和具有经世思想
的官员就进行过揭露，也正是在他们的要求和推动下，中国的禁烟运动才
开展得轰轰烈烈。至于社会进步，也早在鸦片战争之前，龚自珍、魏源、
包世臣等人就对清王朝衰世下的种种黑暗现实进行过揭露和批判，提出过
"更法"和改革主张，尤其是包世臣和魏源提出的漕运和盐法改革，已注意
到商人的利益和作用，并提出过"农商并重"的新思想，在 19 世纪 50 年

代末60年代初洪仁玕提出《资政新篇》、冯桂芬写出《校邠庐抗议》之前，在这两个方面都还没有人在思想上能超越他们。

目前，在中国近代社会和近代思想的发展动力或生成机制的问题上，学术界存在着两种不同的甚至是针锋相对的观点。一种观点认为中国传统社会和思想在进入明清以后，尤其是清乾嘉时期以后已停滞不前，如果没有西方的挑战，中国传统社会和思想就不会产生任何新的具有近代意义的变化。早在20世纪50年代，美国的邓嗣禹和费正清就提出了"冲击—反应"模式，认为中国近代社会是一个大变动、大转型的社会，这种变动和转型不是起因于一种"内发的力量"，而是源于"外发的压力"，即西方的冲击。像费正清的代表作《中国沿海的贸易与外交》以及《美国与中国》，便"通过直接使用'社会革命'与'集权传统'并分析二者之间的关系来揭示西方力量对中国停滞的社会传统具有决定性的改造作用"，"中国社会只不过变成了现代化力量波及的对象之一，从中看不出中国历史有自生自发的转化和创新能力"。[①]这种观点不仅一直主导着早期美国的中国近代史和中国近代思想史研究，而且对中国本土的中国近代史和中国近代思想史研究的影响也很大。但自20世纪七八十年代起，"冲击—反应"这种"外部取向"的研究范式遭到了越来越多的美国的中国近代史和中国近代思想史研究者的反思与批判，转变为柯文所定义的"中国中心观"的兴起。许多研究者开始摆脱过去宏大叙事与整体研究的路径，立足于中国内部自身发展，从中国内部寻找中国传统社会和传统思想发生近代转变的原因与动力。用柯文的话说："中国中心取向所要概括的是：19、20世纪的中国历史有一种从18世纪和更早时期发展过来的内在结构和趋向"，"呈现在眼前的并不是一个踏步不前、惰性十足的传统秩序，主要或只可能从无力与西方抗争的角度予以描述，而是一种活生生的历史情势，一种充满问题的紧张状态的局面，对这种局面，无数的中国人正力图通过无数的方法加以解决"。[②]在美国的"中国中心观"兴起的同时，国内的一部分学者也开始把他们的研究重点转向中国传统社会和传统思想的内部结构，认为中国传统社会和传统思想本

---

① 转引自杨念群《美国中国学研究的范式转变与中国史研究的现实处境》，《清史研究》2000年第4期。

② 柯文：《在中国发现历史——中国中心观在美国的兴起》，中华书局，2002，第210页。

身具有追求近代性的因子，如果没有西方的挑战，中国也将沿着自身的发展轨迹，实现传统社会和传统思想的近代转变。本书把前一种观点称之为"外因论"，后一种观点称之为"内因论"。

对上述这两种观点，本书都不太赞成，本书持的是一种合力论，即：引起中国传统社会和传统思想近代转型或发展的因素是复杂的，既有内因，也有外因，既非外因决定的，也不是内因决定的，而是内因和外因共同决定的，来自传统社会和传统思想的内部因素和来自西方国家文明冲击的外部因素所形成的合力，共同推动了中国传统社会和传统思想的近代转型或发展。如果用鸡蛋孵小鸡做比喻，传统社会和传统思想的内部因素是鸡蛋里所孕育的小鸡的胚胎，在正常的情况下，鸡蛋里所孕育的小鸡的胚胎慢慢成长起来后，用自己的小嘴啄破蛋壳并爬了出来，于是就成了真正意义上的小鸡。但由于中国传统社会和传统思想所构成的鸡蛋的外壳特别坚厚，小鸡自己啄不破蛋壳（这点与西方不同，西方传统社会和传统思想所构成的鸡蛋的外壳要薄一些，小鸡自己能啄破蛋壳），必须要有外力对蛋壳实行打击，蛋壳才会破碎，小鸡才有可能从蛋壳里爬出来，从而成为真正意义上的小鸡。来自西方国家所谓"文明冲击"的外部因素便是这种外力。可以设想，如果没有中国传统社会和传统思想所构成的鸡蛋里所孕育的小鸡的胚胎和小鸡胚胎的成长，不管西方的外力对蛋壳如何进行打击，都不可能从破碎的蛋壳里爬出小鸡来；同样，如果没有西方的外力对中国传统社会和传统思想所构成的坚厚的蛋壳进行打击，中国传统社会和传统思想所构成的鸡蛋里所孕育的小鸡的胚胎以及由胚胎发育成长的小鸡就很难啄破坚厚的蛋壳，从而从蛋壳里爬出来成为真正意义上的小鸡。所以，对于中国传统社会和传统思想的近代转变或发展而言，内因和外因都不可或缺。

实际上，我们纵观人类历史，就会发现这样一种现象或规律，即：凡是发展较为成熟的社会，都具有一种自身调适或更新能力，尽管其内部已孕育新的经济和思想因素，但必须借助外力的作用，这种新的经济和思想因素才能突破旧的或传统社会的束缚，成长为真正的新的经济和思想，从而实现社会的转型。比如，欧洲的奴隶社会发展得较为成熟，从城邦到帝国，从市民政治到贵族政治，再到寡头政治，它不断在调适和更新自己，因此其内部尽管已滋生出一些新的经济和思想因素，如隶农制，但蛮族的入侵才使罗马帝国最终瓦解，欧洲也才最终从奴隶社会进入到中世纪的封建社会。和欧洲的奴隶社会一样，中国的封建社会也是一个发展较为成熟，因而具有自我调适或更新能力的社会，如选官制度，就经历过从两汉时期的察举制，到魏晋时期的九品中正制，再到隋唐时期及其以后的科举制的演变；中央官制，也经历过从秦汉时期的三公九卿制，到唐宋时期的三省六部制，再到明清时期的内阁制和军机处的演变；地方行政划分，同样经历过从秦汉时期的郡县制，到魏晋南北朝、隋时的州制，再到唐宋时期的道（路）制，最后到元明清时期的行省制的演变，如此等等。所以到明中叶后，其内部虽然萌生出了新的经济和思想因素，但中国封建社会向近代资本主义社会的真正转型则是在 1840 年鸦片战争之后。与此相反，凡是发展不够成熟的社会，由于它缺乏自我调适或更新的能力，因而其内部滋生出来的新的经济和思想因素，很容易突破旧的或传统的社会束缚，成长为真正的新的经济和思想，从而实现向新的社会的转型。比如中国的奴隶社会就很不成熟，不仅存在的时间短（与欧洲奴隶社会比较），而且不具有典型性（这也是不少学者认为中国没有经历过奴隶社会的重要原因），所以到了春秋战国时期它就开始并完成了向封建社会的转型。而欧洲的封建社会与中国的奴隶社会有着相似性，存在的时间短（与中国封建社会比较），发展不充分，因而到了 13、14 世纪，其内部开始孕育资本主义经济，到 16 世纪，短短两百年，就发生了英国资产阶级革命，正式进入资本主义社会。

这里需要指出的是，"合力论"并不等于"均力论"。所谓"均力论"，即认为来自传统社会和传统思想的内部因素和来自西方国家所谓"文明冲击"的外部因素对于中国近代社会和思想的演化或发展所起的作用都是一样的。实际上，在不同的发展阶段和历史时期，来自传统社会和传统思想的内部因素和来自西方国家"文明冲击"的外部因素对中国近代社会和思想的演发或发展所起的作用的大小和重要性并不一样。众所周知，中国的近代化或现代化是后发外生型的近代化或现代化，对于中国的近代化或现代化的启动，西方国家"文明冲击"的外来因素的作用具有十分重要的意义，如果没有西方国家"文明冲击"的外来因素的刺激，1840 年鸦片战争之前中国内部孕育的一些新的社会和思想因素所表现出来的近代化或现代化的可能性就很难成为现实性，事实上，它也没有发生向近代社会和思想的转变。但当中国的近代化或现代化启动之后，中国近代化或现代化的性质、速率，在很大程度上又是由中国传统社会和传统思想的内部因素决定的，易言之，中国近代化或现代化的成败得失与中国内部的新旧之间的力量对比及其消长有着密切的关系。

既然中国近代社会和思想的演化或发展是来自传统社会和传统思想的内部因素与来自西方国家所谓"文明冲击"的外部因素合力作用的结果，而且在不同的发展阶段和历史时期来自传统社会和传统思想的内部因素和来自西方国家所谓"文明冲击"的外部因素对中国近代社会和思想的演化或发展所起的作用的大小和重要性也不一样，那么我们在研究中国近代社会和思想的演化或发展时，就必须致力于对西方的外来因素与中国的内部因素彼此碰撞、相互作用之过程的考察。

首先，就西方的外来因素来看。西方列强在用大炮打开中国古老而封闭的国门后，即开始了对中国的经济侵略，一方面把大量廉价的棉纺织品和其他工业产品输入中国，另一方面又大量地收购可以用作工业生产原料的中国的农副土特产品，西方列强的目的是要把中国变成它们的商品倾销市场和原料供应市场，但在客观上却促进了中国传统的以一家一户为生产单位的自给自足的自然经济的解体和商品经济的发展。与此同时，它们还在通商口岸投资设厂，引进近代机器生产，这不仅使中国出现了外国资本主义经济，而且还为后来中国资本主义经济的产生起了诱导和示范的作用。这一切都在客观上刺激和启动了近代中国的经济结构的变化。经济结构的变化，又必然要引起阶级结构、政治法律制度尤其是国家的政治制度的变化。另外，西方先进的机器装备、科学技术，尤其是资产阶级的民主制度，对近代中国社会发展所起的促进作用也十分明显。而随着传统的经济结构、阶级结构和政治制度的变化，传统的思想观念也必然会发生变化。与此同时，西方列强在对中国进行经济侵略和掠夺的过程中，也把西方的近代思想和文化输入到了中国，西方的近代思想和文化的输入对于中国的传统思想和文化有其解构作用。西方近代思想和文化的输入，还改变了中国人的知识结构，拓展了中国人的认知空间，并使中国人通过中西之间的横向比较，认识到了中国的落后和不足。而认识到中国的落后和不足，无论对中国近代社会还是思想的演化或发展，都具有十分重要的意义。

当然，这只是问题的一个方面，问题的另一方面，西方的外来因素不仅仅是近代中国的社会和思想演化或发展的动力，同时它又是近代中国的社会和思想演化或发展的阻力。这主要表现在：一、西方列强发动的一系列侵略战争以及对中国的经济侵略和掠夺，给中国近代的社会生产力造成了极大的破坏，加剧了中国人民的贫困和苦难；二、西方列强强迫清政府及其继承者签订的一系列不平等条约，极大地破坏了中国的国家主权和领土完整，使中国社会一步一步地陷入了半殖民地的万丈深渊，从而使中国的近代化或现代化呈现出了明显的半殖民地和殖民地的特点；三、为了维护和扩大它们在华的侵略利益，西方列强支持清王朝和其他反动势力（如民初的袁世凯和北洋军阀）对中国的统治，干预、破坏中国人民反对清王朝和其他反动势力的正义斗争，甚至参与对中国人民反对清王朝和其他反动势力的正义斗争的镇压（如参与对太平天国运动的镇压）；四、在西方列强输入中国的西方思想和文化中，既有先进的、科学的东西，也有落后的、愚昧的东西，前者促进了中国社会和思想的演化或发展，后者则对中国社会和思想的演化或发展产生过消极的影响。

其次，从中国的内部因素来考察。众所周知，在进入近代以前，中国是一典型的传统社会，其经济结构、阶级结构、政治法律制度尤其是国家的政治制度和社会结构，都与以西方为代表的近代社会及其经济结构、阶级结构、政治法律制度尤其是国家的政治制度和社会结构截然不同，它不仅历史悠久，发展完善，具有超强的稳定性，而且还具有极强的历史惰性，以儒家学说为核心的中国传统思想和文化是服务和服从于传统社会的，所以无论在理论上，还是在实践上，它自身都很难发生向近代社会和思想的转变。直到1840年鸦片战争西方列强用坚船利炮轰开中国古老而紧闭的大门之前，尽管其内部已经孕育了一些新的社会和思想因素，鸡蛋里已经有了新的小鸡的胚胎，但其新的社会和思想因素并没有得到充分的积累，成为打破旧的社会和思想束缚的革命力量，鸡蛋里的小鸡的胚胎没有啄破坚厚的蛋壳，从蛋壳里爬出来成为新生的小鸡，社会和思想都没有发生向近代的实质转变；当中国的社会和思想开始向近代发生转变后，它又极力地阻碍着这种转变的发生和发展，如自给自足的自然经济对资本主义的商品经济的顽强抵制，君主专制政体对资产阶级民主政治的极力排斥，宗法式的家庭、家族制度及其伦理观念对独立人格、个性发展的压抑扼杀，封建地主阶级中的顽固守旧势力对各种改革的拼死抗拒，等等。但据此并不能得出结论，认为近代中国的社会和思想的演化发展完全是西方的外来因素作用的结果，除阻力外，中国的内部因素对近代中国的社会和思想的演化发展没有起任何推动的作用。因为，第一，1840年鸦片战争之前，中国的传统社会和传统思想虽然没有发生向近代的转变，但其内部已孕育了一些新的经济和思想因素，这些新的经济和思想因素为中国的社会和思想向近代的演化或发展提供了某种可能性，而1840年鸦片战争之后"西力东侵"和"西学东渐"的外来因素的刺激，则使这种可能性成为了现实性，如本书一再强调的那样，"可能性"和"现实性"在近代中国的社会和思想的演化或发展的链条中都是不可或缺的。第二，中国的近代化或现代化启动之后，无论是中国的传统社会，还是中国的传统思想，都既有阻碍的一面，也有推动的一面，我们不能只强调前者，而忽略甚至不提及后者。以传统思想而言，那些体现了传统社会之时代特征的内容，诸如"别尊卑，明贵贱"的等级观念，"天不变，道亦不变"的历史观念，"君为臣纲，父为子纲，夫为妻纲"的伦理道德，"罢黜百家，独尊儒术"的道统思想，重农抑商、鄙视科技的行为取向，重人治、轻法治，以及所谓"刑不上大夫，礼不下庶人"的特权思想，"民可使由之，不可使知之"的愚民政策，知足寡欲、乐天安命的人生态度，尤其是集权专制的政治思想，显然是与近代社会和近代思想格格不入的，只能对中国的社会和思想向近代演化或发展起阻碍作用。但那些体现了其民族特征的内容，诸如——天行健，君子以自强不息；地势坤，君子以厚德载物；己所不欲，勿施于人；己欲立而立人，己欲达而达人；君子和而不同，小人同而不和；舍生取义，杀身成仁；富贵不能淫，贫贱不能移，威武不能屈；三军可夺帅，匹夫不可夺志；先天下之忧而忧，后天下之乐而乐；国家兴亡，匹夫有责；民惟邦本，本固邦宁；道法自然，天人合一；四海为家，天下为一；知行合一，躬行实践……则是中华民族在长期发展过程中形成的优良传统，能够成为（事实上也已成为）推动近代中国社会和思想演化或发展的积极因素，如孙中山"振兴中华"之口号的提出，便是在新的历史条件下，对国家兴亡、匹夫有责之传统思想的继承与发展。而"振兴中华"的口号提出后，则又成为激励广大中华儿女为争取民族独立和社会进步而英勇奋斗的思想武器，如此等等。实际上，近代生成的许多新的思想观念，如进化观、革命观、民主观、平等观等等，其中都包含有传统的思想因素，并非完全是对西方观念的简单移植。比如达尔文的进化论之所以在19世纪末20世纪初被严复等人介绍到中国来之后，能够迅速为国人所接受，并成为救亡图存的思想武器，一个重要原因就在于达尔文的进化论与中国传统的变易观有某些相通的地方，中国传统的变易观讲求"穷则变，变则通，通则久"，强调的是一个"变"字，而达尔文的进化论讲的是生物从低级向高级的进化，实际上强调的也是一个"变"字。无论康有为、梁启超，还是孙中山、章太炎，其思想都经历过从传统的变易观到近代的进化观的演变过程，传统的变易观不仅是他们接受近代的进化观的思想基础或前提，而且在他们的近代的进化观中也包含有传统的变易观的思想因素。

根据上述这些认识，本书跨越了作为近代政治史开端的1840年，用一定的篇幅考察了嘉道年间的社会危机，以及在社会危机的强烈刺激下的经世思潮的复兴，把中国近代思想史的逻辑起源确定在了整个嘉道年间。因为嘉道年间复兴的经世思潮使中国传统思想具备了向近代转型的可能性，而发生于此时的鸦片战争，又给经世思潮注入了新的内容，从而使这种可能性成为了现实性。正是在嘉道年间，中国传统思想开始迈出了向近代转型的第一步，并对中国近代思想尤其是晚清思想产生过重大而深远的影响。

当然，本书不赞成以1840年的鸦片战争为中国近代思想史的开端，并不意味着本书否定1840年的鸦片战争对于中国历史的发展当然也包括中国思想史的发展的重要性。但1840年的鸦片战争对中国思想史的影响毕竟不同于对中国政治史的影响。就中国政治史而言，1840年的鸦片战争无疑是中国古代史和中国近代史的分界。在此之前，中国是一个独立自主的国家；在此之后，因《南京条约》的签订，中国的领土完整和国家主权遭到了破坏，从此，中国社会的性质发生了重大变化。然而就中国近代思想史而论，在相当长的一段时期内，1840年鸦片战争的影响是十分有限的，只有以林则徐、魏源为代表的少数具有经世思想的思想家于鸦片战争之后"开眼看世界"，也只有魏源在"开眼看世界"的基础上提出了"师夷之长技以制夷"的主张，从而开启了了解西方、学习西方的新潮流。但"开启"并不等于

"形成"，实际上了解西方、学习西方这一新潮流的形成是在第二次鸦片战争之后。

二、近代思想史的历史分期及其特点

长期以来受各种因素的影响，人们在研究历史时，无论是思想史、经济史，还是学术史、文化史，以及其他一些什么史，都是以政治史的分期为分期。如 1840 年是中国近代政治史的开端，也是其他一切中国近代史分支学科的开端；1919 年的五四运动是中国旧民主主义革命和新民主主义革命的分界，同样也是其他一切中国近代史分支学科的分界。这是就大的分期而言。从小的时段分期来看，传统的中国近代政治史有所谓的"三大高潮，八大事件"，其他的中国近代史分支学科也基本上是按"三大高潮，八大事件"的框架划分时段。不可否认，中国近代政治史与其他中国近代史的分支学科关系密切，其他中国近代史的分支学科受中国近代政治史的影响很大，可以说中国近代政治史的演变和发展制约着其他中国近代史分支学科的演变和发展，但中国近代政治史毕竟不等同于其他中国近代史的分支学科，其他中国近代史的分支学科有自己发展变化的内在理路及其历程。因此，其他中国近代史的分支学科的分期并不一定完全等同于中国近代政治史的分期。就作为中国近代史分支学科的中国近代思想史来讲，本书是不赞成以政治史的分期为分期的。因为思想史的最大特点是其发展的连续性，无论古今中外，莫不如是。相比较而言，政治史的连续性就不如思想史的连续性那么明显，那么强烈。如辛亥革命推翻了清王朝，建立起了中华民国，从政治上来讲，清王朝的统治终结了，开辟了新的时代纪元，但从思想史来看，不少人的思想可能还停留在 1911 年以前，并没有随着中华民国的建立而思想发生翻天覆地的变化，如民初就有不少清朝的遗老遗少存在。这是本书不赞成以政治史分期代替思想史分期的第一个理由。

本书不赞成以政治史分期代替思想史分期的第二个理由也是其主要理由，即思想史和政治史各有自己特定的研究对象，有自己研究的内涵和外延。就中国近代思想史而言，它研究的主要是不同时期的中国人从他们所代表的阶级、阶层或政治集团和势力的利益出发，围绕中国近代社会所面临的两大时代主题，即民族独立和社会进步所提出的思想、观念和主张，以及这些思想、观念和主张提出后对社会产生过哪些影响，是通过什么途径对社会产生影响的，并总结其经验和教训，找出规律性的东西；而中国近代政治史研究的则是不同时期的中国人从他们所代表的阶级、阶层或政治集团和势力的利益出发，围绕中国近代社会所面临的民族独立和社会进步这两大时代主题所进行的政治斗争和制度建构，以及这些斗争和建构对社会产生过哪些影响，并总结其经验和教训，找出规律性的东西。所以某一人物或某一事件在政治史上有其重要的地位，甚至是划时代的大事件，但在思想史上的地位可能就不那么重要，比如袁世凯，人们无论对他如何评价，是肯定他，还是否定他，但都不得不承认他是中国近代政治史上的一个重要人物，人们书写清末民初这段政治史时，就不可能不写他，甚至要重点写他，但袁世凯在中国近代思想史上就很难说是重要人物了，人们书写清末民初这段思想史时，就不会重点写他，甚至可以不写他。晚清的最高统治者慈禧亦然。书写晚清政治史，当然少不了她，因为她不仅是辛酉政变和戊戌政变的主角，而且是洋务运动、戊戌变法、义和团运动和清末新政的操纵者、反对者或主持者，是历次对外战争的最终决策人。但她不是一个有思想的统治者，在思想史上没有她的一席之地。反之，像魏源、龚自珍、包世臣、王韬、马建忠、何启、胡礼垣、郑观应、陈炽、严复、鲁迅、周作人、冯友兰乃至胡适、梁漱溟、张君劢、张东荪这样的思想家，他们在中国近代政治史上可以说毫无地位可言或者地位不很重要，但他们在中国近代思想史上的重要性则不可否认，书写中国近代政治史可以不书写他们或不重点书写他们，但书写中国近代思想史，他们一定是重点书写的对象。一些事件也是一样。如1919年的五四运动，在中国近代政治史上它是旧民主主义革命和新民主主义革命的分界线，但在中国近代思想史上它就不具有分界线的重要意义。与五四运动相反，1915年兴起的新文化运动，其在思想史上的地位就要比它在政治史上的地位重要得多，在政治史上它无足轻重，但在思想史上却有着标志性的重要地位。再如，1927年南京国民政府的成立，在政治史上当然是重大的历史事件，它标志着北洋军阀统治的结束和国民党统治的开始，这也是国内所有的政治史著作都以它为历史分期的重要原因，但如果把它作为中国近代思想史的分期，就不如

1931年的九一八事变更合适一些，因为九一八事变对中国近代思想史发展的影响更大。如此等等。既然中国近代思想史和中国近代政治史的研究对象不一样，其分期也就不可能完全一样。总之，本书不赞成以中国近代政治史的分期代替中国近代思想史的分期，中国近代思想史的分期应该具有思想史的特点，反映思想史演变、发展的内在理路及其历程。

依据思想史自身演化的内在理路及其历程，本书认为中国近代思想史大致可以分为三个大的时期（亦即三卷）：第一个时期（亦即第一卷）是从鸦片战争前后的嘉道年间到1915年《新青年》创刊前。这一时期民族独立和社会进步这两大时代主题主要表现为"要不要学习西方"和"如何学习西方"的问题。甲午战争之前，思想界争论的主要问题是"要不要学习西方"；甲午战争之后，思想界争论的主要问题是"如何学习西方"。第二个时期（亦即第二卷）从1915年《新青年》创刊到1931年九一八事变前。这一时期民族独立和社会进步这两大时代主题主要表现为民主和科学开始成为近代中国思想和文化的核心价值，以及马克思主义的广泛传播，并与中国工人阶级相结合，诞生了中国共产党。中国共产党的诞生，标志着马克思主义在中国的发展进入一个新的阶段，这就是从马克思主义的传入传播到把马克思主义运用于中国、运用于解决中国发展进步问题的新的阶段，开启了马克思主义同中国革命实践相结合的历史进程，成为马克思主义中国化第一次飞跃的历史起点。第三个时期（亦即第三卷）从1931年九一八事变到1949年中华人民共和国成立。这一时期民族独立和社会进步这两大时代主题主要表现为中国人民反对日本帝国主义侵略和国民党统治以及独裁内战的斗争，与此同时，中国共产党人拿起马克思主义这一挽救和解放中华民族的最好武器，自觉运用马克思主义分析、解决中国的实际问题，推动马克思主义在中国大地落地生根、开花结果，并实现了马克思主义中国化的第一次飞跃，毛泽东思想成为马克思主义中国化的第一个重大理论成果。在中国化的马克思主义——毛泽东思想指引下，中国共产党领导中国人民找到了新民主主义革命的正确道路，完成了反帝反封建的任务，建立了人民民主专政的中华人民共和国。下面就这三个大的时期谈谈本书的看法。

如前所述，迄今为止国内几乎所有的中国近代思想史著作都是以1840年的鸦片战争为其开端的，但本书则主张以整个嘉道年间为中国近代思想史的逻辑起点。鸦片战争后，先是发生了中国历史上规模最大、时间最长的农民起义——太平天国起义，接着是以"制洋器""采西学"为主要内容的洋务运动的兴起。作为一次旧式的农民起义，太平天国沉重地打击了清王朝的统治，并把中国传统的农民的平等平均思想推到了极致。同时，它对西方新式武器的采用，尤其是洪仁玕《资政新篇》的提出，又使它具有了一些不同于旧式农民起义的思想内容。而兴起于19世纪六七十年代的洋务运动，就性质而言，是对魏源提出的"师夷之长技"思想的继承、发展和实践。当时以曾国藩、李鸿章、左宗棠为代表的洋务派与倭仁为代表的顽固派围绕要不要"采西学""制洋器"，亦即"要不要学习西方"问题展开了激烈论争。顽固派用陈腐的"夷夏之辨"观念看待西学，认为西方近代的机器生产和科学技术都不过是败坏人心的"奇技淫巧"，如果学习它们就有"以夷变夏"的危害，更何况"夷人"是中国的仇敌，洋务派公然"奉夷人为师"，这是一种"上亏国体，下失人心"的可耻行为，因此他们反对变革，亦就是反对向西方学习。而洋务派则冲破了传统的"夷夏之辨"的束缚，肯定西方近代的机器生产和科学技术的先进性和实用性，并明确表示学习它们是势在必行，中国要想在激烈的竞争中生存下去，就必须变革，亦就是必须向西方学习。当然由于历史和阶级的局限性，洋务派所要学的西学仅限于近代的机器生产和科学技术，对于西方的政治制度他们和顽固派一样持的也是反对的态度。

1895年的中日甲午战争以及由此而造成的中国割地赔款，是中国近代史上继鸦片战争后的又一次巨大灾难。这场灾难不仅使早已存在的中华民族的民族危机变得日益严重起来，同时也成为中华民族觉醒的起点。用梁启超的话说："唤起吾国四千年之大梦，实自甲午一役始也。"正是从甲午战争开始，中国近代的了解西方、学习西方进入到一个新阶段。在此之前，我们所谓的学习西方，主要是学习西方的器物文明。但北洋海军在甲午战争中的覆灭，则标志着以"制洋器""采西学"为主要内容的洋务运动的严重受挫，而洋务运动的严重受挫则说明学习西方，不能仅仅只学习西方的器物文明，还必须学习西方的制度文明。于是中国向西方学习，从学习西方的器物文明开始进入到学习西方的制度文明的时期。与此同时，曾风靡西方的进化论和天赋人权、社会契约等民权平等思想开始传入中国，并成为人们要求社会变革的理论依据和批判君主专制的思想武器。在此之前，人们要求变革的理论依据是传统的"穷则变，变则通，通则久"的"变易观"，人们批判君主专制的思想武器是传统的"民重君轻""水能载舟，也能覆舟"的"民本观"。在西方，宣传弱肉强食、优胜劣汰的达尔文的进化论，是为西方殖民主义者侵略、掠夺和征服社会发展相对落后的其他民族服务的，但在甲午战争后的中国，它则唤起了中华民族的觉醒，强化了中华民族的自我认同，正是在甲午战争后的 19 世纪末尤其是 20 世纪初，西方近代民族主义开始传入中国，并与中国传统民族主义相结合，形成了中国近代民族主义。[①] 而近代民族主义的主要内容，便是建立近代的民族国家。在建立近代民族国家的问题上，当时存在着两种不同的方案：一是以孙中山为代表的革命派提出的"排满"和建立资产阶级民主共和国的方案，一是以梁启超为代表的立宪派提出的"合满"和建立资产阶级君主立宪国的方案，结果是革命派接受了立宪派的"合满"主张，而立宪派则采纳了革命派提出的建立资产阶级民主共和国的方案。爆发于 1911 年的辛亥革命推翻了统治中国长达两百多年之久的清王朝，成立了资产阶级民主共和国——中华民国。然而，民国的成立只是辛亥革命形式上的胜利，事实上辛亥革命不仅失败了，而且失败得还很惨。辛亥革命后，封建专制主义依然存在，旧的政治、经济和社会制度也没有发生根本的变化，孙中山领导中华民国临时政府时期建立起来的各项民主制度不久就被以袁世凯为代表的北洋军阀破坏殆尽，只剩下了一块空招牌。"无量头颅无量血，可怜购得假共和。"辛亥革命志士蔡济民于民初发出了如此绝望的感叹！

　　辛亥革命形式上成功、而事实上失败的惨痛教训，使先进的中国人认识到决不能"拿旧心理运用新制度"，仅靠移植西方的政治制度难以拯救中国，改造中国还需要从思想文化层面的深刻变革入手。于是以 1915 年 9 月陈独秀在上海创办《青年杂志》(自第 2 卷第 1 号起易名为《新青年》)为标志，掀起了一场传播西方近代文明，提倡科学、民主和新文学的新文化运动。中国近代思想史的发展也进入到了一个新的时期。

　　首先，民主和科学开始成为近代中国思想和文化的核心价值。中国人

---

① 参见郑大华《论近代中国民族主义的思想来源和形成》，《浙江学刊》2007 年第 1 期。

了解西方的民主与科学并开始对其追求虽然不始于新文化运动，但只是从新文化运动开始，中国人才将民主与科学作为近代新文化的核心观念或基本价值加以追求和崇尚。因为新文化运动不仅以民主与科学为自己的旗帜，而且就它对民主与科学的认识和理解来看，民主既是一种政治取向和思想主张，又是一种价值观念和生活原则，贯穿于政治、经济、文化、教育、学术、出版、新闻等社会生活的各个方面，体现的是一种个人独立自主和社会平等自由的精神；科学不仅仅是人们通常所讲的科学技术或科学思想，更是一种广义上的世界观和方法论，一种与迷信、盲从、愚昧相对立的崇尚实证的理性精神。正因为新文化运动是将民主与科学作为近代新文化的核心观念或基本价值加以追求和崇尚，再加上这种追求和崇尚又与对封建专制主义、迷信愚昧思想以及旧伦理、旧道德乃至整个传统文化的批判联系在一起，因而它极大地促进了人们的思想解放，推动了中国传统思想的近代转型。

其次，西学传播进一步丰富和广泛。如果说 1894 年前传播的主要是西学中的"艺学"，亦即自然科学，1895 年后是"政艺兼学"，而以"政学"亦即社会科学为主，那么，自 1915 年兴起的新文化运动开始，几乎所有的西学门类以及各种各样的思潮、学说、观念都先后传入到了中国。在传入的这些西方的思潮、学说和观念中，马克思主义的广泛传播对中国近代思想的发展具有十分重要的意义。随着西方各种思潮、学说、观念的传播，各种思潮、学说、观念之间的论争也是此伏彼起，著名的就有东西文化之争、问题与主义之争、社会主义之争、无政府主义之争、科学与人生观之争等等，并逐渐形成了马克思主义、自由主义和文化保守主义三大思想派别。此后发生的思想文化之争，大多是在这三大思想派别之间进行的。

再次，中国共产党的成立开辟了中国革命和中国思想的新纪元。马克思主义广泛传播的结果，是产生了一大批以李大钊为代表的中国早期马克思主义者，并在此基础上，于 1921 年 7 月成立了中国共产党。如十九大报告指出的，中国共产党成立后，"把实现共产主义作为党的最高理想和最终目标，义无反顾肩负起实现中华民族伟大复兴的历史使命"，在领导中国人民进行反帝反封建的斗争中，提出了自己的新民主主义革命基本思想，而新民主主义革命基本思想的提出，又推动了中国共产党领导的反帝反封建的斗争，这就是国共第一次合作的建立和大革命运动的兴起。1927年蒋介石发动四一二政变，国共合作破裂，中国共产党不久走上了武装夺取政权、农村包围城市的道路。1931年九一八事变发生。从此，中国近代思想史的发展又进入到了一个新的时期。

对于九一八事变，长期以来学术界关注的是它对中国政治、经济、军事和社会矛盾的影响，而很少关注它对中国思想的影响，实际上九一八事变对中国思想的影响很大，具有历史分期的标志性意义。首先从社会思潮的演变来看，民族主义思潮是中国近代最主要的社会思潮之一。民族主义的理论，就经历过从清末民初的"民族建国"，到新文化运动时期的"民族自决"，再到九一八事变后的"民族复兴"的建构过程，"民族复兴"之所以会成为九一八事变后民族主义的理论建构，原因就在于九一八事变所引发的中华民族危机的日益加深。①

自由主义是近代中国又一主要的社会思潮，但自由主义在九一八事变之前和之后发生了明显变化，不仅一些自由主义者如蒋廷黻、钱端升、丁文江等人从九一八事变之前的主张民主，到九一八事变之后的主张专制或新式独裁，就是九一八事变后仍坚持民主的胡适、罗隆基等人，其主张民主的理由也发生了位移。九一八事变之前，胡适、罗隆基等人曾发起过一场人权运动。在人权运动中，胡适、罗隆基等人批评国民党的一党专制，要求国民党制定约法，实行民主的目的，是为了保障人权和个人自由。九一八事变之后，胡适、罗隆基等人之所以主张民主，是由于他们认为，民主更适合于中国，能使中国达于统一和民族国家的现代化，解决当前国家所面对的严重危机。主张民主的胡道维就一再强调："惟民主政治始能培养民族的粘贴性，惟民族的粘贴性始能产生团结而统一国家。"② 由此可见，胡适等人反对专制或独裁，并不是由于专制或独裁不利于个人自由，而是由于专制或独裁不能实现国家的统一或富强；他们主张民主，也不是由于民主有利于个人自由，而是由于民主能实现国家的统一或富强。这也就是说，国家的统一或富强，而不是个人的自由，是他们思考和提出问题

---

① 参见郑大华《论中国近代民族主义的理论建构及其过程》，《华东师范大学学报》2010年第5期。
② 胡道维：《中国的歧路——为民治与独裁问题就商于丁文江先生及时下诸贤》，《国闻周报》第12卷第7期，1935年2月25日。

的出发点。就此而言，尽管胡适、罗隆基等人和蒋廷黻等人的主张不同，并为此展开过激烈争论，但他们思考和提出问题的出发点则都是国家的统一或富强。换言之，能否实现国家的统一或富强，是他们主张采纳什么政治制度或不主张采纳什么政治制度的唯一标准。胡适、罗隆基等人主张民主的理由在九一八事变前和九一八事变后之所以会发生位移，原因就在于九一八事变前，虽然日本不断在东三省和京津地区制造事端，为其日后的侵略中国寻找借口，但它还没有公开对中国进行军事侵略，因而中华民族与日本帝国主义之间的矛盾还不是那时社会的最主要矛盾，那时社会的最主要矛盾是国民党及其政权与人民大众之间的矛盾，尤其是南京国民政府建立后国民党的一党独裁以及打着训政的旗号对人民自由权利的肆意践踏，引起了自由主义知识分子的强烈不满。然而到了九一八事变后，日本帝国主义的军事侵略，使中华民族第一次真正感受到了生死存亡的严重危机，并且随着危机的不断加深，中华民族与日本帝国主义之间的矛盾逐渐取代了国民党及其政权与人民大众之间的矛盾而成了社会的最主要矛盾，包括自由主义知识分子在内的中国人民的民族主义激情也因此而急剧地高涨起来，如何救亡图存已成为国人首先必须思考和解决的一个问题。正如迈克尔·弗里登所说："民族主义只有在短暂的时段内变得极为重要，即在民族建构、征服、外部威胁、领土争议，或内部受到敌对族群或文化群体的主宰等危机时，民族主义才显得极为重要。"[1]

　　和自由主义一样，文化保守主义同样是中国近代的一种主要社会思潮。九一八事变之前，尽管先后出现了清末以章太炎为代表的"国粹派"和新文化运动时期以梁启超、梁漱溟为代表的"东方文化派"，但总的来看，当时认同传统、反对西化的文化保守主义是一种逆潮流之论，整个的社会趋向是向西方学习，从洋务时期的学习西方的器物文明，到戊戌辛亥时期的学习西方的制度文明，再到新文化运动时期的学习西方的精神文明，除"国粹派"和"东方文化派"等少数知识精英人物外，绝大多数人拥抱的是西方文化和西方文明，这也是新文化运动时期的"东西文化之争"尤其是"科

---

① 安东尼·史密斯：《民族主义——理论，意识形态，历史》，叶江译，上海人民出版社，2006，第24页。

学与人生观之争"中，"东方文化派"尤其是"玄学派"虽然在学理上占优，却得不到大多数人的认同而最终败下阵来的重要原因。然而到了九一八事变后，情况则发生了变化，因民族危机的加深，社会需要通过大力表彰和弘扬中国传统文化来树立起国民对民族、国家的自信心和凝聚力。于是，原来属于逆潮流之论的文化保守主义这时则成了顺潮流之论，大力发掘和弘扬中国传统文化，批判西化和历史虚无主义成为一种学术风尚。由此我们也可理解，为什么现代新儒学发端于新文化运动时期，但作为一种学派形成和发展则是在九一八事变之后的三四十年代。

与此相联系，九一八事变后日益严重的民族危机，引发了学术界对兴起于新文化运动时期的"整理国故"运动的反思，认为那种为了"捉妖""打鬼"的"整理国故"，不利于民族自尊心、自信心和自豪感的树立，于是开始从"整理国故"转向"国故整理"，即通过对中国传统学术和文化的发掘、阐释和弘扬，来增强民族的自尊心、自信心和自豪感，以抵御日本的侵略，建设民族新文化，从而实现中华民族的伟大复兴。[1]因此九一八事变后，学术界兴起了一股研究中国文化和历史的热潮。以文化研究为例，据不完全统计，民国时期出版的有关文化和中国文化史著作大约 50 种，其中大部分出版于九一八事变后。正如有的研究者指出的那样，"以文化史振奋民族精神"，提高民族的自信力，这是九一八事变后"许多学者研究文化史的目的"。[2]

1937 年七七事变后，中国进入全民族抗战时期，各阶级、阶层和各种政治势力结成了广泛的民族统一战线，与日本帝国主义进行着殊死的斗争，当然在统一战线内部矛盾和斗争也始终存在。抗战胜利后，建立一个什么样的国家，又成了人们必须思考和解决的问题，各种政治力量和各种思想流派都提出了他们的主张和方案，并进行了错综复杂的斗争。

在此过程中，历经了 1927 年大革命失败和第五次反"围剿"失败的中国共产党人深刻地认识到：理论必须与实践相结合，绝不能离开中国的具体国情和革命实践而空谈马克思主义。1935 年 1 月遵义会议事实上确立了

---

① 参见郑大华《从"整理国故"到"国故整理"——九一八后中国学术研究的新趋向》，《史学月刊》2017 年第 2 期。
② 周积明：《本世纪上半叶中国文化史研究的特点》，《光明日报》1997 年 10 月 14 日，史学版。

毛泽东同志在党中央和红军的领导地位，开始确立以毛泽东同志为主要代表的马克思主义正确路线在党中央的领导地位，开始形成以毛泽东同志为核心的党的第一代中央领导集体，开启了党独立自主解决中国革命实际问题新阶段。遵义会议后，中国共产党人很快提出了"马克思主义中国化"的命题和"马克思列宁主义的理论与中国革命的实践相结合"的原则。经过延安整风，揭露和批判了主观主义尤其是教条主义学风，倡导树立理论与实际相统一的马克思主义学风，马克思主义中国化成为全党的共识。中共七大通过的党章，确定以马克思列宁主义的理论与中国革命的实践之统一的思想——毛泽东思想作为党的指导思想，实现了马克思主义中国化的第一次历史性飞跃，毛泽东思想成为马克思主义中国化的第一个重大理论成果。在中国化的马克思主义——毛泽东思想指引下，中国共产党领导中国人民找到了新民主主义革命的正确道路，完成了反帝反封建的任务。1949年中华人民共和国的成立，改变了中国自1840年以来的半殖民地半封建社会的性质，中国历史从此告别了近代，迈入了当代。与此相一致，此后的思想史叫作中国当代思想史。

中国近代思想史的分期，是仁者见仁、智者见智的问题。本书把中国近代思想史分为三个时期，主要依据的是对中国近代思想史演化之内在理路及其历程的理解。当然这种理解正确与否可以讨论。但本书要强调的是：无论中国近代思想史如何分期，它都应该具有思想史的特点，反映思想史演变和发展的内在理路及其历程，而不能以中国近代政治史的分期来代替中国近代思想史的分期。

以上是中国近代思想史的分期。这是大时段或长时段的分期。实际上，在大时段或长时段的分期内，又可以根据思想史演进的自身发展轨迹，分为若干时段。研究思想史的一个重要方法，就是把对思想史的长时期的宏观考察与对发展过程中的时段性的特征把握结合起来。就以本书的第一时期亦即第一卷而言，从嘉道年间起，至1915年止，就经历过嘉道时期的经世思潮、太平天国时期的农民革命思潮、同光年间的洋务思潮和早期维新思潮、甲午战后的维新思潮、戊戌后到20世纪初的思想启蒙、20世纪初的民主革命和立宪思潮以及民国初年尊孔复古思潮这样一些发展阶段。这些思潮或思想运动的相继兴起，对这一时期的社会曾产生过重大影响。在这么短的时期内，竟然出现过这么多对社会产生过重大影响的思潮或思想运动，这不仅在中国历史上绝无仅有，在世界历史上也是很少看见的。

众多思潮和思想运动的竞相出现，既是中国社会急剧变化的产物，又是外力强大压力的结果，每一次抵抗资本主义列强侵略的战争以及由此而带来的大失败、大屈辱——具体表现为不平等条约的签订，都成了这一时期思潮和思想运动产生的重要契机。如第一次鸦片战争的失败和《南京条约》的签订，推动了嘉道经世思潮的发展；战后社会危机的进一步加深，构成了太平天国农民革命思潮兴起的历史背景；第二次鸦片战争的失败和《北京条约》的签订，是洋务思潮兴起的一个重要原因；中法战争的失败和《中法新约》的签订，促成了早期维新思潮的形成；甲午战争的失败和《马关条约》的签订，导致了维新变法思潮的兴起；八国联军之役和《辛丑条约》的签订，使一些先进的中国人开始认识到清王朝已成了"洋人的朝廷"，民主革命思潮因此勃兴；《新青年》的创刊，与日本企图灭亡中国的"二十一条"有着一定的联系；五四运动的导火线，是中国在巴黎和会上收回山东权益的失败；九一八事变后中国思想文化的转向，从新文化运动时期人的解放，转为救亡图存思潮的兴起，其原因是民族危机的日益加深。而且随着资本主义列强对中国侵略的一步步升级，以及造成的灾难和危害一次比一次沉重，这一时期各种思潮和思想运动兴起和高涨的频率也越来越快，越来越激烈，越来越激进，十年前乃至几年前的进步思潮，到十年后乃至几年后就成为落后思潮了。如果借用已故著名历史学家陈旭麓先生的话说，中国近代思想史的发展"表现为急剧的新陈代谢，螺旋地推进，螺旋特别多"[①]。这一方面体现了在外国列强的侵略下，先进的中国人寻求救国救民的真理，希望早日实现国家的独立与富强的那种急迫心情；但另一方面，由于"新陈代谢"的速率太快，一种新的思想或救国救民的方案还未来得及认真地建构或实行，就已成了历史的落伍者，而被另一种新的思想或救国救民的方案所取代。这也是造成中国近代虽然涌现出了不少的思想家，却没有产生像西方的培根、伏尔泰、卢梭、孟德斯鸠那样的思想大师的重要原因。因为中国近代始终都面临着急迫的救亡任务，没有给思想家们充足的时间让

---

① 陈旭麓：《关于中国近代史线索的思考》，《历史研究》1988 年第 3 期。

他们从容地思考和建构他们的思想和理论体系。

对于近代的中国人而言，西方列强具有双重身份，它们既是明火执仗的强盗和侵略者，又是先进生产力、先进文化和先进社会制度的代表者，它们在用坚船利炮侵略中国、用廉价商品掠夺中国、用基督教教义占领中国的同时，又带来了一种完全不同于中国固有思想和文化的新思想和新文化——资本主义思想和文化。对于这种思想和文化，在很长一段时期内，过惯了与世隔绝的生活并且有着强烈的文化优越感的中国人，绝大多数是持拒斥态度的，只有少数先知先觉者在与西方的交往中才逐步认识到西方资本主义思想和文化对于中国的积极意义，从而开始了向西方学习的历程。1922年，正当新文化运动凯歌猛进的时候，梁启超写了篇《五十年中国进化概论》的文章，对这一历程做过总结。他写道："古语说得好，'学然后知不足'。近五十年来，中国人渐渐知道自己的不足了。这点子觉悟，一面算是学问进步的原因，一面也算是学问进步的结果。第一期，先从器物上感觉不足，这种感觉，从鸦片战争后渐渐发动，到同治年间借了外国兵来平内乱，于是曾国藩、李鸿章一班人，很觉得外国的船坚炮利，确是我们所不及，对于这方面的事项，觉得有舍己从人的必要，于是福建船政学堂、上海制造局等等渐次设立起来……第二期，是从制度上感觉不足。自从和日本打了一个败仗下来，国内有心人，真像睡梦中着了一个霹雳，因想道堂堂中国为什么衰败到这田地，都为的是政制不良，所以拿'变法维新'做一面大旗，在社会上开始运动。那急先锋就是康有为、梁启超一班人……第二期所经过时间，比较的很长——从甲午战役起，到民国六七年间止，约二十年的中间。……这二十年间，都是觉得我们政治法律等等，远不如人，恨不得把人家的组织形式，一件件搬进来，以为但能够这样，万事都有办法了。革命成功将近十年，所希望的件件都落空，渐渐有点废然思返，觉得社会文化是整套的，要拿旧心理运用新制度，决计不可能，渐渐要求全人格的觉悟。……所以最近两三年间，算是划出一个新时期来了。"[1] 应该说，作为过来人，梁启超把鸦片战争以来中国人学习西方历程分为"三期"的

---

[1] 梁启超：《五十年中国进化概论》，载《饮冰室合集》第5册，文集之三十九，中华书局，1989，影印本，第43—45页。

总结是比较符合历史实际的。从鸦片战争到甲午战争，是物质上学习西方的时期；从甲午战争到辛亥革命及其失败，是制度上学习西方的时期；新文化运动，是思想或文化上学习西方的时期。梁启超的这"三期"说，今天已为大多数学者所接受和采纳。

当然，如有的学者已指出的那样，这"三期"的划分，仅就大致趋势而言，而不能做机械的、绝对化的理解，以为鸦片战争以来的中国人就是严格按照物质、制度、思想或文化这样的顺序一步步向西方学习的。实际上，在第一期，除物质上学习西方外，早在鸦片战争结束前后，魏源、徐继畬等经世思想家就对西方的政治制度表现出了羡慕之情；到了中法战争之后，早期维新思想家更是进一步提出了"君民共主"的要求。在第二期，维新变法期间，严复翻译介绍过达尔文的进化论和西方的民主与科学思想，维新思想家们宣传过资产阶级的自由、平等学说，批判过封建专制主义；戊戌政变后，流亡海外的以梁启超为代表的维新思想家积极投身思想启蒙活动，创办报刊，译介西书，传播启蒙思想，在中西文化的交融中整理和探讨中国固有的旧学术，并提出了"史界革命""文学革命""小说界革命"和"诗界革命"等口号，他们和章太炎等革命派一道，推陈出新，在史学、文学、教育和白话文运动等多个领域取得丰厚成果，为中国资产阶级新文化的发展奠定了基础。与此同时，革命派在积极从事反清革命的过程中，也以饱满的热情批判封建专制主义、纲常名教和封建迷信，宣传资产阶级的人权、自由和平等思想，并提出了改造国民性的问题，为20世纪初期的思想启蒙做出过重要贡献。第三期，以陈独秀、胡适为代表的新文化派在批判封建思想文化、提倡伦理道德革命的同时，也主张西方的物质文明和政治制度，并为此还和以杜亚泉、梁漱溟为代表的东方文化派进行过论战。文化虽然可以分为物质、制度、思想等不同的层面或层次，但从根本上说，它是一个系统，一个整体，不能截然分开，这是我们不能对鸦片战争以来中国人学习西方的历程做机械的绝对化理解的根本原因。

这里需要指出的是，相对于中国的封建专制制度、封建社会制度和封建文化，西方的资本主义政治制度、资本主义社会制度和资本主义文化无疑是先进的，是值得中国人学习的，但西方的资本主义政治制度、资本主义社会制度和资本主义文化随着自由资本主义向垄断资本主义亦即帝国主义的过渡，其固有的矛盾和弊端日益暴露无遗。与此同时，作为资本主义批判力量的各种社会主义学说影响日益扩大，并成为西方一种重要的社会思潮。上述状况对中国近代一些思想家尤其是新文化运动时期之前的思想家产生过重要影响，一方面，他们主张向西方学习，主张用西方的资本主义政治制度、资本主义社会制度和资本主义文化取代中国的封建专制制度、封建社会制度和封建文化；但另一方面又对西方的资本主义政治制度、资本主义社会制度和资本主义文化所暴露出的矛盾和弊端忧心忡忡，担心它们在中国重演，尤其担心在中国发生西方那样的因贫富悬殊而引起的社会革命。因此，他们在主张向西方学习的同时，又对西方的资本主义政治制度、资本主义社会制度和资本主义文化的种种矛盾和弊端进行过揭露和批判，并随着时间的推移，随着他们对西方认识的越来越全面和深入，以及对各种社会主义学说的接触和了解，他们的这种揭露和批判也越来越带有非资本主义化的明显倾向。比如，20 世纪初，有人宣传过社会主义和空想共产主义思想，有人倡导过无政府主义，孙中山提出过"毕其功于一役"的思想，如此等等。到了新文化运动时期，随着马克思主义的广泛传播，科学社会主义传入到中国，走俄国人的道路，走社会主义的道路，便成了中国历史的选择。

与近代众多思潮和思想运动的竞相出现相一致，近代各种改革（或改良）和革命的频繁发生，如道光年间的漕、盐改革，太平天国的农民革命，同光年间的洋务运动，甲午战后的维新变法，20 世纪初年的清末新政、预备立宪和辛亥革命、二次革命、护国战争、护法运动、国共合作、大革命运动、新民主主义革命，如此等等。除此，还有"实业救国""教育救国""科学救国""学术救国""乡村建设运动"等社会改革运动。如果套用80 年代末所流行的一句话，可称之为"改革（或改良）和革命的双重变奏"。尽管这些改革（或改良）和革命的性质不同，其中有统治阶级的自救运动（如洋务运动和清末新政），资产阶级的改革运动（如维新变法和预备立宪运动），农民革命（如太平天国）、资产阶级革命（如辛亥革命）和无产阶级领导的革命（新民主主义革命），但它们都是社会急变所引发的社会变革，只是方式或手段不同而已，或主动求变，或被动回应，或采取自上而下的改革，或采取自下而上的革命。一部中国近代史，从某种意义上说是一部社会变革史。中国近代思想界就民族独立与社会进步这两大中国近代的时代主题所提出的一切观念、思想和主张以及发生的一切争论甚至斗争，实际上都是围绕要不要变革，如何变革，以及变革的目标、方向和途径展开的。从龚自珍、魏源的"更法"改革，到李鸿章、左宗棠的"稍变成法"；从康有为、梁启超的"大变""全变"，到孙中山、章太炎的革命求变，再到中国共产党人的"改造世界"，可以说"言变""求变"既是中国近代各个时期思想界的共同话题，也是中国近代思想史的一个重要特点。

三、思想史的研究方法及应处理好的三对关系

研究思想史或中国近代思想史，首先碰到和需要解决的是社会存在与社会意识、经济基础与上层建筑的关系问题。某一种思想或思潮为什么会在某一历史时期出现，而不是在另一历史时期出现；某一性质的思想家为什么会产生于某一时代，而不是另一时代，其原因可能很多，但其中最根本的或主要的原因，恐怕还是由当时的物质生产或社会存在决定的。马克思和恩格斯在《德意志意识形态》一文中指出："思想、观念、意识的生产最初是直接与人们的物质活动，与人们的物质交往，与现实生活的语言交织在一起的。人们的想象、思维、精神交往在这里还是人们物质行动的直接产物。表现在某一民族的政治、法律、道德、宗教、形而上学等的语言中的精神生产也是这样。人们是自己的观念、思想等等的生产者，但这里所说的人们是现实的、从事活动的人们，他们受自己的生产力和与之相适应的交往的一定发展——直到交往的最遥远的形态——所制约。意识在任何时候都只能是被意识到了的存在，而人们的存在就是他们的现实生活过程。如果在全部意识形态中，人们和他们的关系就像在照相机中一样是倒立成像的，那么这种现象也是从人们生活的历史过程中产生的，正如物体在视网膜上的倒影是直接从人们生活的生理过程中产生的一样。"[1] 比如，洪秀全之所以是洪秀全，而不能成为康有为或孙中山，最根本的原因就在于

---

[1] 马克思、恩格斯：《德意志意识形态》，载中共中央马克思恩格斯列宁斯大林著作编译局编《马克思恩格斯选集》第一卷，人民出版社，1995，第72页。

19世纪五六十年代的中国社会还不具备产生康有为或孙中山的物质基础或社会存在，中国的资本主义还没有产生，更不要说出现了一个新的资产阶级，加上国门刚刚被西方列强的大炮轰开，西方资产阶级的先进思想和文化还没有大规模地传入中国，所以洪秀全只能提出反映农民小生产者愿望和要求的《天朝田亩制度》，而不可能提出反映资产阶级愿望和要求的君主立宪主张或"三民主义"纲领。再如，中国早期维新思潮之所以出现于19世纪的八九十年代，尽管原因很多很复杂，但最根本的原因，就在于19世纪七八十年代后，在洋务运动的作用和外国资本主义的刺激下，中国社会出现了民族资本主义经济，并伴随着中国民族资本主义经济的出现和初步发展，民族资本主义经济的政治代表——中国民族资产阶级开始了其形成的过程。一定的思想是与一定的经济关系和阶级关系相联系的。早期维新思潮反映的正是形成过程中的中国早期民族资产阶级的利益和愿望，换言之，如果没有资本主义经济的出现和正在形成过程中的早期民族资产阶级，也就不会有早期维新思潮。就此而言，本书认为，研究中国近代思想史，首先要坚持唯物史观，加强对思想家的所处时代、生存状况和生活过程的研究，搞清某一思想或思潮赖以产生的思想渊源和社会历史背景，考察思想家与其时代、思想的产生与物质的生产之间的相互关系。

当然，我们在坚持唯物史观的同时，也要摒除对唯物史观的教条主义理解。实际上，马克思主义讲的社会存在，是广义的社会存在，除生产力与生产关系、经济基础与上层建筑的矛盾运动外，还包括思想家的生命经历、生存状况和生活环境。之所以是洪仁玕而不是洪秀全提出《资政新篇》，这是因为洪仁玕有过几年在香港的生活经历，接触和耳闻目睹过资本主义的东西，如果他像洪秀全一样始终生活在内地，恐怕也提不出具有资本主义改革性质的《资政新篇》来。实际上，一个人的生命经历尤其是青少年时期的生活经历对其一生有着重要影响。我们很多人都看过美国人埃德加·斯诺写的《西行漫记》，也就是《红星照耀中国》一书。斯诺在书中谈到，他在采访毛泽东时，毛泽东谈了他早年的一些故事。毛泽东的父亲性格比较粗暴，动不动就打孩子。平常毛泽东都忍受了，但有一次毛泽东进行了反抗，父亲打他，他夺门而逃，父亲便在后面追打，当他跑到一口水塘边上时因无路可逃便站住了，转身对身后追打他的父亲说，你再追我就跳下去。

父亲果然不追了，因为当时是冬天，父亲怕他真的跳下去会冻坏身体。这件事使毛泽东认识到对于强权要反抗，也只有反抗才能维护自己的权利。这本来是少年时发生的一件小事，但在毛泽东的记忆中却留下了不可抹去的印记。他后来曾多次提到过这件事，由此可见它对毛泽东的影响之深远。长大后的毛泽东那种不畏强暴、敢于反抗和斗争的个性，在某种意义上可以说与这件事对他的感悟和启发存在着一定的联系。

所谓生存状况既包括思想家的经济状况，是富有还是贫困？也包括思想家的社会地位，是当官的还是平民百姓？经济状况的不同，也会影响人们的思想差异。马克思就曾批评过19世纪中叶英国的那些衣食无忧、生活悠闲的大学教授，在他们吃饱喝足后，嘲笑一天工作十七八个小时、生活在饥寒交迫中的工人觉悟太低下，只知道要面包吃、要缩减工作时间，而没有像他们一样要求选举权，要求民主和自由，是真正的下里巴人。这些大学教授根本不懂得，对当时的工人来说有面包吃和缩短工作时间比选举权和民主、自由更迫切、更重要。我们常常批评洋务派不主张学习西方的政治制度，不搞政治改革，这是洋务运动之所以遭遇严重挫折的一个重要原因。实际上，洋务派并非对西方近代的政治制度不了解，并非不知道西方近代的政治制度比中国传统的政治制度更好一些，如洋务派代表人物李鸿章就对中国上下隔绝的政治局面进行过批评，但由于他们是体制内的人，是清王朝的封疆大吏或朝廷重臣，尽管认识到了中国政治制度的弊端和西方政治制度的长处，但和体制外的王韬、薛福成、郑观应、何启、胡礼垣等人不同，他们不敢也从来没有想过要对中国的政治制度进行改革，用西方的政治制度来取代中国的君主专制制度。有个洋务派官僚叫张树声，官居两广总督，早就对西方君民共主的政治制度有好感，但直到临死前才敢在遗奏中向朝廷提出仿行西方君民共主的政治制度和主张。因为他是要死的人了，不怕朝廷追究了。

至于生活环境对人的影响，我们可以举孟母三迁其居的故事为例。孟子的母亲之所以要三迁其居，就是为了给孟子营造一个良好的生活环境。另外，思想家所受的教育和他交往的圈子，对其思想的形成和发展也很有影响。人们常说"近朱者赤，近墨者黑"，实际上讲的就是交友对一个人影响的重要性。

既然生命经历、生存状况和生活环境对一个人思想的产生或形成有如此重要的影响，因此，我们在研究某一思想家的思想时，除要研究他生活的时代背景和社会背景外，还应加强对他的生命经历、生存状况和生活环境的研究，看他有过什么样的生命经历，到过哪些地方，经历过哪些事件，经济状况如何，有什么样的社会地位，喜欢和哪些人交往，其亲朋师友尤其是师友的思想是怎样的，对他产生过哪些影响等。在同一历史时代和社会背景之下所以会产生不同类型或性质的思想家，这与思想家们个人的生命经历、生存状况和生活环境的不同有着密切的关系。我们以胡适和吴宓为例。他们年纪相当，经历类似，早年都在故乡接受过传统文化教育，后来几乎同时到美国留学，又几乎同时回到国内成为著名教授，但胡适是新文化派的代表人物，是《新青年》的主要作者和编辑部成员；而吴宓则是著名的文化保守主义者，是《学衡》杂志的主要作者和主编，他们的文化取向是不同的，在某些方面甚至可以说是对立的。其中的原因很复杂，但或许与他们在美国所接受的教育和经历有关。我们知道，胡适到美国留学后不久便从康奈尔大学转学到了哥伦比亚大学，拜杜威教授为师，深受杜氏的实用主义哲学的影响；而吴宓到美国后则师从哈佛大学的白璧德教授，白氏的新人文主义对他的影响很大，他们两人的文化取向可以分别在杜威的实用主义哲学和白璧德的新人文主义中找到其理论根源。另外，他们两人留美期间的不同生活也或多或少影响着他们的文化取向。胡适在留美期间生活得非常安逸充实，天天是阳光鲜花，他是全美中国留学生会主席，经常应邀到各处发表演讲，他还是美国教授的座上宾，经常参加他们的周末家庭聚会，一位名叫韦莲司的美国小姐也非常爱他，与他有过无数次的花前月下。正是由于胡适在美国生活得太阳光了，太舒坦了，这不仅使他乐不思蜀，在母亲的一再催促下才老大不情愿地回到国内；而且影响了他对美国的观察，在他的眼中，美国是理想的化身，是全世界最美好的地方，只有优点，没有缺点，他后来因此而主张西化或全盘西化，实际上，胡适所讲的西化也就是美国化。而吴宓在美留学时的生活则没有胡适那样潇洒，没有美国教授邀请他到家中做客，更没有美国女孩子仰慕爱恋他，因而他看到的美国既有阳光的一面，也有阴暗的一面，他并不认为美国是人间天堂，甚至在不少地方还不如中国。

近代中国社会始终处在急剧的变化之中，近一百年的时间走完了西方几百年才走完的历史行程。面对这样一个急剧变化的时代，我们研究中国近代思想史，就必须学会用历史的、发展的、联系的（或整体的）观点考察问题。

一是要把研究对象——思想、思潮或思想家，置于特定的历史条件下进行研究。一种思想、思潮或思想家的产生及其活动，都是特定的历史条件的产物，脱离特定的历史条件，就不可能对历史问题有真切的认识，更无法对研究对象得出实事求是的理解。比如，有人脱离辛亥革命后复辟与反复辟、复古与反复古的政治斗争和文化斗争背景，抽象地谈论新文化运动的反儒学、反孔教问题，不批判袁世凯、康有为借孔教复辟帝制的倒行逆施，反而指责新文化运动反儒学、反孔教是全盘反传统的过激行为，甚至认为新文化运动的反儒学、反孔教造成了中国文化的断裂，罪莫大焉。这就不是一种科学的历史主义的态度。

二是要把研究对象——思想、思潮或思想家，作为运动的历史发展过程进行研究。由于社会和时代的发展变化，一种思想、思潮或思想家往往在不同的历史阶段或时期的作用或地位是不同的，我们不能用静止的、僵化的观点来研究、评价他们。人们常说严复、康有为等人"从离异到回归"，早年进步，晚年保守。实际上无论严复，还是康有为，他们自身的思想前后并没有什么大的变化，变化的是社会，是时代。社会和时代变化了，前进了，而他们的思想却没有随着社会和时代的变化而变化，而进步，因而成为历史的落伍者。比如他们在政治取向上，始终都是君主立宪论者，如果说君主立宪在戊戌变法时期是一种进步的政治主张，在辛亥革命时期还有它的积极意义的话，那么到了民国初年，君主立宪则成了复辟倒退的代名词。面对这样一种变化的社会和时代，我们在研究思想史时，就必须把研究对象放置于历史发展的脉络中，动态地而不是静态地研究他们在不同历史阶段或时期的地位和作用，这样才能对他们做出实事求是的科学评价。所以，本书不赞成用"进步"或"落后"、"激进"或"保守"、"革命"或"改良"等词语对近代思想人物的一生盖棺定论，而主张分时期分阶段地评价他们。实际上，我们在近代中国很难找到一个一生都"进步"或"落后"、"激进"或"保守"、"革命"或"改良"的思想人物。比如孙中山是中国民主革命的伟大先行者，发动和领导过辛亥革命、二次革命、护国战争、护法运动等，但他也不是一生都主张革命，他早年曾向往过改良。又如梁启超早年曾积极地介绍和宣传过西方文化，西方很多思想和思想家就是首先由他介绍到中国来的，但在晚年，受第一次世界大战的影响，他对西方文化则持批评的态度，而主张中西文化的互补和调和，换言之，在文化取向上他早年激进，晚年保守。毛泽东是伟大的马克思主义者和无产阶级革命家，但他早年也主张并积极参加过湖南的自治运动。

三是要把研究对象——思想、思潮或思想家，作为统一的、有联系的、有机整体进行研究。实际上，和整个自然界、生物界一样，人类历史也表现为统一的、运动的有机整体，并非偶然事件的毫无联系的堆积。因此，我们研究中国近代史上的思想、思潮或思想家时，就要用整体的、联系的观念，对它或他们进行全面的分析，这样才能揭示出其产生、发展的整体过程和内在本质。列宁就曾指出：研究历史，首先"就是不要忘记基本的历史联系，考察每个问题都要看某种现象在历史上怎样产生、在发展中经过了哪些主要阶段，并根据它的这种发展去考察这一事物现在是怎样的"[1]。毛泽东在谈到"如何研究中共党史"时也说过：研究历史，根本的方法"就是全面的历史的方法"，所谓"全面的历史的方法"，也就是整体的、联系的方法，通俗地讲，叫作"古今中外法"。"就是弄清楚所研究的问题发生的一定的时间和一定的空间，把问题当作一定历史条件下的历史过程去研究。所谓'古今'就是历史的发展，所谓'中外'就是中国和外国，就是己方和彼方。"[2] 比如，我们研究某一思想或思潮的产生时，就不仅要研究它产生的时代背景和社会原因，还要研究它的思想或理论来源，这既包括中国固有的思想或理论来源，也包括外国输入的思想或理论来源，而且还要研究它与同时代的其他思想或思潮的相互关系。

作为社会意识或上层建筑，一种思想或思潮产生的原因是很复杂的，除了起决定作用的物质生产或社会存在外，作为思想的提出者——人的素质、心理、性格、气质、情感等因素也起着一定的作用。黑格尔在《历史哲学》

---

① 列宁：《论辩证唯物主义和历史唯物主义》，人民出版社，2009，第283页。
② 毛泽东：《如何研究中共党史》，载《毛泽东文集》第二卷，人民出版社，1999，第400页。

一书中就曾指出："人们活动的出发点是他们的需要、他们的热情、他们的性格和才能。"又说："要是没有热情，世界上任何伟大的事件都不会成功。"①历史表明，许多重大历史事件的决策和发生，都在不同程度上与决策者的心理、情绪，甚至爱好有一定的关系。因此在研究中国近代思想史的过程中，我们在坚持和发展唯物史观的前提下，运用现代心理学的理论与方法，分析研究对象的心理活动和个性特征对其思想的影响，将有助于对丰富多彩的历史现象做出更符合历史事实的解释和评价。

心理分析法，一般可分为个体心理分析和群体心理分析。个体心理分析主要是分析思想家个人的心理活动，以及他的家庭、亲友、同事对他心理的影响。现代社会学和心理学的研究成果表明，个人的成长和思想的形成发展，与其家庭环境的影响很有关系，特别是青少年时代表现出来的心理状态，往往成为一种"情结"，影响其一生。美国学者艾恺在《最后一个儒家：梁漱溟与现代中国的困境》中曾提出过这样一个观点，即：那些破落家庭的孩子比一般家庭的孩子对社会的观察更敏感，因而也更能在文学或其他社会科学方面取得成就，如曹雪芹、鲁迅、郭沫若、胡适、梁漱溟等人。本书是赞成艾恺教授的这一观点的。群体心理分析法主要是研究群体的心理活动，这对思潮史的研究具有非常重要的意义。比如，已有学者将群体心理分析法运用于义和团的研究，以探讨为什么在很短的时间内会有数以十万计的农民参加义和团运动，通过研究得出结论："从众心理"是促使数以十万计的农民一夜之间参加义和团运动的重要原因。

进行心理分析的方法很多，概而言之有以下五种：（一）通过查阅文书、档案和文献资料，尤其是有可能记录人物心理活动的传记、日记、回忆录、谈话记录以及作为研究对象的人物的著述，寻找出有关资料，分析研究对象对事物的态度和倾向。（二）利用口传资料，特别是亲自调查采访得到的当事人或亲历亲证者的口述资料，进行心理分析。（三）跟踪观察的系统分析。根据精神分析学派的理论，从童年时代起追踪分析一个人的心理和性格特征，会更有根据地解释他后来的活动和行为趋向，亦就是我们前面提到的童年"情结"，从而达到理解和解释研究对象之所以会如此而非如彼之

① 黑格尔：《历史哲学》，王造时译，上海书店出版社，1999，第24页。

目的。（四）问卷分析方法，即通过书面提问，在回答问题中取得心理分析的数据及有关资料，以便分析人物的个性、好恶、对某一历史事件的看法等种种心理因素。（五）梦的分析法。弗洛伊德在《梦的释义》中指出：梦是人的一种潜意识活动，"是清醒状态的明白易懂的精神活动的延续"。分析梦可以帮助认识思想人物对周围事物、对历史进程的感情和态度，可以提供研究思想人物潜意识活动的丰富材料。[①] 我们在运用心理分析法时，特别要注意不要过分夸大心理因素的作用。

　　比较研究法，也是历史研究尤其是思想史研究中经常使用的一种方法。在中国的历史典籍中，如《左传》《国语》《战国策》《史记》《汉书》都广泛地运用过历史比较方法，比如在《史记》的"列传"中，司马迁就把一些可比性的人物放在一起，写成"合传"，进行比较。在古希腊的史学著作中，如被称之为"史学之父"的希罗多德的《希腊波斯战争史》和"具有批判精神"的修昔底德的《伯罗奔尼撒战争史》，也有许多历史的比较叙述。到了近现代，历史比较研究已经形成为一门独立的史学分支学科。马克思在回答西欧道路与俄国公社命运和社会发展前景的问题时就曾指出：极为相似的事变发生在不同的历史环境中会引起完全不同的结果。正确的研究方法应当是，"把这些演变中的每一个都分别加以研究"，弄清楚这些演变的历史背景、具体情况和发生原因，"然后再把它们加以比较"，从而"找到理解这种现象的钥匙"。[②] 因此，他与恩格斯在研究人类社会发展的规律时，就曾对资本主义社会与前资本主义社会、古代东方社会与西方社会、主要资本主义国家的社会进行过比较。恩格斯在《德国的革命和反革命》一书中，通过对德国的资产阶级、无产阶级、封建贵族阶级与英国的、法国的资产阶级、无产阶级、封建贵族阶级之间的比较，科学地总结了德国革命的经验和教训，认为是资产阶级的软弱无能、无产阶级的力量弱小和封建贵族阶级力量的强大，导致了1848—1851年德国资产阶级民主革命的失败。梁漱溟1921年出版的《东西文化及其哲学》一书，是中国人最早对东西文化

---

① 以上这五种方法，转引自姜义华、赵吉惠、瞿林东、马雪萍《史学导论》，陕西人民教育出版社，1989，第190页。

② 中共中央马克思恩格斯列宁斯大林著作编译局编译《马克思恩格斯文集》第三卷，人民出版社，2009，第466、467页。

及其哲学进行系统比较的代表作，产生过重大影响，有其重要的学术地位。

就思想史的研究而言，经常运用的比较法主要有两种：即纵向比较和横向比较。所谓纵向比较，是将一定时代的思想家及其思想和他们的前辈及其思想进行比较，看他们是否提供了前人所没有提供的东西，也就是看他们在前人的基础上是否有所发展、有所进步。而横向比较，是在历史的横断面上，对同一时代的思想家及其思想进行比较，看他们谁更能把握时代的主题和要求，其思想更能贴近社会的需要，从而对他们及其思想做出符合历史事实的客观评价。我们有时又将纵向和横向这两种比较法称之为前后（纵向）和左右（横向）比较法。还可以进行国与国之间的比较，比如有学者在研究中国的洋务运动时，把它与日本的明治维新进行比较，分析洋务运动之所以失败而明治维新之所以成功的原因，就很有启发意义。

在运用比较研究法时，要特别注意可比性原则。所谓可比性原则，即是比较的对象必须具备共同的基础和联系。雷蒙德·格鲁在《比较历史研究概论》中就一再强调："历史比较研究方法在于对那些已被抽象地称作可资比较的集团、事件、机构和观念进行比较。"他又说："我们可以学会从类似的或不同的角度，对人类行为进行比较。"[1] 如果比较的对象没有可比性，就不能进行比较。否则，得出的只能是牵强附会的结论。

近年来，随着西方社会史研究的理论和方法的传入，已有越来越多的学者借用西方社会史研究的理论和方法来研究中国近代思想史，并取得了不少成果。思想史研究中引用西方社会史研究的理论和方法，这对推动中国近代思想史研究具有十分重要的意义。

首先，扩大了文献资料的使用范围。传统的思想史研究方法，多着重于文献资料的搜集和解读。但长期以来，能用来作为思想史研究文献资料的不外"儒家的经典和注释、诸子的解说、文集、语录、正史、传记"等等，而很多的考古资料，如"器物或图像资料、数术方技文献"以及历代的历书、则例、类书、蒙书、方志、族谱、档案和其他一些不能登大雅之堂的文献资料则没有纳入思想史研究的资料之中。因此，"在很长的一段时间里

---

[1] 雷蒙德·格鲁：《比较历史研究概论》，章克生摘译，《现代外国哲学社会科学文摘》1982年第 1 期。

面，思想史还是像哲学史一样，讨论的还是精英和经典"。[①] 但自西方社会史研究的理论和方法引入到中国思想史研究之后，原来那些没有或很少在思想史研究中使用的文献资料则得到了广泛运用。比如葛兆光的两卷本《中国思想史》就大量地引用了中国早期的星占历算、祭祀仪轨、医疗方技、各种类书、私塾教材以及碑刻造像、书札信件等资料，来说明"一般的知识、思想与信仰"。其次，非文献资料和口述资料得到重视和利用。除文献资料外，一些民间信仰、风俗习惯、行为方式、礼仪节日、图像音律、碑刻字画等非文献资料所记载或反映的可能是一种有着更广泛影响的社会思想，但由于文献资料尤其是那些官方的文献资料或精英留下的文献资料对此没有记载，或记载不多，长期以来，人们在研究中国思想史时几乎没有利用过这些非文献资料。而西方社会史研究的一个重要方法，就是通过田野调查，对大量的、散落在民间和社会上的非文献资料进行发掘、整理和利用。因此，随着西方社会史研究的理论和方法的引入，非文献资料在中国思想史研究中开始得到重视和利用。口述资料是文献资料的重要补充。但和非文献资料一样，口述资料在以前的中国思想史研究中也很少甚至没有被利用过。口述资料的被重视和利用也是在西方社会史研究的理论和方法被引用到思想史研究之后的事。再次，改变了中国思想史的书写方式。我们以前书写的中国思想史，基本上是精英思想史。比如，在学术界产生过巨大影响的侯外庐先生的五卷本《中国思想通史》，就是以不同时期的精英思想为主轴而架构起来的。除侯外庐外，胡适、梁启超、冯友兰、钱穆等其他人书写的中国思想史或哲学史著作也都如此，都是精英式的，很少能看到一般人或社会大众的思想。但这种情况现在有了改变，一些学者在研究中国思想史时，受西方社会史研究的理论和方法的影响，开始利用原来很少利用的一些文献资料、非文献资料和口述资料，来研究一般人或社会大众的思想，甚至有学者以不同时期的一般人或社会大众思想为主轴来架构自己的中国思想史著作。这方面最成功也最典型的例子便是葛兆光的两卷本《中国思想史》。研究中国思想史，重视一般人或社会大众思想的研究，这是中国思想史研究的一大进步，值得充分肯定。但矫枉不能过正，不能

---

① 葛兆光：《什么可以成为思想史的资料？》，《开放时代》2003 年第 4 期。

只研究一般人或社会大众的思想，而不研究精英的思想。实际上，一部中国思想史，既要包括精英人物的思想，也要包括一般人或社会大众的思想，既不能以精英人物的思想为主轴，也不能以一般人或社会大众的思想为主轴，因为历史既不是精英人物独自创造的，也不是一般人或社会大众独自创造的，而是精英人物和社会大众共同创造的，只是在不同的历史时期、不同的历史场景下他们的贡献有多有少而已。

西方社会史研究的理论和方法的引入极大地推动了中国近代思想史研究。实际上，不只是西方社会史研究的理论和方法，西方其他一些社会科学研究的理论和方法，如系统论、结构论、后现代主义理论的传入，都对推动中国历史研究，当然也包括中国思想史和中国近代思想史研究，起过或多或少的积极作用。就此而言，我们对来自西方的一些社会科学研究的理论和方法应该持积极开放的态度。但这只是问题的一个方面；问题的另一个方面，我们也应看到，西方社会史以及西方其他社会科学研究的理论和方法的传入，也给研究者带来了一些问题与困惑。首先，是对史料与理论关系形成颠倒的错误认知。"论从史出"，这是史学的一个基本要求，所以在对史料的解读中我们要秉承客观、公正的态度，全面系统地占有资料，实事求是地分析史实，才能得出自己的结论，史料与理论之间是相互的，理论是从史料中得到的，史料也能用理论去验证，所以对于肢解史料以有利于自己的论证的做法是史学界尤其要反对与警惕的。但是，近一二十年来，随着西方社会史研究的理论和方法的引入，许多学者开始运用"公共空间""市民社会""国家与社会"等范式进行思想史的研究，研究中常常采用的是先立论后举例的程序。这样的做法一方面可以扩大研究视域，但是如果运用不当则会出现"以论代史"的现象，在已有"结论"的引导下去寻求史料，而达不到"论从史出"的要求。其次，是阐释的"过度"与概念的"滥用"。当带有后现代色彩的"话语分析"模式传入中国时，给研究者带来了一种"不良"的暗示——在研究中可以从文本到文本，依据自己的理解去阐释历史。这种暗示的危险是，从文本到文本的方法会产生阐释"过度"的现象。黄兴涛就对"想象""神话""吊诡"等名词在史学研究中的"滥用"提出过批评。他指出，许多人往往把带有想象性特点或者说曾有"想象"因素参与其中的历史认知过程，与"想象"作为根本性质的事物混为一谈，好像人类除了"想象"外，便无其他的思维活动；"神话"的标签也到处乱用，并且使用的并不是本来意义上的概念。[①]另外，一些学者在研究中国近代思想史时，受西方社会史研究的理论和方法的影响，将更多的关注下沉到民间，力图通过阐释与分析民众的社会生活的方方面面以还原历史场景，却忘却了思想史研究的一个基本要求，即理论的要求，所以文章显得支离破碎，没有理论深度，这是社会史与思想史的结合没有到位的结果。所以，在今后的研究中，我们更多地需要思考如何更好地打通不同学科，实现学科间更好地结合；在引进西方的研究理论和方法时，我们要立足于中国的研究实际，将西方的研究理论和方法"中国化"，从而建立本土化的中国思想史研究的理论、方法和范式。

研究中国近代思想史，当然离不开对思想人物的评价。谈到对近代思想人物的评价，可以有不同的评价标准。一是历史的评价标准，即坚持历史主义的原则，看他们的思想和活动是否合乎中国近代历史发展的需要。什么是中国近代历史的需要呢？就是如何正确地回答和解决民族独立和社会进步这两大中国近代的时代主题。在中国近代史上，凡是对民族独立和社会进步起过积极作用的历史人物就应肯定，反之，则应否定。二是道德或学理的评价标准，即看他们个人品质的优劣以及他们提出的思想或理论是否有学理的根据，或对学术发展有何贡献。思想人物如果在这两方面是统一的，那么其评价就不会出现大的问题或争论。如果在这两方面不是统一的，出现的问题和争论就比较多。一些研究者在评价思想人物时主要用的是学理的或道德的标准，而不是历史的标准，得出的结论往往似是实非。如有的人从个人品质上肯定梁济和王国维为殉清而采取的自杀行为，而没有分析这种自杀应该不应该的问题。本书承认梁济和王国维的自杀是"杀身取义"，问题的关键在于此"义"该不该"取"。梁济和王国维之所以自杀，用他们自己的话说，是为了殉清，而按后来一些人的解释，是为了殉中国传统文化（如陈寅恪就认为王国维自杀是殉传统文化），但不论是殉清也好，还是殉传统文化也罢，都是一种逆历史潮流的行为。因为推翻清王朝，结束2000多年的君主专制统治，是历史的巨大进步，而传统文化之所以在新

---

① 黄兴涛：《"话语"分析与中国近代思想文化史研究》，《历史研究》2007 年第 2 期。

文化运动时期受到人们的批判而日见衰落，是由于以儒家思想为核心的中国传统文化的基本价值已不适应现代社会生活的需要，只有经过批判和改造，才能化腐朽为神奇，实现它的现代转型。

因此，我们认为对思想人物的评价，应该坚持历史评价与道德评价、学理评价相结合，而以历史评价为主的原则，这样才能更客观科学地评价近代思想人物的历史作用和地位。以新文化运动时期的东方文化派与新文化派的东西文化论争为例，从学理上分析，无论新文化派，还是东方文化派，对一些问题的认识都存在着片面性，但如果我们把他们所争论的问题放置于特定的历史背景下来考察，以历史发展的客观要求为其评价的标准，那么，显而易见，新文化派的理论和主张比东方文化派的理论和主张更符合历史的要求，更有它的历史价值和现实意义。比如，在中西文化差异之性质的争论上，新文化派认为是"古今之别"，而东方文化派认为是"中外之异"，就学理而言，二者都失之片面：前者强调了文化的时代性，而忽略了文化的民族性，后者则强调了文化的民族性，而忽略了文化的时代性；实际上文化是民族性和时代性的统一。但从当时的历史要求来看，是要人们承认中国传统文化比西方近代文化的落后，从而奋起直追，使中华民族立于世界民族之林，而不是保持本民族文化的纯洁性，肯定它有其存在的特殊价值和意义。这正如一位论者指出的那样：应该看到新文化派对文化之时代性的片面强调，"既是一种认识上的错误，同时又是一种认识上的进步。这种进步就在于新文化运动提倡者开始懂得人类社会的文化进化史是具有共同性的，由是才从狭隘的民族视野中解放出来，放眼去观察世界，把整个人类文化的进程拿来进行宏观考察，从而他们才敢于略去民族性的差异，去径直进行时代性的先进与落后的比较研究，并对外国的先进文化具有敢于'拿来'的勇气"[1]。我们以前只讲历史的评价，忽略了东方文化派在学理上的贡献，这固然是片面的，但如今有的学者从一个极端又走到另一个极端，只以学理的标准来评价新文化派和东方文化派，而放弃了历史评价的标准，贬斥前者，而肯定后者，这同样是片面的，不是评价历史人物的正确态度。

研究中国近代思想史，还应注意处理好以下三对关系：

---

[1] 丁伟志：《重评"文化调和论"》，《历史研究》1989 年第 4 期。

　　首先，应注意处理好思想家思想与人民大众思想之间的关系。一提到思想史研究，首先就涉及其研究究竟是以思想家的思想为主，还是以人民大众的思想为主的问题。这也是学术界长期争论不休的一个老问题。在本书看来，中国近代思想史研究，一方面要重视思想家的思想，至少应以思想家的思想为研究的切入点。这是因为：其一，与人民大众比较，作为社会精英，各个时期的思想家，尤其是他们的代表人物对于民族独立和社会进步这两大中国近代的时代主题有更敏感和更深切的感受，更能触摸到跳动的时代脉搏；其二，思想家的思想往往是一般社会思想和动向最集中、最典型的反映，是它们的浓缩体。这也是思想家的思想之所以能影响社会的根本原因。另一方面，也要重视人民大众的思想，尤其要重视人民大众思想对思想家思想的影响。实际上思想家的思想和人民大众的思想存在着一种相互作用、相互影响的互动关系。同时，我们在研究思想家的思想时，要特别注意加强对思想家的生活时代和生存状态的研究，加强对思想家的思想是通过何种方式和渠道影响人民大众、从而影响到历史发展进程的研究。

　　其次，应注意处理好思想理论与社会实践之间的关系。中国近代思想史的一个特点，是思想理论与社会实践的脱节。这表现在两个方面：（一）就历史发展的进程来看，往往是思想理论超前，而社会实践滞后。比如早在鸦片战争结束不久，魏源就提出了"师夷之长技以制夷"的思想，但直到洋务运动时期，这一思想才付诸社会实践；在19世纪七八十年代，早期维新思想家就提出了设议院和"君民共主"的要求，但直到20世纪初清政府才宣布"预备立宪"。如此等等。（二）就思想家个人来看，社会实践落后于思想理论甚至相背离的现象也较普遍。这方面最典型的例子是康有为。维新变法运动兴起前后，他是兴民权、设议院的积极要求者，但到了"百日维新"期间，他只要求设制度局于宫中，再不提设议院的事情。他提倡过一夫一妻制，积极宣传过男女平权思想，但在实践中他是一夫多妻制和男权主义的维护者。所以我们在研究中国近代思想史时，一定要把思想理论与社会实践结合起来进行研究，不能只看思想家们说了些什么，而且还要看他们做了些什么，只有如此，才能对思想家做出合乎历史事实的客观评价。

　　再次，注意处理好思潮史研究与思想家研究之间的关系。中国近代思想发展的一个重要特征就是思潮风起云涌，然而长期以来学术界对此关注不够，虽然侯外庐等学者曾提出过应当研究近代的社会思潮，但学者们的研究仍多以思想家为主，那些以"中国近代思想史"命名的著作，基本上是各个时期一些主要思想家思想的汇编。自 20 世纪 90 年代以来，这种状况有了改变，思潮史研究异军突起，蔚成风尚，相继出版了一批以"思潮史"命名的著作。以思潮为线索构架中国近代思想史无疑是对此前以思想家为线索构架中国近代思想史的重大突破，但它也同样存在着不足。如果说在那些以思想家为主要线索构架而成的思想史著作中，寻找不到中国近代思潮的演化脉络，有树木而无森林的话，那么，在那些以思潮为主要线索构架而成的思想史著作中，则看不到主要思想家的思想和活动，有森林而无树木。而缺少思想家的思想和活动的思想史著作，其学术价值就必然会大打折扣。本书非常赞成 20 世纪 70 年代末李泽厚在他的《中国近代思想史论》中提出的一个观点："不强调从思潮着眼，无法了解个别思想家的地位和意义；不深入剖解主要代表人物，也难以窥见时代思潮所达到的具体深度。"[①] 所以一部好的中国近代思想史著作，应该是思潮史研究与思想家研究的完美结合，即以近代思潮的演化脉络为经，以主要思想家的思想和活动为纬，经纬交织，一方面要以思想家的思想来见证思潮的演化，另一方面又要以思潮的演化来加深对思想家思想的解剖。

四、本书的学术创新与不足

本书是目前国内外出版的第一部个人著多卷本多分册的《中国近代思想通史（1840—1949）》著作，时间上限在嘉道年间，但考虑到 1840 年是中国近代史的开端，从此，中国开始成为半殖民地半封建社会，而本书是中国近代思想通史，为与中国近代史开端的时间相一致，标明的时间上限仍是 1840 年；其时间下限是 1949 年 10 月 1 日中华人民共和国的成立。概而言之，本书学术创新主要体现在以下几个方面：

第一，研究理论的创新，即在中国近代思想史的研究对象、逻辑起源、发展动力、历史分期等方面提出了自己独特的观点。

---

① 李泽厚：《中国近代思想史论》，人民出版社，1979，第 474 页。

正如我们在绪论第一节中已指出的那样，长期以来思想史研究缺乏理论的自觉。以思想史研究的对象而言，学术界就存在着不同的认识。就目前已经出版的几种中国思想史的著作来看，基本上是以政治思想为主，同时包括哲学思想、文化思想、学术思想，甚至还有经济思想、军事思想、文学思想等其他方面的思想，是各种思想的大拼盘、大杂烩。但本书认为，每一个时代都有每一个时代所面临的时代主题，每一个时代思想史的研究对象便是由这个时代所面临的时代主题决定的。中国近代思想史的研究对象也是由中国近代所面临的时代主题决定的。中国近代所面临的时代主题，是实现中华民族的伟大复兴。因此，本书研究的对象主要是近代中国人围绕实现中华民族伟大复兴这一时代主题以及对外反对帝国主义以实现民族独立、对内反对封建主义以实现社会进步而提出的各种思想、观念和主张及其争论，其他中国近代思想史著作通常所写入的哲学思想、文化思想、学术思想等内容，除与本书研究的主题有关外，一般不包括在本书的范围之内。又比如，在中国近代思想史的起源问题上，本书也没有采纳传统的以1840年为起源的观点，而是跨越了1840年，用一定的篇幅考察了嘉道年间的社会危机，以及在社会危机的强烈刺激下的经世思潮的复兴，把中国近代思想史的逻辑起源确定在了整个嘉道年间。因为嘉道年间复兴的经世思潮使中国传统思想具备了向近代转型的可能性，而发生于此时的鸦片战争，又给经世思潮注入了新的内容，从而使这种可能性成为现实性。正是在嘉道年间，中国传统思想开始迈出了向近代转型的第一步，并对中国近代思想尤其是晚清思想产生过重大而深远的影响。再比如，在思想史的发展动力或生成机制问题上，本书既不赞成"外因"决定论，也不同意"内因"决定论，而持的是一种"合力论"，认为引起中国传统社会和传统思想近代转型或发展的因素是复杂的，既有内因，也有外因，既非外因决定的，也不是内因决定的，而是内因和外因共同决定的，来自传统社会和传统思想的内部因素和来自西方国家文明冲击的外部因素所形成的合力，共同推动了中国传统社会和传统思想的近代转型或发展。当然，本书也再三强调："合力论"不等于"均力论"，在不同的历史时期或发展阶段，来自传统社会和传统思想的内部因素和来自西方国家文明冲击的外部因素对中国近代社会和思想的演变或发展所起的作用的大小和重要性并不一样，这就需要我们进行认真的考察。在分期上，本书没有采纳思想史研究通常采纳的以政治史分期为分期的做法，而是依据思想史自身演发的逻辑，分中国近代思想史为三个大的时期，即第一个时期，从嘉道年间到1915年《新青年》创刊之前；第二个时期，从1915年《新青年》创刊到1931年九一八事变之前；第三个时期，从1931年九一八事变之后到1949年10月1日中华人民共和国成立。当然考虑到论述的完整性，有时对某一事件或某一思想、思潮的论述又跨越了这一时期的分期，亦即延续到了下一个时期。

第二，研究体例的创新，即依据历史逻辑与理论逻辑相统一的原则，同时兼采纪事本末体的特点，建构中国近代思想通史的研究框架。

本书根据历史自身演变的轨迹，把中国近代思想通史分成1840—1915年、1915—1931年、1931—1949年这样三个大的时段，每个大的时段下又分成若干小的时段。如1840—1915年这一大的时段，分为嘉道时期、太平天国时期、洋务运动时期、戊戌变法时期、义和团运动前后、20世纪初思想启蒙、辛亥时期和民国初年这样几个小的时段；1915—1931年这一大的时段，分为新文化运动时期、大革命时期和国民党统治初步建立这样几个小的时段；1931—1949年这一大的时段，分为九一八事变后、七七事变后和抗战结束后这样几个小的时段。本书的研究框架，基本上是依照上述时段加以建构的。当然，每一时段中有时会有多种思想、思潮的并存和事件的发生，谁放在前？谁放在后？这就涉及理论逻辑的问题。比如，以第二大时段（1915—1931）中的小时段新文化运动时期为例，共有三章，即第九章："吾人之最后觉悟"：新文化运动及其意义；第十章：社会主义思潮和马克思主义的传播；第十一章：新文化运动时期此伏彼起的思想文化论争，这依据的就是理论逻辑。因为先有新文化运动的发生和发展，才有社会主义思潮和马克思主义的广泛传播，以及中国共产党的成立。在此期间，形成了不同的思想文化派别，并发生了此伏彼起的思想文化论争。其他各时段，也都是依据理论逻辑来设置章节的。如第三大时段的九一八事变之后这一小的时段，我们先论述的是九一八事变后抗日救亡运动和思潮的兴起（第十八章），接着是民族危机下各种思潮的新变化、新出现（第十九章），然后是中国向何处去：内忧外患中思想界的争论和选择（第二十章），这三章的理论逻辑非常显明。考虑到某一思想、思潮或事件的时间跨度较长，如果分在不同的时段论述，会破坏其完整性，所以，本书吸取了中国传统史书纪事本末体的特点，尽量将它们放在同一章下或同一节下进行论述。如中国近代的民族主义，它产生或形成于清末，新文化运动时期有新的发展，因此，我们在第二卷第十三章第三节论述新文化运动时期的民族主义时，是从清末中国近代民族主义产生或形成开始的。又如第二十三章"要求国民党还政于民：宪政运动的兴起和展开"，就把九一八事变后兴起的宪政运动和七七事变后兴起的两次宪政运动放在一章加以论述，因为九一八事变后的宪政运动虽然很"微弱"，但：其一，它与七七事变后的两次宪政运动的目的相同，即要求国民党结束训政，还政于民；其二，参加的人员基本相同，除了有参与七七事变后的两次宪政运动的共产党人参加外，其他主要人员也都是九一八事变后兴起的宪政运动的主要参加者。

第三，研究内容的创新，即对一些以前没有涉及或很少涉及的内容进行研究，一定程度上弥补了以往研究的欠缺。

比如，第一卷（1840—1915）：以往的中国近代思想史著作，在研究鸦片战争前后的思想时，很少提到包世臣。实际上包世臣是嘉道时期十分重要的思想人物，在漕运、盐政、河工、币制等许多关系国计民生的重大问题上提出过改革主张和方案，并有首倡漕运、盐法改革之功，是当时首屈一指的经济专家。由于他比龚自珍和魏源分别年长17岁和19岁，因此，他的许多改革思想和主张对龚、魏两人，尤其是魏源产生过重要影响。本书第一次对包世臣的思想进行了深入研究，并把他与龚、魏进行了比较。何启和胡礼垣合著的《新政真诠》是晚清一部很重要的维新著作，他们也因此而获得了"中国早期维新思想家"的声誉。但长期以来，由于种种原因，《新政真诠》一书并没有得到学术界应有的重视，1994年该书才由辽宁人民出版社收入"中国启蒙思想文库"出点校本（郑大华点校），到目前为止，很少有专文对该书进行过认真的系统研究，更没有人把它纳入中国近代思想史的体例中加以论述。这与学术界对同时代的郑观应、王韬、薛福成、马建忠、陈炽等人及其著作的热衷形成巨大反差。本书则用一节"《新政真诠》：一部未得到应有重视的维新著作"3万多字的篇幅对《新政真诠》进行了系统研究，认为它开创了中国近代思想史的多项"最早"：如最早提出"公平"的思想，最早系统地宣传社会契约思想和天赋人权思想，最早要求自由办报和言论自由，最早对"中体西用"论进行理论批判，最早主张采纳英国的虚君制立宪制度，等等。戊戌变法期间，湖南的维新运动搞得轰轰烈烈，是最富有"朝气"的省份，但以前出版的中国近代思想史著作，没有人对这一原因进行过系统分析，本书则专辟一子目，分析"湖南成为最富有'朝气'省份的原因"。戊戌政变后，流亡海外的以梁启超为代表的维新思想家，一方面继续其未竟的维新事业，另一方面又以更大的热情投身思想启蒙活动，创办报刊，译介西书，传播启蒙思想，在中西文化的交融中整理和探讨中国固有的旧学术，并提出"史界革命""文学革命""小说界革命"和"诗界革命"等口号，他们和章太炎等革命派一道，推陈出新，在史学、文学、教育和白话文运动等多个领域取得丰厚成果，为中国资产阶级新文化的发展奠定了基础。与此同时，革命派在积极从事反清革命的过程中，也以饱满的热情批判封建专制主义、纲常名教和封建迷信，宣传资产阶级的人权、自由和平等思想，并提出了改造国民性的问题，为20世纪初期的思想启蒙做出过重要贡献。与19世纪末维新思想家的启蒙思想比较，20世纪初革命派的启蒙思想具有许多新的特征和内容。但长期以来，学术界对此关注不够，目前出版的中国近代思想史著作，很少涉及这方面的内容。本书则专门设了一章（第六章），用12万字的篇幅，研究19世纪末20世纪初"空前的思想启蒙"。民初这段时间，即从1912年1月1日民国成立到1915年9月15日陈独秀创办《青年杂志》、新文化运动兴起，以往的中国近代思想史著作，研究的主要是袁世凯的尊孔复古、康有为的孔教运动，以及复古与反复古、复辟与反复辟的斗争。本书则以一节7万字的篇幅，探讨了辛亥革命已经失败的背景下思想界对中国向何处去的思考和选择，下设三个子目：一、对抗论与调和立国论；二、联邦制与单一制之争；三、中国的出路：政治革命乎？社会改造乎？思想启蒙乎？这些都是以往的中国近代思想史著作很少涉及的内容。

　　第二卷（1915—1931）：长期以来，学术界在谈到第一次国共合作时期孙中山与中国共产党的关系时，往往强调的是二者之间的团结和合作，如孙中山在苏俄和中国共产党的帮助下对国民党进行改造，实行联俄、联共和扶助农工的三大政策，召开国民党第一次全国代表大会，重新解释三民主义，实现国共第一次合作，共同领导大革命，等等，而很少提到二者之间的思想差异，就是提到也是轻描淡写地一笔带过。然而实际上，第一次国共合作时期孙中山与中国共产党既有团结和合作，也有矛盾和差异，尽管团结和合作是二者关系的主要方面，矛盾和差异是二者关系的次要方面，但矛盾和差异的存在则是客观事实，我们不能回避也不应回避，而应实事求是地分析其产生矛盾和差异的原因、表现及其影响，给予客观公正的评价。因此，本书专列一章，探讨以前中国近代思想史很少涉及的孙中山与中国共产党民族理论上的思想差异，这种差异体现在三个方面：一是"民族自决权"上的思想差异；二是"民族建国"构想上的思想差异；三是民族主义与国际主义的思想差异。另外，本书在第三卷第二十四章"新民主主义理论和毛泽东思想指导地位的确立"的第二节"新民主主义与新三民主义、社会主义之关系"中，专列一子目，分析新民主主义与孙中山的新三民主义之间思想上的同和异的问题。学术界一般认为，蒋介石发动四一二政变、建立南京国民政府，并在形式上统一了全国之后，是以胡适为代表的人权派发出了批判国民党一党专政、践踏人权的第一声，但实际上早于人权派近一年时间，张君劢和李璜就合办了一份地下刊物《新路》，批判国民党的训政制度，尽管《新路》只出版了10期，就被国民党查禁，但它是国民党统治建立后批判国民党的第一份刊物的地位不容否认。本书专列一节论述了《新路》对国民党训政制度的批判及其历史地位。此前的中国近代思想史著作，很少涉及国民党的训政制度与孙中山政治思想的关系问题。本书第十五章第二节讨论了"训政制度对孙中山政治思想的继承与背离"，这主要体现在三个方面：一是对孙中山"革命程序"论的继承与背离；二是对孙中山"以党治国"论的继承与背离；三是对孙中山"五权宪法"论的继承与背离。

第三卷（1931—1949）：在论述九一八事变后民族危机引起的思潮新变化时，用一节的篇幅论述了民族复兴思想在甲午战争后的萌发、新文化运动时期的发展和九一八事变后发展成为思潮的过程及其原因，以及九一八事变后思想界围绕中华民族能否复兴和如何复兴展开的讨论，这是以前的中国近代思想史著作从没涉及的内容。因为学术界重视近代民族复兴思想和思潮的研究，起始于中共十八大习近平总书记提出"中华民族伟大复兴的中国梦"后。以前的中国近代思想史著作也很少涉及全民族抗战时期马克思主义学派关于"马克思主义中国化""学术中国化""文艺的民族形式"的讨论，尤其是"中华民族"观念的提出、演变和形成。本书则设了一章（第二十五章），讨论有关问题。此前的中国近代思想史著作，在论述完中国近代思想史的发展或演变的历程之后，没有进一步提炼和总结出中国近代思想史对今人留下的深刻启示，本书在《结语》中提炼和总结出中国近代思想史对今人留下的五个方面的深刻启示。启示之一：适应时代变迁，通古今而"主宜今，不主宜古"，不忘本来而着眼未来，传承、转换中华思想的丰富元素，回答时代给出的课题，回应时代提出的挑战；启示之二：顺乎世界潮流，通中外而破闭关、"步武泰西"，摄取异域而立足本土，使外来先进思想理论在中华大地、中国社会能生根发芽、开花结果；启示之三：着力综合创新，通新旧而"主启新，不主仍旧"，在会通中西、会通古今的基础上创造现代中国新思想、新文化、新理论、新思潮、新流派；启示之四：兼顾个体与群体、个人与社会、主观世界改造与客观世界改造并重，以"小我"成就"大我"，以"青春之我"创建"青春之国家，青春之民族，青春之人类"；启示之五：实践是理论之源，不管是传承的、外来的还是创新的，都必须理论与实践相统一才能管用，只有理论与实践相统一、符合中国国情、符合中国社会发展阶段的科学理论，才能真正向时代交出合格答卷，才能真正在中华大地落地生根，才能引领中华民族实现伟大复兴。

第四，研究观点的创新，即对以前已有研究、成果较多的内容进行新的思考，提出了自己的新观点、新见解。

比如，第一卷（1840—1915）：以往的中国近代思想史著作，在论述鸦片战争后以林则徐、魏源为代表的先进中国人的思想主张时，往往把"开眼看世界"（即介绍西方各国情况）和"师夷之长技以制夷"（即向西方学习）混合一起谈。本书则认为，"开眼看世界"，只是向国人介绍各大洲各地区各个国家的情况，使他们对世界大势有所了解，虽然这种了解是产生学习西方思想的前提，但它本身并没有包含向西方学习的内容，提出向西方学习的主张。事实上，"开眼看世界"者并不一定主张"师夷之长技"，向西方学习。这方面最典型的例证是梁廷枏。基于以上认识，本书把"开眼看世界"和"师夷之长技以制夷"分成两个子目来展开论述，认为"开眼看世界"的思想意义，在于否定或冲击了传统的"天下中心"观和"华尊夷卑"观，有利于人们新的世界意识或观念的形成；而"师夷之长技以制夷"的思想意义，在于否定或冲击了"夷夏之辨"观，从而开启了晚清或中国近代向西方学习的新思潮。对于冯桂芬的思想属性，当今学术界也存在着不同的看法，有说他是地主阶级改革思想家的，有说他是洋务思想家的，有说他是早期维新思想家的，有说他是洋务思想家与早期维新思想家兼而有之的，有说他是维新思想的先驱者的。本书则认为，冯桂芬是嘉道年间复兴的经世思潮的继承者和发展者，同时又是同光年间兴起的洋务思潮的开启者和影响者。如果套用人们对文艺复兴时期的意大利诗人但丁的评价，冯桂芬既是最后一位有影响的经世思想家，又是第一位有影响的洋务思想家，他的《校邠庐抗议》一书，是连接经世思潮与洋务思潮的桥梁。关于郭嵩焘的思想，几乎所有研究者认为早在19世纪70年代郭嵩焘的思想即已具有早期维新思想的性质，所以他是最早的早期维新思想家。但本书通过研究则认为，郭嵩焘思想介于洋务与维新之间，既超越了洋务思想，但又没有达到维新思想的高度。我们之所以说超越了洋务思想，是因为郭嵩焘认为"西方立国有本有末，其本在朝廷政教，其末在商贾，造船、制器"，尽管郭嵩焘在这里所讲的"政教"，并不像许多研究者想当然认为的那样是西方的民主政治，而指的是振肃纲纪、刷新吏治、选用人才，仍然是传统的革新政治的思路，但"西方立国有本有末"思想的提出，如同后来早期维新思想家胡启、何礼垣和戊戌时期的维新思想家严复所提出的"西方立国有体有用"的思想一样，亦是对洋务派的"中体西用"文化观的突破和否定，具有重要的思想意义。尤其是郭嵩焘在出使英法期间，通过对西方民主政治运行过程的考察，认识到西方的民主政治比中国的传统政治优越得多，从而给予了西方民主政治以充分的肯定和赞美，其字里行间流露出的是对西方民主政治的高度认同。这是对洋务思想的超越和突破，我们在同时代的洋务官僚中是很难找到类似郭嵩焘的此种思想的。我们之所以又说郭的思想没有达到维新思想的高度，是因为早期维新思想家不仅高度肯定和赞美西方的民主政治，并进而提出了中国应向西方学习、变中国的君主专制制度为西方的"君民共主"制度的主张。是否主张在中国实行西方的"君民共主"的政治制度，是判定一个人是不是早期维新思想家的根本标准。而郭嵩焘虽然对西方的民主政治给予了充分的肯定和赞美，但他并没有明确主张变中国的传统政治为西方的民主政治，在中国实行"君民共主"。因此，他的思想还没有达到早期维新思想家的高度，还不能称之为早期维新思想家。关于戊戌变法的性质，传统的观点认为它是一场救亡图存的爱国运动和资产阶级的政治改良或改革运动，但本书认为，戊戌变法不仅是一场救亡图存的爱国运动、一场资产阶级的政治改革或改良运动，也是一场思想启蒙运动。作为救亡图存的爱国运动和资产阶级的政治改革或改良运动，戊戌变法是失败了，既没能阻止《马关条约》的签订和帝国主义掀起的瓜分中国狂潮，103天的"百日维新"最后也以彻底失败而告终；但作为思想启蒙运动，维新变法不仅没有失败，相反成了20世纪初年和新文化运动时期的思想启蒙运动的先导。关于革命党人在辛亥革命中作用的评价：在传统史观占统治地位的时代，认为辛亥革命推翻清王朝是革命党人的功劳，而对立宪派和"反正"汉族官僚的作用持全面否定的态度。近年来学术界又流行这样一种观点，即认为以孙中山为代表的革命派人数甚少，力量有限，辛亥革命之所以能够推翻清王朝，其主要功劳不在革命派，而在立宪派和汉族官僚的"咸与革命"，甚至认为立宪派主导的各省谘议局是辛亥革命的真正发动者和领导者。本书认为辛亥革命之所以发生并取得成功，是多种力量共同作用的结果，这其中包括革命派、立宪派、汉族官僚以及开明的满族亲贵的作用，但在这多种力量的共同作用中，革命派的作用最大，影响和左右着辛亥革命的进程。就好像一个乐队，有大提琴手、小提琴手、打击乐手、小号手等演奏者，他们虽然都很重要，是演奏的参与者，但指挥乐队演奏并决定演奏成功与否的是乐队指挥。辛亥革命就好似一个乐队的演奏，有很多力量参与，然而指挥乐队演奏并决定演奏成功的则是革命派。

第二卷（1915—1931）：本书没有采用学术界通常使用的"五四新文化运动"这一用法，认为"五四运动"和"新文化运动"指涉的是两个性质不同的历史事件——五四运动指的是发生于1919年5月4日的学生游行示威活动以及后来的发展（如"六三运动"），到6月28日中国代表拒签和约告一段落，其性质是以"外争主权，内除国贼"，要求"收回山东利权"，"拒绝在巴黎和约上签字"为主要诉求的反帝爱国运动；新文化运动指的是发生于 1915 年 9 月 15 日《青年杂志》创刊到 1924 年大革命兴起前，以"民主和科学"为口号、为旗帜，以反孔批儒和伦理道德革命、文学革命和白话文运动、输入各种新思想新学说、整理国故、再造文明为主要内容的思想启蒙运动。二者虽然有联系，有交集，新文化运动的兴起和发展，为五四运动的发生奠定了基础，提供了条件，而五四运动的发生，又推动了新文化运动的进一步发展，但它们是不同性质的两个历史事件，不能把它们合在一起统称为"五四新文化运动"。1919 年发生在李大钊和胡适之间的问题与主义之争，学术界一般认为它是新文化运动时期马克思主义与非马克思主义之间三次大的争论的第一次大的争论，近一二十年来又有学者提出，李、胡的问题与主义之争是新文化派内部的一次学术之争，而非政治之争，更不是马克思主义者与反对马克思主义者的阶级斗争。这两种观点本书都没有采纳，本书认为，首先，不能把李、胡的问题与主义之争说成是中国的早期马克思主义者与非马克思主义者之间的第一场大的争论，因为无论就参加的人数而言，还是从社会和思想的影响来看，李大钊与胡适的问题与主义之争都不能与此后发生的中国的早期马克思主义者与非马克思主义者之间关于社会主义和无政府主义的争论相提并论。尤其重要的是，胡适发表《多研究些问题，少谈些主义》时，马克思主义刚刚开始在中国的广泛传播，除李大钊外，还没有其他人成为中国的早期马克思主义者，甚至包括陈独秀，都还没有完成从激进的民主主义者向马克思主义者的转变，所以胡适文章的矛头所指不仅仅是马克思主义，而且还有无政府主义等其他主义，甚至可以说主要指向的是后者；其次，李、胡的问题与主义之争是发生在《新青年》群体内部的思想争论，具有浓厚的学理之辨的色彩，但双方争论的焦点则是政治问题，即要不要进行社会革命以求中国社会问题的根本解决。在新文化运动的个性解放与科学和民主的关系上，学术界有两种观点：一种观点认为，新文化运动是以民主和科学为自己的旗帜和口号的，个性解放虽然具有反对封建专制主义的积极意义，但不能与民主和科学相提并论；另一种观点认为，新文化运动的基本精神就是个性解放，民主和科学不过是围绕个性解放而提出并为之服务的两个口号而已。这两种观点本书都没有采用，本书认为新文化运动的旗帜或口号是民主和科学，这不能否定，但个性解放是民主的重要内涵，甚至可以说是它最主要的内容，而新文化运动时期的"个性解放"，包括两个方面的内容：一是批判封建之纲常名教对人的束缚和压迫；二是倡导一种个人主义的人生观。关于新文化运动时期的东西文化论争，在传统史观占统治的年代，人们肯定以陈独秀为代表的新文化派的观点，而否定以杜亚泉、梁启超、梁漱溟为代表的东方文化派的观点，最近二三十年来，因否定所谓激进思潮，肯定所谓保守主义，人们对新文化运动时期的东西文化论争的评价也发生了360度大转弯，即否定以陈独秀为代表的新文化派的观点，而肯定以杜亚泉、梁启超、梁漱溟为代表的东方文化派的观点。本书则采取了学理评价与历史评价分开的方法，认为从学理评价的标准来看，无论是以陈独秀为代表的新文化派，还是以杜亚泉、梁启超、梁漱溟为代表的东方文化派，他们都是正确与错误并存，而且其观点正好互补，如关于中西文化差异，以陈独秀为代表的新文化派强调的是文化的时代性，以杜亚泉、梁启超、梁漱溟为代表的东方文化派强调的是文化的民族性，而文化是时代性与民族性的统一体，不能将时代性与民族性加以割裂；但以历史评价的标准来衡量，则是以陈独秀为代表的新文化派的观点顺应了历史发展的要求，因为当时历史的要求是：承认中西文化之间存在着时代的落差，承认中国文化在时代性上不如西方文化，从而奋起直追，向西方文化学习，而不是强调文化的民族性，否认中国有向西方学习的必要性和紧迫性。

　　第三卷（1931—1949）：本书提出，近代以来，中国思想发展的一个重要特征就是思潮风起云涌。这些思潮大多发端和形成于清末民初，新文化运动时期有了进一步发展。九一八事变后，日益严重的民族危机，促使这些思潮发生了新的变化。如民族主义，其理论建构就经历过从清末的民族建国到新文化运动时期的民族自决，再到九一八事变后的民族复兴的发展。同样，自由主义也经历过从九一八事变前的强调人权到九一八事变后的强调国权的演变，在民族危机的刺激下，自由主义知识分子发生分化，一部分转而主张专制和独裁，认为只有专制和独裁才能挽救日益严重的民族危机，一部分虽然仍主张民主政治，但他们主张民主政治的理由发生了位移，即从九一八事变之前的民主政治有利于保障人权，到了九一八事变后的民主政治有利于国家统一。和民族主义、自由主义一样，文化保守主义同样是中国近代的一种主要社会思潮，九一八事变之前，其认同传统、反对西

化的文化保守主义是一种悖时之论，整个的社会趋向是向西方学习，然而
到了九一八事变后，情况则发生了变化，因民族危机的加深，社会需要通
过大力表彰和弘扬中国传统文化来树立起国民对民族、国家的自信心和凝
聚力，于是，反思新文化运动时期"整理国故"的西化和历史虚无主义倾
向，研究中国历史、大力发掘和弘扬中国传统文化成为一种学术风尚。正
是在这样的历史背景下，作为学派的现代新儒家开始形成。又如社会主义，
这一直是中国近代思想史研究的热点和重点。但长期以来，人们研究社会
主义一般就到新文化运动时期、中国共产党成立为止，此后研究的主要是
中国共产党人的社会主义思想及其实践，而很少有人关注 20 世纪 30 年代
初在知识界中兴起的社会主义思潮。《近代史研究》2008 年第 3 期发表的郑
大华、谭庆辉的《20 世纪 30 年代初中国知识界的社会主义思潮》一文，第
一次对 20 世纪 30 年代初兴起的知识界的社会主义思潮进行了较为系统的
研究。本书第十九章"民族危机下各种思潮的新变化、新出现"的第四节
"社会主义思潮的新变化"，就是在该文的基础上修改扩充而成的。本书认
为，在此之前，人们认同社会主义，主要认同的是它的分配制度，能有效
地解决资本主义制度下贫富差距越来越大，进而引起社会危机和革命的问
题。而到了 20 世纪 30 年代，受 1929 年爆发的世界资本主义经济大危机，
尤其是苏俄"一五计划"提前完成，使苏联由此从一个落后的农业国一跃
而成为世界上发达的工业国的影响，人们得出新的认识，即社会主义的优
越，不仅仅是它的分配制度，而且还在于它是计划经济，解决了资本主义
市场经济下容易造成的生产过剩问题。从此，除生产所有制外，计划经济
是社会主义的本质属性，市场经济是资本主义的本质属性，计划经济优越
于市场经济，就成了不少人的基本共识。直到 1978 年改革开放以后，人
们才逐渐认识到，无论是市场经济，还是计划经济，实际上都是经济运行
的一种方式，它与社会性质是资本主义还是社会主义并无必然的联系，资
本主义国家也可以实行计划经济，社会主义国家同样可以有市场经济。在
研究九一八事变之后的法西斯主义思潮时，本书认为思想界对德、意法西
斯主义的介绍、认同和批判，也是九一八事变后出现的法西斯主义思潮的
重要组成部分，并且比较了国民党的法西斯主义与德、意法西斯主义之间
的不同，这种不同主要体现在三个方面：其一，德国、意大利等国的法西

斯主义是民族侵略主义、大国沙文主义，而国民党、蒋介石的法西斯主义是防御型的民族主义；其二，德国、意大利等国的法西斯主义对内公开否认民主政治，实行赤裸裸的独裁统治：蒋介石虽然对独裁情有独钟，但由于各种原因，在口头上则表示要遵循孙中山的"革命程序"论，要还政于民。因此与德、意法西斯主义比较，国民党、蒋介石的法西斯主义更具有其欺骗性；其三，与德国、意大利等国的法西斯主义学理渊源上的西学背景、德国背景有别，国民党、蒋介石的法西斯主义的思想资源以中国封建专制主义思想为主。这是此前出版的中国近代思想史著作没有的内容。关于自由主义为什么没有成为中国的历史选择，学术界有过较多讨论，其主流观点认为，历史之所以没有选择自由主义，是因为近代中国的民族资本主义在外国资本主义和本国封建主义的双重压迫下没有得到充分发展，因而没有一个强大的资产阶级作为其阶级基础。但本书则对这一观点进行商榷。因为中国资本主义发展不充分，不仅造成了资产阶级力量的弱小，同时也造成了无产阶级力量的相对不强大，但为什么以无产阶级作为阶级基础的马克思主义传入中国后能迅速与中国工人运动结合起来，成为1921年成立的中国共产党的指导思想，并在随后的新民主主义革命中，指导中国共产党领导中国人民取得了新民主主义革命的最终胜利，建立起中华人民共和国呢？这就说明，把历史没有选择自由主义的原因仅仅归之于资产阶级力量的不强大是有问题的。它是原因之一，但肯定不是唯一原因，甚至不是最主要的原因或根本原因。本书认为，历史之所以没有选择自由主义，除没有一个强大的资产阶级作为其阶级基础外，还有其他几个方面的原因：其一，缺少本土的思想文化资源；其二，其核心价值观念与近代中国救亡图存的历史主题不符；其三，得不到一般民众尤其是广大农民的支持。

　　在研究方法上，是老方法，新运用。除历史研究的一般方法外，本书主要采用了两种方法：一是动态的研究方法，即把研究对象——思想、思潮或思想家，作为运动的历史发展过程进行研究。以"中体西用"的评价为例。"中体西用"，最早是冯桂芬1861年在他的《校邠庐抗议》一书中提出来的，后来为李鸿章、左宗棠等洋务派所继承和发展，成了洋务运动的文化观，但在洋务运动时期，它不仅不具有保守主义的性质，相反有它的积极意义。因为，在当时整个社会对西学缺乏正确的认识、以为学习西学就是"以夷变夏"的情况下，洋务派提倡"中体西用"，一方面强调中学之"体"的主导地位，另一方面又承认中学有"用"的不足，需要引进西学加以补充，从而实现以中学为本位、为主体的中西文化之间的调和或互补，这无疑是对传统的"中体中用"文化观的否定和突破，从而为学习西学扫清了道路。但到了甲午战争之后，尤其是进入到20世纪之后，随着人们对中国所以贫弱、西方所以富强之原因认识的逐步加深，以及对西学的不断了解和"西用"范围的不断扩大，"中体西用"文化观的局限性便日益显现出来，并逐渐失去了以前的积极意义，而成了保守主义的文化纲领。二是比较的研究方法，即对思想和思想人物进行前后左右的比较。比如，本书在研究嘉道年间的包世臣、龚自珍、魏源的思想时，就对三人做了比较，认为龚自珍对社会现实的批判尖锐而辛辣，其愤激之词，怒骂之语，在他的文中俯拾皆是，尤其他把批判的矛头直接指向封建君主专制制度，这是魏源和包世臣远不能相比的。魏源和包世臣虽然也揭露和批判过清王朝的政治黑暗和吏治腐败，但不仅言辞要缓和得多，而且内容也不如龚自珍那样广泛。然而论社会改革思想，龚自珍又在魏源和包世臣之下，他虽然提出过"更法""改图""变功令"的主张，但他不像魏源和包世臣那样对当时严重存在的社会经济问题做过多方面的研究，并就漕运、盐政、河工、币制等问题提出过具体的改革主张和方案。将魏源和包世臣相比较，他们的社会改革思想难分伯仲，但由于包世臣比魏源年长19岁，出道较早，因而有首倡漕运、盐法改革之功。论学术贡献，魏源助贺长龄编《皇朝经世文编》，开一代新风，其地位在龚自珍、包世臣之上，尤其是他在《海国图志》中提出"师夷之长技以制夷"的思想，成为近代中国先进分子了解和学习西方的先声，开启了中国近代向西方学习的新潮流，就历史地位而言，龚自珍和包世臣无法与其相提并论。

除上述这些创新外，本书也存在着一些不足。比如，本书在《绪论》中提出研究近代中国思想史应注意处理好思想家思想与人民大众思想之间的关系，一方面要重视思想家的思想，至少应以思想家的思想为研究的切入点；另一方面也要重视人民大众的思想，尤其要重视人民大众思想对思想家思想的影响。然而在实际写作中，由于资料不足等多种原因，本书（尤其是第一卷）虽然亦涉及人民大众的思想，但主要研究的还是思想家的思想。

缺乏对人民大众思想的深入研究，这是本书最明显的不足。又比如，本书在《绪论》中充分肯定了西方思想史研究方法的传入和运用对中国思想史研究所起的重要的促进作用，尤其是西方社会史研究的理论和方法引入到中国思想史研究之后，原来那些没有或很少在思想史研究中使用的文献资料，如"器物或图像资料、数术方技文献"以及历代的历书、则例、类书、蒙书、方志、族谱、档案和其他一些不能登大雅之堂的文献资料都得到了广泛运用，从而促进了思想史研究的进一步拓展和深入。但本书引用的主要还是报纸、刊物、书籍、文件等传统资料，历书、则例、类书、蒙书、方志、族谱、档案和其他一些所谓不能登大雅之堂的文献资料引用不多。

这里尤需指出的，本书作者一贯坚持别人研究过的而自己又研究不出新意的问题不研究，别人说过的话而自己又说不出多少新意的话不说的原则，在专题研究中可以坚持这一原则，但在通史性研究中，因为要照顾到通史的完整性和系统性，这一原则很难百分之百地得到贯彻，所以本书的一些章节子目缺少新意。也正因为写不出新意，而又不能不写，这些章节字数一般都比较少，这是要向读者予以说明的，希望得到理解。

五、关于本书出版的几点说明

本书主要作者郑大华（以下简称本人）是"文化大革命"结束后第一届大学生。大学时对世界历史比较有兴趣，学士毕业论文写的是英国莫尔的《乌托邦》，研究生阶段跟随林增平先生学的是中国近代政治史，硕士学位论文写的是清末清政府的预备立宪。真正研究中国近代思想史，是从1987年秋考入北京师范大学、师从龚书铎先生攻读博士学位开始的，博士学位论文是以梁漱溟和胡适为切入点，比较近代中国的文化保守主义思潮和西化思潮。屈指算来，研究中国近代思想史已经整整三十多年了。本书可以说是对本人研究中国近代思想史三十多年的一个总结，也是本人研究中国近代思想史三十多年成果的结晶。自研究中国近代思想史的那天起，本人便立下志愿，要写作一部能体现自己思想和能力的《中国近代思想通史》，整理和编辑一部比较大型的《中国近代思想史研究资料》，撰写一部《中国近代思想史大事编年》。

思想是人的思想。所以本人研究中国近代思想史是从研究近代人物的思想入手的，先后研究过的人物有包世臣、龚自珍、魏源、徐继畬、冯桂芬、何启、胡礼垣、康有为、梁启超、严复、孙中山、章太炎、梁漱溟、胡适、陈独秀、张君劢、马一浮、冯友兰、贺麟、钱穆。出版有国内外第一本系统研究张君劢生平和思想的著作《张君劢传》（中华书局 1997 年）、第一本系统研究包世臣生平与思想的著作《包世臣》（台湾商务印书馆 1999 年）以及《梁漱溟与现代新儒学》（台湾文津出版社 1993 年）、《梁漱溟学术思想评传》（北京图书馆出版社 1999 年）、《张君劢学术思想评传》（北京图书馆出版社 1999 年）、《马一浮》（台湾商务印书馆 1999 年）、《康有为》（香港中华书局 2000 年）、《梁漱溟传》（人民出版社 2001 年）、《民国思想家论》（中华书局 2006 年）和《孙中山》（团结出版社 2011 年）等，发表研究思想人物的论文 80 多篇，并整理和出版有《孔子学说的重光：梁漱溟新儒学论著辑要》（中国广播电视出版社 1993 年）、《近代启蒙思想文库·新政真诠》（辽宁人民出版社 1994 年）、《近代启蒙思想文库·采西学议》（辽宁人民出版社 1994 年）、《近代启蒙思想文库·强学——戊戌时论选》（辽宁人民出版社 1994 年）、《近代启蒙思想文库·砭旧危言》（辽宁人民出版社 1994 年）、《中国近代启蒙思潮》（上卷，社会科学文献出版社 1999 年）、《二十世纪中华学案·现代新儒家学案》（上、下册，北京图书馆出版社 1999 年）、《胡适全集》（第 1—4 卷，安徽教育出版社 2003 年）、《梁漱溟自述》（河南人民出版社 2004 年）、《梁漱溟集》（与任青合作，花城出版社 2008 年）、《梁启超集》（与王毅合作，花城出版社 2008 年）、《中国近代思想文库·包世臣卷》（与刘平合作，中国人民大学出版社 2014 年）等。

在研究思想人物的同时，开始关注和研究中国近代思潮。中国近代思想史的一个突出特点，就是思潮的风起云涌。本人研究过的思潮有文化保守主义思潮、西化思潮、启蒙思潮、自由主义思潮、民族主义思想、社会主义思潮、激进主义思潮，乡村建设思潮与运动、民族复兴思潮等。20 世纪 90 年代初提出文化保守主义的理论形态，是在认同传统的基础上反思传统，在批评西方的前提下学习西方，主张以中国文化为本位、为主体的中西文化融合或调和。1994 年出版国内外第一本以梁漱溟和胡适为中心、系统比较文化保守主义与西化思潮的著作《梁漱溟与胡适：文化保守主义与西化思潮的比较》（中华书局）；2000 年出版国内外第一本系统研究民国乡村建设思潮和运动的著作《民国乡村建设运动》（中国社会科学出版社）；自 2005 年以来，先后主持召开多次国际或全国学术研讨会，就中国近代史上的民族主义、自由主义、社会主义、保守主义、激进主义、中国近代民族复兴思想与实践进行研讨，主编和出版有《中国近代史上的民族主义》《中国近代史上的社会主义》《中国近代史上的自由主义》《中国近代史上的激进与保守》《中国近代民族复兴思潮研究》等"中国近代思想史研究集刊"，发表相关论文 70 多篇；自 2005 年起，率先开展对中国近代民族复兴思潮研究，先后承担和完成了湖南省教育厅重点课题（2007 年）、国家社科基金一般课题（2009 年）和中国社会科学院重点课题（2011 年），结项评定全部为优，2017 年在上述三个课题的基础上出版国内外第一本以抗战时期知识界为中心系统研究中国近代民族复兴思潮的著作《中国近代民族复兴思潮研究——以抗战时期知识界为中心》（上、下册，先后入选中国社会科学院文库和国家哲学社会科学成果文库，中国社会科学出版社），并出版有《中国近代思想脉络中的文化保守主义》（入选湖南省首届哲学社会科学成果文库，湖南人民出版社 2015 年）、《中国近代思想脉络中的民族主义》（入选中国社会科学院文库，社会科学文献出版社 2018 年）等著作。

如果说人物研究是微观研究，思潮史研究是中观研究，那么，通史研究则是综合性的宏观研究。在长期进行微观研究和中观研究的基础上，2005 年以来，本人先后出版《晚清思想史》（湖南师范大学出版社 2005 年）、《民国思想史论》（社会科学文献出版社 2006 年）、《民国思想史论（续集）》（社会科学文献出版社 2008 年），并就中国近代思想史的研究对象、研究方法、历史开端与分期、演化动力等重大理论问题展开研究，先后在《光明日报》等报刊发表《如何进一步推动中国近代思想史研究》《中国近代思想史开端之我见》《论中国近代思想史的分期》《中国近代思想史学科建设的几个理论问题》《略论中国近代思想史的研究方法》等系列文章，出版《社会结构变迁与近代文化转型》（与彭平一合作，四川人民出版社 2008 年）、《中国近代思想史学术前沿诸问题》（湖南师范大学出版社 2012 年）等著作。

本书（《中国近代思想通史（1840—1949）》）便是在上述研究成果的基础上撰写而成。由于本书是对本人研究中国近代思想史三十多年的一个总结，也是研究中国近代思想史三十多年成果的结晶，换言之，三十多年来本人的中国近代思想史研究，都是为本书的写作做前期的准备工作，凡是上述成果中认为可以采用的内容，都尽量地纳入到了本书之中，这就不可避免地造成本书的不少章节和段落与原来出版的著作或发表的文章有重复，这是需要向广大读者予以说明的，并请广大读者予以理解。

　　本书的第一卷和第二卷是郑大华撰写的（其中个别章节请学生提供过初稿，每卷末有出版说明）；第三卷是由郑大华提出大纲，郑大华和俞祖华共同撰写，最后由郑大华统稿、定稿。另外需要说明的是，由于本书稿前后写作的时间较长，不同时期引用的资料的版本不同，虽然在修改时做过一些统一版本的工作，但由于工作量太大，还是存在着版本不统一的问题。

　　本书的出版，意味着本人对传统的中国近代思想史研究工作的暂告结束。此后，将集中精力于中国近代以来的中华民族复兴、中华民族观念和中华民族建国思想史的研究。同时，争取早日将整理、编辑的多卷本《中国近代思想史研究资料》及多卷本《中国近代思想史大事编年》定稿和出版。

　　本书页下注文献初次引用时，各项内容齐全；再次引用时基本省略了责任方、出版项信息等，以免过多重复，读者可查看每卷末《主要征引报刊、文献和参考书目》。特此说明。

第一卷目录

（上）

（下）

第 一 章

应对危机的经世思考

　　清王朝建立后，曾有过十分辉煌的"康（熙）乾（隆）盛世"，那时中国政治稳定，经济繁荣，文化发展，军队强大，国家统一，无论哪一方面，与汉唐时期出现过的一些盛世相比，都毫不逊色。然而自乾隆后期起，特别是进入嘉（庆）道（光）之际后，清王朝走上了衰败的道路，各种社会问题日益严重。在日益严重的社会危机的强烈刺激下，一些思想较为清醒、敏锐的官僚和士大夫，起而重新倡导因乾嘉汉学的兴起久已"隐而不彰"的经世之学，使其勃然再兴，蔚为风气，成为一股强大的社会思潮。在鸦片战争前，中国社会所面临的主要是吏治腐败、武备松弛、土地兼并严重、社会矛盾尖锐等传统问题，因此，那时的经世思想家们也主要是在传统思想的资源中思考和寻找解决这些问题的方案。而到了鸦片战争后，由于中国的战败，如何筹海防夷、回应西方资本主义列强的挑战成为中国社会所面临的主要问题。这些问题也是历史上的经世思想家们所从未遇到过的新问题。对这些新问题的思考以及解决方案的提出，给嘉道之际复兴的经世思潮注入了新的内容，促进了中国传统思想的近代转型。

第一节　嘉道之际的社会危机与经世思潮的复兴

一、清前期思想史的回顾

1616 年女真族首领努尔哈赤建立后金政权。1636 年，皇太极即皇帝位，改国号为"清"。清王朝建立后，为巩固自己的统治，即采取一系列措施，提倡和表彰自宋元以来一直作为历代封建王朝统治思想的程朱理学。康熙"夙好程朱"，"特命朱子配祠十哲之列"，又命人修改明成祖朱棣时编修的《性理大全》，别成《性理精义》一书，同时将朱熹论著编纂为《朱子大全》，并为此书作序，称朱熹是"绪千百年绝传之学，开愚蒙而立亿万世一定之规"。①康熙以后，雍正、乾隆的"辅佐之臣"也有一些"理学醇儒"，他们为了吹捧、抬高程朱，甚至把程朱与孔孟并列，说什么程朱"集诸子之大成，救万世之沉溺，其心其道，何异于颜曾思孟哉"②，"程朱之为功于天下万世，即孔孟之有功于天下万世也。尊程朱，所以宗孔孟之道也"③。这样，经过清统治者的大力提倡和表彰，自明中叶以来即因僵化空疏而不断受到思想界批评的程朱理学重又"昌明"起来，成了清王朝统治人民的主要思想工具。

然而，程朱理学的所谓"昌明"，完全是清王朝统治者出于统治需要大力提倡和表彰的结果。当时出现的一些独尊程朱的理学家，如陆陇其（1630—1692）、张履祥（1611—1674）、熊赐履（1635—1709）、李光地（1642—1718）、张伯行（1652—1725）、朱用纯（1617—1688）、方苞（1668—1749）等人，虽然为迎合清王朝的需要，提倡程朱理学不遗余力，并因此受到清王朝皇帝的赏识，有些人被奉入孔庙从祀，还有些人做了大官，但他们在学术上多是祖述程朱，陈陈相因，很少有新的创见。

---

① 康熙：《朱子全书御制序》，载李光地等纂修《御纂朱子全书》，康熙五十三年内府刻本。
② 唐鉴：《清学案小识·叙》，载唐鉴《清学案小识》，商务印书馆，1935，第 2 页。
③ 沈维镛：《清学案小识序》，载《清学案小识》，第 1 页。

当作为学术和思想的程朱理学陷入陈陈相因、少有创见的时候，一种称为"汉学"的学术和思想却逐渐发展起来，到了乾嘉时期臻于极盛，"家家许郑，人人贾马"①，所以人们又称之为"乾嘉汉学"，把从事这种学术和思想研究的学者称之为"汉学家"，将这一学派称之为"乾嘉学派"。所谓"汉学"，亦即考据学，又称"朴学"，它以推崇汉儒朴实学风，反对宋儒空谈义理著称，实际上是程朱理学、亦即宋学的反动。其治学以经学为主，以汉儒注经为宗，内容主要是文字音韵、名物训诂、校勘辑佚，从事经史古义的考证。

清代汉学的最早源头可追溯到明末清初。当时一些政治上具有"反清"取向的思想家，如顾炎武、黄宗羲，为了号召人们关心现实，改变现实，提倡"实学"，主张经世致用，反对程朱理学的空谈义理和理学家们对经籍望文生义、郢书燕说的学风，而主张以实事求是的态度，重视考据训诂之学，加强对经义本身的研究。顾、黄等人之后的一些学者，如万斯大、阎若璩、胡渭、毛奇龄，继承了顾、黄等人在学术上反对空谈的求实学风，致力于考据训诂之学的研究，但抛弃了顾、黄等人所提倡的"经世致用"精神，不太关心社会现实，他们成为乾嘉汉学的先驱。到了乾嘉年间，汉学家们更是走上一条脱离实际、逃避现实的道路，转而埋首古籍的考证与整理，形成了为考据而考据的所谓乾嘉学风。

清代汉学在乾嘉时期臻于极盛，并形成为考据而考据的乾嘉学风，不是偶然的，有其深刻的社会原因。清王朝建立后，统治者为了巩固和维护其"异族"统治，一方面，采取怀柔手段，提倡程朱理学和科举，吸引汉族知识分子进入仕途，并通过开设"博学鸿词科"以及进行诸如编纂《古今图书集成》《四库全书》等大型文化学术工程，以延揽汉族知识分子。另一方面，又采用高压政策，对汉族知识分子传统的经世思想进行残酷摧残，其手段有二：一是大兴文字狱，以种种借口罗织罪名，打击思想异端，压制不同意见。据统计，从清顺治五年（1648）到乾隆五十三年（1788）的140年间，顺（治）、康（熙）、雍（正）、乾（隆）四朝共发生各类文字狱82起，

① 梁启超：《清代学术概论》，载《饮冰室合集》第 8 册，专集之三十四，中华书局，1989，影印本，第 53 页。

平均不到两年就有一起，其中顺治朝 2 起，康熙朝 2 起，雍正朝 4 起，乾隆朝 74 起。影响较大的有：庄廷钺的《明史》案，戴名世的《南山集》案，查嗣庭的试题案，吕留良的文选案，谢济世的注大学案，胡中藻的《坚磨生诗钞》案，彭家屏的族谱案，蔡显的《闲渔闲闲录》案，齐周华的《名山藏副本》初集案，王锡侯的《字贯》案，徐述夔的《一柱楼诗集》案，尹嘉铨的奏折案等。这些文字狱案都是一人获罪，九族株连，斩杀流配，惨不忍睹，如庄廷钺的《明史》案，已死的庄廷钺被剖棺戮尸，庄氏家属以及为该书作序、校阅、刻字、印刷、买书、读书者，并有关地方官吏，被处死者 70 多人，被流放极地者达数百人之多。再如吕留良的义选案，已死多年的吕留良和他的长子吕葆中被剖棺戮尸，吕的弟子严鸿逵死于狱中，被戮尸枭示，吕的另一个儿子吕毅中和另一弟子沈在宽被斩首，吕的私淑弟子、刊刻、贩卖、私藏吕氏书籍者或杀头，或充军，吕、严、沈三族妇女幼丁罚与功臣为奴。二是强化科举制，以八股文作为考试的主要内容，不仅只考"四书五经"，而且文章格式甚至文字都有严格的限制，顺治二年（1645）规定每篇限 550 个字，康熙二十年（1681）增为 650 个字，乾隆四十三年（1778）又增至每篇 700 个字，违者不录。此外，清统治者还禁止知识分子结社讲学，经常下令烧毁所谓禁书，仅乾隆三十九年、四十年（1774—1775），就下令烧书 24 次，共烧书 13800 多种。在这种高压政策之下，知识分子为保全身家性命，只好远离现实，在故纸堆中讨生活。"避席畏闻文字狱，著书都为稻粱谋"，龚自珍这一词锋凌厉的诗句，就是对那个高压时代思想文化界状况的真实写照。知识分子钻进象牙之塔，不过问社会现实问题，有利于清王朝的统治。因此，清朝统治者对汉学采取的是积极扶持的态度，这也是汉学在乾嘉时期臻于极盛的一个原因。

乾嘉汉学在学术和思想史上通常分为吴、皖两派。吴派以江苏吴县（今苏州）人惠栋（1697—1758）为代表，因其弟子和传人多为苏南人，故称为吴派。皖派以安徽休宁人戴震（1724—1777）为代表，因其弟子和传人多为安徽人，故称皖派。戴震比惠栋小 27 岁，因此，皖派也比吴派晚出。在学术观点中，这两派有不少共同之处，因而彼此影响，互为师友。但在方法上，他们各有自己的特点，概而言之，吴派以考据学辨伪辑佚的方法，恢复汉儒经解，避而不谈义理；皖派则注重审订经书的音韵训诂，在此基础上申明己见，反驳宋学的性理。章太炎在《检论》卷四《清儒》中曾对这两派的学术特点有过评论，说吴派"其学好博而尊闻"，皖派则"综形名，任裁断"；吴派"笃于尊信，缀次古义，鲜下己见"，皖派则"分析条理，皆参密严瑮，上溯古义，而断以己之律令"。①

尽管汉学（考据学）是宋学（程朱理学）的反动，但它们都是经学的正统，也都得到了清王朝的大力提倡和积极扶持，只是学术进路不同，宋学以性理解经，而汉学以训诂名物训经。然而为争夺独尊的地位，汉学、宋学却互相攻讦，势如水火。汉学家指责宋学义理空疏、武断，而宋学家则讥笑汉学泥古不化。嘉庆二十三年（1818）汉学家江藩的《汉学师承记》刻印问世，内容是严格宋汉门户，贬宋尊汉，并为汉学家树碑立传。8年后（1826），宋学家方东树撰成《汉学商兑》一书，与《汉学师承记》相反，《汉学商兑》则贬汉尊宋，攻击汉学"弃本贵末，违戾诋诬，于圣人躬行求仁，修齐治平之教，一切抹摋。名为治经，实足乱经；名为卫道，实则畔道"②。

正当汉学、宋学为争夺独尊的地位，相互攻讦、势同水火的时候，中国的学术和思想再次发生了引人注目的变化，这就是今文经学的复苏。今文经学在汉代曾盛极一时，但随着古文经学的兴起，今文经学走向了衰落，从魏晋到清乾嘉千余年间，今文经学湮没无闻，久成绝响。今文经书除《春秋公羊传》《春秋公羊解诂》等外，大多数早已散佚。然而到了清乾嘉之际，已湮没无闻达千余年之久的今文经学却出现了复苏。第一个复苏今文经学的人是与戴震同时代的庄存与（1719—1788），他所撰《春秋正辞》一书，是清代今文经学的第一部著作。继承庄的学说并加以发扬光大，从而使今文经学自成一派的，是庄的外孙刘逢禄（1776—1829）和宋翔凤（1779—1860）。因庄存与和刘逢禄都是江苏常州人，故被人称为"常州学派"。又因"今文学之中心在《公羊》"，他们于今文经中特别重视《春秋公羊传》，故又被人称为"公羊学派"。常州学派治经不拘汉学、宋学门户之见，重在剖析疑义。在方法上，他们不重视名物训诂，反对汉学家的烦琐考证，而

---

① 上海人民出版社编《章太炎全集》（三），上海人民出版社，1984，第473—474页。
② 方东树：《〈汉学商兑〉序例》，载《汉学师承记》（外二种），生活·读书·新知三联书店，1998，第235页。

专究经文的"微言大义"，取法致用。这在当时宋学空疏、汉学泥古的情况下，给人耳目一新之感。尤其是刘逢禄"凡何氏所谓非常异义可怪之论，如'张三世''通三统''绌周王鲁''受命改制'诸义，次第发明"[①]，特别强调公羊学中"变"的观点，认为"天下无久而不敝之道，穷则必变"。这种"变"的历史观无疑是对传统的"天不变，道亦不变"之历史观的否定，在当时可谓是空谷宏音，振聩发聩。后来刘逢禄又将今文经学传给了龚自珍和魏源。龚自珍和魏源遂以今文经学为理论依据，提出"变功令""更法"等主张，并成为嘉道之际复兴的经世思潮的重要代表人物。

二、嘉道之际的社会危机

自乾隆后期起，特别是进入嘉（庆）道（光）之际后，曾盛极一时的清王朝走上了衰败的道路，各种社会问题日益严重起来。这首先表现在以皇室为代表的统治阶级生活的奢侈上。以皇室庆典的耗费为例。据统计，仅乾隆皇帝为他母亲做六十、七十、八十大寿，耗费的白银达数百万两。而乾隆自己生日庆典的耗费更是惊人。他的八十寿辰庆典中仅景点一项，就花费白银114万多两。用这些白银可以买白蒙布100多万匹、大缎9500匹。乾隆还两次举行千叟宴，每次耗费白银都在100万两以上。他还大兴土木，修建园林，仅是改建皇宫，增修西苑，耗费的白银就有7600万两之多。乾隆五十四年（1789）和孝公主下嫁，贺礼一项就花了数百万两白银。除皇室成员外，王公贵族、文武百官，甚至一般地主、商人的生活也非常奢靡。

统治阶级生活的奢侈，必然导致吏治的腐败，而乾隆晚年又耽于游乐，疏于朝政，好大喜功，粉饰太平，听任军机大臣和珅专权聚敛，贪贿公行，更使吏治的败坏越来越严重，甚至到了不可收拾的地步。昭梿《啸亭杂录》记载："自和相秉权后，政以贿成，人无远志"，"故时风为之一变"。[②]朝中自亲王以下，地方官员自督抚以下，没有几人不向和珅纳贿求庇护或纳贿求官的。由于大肆纳贿，和珅任军机大臣20年，聚积的不义之财数量

---

① 梁启超：《清代学术概论》，载《饮冰室合集》第8册，专集之三十四，第54页。
② 昭梿：《啸亭杂录》，中华书局，1980，第109页。

惊人。嘉庆四年（1799）和珅获罪被查抄。据流传的查抄清单，在和珅家中共抄出古玩玉器、珠宝器、金银器等各种珍贵用具 3 万余件，金、银元宝各 1000 个，赤金 580 万两，生沙金 200 余万两，元宝银 940 万两，洋钱（银圆）58000 圆。玉器、绸缎、洋货、皮张、瓷器、紫檀器、玻璃器等各有库房贮存。另开设当铺 75 座、银号 42 座、古玩铺 13 座，私有田产 8000余顷，内外住宅 180 余间。查抄家产编号登录，共编 109 号。据对其中的26 号的估价，即值银 22000 万两，当时国库每年收入不过 7000 万两，相当于国库数年的收入。当时民间流传有"和珅跌倒，嘉庆吃饱"的谚语。

　　督抚提镇等地方官吏既以行贿得官，到任后也上行下效，向下级官员大肆索贿以求补偿。而下级官员也以送礼为名，向上司行贿，以便得到关照或升迁，已成为公开的通例。据史料记载，当时督抚提镇以至道府官员出巡，下级要馈送"站规""门包"。平时有节礼、生日礼。每年还有所谓"帮费"。州县官为了向上司行贿，只得加倍或数倍向老百姓征收钱粮漕米，征括所得，以一半送上司，一半归自己。开始他们还有所畏忌，久而久之，则成了惯例。有人向上司控告，上司当然不会问罪。所谓"好缺"的州县官，上任之前要先向上司行贿，名之"买缺"，并依缺之高下，定价之多少，一般"好缺"定价在银万两左右。到任后，这些州县官为了把买缺的钱捞回来，则通过书吏、衙役对本州县的老百姓进行敲骨吸髓的掠夺。因此当时的大小官吏，做官的目的就是为了捞钱。翰林院编修洪亮吉曾撰《守令篇》描述地方官的情形：一个官员赴任前，亲戚朋友都要和他仔细盘算，此缺出息若干，应酬若干，自己一年可得若干。而于民生吏治，从不过问。官员到任后，也是先问一年的陋规收入有多少，属员的馈赠有多少，钱粮税务的盈余有多少。他的妻子、兄弟、亲戚、朋友，以至奴仆、姬保也都得到任上，帮他出谋划策，怎样捞钱。离任时，往往要用数十只船、百辆车来运送财物，比到任时多上十数倍。又说，地方官员中稍知自爱、实心为民办事的，十个里头也没有一两个。而这一两个人，常要被那八九个人讥笑，说他们迂腐、笨拙，不会做官。其上司也认为他们"不合时宜"，不知道变通，遇有过失，即刻赶走，免得他们耽误自己的捞钱大事。结果是这一两个人不得不和那八九个人同流合污、一起捞钱。嘉道年间，嘉庆皇帝和道光皇帝都曾试图对乾隆朝后期以来腐败不堪的吏治进行一些整顿，但无奈已积重难返，没有取得任何成效。

在吏治越来越败坏的同时，军队的腐化也日益严重起来。满洲贵族主要依靠八旗兵夺得全国政权。夺得政权后，八旗兵大多常驻京师，由政府按月发给优厚的饷银和粮米，同时还占有大量民地，收取地租，过着不战不耕的安逸生活。他们平时很少训练，整天只知道在京城四处游荡，久而久之，八旗兵逐渐成了浮荡子弟，骁勇善战的满洲传统早已丢失。乾隆帝曾把八旗兵比作整天被关在笼子里的鹰：饱食终日、无所事事、不能奋击。震钧《天咫偶闻》说那时的八旗兵，"后生小子既不知征役之劳，又不习击刺之法，下全束伍安营，全忘旧制，更安望其杀敌致果乎？"[1] 到了乾隆时期，八旗兵已基本丧失战斗能力，乾隆朝连年用兵，主要用的是由汉人组成的绿营兵。绿营兵建立于清初，目的是为了镇压汉族人民的反抗。但随着八旗兵战斗能力的丧失，绿营兵逐渐取代八旗兵成为清军的主力。然而进入乾隆朝末年后，绿营兵也开始走上了腐化道路。将官平日克粮冒饷，贪贿享乐，遇有战事，则借端摊派、乘机中饱。兵丁平日游手好闲，疏于训练，遇有战事，则畏缩不前，贪生怕死。将不知兵，兵不能战，绿营兵的战斗能力日益削弱。嘉庆年间，为镇压白莲教农民起义军，嘉庆皇帝不得不下令汉人地主实行团练，武装自卫。

土地兼并加剧，人口增长而耕地不足，是这一时期的又一严重的社会问题。2000多年的中国封建土地占有制度，有一个规律，即每当一个新王朝建立之初，土地集中现象不那么严重，而到了王朝的中后期，土地兼并则日益加剧，当土地兼并达到一定程度，必然爆发大规模的农民起义，旧王朝被推翻，土地兼并的趋势得到一定程度的遏制。这一规律也适合于清王朝。清初，由于明末农民起义军的打击，以及清朝统治者为了巩固自己的政权，采取了一些诸如招民垦荒和建立更名田的土地政策，使明中叶以来土地兼并日益加剧的趋势有所缓和，许多无地的农民得到了一小块土地，成为自耕农或半自耕农。然而经过上百年的发展，到了乾隆朝的中、后期，特别是进入嘉道年间，土地兼并日益严重起来。乾隆年间的官员杨锡绂对当时土地的占有情况有过描述："盖国初地余人，则地价贱；承平以后，地

---

[1] 震钧：《天咫偶闻》，北京古籍出版社，1982，第12—13页。

足养人，则地价平；承平既久，人余于地，则地价贵。向日每亩一二两者，今至七八两；向日七八两者，今至二十余两。贫而后卖，既卖无力复买；富而后买，已买可不复卖。近日田之归于富户者，大约十之五六；旧时有田之人，今俱为佃耕之户。"[1] 与土地兼并而行的，是人口的急剧增长。明末清初，连年的战乱和灾荒，造成人口锐减，据有的学者估计，1650 年前后，其人口仅为明代峰值的 50%～60%，即 8000 万～1 亿。此后，由于社会安定，经济发展，人口得到迅速恢复和增长。到 1740 年前后，也即乾隆初年，人口增加了一倍多，达到 2 亿左右。到了 1841 年，即道光二十一年，人口又翻了一倍多，达到 4.13 亿。这是官方统计数目，实际人口数可能比这还要多些。[2]

人口的急剧增长，必然导致人均占有耕地量的减少。清政府虽然也采取了一些鼓励垦荒的政策和措施，并取得了一些成效，但耕地面积的增长远远落后于人口的增长。据官方的统计，从顺治十年（1653）到乾隆三十一年（1766）的 113 年间，耕地面积由 550 万顷扩大到 780 万顷，增长了 40%，而同时期的人口则增长了一倍多，从 1 亿左右增长到 2 亿以上。此后，由于可耕荒地逐渐减少，耕地面积的增长十分缓慢，而人口则仍然在以较快的速度增长，人均耕地面积越来越少。嘉庆年间人均耕地 2 亩还有多，而到了道光年间已下降到不足 2 亩。本来，土地兼并的加剧，已使大量农民失去了土地，生活困苦，人口急剧增长引起的人均耕地面积的减少，更进一步恶化了他们的生存环境。如果说在人均占有耕地面积比较多的情况下，他们还有成为佃农或半佃农的可能，那么人均占有耕地面积的减少则使他们中的许多人失去了这种可能性，而成了无事可做的流民。所以进入乾隆后期，特别是到了嘉道年间，流民人数激增，加剧了社会的动荡。

这一时期另一严重的社会问题是鸦片输入的激增所造成的危害。早在明万历年间，荷兰、葡萄牙商人便把少量鸦片作为药材贩运到中国。鸦片是从罂粟中提炼出的含有刺激性和麻醉性的毒品，清人称之为"阿芙蓉"，俗称"大烟"。由于鸦片具有强烈的刺激性和麻醉性，一旦吸食成瘾，很难断

---

[1] 李文治编《中国近代农业史资料》第一辑，生活·读书·新知三联书店，1957，第 105 页。
[2] 参见姜涛《人口与历史——中国传统人口结构研究》，人民出版社，1998，第 70—76 页。

绝。清初，英国在和清朝的贸易中，从中国购买大批丝、茶、樟脑、瓷器等土特产品，造成贸易逆差，每年需要支付大量白银。为了改变这种状况，雍正时期，已走上资本主义发展道路的英国开始经营鸦片贸易。雍正五年（1727），向中国输入鸦片200箱，每箱重130多磅，约合59公斤。由于吸食的人数逐渐增多，在广州等地出现专供吸食鸦片的烟馆，开始成为社会问题，引起清政府的重视。雍正七年（1729），清政府颁布了第一个禁烟令："兴贩鸦片烟者，照收买违禁货物例枷号一月，发近边充军；私开鸦片烟馆引诱良家子弟者，照邪教惑众律拟绞监候；为从，杖一百、流三千里；船户、地保、邻佑人等，俱杖一百、徒三年；兵役人等借端需索计赃，照枉法律治罪"，失察的地方文武官员及海关人员，"均交部严加议处"。[1] 但此后吸食鸦片者并没有减少。乾隆时期，英国的东印度公司控制了孟加拉等鸦片产地，从而取得了向中国贩卖鸦片的垄断权。鸦片的售价，高出成本数倍甚至十几倍。为牟取暴利，英国东印度公司决定向中国大量输入鸦片。乾隆五十一年（1786），输入到中国的鸦片开始超过2000箱，四年后，即乾隆五十五年（1790），更增加至4054箱。鸦片输入的增多，也就意味着吸食者的增多。鸦片，已成为中国的一大社会公害。嘉庆五年（1800），清政府再次颁布禁烟令，禁止鸦片入口，停征鸦片税，并规定凡外国商船来广东，须先由广东行商具结，保证不夹带鸦片，才准驶入黄埔港。后来，清政府又先后多次重申禁烟令，但这些都没有起到任何效果。合法输入不行，鸦片贩子们则改为走私，他们通过贿赂行商和地方官吏兵弁，用"快蟹""扒龙"等特制快艇，将鸦片大量地走私到中国。据统计，嘉庆皇帝在位的25年间，每年走私到中国的鸦片都在4000箱以上，鸦片的贩卖地也逐渐从东南沿海扩及内地各省，乃至京城。进入道光朝后，由于英国政府对鸦片走私活动的大力支持，走私到中国的鸦片更是年年激增，到道光十八至十九年（1838—1839）时竟达到35500箱[2]，几乎是嘉庆年间的9倍。

鸦片的大量走私，给中国社会带来了严重的危害。首先，是吸食鸦片者越来越多，极大地损害了中国人民的健康。据道光十五年（1835）的估计，

---

[1] 李圭：《鸦片事略》卷上，清光绪二十一年海宁州署刻本。
[2] 李伯祥等：《关于十九世纪三十年代鸦片进口和白银外流的数量》，《历史研究》1980年第5期。

全国吸食鸦片的人数在 200 万以上。仅苏州一城，嘉庆二十五年（1820）时就有 10 万人吸食鸦片。吸食鸦片对于人的生理和心理都有极大的危害。就连英国人蒙哥巴利·马丁也认为："'奴隶贸易'比起'鸦片贸易'来，都要算是仁慈的。我们没有毁灭非洲人的肉体……没有败坏他们的品格、腐蚀他们的思想，也没有毁灭他们的灵魂。可是鸦片贩子在腐蚀、败坏和毁灭了不幸的罪人的精神存在以后，还杀害他们的肉体。"[①] 其次，是造成白银大量外流，破坏了中国的社会经济。鸦片的大量走私使中国对英贸易从顺差变为了逆差，白银因此而大量外流。据统计，道光元年至道光二十年（1821—1840），中国白银外流至少在 1 亿元以上，相当于当时银货流通总额的五分之一。平均每年流出 500 万两白银，相当于清政府每年总收入的十分之一。白银大量外流造成银贵钱贱，直接加重了农民和小手工业者的负担。白银大量外流前，1000 文左右的铜钱可换白银一两，白银大量外流后，上涨到 1600～1700 文才能兑换一两白银。按清政府规定，农民和小手工业者完粮纳税须将手中的铜钱兑换成白银，以银价计算，与白银大量外流前相比，农民和小手工业者要多交 60%～70% 的赋税。再次，对清王朝的统治产生了严重的负面影响。鸦片的大量走私，使不少官员置清政府的禁烟令于不顾，加入吸食者的行列，他们整日吞云吐雾，吸食鸦片，不理朝政。1831 年刑部奏称："现今直省地方俱有食鸦片烟之人，而各衙门为尤甚，约计督抚以下文武衙门上下人等，绝无食鸦片烟者甚属寥寥"[②]，甚至在清朝宫廷内部吸食鸦片者也大有人在。同时，还有不少官员从鸦片走私中收受贿赂，牟取暴利，从而使本已十分腐败的清朝吏治更加腐败不堪。鸦片的大量走私，也使军队官兵中吸食鸦片者激增。道光十二年（1832）的一份奏报称："近日粤、闽各省兵丁吸食鸦片烟者甚多，即弁弁中食者亦复不少。以故相率效尤，愈食愈众。"[③] 大量官兵吸食鸦片的结果，是军队战斗力的进一步丧失。

　　严重的社会问题必然引起严重的社会危机，从乾隆后期起，特别是进

---

① 转引自马克思《鸦片贸易史》，载中共中央马克思恩格斯列宁斯大林著作编译局编《马克思恩格斯选集》第一卷，人民出版社，1995，第 714 页。

② 中国第一历史档案馆编《鸦片战争档案史料》第一册，上海人民出版社，1987，第 80 页。

③ 中国第一历史档案馆编《鸦片战争档案史料》第一册，第 123—124 页。

入嘉道年间后，社会各种矛盾日益尖锐和激化起来。为了反抗清王朝的统治和剥削，这一时期城乡人民的反抗斗争日趋频繁和激烈。农民的抗租和争田、反克扣工钱、夺粮、抗粮和反科派斗争如火如荼，城镇小手工业者和商民的罢工、罢市和抗官斗争此伏彼起。特别是这一时期的农民起义连绵不断，并呈现出次数多、规模大、范围广的特点。据统计，从乾隆后期到嘉庆年间，几乎每年都有农民起义爆发。规模较大的有：乾隆四十六年（1781）甘肃苏四十三领导的回民起义，乾隆五十一年（1786）台湾林爽文领导的农民起义，乾隆六十年（1795）石柳邓、吴八月领导的贵州、湖南苗民起义，嘉庆元年（1796）白莲教组织的川、陕、楚、甘、豫等省的农民大起义，嘉庆十八年（1813）林清、李文成领导的天理会起义。其中白莲教组织的农民大起义自1796年初爆发，到1804年秋失败，前后坚持九年之久，沉重地打击了清朝统治者，仅镇压起义所用的军费清政府就花了二万万两白银。林清、李文成领导的北方天理会起义，曾攻入皇宫，打到隆宗门附近，在宫城竖起"大明天顺""顺天保明"的白旗。起义最后虽然失败，但它对清朝统治者的打击是非常沉重的。

三、经世思潮的复兴

所谓"经世"，就是济世利民，经邦安国，建功立业。经世思想是中国古代文化的精华，也是历代知识分子一以贯之的价值取向和优良传统。这一思想的渊源，最早可追溯到《易经》。在《周易正义》卷一《屯》中，有"象曰云雷屯，君子以经纶"的说法。《周易正义注疏》称："言君子法此屯象有为之时，以经纶天下，约束于物，故云君子以经纶也。"此"经纶"一词含有"匡济"之义。最早将"经"与"世"二字连用的是《庄子·齐物论》："春秋经世，先王之志，圣人议而不辩。"尽管据王先谦的《庄子集解》，此处"经世"是"典谟""轨辙"的意思，而与今日之"经世"一词的含义不太符合，但后世学者大都援儒入庄，以"经国济世"和"经世致用"来界定"经世"，使"经世"成为中国思想文化中的一个重要概念。到"秦汉以后，除'经世'外，还常见'经术'（经世之术）、'经济'（经世济民）等用语，皆经世之别称"。①

　　经世思想虽然是中国古代文化的精华，是历代知识分子一以贯之的价值取向和优良传统，但它"用之则行，舍之则藏"，其强弱彰隐直接受外在社会历史环境的制约，"一般而言，社会生活平稳，文化专制强有力，经世观念往往作为一种'潜质'埋藏在士人古色古香的学术外壳内，隐而不彰；到了社会危机四伏的关口，国家民族面对纷至沓来的内部的或外部的挑战，文化专制有所松动，士人的忧患意识便会大觉醒，其学术也在现实生活的冲撞、磨砺下，沿着经世方向发展"②。因此，当历史进入嘉道之际后，在日益严重的社会危机的强烈刺激下，一些思想较为清醒、敏锐的官僚和士大夫，起而重新倡导因乾嘉汉学的兴起久已"隐而不彰"的经世之学，使其勃然再兴，蔚为风气，成为一股强大的社会思潮。当然，除社会危机的刺激外，清初对汉族知识分子所采取的高压政策在进入嘉庆年间后有所缓和，"积威日弛，人心已渐获解放"③，也是经世思潮在嘉道之际出现复兴的一个重要原因。当时，会集于经世思潮旗帜之下的有二三十人，这些人大致可以分为两类：

　　一是具有经世思想的大吏或朝臣，如两江总督陶澍（1779—1839）、两广总督阮元（1764—1849）、湖广总督林则徐（1785—1850）、先任江苏布政使后升至云贵总督的贺长龄（1785—1848）、署闽浙总督徐继畲（1795—1873）、鸿胪寺卿黄爵滋（1793—1853）等。这些人都是进士出身，点翰林，授编修，然后或经御史科道，或历州县知府，由臬司、藩司而巡抚、总督，成为清王朝的封疆大吏或朝臣，他们勇于任事，主张改革，对清除积弊，多所建言，并能躬身实际，是经世思潮的实践者。其中以陶澍、林则徐、贺长龄的影响最大。

　　陶澍，字子霖，号云汀，湖南安化县人，嘉庆七年（1802）进士。历任翰林院编修、四川乡试副考官、江南道监察御史、户科给事中、川东兵备道。道光年间，任山西按察使、安徽布政使、安徽巡抚、江苏巡抚，官至两江总督，兼理两淮盐政。道光十九年（1839）亦即鸦片战争爆发前夜，

---

① 冯天瑜、黄长义：《晚清经世实学》，上海社会科学院出版社，2002，第2—3页。
② 冯天瑜：《中华元典精神》，上海人民出版社，2014，第258页。
③ 梁启超：《清代学术概论》，载《饮冰室合集》第8册，专集之三十四，第52页。

病逝于官邸。他主张"通经学古而致诸用"，认为"有实学，斯有实行，斯有实用"。为官期间，尤其是在安徽巡抚、江苏巡抚和两江总督任内，他在除恶安民、抗灾救灾、兴修水利、整顿财政、治理漕运、倡办海运、革新盐政、币制改革、整顿吏治、兴办教育、培养人才等方面做出了较大贡献，特别是在魏源的襄助下他所主导的盐政改革，改"纲盐制"为"票盐制"，让普通商人也可以依法请票，贩卖官盐，彻底打破了延续上千年的官商的垄断，取得了举世瞩目的成绩，他因此也成为公认的具有经世思想的大吏或朝臣的代表人物。魏源在《陶文毅公行状》中总结陶澍的政绩说："公自任督抚以来，如漕务之创海运，三江三修水利，淮南之裁浮费、截粮私，淮北之裁坝杠、改票税，皆恒情所动色相戒，公奋不顾身，力排群议，卒能创始善终，可久可大，而海运、票盐尤百世之利，后之筹国者必将取法焉。"[1]民国时期的著名学者、中国近代清史学科的奠基人孟森在《明清史讲义》中也写道："嘉、道以后，留心时政之士夫，以湖南为最盛，政治学说亦倡导于湖南……而澍以学问为实行，尤为当时湖南政治家之巨擘。"[2]

林则徐，字元抚，又字少穆，福建侯官（今福州市）人，嘉庆十六年（1811）进士。历任翰林院编修、江南道监察御史、浙江盐运使、淮海道、江苏按察使、陕西按察使、湖北布政使、河南布政使、江宁布政使、江苏巡抚、湖广总督等职。在任期间，他强调学以致用，关心民间疾苦，重视整顿吏治和兴修水利，著有谈治水方略的《北直水利书》。道光十八年（1838）黄爵滋奏请严禁鸦片，他在湖北切实执行，收到一定成效。道光十九年（1839）林则徐以钦差大臣赴广州禁烟。他到广州后，与两广总督邓廷桢一起，采取措施严禁吸食鸦片和鸦片走私进口，命令外国鸦片贩子限期缴烟，并具结保证今后永不夹带鸦片。他还严正声明："若鸦片一日未绝，本大臣一日不回，誓与此事相始终，断无中止之理。"[3]但外商拒绝交出，经过坚决的斗争，挫败英国驻华商务监督义律和鸦片贩子，收缴全部鸦片近2万箱，约237万余斤，于6月3日（四月二十二日）在虎门海滩上

① 魏源：《太子太保两江总督陶文毅公行状》，载《魏源全集》（14），岳麓书社，2011，第278页。
② 孟森：《明清史讲义》（下），中华书局，1981，第618页。
③ 林则徐：《谕各国商人呈缴烟土稿》，载中山大学历史系中国近代现代教研组研究室编《林则徐集·公牍》，中华书局，1963，第59页。

当众销毁。禁烟取得初步胜利。禁烟期间，林则徐还组织人翻译外国书刊，了解国外大事，成为近代中国"开眼看世界"的第一人。第二年初，改任两广总督（此前，邓廷桢已调任闽浙总督）。第一次鸦片战争爆发后，林则徐积极组织广东军民进行抵抗，却遭到被英军的侵略吓破了胆的清政府的革职查办，最后还把他充军新疆，直到道光二十五年（1845），才从戍所"赦回"。晚年他先后就任陕、甘、云、贵等省的督抚。道光三十年（1850）病逝于去广西镇压农民起义的途中。林则徐从政40年，历官14省，是嘉道时期著名的政治家和具有经世思想的官员代表，尤其是虎门销烟、抵抗侵略和"开眼看世界"，奠定了他在中国近代史上第一位民族英雄和先进中国人的历史地位。

贺长龄，字耦庚，号西涯，晚号耐庵，湖南善化（今长沙县）人，嘉庆十三年（1808）进士，从此开始了长达10年的京城任职生涯。道光元年（1821）外放江西南昌知府，之后历任山东兖沂曹济道、署理山东按察使、广西按察使、江苏布政使、山东布政使、署理山东巡抚、江宁布政使、福建布政使、直隶布政使、贵州巡抚，官至云贵总督兼巡抚，不久因"永昌回变"，降为河南布政使，道光二十八年（1848）病故。在长达40年的为官生涯中，他讲求实学实政，强调学以致用，多所建树，黄楷盛在《耐庵奏议·序》中就称他："夫先生之政，本诸学，先生之学，本诸心，以学之所得于心者达之于政，而精神才力又足以扩大之，故其政之行也，如风霆之鼓荡而不见其迹，如雨露之滋润而不有其功，至于显晦升沉，成败利钝，固非所计也。"[①] 山东所属多水患，他导民广开沟渠，兴修水利，提高收成。在贵州，贺长龄严禁种植和吸食鸦片，大力整饬吏治，提倡种棉种桑，广为刊布《蚕桑编》和《木棉谱》，教以纺织，他尤其重视协调民族关系，主张对汉苗一视同仁，采取了一系列有利于民族团结和发展的政治、经济和文化政策，使当时矛盾尖锐的苗汉关系在一定程度上得到了缓和。他还积极创建书院义塾，兴修府志，其中他主修的《遵义府志》被梁启超推为"天下府志第一"。贺长龄讲求实学实政的代表之作，是其在江苏布政使任内由

---

① 黄楷盛：《耐庵奏议·序》，载贺长龄、贺熙龄撰《贺长龄集·贺熙龄集》，雷树德点校，岳麓书社，2010，第5页。

魏源代为编纂的《皇朝经世文编》，该书也是嘉道之际经世思想的集大成者。

二是一些文人学者或下级官吏，如龚自珍（1792—1841）、魏源（1794—1857）、包世臣（1775—1855）、姚莹（1805—1853）、汤鹏（1801—1844）、沈垚（1798—1840）、张穆（1785—1849）、何秋涛（1824—1862）、张际亮（1799—1843）、李兆洛（1769—1841）、徐松（1781—1848）、陈寿祺（1771—1834）、梁廷枏（1796—1861）、夏燮（1800—1875）等。这些人或科举屡挫，官职卑微；或仕途坎坷，屡遭打击；或科举无望，布衣一生，由于长期生活在社会的中下层，对社会积弊多有了解。他们怀抱经世之志，究心经世之学，发言著书，献计献策，是经世思潮的倡导者，而龚自珍、魏源、包世臣则是他们中的杰出代表。

龚自珍，字璱人，号定盦，一名巩祚，浙江仁和（今杭州市）人。自幼深受汉学熏陶，曾跟随外祖父、著名汉学家段玉裁学习文字学。嘉庆十七年（1812）由副榜贡生考充武英殿校录后，鉴于社会危机的日益加深，遂放弃考据学，而转为"究心经世之务"，作《明良论》《乙丙之际箸议》《平均篇》等重要论文，揭露当时封建专制制度的弊端，阐发自己对改革时政的见解。1818 年中举人，此后五次参加会试都落选，科场很不得意。1819年，在京从刘逢禄学习《公羊春秋》，不久又结识常州学派的宋翔凤，接受今文经学派的观点和方法，并用来研究历史，阐明社会发展的趋势，从而奠定了变革主张的理论基础。道光九年（1829）中进士，历任礼部主事、宗人府主事等官职。道光十八年（1838）林则徐奉命前往广东查禁鸦片，他作《送钦差大臣侯官林公序》，支持禁烟，并就御敌防务提出积极建议。次年因得罪权贵，而借故弃官南归，两年后逝世于丹阳云阳书院。其著作由后人编成《龚自珍全集》。

魏源，字默深，或墨生，湖南邵阳人。自幼好读经史，15 岁中秀才，20 岁选拔贡，次年（1814）入京后，从刘逢禄学《公羊春秋》，并与龚自珍结识，成为好友。因他们年龄相若，志趣相投，又都才华横溢，一时被人目为后起之秀中的双璧，号称"龚魏"。鸦片战争前，受江苏布政使贺长龄之聘，编辑《皇朝经世文编》120 卷，共收录清初至道光时有关政治、经济、财政、社会、学术、教育等方面的文章 2200 多篇，百余万言，开一代新风。同时，撰《筹漕篇》（上、下）、《筹鹾篇》、《筹河篇》、《湖广水利论》、

《江南水利全书叙》等，就号称为"三大政"的漕、盐、河提出改革意见，并协助两江总督陶澍筹办漕运，改革盐政。鸦片战争爆发后，入两江总督裕谦幕，直接参与浙东的抗英斗争。鸦片战争失败后，他受林则徐的嘱托，据《四洲志》和其他中外文资料，编成《海国图志》，提出"师夷之长技以制夷"的思想。道光二十五年（1845）考中进士，随后做了几任亲民之官。魏源一生著述颇丰，除《海国图志》外，还有《诗古微》《书古微》《董子春秋发微》《圣武记》《元史新编》《古微堂集》等，其著作已收入《魏源全集》。

包世臣，字慎伯，号倦翁，又号小倦游阁外史，安徽泾县人。少时家贫，曾租地种蔬果养家。嘉庆十三年（1808）中举，但后来多次参加会试都名落孙山，而与进士无缘，一生中除道光十五年（1835）担任过一段时间的江西新喻县的知县外，大多数时间是充当封疆大吏的幕僚。由于接触的社会面比较广，对社会各种问题都有一定的了解，因而能提出一些比较切合实际而又正中时弊的意见，时人称之为"善经济之学"。在《与秦学士书》中，他自称从十二三岁开始，便"慨然有志于用世，不肯枉己以端其基"①。为了经世，曾广泛研究过兵、农、刑、名等各门学问以及"漕、盐、河工之学"，并就当时社会所关切的漕运、河工、盐政、币制、吏治等问题提出过具体的改革主张和方案。他对鸦片之害也有比较深刻的认识，并于鸦片战争之前就向有关方面发出过英国可能会对中国进行侵略的警告。鸦片战争爆发后，他不顾年近七十的高龄，积极为抗英斗争出谋划策。著有《小倦游阁文集》《中衢一勺》《艺舟双楫》《管情三义》和《齐民四术》等，后四书又合编为《安吴四种》。

就龚自珍、魏源和包世臣三人比较而言，龚自珍对社会现实的批判尖锐而辛辣，其愤激之词，怒骂之语，在他的文中俯拾皆是，尤其是他把批判的矛头直接指向封建君主专制制度，这是魏源和包世臣远不能相比的。魏源和包世臣虽然也揭露和批判过清王朝的政治黑暗和吏治腐败，但不仅言辞要缓和得多，而且内容也不如龚自珍那样广泛。然而论社会改革思想，龚自珍又在魏源和包世臣之下，他虽然提出过"更法""改图""变功令"的主张，但他不像魏源和包世臣那样是当时首屈一指的经济专家，对当时

① 包世臣：《与秦学士书》，载《安吴四种》卷四，光绪十四年木刻本。

严重存在的社会经济问题做过多方面的研究，并就漕运、盐政、河工、币制等问题提出过具体的改革措施和方案。就魏源和包世臣比较，他们的社会改革思想难分伯仲，但由于包世臣比魏源年长19岁，出道较早，因而有首倡漕运、盐法改革之功。论学术贡献，魏源助贺长龄编《皇朝经世文编》，开一代新风，其地位在龚自珍、包世臣之上，尤其是他在《海国图志》中提出"师夷之长技以制夷"的思想，成为晚清中国先进分子了解和学习西方的先声，开启了中国近代向西方学习的新潮流，其历史地位龚自珍和包世臣无法相提并论。

四、经世思潮的主要内容

概而言之，嘉道之际的经世思潮主要包括以下几个方面的内容：

第一，批判社会现实。嘉道之际的经世思想家们首先对清王朝衰世的种种黑暗现实进行了无情的揭露和批判。他们指出，表面上当时社会"文类治世，名类治世，声音笑貌类治世"[1]，是一派歌舞升平的景象，但实际上国势陵夷，已经进入"日之将夕，悲风骤至"的衰世[2]。这首先表现于老百姓尤其是农民生活的日益贫困。龚自珍在《西域置行省议》一文中写道：自乾隆末年以来，人心惯于泰侈，风俗习于游荡，京师其尤甚。"自京师始，概乎四方，大抵富户变贫户，贫户变饿者"，作为"四民之首"的农民，"奔走下贱"，生活不下去了，"各省大局，岌岌乎皆不可以支月日，奚暇问年岁？"[3]甚至在向称富庶的东南地区，因赋税的繁重，也出现了"不论盐铁不筹河，独倚东南涕泪多。国赋三升民一斗，屠牛那不胜栽禾"的悲惨局面。[4]其次表现于吏治的日益败坏。他们指出，吏治腐败虽然历朝历代都时有发生，但乾隆末年以来最为严重。在京师，那些手握大权的"政要之官"，都是一些品质恶劣、欺诈无能的平庸之辈，他们为追求奢侈腐化的享乐生活，贪赃枉法，收受贿赂，无恶不作。在地方，所谓的"亲民之官"，却以钱漕为利薮，案牍为威权，"至风俗之淳漓，闾阎之安扰，以其无利于己也，

---

① 龚自珍：《乙丙之际箸议第九》，载《龚自珍全集》，上海人民出版社，1975，第6页。
② 龚自珍：《尊隐》，载《龚自珍全集》，第87页。
③ 龚自珍：《西域置行省议》，载《龚自珍全集》，第106页。
④ 龚自珍：《己亥杂诗》，载《龚自珍全集》，第521页。

而置之不问"。① 至于那些胥吏衙役，他们更像"豺踞而鸮视，蔓引而蝇孳"一样，欺压百姓，飞扬跋扈。② 再次表现于人才的凋零。他们指出，吏治的败坏，必然导致人才的空乏和虚患，真正的人才被埋没，被扼杀。因此，嘉道年间，"天下之无才"，"左无才相，右无才史，阃无才将，庠序无才士，陇无才民，廛无才工，衢无才商"。即使有才能的想贡献自己的力量，朝廷也不重视，相反，"督之缚之，以至于戮之"。③ 人才的凋零，这是一个社会已进入"衰世"最明显的表征。

嘉道之际的经世思想家们强调指出，衰世虽然不是乱世，但它比乱世更令人可怕。因为"履霜之屦，寒于坚冰；未雨之鸟，戚于飘摇；痿痹之疾，殆于痈疽；将萎之华，惨于槁木"。这就如同一个人害了痿痹病，虽然面部气色看起来和健康人一样，肉体上也还感觉不到特别的痛苦，但是对病人来说，它比生了疼痛难忍的恶疮还要危险。恶疮虽然痛苦，毕竟病在局部，蛇蝎在手，壮士断腕，还有补救的可能，而痿痹之疾，将会使人全身逐渐不能动弹，而完全成为一个废人。故此，他们警告清王朝统治者，赶紧采取救治的措施，否则，"起视其世，乱亦竟不远矣"。④

除对清王朝衰世的种种黑暗现实进行了无情的揭露和批判外，以龚自珍为代表的经世思想家还把批判的矛头指向了君主专制统治。1813年嘉庆帝在镇压林清、李文成领导的天理会起义后下了一道罪己诏，指责群臣"寡廉鲜耻"，"自甘卑鄙"，"私心太重"，认为群臣要为乾隆末年以来政治的腐败负责。但在龚自珍看来，对此负责任的应是清朝君主自己。因为自清朝建国以来，其君主为了树立自己至高无上的绝对威权，"未尝不仇天下之士，去人之廉，以快号令，去人之耻，以崇高其身，一人为刚，万夫为柔，以大便其有力强武"，于是，"大都积百年之力，以震荡摧锄天下之廉耻；既珍、既狋、既夷，顾乃席虎视之余荫，一旦责有气于臣，不亦暮乎！"⑤ 正是由于廉耻之心已被君主"震荡摧锄"尽净，所以"历览近代之士，自其敷

① 包世臣：《永康州知州方君寿序》，载《安吴四种》卷三十二。
② 龚自珍：《乙丙之际塾议三》，载《龚自珍全集》，第3页。
③ 龚自珍：《乙丙之际箸议第九》，载《龚自珍全集》，第6页。
④ 龚自珍：《乙丙之际箸议第九》，载《龚自珍全集》，第7页。
⑤ 龚自珍：《古史钩沈论一》，载《龚自珍全集》，第20页。

奏之日，始进之年，而耻已存者寡矣！"其结果，"官益久，则气愈偷；望愈崇，则谄愈固；地益近，则媚亦益工。至身为三公，为六卿，非不崇高也，而其于古者大臣巍然岸然师傅自处之风，匪但目未睹，耳未闻，梦寐亦未之及。臣节之盛，扫地尽矣。非由他，由于无以作朝廷之气故也"。①

龚自珍进一步指出，君主专制统治不只是将群臣的廉耻之心"震荡摧锄"尽净，而且还扼杀了群臣的办事能力，使他们成了因循守旧、无所作为、"尽奄然而无有生气"的行尸走肉。因为君主为了树立自己至高无上的绝对威权，制定出种种纲纪和律令，对群臣"约束之，羁縻之"。朝廷一、二品大臣，朝见皇上要免冠磕头，晚见皇上要免冠磕头，还要经常被议处或察议。部臣工于综核，吏部议群臣，而都察院又议吏部，靡月不有。府州县官，左顾则罚俸至，右顾则降级至，左右顾则革职至。这样动辄得咎，群臣还敢有什么作为？他打了一个很形象的比喻：一个人长了疥癣，终日都想搔痒，但"犹惧未艾，手欲勿动不可得，而乃卧之以独木，缚之以长绳，俾四肢不可以屈伸"②，纲纪和律令就是这长绳，官吏就是长疥癣之人，他们被皇帝捆绑在长木上，动弹不得，指望他们有所作为，岂不是缘木求鱼！

嘉道之际的经世思想家们还对科举制度的弊端进行了揭露和批判。科举制兴起于隋唐，并为以后历代王朝所采用，成为中国封建社会的主要选官制度。如果说在明代以前，尤其是隋唐时期科举制对于打破门阀士族对于政权的垄断、为历代王朝选择吏治人才起过积极的进步作用的话，那么到了明清时期，由于实行八股取士及考试内容和形式的僵化，科举制已是弊端丛生。包世臣认为，科举制的最大弊端是以"八比小技"取士，束缚人才，难于择优入仕。他指出：科目进身，原其本意，欲因文以见学，使出学以为治，是故领于礼部，以驱率天下之人才，大而封圻，小而州县，什之七八出于此。然而，"决得失于一夫之目，且弊端百出……推其究竟，可不为之寒心哉"！③魏源抨击八股取士是用"无益之画饼、无用之雕虫"的学问，来培养和选拔"不识工、农、礼、乐、兵、虞、士、师为何事"的

① 龚自珍：《明良论二》，载《龚自珍全集》，第31页。
② 龚自珍：《明良论四》，载《龚自珍全集》，第34页。
③ 包世臣：《齐民四术目录叙》，载《安吴四种》卷二十五。

所谓人才，是“举天下人才尽出于无用之一途”。[①]龚自珍也指出科举制度并不能选拔真正的人才，相反，知识分子将少壮的心力都用于死记硬背八股文，在无用之文上消磨精力和时光，“万喙相因，词可猎而取，貌可拟而肖，坊间刻本，如山如海。四书文禄士，五百年矣；士禄于四书文，数万辈矣；既穷既极”[②]。八股文虽然背得滚瓜烂熟，但它对治国安邦没有任何用处。他还指出，一个人自幼读书，先考秀才，再考举人，最后考取进士，就是科场得意，一般也要到 30 岁左右，然后开始做官，从七品芝麻官做起，一步步做到尚书、大学士，又得花 30 到 35 年，到当一品大官时，已是齿落发白，当然会顾虑重重，贪恋高位，畏首畏尾，不负责任。这种人又怎么会有作为？所以他大声疾呼：“我劝天公重抖擞，不拘一格降人材。”[③]

第二，主张“更法”和改革。嘉道之际的经世思想家们在对清王朝衰世的种种黑暗现实进行揭露和批判的同时，提出了“更法”和改革的要求。依据《周易》的“穷则变，变则通，通则久”的变易思想，龚自珍批评那种死守“天不变，道亦不变”的观念和一切“率由旧章”的主张是陈腐迂见，认为“一祖之法无不敝，千夫之议无不靡”，只有变法改革才有可能挽救已陷入“衰世”的清朝统治，否则，衰世就会变成乱世，最后的结局，将是“踵兴者之改图”。他强调，改革有两种方式，一种是“劲改革”，一种是“自改革”，“劲改革”权操于“来者”，“自改革”权操于清朝自己，“与其赠来者以劲改革，孰若自改革？”他特别提醒清统治者：“抑思我祖所以兴，岂非革前代之败耶？前代所以兴，又非革前代之败耶？”[④]魏源也对那种死抱祖宗之法不能变的陈腐观念进行了批判，认为“天下无数百年不弊之法，无穷极不变之法”，法有了弊，就必须变，“变古愈尽，便民愈甚”。变法的目的是为了“利民”。所以，凡“人情所不便者，变可复；人情所群便者，变则不可复”。他列举历史上的赋税制度、选官制度和军事制度的变革，以说明只要变革为“人情所群便者”，即使“圣王复作”，“必不舍条编而复两税，舍两税而复租、庸、调也”；“必不舍科举而复选举（这里的“选举”，指的

① 魏源：《明代食兵二政录叙》，载《魏源集》上册，中华书局，1976，第 163 页。
② 龚自珍：《与人笺》，载《龚自珍全集》，第 344 页。
③ 龚自珍：《己亥杂诗》，载《龚自珍全集》，第 521 页。
④ 以上均见龚自珍《乙丙之际箸议第七》，载《龚自珍全集》，第 6 页。

是"九品中正制"——引者），舍雇役而为差役也"；"必不舍营伍而复为屯田为府兵也"。[1] 包世臣针对当时严重存在的社会经济问题，主张"一反五百年之弊"，进行改革。而改革的基本原则，是"上利国而下利民"，使国家和老百姓都能从改革中得到好处，而不能"膏屯于上，泽竭于下"，借改革之名，行搜刮之实。[2] 他认为只有国民两利，改革才能获得老百姓的支持，也才有成功的可能。[3] 基于上述认识，嘉道之际的经世思想家们提出了一系列的改革主张和方案，这些主张和方案涉及"三大政"——漕政、盐法、河工，以及币制、科举、农业等各个方面。

关于漕政。清承明制，继续实行自隋唐以来就已形成的漕运制度，每年都要从江浙等省通过运河运送400万担的漕粮到北京，以供皇室食用、王公官员俸米及八旗兵丁、京城百姓的口粮之需。把几百万担南粮通过运河运到北京，这绝不是一件容易的事情，其运费十分惊人。而漫长的运输线和烦琐的运输管理环节，又方便了官吏的贪污中饱，层层勒索。同时，漕运还经常面临河道梗阻。而一旦河道发生梗阻，南粮不能及时运到京师，就要影响清政府皇室、文武百官、八旗兵丁和京城百姓的生活。因此，当时"中外颇忧漕事"，如何解决漕运所面临的问题，保证及时地将南粮运到北京，就成了朝野上下所关注的"大政"之一。包世臣通过调查了解到，当时云集于上海的商船有3500多艘，其大船每艘可装官斛3000担，小船每艘也可装1500多担。这些商船主要是运关东的豆麦到上海，所以"南行为正载"，而北返时虽然也顺带一些布匹、茶等南货，但常常"不能满载"，不得已只好在吴淞口雇人挖草泥压船。鉴于这种情况，他于嘉庆九年（1804）提出废除官府控制的漕运船队，改由商船北返时装运漕米。同时又鉴于河道经常梗阻，漕米不能及时运到北京，他主张改原来的河运为海运，并规定海运漕米的合理损耗率，以维护商船的利益。他认为雇用商船海运漕米，既能使私商的放空之船，反得重价，增加收入，又可节省大量漕运费用，同时农民又可免遭州县的勒索，于官于民都有利。[4] 包世臣的主张得

---

① 魏源：《默觚下·治篇五》，载《魏源集》上册，第48页。
② 包世臣：《总目叙》，载《安吴四种》卷首。
③ 包世臣：《说储·上篇前序》，载《安吴四种》卷七下。
④ 包世臣：《海运南漕议》，载《安吴四种》卷一。

到陶澍以及魏源等具有经世思想的官员和思想家的支持。魏源写有《筹漕篇》（上、下），认为海运漕粮"利国，利民，利商"。道光五年（1825），清政府批准江浙漕粮改行海运。然而尽管海运漕粮于国、于民、于商都有好处，但由于它触及了与漕运有关的大大小小官吏的利益，在他们的反对下，这次海运只实行了一年，便又改了回去，直到道光二十八年（1848），清政府才又第二次举办海运，并逐渐成为定制。漕运改革的经历说明：任何改革都不会一帆风顺，必然会遇到既得利益集团的强烈反对，因为这些集团决不会轻易放弃自己的既得利益。

关于盐法。清代盐法沿袭明代"纲法"，盐商只有向政府缴纳一定数量的费用（1000～2000两白银），即可取得"窝根"，凭此就能垄断指定地区的食盐收购、运销专利。清政府实行"纲法"的目的，是为了便于课收盐税。但随着吏治的日益腐败，盐税的征收变得日益困难起来。由于对盐的产销区域划定了垄断范围，又是官督商销，这就便利了盐官的敲诈勒索。盐商不堪重负，只好"有挟而求"，迫使盐官允许他们在盐斤上"加价""加耗"。盐斤加价、加耗的结果，是盐价上涨，老百姓买不起盐吃，被迫偷买非法贩运的私盐，造成垄断的官盐严重滞销，从而导致盐税的大量拖欠。据统计，从道光二年（1822）到道光九年（1829），仅两淮就拖欠了4862万两盐税银。针对纲盐的积弊，包世臣建议，裁撤大小盐官，不立商垣，不分畛域，通核现行盐课，每斤定数若干，仿照当时所实行的铁硝运销办法，听任商贩领本地州县印照赴场挂号交纳盐课，领票买盐贩运。他认为只要改革盐业专卖的"纲盐法"，而实行"票盐法"，听任商贩凭票自由运销，则各项浮收勒索可以尽除，民间盐价必然会下降十之五六，而盐税也会因私盐的杜绝而数倍于今，这样于国于民都大有好处。[①] 包世臣的建议后为清政府所采纳，道光十一年（1831）两江总督陶澍在魏源的帮助下率先在淮北推广试行，果然效果不错，不仅盐税有大幅度的增加，盐商和老百姓的负担也有所减轻。

改河运漕粮为海运漕粮，改纲盐制为票盐制，这是道光年间清政府很重要的两项经济改革。但以往的有关著作和文章在论述这些改革时，往往

---

① 包世臣：《庚辰杂著五》，载《安吴四种》卷三。

把功劳归之于魏源，认为他是改革的最早提出者，并襄佐贺长龄、陶澍取得改革成功，而很少提到包世臣。这对包世臣是不公正的。以漕运改革而言，包世臣是在《海运南漕议》中正式提出改河运为海运、由私商代运南漕之主张的，该文作于嘉庆九年（1804），而魏源最早主张海运南漕的文章《筹漕篇》（上），写于道光五年（1825），比包氏的文章晚了整整21年。包世臣最早提出改传统的纲盐制为票盐制是在嘉庆二十五年（1820），这年他写了篇专谈盐法改革的文章《庚辰杂著五》，而魏源提出类似主张并佐陶澍进行盐法改革是在道光十一年（1831），比包氏晚11年。首倡漕运和盐法改革的是包世臣而非魏源。与包世臣、魏源同时代人萧令裕在《海上琐言》中记载漕运改革的始末时便明确指出"泾包孝廉著《海运南漕议》"是海运南漕之议之始。[1] 至于盐法改革，包世臣在《答谢无锡书》中说得非常明白："今票盐之改，乃当事采仆议一节以筹办淮北者（指陶澍在淮北试行票盐改革——引者），是其事亦发于仆，发其事自深知其利。"[2] 由于魏源提出海运南漕、改革盐法的主张比包世臣晚，其具体改革方案和措施明显接受了包氏的影响。比如，他提出的海运南漕的方案是：借商道为运道，雇商船为粮船，雇商人为运丁，道不待访，舟不待造，人不待募，费不待筹，利国计，利民生，利海商。这些也是包世臣在《海运南漕议》和他于1825年所写的《海运十宜》中已提出的方案。他佐陶澍进行盐法改革，改传统的"纲盐制"为"票盐制"，其具体措施也基本上没有超出1830年包世臣应考察两淮盐务的钦差大臣王鼎之要求所写《代议改革淮鹾条略》提出的25条措施之外。这里需要指出的是，包世臣的《海运南漕议》《代议改革淮鹾条略》写出后曾广为流传，影响很大。《海运南漕议》还被魏源收入他代贺长龄编辑的《皇朝经世文编》中。

关于河工。河工即治理黄河。黄河，既哺育过古代灿烂的中华文明，是中华民族的母亲河，也给中华民族带来过无穷的灾难。据不完全统计，历史上黄河共发生过1500多次改道和大决口，从清王朝建立到咸丰五年（1855）再次改道前的两百多年中，黄河决口泛滥就达230次之多，每次决

---

① 萧令裕：《寄生馆文集》卷一，第16页。
② 包世臣：《答谢无锡书》，载《安吴四种》卷七上。

口泛滥不仅给沿河两岸人民的生命财产造成无法估量的损失，而且也使横穿黄河的大运河受到严重影响，运道被毁，漕船不能航行。尽管清政府"无一岁不虑河患，无一岁不筹河费"，但河患不仅依然如故，且有越来越严重之势。因此"河工之事"，亦成为嘉道年间朝野上下关注的又一"大政"。包世臣认为，治理黄河要与兴修水利结合起来，"水有利有害，能去水害者，在能收水利"。他力主积极治河，根除水患，而反对那种"汛至旁午，霜后宴息，徒知言防，莫事求治"的消极"防河"思想。他先后撰写了《筹河刍议》《策河四略》等文章，提出积极治河的具体建议，其办法是：修筑御坝，清除积淤，疏通下游，种植柳芒。① 魏源主张黄河改道，"乘冬水归壑之月，筑堤束河，导之东北"，使黄河改走"汉唐旧河故道"，从大清河入海，并且预测即使"人力纵不改，河亦必自改之"。② 1855 年，黄河果然自行改道，从大清河入海，魏源的预测得到了验证。

在币制上，面对嘉道年间"银价日高，市银日少"，银贵钱贱十分严重的问题，包世臣、魏源等人都主张改革，但具体方案不完全一样。包世臣主张发行纸币，但"不废钱，一切以钱起算，与钞为二币"，"亦不废银，而不以银为币，长落听之市人"。③ 魏源则反对发行纸币，而主张"仿铸西洋之银钱"，并"兼行古时之玉币、贝币"。④ 包世臣、魏源等人的币制改革主张，虽然不能从根本上解决清政府的货币危机，但包世臣提出的"以钱起算"和"不以银为币"的改革办法，对于减轻农民遭受的白银"与五谷相轻重"的损失有一定帮助。而魏源主张"仿铸西洋之银钱"，使货币制度由秤量货币进到计数货币阶段，这不仅对商品经济的发展有好处，也有利于排挤外国银币在中国的泛滥。

在科举制度改革方面，针对科举制度的种种弊端，包世臣主张：第一，改革科举考试的内容，除"四书五经"外，还考"史事疑义与时务有比附者"，"治乱兴衰，唯主《通鉴》，制度文为，唯主《通典》，使学者有所法守"。同时，"于从容造膝之时，详陈利病"，以供"圣明采录"。第二，严

---

① 包世臣：《策河四略》，载《安吴四种》卷一。
② 魏源：《筹河篇》中，载《魏源集》上册，第371—372页。
③ 包世臣：《再答王亮生书》，载《安吴四种》卷二十六。
④ 魏源：《军储篇三》，载《魏源集》下册，第483页。

格录取程序，防止主考官员玩忽职守，徇私舞弊。① 龚自珍强烈要求改功令以收真才，改革八股取士制度，具体办法是模仿汉代的"讽书射策"，先使"敷奏以言"，以九千言为限，然后"与之射策"，射策要"兼策本朝事"，十事中十者甲科，中七者乙科，中三四者丙科，不及三者的"摈之"不录。"其言不得咿嘎不定，唱叹蔓衍，以避正的。"至于说经、私家著述、诗赋等，都不宜用来试士。②

　　中国是一个传统的农业国家，嘉道之际的经世思想家都非常重视农业的发展，认为"大政在农"，"天下之富在农"③，并针对当时农业存在的问题，提出了他们的改革方案。包世臣认为，要发展农业，首先必须使民"归农"，安心于农业生产。而民"归农"的关键是切实保护农民的利益，轻徭薄赋，减轻他们的沉重负担，尤其要整顿吏治，严禁官吏对农民的鱼肉掠夺。同时为农"立法"，"修法以劝农桑"，使农民的利益能得到切实保障。④ 他还主张积极屯田，开垦荒地，特别是在京畿"开屯"，以便从根本上解决南漕北运、东南各省漕粮负担过于沉重的问题。魏源指出，由于国家对农民的过度征发，"遂致邑井成墟"，因此，国家必须减轻农民的负担，取消一些不合理的赋税，使他们"敢顾家业"。否则，"国必亡"。他打比方说："善赋民者，譬植柳乎，薪其枝叶而培其本根；不善赋民者，譬则剪韭乎，日剪一畦，不罄不止。"⑤ 龚自珍主张实行"农宗"之法，按宗法关系的亲疏分配土地，以解决农民无田可耕的问题。具体方法是：将农民依血缘关系划分为"大宗""小宗""群宗"和本血缘之外的"闲民"四个等级，大宗授田百亩，役使闲民 5 人为之耕种，小宗和群宗各授田 25 亩，役使闲民 1 人为之耕种，闲民不授田，而役使于人为佃户。⑥ 他还建议"兼用东南北之众，开拓西边"⑦，把内地无地之民迁移到西域拓荒，认为这样既可解决内地农民无地的困难，又能开发西北边疆，实乃一举两得的好办法。

① 包世臣：《却寄戴大司寇书》，载《安吴四种》卷二十九。
② 龚自珍：《述思古子议》，载《龚自珍全集》，第 123—124 页。
③ 包世臣：《说储·上篇前序》，载《安吴四种》卷七下。
④ 包世臣：《农政》，载《安吴四种》卷二十五上。
⑤ 魏源：《默觚下·治篇十四》，载《魏源集》上册，第 72 页。
⑥ 龚自珍：《农宗》，载《龚自珍全集》，第 48—51 页。
⑦ 龚自珍：《西域置行省议》，载《龚自珍全集》，第 105 页。

　　这里尤须指出，以包世臣、魏源为代表的一些经世思想家，虽然重视农业，但他们并不赞成传统的"重农抑商"或"重农抑末"的政策，相反认为"给有无者商"，商业在国计民生中具有举足轻重的重要地位。包世臣概括农工商的作用说："夫无农则无食，无工则无用，无商则不给。三者缺一，则人莫能生也。"① 根据儒家的传统思想，农业是本，工商业是末，农业关系人们的衣食，工商业不仅与人们的生活无关，而且其奇技淫巧还会导致人们道德败坏。因此，必须严格限制工商业的发展。但包世臣认为，工商业和农业一样，都有关国计民生，对整个社会来说，三者缺一不可。这在某种意义上，是对传统的"重农抑商"思想的否定。

　　正是从农工商都有关于国计民生这一思想前提出发，包世臣认为，要使社会经济进一步发展，就必须实行"本末皆富"的经济政策，农工商并重，而不能像以前那样只重视农业的发展，对工商业采取严格的限制措施，农工商业"利害倚伏，相待以发"，彼此存在着一种相辅相成的关系。故此，他主张在大力发展农业的同时，积极发展工商业，发挥商人在社会经济中的作用，使农与工商都能富裕起来，只有"本末皆富，则家给人足，猝遇水旱，不能为灾"。② 魏源则提出了"缓本急标"的主张，要求将商业的发展放在优先的地位，认为"语金生粟死之训，重本抑末之谊，则食先于货；语今日缓本急标之法，则货又先于食"。③ 而要优先发展商业，就必须改变传统的歧视商人的观念。他指出，天下有"本富"和"末富"，二者的区别不在社会身份的高低，而"在有田无田"，"无田富民，逐什一之利，转贩四方，无赋敛徭役，无官吏挟制，即有与民争利之桑、孔，能分其利而不能破其家也"。④ 所以，无论漕运改革，还是盐政改革，他们都比较重视发挥商人的作用，注意维护他们的利益。如我们已指出的那样，他们提出的漕运改革措施，主要有两点：一是以海代河，丢弃当时河湖淤塞、转载艰难的运河，而改海运，这是运输路线的改革；二是以商代官，利用上海一带的商船北运漕粮，从而使"官商两利"，这是经营性质的改革。他们提出的盐政改革

① 包世臣：《说储·上篇前序》，载《安吴四种》卷七下。
② 包世臣：《庚辰杂著二》，载《安吴四种》卷二十六。
③ 魏源：《军储篇一》，载《魏源集》下册，第471页。
④ 魏源：《默觚下·治篇十四》，载《魏源集》上册，第72—73页。

措施，主要是改纲盐制为票盐制，商人只要照章纳税，就一律允许自由运销盐斤。

如果说经世思想家们重视农业的发展，不过是对儒家传统重农思想的继承，就他们提出的改革措施而言并没有超过前人，那么他们强调"本末皆富"，主张"缓本急标"，重视发挥商人在社会经济中的作用，这是对儒家"抑商"思想的否认，具有鲜明的时代特征。实际上，它是嘉道年间中国资本主义发展要求在思想领域的客观反映。众所周知，早在明朝中叶，中国社会内部已孕育了资本主义的嫩幼萌芽。后来，由于封建统治者"重农抑商"政策的打击，尤其是明末清初的社会动乱，使嫩幼的资本主义萌芽受到严重摧残，但到了嘉道年间，随着社会经济的全面恢复和发展，受到严重摧残的资本主义萌芽又顽强地发展起来，特别是商业资本异常活跃，商人拥有的资本也十分惊人。据包世臣调查，当时在上海一带的船商，一人最多拥有四五十艘沙船，每船造价七八千两白银。仅此一项，一个船商拥有的资本就达到三四十万两白银之巨。[1]这说明商业资本的日益发展已成为不可遏止的历史趋势。当然，人作为能思考的高级动物，在历史趋势面前，有选择行动的自由，是顺应这种趋势，还是逆这种趋势而动，这是由人们自己决定的。面对商业资本日益发展的历史趋势，绝大多数思想家和清朝统治者，或受传统重农抑商思想的影响，或受个人经济利益得失的支配，而要求限制商品流通，遏止商业资本的进一步发展，只有以包世臣、魏源为代表的极少数具有经世思想的思想家，才认识到商业于国计民生的重要性，从而对商业资本的进一步发展采取欢迎和扶持的态度，而这也正是先觉与后觉、先进与后进的区别所在。就此而言，以包世臣、魏源为代表的极少数具有经世思想的思想家不愧为嘉道年间顺应历史发展趋势的先进人物。

第三，倡导经世实学。嘉道之际的经世思想家们除揭露和批判清王朝衰世的种种黑暗现实、主张"更法"和改革外，还大力倡导经世实学，开辟学术经世的道路。这主要表现在以下几个方面：

首先，是批判宋学、汉学。当时统治思想学术界的宋学和汉学（宋学

---

[1] 包世臣：《海运南漕议》，载《安吴四种》卷一。

又称义理学，亦即宋明理学，汉学又称考据学），其共同缺点和危害是对有
关国计民生的实际问题，既不闻不问，又无能为力，于世无功，于道无补，
正所谓"不论盐铁不筹河"。嘉道之际的经世思潮就是作为宋学和汉学的对
立物而复兴起来的。包世臣对只知迂谈性理的宋学和埋首烦琐考证的汉学
都十分鄙视，他公开声明，宋学"非性所好"，认为宋学空谈"性命"，无
助于国计民生，是为俗学。[1] 他批评汉学"以剽字为学，剿声为文"，其上者
仅"能钩稽名物，刻镂风云"，而"正己则失要，治人则无功，师友谬说，
聪明锢蔽"。[2] 他在一首说理诗中对"近儒渐好古，一得同钉饳"的乾嘉学风
进行了辛辣的讽刺，并质问那些以考据学为学的汉学家们，"伊谁能决川，
回澜导狂溜"。[3] 在包氏看来，嘉道年间的社会危机所以如此严重，与宋学和
汉学的"空疏"和"迂腐"不无关系。魏源斥责那些道貌岸然的理学家为
误家、误国的"庸儒""腐儒"，批评他们"一旦与人家国，上不足制国用，
外不足靖疆圉，下不足苏民困，举平日胞与民物之空谈，至此无一事可效
诸民物"。[4] 他承认汉学在考订、整理古代典籍方面虽然有一定成绩，但它却
使广大文人学士"束发就学，皓首穷经"，远离社会现实，严重脱离生活，
结果是"锢天下聪明智慧，使尽出于无用之一途"。[5] 他认为，无论汉学，还
是宋学，都是无益于"日用饮食"和国计民生的"俗学"，而"俗学之病人
更甚于俗吏"。[6] 姚莹批评汉学家"拾贾孔之余波，研郑许之遗说，钻磨雕
琢，自以为游夏之徒，其于孔子之道复背道而驰，人心陷溺极矣"。[7]

其次，讲求学以致用。和乾嘉学派逃避社会现实相反，嘉道年间的经世
思想家认为，士人（知识分子）应关心国计民生，过问时事政治，讲求学
以致用，用魏源的话说，要"以实事程实功，以实功程实事"[8]。包世臣指出，
天下之所以贵士，与士之所以自贵，其原因就在于士能"志于利济斯人而

① 包世臣：《族兄纪三先生郑本大学中庸说序》，载《安吴四种》卷九。
② 包世臣：《赠方彦闻序》，载《安吴四种》卷十。
③ 包世臣：《题乌程凌厚堂（堃）注经图》，载《安吴四种》卷二十二。
④ 魏源：《默觚下·治篇一》，载《魏源集》上册，第 36 页。
⑤ 魏源：《武进李申耆先生传》，载《魏源集》上册，第 359 页。
⑥ 魏源：《默觚下·治篇一》，载《魏源集》上册，第 36 页。
⑦ 姚莹：《黄右爰近思录集说序》，载《中复堂全集·中复堂遗稿》卷一，沈云龙主编《近代中
　国史料丛刊续编》第六辑（58 号），（台北）文海出版社，1966，第 3865 页。
⑧ 魏源：《海国图志叙》，载《魏源集》上册，第 208 页。

已"①。又说："士者，事也，士无专事，凡民事皆士事也。"②并再三强调，士大夫的学问经济，不在于时文、楷法，也不在于考据，而在社会现实，举凡现实生活中的一系列政治经济问题，如吏治官风、盐课漕运、河工水利、兵政边防、舆地农政、钱币人口、刑名法律、文教灾赈等都应成为自己所关心的对象。正是从这一认识出发，他对明末清初倡导经世实学的著名思想家顾炎武及其名著《日知录》特别推崇，认为"百余年来言学者必首推亭林，亭林书必首推《日知录》"。《日知录》所以值得推崇，原因就在于顾炎武写作此书的目的，意在拨乱涤污，"启多闻于来学，待一治于后王"。故此，包世臣尽读《日知录》30卷之后，"叹为经国硕猷，足以起江河日下之人心风俗，而大为之防"。③他自己则从12岁开始，即"慨然有志于用世"。比及童年，见百为废弛，贿赂公行，吏治污而民气郁，殆将有变，思所以禁暴除乱，于是学兵家；又见民生日蹙，一被水旱，则道殣相望，思所以劝本厚生，于是学农家；又见齐民跬步，即陷非辜，奸民趋死如鹜，而常得自全，思所以饬邪禁非，于是学法家；又见江南大利，在盐与漕，江北大政，以河工为最，而官吏视为利薮，胥隶恣其中饱，上损国帑，下病齐民，于是又究漕、盐、河工之学。用他的话说：他读先圣之书，通今时之制，究生民之利病，验风土之纯硗，"凡以为吾儒分内事耳，求为可知，非以干禄"，但期人生"有益于世耳"。④

其三，主张学术经世。以龚自珍、魏源和包世臣为代表的嘉道年间的不少经世思想家都是名噪一时的著名学者，写过不少有关经学、史学和文学的著作或文章。但他们写书，研究学问，不纯粹是为书而写书，为学问而研究学问，除学问外，还为了经世。以史学而论，他们认为"今必本夫古"，"古今一辙"，没有古就没有今，古今之间一脉相承，不可割裂，要通今，则必知古，"盖欲识济时之要务，须通当代之典章；欲通当代之典章，必考屡朝之方策"。⑤研究历史的目的，是为解决现实问题提供历史借鉴。正是从

① 包世臣：《旧业堂文钞序》，载《安吴四种》卷十。
② 包世臣：《赵平湖政书五篇叙》，载《安吴四种》卷十。
③ 包世臣：《读亭林遗书》，载《安吴四种》卷八。
④ 包世臣：《与秦学士书》，载《安吴四种》卷四。
⑤ 魏源：《皇朝经世文编五例》，载《魏源集》上册，第160页。

这一认识出发，当周济向包世臣请教如何撰写两晋这段历史时，他认为"凡事之无系从违，人之无当兴衰者"，可以略写或不写。"至于人心所趋，视乎初政，心趋既久，遂成风俗，风俗既成，朝政虽力矫之，而有所不可"，这是古今都存在的问题，非唯晋代，因此必须详写。"然而拨乱反正，端重人事，人事修，天运变，不善者善之资"，这是历史一再证明的经验教训，故《晋略》之志，当在是矣"。① 魏源尤其重视当代史的研究，认为"时务莫切于当代"，并先后撰写成《圣武记》《道光洋艘征抚记》和《元史新编》等三部充满经世意蕴的历史著作，其中前两部属于当代史。就经学而言，他们认为通经才能致用，致用必先通经，因此，学经的目的十分明确，要"先立其大者"，重点学习那些关系"天下之治"、能对国家大政有所指导的经书。学习的方法要运用得当，要精读原著，直观经义，不要借助后世的传注，要"能以己意测古人立言之旨，而究其义之所止"。他们尤其强调学经要联系实际，思考和解决国计民生的重大问题，对于"先王制作之原，亦能以近世人情上推之，而原其终始"。② 魏源继承和发展了清代复兴的今文经学的治学方法，他所撰写的《诗古微》《董子春秋发微》《两汉经师今古文家法》等经学论著，"推本求源"，上承庄存与的《春秋正辞》，下启康有为的《新学伪经考》和《孔子改制考》，在晚清今文经学发展史上具有非常重要的思想意义。至于写文，他们反对脱离民事，将道抽象化，批评韩愈、柳宗元以来古文家抽象的载道之文是离事与礼，而虚言道以张其军，讽刺"近世治古文者，一若非言道则无以自尊其文"，认为道附于事而统于礼，"事无大小，苟能明其始末，究其义类，皆足以成至文"，提倡写"言事之文"和"记事之文"。③ 他们特别强调作者要介入社会，关心国计民生，"深思天下所以化成者，求诸古，验诸事，发诸文"④；多写一些"救时指事之章"，多发一些"防患设机之论"，使人们能"观其文以知俗，推其俗以知治"，从中得到一些"劝惩之方"和"补救之术"⑤。

---

① 包世臣：《与周保绪论晋略书》，载《安吴四种》卷九。
② 包世臣：《十九弟季怀学诗识小录序》，载《安吴四种》卷九。
③ 包世臣：《与杨季子论文书》，载《安吴四种》卷八。
④ 包世臣：《文谱》，载《安吴四种》卷八。
⑤ 包世臣：《扬州府志艺文类序》，载《安吴四种》卷八。

嘉道之际经世思想的集大成者，是魏源于道光五年（1825）代贺长龄编辑的《皇朝经世文编》。魏源编辑的《皇朝经世文编》虽略仿明代的经世文编和乾隆年间陆耀的《切问斋文钞》，但在整个编辑原则上则以经世思想一以贯之。他在代贺长龄写的《皇朝经世文编叙》中提出，事必本夫心，善言心者必有验于事；法必本夫人，善言人者必有资于法；今必本夫古，善言古者必有验于今；物必本夫我，善言我者必有乘于物。在《皇朝经世文编》编辑《五例》中，魏源确定的选录文章标准，一要有益于实用，空泛而没有内容的不选；二要有益于现在，过去有用但对今天已经失效的文章不选。同时，在符合选录标准的情况下，取材要尽量广泛，不同乃至相反意见的文章也要尽量选录，以供读者择善而从。依据上述原则，《皇朝经世文编》共选录清初到道光三年（1823）的文章 2236 篇，分为"学术""治体""吏政""户政""礼政""兵政""刑政""工政"等八大类，每大类下面再分若干子目，如"学术"下分原学、儒行、法语、广论、文学、师友 6 个子目，"治体"下分"原治上下""政本上下""治法上下""用人"和"臣职"等 5 个子目，"吏政"下分"吏论""铨选""官制""考察""大吏""守令""吏胥"和"幕友"等 8 个子目，共有子目 65 个。全书 120 卷，其中"学术"6 卷，"治体"8 卷，其余 106 卷分属"六政"，即"吏政""户政""礼政""兵政""刑政"和"工政"。这反映了魏源经世之学的基本架构：学术—治体—治法。该书刻印后，因开一代新风，在社会上产生了很大的影响，多次翻印，"数十年来，风行海内，凡讲求经济者，无不奉此书为矩矱，几于家有其书"①。在它的影响下，又先后有张鹏飞的《皇朝经世文编补》、饶玉成的《皇朝经世文续编》、葛士浚的《皇朝经世文续编》、盛康的《皇朝经世文续编》等问世。这些编补、续编，不仅体例与魏源的《皇朝经世文编》基本相同，而且也多为 120 卷。

　　第四，主张严禁鸦片，关注边政和夷情。对于鸦片之害，经世思想家们有比较深刻的认识。早在嘉庆二十五年（1820），包世臣就论述过鸦片问题，认为鸦片泛滥，造成本末并耗，白银外流，国困民穷，其害不异于鸩毒。

---

① 俞樾：《皇朝经世文续编序》，载《皇朝经世文续编》卷首，《近代中国史料丛刊》第七十五辑（741 号），第 1 页。

他以苏州为例，指出全城吸食鸦片者不下十数万人，以每人每日耗银一钱计算，一年要耗银三四百万两。以此类推，则各省各城大镇，每年所花费在吸食鸦片上的白银不下一亿两。这些银两最终都流入到外国人的腰包之中。而当时国家一年的正供并盐关各课的收入也不过四千余万两，仅鸦片一项每年外流银两的数目就二三倍于国家一年的税收收入，这是引起当时银贵钱贱、物价上涨的重要原因。故此，他主张严禁烟土。有鉴于以前清政府曾颁发过数次禁令但屡禁不止，他提出了"撤关罢税"的建议。所谓撤关罢税，即撤销海关，取消关税收入，以禁绝鸦片贸易，但西洋夷民所必须的内地之茶叶大黄，则照宝苏局采买洋铜之例，准商人携不禁货物"赴彼回市"。[①] 虽然由于时代的局限性，包世臣企望以"撤关罢税"来解决英国鸦片输入的问题的主张不尽正确，也难以奏效，因为英国向中国输入鸦片除在正常的贸易中夹带之外，主要靠的是走私，但他对鸦片问题的认识有两点值得我们重视：（一）他最早认识到鸦片泛滥造成的白银大量外流，是引起银贵钱贱、物价上涨的重要原因。嘉庆年间白银减少、银贵钱贱的问题已经显现，但人们还没有把它与鸦片泛滥造成的白银大量外流联系起来。人们明确地将白银减少、银贵钱贱与鸦片泛滥造成的白银大量外流联系起来则是道光年间的事。历史学家胡绳在《从鸦片战争到五四运动》一书中写道：嘉庆年间，朝廷在禁止鸦片进口的同时，也禁止"偷漏银两出洋"，但那时还不清楚白银减少、银贵钱贱与鸦片泛滥造成的白银大量外流"是密切相关的两件事"，直到道光十一年（1831）监察御史冯赞勋的奏折才将这一问题说清楚。[②] 日本学者井上裕正认为，"直到道光九年（1829）御史章沅上奏，指出纹银流出的原因实为鸦片，这一见解才被一般人接受"[③] 台湾学者李国祁认为，"大约自粤督阮元于道光元年（1821）查获叶恒澍走私鸦片案以后，将鸦片与银漏问题结为一体的看法，方渐兴起"，而江苏巡抚林则徐直到道光十三年（1833）与两江总督陶澍议覆给事中孙兰枝所奏江浙

① 包世臣：《庚辰杂著二》，载《安吴四种》卷三。
② 胡绳：《从鸦片战争到五四运动》，人民出版社，1981，第28页。
③ 井上裕正著，胡修之译《关于清代嘉庆、道光年间的鸦片问题》，载武汉大学历史系鸦片战争研究组编《外国学者论鸦片战争与林则徐》（上），福建人民出版社，1989，第78页。

两省银贵钱贱商民交困折时，"才提出相类似的看法"。① 大陆学者杨国桢也认为，林则徐虽然很早就注意到了鸦片的流毒，但"其始也是从吸食鸦片有伤人心风俗的观点出发的"。直到 19 世纪 30 年代初，经过多年在东南地区为官的实际体验，才明确地认识到鸦片泛滥所造成的大量白银外流是引起银贵钱贱的重要原因。② 尽管以上学者的具体说法不尽一致，但他们都认为进入道光年间之后人们才明确地把白银减少、银贵钱贱与鸦片泛滥造成的白银大量外流联系起来。而包世臣在嘉庆年间就认识到了白银减少、银贵钱贱与鸦片泛滥造成的白银大量外流之间的联系，这比一般人要早几年，乃至十几年。（二）他较早提出严禁鸦片。虽然他提出的禁烟措施是"撤关罢税"，认为"一切洋货皆非内地所必需，不过裁撤各海关，少收税银二百余万两而已"，反映出了那个时代人们根深蒂固的自然经济观念，但他并不主张断绝与外国的一切往来，相反准许中国商人出洋"赴彼回市，彼货仍可通行"。这在商品经济尤其是沿海地区的商品经济有一定程度的发展，而清政府顽固地实行闭关锁国政策，严禁中国人出洋贸易的历史条件下，它"曲折地反映了一部分沿海华商的要求……对于促进华商出洋贸易是有利的"。③因为当时"华民惯见夷商获利之厚，莫不歆羡垂涎，以为内地民人格于定例，不准赴各国贸易，以致利薮转归外夷"④。所以，他提出的严禁鸦片的措施，与后来一些顽固守旧派主张断绝中外一切往来的"撤关罢税"是有区别的，不能一概斥之为保守。

除包世臣外，其他一些具有经世思想的官僚和思想家也对鸦片的输入所造成的社会危害进行过揭露，提出过各式各样的禁烟主张。其中以黄爵滋于道光十八年（1838）上奏的《严塞漏卮以培国本疏》最有名。黄氏认为鸦片"蔓延中国，槁人形骸，蛊人心志，丧人身家，实生民未有之大患，其祸烈于洪水猛兽，非雷厉风行，不足以振聋发聩，请仿周官重典之法，

① 李国祁：《由安吴四种论包世臣的经世思想》，载"中央研究院"近代史所编《近代中国初期历史研讨会论文集》下册，"中央研究院"近代史研究所，1989，第648页。
② 杨国桢：《林则徐传》增订本，人民出版社，1995，第175页。
③ 侯厚吉、吴其敬主编《中国近代经济思想史稿》第一册，黑龙江人民出版社，1982，第97—98页。
④ 林则徐：《外人带鸦片罪名应议专条片》，载中山大学历史系中国近代现代史教研组研究室编《林则徐集·奏稿》（中），中华书局，1965，第640页。

治以死罪"。① 黄爵滋严禁鸦片的主张得到林则徐、张际亮、龚自珍、魏源等人的支持。据冯天瑜先生研究，张际亮极有可能参与过黄爵滋奏折的起草，在黄上奏后他又从北京到汉口会晤时任湖广总督的林则徐，向林传递黄奏的反响动态，并和林则徐筹议推动禁烟论的有关事宜。他还参与了林则徐所上的《钱票无甚关碍宜重禁吃烟以杜弊原片》等折片的起草。② 林则徐于黄爵滋上奏后不久，遵旨筹议《严禁鸦片章程》六条，支持黄爵滋的主张，并于是年底被道光皇帝任命为钦差大臣，节制广东水师，前往广州查禁鸦片，成为禁烟的代表人物。龚自珍于林则徐赴广州禁烟前夕，向林建议用绞刑、砍头等严厉手段打击食鸦片、贩鸦片和制鸦片者。

中国是一个多民族的国家，边疆的稳定与安全历来为知识分子所关注。嘉道之际的经世思想家们也不例外。嘉庆二十五年（1820）龚自珍作《西域置行省议》一文，肯定清初以来清政府对边疆的经营和加强西北塞防的重要性，并主张在西域建省。他认为西域建省有利于移民实边，开发该区，加强该区与内地的联系，从而使之成为中国本部的一部分。他还就移民实边、行政区域划分、官员设置以及教育等具体问题提出了建议：移民的路费由政府供给；移民未到之前，应"先期斩危崖，划仄岭，引淙泉，泻漫壑"，做好一切准备；移民到了之后，则"分插南北两路"，由政府供给帐房、耕牛、农具和种子，免除二十年的赋税。将全区划为十一府、三直隶州、二州、四十县，设总督、巡抚管辖之。同时，奖励文教，推行科举制度。③ 不久，他又上书镇守吐鲁番的领队大臣，希望他能"仰体上天好生之德"，"不以驼羊视回男，不以禽雀待回女"，不歧视当地的少数民族，而视他们"皆内地人也，皆世仆也"，从而使他们"安益安，信益信"，以维护边疆的稳定和安全。④ 道光初，龚自珍又撰《蒙古志》12卷，并作《与人笺》一文，提出治蒙策略，反对用兵蒙古，而主张因循他们的宗教信仰，善加安抚利用，如此便可"不调一兵，不费一粟，以外夷和外夷"，实现蒙古地

① 黄爵滋：《严塞漏卮以培国本疏》，载《黄爵滋奏疏》卷八。
② 冯天瑜、黄长义：《晚清经世实学》，上海社会科学院出版社，2002，第220页。
③ 龚自珍：《西域置行省议》，载《龚自珍全集》，第105—111页。
④ 龚自珍：《上镇守吐鲁番领队大臣宝公书》，载《龚自珍全集》，第309—312页。

区的长治久安。① 这一时期关于边疆的著作，还有徐松的《新疆识略》及《西域水道记》、沈垚的《新疆私议》、魏源的《答人问西北边域书》、张穆的《蒙古游牧记》、李兆洛的《大清一统舆地全图》、何秋涛的《朔方备乘》等。其中沈垚的《新疆私议》写于道光六年（1826），主要针对当时出现的"损西守东"之议而作。在该文中，沈氏首先总结了汉唐以来防守西域的经验教训，对"损西守东"之议进行了有力的批驳，并探讨了坚守西域的方略，主张屯田积谷，慎择边臣。魏源的《答人问西北边域书》，作于道光十年（1830）。和沈垚的《新疆私议》一样，魏源在文中也首先批驳了"损西守东"之议，然后探讨了坚守西域的办法，建议清政府采取措施，鼓励内地人民西迁，开发大西北，借以巩固边防。沈垚、魏源的这些主张，对后世产生过很大影响。在19世纪70年代清政府发生的"海防"与"塞防"之争中，左宗棠曾据此反驳李鸿章等人借口"海防西征，力难兼顾"，而主张放弃新疆，"移西饷以助海防"的观点。后来左宗棠奉命率军入疆，统筹新疆全局，在《答陶少云》书中他写道："近料理新疆诸务，益叹魏子（即魏源——引者）所见之伟为不可及。"②

鸦片战争之前，尽管朝野上下，官场士林，都还做着"天朝上国"的美梦，"徒知侈张中华，未睹瀛环之大"，但还是有极少数的经世思想家开始留心夷务，关注夷情。如姚莹在其《康輏纪行自叙》中称，"莹自嘉庆中，每闻外夷桀骜，窃深忧愤，颇留心兹事，尝考其大略，著论于《识小录》矣，然仅详西北陆路"。魏源说龚自珍"晚尤好西方之书，自谓造诣深微云"。虽然迄今为止人们还没有找出龚氏究竟读了哪些"西方之书"的证据，但我们并不能因此而否认龚氏生前对夷情有所了解，因为在《西域置行省议》一文中（该文写于1820年，即嘉庆二十五年），他主张西域建省后，"应颁制西洋奇器"。当时对夷情了解较多、并较早看出英国有侵略中国之野心的是包世臣。1826年，包世臣写信给在粤海关做事的萧令裕，二人在书信中曾就英国在南洋的情况以及可能给中国造成的危害进行了讨论。萧令裕认为：英夷占领新埠，招纳福建、广东一带的"逃人"，事深可虑。他

① 龚自珍：《与人笺》，载《龚自珍全集》，第342页。
② 左宗棠：《答陶少云》，载《左宗棠全集·书信三》，岳麓书社，2014，第548页。

预感到英国将给中国带来危害，忧心忡忡地指出："十年之后，患必中于江浙，恐前明倭祸，复见今日。"包世臣对英国在南洋的情况也有了解，他自称："仆入都，就潮、惠、漳、泉计偕解事者问之，多言新埔夷人，近改名新嘉坡，广刊汉文书籍，兹询墨农，尤详备。"他也认为英国对江浙"垂涎"已久，希望当局对此能有所防范。① 两年后，他在《致广东按察姚中丞书》中，又明确指出新加坡已成为英国鸦片走私和侵略中国的据点，要警惕英国可能因中国严禁烟土而发动对华侵略战争，并对"粤中水师，皆食土规，一旦有事，情必外向"深感忧虑。他建议当局赶快采取措施，一面派人去新加坡了解情况，一面加紧水师建设，否则恐"十数年后，虽求如目前之苟安而不能，必至以忧患贻君父"。② 果然不出包世臣所料，十年后英国以中国禁烟为借口，发动了罪恶的鸦片战争。随着鸦片战争的爆发，中国人对"夷情"的了解也进入到一个新的时期。

第二节　鸦片战争与经世思潮的新发展

一、鸦片战争的失败引起的反思

1840 年，英国以中国开展禁烟运动为借口，发动了罪恶的鸦片战争。战争推动了经世思潮的新发展。

经世思潮的一个显著特征，就是要从实际出发，解决当前的现实问题。如果说在此之前，中国社会所面临的主要是吏治腐败、武备松弛、土地兼并严重、社会矛盾尖锐等传统问题，因此，那时的经世思想家们也主要是在传统思想的资源中思考和寻找解决这些问题的方案的话。那么，鸦片战争的爆发，尤其是中国的战败，则使如何筹海防夷、回应西方资本主义列强的挑战成了中国社会所面临的主要问题。这些问题也是历史上的经世思想家们所从未遇到过的新问题。对这些新问题的思考以及解决方案的提出，

---

① 包世臣：《答萧枚生书》，载《安吴四种》卷三十五。
② 包世臣：《致广东按察姚中丞书》，载《安吴四种》卷三十五。

给嘉道之际复兴的经世思潮注入了新的内容。

　　长期以来，中国知识界由于受传统观念的束缚，对中国周边以外的世界很少关心和了解，尤其是对远离中国上万里的"西方"更是知之甚少。那时谈世界，谈西方，颇有些"海客谈瀛洲"的味道。比如道光二年（1822）由当时最著名的学者阮元主持修撰的《广东通志》，就把英吉利当成"荷兰属国"，说它"悬三岛于齐因、黄祁、荷兰、法兰西四国之间"，又说法国是"初奉佛教，后奉天主教"。① 道光十二年（1832）刊的周凯所纂《厦门志》卷八"番市略"，以为英国在中国西南海中。② 道光十八年（1838）修的《粤海关志》卷二十三，因读音相近误把东南亚小国丁机宜（为爪哇属国，在今印度尼西亚苏门答腊岛英得腊其利一带）当成英吉利。就是到了鸦片战争爆发后，清政府上下虽"震于英吉利之名，而实不知其来历"。道光皇帝不知英国的地理位置，有无陆路可通，以及是否与俄罗斯接壤。耆英说英人夜间目光昏暗，分不清东南西北。黄惠田谓英地黑暗，不敢燃火，船行半月始见天日。当时有一种非常流行的观点，说英军因腰腿不能弯曲，只长于水战，而不善陆战。钦差大臣、两江总督裕谦奏称，英军"大炮不能登山施放，夷刀不能远刺，夷人腰硬腿直，一击即倒"，因此不善陆战，并将英兵不善陆战写入他总结的"八忌"之中第七忌。工科给事中骆秉章主张与英军作战时，水战则诱之登陆，陆战则以力取，因为以象皮、铜皮保护身体的英国官兵，身上虽不能伤，但腿不能弯曲，如"以长梃俯击其足，应手而倒"③。就是思想开明者如林则徐也曾认为英军所恃在船坚炮利，"一至岸上，则该夷无他技能，且其浑身裹缠，腰腿僵硬，一仆不能复起"④。中国人对于外部世界的茫然无知由此可见一斑。然而这种状况因鸦片战争而有了改变。

　　中国最早"开眼看世界"的是林则徐。如前所述，道光十九年（1839）林则徐以钦差大臣的身份到广州查禁鸦片。他到达广州不久，为了解"夷

① 《广东通志》卷三百三十《列传六十三》，转引自葛兆光《中国思想史》第二卷，复旦大学出版社，2001，第450页。
② 中国史学会主编《中国近代史资料丛刊·鸦片战争（四）》，上海人民出版社，1957，第355页。
③ 中国第一历史档案馆编《鸦片战争档案史料》第四册，第302页。
④ 中山大学历史系中国近代现代史教研组研究室编《林则徐集·奏稿》（中），第861页。

情"，以便"知己知彼，百战不殆"，即开始了"开眼看世界"的活动。最
主要的一项活动是组织人翻译《四洲志》。《四洲志》的原书名叫《世界
地理大全》，英国人慕瑞著，1834 年初版于伦敦，后又多次再版。全书有
1500 多页。《四洲志》是该书的摘译。译文共 87000 多字，述及的国家和
地区有东南洋的暹罗（泰国）、缅甸，西南洋的五印度、南都鲁机（南土耳
其），小西洋的东、北、南、西、中，阿未利加洲（非洲），大西洋的布路
亚（葡萄牙）、大吕宋（西班牙）、荷兰、佛兰西（法兰西）、意大里亚（意
大利）、耶马尼（德国）、奥地里加（奥地利）、波兰、瑞士、北都鲁机（北
土耳其）、英吉利、斯葛兰（苏格兰）、爱伦（爱尔兰），北洋的俄罗斯、普
鲁社（普鲁士），外大西洋的弥利坚（美利坚）。其中，述及英吉利和弥利
坚的文字最多，内容也最为详细。特别是对英吉利的议会制度有较多介绍。
《四洲志》是晚清中国人翻译的第一部世界地理著作。

除《四洲志》外，林则徐组织人翻译的英文书还有《各国律例》和《华
事夷言》。《各国律例》是《国际法，或运用在国家和主权的行为和事务上
的自然法原则》一书的摘译。该书的作者是著名国际法学家、瑞士人滑达
尔（1714—1767）。原书用法文写成，后被译成英文。《各国律例》摘译的
是英文本第 1 编第 8 章第 94 节、第 2 编第 8 章第 100—102 节、第 3 编第 1
章第 1、2 节，以及有关注释，内容主要讲的是国与国之间的战争、敌对措
施，如封锁、禁运等。[①]《华事夷言》原书名《中国人》，为东印度公司驻广
州大班德庇时所著，1836 年在伦敦出版，书中涉及英国人对中国问题的
看法。

为了解更多的"夷情"，尤其是英国朝野的最新动向，林则徐还组织人
将《广州周报》《广州记事报》《新加坡自由报》《孟买新闻报》等英文报纸
中有关中国的时事报道和评论翻译出来，按时间顺序编订成册，以备参考。
同时，他还利用各种机会，直接向旅居国外的归侨、到过南洋或欧洲的中
国人以及来粤的外国人询问有关情况。《洋事杂录》中就有英国医生史济泰、
英国归侨容林、印度孟加拉归侨温文伯、马来亚归侨袁德辉口述外国见闻
的记录。一次，一艘名为"杉达"的英国船遇风沉没，船上人员被迫停留

---

① 参见王维俭《林则徐翻译西方国际法著作考略》，《中山大学学报》1985 年第 1 期。

广州，林则徐知道后，接见了他们。据该船医生喜尔的记述，林则徐请他们转交一份照会给英国女王，并请他们对照会的几处译文进行了修改，还向他们询问了鸦片的生产和英国、美国、土耳其等国的情况，"提到土耳其的名字时，他（指林则徐——引者）问是否属于美国，或是美国的一部分。我们告诉他土耳其距离中国几乎需要一个月的航程。他似乎很惊奇"①。

由于清政府的腐败和妥协，鸦片战争最后以中国失败、被迫与英国签订割地赔款的《南京条约》而结束。洋洋中华帝国，竟被一个远道而来的"岛夷"打败，这不能不使以魏源、姚莹等为代表的经世思想家"扼腕切齿，引为大辱奇戚，思所以自湔拔"②。他们认为，中国所以会被打败，"正由中国书生，狃于不勤远略，海外事势夷情，平日置之不讲，故一旦海舶猝来，惊若鬼神，畏如雷霆，夫是以偾败至此耳"③。用姚莹的话说："自古兵法，先审敌情，未有知己知彼而不胜，聩聩从事而不败者也。英吉利、佛兰西、米利坚皆在西洋之极，去中国五万里。中国地利人事，彼日夕探习者已数十年，无不知之。而吾中国曾无一人焉留心海外事者，不待兵革之交，而胜负之数已较然矣。"④于是，他们发愤著书，以介绍海外情事为己任，和林则徐一道，成了近代第一批"开眼看世界"的先进中国人。据统计，从1840年起到1861年止，写成的有关介绍世界历史地理的书籍至少有22种之多。⑤其中代表作有魏源的《海国图志》，徐继畬的《瀛寰志略》，以及梁廷枏的《海国四说》和姚莹的《康輶纪行》。

我们前面在介绍魏源时已经提出，鸦片战争爆发后，魏源曾参加过浙东抗英斗争，对英国情况有一些了解。他还根据英国俘虏安突德口供，同时参考其他资料，编过一本《英吉利小记》的小册子。《小记》记述了英国在什么地方，本国和所占领殖民地情况，以及国内的政治、经济、军事、宗

---

① 中国史学会主编《中国近代史资料丛刊·鸦片战争（五）》，第325—326页。

② 梁启超：《清代学术概论》，载《饮冰室合集》第8册，专集之三十四，第52页。

③ 姚莹：《复光律原书》，《中复堂全集·东溟文后集》卷八，载《近代中国史料丛刊续编》第六辑（52号），第770页。

④ 姚莹：《复光律原书》，《中复堂全集·东溟文后集》卷八，载《近代中国史料丛刊续编》第六辑（52号），第770页。

⑤ 费正清、刘广京编《剑桥中国晚清史（1800—1911年）》下卷，中国社会科学出版社，1985，第172页。

教、风俗等。鸦片战争的失败，对素抱经世之志的魏源的刺激很大。1841
年 7 月，当被贬谪的林则徐将自己组织人翻译的《四洲志》交给他，并希
望他以《四洲志》为基础编一部世界历史地理书时，他欣然从命，并于翌
年编成 50 卷《海国图志》。以后，他又不断修订、补充，1847 年扩编为 60
卷，1852 年扩编为 100 卷，近 90 万字。

强烈的经世意识，是《海国图志》的鲜明特色。在其叙言中，魏源便
开宗明义地揭示了他编写此书的目的："是书何以作？曰：为以夷攻夷而作，
为以夷款夷而作，为师夷长技以制夷而作。"接着，他又写道："同一御敌，
而知其形与不知其形，利害相百焉；同一款敌，而知其情与不知其情，利
害相百焉；古之驭外夷者，诇以敌形，形同几席；诇以敌情，情同寝馈。"
可见，魏源编写此书的目的，是为了"制夷"，亦即反抗外国侵略。而要
"制夷"，首先必须了解敌情，了解得要像对自己的桌子床席和睡觉吃饭那
样一清二楚。正是从这一目的出发，和一般的介绍世界各国的历史地理书
不同，《海国图志》除用相当多的篇幅介绍世界各国的历史地理外，还特设
《筹海篇》二卷、《筹海总论》四卷，并将《筹海篇》置于全书之首，以为
全书总纲。而《筹海篇》的内容，是总结鸦片战争失败的教训，提出如何
"制夷"的战略与策略。同时，为了满足"师夷之长技以制夷"的需要，魏
源又以 12 卷的篇幅（84—95 卷），比较详细地介绍了"夷之长技"——西
洋火轮船、洋炮、炸弹、炮台、水雷等的原理、制法和用法。

《海国图志》的另一特色，是征引书籍的广博。据有的学者研究，《海国
图志》征引的书籍近百种，主要包括两大部分：一是中国学者所著书，二
是外国学者所著书。中国学者所著书中，除常见的史书、志书、类书，如
《清文献通考》《大清一统志》《四库全书提要》《元秘史》《蒙古源流考》《册
府元龟》《金石萃编》《洛阳伽蓝记》《西域图志》《文献通考》《广东通志》《后
汉书》《新唐书》《旧唐书》《晋书》《魏书》《梁书》《隋书》《宋史》《辽史》
《元史》《契丹国志》《明史》，等等，还有各种记载、研究世界历史、地理
的笔记、游记、小志、杂志、专著等。外国学者所著书中，有《职方外记》
《坤舆图说》《灵言蠡勺》《空际格致》《寰有诠》《四洲志》《地球全图》《平
安通书》《地球图说》《外国史略》《地理备考》《美理哥合省国志略》和《贸
易通志》，等等。"魏源鉴别、处理如此繁多资料的一个基础原则是立足今、

西，辅以古、中。就是说，在考证具体史实、处理古今中西记载歧异问题时，主要以新的著作、西人著作为基础。"[①] 此外，《海国图志》还附有各种地图 70 多幅，各种船炮器物图 80 多幅，各类表，如《中西历法异同表》《各国教门表》等近 10 幅。

如果说，魏源的《海国图志》以博大见长的话，那么，徐继畬的《瀛寰志略》则以简明著称。王韬曾对《瀛寰志略》和《海国图志》的特点做过评价，认为"此二书者，各有所长，中丞以简胜，司马以博胜"。[②] 应该说，王韬的评价十分中肯，是至理名言。

徐继畬，字健男，号牧田，又号松龛，山西五台人，道光六年（1826）进士，以朝考第一名钦点为翰林院庶吉士，历任编修、陕西道监察御史、广西浔州知府。鸦片战争期间，任福建延津邵道台，兼署汀漳龙道，曾参与抗英斗争。以后几年他一直在东南沿海任职，先后任广东按察使、福建布政使、福建巡抚兼署闽浙总督等职。鸦片战争结束不久，他开始编写《瀛寰志略》一书，先于道光二十四年（1844）编撰出《瀛寰考略》上、下二卷，接着又在《考略》的基础上于道光二十八年（1848）完成该书，并刻印问世，两年后，又刻印一次。该书的主要参考资料有三种：一是中国的文献记录，如历朝正史和有关地理著作；二是晚明以来西方传教士写的中文书籍；三是直接询问西人所得的口述资料。徐氏编撰该书的态度非常认真，据其《自序》称："余复搜求得若干种，其书俚不文，淹雅者不能入目。余则荟萃采择，得片纸亦存录勿弃。每晤泰西人，辄披册子考证之，于域外诸国地形时势，稍稍得其涯略。乃依图立说，采诸书之可信者，衍之为篇，久之积成卷帙。每得一书，或有新闻，辄窜改增补，稿凡数十易。自癸卯至今，五阅寒暑，公事之余，惟以此为消遣，未尝一日辍也。"[③] 由于徐继畬对所采用的资料下过一番去伪存真、去芜存菁的研究考证功夫，《瀛寰志略》的资料准确性和叙述科学性都比较高，是一部代表当时中国最高水

① 熊月之：《〈海国图志〉征引西书考释》，载刘泱泱、郭汉民、赵烈安、姚振群编《魏源与近代中国改革开放——纪念魏源 200 周年诞辰国际学术研讨会论文集》，湖南师范大学出版社，1995，第 133 页。
② 王韬：《〈瀛寰志略〉跋》，载《弢园文录外编》卷九，上海书店出版社，2002，第 226 页。
③ 参见熊月之《西学东渐与晚清社会》，上海人民出版社，1994，第 241—242 页。

平的世界历史地理书。

《瀛寰志略》共 10 卷，14 万多字，收图 42 幅，包括东半球、西半球的全图和各洲各国的分图。这 42 幅图，除日本与琉球的一幅取自中国的有关资料外，其余 41 幅都勾摹自西方地图册，虽然比较粗糙，但所勾勒之地的大致形状和位置都比较准确，是当时中国出版中最好的。全书以图为纲，依图立说，首为全球图说，次按亚、欧、非、美洲的顺序分别叙述世界各主要国家的情况。每洲先有总叙，后有分叙，叙述有详有略，夹叙夹议，每篇之后，并附按语，略加考释。《瀛寰志略》虽然字数不多，但简明扼要，详略得体，眉目清楚，具有很强的时代感。

梁廷枏，字章冉，号藤花主人，广东顺德人，曾先后负责编撰《广东海防汇览》和《粤海关志》，因而对西洋情况有比较多的了解。鸦片战争期间，他支持林则徐领导的禁烟运动和抗英斗争，为林则徐所倚重。鸦片战争失败后他发愤著书，陆续撰成《耶稣教难入中国说》（1844）、《合省国说》（1844）、《粤道贡国说》（1844）、《兰仑偶说》（1845），1848 年合刊为《海国四说》。合省即美利坚合众国，兰仑即英国首都伦敦，此处泛指英国。《合省国说》（共 3 卷）和《兰仑偶说》（共 4 卷）即是对美国和英国的历史、地理、政治、经济、文化等方面情况的记叙，特别是对英国的资产阶级民主政治制度介绍尤多。

和梁廷枏出生于东南沿海不同，姚莹则出生于内地的安徽桐城。他是嘉庆年间的进士，道光初年，与林则徐、魏源、包世臣等人结识，交往颇多。鸦片战争期间，任台湾道员，曾与总兵达洪阿一起，率领军民奋力抵抗英军的侵犯。《南京条约》签订后，他的抗英斗争被投降派诬为"冒功欺罔"，被贬官四川。早在鸦片战争之前，他就比较留意"夷情""夷务"，鸦片战争的失败，使他在思想上产生了巨大的震动。1845 年，他怀着悲愤的心情，"喋血饮恨"撰写成《康輶纪行》一书。该书不仅考察了西藏的地理、历史、政治、宗教和风俗习惯，而且还探讨了英、俄等国的情况，特别是对英国的议会政治做了比较详细的介绍。据姚莹自称，他"喋血饮恨而为此书"的目的，"欲吾中国童叟皆习见习闻，知彼虚实，然后徐图制夷之策……雪中国之耻，重边海之防，免胥沦于鬼域"。①

二、"开眼看世界"

作为鸦片战争后第一批"开眼看世界"的先进中国人，魏源、徐继畬等人在他们的著作中对世界大势做了比较全面的介绍。

第一，介绍了世界各大洲各地区的情况。魏源的《海国图志》除《沿海沿革图》《地理正背面图》以及76幅亚、非、欧、美四大洲的各国地图外，还用大量篇幅（100卷本中以71卷的篇幅）分别介绍了世界各国的地理位置、历史沿革、气候物产、交通贸易、民族风俗、文化教育、宗教历法，如越南、暹罗（今泰国）、缅甸、吕宋（今属菲律宾）、爪哇（今属印尼）、五印度、荷兰、佛（法）兰西、意大里（利）、瑞士、瑞丁（典）、那（挪）威、希腊、英吉利、俄罗斯、普鲁社（士）、弥（美）利坚、智利等国，都有专篇介绍。徐继畬的《瀛寰志略》先列地球两半球图，述地球概貌和五大洲、五大洋概况，然后是《皇清一统舆地图》（卷一）；接着述亚洲（卷二、卷三）、欧洲（卷四至卷七）、非洲（卷八）和北南美洲（卷九、卷十），分别介绍各国的疆域形势、气候物产、风土人情、历史沿革、典章制度、政治得失、兵力强弱、兼并征伐、海外扩展以及与中国的交往等方面的情况，尤其是对于发生"古今一大变局"的南洋诸岛国、五印度、土耳其以及英（国）、法（国）、意（大利）、俄（国）、奥（地利）、普（鲁士）、比（利时）、荷（兰）、西（班牙）、瑞（士）、美（国）等欧美国家介绍得最为详细。"当时世界上存在的各个国家，基本上都得到了反映，内容则包括方位、疆域、地形、山脉、河流、气候、物产、风俗及历史沿革等等。"②

在介绍世界各大洲各地区情况的同时，他们还介绍了一些天文地理和自然科学知识。魏源的百卷本《海国图志》的最后5卷（96—100）名为《地球天文合论》，其中有"地球论""地球五星序秩""日月蚀论""辨彗星论""气论""风论""雷电论""地震论""纬经二度论""地球时刻道论"等，对一些地理天文知识和自然现象做了介绍和解释。徐继畬的《瀛寰志

① 姚莹：《复光律原书》，《中复堂全集·东溟文后集》卷八，载《近代中国史料丛刊续编》第六辑（52号），第771页。
② 潘振平：《〈瀛寰志略〉研究》，《近代史研究》1988年第4期。

略》卷一开篇即题为《地球》，并附有地球全图两幅，一为东半球，一为西半球，它告诉人们，地球是圆的，以海洋为主，陆地"不及十分之四"，有北极、南极和赤道，其具体位置，"北极在上，南极在下，赤道横绕地球之中"。陆地分为四，"曰亚细亚，曰欧罗巴，曰阿非利加，此三土相连，在地球之东半。别一土曰亚墨利加，在地球之西半"。海洋分为五，"曰大洋海，曰大西洋海，曰印度海，曰北冰海，曰南冰海"，"大洋海"因"风平浪静"，故又称之为"太平海"。尽管这些知识在西方或许家喻户晓，不是什么新知识了，但对当时的中国人来说，则是闻所未闻的新知识。

第二，介绍了西方资本主义的物质文明。他们介绍英国，"人烟稠密，户以繁滋"，其首都伦敦，"居民一百四十万，殿阙巍峨，规模闳巨"，"街衢纵横穿贯，百货山积"，"有大肆曰北明翰，铁工聚焉"，"埠头最大，每岁别国商船来者千余，本国出入者三千余"。其他城市的繁华景象，也丝毫不业于伦敦。尤其是英国的工商业十分发达，"每百人中务农者十之三，开矿者十之一，制造者十之一，为商贾者十之二，余教师、法师、医生、武士、水手"。而在从事工业生产的人员中，仅纺织工人就有近 50 万人，使用的纺织机，"机关巧细，但弱女子、幼子亦可容易动之"。棉花每年就要用 40 余万担，皆由外国运进。与工业相比，英国的商业还要发达一些，无论城乡，皆店铺林立，"帆樯云集，百货流通，富饶遂为西国之最"。其商贾"不止贸易一国一地，乃与天下万国通商"，"故凡他国物产，皆聚于伦敦国都"。英国的制造业也非常精良，比如所造之轮船，进退行止自如，"船之行也，轮激水如飞，瞬息不见，一昼夜约行千余里"，"可谓精能之至矣"。再如所造之枪炮，"其铁炮熔铸精凝，内外滑泽……进退左右，拽之以绳，极其灵便"。[①] 比之英国，美国的物质文明也毫不逊色。首先是交通十分便利，铁路四通八达，火轮车"一日可三百余里。火轮船尤多，往来江海如梭织"。城市也很繁荣，首都华盛顿作为"颁政、判事、会议之总地"，"河道通达，无论大小海舶均可径抵都城，故贸易最盛"。第二大城市摩士敦（波士顿），"城内万室云连，市廛盘匝，百货阗溢，任求皆获。……其商

---

① 徐继畲:《瀛寰志略》卷七，上海书店出版社，2001，第 233—239 页。

船、火轮船无所不到。陆地有铁路，马车与火轮车并用"。[1] "城中文学最盛，书楼数所，内一楼藏书二万五千本，各楼共藏公书约七八万本，官吏士子皆可就观，惟不能携归而已。""城外市镇亦多。大书院共六所，内一所自始建迄今已历二百年，为二十六部书院之首。"[2] 美国人对于人力、物本和知识能妥善利用，所以，"技艺工作，最精造火轮船。即纺织棉布，制造呢羽、器具，均用火烟激机运动，不资人力。他国虽有，皆不能及"[3]。不仅英美，其他欧洲国家也"长于制器，金木之工，精巧不可思议，运用水火尤为奇妙。……造舟尤极奥妙，篷索器具，无一不精，测量海道，处处志其浅深，不失尺寸"[4]。

魏源、徐继畬等人还初步分析了西方资本主义国家所以会取得物质文明的原因。一是海外扩张，进行殖民掠夺。他们指出：英国作为岛国，"不过西海一卷石，揆其幅员，与闽、广之台湾、琼州相若，即使尽为沃土，而地力之产能有几何？其骤致富强，纵横于数万里外者，由于西得亚墨利加，东得印度诸部也"[5]，是进行殖民掠夺的结果。英国人还依仗着自己的船坚炮利，"盖四海之内，其帆樯无所不到，凡有土有人之处，无不睥睨相度，思朘削其精华"[6]。二是重视商业利益，以商立国。他们指出，"欧罗巴诸国皆善权子母，以商贾为本计，关有税而田无赋。航海贸迁，不辞险远，四海之内遍设埠头，固由其善于操舟，亦因国计全在于此，不得不尽心力而为之也"[7]。英国由于"不务行教而专行贾，且佐行贾以行兵，兵贾相资"，以商立国，所以能富强起来，成为世界强国之一。美国"实以贸易为本务，所入视农工远甚。统领之所奖劝者，固在此。盖税之所出，国用攸资也"[8]。荷兰也因"通东西七万里之海市，故国虽小而富饶甲于西土"[9]。他们还通过俄

---

① 徐继畬：《瀛寰志略》卷九，第279—290页。
② 魏源：《海国图志》（下）卷六十二，陈华、常绍温、黄庆云等点校注释，岳麓书社，1998，第1696—1697页。
③ 魏源：《海国图志》（下）卷六十，第1663页。
④ 徐继畬：《瀛寰志略》卷四，第112—113页。
⑤ 徐继畬：《瀛寰志略》卷七，第236页。
⑥ 魏源：《海国图志》（中）卷五十二，第1447—1448页。
⑦ 徐继畬：《瀛寰志略》卷四，第115页。
⑧ 梁廷枏：《合省国说》卷三，载《海国四说》，中华书局，1993，第96页。
⑨ 徐继畬：《瀛寰志略》卷六，第193—194页。

国与英法的比较，说明后者因商立国而致富的道理：俄国虽以疆土广大而号为强国，但"较之英、佛诸国，总觉土满。舟楫之利、火器之精、心计之密，又远逊于诸国，逐鹿海隅，往往瞠乎其后"①，无法与英法等国相提并论。在当时的历史背景下，魏源、徐继畬等人敢于肯定重视商业利益、以工商立国的西方各国，充分认识工商业在整个国民经济中的重要地位，这实际上是对传统的"农本商末"思想以及建立在此基础上的"重农抑商"或"重本抑末"政策的一种批评或否定。尽管受时代和阶级的局限，魏源、徐继畬等人还没有明确提出中国也要像西方各国那样，兴工育商以图富强，"但是他已经看到，也将使别人看到工商致富的事实，这必将启迪后人去寻求工商致富的道路"②。这具有十分重要的意义。

第三，介绍了西方资本主义的社会文化。如介绍男女平等、婚姻自主："嫁娶择配，皆女主之。""国中女子之权胜于男子，富贵贫贱皆一妻，无妾，妻死乃得继娶，虽国土亦只一妃。""倘违禁娶两女者，其罪流。""娶妻不用媒妁，与女子自订可否，诺则告其父母而聘定焉。聘后往来，以知其情性。乃集两家亲朋赴礼拜堂，请教师，祈上帝，遂为夫妇。""父母产业男女均分，不能男多女少。"③介绍各国重视教育："欧罗巴诸国皆尚文学。国王广设学校，一国一郡有大学、中学，一邑一乡有小学。""其都会大地皆有官设书院，聚书于中，日开门二次，听士子入内抄写、诵读。"英国有"国学生馆计三万八千间，入学者百二十七万余人"；"小儿自二岁以上，又立赤子学"。耶马尼国（德意志）"遍设学院、公学"，"凡各国所未见之书，惟日耳曼人能读之"，"敬教劝学，为西方之最"。佛兰西"中学馆最多，又民间小学二万八千九百六十三所，学生计二百二十余万名；其大学院三百五十八所，学生三万三千名；会学院一百所，学士二万三千六百名"。荷兰"国内大开书院，学士云集，讲艺术。小学馆二千八百余处，大学院四处，皆聚印翻译之书"。弥利坚"最好进学，遍开庠序以习法术、武

---

① 徐继畬：《瀛寰志略》卷四，第 128 页。

② 虞和平：《徐继畬与近代化的思想启蒙》，载任复兴主编《徐继畬与东西方文化交流》，中国社会科学出版社，1993，第 107 页。

③ 魏源：《海国图志》（中）卷五十一，第 1438 页。

④ 魏源：《海国图志》（中）卷三十七，第 1098 页。

艺、文学"，"每乡设学馆一所"，"不拘贫富"均可入学。① "国内遍设大小书院不计其数，国之男妇无不能书算者。"介绍欧洲的风俗民情："风俗尚天主教，通历数，善制造。欧罗巴洲大、小诸国，皆奉行其教。其婚娶，男子三十，女子二十。通国之中，一夫一妇居室，无买妾生子者。产五谷，以麦为重。出五金，以金、银、铜铸钱为币。衣服：蚕丝者有天鹅绒、织金缎之属。……相见以免冠为礼。概衣青色，兵士勿论。女人以金宝为饰服，御罗绮佩带诸香。酒以葡萄酿成，可积至数十年。"② "英俗，宾主相见以脱帽为恭，各伸右手相握为礼……尊卑杂坐，无上下左右之分。"③ 介绍英国的教育制度："乡有小学，所学曰文科。一古贤名训，二各国史书，三各种诗文，四文章议论。自七岁至十七八学成，本学师试其优者，进于国之中学，所学曰理科。初年，辨是非，察性理。二年，察性理以上之学。学成则又试之。优者进于大学。所学亦四科，听人之自择。曰医科，主疗疾病……曰治科，主习吏事。曰教科，主守教法。曰道科，主兴教化。学成又各严考之。每试，则师聚于上，生徒北面，一师问难毕，又轮一师，能对答如流，然后取中，即许任事。"④ 介绍英国的专利制度："能出一奇物，得专利三十年，他人学作有禁。"介绍美国的奖励制度："或有能创新出巧如火轮船及水火织布之类，则地方官奖励之。""如六艺中有超众者，则别予奖赏；或能自创新制，开前人所未及、为今人所乐效者，亦奖赏之。"⑤ 介绍英国的保险制度：设有担保会，"航海涉险者，自计舟货所值，月纳银于会（百金约纳二钱）为公费，舟损则会偿之，货全失则半偿之。（兰仑二十一会，本银自三万至八万）又居宅自议其值岁纳于会者，百之一，灾则会偿其半。或富者逆虑死后妻子无依，亦岁纳五十员，他日由会岁给千员，赡其妻孥"⑥。介绍美国的律师制度："又设律例院，无职官，惟延师教习律条。……如两造中有愚民不谙诉语，则以一识例文、通言语者代，自具词迄堂质，均许旁

① 魏源：《海国图志》（下）卷五十九，第 1678、1652 页。
② 梁廷枏：《粤道贡国说》卷四，载《海国四说》，第 217 页。
③ 徐继畬：《瀛寰志略》卷七，第 240 页。
④ 梁廷枏：《兰仑偶说》卷四，载《海国四说》，第 159 页。
⑤ 魏源：《海国图志》（下）卷五十九，第 1634 页。
⑥ 梁廷枏：《兰仑偶说》卷三，载《海国四说》，第 140 页。

为剖诉，不以事非切己为嫌，惟讼者戚属避之，余听自择。"①

第四，介绍了西方资本主义的政治制度。他们介绍英国的君主立宪制："王后主国"，"贵臣共十二人……皆理政事也"。除"王后"和"贵臣"外，设有"公会所"（即议会）。公会所"内分两所：一曰爵房（即上议院——引者），一曰乡绅房（即下议院——引者）。爵房者，有爵位贵人及耶稣教师处之；乡绅房者，由庶民推择有才识学术者处之。国有大事，王谕相，相告爵房，聚众公议，参以条例，决其可否；辗转告乡绅房，必乡绅大众允诺而后行，否则寝其事勿论。其民间有利病欲兴除者，先陈说于乡绅房，乡绅酌核，上之爵房；爵房酌议可行，则上之相，以闻于王，否则报罢"。②"大约刑赏、征伐、条例诸事，有爵者主议；增减课税、筹办帑饷，则全由乡绅主议。此制欧罗巴诸国皆从同，不独英吉利也。"③和英国不同，美国实行的是总统制，全国三十部（即州）"每部各立一贤士以为总统，各总统公举一极正至公之贤士总摄三十部之全政，名伯理师天德（即英文"总统"的音译——引者）。又各部总统或一年、或二年为一任，惟总摄国政者四年为一任，按期退职，公举迭更"。美国也设有"两会"，"一曰尊会（即参政院——引者），即长领并大官办重务；一曰民会（即众议院——引者），论民人所献之议，所禀求之事，每四万人择一人，各国皆同"。④他们还着重介绍了美国的选举制度：总统任期四年，四年期满，"集部众议之，众皆曰贤，则再留四年，（八年之后，不准再留。）否则推其副者为正，副或不协人望，则别行推择乡邑之长，各以所推书姓名投瓯中，毕则启瓯，视所推独多者立之，或官吏，或庶民，不拘资格"⑤。

这里尤须指出的是，魏源、徐继畬等人在介绍西方资本主义的政治制度时，对这种制度持的是肯定和赞许的态度。如魏源肯定美国的选举制度，"议事听讼，选官举贤，皆自下始，众可可之，众否否之，众好好之，众恶恶之，三占从二，舍独徇同，即在下预议之人亦先由公举，可不谓周

① 梁廷枏：《合省国说》卷二，载《海国四说》，第74—75页。
② 魏源：《海国图志》（中）卷五十二，第1446页。
③ 徐继畬：《瀛寰志略》卷七，第235页。
④ 魏源：《海国图志》（下）卷六十一，第1681页。
⑤ 徐继畬：《瀛寰志略》卷九，第276页。

乎！"①认为美国以民选总统代君长，"其章程可垂奕世而无弊"；并称赞"推择乡官理事，不立王侯"的瑞士，是"西土之桃花源"。②徐继畬推许美国"合众国以为国，幅员万里，不设王侯之号，不循世及之规，公器付之公论"的民主制度，是"创古今未有之局，一何奇也！"他尤其对美国第一任总统华盛顿赞赏有加，称华盛顿"气貌雄毅绝伦"，是"人杰"，"异人"。因为华盛顿"起事勇于胜、广，割据雄于曹、刘，既已提三尺剑，开疆万里，乃不僭位号，不传子孙，而创为推举之法，几于天下为公，骎骎乎三代之遗意"③。梁廷枏认为美国"合众为国""视听自民"的政治制度，为"创并辟未为之局"，"以迄于今"。他特别对美国的"以法治国"给予了充分的肯定，他在《〈合省国说〉序》中写道：美利坚"自立国以来，凡一国之赏罚、禁令，咸于民定其议，而后择人以守之。未有统领，先有国法。法也者，民心之公也。统领限年而易，殆如中国之命史，虽有善者，终未尝以人变法。既不能据而不退，又不能举以自代。其举其退，一公之民，持乡举里选之意，择无可争夺、无可拥戴之人，置之不能作威、不能久居之地，而群听命焉。……为统领者，既知党非我树，私非我济，则亦惟有力守其法，于瞬息四年中，殚精竭神，求足以生去后之思，而无使覆当前之餗斯已耳"④。上述魏源、徐继畬等人对西方资本主义政治制度的肯定和赞许表明：尽管由于历史和阶级的局限，他们还不可能对西方资本主义的政治制度有真正的认识和理解，但作为晚清第一批"开眼看世界"的先进中国人，他们已经朦胧地感受到这种制度在某些方面要比中国的君主专制制度优越。

就上述魏源、徐继畬等人对世界大势的介绍来看，具有以下几个特点：一、比较全面。凡世界各国尤其是欧美一些主要国家的地理位置、历史沿革、政治制度、经济物产、风俗民情、宗教文化等都有介绍，有助于人们对外部世界的全面了解。二、有所侧重。在全面介绍基础上，重点介绍的是与中国关系密切的南洋各国，特别是英、法、俄、美等欧美国家，如《海国图志》的《东南洋叙》《西南洋叙》等《叙》一再强调："志南洋，所以志

---

① 魏源：《海国图志》（下）卷五十九，第1611页。
② 魏源：《海国图志》（中）卷四十七，第1337页。
③ 徐继畬：《瀛寰志略》卷九，第291、277页。
④ 梁廷枏：《合省国说》，载《海国四说》，第50页。

西洋也";"志西南洋，所以志西洋也";"志北洋，所以志西洋也"。徐继畲的《瀛寰志略》用于介绍欧美国家的篇幅几乎占全书的一半，而在这一半的篇幅中，介绍英国、法国、俄罗斯和美国的文字又占了近 3/5。重点介绍南洋各国，因为它们是中国的近邻，如今已相继沦为欧洲列强的殖民地，唇亡齿寒，"中土之多事，亦遂萌芽于此"①。前事不忘后事之师，从中可以吸取经验教训。重点介绍英、法、俄、美等欧美国家，因为它们是资本主义列强，是中国今后要打交道的主要对象，用魏源的话说，要"制夷"，就必须深入了解"夷情"。三、新知识，旧观念。介绍的知识是新的，但解释这些知识的观念是旧的。比如，南洋各国先后成为欧洲列强的殖民地这一事实，使徐继畲意识到：欧洲的扩张打破了世界各地原来的隔离状态，这是一个人们无法控制的必然趋势，但他在解释这种趋势时，用的则是"天地之气"的生息演化这个传统的观念："天地之气，忽而旁推交通，混为一体，倘小运会使然耶？然大下从此多事矣。"②又如，魏源基本接受、至少是默认了西方地理学将世界分为四大洲、五大洋的理论，他的《海国图志》就是以林则徐的《四洲志》和西方的地球图说为基础而编撰的，并以此书为"西洋人谈西洋"而自豪，但他在解释"四大洲"的理论时，则用的是"《梵典》分大地为四大洲"的观念。又比如，徐继畲对欧美的佛兰西、普鲁士和米利坚三国最为推崇，而归纳他所以推崇的理由，不外三条，"一是贤明君主，二是重义轻利，三是修政睦邻，也就是儒家学说中关于治国安民的几条金科玉律。所以，书中出现了既以赞颂的口气叙述了某些国家的富强，又为不能'渐以礼乐车书'来雅化这些'荒裔'而表示惋惜的矛盾现象。在徐继畲心目中，海外各国的治理是否有成效是以儒家学说的价值标准来判断的，同时，某些国家的治乱得失似乎可以证明中国古代先贤的理论适用于这个新发现的世界"③。最能说明魏源、徐继畲等人这种新知识、旧观念的，是他们用"桃花源"和"三代之治"这些中国的传统观念对瑞士、英美的民主政治制度的比附和赞赏。这一切都说明：魏源、徐继畲等人是站在传统文化的立场上来"开眼看世界"的，"开眼看世界"使他们成了那个时代的先

---

① 徐继畲：《瀛寰志略》卷二，第52页。
② 徐继畲：《瀛寰考略》卷下，转引自潘振平《〈瀛寰志略〉研究》，《近代史研究》1988年第4期。
③ 潘振平：《〈瀛寰志略〉研究》，《近代史研究》1988年第4期。

进中国人，而传统文化的立场则又表明他们在思想观念上还没有脱离传统士大夫的本色。这种新知识与旧观念集于一人的现象，还将长期存在于中国近代尤其是晚清思想界。

　　尽管魏源、徐继畬等人是站在传统文化的立场上来"开眼看世界"的，然而在那个时代却具有非常重要的积极意义。首先，魏源、徐继畬等人对世界各大洲各地区各个国家的介绍，使长期生活在与世隔绝状况下的中国人对外部世界有了一定了解，这在客观上有利于打破传统的"天下观"对人们思想的束缚和近代世界意识的形成。传统的"天下观"信仰"天圆地方"说，认为中国是天下的中心。早在先秦时代，《周礼·大宗伯》就有"以玉作六器，以礼天地四方。以苍璧礼天，以黄琮礼地"的说法。郑玄注称："礼神者必象其类，璧圆象天，琮八方象地。"古代作为贯通天地象征的玉琮，就是一种外方内圆、柱形中空的玉器，它的外部被雕成方形，与古人心目中的大地相像，而它的内部又是圆形，恰似古人心目中的天穹。[①] 正因为中国古人相信天是圆的，地是方的，自己居住的地方是天下的中心，有中心，就有四边，他们故称"居天地之中者曰中国，居天地之偏者曰四夷。四夷外也，中国内也"[②]。这种信仰"天圆地方"说、认为中国是天下之中心的传统"天下观"，由于中国特殊的地理位置和封闭的小农经济结构而得到不断强化，这在中国历代刻印的"华夷图""广舆图"中表现得非常明显，这些图"都把周边国家的位置标得模糊不清，中国的区域画得颇大，而汪洋大海却绘得很小"[③]。明末来到中国的西方传教士利玛窦一踏上中国土地就强烈地感受到了这一点。《利玛窦中国札记》写道："他们（指中国人——引者）认为天是圆的，但地是平而方的，他们深信他们的国家就在它的中央。他们不喜欢我们把中国推到东方一角上的地理概念。"[④] 乾隆十二年（1747）奉敕撰修的《清朝文献通考·四夷考》开篇即言："大地东西七万二千里，南北如之，中土居大地之中，瀛海四环。其缘边滨海而居者，是谓之裔；海

① 参见葛兆光《中国思想史》第一卷，复旦大学出版社，2001，第17页。

② 石介：《中国论》，载《徂徕石先生文集》，陈植锷点校，中华书局，1984，第116页。

③ 邹振环：《晚清西方地理学在中国：以1815至1911年西方地理学译著的传播与影响为中心》，上海古籍出版社，2000，第41页。

④ 利玛窦、金尼阁：《利玛窦中国札记》（上册），何高济、王遵仲、李申译，何兆武校，中华书局，1983，第180页。

外诸国亦谓之裔。裔之为言，边也。"坚持认为天是圆的，地是方的，中国
位于天下的中心。然而，如今魏源、徐继畬等人通过图（地图）文（文字）
告诉人们：天是圆的，地也是圆的，地既然是圆的，也就没有所谓的中心
和边缘；世界上有四大洲、五大洋，有近百个国家，中国只是这近百个国
家中的一国，位置不在地球的中央，而在亚细亚之东南；中国虽然版图广
袤，物产丰富，土地肥沃，是世界大国，但不是世界上唯一的大国，像中
国这样的大国还有好几个，比如"南、北亚墨利加袤延数万里，精华在米利
坚一土，天时之正、土脉之腴，几与中国无异"[①]。无论魏源、徐继畬等人是
否意识到，他们的这些图文在客观上无疑都是对传统的"天下观"的否定。
对传统的"天下观"的否定，也就有利于打破它对人们思想的束缚和近代
世界意识的形成。

与传统的"天下观"相联系的，是传统的"华尊夷卑"说。中国自古
以来就是一个多民族的国家，由于地理环境的差异，各民族之间的社会和
文化发展参差不齐。早在先秦时代，在中原黄河流域即形成了早期的华夏
文明，这一文明在当时的中华文明中居于中心或主导地位，而周边的诸
族、诸国则处于相对落后的局面。久而久之，中国古代的先民们便形成了
一种"华尊夷卑"的观念，认为华夏民族（汉代以后称之为汉民族）文明
程度最高，中国是"天朝上国"，而周边的少数民族都是一些不知华夏文
明、未受礼仪熏沐的落后民族，并依其与中原所处的方位，分别称他们为
"东夷""西戎""南蛮""北狄"。在中国的士大夫眼里，不知礼仪与禽兽无
别。所以，中国古书中，每当写到周边少数民族的族名时，往往要加上一
个"犭"旁，以表示这些少数民族还没有达到为"人"的资格。中国士大
夫的一个责任，就是要"以夏变夷"，用礼仪来教化周边的少数民族，使他
们接受华夏文明（或汉族文明）。中西交通后，这种传统的"华尊夷卑"观
念又被用来处理与欧美各国的关系，认为这些国家和古代中国周边的少数
民族类似，无论社会还是文化都比中国落后，故此称它们为"番"或"夷"，
其船艘称之为"番船"或"夷船"，其商人称之为"番商"或"夷商"，其
商馆称之为"番馆"或"夷馆"，其语言称之为"番语"或"夷语"，与西

[①] 徐继畬:《瀛寰志略》卷九，第 290—291 页。

方国家有关系的事务称之为"番务"或"夷务"。称西方为"番"或"夷"，不能仅仅看作是语言上的习惯，实际上表达的是一种以上朝自居、轻蔑外邦的文化心态。因为"番"或"夷"在中国的汉字中都是贬义词，与未开发或不文明联系在一起。1833年6月23日，即鸦片战争爆发前夕，曾在广州生活过的德国传教士郭实腊（有时又被译成郭士立、郭士猎、郭施拉等）在为《东西洋考每月统计传》所写的创刊意见书里谈到了他在广州生活的感受："尽管我们与中国人有过长期的交往，但是他们仍然自称是世界上第一民族，而把其他民族视为'蛮夷'。这种盲目自负，严重地影响了居住在广州的外国居民利益以及他们和中国人的交往。"然而，如今在魏源、徐继畬等人的笔下，欧美各国是那样的繁荣昌盛，城市"殿阙巍峨，规模阂巨"，交通十分便利，铁路、轮船四通八达，店铺林立，机器轰鸣，制造精美，重视教育，学校和藏书楼各地皆有，人民读书识字，生活非常富裕，政治民主，社会清明，如此等等，无论从哪方面讲，这些国家都不比中国落后，甚至比中国还要文明、开化、进步一些。比如，魏源就公开承认"夷"有"长技"，不仅军事武器比中国先进，养兵练兵之法中国也不如人。徐继畬称赞美国的政治制度有"三代之遗意"，而"三代政治"在中国仅是士大夫们梦寐以求的一种理想，但它在美国却成为现实。无论魏源、徐继畬等人意识与否，他们对欧美物质文明、社会文化和政治制度的介绍，尤其是他们对英、美等国民主政治的肯定和赞许，在客观上无疑是对"华尊夷卑"观念的否定，这有利于国人从"天朝上国"的虚骄自大心态中解脱出来，从而通过与欧美各国的比较认识到自己的不足和落后。而只有认识并且承认自己的不足和落后，才有可能向欧美国家学习，回应它们的挑战。

也许正因为是魏源、徐继畬等人的"开眼看世界"，在客观上否定了传统的"天下观"和"华尊夷卑"说，因此，《海国图志》和《瀛寰志略》刻版问世后，立即引起了两种不同的反应。少数具有经世思想的思想家或士大夫给了它们很高的评价。如姚莹说魏源编《海国图志》"可谓先得我心"①。

---

① 姚莹：《康𬨎纪行》卷五，《中复堂全集》，载《近代中国史料丛刊续编》第六辑（57号），第3062页。

与魏源同时代的广东名士陈澧在致张南山的书中称："魏君可谓有志之士矣，非毅然以振国威、安边境为己任，何其编录之周详、议论之激切如此哉！"① 但更多的则是批评和攻讦，尤其是徐继畬的《瀛寰志略》，"甫经付梓，即腾谤议"②。史策先说《瀛寰志略》"张外夷之气焰，损中国之威灵"，本想上章弹劾，旋知同事已捷足先登，方才罢休。③ 李慈铭攻击《瀛寰志略》"轻信夷书，动辄铺张扬厉"，"于华盛顿赞其以三尺剑取国而不私所有，直为寰宇第一流人。于英吉利尤称其雄富强大，谓其版宇直接前后藏，似一意为泰西声势者，轻重失伦，尤伤国体"。④ 就连稍后的曾国藩在致左宗棠的信中都认为："徐松龛中丞著书，颇张大英夷。"⑤ 所以在很长一段时期内，《海国图志》，特别是《瀛寰志略》，并没有得到国人应有的关注，没有产生真正的社会影响，发挥它们应该发挥的作用。《海国图志》咸丰二年（1852）出了百卷本后，到同治六年（1867）之前，没有再重印过。《瀛寰志略》于道光二十八年（1848）问世后，也只由红杏山房于道光三十年（1850）重印过一次，而且数量非常有限。

然而当《海国图志》和《瀛寰志略》受到国人冷落和批评的时候，它们却漂洋过海，传到日本，并受到欢迎和好评。据统计，仅1854—1856年间，《海国图志》被翻刻的版本就达20多种。咸丰十一年（1861）《瀛寰志略》被刊刻，后来又多次翻印。它们对帮助日本各界了解世界以及对日本的明治维新运动，都起过一定的积极作用。《海国图志》和《瀛寰志略》问世后在中日两国所受到的不同对待，令人深思。

历史是发展的。进入19世纪六七十年代后，随着洋务运动的兴起，要求了解世界的呼声日益高涨，中国人终于认识到了《海国图志》和《瀛寰志略》的价值，它们于是被大量翻刻重印，对洋务派、早期维新思想家以

---

① 陈澧：《书〈海国图志〉后呈张南山先生》，载《东塾读书记（外一种）》，生活·读书·新知三联书店，1998，第337页。
② 徐继畬：《覆吴思澄比部世兄书》，载《松龛先生全集》，（台北）文海出版社，1977，第332页。
③ 史策先：《梦余偶钞》卷一，载《近代史资料》1980年第2期。
④ 李慈铭：《越缦堂日记》咸丰丙辰一月十八日，载李慈铭撰，由云龙辑《越缦堂读书记》，商务印书馆，1959，第480—481页。
⑤ 曾国藩：《曾国藩全集·书信一》，岳麓书社，1990，第622页。

及康有为、梁启超等维新派都产生过很重要的影响。先投身洋务运动、后又成为早期维新思想家的王韬就曾指出："近来谈海外掌故者，当以徐松龛中丞之《瀛寰志略》、魏默深司马之《海国图志》为嚆矢，后有作者弗可及已。……此诚当今有用之书，而吾人所宜盱衡而瞩远者也。"[1]梁启超的《中国近三百年学术史》也认为，"中国士大夫之稍有世界地理智识"，实自《海国图志》和《瀛寰志略》两书始。[2]

三、"师夷之长技以制夷"

所谓"师夷之长技以制夷"，用今天的话说，就是学习西方列强的长处，用来抵御西方列强的侵略。这一思想的最初表述者是林则徐。林则徐在领导广州禁烟和抵抗英军侵略的实践中，对英军的"船坚炮利"有一定的认识[3]，因而提出了"师敌长技以制敌"的口号，并在一定范围内付诸实行过。比如，为了提高清军的海防与海战能力，1840年2月，他从美国罗素洋行购买了"吉赛皮克"号商船，作为水师演习攻击英舰训练之用，后又将其改装为战舰，配备英国制造的大炮34门，这是鸦片战争开始后中国从西方引进的第一艘现代化军舰。他还打算购买3艘丹麦船，因解决不了经费问题只好放弃。除船舰外，他还从西方人手中购买了200余门铜制或铁制大炮装备清军。林则徐还特别重视学习西方的船炮技术，1840年4月间，他曾仿照欧洲船式修建过两三艘双桅船。为了研究中外战船，他精心搜集了多种战船，特别是西方战船和曾经战胜过"红毛夹板船"的越南战船的资料，希望在此基础上制造出能战胜英国战船的中国战船。[4]

继林则徐之后，包世臣也表达过类似的思想。1841年2月，时任参赞大臣杨芳率军增援广州，路经包世臣居住地南昌时专程到包世臣的家中征询他的意见。包世臣认为与中国通商的各国中，英国最强，其他各国都不

---

① 王韬：《〈瀛寰志略〉跋》，载《弢园文录外编》卷九，第273页。

② 梁启超：《中国近三百年学术史》，载《饮冰室合集》第10册，专集之七十五，第323—324页。

③ 林则徐在《致姚春木、王冬寿书》中写道："彼之大炮，远及十里内外，若我炮不能及彼，彼炮先已及我，是器之不良也。彼之放炮，如内地之放排枪，连声不断，我放一炮后，须辗转移时，再放一炮，是技不熟也。"（中国史学会主编《中国近代史资料丛刊：鸦片战争（二）》，第568—569页）

④ 参见马廉颇《晚清帝国视野下的英国——以嘉庆道光两朝为中心》，第266—267页。

独与之为敌，而英国则依仗自己的富强欺凌其他国家，"邻国所产各货，皆被该夷于要害处所，设关收税"，其他国家皆敢怒而不敢言。中国应该利用其他国家对于英国的不满，联合各国力量，共同消灭英国。这种办法他称之为"以夷狄攻夷狄之策"。具体而言，他建议先封关绝市，然后由当局明告各国，中国所以封关绝市，是因为英国不遵守中国法令，走私鸦片，复又"恃强怙恶"，坚不具结，如果各国能集众弱以为强，共消灭英国于海中，叩关内请，自当论功行赏，仍准通商，并分别功能高下，减免各该国关税，"是谚所谓'羊吃麦，哗猪去赶'也"。① 他还告诉杨芳，"英夷之长技，一在船只之坚固，一在火器之精巧，二者皆非中华所能"，因此应招募在英夷馆学习过"制炮之法"的嘉应一带"贫士"，设厂制造，从而使"天下物之利者"为我所用，以增强与英军作战的能力。②

　　除林则徐和包世臣外，一些到过前线或关注战事的清朝官吏也对英军的"船坚炮利"有一定认识，进行过一些"师夷长技"的活动。如浙江方面，伊里布曾主持过试造西式船炮，但不成功；厦门方面也曾进行过按西式船炮改造中国船炮的试验。耆英在部署两江防务时，听说广东"有熟谙西法、专门铸炮之人"，特知会两广总督祁墳挑选前来帮助江苏铸造能与西洋大炮一敌高下的新式大炮。③

　　虽然林则徐、包世臣等表达过类似于"师夷之长技以制夷"的思想，而且有过一些实践活动，但他们并没有对这一思想进行任何理论阐述，借用研究者的话说，他们的思想还只是一种"朴素形态"。④ 对这一思想进行比较全面的阐述、使其从"朴素形态"升华为一种"自觉理论"的是魏源。魏源参加过浙东的抗英斗争。在抗英斗争的实践中，他发现西方的"船坚炮利"的"长技"是英军取胜的一个重要原因，如果中国能将西方的"船坚炮利"的"长技"学到手，英军便失去了取胜的可能。所以，不久他便在《圣武记》中提出了"以彼长技，御彼长技"的主张。接着，他在撰写专门记述鸦片战争始末的《道光洋艘征抚记》中又提出，要"尽收外国之羽翼为中

---

① 包世臣：《与果勇侯笔谈》，载《安吴四种》卷三十五。
② 包世臣：《与果勇侯笔谈》，载《安吴四种》卷三十五。
③ 参见马廉颇《晚清帝国视野下的英国——以嘉庆道光两朝为中心》，第269—270页。
④ 马廉颇：《晚清帝国视野下的英国——以嘉庆道光两朝为中心》，第270页。

国之羽翼，转外国之长技为中国之长技"。到编写《海国图志》时，他更明确提出了"师夷之长技以制夷"的完整主张，并对这一主张做了比较全面的理论阐述。

"师夷"，即向西方学习，在今天看来，是非常普通的主张，没有人会对此提出异议，然而在魏源生活的时代，这可是"石破天惊"之论。因为当时国门刚开，人们所固守的还是传统的"天朝上国""华尊夷卑"观念，只主张"以夏变夷"（即"夷"学习中国），而反对"以夷变夏"（即中国向"夷"学习）。为了说服人们接受自己的"师夷"主张，魏源不得不对中国历史上的土"夷"与如今来自欧美的洋"夷"做一番区分，他在《海国图志》中的《西洋人玛吉士地理备考叙》一文中写道："夫蛮狄羌夷之名，专指残虐性情之民，未知王化者言之。……非谓本国而外，凡有教化之国，皆谓之夷狄也。"虽然为了顺从习惯，我们仍将来自欧美国家的人称为"夷"，但实际上他们与中国历史上的土"夷"不同，他们"明礼行义，上通天象，下察地理，旁彻物情，贯串今古"，是"瀛寰之奇士""域外之良友"。他并批评那些坚持"华尊夷卑"的传统观念、反对"师夷"亦即向西方学习的人，是"株守一隅，自画封域，而不知墙外之有天，舟外之有地者"的夏虫井底之蛙，"自小自菲而已"。[1]

当然，向西方学习，并非学习西方的一切，而是要学习西方的"长技"，也就是西方比中国先进的东西。那么，什么是西方的"长技"呢？魏源认为，"夷之长技三：一、战舰，二、火器，三、养兵、练兵之法"[2]。这是魏源在编写《海国图志》50卷本时的认识。后来随着他对《海国图志》的两次修订和扩充，他对"夷之长技"的认识也在与时俱进，不断扩大。在编写50卷本时（1842年完稿），书中对"夷之长技"介绍不多，仅将福建监生丁拱辰撰写的《铸造洋炮图说》、奕山的《进呈演炮图说疏》以及《西洋器艺杂述》一组文章作为《附录》放在最后1卷。当50卷本扩充为60卷本时（1847年完稿），专门用于介绍"夷之长技"的篇幅从原50卷本的最后1卷变成了8卷，即第53卷至60卷，并删去了"附录"二字，内容从原来

---

① 魏源：《海国图志》（下）卷七十六，第1889页。
② 魏源：《海国图志》（上）卷二，第26页。

的只介绍洋炮，扩展为对火轮船、地雷、攻船水雷、望远镜等器械的制造和使用方法的介绍，并且附有更多的插图，以方便人们了解、仿造和使用。其中主要有：郑复光的《火轮船图说》（插图 6 幅）、黄冕的《地雷图说》（插图 2 幅）、潘仕成的《攻船水雷图说》（插图 30 幅），以及《作远镜法说略》《西洋用炮测量说》等。再到 60 卷本扩充为 100 卷本时（1852 年完稿），介绍"夷之长技"的篇幅又从 60 卷本的 8 卷变成了 12 卷，即第 84 至 95 卷，内容也比 60 卷本更为丰富。如卷 84 收录的《仿造战船议》，介绍了战舰的动力问题——蒸汽机："今西方各国，最奇巧有益之事，乃是火蒸水气，舟车所动之机关，其势若大风之无可当也，或用为推船推车，至大之工，不借风水人力，行走如飞，或用之造成布匹，妙细之业，无不能为，甚为可奇赞。"卷 90 收录的丁拱辰的《西洋炮台图说》，这是自明末徐光启《台铳事宜疏》《移工部揭帖》、孙元化《西法神机》、汤若望《则克录》等书简单介绍西方"永备筑城工事"以来，再次将西洋炮台的先进性介绍给国人，其中"典折炮台式""圆炮台式""润土炮台"都很有新意，绘制的图样也比较清晰。卷 91 收录的户部主事、机械专家丁守存撰写的《西洋自来火铳制法》，介绍了"螺丝转嵌火石"，即简化了装弹和击发过程的机械燧发装置，同时又介绍了更先进的"自来火药"即"雷银"，用制雷管。卷 94 的《西洋器艺杂述》，根据多种资料介绍了量天尺、察天筒（水银湿度计）、定时钟、天船（热气球）、风铳（气枪）、指南车、甲板船（军舰）、千里镜（望远镜）、天炮、水琴、风琴、风锯、水锯、风磨、水磨、吊桥、千斤称、显微镜、自来火、自转碓、乐柜（管风琴）等，他还提到了刚刚发明不久的意大利伏打电池、静电仪、避雷针等。[①] 此外，魏源在 100 卷本中还大量辑录了他最新看到的马吉斯的《地理备考》、马礼逊的《外国史略》、徐继畲的《瀛寰志略》等书关于世界各国情况的介绍，并补写了许多新的按语，阐发自己的思想主张，肯定欧美的以商立国，并对西方的民主政治称赞不已。

魏源在《海国图志》中所介绍的这些"夷之长技"，如果用传统的眼光来看，都是"奇技淫巧"，"形器之末"，万万不可学习。当时一些愚昧无知

---

① 许康：《论〈海国图志〉对西方科技的介绍》，载《魏源与近代中国改革开放——纪念魏源 200 周年诞辰国际学术研讨会论文集》，第 282—286 页。

的顽固保守派官僚和士人，也正是以此为理由，反对"师夷长技"、向西方学习的。对此，魏源进行了批驳。他指出："古之圣人，刳舟剡楫，以济不通，弦弧剡矢以威天下，亦岂非形器之末？"又说："指南制自周公，挈壶创自《周礼》，有用之物，即奇技而非淫巧。今西洋器械，借风力、水力、火力，夺造化，通神明，无非竭耳目心思之力，以前民用。因其所长而用之，即因其所长而制之。"①"夷之长技"不仅不是"奇技淫巧"，反而利国利民，与"圣人之道"相符合。魏源还批驳了顽固守旧派反对学习西方的其他种种奇谈怪论。他还特别强调，"师夷"必须抓紧时机，加快进行，因为"时乎时乎，惟太上能先时，惟智能不失时"，机不可失，时不我待。

　　在魏源这里，"师夷"只是手段，不是目的，目的是为了"制夷"。所谓"制夷"，如果用今天的话语系统来解释，就是要战胜和制止西方列强对中国的侵略，改变中国落后挨打的局面，从而使中华民族立于世界民族之林。因此，如果说，"师夷"体现的是魏源思想的开放性，那么，"制夷"体现的则是魏源思想的爱国性。"师夷"与"制夷"，开放与爱国，在魏源这里是一个有机联系的整体，彼此不能分离，更不能割裂。不"师夷"，就不可能"制夷"，"制夷"必须以"师夷"为前提。因为鸦片战争的惨痛教训，已使魏源初步认识到中国远比西方资本主义列强落后，落后者只有向先进者学习，并奋起直追，才有战胜先进者的可能，否则，将永远落后，永远受西方列强的欺负和蹂躏。只"师夷"，不"制夷"，"师夷"就失去了价值与意义。因为如果仅仅学习西方列强的一些先进的东西，而不是把学习到的先进东西用来抵御西方列强的侵略，改变自己落后挨打的境遇，那么，即使学得再多，中国也仍然要受西方列强的欺负和蹂躏，中华民族仍然无法立于世界民族之林。

　　魏源进一步指出，"师夷"有"善师"和"不善师"之分，"善师四夷者，能制四夷；不善师外夷者，外夷制之"。②可见，"善师"与否，是"师夷"能否取得成效的关键。那么怎样才是"善师"呢？归纳魏源的观点，主要有以下几点：一、要"洞察夷情"。这是"师夷"能否取得成效的前提。用

① 魏源：《海国图志》（上）卷二，第30—31页。
② 魏源：《海国图志》（中）卷三十七，第1093页。

他的话说，欲"师夷"者，"必先悉夷情始；欲悉夷情者，必先立译馆翻夷书始"。① 如前所述，他的《海国图志》就是为帮助国人了解夷情、"洞察夷情"而作。二、要重视人才。这是"师夷"能否取得成效的条件。他指出："得一伯乐，天下无难驭之良马；得一颇、牧，天下无难御之外侮。"② "国以人兴，功无幸成，惟厉精淬志者，能足国而足兵。"③ 又说："财用不足国非贫，人材不竞之谓贫。"④ 为解决"师夷"人才的匮乏问题，他建议在得风气之先的闽、粤二省增试水师一科，有能造西洋战舰、火轮舟、飞炮、火箭、水雷、奇器者，为科甲出身；能驾驶飓涛，能熟风云沙线，能枪炮有准者，为行伍出身。他们都由水师提督考取，会同总督拔选，送京验试，分发沿海水师教习技艺。"凡水师将官必由船厂、火器局出身，否则由舵工、水手、炮手出身。"⑤ 他还主张聘请法国、美国、葡萄牙等国技师，传授技术，楚材晋用，以便能"尽得西洋之长技为中国长技"。三、要发愤图强。这是"师夷"能否取得成效的保证。他指出，"愤与忧，天道所以倾否而之泰也，人心所以违寐而之觉也，人才所以革虚而之实也"。"愤与忧"既是挽救"天道""人心""人才"的动力，也是"师夷"能否取得成效的保证。中国虽然在鸦片战争中失败，但只要我们发愤图强，振奋精神，"去伪，去饰，去畏难，去养痈，去营窟"，"以实事程实功，以实功程实事，艾三年而蓄之，网临渊而结之，毋冯河，毋画饼"，充分利用"天时人事，倚伏相乘。何患攘剔之无期，何患奋武之无会？"⑥

　　魏源还提出了一套"师夷之长技"的具体方案：在广东虎门外的沙角、大角这两处地方，设一所造船厂和一所火器局，聘请法国、美国的"夷目一二人"，带上他们的工具，专司建造船械，同时聘请西洋柁师，负责传授行船演炮之法，"而选闽粤巧匠、精兵以习之"，工匠习其铸造，精兵习其驾驶和攻击。这两家兵工厂除制造船械、火器外，其他如"量天尺、千里镜、龙尾车、风锯、水锯、火轮机、火轮舟、自来火、自转碓、千斤秤之

① 魏源：《海国图志》（上）卷二，第 26 页。
② 魏源：《默觚下·治篇八》，载《魏源集》上册，第 55 页。
③ 魏源：《海国图志》（上）卷二，第 31 页。
④ 魏源：《圣武记叙》，载《圣武记》，中华书局，1984，第 1 页。
⑤ 魏源：《海国图志》（上）卷二，第 29 页。
⑥ 魏源：《海国图志原叙》，载《海国图志》（上），第 1—2 页。

属，凡有益民用者，皆可于此造之"。同时允许中国沿海商民兴办厂局，制造船械，其产品"或自用，或出售者听之"。他并且相信，只要"师夷之长技"，实现这套方案，中国就一定会出现一个"风气日开，智慧日出，方见东海之民，犹西海之民"的崭新局面。[1]

以上是魏源提出的"师夷之长技以制夷"思想的主要内容。就其内容来看，它将嘉道之际复兴的经世思潮推到了所能达到的最高水平，是对第一次鸦片战争开始的西方挑战的最理性的回应。面对第一次鸦片战争开始的西方挑战，当时人们的反应和态度是不一样的。有的人已被英国的"船坚炮利"吓破了胆，认为西方资本主义列强"舟如坚城，铜墙铁壁"，"炮火猛烈，机法灵巧"，"非兵力所能制伏"，中国今后只能对外妥协，尽量满足西方列强的要求，以求中外相安无事。[2] 还有的人虽然对中国在鸦片战争的惨败痛心疾首，要求"攘夷""剿夷"，报仇雪恨，但他们提出的"攘夷""剿夷"的办法，不外是闭关封市、与外国断绝一切交往的盲目排外。而魏源则通过对鸦片战争失败原因的认真反省，既认识到了中国的落后，承认西方列强有其"长技"，同时又没有丧失反抗西方列强侵略的勇气，认为中国只要把西方列强的"长技"学到手，就一定能打败西方侵略者。正是基于这两方面的认识，他提出了"师夷之长技以制夷"的主张。尽管魏源当时对西方资本主义列强的认识还比较肤浅，主张学习的"夷之长技"主要限于工艺技术，尤其是西方的船械火器以及其他军事工业。但这种思想的提出在当时却具有十分重要的历史意义。因为它否定了"天朝上国""夏尊夷卑"的传统观念，冲破了传统的"夷夏之辨"或"夷夏大防"的陈腐思想对人们的束缚，倡导了一种向西方学习的新思潮。传统的"夷夏之辨"或"夷夏大防"的陈腐思想是建立在"华尊夷卑"观念之基础上的。因为根据"华尊夷卑"观念，四周的少数民族都是一些不知华夏文明、未受礼仪熏沐的"夷狄"。既然四周的少数民族都是一些不知华夏文明、未受礼仪熏沐的"夷狄"，所以中国的传统思想特别强调"夷夏之辨"或"夷夏大防"，只主张"以夏变夷"，即用汉民族的传统礼仪来教化周边的少数民族，并使之同

---

[1] 魏源：《海国图志》（上）卷二，第30—31页。
[2] 杨金森、范中义：《中国海防史》下册，海洋出版社，2005，第1035、667页。

化于汉族，接受华夏文明；而反对"以夷变夏"，即反对汉民族向周边少数民族学习，被少数民族所同化。千百年来，这种观念一直桎梏着人们的头脑，使中国无法主动地融入世界之中，学习其他民族的先进文化，这也是造成中国逐渐从先进变为落后的重要原因。这正如郭廷以先生在《从中外接触上论中国近代化问题》一文中所指出的："由于地理的环境，中国所接触的四邻，甚少具有可供吸取效法的高度文化。尽管它们有时可凭其武力威胁中国，甚或夺得中国治权，但并不能撼动中国文化，它们亦承认在文化上不及中国，自愿接受，终至于同化。因之加强了中国的自信心，以至于自大感，以为中国的文化为至高至善的文化，只要坚守不渝，可以处常，可以处变。十二世纪以后的理学家，更是抱定这种观念，墨守成规，以为不必求人。"①

我们说"师夷之长技以制夷"的思想将嘉道之际复兴的经世思想推到了所能达到的最高水平，是对第一次鸦片战争开始的西方挑战的最理性的回应，也是与"开眼看世界"的思想比较而言的。"开眼看世界"，只是向国人介绍各大洲、各地区、各个国家的情况，使他们对世界大势有所了解，虽然这种了解是学习西方思想产生的前提，但它本身并没有包含向西方学习的内容，提出向西方学习的主张。"开眼看世界"对各大洲、各地区、各个国家的介绍，尤其是对西方资本主义的物质文明、社会文化和政治制度的介绍，虽然在客观上有利于打破传统的"天下观"和"夏尊夷卑"说对人们思想的束缚，但它本身并没有直接否定传统的"天下观"和"夏尊夷卑"说，没有对这两种传统的思想观念进行过任何批判。所以，从这两方面来看，"开眼看世界"都没有达到"师夷之长技以制夷"的思想水平。要"师夷之长技"，首先必须"开眼看世界"，"洞察夷情"，但"开眼看世界"者并不一定主张"师夷之长技"，向西方学习。换言之，"开眼看世界"与"师夷之长技"即向西方学习之间并不存在着一种因果的逻辑关系。这方面最典型的例证是梁廷枏。我们前面已经介绍，梁廷枏于鸦片战争结束后不久先后撰成《合省国说》《兰仑偶说》等四书，对美国和英国的历史、地理、

---

① 郭廷以：《从中外接触上论中国近代化问题》，载胡晓明、傅杰主编《释中国》第四卷，上海文艺出版社，1998，第2371页。

政治、经济、文化等方面情况的记叙，特别是对英国的资产阶级民主政治制度的记叙尤多，是鸦片战争后第一批"开眼看世界"的代表人物。然而正是他，于《海国图志》问世后，对魏源的"师夷之长技以制夷"的思想提出了激烈的批评，说什么"天朝全盛之日，既资其力，又师其能，延其人而受其学，失体孰甚"。他还把西方先进的工艺技术，说成是中国古代早有的东西，认为魏源的"师夷之长技以制夷"的思想，"反求胜夷之道于夷也，古今无是理也"。[①] 梁廷枏对魏源"师夷之长技以制夷"思想的批评说明：传统的"天朝上国""夏尊夷卑"观念犹如"恢恢法网"，对人们思想的束缚是何等的严密。而魏源的"师夷之长技以制夷"思想的意义也就在于，它撕破了"恢恢法网"的一角，对传统的"天朝上国""夏尊夷卑"观念予以了直接的否定。

　　魏源提出的"师夷之长技以制夷"的思想还在一定程度上动摇了传统的轻视科技的价值观念对人们思想的束缚，有利于西方科学技术在近代中国的传播。中国传统文化的一个重要特征，就是"立国之道尚礼义不尚权谋，根本之图在人心不在技艺"。它表现在价值观上，便是崇尚"义理"，鄙视"技艺"，认为"义理"是"本"、是"道"，而"技艺"是"末"、是"器"，不管它如何有益于国计民生，都是"奇技淫巧"，"雕虫小技"。"君子不器"，这是传统士大夫对待"技艺"的根本态度，这也是导致中国古代科技不发达，只有"格致之学"而无科学的一个重要原因。中国传统的这种轻视科技的价值观念，同样也影响着人们对西方科学技术的认识和接纳，在鸦片战争之前，人们对西方的科学技术基本上都是以"奇技淫巧"视之。然而在《海国图志》中，魏源不仅将西方的"战舰""火器"这些科学技术称之为"夷之长技"，主张中国学习，并对那种视西方的科学技术为"奇技淫巧"的观点进行了批驳，他以大量事实告诉人们，西方的科学技术是"奇技"，但不是"淫巧"，作为"有用之物"，它利国利民，与"圣人之道"相符合。所以到了19世纪50年代后，中国出现了一个学习西方科学技术知识、翻译西书的热潮。一批具有一些近代科学技术知识的知识分子，如李善兰、徐寿、华蘅芳等人，与传教士合作，翻译出版了包括数学、天文学、

---

① 梁廷枏：《夷氛闻记》，中华书局，1959，第172页。

物理学、化学、动植物学、地质学、地理学、医学等基础科学，以及与工业制造有关的冶炼、造船、化工、开采、纺织、驾驶、军械等应用科学在内的一些科学技术著作，为近代中国科学技术的发展奠定了基础。

魏源提出的"师夷之长技以制夷"的思想及其方案，也是近代以来的中国人提出的第一个近代化方案。不过，由于历史的局限性，这一方案仅涉及军事方面，换言之，只是一个军事近代化方案。

当然我们在充分肯定魏源的"师夷之长技以制夷"思想的历史意义的同时，也应看到这一思想自身的局限性。这种局限性主要体现在两个方面：第一，他主张向西方学习，但仍把以英、法、美为代表的西方国家称之为"夷"。如前所述，"夷"是中国古代居住在中原地区的汉人对四周落后的少数民族的一种鄙称，是不文明、落后、没有文化的代称。到了鸦片战争前后，"夷"的范围扩大，来自地球另一边的西方人也被人们视之为未开化的民族而鄙称之为"夷"。如前所论，称西方为"夷"，不能仅仅看作是语言上的习惯，实际上表达的是一种以天朝上国自居、轻蔑外邦的文化心态，尽管魏源在《海国图志》中对中国古代的"夷"和新近来自西方的"夷"做过区别，但在其内心深处"天朝上国"的观念还是或多或少存在的。所以在《海国图志》中，一方面他对世界各大洲、各地区的情况以及西方国家高度的物质文明和精神文明做了较为详尽的介绍，但另一方面又多处违背地理实情，力图证明中国的地势气候都比其他国家优越，冠绝世界，是世界的中心。在这方面，徐继畬要比魏源的思想更开明一些。徐继畬的《瀛寰志略》称西方国家时就很少用"夷"这一概念[①]，而称之为"泰西""西土""西国"等，基本上把西方与中国放在一个平等的地位。因此，有学者认为，徐继畬的《瀛寰志略》要比魏源的《海国图志》在文化观念上更开明或进步一些。[②] 第二，魏源主张向西方学习，但他主张学习的只是西方的"技"，即船坚炮利和养兵练兵之法，而没有认识到学习西方之"学"的重要性。所以他在《海国图志》中提出"师夷之长技以制夷"思想的同时，又收录了《四

---

① 据学者研究，徐继畬在编撰《瀛寰考略》时，指称西方国家时用的是"夷"字，仅《英吉利国》一节 2000 多字，就有 21 个"夷"字；但到 1848 年将此书定稿为《瀛寰志略》时，则将"夷"字全部删除，或用其他字代之。

② 章鸣九：《〈瀛寰志略〉与〈海国图志〉比较研究》，《近代史研究》1992 年第 1 期。

库全书总目提要》关于国朝（即清朝）对于西学"节取其技能，而禁传其学术"的那段文字，以及康熙朝时杨光先维护孔孟之道、申斥天主教的《辟邪论》一文。这表明魏源也是赞成对于西学采取"节取其技能，而禁传其学术"之态度的。它说明：魏源虽然提出了"师夷之长技"思想，但对以儒家思想为核心的中国传统文化及其价值观念的信仰并没有动摇，更没有认识到用"西学"来充实、改造"中学"的必要性和重要性。中国人认识到这一必要性和重要性那是二三十年之后的事情了。

第三节　嘉道经世思潮对中国近代思想的影响

我们在《绪论》中已经指出，本书不以 1840 年的鸦片战争，而以整个嘉道年间为中国近代思想史的逻辑起源。因为，嘉道年间复兴的经世思潮使中国传统思想具备了向近代转型的可能性，而发生于此时的鸦片战争，又给经世思潮注入了新的内容，从而使这种可能性成为现实性。正是在嘉道年间，中国传统思想开始迈出了向近代转型的第一步，并对中国近代思想产生过重大而深远的影响。概而言之，主要表现在以下几个方面：

第一，批判社会现实，倡导"更法"和改革。如前所述，嘉道经世思潮的一个重要内容是批判社会现实，倡导"更法"和改革。以龚自珍、魏源、包世臣为代表的经世思想家对社会存在的种种弊端和黑暗现象进行过无情的揭露和批判，并把批判的矛头对准了君主专制统治。在批判社会现实的同时，他们还大力倡导"更法"和改革，就漕运、盐法、河工、币制、农政、科举等改革提出了一系列的具体主张。尽管就基本价值取向而言，无论是对社会现实的批判，还是倡导的"更法"和改革，龚自珍他们都没有完全超越传统思想的范围，指导他们思想的理论依然是儒家经典，包括《易经》的变易观和《孟子》的民本思想，但在"日之将夕，悲风骤至"，"万马齐喑究可哀"的时代，他们"讥切时政，诋排专制"，"指天画地，规天下大计"，不仅在当时具有振聋发聩的思想解放意义，而且也开启了晚清议论时政、抨击时弊、要求改革的风气，后来的一切进步思想家都或多或少地接受过他们的影响，其社会批判思想和"更法"改革思想，"对于鸦片战后一切谋求富国强兵救危图存的思想家来说，尤其是对于戊戌时期的维新派来说，是起了极为重要的启蒙作用的"①。梁启超在《清代学术概论》中谈到龚自珍时便承认他们那一代"新学家"，"大率人人皆经过崇拜龚氏之一时期，初读定庵文集，若受电然"②。

第二，"开眼看世界"，"师夷之长技以制夷"。嘉道经世思潮的另一重要内容是"开眼看世界"，"师夷之长夷以制夷"。以林则徐，尤其是魏源为代表的经世思想家和具有经世思想的官员受第一次鸦片战争的刺激，将嘉道年间复兴的经世思潮发展到了一个新的更高的阶段，即于鸦片战争后纷纷"开眼看世界"，并提出了"师夷之长技以制夷"的主张，从而开启了了解西方、向西方学习的新潮流，这股新潮流曾支配中国近代社会和思想界达几十年之久。王韬就曾说过："师长一说，（魏源）实倡先声。"尽管后来随着人们对西方文化的了解和认识的不断进步，人们对"夷之长技"之内容的认识也有所不同。概而言之，在甲午战争之前，先是认识到西方的船坚炮利和养兵练兵之法比中国先进，再认识到西方的声光电化等科学技术以及机器制造和经营管理也比中国先进，于是有洋务思潮和洋务运动的兴起；到了甲午战争后，面对日益严重的民族危机，以康有为、梁启超为代表的维新派认识到，"要救国，必须维新；要维新，必须学外国"，学日本，并把学外国、学日本的内容锁定在"兴民权""设议院"上，据此搞了场变法运动；再到了20世纪初，以孙中山为代表的革命派同样认识到，"要拒外人，须要先学外人的长处"，而他们所认识的"外人的长处"，除船坚炮利、西艺西学外，也不外是西方的民权思想和政治制度。和维新派不同的是，维新派主张改革君主专制制度，而他们则主张民主共和，并据此发动了辛亥革命。但无论洋务派也好，康、梁维新派也好，孙中山革命派也好，他们对"夷之长技"的认识都不过是对魏源提出的"师夷之长技以制夷"主张的继承和发展，直接或间接地接受过魏源"师夷之长技以制夷"之主张的影响。就目前发现的资料来看，左宗棠、曾国藩、冯桂芬、王韬、康有为、

---

① 丁伟志、陈崧：《中西体用之间：晚清中西文化观述论》，中国社会科学出版社，1995，第17页。
② 梁启超：《清代学术概论》，载《饮冰室合集》第8册，专集之三十四，第54页。

梁启超等人都阅读过《海国图志》。冯桂芬在他的《校邠庐抗议》一书中虽然对魏源在《海国图志》中提出的"以夷攻夷，以夷款夷"的主张提出了批评，说那不过是战国时期的纵横家之言，但对魏源的"师夷之长技以制夷"的思想则评价甚高，认为"独'师夷之长技以制夷'一语为得之"[①]。他本人也在继承和发展魏源的"师夷之长技以制夷"思想的基础上，提出了"制洋器""采西学"的主张。作为洋务运动主要领导人之一的左宗棠就曾明确声明，他在"福建设局造轮船"，"陇中用华匠制枪炮"，就是实行"魏子所谓师其长技以制之"之说。[②]康有为萌发维新思想，也直接受到过《海国图志》和《瀛寰志略》等书的启蒙。据其日记记载，1879 年前后，康有为曾多次阅读过《海国图志》和《瀛寰志略》等书。就是到了 1924 年，梁启超在谈到《海国图志》影响时还写道："魏书不纯属地理，卷首有《筹海篇》，卷末有《筹夷章条》、《夷情备采》、《战舰火器条议》、《器艺货币》等。篇中多自述其对外政策，所谓'以夷攻夷，以夷款夷，师夷长技以制夷'之三大主义……然其论实支配百年来之人心，直至今日犹未脱离净尽，则其在历史上关系，不得谓细也。"[③]此为精当之论。

第三，强调学以致用，倡导一种重视现实问题的新学风。嘉道经世思潮的又一重要内容是强调学以致用，倡导一种面向现实、讲求功利、研究和解决当下一些重大社会问题的新学风。正是这种新学风，推动着以龚自珍、魏源、包世臣为代表的一些经世思想家，于鸦片战争之前，面对日益严重的社会危机，主张社会改革，重视对一些关系国计民生的重大问题如称之为"三大政"的"漕、盐、河"的研究，并提出了自己的改革方案，有些方案在具有经世思想的封疆大吏陶澍、贺长龄等人的支持下被付诸实践，取得了一定的成效。也正是这种新学风，继续推动着以林则徐、魏源为代表的一些经世思想家和具有经世思想的官员，于鸦片战争后，在国难当头、西方列强的入侵成为举国震动的第一件大事时，"率先把他们注意的重点，从国内问题转到中国和外国的关系问题上去，'创榛辟莽，前驱先路'，开

① 冯桂芬：《校邠庐抗议·制洋器议》，载《采西学议——冯桂芬 马建忠集》，郑大华点校，辽宁人民出版社，1994，第 76 页。
② 左宗棠：《〈海国图志〉序》，载《左宗棠全集·家书 诗文》，岳麓书社，2014，第 226—228 页。
③ 梁启超：《中国近三百年学术史》，载《饮冰室合集》第 10 册，专集之七十五，第 323 页。

创了研究'夷情'、研究洋务、研究西学为特色的时代新文化"①，从而给嘉道之际复兴的经世思潮注入了新的内容。这便是林则徐、魏源等人的了解夷情，"开眼看世界"和"师夷之长技以制夷"主张的提出。嘉道经世思潮所开启的这种新学风对中国近代思想界和学术界的影响极大，它不仅继续推动着洋务派和维新思想家研究和解决他们的时代所面临的主要社会问题，从而有洋务运动和戊戌变法的发生，而且也继续推动着鸦片战争后的一些思想家对中西文化及其关系进行新的思考，推动着经世之学对西学的接纳。比如戊戌变法前后编辑的几部《皇朝经世文续编》（主要有 1888 年印成的葛士浚的《皇朝经世文续编》，1897 年印成的盛康的《皇朝经世文续编》和1898 年辑成的陈忠奇的《皇朝经世文三编》），虽然在体例和卷数上与魏源助贺长龄编辑的《皇朝经世文编》变化不是很大，但内容上则大量辑录了有关西学的文章，甚至将传教士李佳白、林乐知和李提摩太等人的文章也收录了进去。1897 年梁启超手定的《湖南时务学堂学约》规定："居今日而言经世，与唐宋以来之言经世者又稍异。必深通六经制作之精意，证以周秦诸子及西人公理公法之书以为之经，以求治天下之理；必博观历朝掌故沿革得失，证以泰西希腊罗马诸古史以为之纬，以求古人治天下之法；必细察今日天下郡国利病，知其积弱之由，及其可以图强之道，证以西国近史宪法章程之书，及各国报章以为之用，以求治今日之天下所当有事，夫然后可以言经世。"②将西学纳入经世之学，这是中国思想或学术从传统向近代转换的重要标志。因此，经世思潮所开启的这种面向现实、讲求功利、研究和解决当下一些重大的社会问题的新学风，可以说为中国思想从传统向近代的转换起了重要的桥梁作用。

---

① 丁伟志、陈崧：《中西体用之间：晚清中西文化观述论》，第 16 页。
② 梁启超：《湖南时务学堂学约》，载《饮冰室合集》第 1 册，文集之二，第 28 页。

第 二 章

太平天国的理想秩序

　　1851 年 1 月，太平天国农民起义在广西桂平金田村爆发，并以锐不可当之势迅猛发展，于 1853 年 3 月攻克南京，改名为天京，定为太平天国首都，直到 1864 年 7 月天京陷落，历时 14 年之久，先后攻克城市 600 多座，势力达到半个中国，沉重打击了清王朝与外国侵略者，在中国历史上写下了光辉的一页，并给后人留下了许多值得认真思考的经验教训：比如，对基督教的借用，既对太平天国起义的发生和发展起过非常重要的积极作用，又给太平天国事业造成过非常严重的消极影响；绘制了一幅"大同"社会的理想蓝图，这幅蓝图又没有实现的任何可能性；对封建思想文化进行过猛烈的批判，但又挣脱不出封建思想文化的桎梏；进行过近代化的尝试，却没有成为中国近代化事业的真正启动者。

第一节 洪秀全与太平天国起义

一、太平天国起义的社会原因

这次农民起义有其深刻的社会原因，它是鸦片战争后地主阶级与农民阶级矛盾激化的产物，也是外国资本主义侵略势力与中国人民大众矛盾日益加深的反映。

鸦片战争后，清政府为支付巨额的战争赔款，变本加厉地对广大人民群众进行掠夺。仅地丁税一项，从 1842 年到 1849 年，就激增达到 320 万两之多。战后鸦片贸易公开化，致使鸦片输入急剧增加，从 1840 年的 4 万多箱，增加到 1850 年的 5 万多箱。鸦片输入的增加，引起白银外流的增加，据估计，1843 年到 1846 年，每年外流的白银约 3500 万两。白银大量外流，又引起银价进一步上涨，劳动人民特别是广大农民的负担也因此而进一步加重。当时地租一般在收入的 50% 以上，有的地方竟达到 70% ~ 80%。与此同时，五口通商后，洋纱洋布等外国商品大量输入，严重打击了东南沿海尤其是通商口岸地区的棉纺织业。据统计，英国输华商品总值，1838 年到 1842 年平均每年是 882495 镑。到鸦片战争结束、五口通商贸易的第一年即 1843 年，便一跃而至 1456180 镑，1844 年又跃至 2305617 镑，1845 年再上一层楼，达到 2394827 镑。仅运到中国的棉纺织品，在 1842 年至 1845 年的短短三年内，其总值就由 70 万镑增加到 170 万镑，增加了近一倍半。[①] 其结果，素称发达的松江、太仓一带的手工纺织业受到沉重打击。据时人记载："松、太利在棉花梭布，较稻田倍蓰，虽（捐税）暴横尚可支持。近日洋布大行，价才当梭布三之一；吾村专以纺织为业，近闻已无纱可纺，松太布市，消减大半。"[②] 又载："我邑濒海，多沙地，棉花实所宜种。以此作布，又利倍于粟，真美利也。比年因各口通商，洋布甚行，而木棉顿滞，

---

① 参见严中平主编《中国近代经济史》上册，经济管理出版社，2007，第 256 页。
② 包世臣：《答族子孟开书》，载《安吴四种》卷二十六。

盖亦一厄云。"①19 世纪 40 年代末期一个英国人报道他在上海地区看到的情况："由于我们的布代替了他们的布的结果，结果他们的纺织业已迅速下降了。"②另一个外国人也有同样的发现："和本地货相同的货物（指棉布）的进口已经使许多织布机停了下来。"③在福建厦门一带，这里的商人原本将漳州、同安的土产棉布运到宁波、上海、天津、辽宁及台湾一带销售，又在宁波等地购买江浙的棉布及其他货物运回到厦门销售，生意非常火爆，但自英国在厦门开市通商后，"该夷除贩运洋货外，兼运洋布洋棉，其物充积于厦口，内地之商贩，皆在厦运入各府销变，其质既美，其价复廉，民间之买洋布洋棉者，十室而九。由是江浙之棉布，不复畅销，商人多不贩运；而闽产之土布土棉，遂亦因之壅滞不能出口"④。在广州及其附近的顺德、佛山地区，四五十年代也同样出现了"洋织盛而土机衰"的现象，原来"女布遍于县市，自西洋以风、火、水、牛运机成本，舶至贱售，女工几停其半"⑤。

　　当时，土地兼并的现象也非常严重。如广州、浔州地区，乡村地主占有总耕地面积的 80% 以上，90% 以上的农民没有土地而沦为佃农。再如金田村，全村有土地 750 亩，其中地主占了 662 亩，占总面积的 88.2%，农民只有 88 亩，占总面积的 11.7%。这种情况全国尤其是南方非常普遍。加上水旱虫灾连年不断，广大农民过着水深火热的生活，不少人成了一无所有的游民。如广西的宜北县，道光初年，"旱魃为虐，两年不雨，五谷无收，米贵如珍，人民饿殍，死相枕藉"⑥；道光十四年（1834）起，宾州在五年内迭遭蝗灾、地震、旱灾和水灾；道光二十三年（1843）夏，融县"时疫流行，死人颇多"⑦。为了生存，他们被迫铤而走险，抗粮、抗租以及起义此伏彼起，1840 年到 1850 年的十年全国发生大小农民起义 100 多起，其中又以

① 毛祥麟：《墨余录》，上海古籍出版社，1985，第 11 页。
② 汪敬虞：《十九世纪西方资本主义对中国的经济侵略》，人民出版社，1983，第 97 页。
③ 汪敬虞：《十九世纪西方资本主义对中国的经济侵略》，第 97 页。
④ 彭泽益编《中国近代手工业史资料》第一卷，生活·读书·新知三联书店，1957，第 494 页。
⑤ 招汝基：《顺德县志》第三卷，中华书局，1996，第 45 页。
⑥ 覃玉成：《宜北县志》第八编，转引自夏春涛《天国的陨落——太平天国宗教再研究》（增订版），中国人民大学出版社，2016，第 417 页。
⑦ 黄志勋、龙泰任：《融县志》第六编，转引自夏春涛《天国的陨落——太平天国宗教再研究》（增订版），第 417 页。

广西、广东和湖南三省次数最多，声势最盛。规模较大的起义有：1843 年，湖南武冈曾如炷起义；1844 年，湖南耒阳杨大鹏起义；1845 年，广西藤县邓立奇、钟敏和起义；1846 年湖南新田县王宗献起义；1847 年湖南新宁天地会首领雷再浩、李世德领导汉、瑶等族人民在湘桂边境起义；1848 年陈亚贵联合广东钦州、广西宾州农民几千人在武宣起义；1849 年李源发在湖南、广西边境起义，攻克县城，杀死县官，转战十几个州县，是太平天国起义前爆发的最大一次农民起义。这些起义的组织者大多是民间秘密结社。北方各省主要是白莲教和天理教，河南、安徽、山东一带是捻党，湖南、福建、浙江等省斋教势力较大，长江流域和珠江流域天地会十分活跃，他们沿用"反清复明"的口号号召群众，其组织带有封建迷信色彩，崇尚义气，彼此皆以兄弟相称。太平天国起义爆发前，仅广西天地会起事就多至数十部，每部"少者数百人，多者三四千人不等"，"有自行旋起旋散者，有兵勇击败而散、兵勇撤而复起者，有此股甫经扑灭、彼股又另起事者。几于无地无之，无时无之"。[1] 这些起义沉重地打击了清王朝统治。时任翰林院侍讲的广西临桂（今桂林市）人龙启瑞在《上某公书》中就曾叹曰："窃念粤西近日情事，如人满身疮毒，脓血所至，随即溃烂。非得良药重剂，内扶元气，外拔毒根，则因循敷衍，断难痊愈，终必有溃烂不可收之一日。"[2]

遍布两广和湖南的天地会起义虽然沉重地打击了清王朝统治，但由于天地会缺乏统一的组织，山堂林立，不相统属，缺乏纪律性，"饥则蜂起，饱则远扬"，旋起旋散，始终未能会合成全国性的有组织的大起义。

太平天国起义是上述起义的会合和发展。但它有自己的特点：这就是洪秀全对基督教的借用，并提出了以平分土地为核心内容的《天朝田亩制度》，把分散的农民动员和组织起来，从而使太平天国起义成为中国历史上最大的一次农民起义。

---

① 严正基：《论粤西贼情兵事始末》，载太平天国历史博物馆编《太平天国史料丛编简辑》第二册，中华书局，1962，第 3 页。
② 龙启瑞：《上某公书》，载《经德堂文集》卷六，光绪四年龙氏京师刻本，第 5 页。

二、洪秀全对基督教的借用 [1]

洪秀全（1814—1864），原名仁坤，小名火秀，广东花县人，出身于一个农民家庭。他自幼接受传统的封建文化教育，7 岁入私塾读书，"五六年间，即能熟诵《四书》《五经》《孝经》及古文多篇" [2]。他的父母和业师都期望他能金榜题名，光宗耀祖。16 岁那年，他因家庭贫困而辍学，随父兄从事生产劳动，"须助理家中农事，或到山野放牛" [3]。18 岁时，当私塾教师。从 14 岁到 30 岁，他曾先后 4 次到广州应试秀才，但都名落孙山。科场的失意，使他感到愤懑不平。加上广州地处祖国的南大门，与香港水陆相连，是中国最早遭受英国等西方列强侵略和掠夺的地区，也是近代中国人民最早掀起反侵略斗争的地区。清政府的腐败、外国侵略者的罪行，以及广大人民群众的反抗斗争，都给洪秀全留下了深刻印象。

1836 年他到广州参加考试时曾得到了一本名叫《劝世良言》的基督教布道书。这是一本包括九种小书的小册子。该书的编撰者梁发，广东高明县人，生于乾隆五十三年（1788），少年时代当过雕刻印刷工人，后来受雇于英国传教士马礼逊刻印《圣经》，并相信了基督教，成了牧师。马礼逊是西方基督教新教派来中国的第一位传教士，于 1807 年到达广州，从事传教活动。《劝世良言》内容包括马礼逊翻译的一些《圣经》章节和梁发解释基督教教义的文字。开始，《劝世良言》并未引起洪秀全的注意，他随便翻了翻，就扔到了一边。1843 年，29 岁的他最后一次科举落第后，在别人的劝告下，认真阅读了这本书，对书中所宣传的拜上帝，敬耶稣，反对崇拜偶像邪神，鼓吹天堂永乐、地狱永苦等内容产生了浓厚兴趣，"觉得已获得上天堂之真路，与及永生快乐之希望" [4]。于是他按照书中的启示，祈祷上帝，自行洗礼，以示"去旧从新"，并开始从事传教活动。这是他一生中的重要转折。他首先说服密友冯云山和族弟洪仁玕接受了上帝信仰，并为他们洗礼。接着他的父母兄嫂和几个侄子也接受了洗礼。但他的传教活动，

---

① "借用"一词，是太平天国史专家夏春涛的建议，我原用的是"利用"，在此表示感谢。
② 姜秉正：《洪仁玕年谱长编》，上海三联书店，2015，第 11 页。
③ 牟安世：《太平天国》，上海人民出版社，1959，第 31 页。
④ 韩山文：《太平天国起义记》，载中国史学会主编《中国近代史资料丛刊：太平天国（六）》，上海人民出版社，1957，第 846 页。

尤其是他和冯云山、洪仁玕依据基督教教义对孔子等偶像的破坏也引起了当地一些村民的强烈不满和反对。由于在当地传教的受挫，他不久便和冯云山一起到广西贵县（今贵港市）一带传教。但他只待了几个月就回了家乡。1847 年春，洪秀全在洪仁玕的陪同下又到广州，跟随美国传教士罗孝全几个月，学习基督教教义，得以阅读完整的《圣经》。罗孝全对他和洪仁玕的印象很好，并相信"不用多久他们就会被吸收进教会"①，他也向罗孝全提出了接受洗礼正式入教的要求，但由于他受罗孝全两名黄姓助手的怂恿，在教堂举行正式面试时，提出了不应该提出的入会后的生活来源问题，而被视为入教动机不纯，被无限期推迟接受洗礼。② 这年 7 月，带着失望和懊悔，洪秀全再次离开广州，到广西去找一直在那里从事传教活动的冯云山。此时冯云山在广西紫荆山区的传教活动取得巨大成功，以紫荆山区为中心，他先后发展了两千多名信徒，并且成立了一个以拜上帝为主要特征的宗教组织——上帝会。③ 由于冯云山在紫荆山区传教时就一直尊奉洪秀全为教主，所以洪秀全到来后，便立即被冯云山及信徒们拥戴为上帝会领袖。于是，为适应形势发展的需要，洪秀全在冯云山的协助下，一方面参照基督教的一些教仪教规，另一方面又吸纳儒学和一些民间宗教的因素，开始制定上帝会的教仪教规，如吸收新信徒时的洗礼仪式、日常的礼拜仪式、所使用的祈祷文、作为宗教戒律的十款天条等等，上帝会也因此而发展成为上帝教。

洪秀全在传教，尤其在将上帝会发展成为上帝教的过程中，一方面借用了《劝世良言》的某些思想资源，另一方面又根据自己的需要和理解，对之进行了新的解释和发挥，从而使上帝教成了动员广大人民群众投身反清

---

① 罗孝全在给友人的一封信中提到了他对洪秀全、洪仁玕的印象："三四天前，有两名问道者从二三十哩外的乡村来到我处，唯一的目的是接受福音教导！他们都写了一篇材料，陈述他们的心灵体验，这导致他们来此受教。他们所写的材料简练明了，叙事清楚，令人满意，读后使我确信主已乐于感化他们的心，驱使他们抛弃偶像，来寻找救世主。……这两个人是我今年遇到的第一批问道者，在迄今我所听说过的所有中国人的经历中，他们所自述的那些经历是最令人满意的。"他还赞许洪秀全、洪仁玕"都是极富才华的年轻人"，并乐观地说："现在他们每天都在这里学习，我几乎相信，是主送他们来这里的。果若如此，不用多久他们就会被吸收进教会。"（夏春涛译《有关太平天国的西文资料选译》，见庄建平主编《近代史资料文库》第五卷，上海书店出版社，2009，第 91～93 页）
② 夏春涛：《天国的陨落——太平天国宗教再研究》（增订版），第 22 页。
③ 夏春涛《天国的陨落——太平天国宗教再研究》（增订版），第 24 页。

斗争的组织形式。这主要表现在：

首先，《劝世良言》中一再宣称，天地之内，只有一个真神，"俗称神天上帝"，它是所谓"造化天地人万生的主宰"，是"万国之主，各皇之皇"，就连当时中国民间所信奉的"神佛与菩萨等"，"亦系由神天上帝赏罚其善恶"。故此，《劝世良言》要求人们"独尊敬崇拜造化天地人万物之大主为神，丢弃各样神佛菩萨之像，不可拜之"。[1]洪秀全对《劝世良言》的上述说法进行了新的解释和发挥，宣称人们只能相信一个神，即皇上帝，"皇上帝乃是帝也。救世主耶稣，亦只称主而已。地下人间有谁大过耶稣者乎？耶稣原不得称帝"，而人间皇帝竟胆敢称自己为帝，这是一种僭越行为，"只见其妄自尊大，自干永远地狱之灾也"。因此，他把历代的皇帝贬称为"侯"，把王贬称为"相"，以表示对他们的藐视。他还根据上帝是世界最高主宰这一基督教教义，否定皇帝是拥有皇权的最高统治者，并将他们看成是妖魔，称当时清王朝的最高统治者咸丰帝为"阎罗妖"。对于"阎罗妖"，"天下凡间我们兄弟姊妹所当共击灭之，惟恐不速者也"。洪秀全自称是上帝的次子，耶稣的弟弟，上帝派他到人间灭妖，有诛杀一切妖魔包括"阎罗妖"咸丰帝的权力。这样，洪秀全"借用了一个洋上帝，反对中国诸鬼神，以至于地主阶级的最高统治者皇帝"[2]。

其次，《劝世良言》宣称"世界上万国之人"都是平等的，但这种平等仅限于"在天上神父之前"，亦就是说人死后的灵魂是平等的，"万国男女之人"死后，都是"天上神父"的"子女"，然而"在世人所论"，则有"上下尊卑贵贱之分"。[3]洪秀全则以农民的朴素平等思想对《劝世良言》所宣扬这一基督教教义进行了新的解释和发挥，将基督教的人死后才能平等的学说改造成了人在世间也是平等的学说。他说：世上的人都是上帝的子女，男的是兄弟之辈，女的是姐妹之群，都是平等的。既然都是兄弟姐妹，又何必要分你我，分异同，"存此疆彼界之私""起尔吞我并之念"呢？与人死后灵魂平等的学说相联系，《劝世良言》宣称"地上无实福，天上才有福"，认为人死后将升入"天国"，在"天国"享受世间未能享受到的幸福。

---

[1] 梁发：《劝世良言》，载《近代史资料》1979年第2期，中华书局，1979，第7—8页。
[2] 桑咸之、林翘翘：《中国近代政治思想史》，中国人民大学出版社，1986，第54页。
[3] 梁发：《劝世良言》，载《近代史资料》1979年第2期，第38页。

洪秀全借用了基督教的"天国"概念，但又对它作了新的解释，他指出"天国"不仅天上有，地下也有，"勿误认单指天上天国"，并号召人们为建立地下的天国而奋斗，不必消极地等待来生。他在《钦定前遗诏圣书批解》中强调："天国迩来，盖天国来在凡间，今日天父天兄下凡创开天国是也。"[1]

再次，《劝世良言》劝人顺从、忍耐、谦卑，不要反抗，"不干犯王章法度"。基督教的《新约·马太福音》第五章有这样一条教义：不要与恶人作恶，有人打你的右脸，左脸也转过来由他打。洪秀全则认为，"过于忍耐或谦卑，殊不适用于今时，盖将无以管镇邪恶之世也"[2]。所以他号召人们起来与恶势力做斗争。《劝世良言》要人们戒杀。洪秀全则认为对无辜百姓要戒杀，但恶人、坏人可杀，头一个应杀的便是咸丰皇帝。他还参照《旧约·出埃及记》第二十二章的摩西十戒，并加以改造，制定了《十款天条》，作为上帝教的教规，后来又成了太平军的纪律。

由于封建时代的农民大多是有神论的信奉者，又由于宗教本身存在着可以利用的因素，所以中国历史上农民利用宗教来组织和发动起义的例子屡见不鲜，他们有的利用佛教，有的利用道教，有的利用民间的其他宗教，如白莲教、天理教等，而洪秀全则借用的是西方的基督教。这既是由洪秀全所处的时代和环境决定的，也与洪秀全个人的际遇有关，即他在广州参加考试期间得到了一本《劝世良言》，而他科场的失意，又成了他能在某种意义上接受《劝世良言》所宣传的基督教教义并对之加以借用的一个重要因素。这正如太平天国史研究专家夏春涛所指出："在经历了屡试不第的挫辱后，洪秀全对前途感到十分迷茫，进而不免对科举考试感到心灰意冷，对儒家学说萌生怨艾情绪……在洪秀全急需寻找一种新的精神寄托的情况下，'异端'思想是很容易乘虚而入的。"[3]

当然，洪秀全对基督教的借用，并使之成为动员和发动广大人民群众投身反清斗争的组织形式，有一个过程，而这一过程又是与他反清思想的形成过程相吻合的。换言之，洪秀全对基督教之借用的过程，也是他的反清

---

[1]《太平天国史料》，载沈云龙主编《近代中国史料丛刊续编》第三十六辑，（台北）文海出版社，1976，第77页。

[2] 韩山文：《太平天国起义记》，载《中国近代史资料丛刊：太平天国（六）》，第864页。

[3] 夏春涛：《天国的陨落——太平天国宗教再研究》（增订版），第12—13页。

思想逐步形成的过程。洪秀全皈依上帝、自我洗礼之后，一面从事传教活动，曾先后两次到广西传教；一面从事理论创作，先后撰写了《原道救世歌》《原道醒世训》《原道觉世训》和《太平天日》等文章。从这些文章中可以看出洪秀全对基督教的借用过程和反清思想的形成过程，而这一过程又是与他的传教活动紧密联系的。写于 1845 年的《原道救世歌》，宣传天父上帝是中外古今共同的独一真神，主宰万事万物，人间的一丝一缕、一饮一食都是上帝赐予的，因此，人人应该敬拜上帝，不拜菩萨邪神。这篇长歌还劝人们做一个有高尚道德的"正人"，要为善积福，不淫乱，不忤父母，不行杀害，不为盗贼，不为巫觋，不赌博，并希望人们相信天命，安分守己，知命安贫。同样写于 1845 年的《原道醒世训》，批评了相凌相斗相杀的世道人心，提出天下男女都是上帝的子女，是兄弟姊妹，不应存此疆彼界之私，起尔吞我并之念，而应当像孔子所说的那样，"天下为公，选贤与能，讲信修睦，故人不独亲其亲，不独子其子，使老有所终，壮有所用，幼有所长，鳏寡孤独废疾者皆有所养"，从而建立起有无相恤，患难相救，夜不闭户，道不拾遗，男女别途的"大同"社会。洪秀全认为，建立这样的"大同"社会的途径，是人心向善，只要人人能"循上帝之真道"，"相与淑身淑世，相与正己正人"，"大同"社会就能实现。从上述两文的内容来看，此时的洪秀全还没有萌生反清的革命思想，他所讲的只是宗教的布道宣传。但写于 1847—1848 年的《原道觉世训》，则除了继续宣传"皇上帝"创造一切，主宰一切，人们应当敬拜外，还将世间的社会力量分成为"善""正"与"恶""邪"两个不同的营垒，"善""正"的总代表是"皇上帝"，"恶""邪"的总代表是"阎罗妖"，并号召天下兄弟姊妹共同击灭"阎罗妖"。这里的"善""正"与"恶""邪"两个不同营垒的对立，实际上是农民阶级与地主阶级对立的曲折反映，而"恶""邪"的总代表"阎罗妖"指的是地主阶级总代表、清王朝的在世皇帝道光帝。他同时还强调，只有"皇上帝乃是帝也，虽世间主称王足矣"，称"帝"则是一种非法的"僭越"行为，这其中当然也包括清王朝的在世皇帝道光帝。另一篇写于 1847—1848 年的《太平天日》，则记述（应该说是编造）了洪秀全 1837 年病中梦见一位高踞宝座的老人，旁边有一位中年人，老人赐他宝剑。他宣称梦中的老人便是上帝耶和华，中年人是上帝的长子耶稣，洪秀全是上帝的次子，耶稣的弟弟，被封为"太平天国大道君王全"，上帝赐他宝剑，是要他下凡"斩邪留正"，扫除以"阎罗妖"为总代表的世间"恶""邪"势力。这两篇文章（即《原道觉世训》和《太平天日》）的内容反映出，这时的洪秀全已具有了反清的革命思想。

洪秀全的反清思想之所以形成于1847—1848年，这与洪秀全第二次来到广西时所面临的形势有着直接的关系。我们前面已经讲到，洪秀全第二次来到广西时，经过艰苦卓绝的工作，冯云山在广西紫荆山区的传教活动取得巨大成功，不仅先后发展了两千多名信众，并且成立了一个以拜上帝为主要特征的宗教组织——上帝会。与此同时，和当时社会矛盾激化相一致，广大信教民众与当地地主武装的冲突也日益增多起来。据当时仅是普通信徒的李秀成后来追忆，"自教人拜上帝之时，数年未见动静。自道光廿七八年（即1847、1848年——引者）之上下，广西贼盗四起，扰乱城镇，各居户多有团练。团练与拜上帝之人两有分别。拜上帝人与拜上帝人一和（伙），团练与团练一和（伙），各争自气，各逞自强，因而逼起"[1]。面对如此变化了的形势，本来"早就对社会现状强烈不满并且自认为（他对外也是如此宣传的——引者）受上帝委命扫除天下妖邪的洪秀全来说"，其心理就不能不发生巨大变化，从而萌生出反清的革命思想，他也就"逐渐从一个主张道德救世的宗教说教家，转变成一名矢志武装反清的农民领袖"。[2]

俄国伟大的思想家普列汉诺夫曾经说过："宗教是观念、情绪和活动的相当严整的体系。观念是宗教的神话因素，情绪属于宗教感情领域，而活动则属于宗教礼拜方面，换句话说，属于宗教仪式方面。"[3]经过洪秀全的借用，在观念上基督教的平等教义发展成了农民朴素的平等思想，在情绪上基督教的宗教狂热发展成了农民反抗以"阎罗妖"亦即道光帝为代表的"恶""邪"势力的革命欲望，在仪式上基督教的戒律仪式发展成了农民起义队伍中的严格纪律。同时，基督教教众对上帝的信仰，经过洪秀全的借用，发展成了信徒对上帝次子洪秀全本人的绝对服从。所有这一切对动员

① 罗尔纲：《增补本李秀成自述原稿注》，中国社会科学出版社，1995，第107页。
② 夏春涛：《天国的陨落——太平天国宗教再研究》（增订版），第31页。
③ 普列汉诺夫：《普列汉诺夫哲学著作选集》（第三卷），生活·读书·新知三联书店，1962，第363页。

广大人民群众投身于反抗清王朝统治的斗争，对推动太平天国起义的发生
和发展，都起过非常重要的积极作用。可以说，如果没有洪秀全对基督教
的借用，也许就没有太平天国起义的发生和 14 年之久的太平天国政权的
建立。

　　当然，这是问题的一方面；问题的另一方面，洪秀全对基督教的借用
又对太平天国事业产生过非常严重的消极影响。第一，洪秀全所借用的基
督教，是西方的宗教，无论其教义，还是宗教仪式，都与中国传统文化相
去甚远，不易为中国人尤其是深受传统文化熏陶的广大士绅所接受。所以，
当太平军一旦离开上帝教的活动中心广西、广东，而进入传统文化比较发
达的长江流域后，就很难得到当地广大士绅的支持，他们不是"变易名姓，
避迹山林"，就是"阴结壮士密办团练，以待官军之至"。而太平天国的敌
人——清王朝统治者也正是看到并利用了这一点，对太平天国加以攻击和围
剿。湘军统领曾国藩在《讨粤匪檄》中，就攻击太平天国"窃外夷之绪，崇
天主之教"，不习孔孟之道，"而别有所谓耶稣之说，《新约》之书。举中国
数千年礼义人伦、诗书典则，一旦扫地荡尽。此岂独我大清之变，乃开辟
以来名教之奇变，我孔子、孟子之所痛哭于九原！凡读书识字者，又乌可
袖手安坐，不思一为之所也"。[1] 他因而号召广大士绅为维护中国传统文化不
致遭到太平天国的毁灭而起来参与对太平天国的镇压。这样，曾国藩就把
本来是广大被压迫的走投无路的农民群众反抗以清朝统治者为代表的地主
阶级的阶级压迫的阶级战争、把以汉族为主体的广大被压迫民族群众反抗
清朝贵族的民族压迫的民族战争[2]，通过《讨粤匪檄》就转变成了保卫中国
本土文化免受西方外来文化的破坏和侵犯的文化战争，因而得到了广大士
绅的大力支持。而士绅在中国封建社会里是一支具有举足轻重影响的政治
和社会力量，在新旧政权的对垒中，他们的向背在某种程度上往往决定着
新旧政权的命运。太平天国后期重要领导人李秀成在其《自述》中，总结曾

---

① 曾国藩：《讨粤匪檄》，载《曾国藩全集·诗文》，岳麓书社，1986，第 232 页。
② 如太平天国《讨清檄文》开宗明义就写道："夫天下者中国之天下，非满洲之天下也；宝位者
中国之宝位，非满洲之宝位也；子女玉帛者中国之子女玉帛，非满洲之子女玉帛也。慨自明
季凌夷，满房肆逆，乘忧窃入中国，盗窃神器……故满房之世仇，在所必报，共奋义怒，歼
此丑夷，恢复旧疆，不留余孽，是则天理之公，好恶之正。"其字里行间，所渗透的是一种
传统的反满民族主义。见韩英《太平天国轶闻》，山东友谊出版社，2000，第 299—300 页。

国藩的湘军何以能由小变大、最后战胜太平天国的历史教训时，就认为湘军"多用读书人"，而太平天国"无读书人"是其重要教训。第二，洪秀全所借用的基督教，和其他一切宗教一样，也是一种颠倒的世界观，亦即唯心主义的世界观。它要人们迷信上帝，把人的功绩归之于上帝，认为是上帝的指示和庇护，才使太平军"自金田至金陵八千里之遥，百万铜关，尽行打破"，"战无不克，攻无不胜"。①其结果使人们只迷信上帝的力量而看不到自身的力量，从而极大地限制了广大人民群众主观能动性的发挥。如果说这种消极影响在太平天国前期由于整个事业还处于上升阶段因而表现得还不十分明显的话，那么，到了太平天国后期，亦即 1856 年"天京事变"之后，则给太平天国事业带来了极大的危害。这在洪秀全身上表现得最为明显。他"一味靠天"，"有天不有人"，相信自己是"天生真命主"，不用兵也能"定太平一统"，因而"不问军情"，"不问政事"，脱离群众，把大量的时间花在了从事宗教理论的著述上，即使到了天京被围的紧急时刻，他仍然宣称"朕之天兵多过于水"，有"天兵"会来救驾，既不做必要的军事准备，也听不进李秀成提出的迁都的建议，从而使太平天国失去了最后一次有可能免于覆灭的机会。成也萧何，败亦萧何，洪秀全对基督教的借用，既对太平天国起义的发生和发展起过非常重要的作用，也是导致太平天国最终走向覆灭的一个重要原因。

三、《天朝田亩制度》的"大同"理想

早在金田起义前，洪秀全在著名的"三原"（即《原道救世歌》《原道醒世训》和《原道觉世训》）中就提出了要在中国建立"大同"社会的理想，而他心目中的"大同"社会，便是《礼记·礼运》篇中的"大道之行也，天下为公……是谓大同"那段话。而建立"大同"社会的途径，是废除私心，人心向善。因为在他看来，"私"乃是社会万恶之源，正是由于每人"所爱所憎，一出于私"，才造成了人与人之间、国家与国家之间的"相侵、相夺、相斗、相杀"。为了废除私心，使人心向善，从而建立起"大同"的理想社会，在 1850 年金田团营（即命令各地上帝教信徒到广西金田村集中，编练

---

①《太平救世歌》，载《中国近代史资料丛刊：太平天国（一）》，第 242 页。

队伍，准备起义）时，就建立了所谓圣库制度，上帝教信徒将自己的田产房屋变卖后交给圣库，实行财产公有和平均分配。1851 年金田起义后，圣库制度更发展成了一种军事纪律。洪秀全下诏："凡一切杀妖取城，所得金宝绸帛宝物等项，不得私藏，尽缴归天朝圣库，逆者议罪。"①1853 年太平天国定都天京不久，洪秀全主持制定并颁布了太平天国的纲领性文件：《天朝田亩制度》。《天朝田亩制度》虽然只有 3000 多字，但它从经济基础到上层建筑，描绘了一幅"有田同耕，有饭同食，有衣同穿，有钱同使，无处不均匀，无人不饱暖"的"大同"理想社会的蓝图。

《天朝田亩制度》的核心，是平分土地。根据"凡天下田，天下人同耕"的原则，《天朝田亩制度》将天下土地按每年亩产量的多少分为上、中、下三级九等，然后好田坏田互相搭配，好坏各一半，按其家口的多寡，不论男女，平均分配，"人多则分多，人寡则分寡，杂以九等"。16 岁以下的未成年人得到的土地是成年人的一半。

除平分土地外，《天朝田亩制度》还对农副业生产和分配等问题，做了一系列规定。它按照太平军的编制，以五家为伍，五伍为两，五两为卒，五卒为旅，五旅为师，五师为军，建立起被称为"乡官制"的农村政权组织，其中由五伍亦即 25 家组成的"两"是农村政权的基层组织单位，领导人称为"两司马"，每两"设国库一，礼拜堂一，两司马居之"。农副业生产和分配都由"两"来管理。分得土地的农民都要从事农业生产，"力农者有赏，惰农者有罚"。同时要经营一定的家庭副业和家庭手工业，每家都要养五只母鸡、两头母猪，要种桑养蚕，从事纺织、陶、冶、木、石等匠活，于农闲时为之。每"两"生产的农副业产品，"除足其二十五家每人所食可接新谷外，余则归国库。凡麦、豆、苎麻、布帛、鸡犬各物及银钱亦然"。25 家中婚丧等事所需的钱粮，都由每"两"所设立的国库开支，"但有限制，不得多用一钱"。鳏寡孤独、疾病残废不能从事生产劳动的人，其生活由国库负担。

《天朝田亩制度》还规定，每家设一人为伍卒，在两司马的统领下，有警杀敌，无事为农。每家儿童"日至礼拜堂"，由两司马教读《旧遗诏圣书》

①《天命诏旨书》，载《中国近代史资料丛刊：太平天国（一）》，第 65 页。

《新遗诏圣书》和《真命诏旨书》。凡礼拜日，由伍长率领，男女分成男行女行，到礼拜堂"听讲道理，颂赞祭奠天父上主皇上帝"。废除买卖婚姻，"凡天下婚姻不论财"，禁止娼妓、缠足和买卖奴婢等。

以上是《天朝田亩制度》的主要内容。就其思想来源来看，它是对我国自古以来就存在的"大同"思想以及宋代以来农民起义所提出的平均财富和土地思想的继承和发展，同时也吸收了基督教，尤其是原始基督教主张平等的某些思想因素。它所提出的平分土地方案，是农民阶级对地主土地所有制的否定，反映了当时广大贫苦农民反对地主阶级的残酷剥削、要求获得土地、追求平等平均的理想社会的强烈愿望。它对动员广大农民群众投身于太平天国的反清斗争，鼓舞他们的斗争热情起过一定的积极作用。对此，我们应予以充分肯定。

不过，我们也应看到，《天朝田亩制度》所描绘的"大同"社会的理想蓝图，是建立在小农经济和平均主义的基础上，它幻想在小农经济的基础上，通过平分一切社会财富，来建立一个"有田同耕，有饭同食，有衣同穿，有钱同使，无处不均匀，无人不饱暖"的"大同"理想社会。然而分散的小农经济，根本不可能促进生产力的任何发展，而要在落后的生产力和生产条件的基础上，要求人人饱暖，都有饭吃，都有衣穿，这只能是一句无法实现的空话。而平均分配土地和包括农副业产品在内的社会一切财富，就根本不可能做到，古今中外都没有实现的先例。退一步说，即使做到了也势必损害一部分农民的利益，挫伤他们的生产积极性，这对社会生产力的发展将产生非常严重的消极影响。同时，在当时商品经济已有一定程度的发展、中国资本主义呼之欲出的历史条件下，《天朝田亩制度》试图将农业和家庭手工业相结合的自给自足的自然经济理想化、固定化，这又违背了经济发展的客观规律，具有历史的落后性。

正因为《天朝田亩制度》所描绘的"大同"社会的理想蓝图，是建立在小农经济和平均主义之基础上的，既是无法实现的空想，又违背了经济发展的客观规律，所以，它并没有真正实行过。《天朝田亩制度》公布不久，太平天国领导人为了适应现实的迫切需要，即下令实行"照旧交粮纳税"的政策。所谓"照旧交粮纳税"，就是仿照清朝办法，向土地的所有者征收地丁粮和漕粮。这表明，太平天国承认地主占有土地，并允许地主收租。

第二节　太平天国对封建思想文化的批判及其两重性

一、洪秀全对封建政治思想的批判与继承

洪秀全在借用西方的基督教的同时，对中国的封建政治思想也进行了批判。然而他在理论上批判了封建思想，在实践中却又是封建政治思想的继承者。

首先，让我们来看看他对封建皇权思想的批判与继承。如上一节所指出的，洪秀全对秦以后的中国历代帝王进行了谴责，认为他们不仅不是"受命于天"的"天子"，相反是引诱人民崇拜邪神、背叛上帝的罪人。他指出："历考中国史册，自盘古至三代，君民一体皆敬拜皇上帝也……至秦政出，遂开神仙怪事之厉阶"[1]，结果使中国"差入鬼路，致被阎罗妖所捉"[2]。他认为"帝"或"皇帝"的称号为天主"皇上帝"所专有，秦以后的中国历代帝王僭称"帝"或"皇帝"，"邪魔敢冒天恩者，该诛该灭无论矣"。[3]他尤其对清朝的最高统治者道光帝的抨击最为激烈，称他为"阎罗妖"，并号召人们站在"皇上帝"一边共同击灭之。总之，洪秀全对封建皇权的批判是相当激烈的，它对于动员广大人民群众投身反清斗争有一定的积极意义。

然而这只是一方面，另一方面，作为小生产者的旧时代农民，洪秀全从根本上来说又是一个皇权主义者。所以，他虽然否定秦以后的帝王曾"受命于天"，不是"真命天子"，但他并不否认君权神授，相反极力宣扬这套理论，以便使自己的"君权"披上一层神圣的外衣。如前所述，他在《太平天日》一文中，极力编造自己是上帝的次子，耶稣的弟弟，曾于1837年3月1日上天授命，被上帝封为"太平天国大道君王全"，上帝并赐他宝剑，要他下凡除妖的神话。为了使人们相信他真的曾"受命于天"，是"真龙天

---

① 洪秀全：《原道觉世训》，载《中国近代史资料丛刊：太平天国（一）》，第96页。
② 洪秀全：《天条书》，载《中国近代史资料丛刊：太平天国（一）》，第82页。
③ 洪秀全：《原道觉世训》，载《中国近代史资料丛刊：太平天国（一）》，第95页。

子"，他和太平天国的其他领导人一起，运用诏书、文告、外交辞令、会试出题、批改《圣经》、做礼拜讲道理等方式，对此进行大力宣传。后来，他又下诏，郑重地将自己的儿子（幼天王）过继给耶稣。这样不仅他的权力曾"受命于天"，他的继承人的权力也已"受命于天"，是神圣不可侵犯的。

与此相联系，洪秀全虽然严厉地谴责了秦以后的历代帝王，但他并不否认君权至上，只是认为，秦以后历代帝王的统治不曾"受命于天"，因而无权称孤道寡，作威作福。而一旦"真命天子"出现，就应享有至高无上的权威，而他洪秀全就是这样的"真命天子"。因此，他的权威应该至高无上。他在太平天国起义之前，就萌发了皇权思想，自命为"天王大道君王全"，自称为"朕"。太平天国起义后刚攻下小镇武宣东乡，洪秀全便迫不及待地登上了最高宝座，宣布自己为"天王"，并做了一顶黄灿灿的"天王"帽，以显示其天王的威严。登基不久，他便通过杨秀清代天父下凡，警诫广大太平军将士，要他们服从天王，天王"出一言是天命，尔等要遵。尔等要真心扶主顾王，不得大胆放肆，不得怠慢也"[1]。他自己也多次下诏或作诗、作文，要太平天国臣民忠于自己："既尽其忠，不顾其亲，只知有主，不知有身，鞠躬尽瘁，取义舍生"[2]；要求他们绝对服从自己的意志："主行则行主止止，万样听主莫糊涂"[3]。甚至把是否服从自己的意志作为他们死后是升天堂还是下地狱的标准："遵旨是顾王顾主，逆旨便是不顾主；顾主享福在高天，不顾万载受永苦"[4]；向他们宣传"天朝严肃地，咫尺凛天威，生杀由天子，诸官莫得违"，"一人首出正，万国定咸宁，王独操威柄，谗邪遁九渊"[5]。并恫吓他们说："皇上帝，眼恢恢"，"顺天存，逆天亡"。[6] 为显示自己至高无上的权威，他沿袭封建帝王的一套，除自称为"朕"外，将办公的地方称"殿"，住宿的地方称"宫"，并实行严格的避讳制度，规定凡"一切至尊至荣之字，必在天父、天兄、天王、幼主份尚（上）方可称用"。[7] 据

---

① 杨秀清：《天命诏旨书》，载《中国近代史资料丛刊：太平天国（一）》，第60页。
② 太平天国历史博物馆编《太平天国印书》（上），江苏人民出版社，1979，第144页。
③ 洪秀全：《天父诗》，载《中国近代史资料丛刊：太平天国（二）》，第490页。
④ 洪秀全：《天父诗》，载《中国近代史资料丛刊：太平天国（二）》，第358页。
⑤ 洪秀全：《天条书》，载《中国近代史资料丛刊：太平天国（一）》，第232页。
⑥ 洪秀全：《天条书》，载《中国近代史资料丛刊：太平天国（一）》，第227页。
⑦ 史式、吴良祚：《太平天国词语、避讳研究》，广西人民出版社，1993，第540页。

说，天王府殿门两侧，悬挂着一幅黄缎乌绒字对联，上联写着："众诸侯自西自东自南自北"；下联是："予一人乃圣乃神乃武乃文"。宫门外则贴着洪秀全的朱笔大书告示："大小众臣工，到此止行踪，有诏方准进，否则云雪中。"① 无诏越宫半步，便格杀勿论。他还和封建帝王一样，有三宫六院，后妃成群。据天京陷落后，幼天王被俘后交代：洪秀全有 88 个后妃。幼天王 9 岁时，洪秀全就给他娶了 4 个老婆。洪秀全还实行世袭制，在东乡称天王便自立其子为幼天王，要臣下称自己为"真圣主万岁万岁万岁陛下"，称幼天王为"救世真圣幼主万岁万岁万万岁陛下"。同时，还采取了一系列措施，从宗教上、礼仪上、舆论上确保天王的世袭继承权，他一再强调：天王要父死子继，累至万世。只有天王和幼天王才能被称万岁，其他人则不能称万岁，否则，便是大逆不道。1865 年的"天京事变"，据说就是因杨秀清逼封万岁而引起的。

其次，是他对封建等级制的批判与继承。我们在上一节也已提出，洪秀全曾将基督教的平等教义改造和发展成了农民朴素的平等思想，宣布人人都是上帝的子女，彼此间是兄弟姊妹，一律平等；又提出"天人一气理无二，何得君王私自专"的责难。这无疑是对几千年以来的封建等级制的批判和否定。太平天国定都天京不久，由洪秀全主持制定的《天朝田亩制度》规定："凡分田照人口，不分男女"，平均分配。同时，还规定，妇女可以做官、应考和当兵，废除买卖婚姻，禁止娼妓、纳妾。妇女破天荒地第一次在经济上和政治上取得了与男人一样的平等权利。这又是对几千年以来的男尊女卑观念的批判和否定。洪秀全和太平天国的这种人人平等、男女平等的思想和主张曾引起反对太平天国士绅的恶毒攻击，他们咒骂太平天国"五伦俱绝"②；说太平天国"窃外夷之绪，崇天主之教，自其伪君伪相，下逮兵卒贱役，皆以兄弟称之，谓惟天可称父，此外凡民之父，皆兄弟也，凡民之母，皆姊妹也"，是将"秩然如冠履之不可倒置"的"人伦"关系"扫地荡尽"。③ 有人甚至声称，"人有君臣父子兄弟夫妇朋友五伦，是天制定的，是大圣大贤讲明的，从古到今，人人缺不得的"，但如今"长毛（即太

① 彭大雁：《洪秀全全集》，中国青年出版社，1982，第 112—113 页。
② 张德坚：《贼情汇纂》卷十二，载《中国近代史资料丛刊：太平天国（三）》，第 312 页。
③ 曾国藩：《讨粤匪檄》，载《曾国藩全集·诗文》，第 232 页。

平军——引者）都称兄弟，是五伦中丢去了四伦"，仅凭这一点，洪秀全们
"便是讨死的门头"。① 尽管洪秀全的平等思想，或对封建等级制的批判和否
定，并不包含有更丰富的内容，但在当时有它的积极意义，也产生过一定
的社会影响。专门为曾国藩收集太平天国情报的清方官员张德坚曾报告说：
"贼（指太平天国——引者）虽无邪术，然虏人纯用换移心肠之法……换好
人为坏人，换坏人为极坏人，如贼数门内逐条所载是也。故凡从贼稍久逃
出难民，无不眼光闪烁不定，出言妄诞，视世事无可当意，于伦常义理及
绳趋墨步之言行，询之皆如隔世，视我官吏若甚卑，不及贼目之尊贵，毫
无畏敬之意。"② 上述报告说明，在洪秀全和太平天国平等思想的影响下，人
们的思想开始发生了一些变化，他们不识封建纲常，不守封建礼节，藐视
清朝官吏，不满封建秩序。

但是，和洪秀全对封建皇权思想批判和否定一样，他在批判和否定封
建等级制的同时，又大力提倡和推行封建等级制。早在太平天国起义前
后，洪秀全等人就制定了等级森严的《太平礼制》，规定了各级官员及其亲
属的称呼、服饰、仪卫等的不同规格。随着官属的增多，1858 年太平天国
对《太平礼制》做了进一步的修订，更加强调"贵贱宜分上下，制定必判
尊卑"，要各级官属"理宜恪遵定制，以判尊卑"，如有冒犯，则"斩首不
留"。以座轿为例，规定天王轿夫为 64 人，东王轿夫为 48 人，至最下级的
两司马轿夫为 4 人，任何人都不能逾越。更有甚者，太平天国官属的妻妾
数量也因官阶大小而有多少不同的规定。洪秀全曾发过一份《多妻诏》，规
定"妻数应依官阶大小而多少不等"，"自高而低，依级递减，上多下少，
切莫妒忌"。③ 根据规定，太平天国官员出行，有执事鸣锣开道，下级士兵和
百姓必须回避，如回避不及，则应俯首跪在道旁，否则均"斩首不留"。这
正如夏春涛在他的《天国的陨落——太平天国宗教再研究》所指出的那样：
"在太平天国内部，洪秀全尊为天子，从杨秀清到两司马构成一个庞大的官
僚体系，普通士兵和从事后勤劳务的一般人员处在最底层。在这个上帝大

---

① 王鑫：《团练说》，载《江忠源集·王鑫集》，岳麓书社，2013，第 1045 页。
② 张德坚：《贼情汇纂》卷十二，载《中国近代史资料丛刊：太平天国（三）》，第 327 页。
③ 韩明译：《关于洪秀全颁发的多妻诏》，载南京大学学报编辑部、太平天国史研究室编南京大
　学学报丛书之三《太平天国史论丛》，1979，第 323 页。

家庭中，众人在伦理上都是兄弟姐妹，但实际关系却呈金字塔状，上下尊卑泾渭分明。兄弟姐妹的划分不是按照年龄大小，而是按照官职高低和资历深浅。"①

洪秀全一方面宣称人人都是上帝的子女，一方面又把上帝的子女分为四等："君长是其能子，善正是其肖子，庶民是其愚子，强暴是其顽子"②，为新的等级制度提供了理论依据。为了维护这新的等级制度，他又搬出了封建纲常，《王长次兄亲目亲耳亲共证福音书》引天王预诏曰："君不君，臣不臣，父不父，子不子，夫不夫，妇不妇，总要君君臣臣、父父子子、夫夫妇妇"③，认为"子不敬父失天伦，弟不敬兄失天伦，臣不敬君失天伦，下不敬上失天伦"④。洪秀全写的《幼学诗》，共收五言诗34首，其中16首诗分别以《朝廷》《君道》《臣道》《家道》《父道》《母道》《子道》《媳道》《兄道》《弟道》《姐道》《妹道》《夫道》《妻道》《嫂道》《婶道》为题，从社会到家庭的各个方面，规定了人们必须遵守的封建纲常伦理。如《朝廷》诗宣扬的就是君为臣纲："天朝严肃地，咫尺凛天威，生杀由天子，诸官莫得违。"《子道》诗宣扬的是父为子纲："子道刑于妻，顺亲分本宜，妇言终莫听，骨肉自无离。"《妻道》诗宣扬的是夫为妻纲："妻道在三从，无违尔夫主，牝鸡若司晨，自求家道苦。"⑤他的《天父诗》第378首诗将封建纲常伦理讲得最为直白："只有媳错无爷错，只有婶错无哥错，只有人错无天错，只有臣错无主错。"⑥《天父诗》共收集诗500多首，绝大部分是洪秀全写的，而训导后妃要如何"炼正"事王的诗又占了绝大多数，其中对后妃们有"十该打"的规定："服事（侍）不虔诚，一该打；硬颈不听教，二该打；起眼看丈夫，三该打；问王不虔诚，四该打；躁气不纯静（净），五该打；讲话极大声，六该打；有喙（嘴）不应声，七该打；面情不欢喜，八该打；眼左望右望，九该打；讲话不悠然，十该打。"⑦洪秀全的这"十该打"，完全视

① 夏春涛：《天国的陨落——太平天国宗教再研究》（增订版），第308页。
② 洪秀全：《天条书》，载《中国近代史资料丛刊：太平天国（一）》，第73页。
③《王长次兄亲目亲耳亲共证福音书》，载《太平天国印书》（下），第714页。
④《天父诗》，载《中国近代史资料丛刊：太平天国（二）》，第496页。
⑤《幼学诗》，载《太平天国印书》（上），第60—62页。
⑥《天父诗》，载《中国近代史资料丛刊：太平天国（二）》，第484页。
⑦《天父诗》，载《中国近代史资料丛刊：太平天国（二）》，第435—436页。

后妃们为他的奴隶、玩物，哪里有一点人人平等、男女平等的影子？

洪秀全在批判封建政治思想的同时，又继承了封建政治思想，看来似乎有些矛盾，但实际上有它深刻的社会与历史原因。首先，它是封建的经济基础在上层建筑领域中的反映。一定的思想与一定的经济基础相联系，封建政治思想与封建的经济基础相联系，封建的皇权思想和等级制度，都是封建经济的产物。而太平天国时期，封建经济在国民经济生活中仍占着绝对的统治地位。其次，是受传统社会思想的影响。马克思说过，统治阶级的思想在每一历史时代都是占统治地位的思想。中国封建社会的统治思想是封建地主阶级的思想，在政治思想上表现为皇权主义和等级制度，在摧毁这种统治思想的物质关系出现之前，洪秀全当然亦无法摆脱它的影响。第三，与洪秀全的个人际遇有关。洪秀全自幼接受的是封建教育，封建政治思想对他影响甚深。据史料记载，洪秀全在太平天国起义之前，就已有称王称帝、建立新朝的思想和志向。1847年春夏间，他不但在《九妖庙》题诗中表示要在"高天作天王"，统领"天军不容情"，还在"甘妖庙"喝道："朕是真命天子，尔识得朕么？"并于诗壁署名"太平天王题"。[1]1850年他又赋诗言志："明主敲诗曾咏菊，汉皇置酒尚歌风，古来事业由人做，黑雾收残一鉴中。"[2]他决心像明朝的开国皇帝朱元璋和西汉开国皇帝刘邦那样，建立新的王朝，做一番惊天动地的事业。他后来的皇权思想和封建等级思想，不过是前期称王称帝、建立新朝思想的发展。

二、太平天国对孔子及其儒学从形式上反对到实质上认同

洪秀全在批判中国封建思想的同时，也曾反对和批判过孔子。因为孔子所创立的儒学是中国传统文化的核心，是中国封建统治阶级长期以来统治和压迫广大人民群众的思想工具，与西方的基督教属于两种根本不同的文化价值系统。洪秀全要借用基督教，推翻清王朝的统治，就必然会把批判和斗争的矛头指向孔子和他创立的儒学。当然，洪秀全和太平天国对孔子及其儒学的认识和批判，曾经历了一个曲折变化的过程。这一过程又与洪

---

[1] 郭廷以:《太平天国史事日志》(上)，上海书店，1986，影印本，第54—55页。
[2] 韩山文:《太平天国起义记》，载《中国近代史资料丛刊：太平天国（六）》，第869页。

秀全对基督教的借用，以及反清革命思想的形成过程相吻合。

我们前面已经指出，和那个时代的所有知识分子一样，洪秀全自幼接受的也是传统的儒学教育，曾数次参加科举考试，孔子及其儒学对他影响很深。他第一次反孔是在1843年阅读了《劝世良言》，并接受其影响自行洗礼以后。如前所述，洪秀全自行洗礼后，劝人敬拜上帝，不拜祖先，不行恶事，并为他的同学、塾师冯云山和族弟洪仁玕作了洗礼。不久，他和冯云山把村塾中供奉的偶像和"孔子牌位弃去"。这一行动因违背了传统的风俗伦常，而遭到村里不少人指责，结果洪秀全和冯云山都丢掉了塾师的饭碗。于是被迫离开老家，去广西传教。

洪秀全的这次反孔行为，并不像有的研究者所认为的那样，表明他在思想上已与孔子及其儒学彻底决裂。实际上，他将孔子牌位从村塾中"弃去"，仅是根据基督教的上帝是唯一真神，反对一切偶像崇拜的教义而采取的行动。所以和孔子牌位一起被"弃去"的还有其他偶像，包括"家中所立灶君、牛猪门户来龙之妖魔"[1]。这时的洪秀全在思想上对孔子及其儒学仍然持的是认同的态度。因此，1845年他在写《原道醒世训》和《原道救世歌》时，曾大量引用儒家经典，并把它与基督教教义糅合在一起。孔子及其儒学成了他借用基督教最得心应手的工具。比如，《原道醒世训》在批评相凌相斗相杀的世道人心，提出天下男女都是上帝的子女，是兄弟姊妹，不应存此疆彼界之私，起尔吞我并之念后，则引用了《礼记》中关于"大道之行也，天下为公……是谓大同"的一段话；接着又引《易经》并加以解释："在《易》，同人于野则亨，量大之谓也；同人于宗则吝，量小之谓也。"在《原道救世歌》中，他"糅合了基督教和儒家的思想、用语，苦口婆心地劝世人拜上帝、学正人、捐妄念"[2]。而他要人们学的"正人"，则是夏禹、伯夷、叔齐、周文、孔丘、颜回、杨震等人。关于周文和孔丘，他写道："周文孔丘身能正，陟降灵魂在帝旁。"由此可见，当时的孔子在洪秀全的心目中，虽已不是"至圣先师"，但仍然是人们学习和效法的榜样。

洪秀全对孔子及其儒学持明确的批判和反对态度，是在1847年至1848

---

[1] 洪仁玕：《洪秀全来历》，载《中国近代史资料丛刊：太平天国（二）》，第690页。

[2] 王庆成：《论洪秀全的早期思想及其发展》，载《太平天国的历史和思想》，中华书局，1985，第21页。

年间。如前所述，当时冯云山经过两年多的努力，在广西紫荆山区的传教活动取得了重大进展，信徒已达2000多人，并成立了一个以拜上帝为主要特征的宗教组织——上帝会。受形势的推动，洪秀全这时开始萌生了反清的革命思想。出于反清的需要，洪秀全在《太平天日》中编造了一则上帝鞭挞孔子的神话故事，公开举起了反孔的旗帜。故事的大意是：有一天天父上主皇上帝"推勘妖魔作怪之由"，认为是孔子的书多有错误，把人教坏了，致使一般人不认识皇上帝，而孔子的名声反而超过了皇上帝，于是严厉地责备起孔子来。开始时，孔子还强词夺理，"终则默想无辞"。后来天兄耶稣和众天使也都对孔子大加责备。孔子见人人都责备自己，便与妖魔头一起私自逃下了凡界。皇上帝立即命洪秀全和天使去追赶孔子。洪秀全和天使捉住孔子，并把他捆绑到皇上帝面前。皇上帝大怒，命天使鞭挞孔子，孔子下跪再三求饶。皇上帝后来下令，罚孔子到菜园种菜，"永世不准他下凡"害人。

在这则故事中，孔子之书被指责为多有错误，孔子本人遭皇上帝的无情鞭挞，并下跪求饶。这样洪秀全便借用皇上帝之口、之手，毫不费力地剥去了历代统治者披在孔子身上的神圣外衣，并将他打翻在地踏上了一只脚。就洪秀全编造的这则故事来看，他所以要打倒孔子，一是孔子在中国的影响太大，其名声远远超过了皇上帝，因此要树立皇上帝（实际上是洪秀全）的新权威，就必须打倒孔子这个旧权威；二是孔子的书被"妖魔"所利用，"妖魔"所以能兴妖作怪，危害世人，正是靠了"孔丘之书"，所以要扫除"妖魔"，推翻清王朝的统治，就必须打倒孔子这个"妖魔"的"护身符"。至于"孔丘之书"究竟错在哪里？又怎样为"妖魔"所利用？洪秀全在故事中并没有说明。大约与此同时，太平天国前期最重要的领导人之一、洪秀全的妹夫萧朝贵在一次代"天兄"下凡传言中，也指责孔子之书"差错甚多，到太平时，一概要焚烧矣"①。可以说，要反清，就必须反孔，这时已成为太平天国前期领导人的基本共识。

从这一基本共识出发，金田起义后，太平天国发动了一场在中国历史上前所未有的大规模的反孔运动。1851年9月25日，太平军攻克第一个州城

---

① 王庆成编注《天父天兄圣旨》，辽宁人民出版社，1986，第7页。

永安，就焚烧了儒学副署。1852 年洪秀全把他在 1845 年至 1847 年初刻本《太平诏书》中原来引用过的孔孟的话，或经书的文字，全部删除，或加以改写，特别是把《原道醒世训》中所引用的《礼记》中关于"大道之行也，天下为公……是谓大同"的一段话，全部删除重写。洪秀全的这种做法，明显有其导向作用。此后，随着太平天国的胜利进军，反孔活动也掀起了高潮。太平军所到之处，占领孔庙、学宫，焚烧四书、五经，"凡学宫正殿两庑木主亦俱毁弃殆尽……或堆军火，或为马厩"。攻下南京后，甚至把江宁学宫"改为宰夫衙，以璧水圜桥之地为椎牛屠狗之场"①。

　　为了进一步推动反孔活动的发展，1853 年 3 月太平天国定都天京，建立起与清王朝相对峙的政权后，即宣布儒家经典为妖书，严禁军民习诵和收藏，并一再发出严令："凡一切妖书如有敢念诵教习者，一概皆斩。"②"凡一切孔孟诸子百家妖书邪说者尽行焚除，皆不准买卖藏读也，否则问罪也。"③当时一些未来得及从太平天国辖区逃离的知识文人，曾怀着敌意和恐惧的心情，对太平天国的反孔活动做过如下的描述："搜得藏书论担挑，行过厕溷随手抛，抛之不及以火烧，烧之不及以水浇。读者斩，收者斩，买者卖者一同斩。书苟（笱）满家法必犯，昔用撑肠今破胆。文章浩劫古原有，贤圣精灵自不朽。卜筮之书拜（并）泯灭，窃恐祖龙笑其后。"④诗中的"祖龙"指的是秦始皇，这里是借喻秦始皇焚书坑儒一事。有些地区竟出现了"敢将孔孟横称妖，经史文章尽日烧"的局面。⑤这种大规模的激烈的反孔活动，使太平天国辖区内的文化典籍遭到了一次巨大破坏，在中国历史上，只有秦始皇的"焚书坑儒"能与之相提并论。

　　太平天国的反孔，虽然有它某些历史的合理性，对于动员广大农民群众参加反清斗争也有它一定意义，然而对孔子及其儒学采取简单抛弃，甚至焚毁的粗暴做法，这是十分错误的。因为孔子是中国传统文化的代表者，他创立的儒学是中国传统文化的重要组成部分，而传统文化是中华民族的

① 张德坚：《贼情汇纂》卷十二，载《中国近代史资料丛刊：太平天国（三）》，第 326—327 页。
② 张德坚：《贼情汇纂》卷十二，载《中国近代史资料丛刊：太平天国（三）》，第 232 页。
③《诏书盖玺颁行论》，载《中国近代史资料丛刊：太平天国（一）》，第 313 页。
④ 马寿龄：《金陵癸甲新乐府》，载《中国近代史资料丛刊：太平天国（四）》，第 735 页。
⑤《山曲寄人题壁》，载太平天国历史博物馆编《太平天国史料丛编简辑》第六册，中华书局，1963，第 386 页。

智慧结晶，也是中华民族赖以生存与发展的基础和动力，对传统文化的任何简单抛弃甚至焚毁，这无异于民族自杀，是对中华民族的犯罪。此其一。其二，我们承认，孔子不是完人，有他的历史局限性；孔子所创立的儒学经过两千多年的发展变化，其中既有许多精华，也有不少糟粕。对于精华，我们要继承并加以发展；对于糟粕，我们要批判地予以扬弃。而要分清什么是精华，什么是糟粕，就必须对儒学进行认真的研究，而不能采取简单抛弃甚至焚毁的粗暴做法。即使是糟粕，我们要批判地予以扬弃，也不能简单地抛弃甚至焚毁了事。洪秀全和太平天国领导人以为，只要将孔子的偶像砸烂，就可以改变人们对他的崇拜心理，将儒家的典籍焚烧，就可以消除儒学对社会的广泛影响，从而树立起皇上帝（实际上是洪秀全）的新权威。这只能说明，作为中国旧时代的农民，他们不是新的生产力的代表者，因而也缺少新的思想和理论的指导，无法科学地实事求是地对待孔子和儒学。

实际上，在经过一段时间的激烈反孔后，太平天国领导人也已初步意识到了激烈反孔行为的不妥，并开始调整该政策。1854 年正月，东王杨秀清在代"天父"传言中，首先提出了这一问题："恐世人防妖太甚，毁尽古书，转无以为劝惩之助。"[1] 这年 3 月，杨秀清再次代"天父"传言："前曾贬一切古书为妖书。但四书、十三经，其中阐发天情性理者甚多，宣明齐家治国孝亲忠君之道亦复不少，故尔东王奏旨，请留其余他书。凡有合于正道忠孝者留之，近乎绮靡怪诞者去之。至若历代史鉴，褒善贬恶，发潜阐幽，启孝子忠臣之志，诛乱臣贼子之心。劝惩分明，大有关于人心世道。再者，自朕造成天地以后，所遣降忠良俊杰，皆能顶起纲常，不纯是妖。所以名载简编，不与草木同腐，岂可将书毁弃，使之湮没不彰？"[2] 杨秀清已意识到，激烈反孔，焚烧儒家典籍，将使太平天国在对广大军民进行思想教育时，没有工具可资利用。因此，他建议改焚烧儒家典籍为设删书衙对儒家经典进行删改，令人民"静候删改镌刻颁行之后"，再行"习读"。杨秀清的这一建议得到洪秀全的赞成。其实，早在杨秀清代"天父"传言之前，洪秀全在一次"天父"下凡的诏书中，就肯定过儒家经典并非都是"妖话"。

---

① 王庆成编注《天父天兄圣旨》，第 101 页。
② 王庆成编注《天父天兄圣旨》，第 101—103 页。

因此他在接到杨秀清的建议后，便立即发出了删改经书的诏旨，并身体力行，亲自对《诗经》做了示范性的删改，改书名为《诗韵》："咨尔史臣，万样更新，《诗韵》一部，足启文明。今特诏左史右史，将朕发出《诗韵》一部，遵朕所改，将其中一切鬼话、妖怪话、妖语、邪语，一律删除净尽，只留真话、正话，抄得好好缴进，候朕披阅刊刻颁行。钦此。"①他后来又多次强调："孔孟之书不必废，其中有合于天情道理亦多。"②

　　洪秀全和太平天国领导人对"删书"非常重视，不仅设有"删书衙"专门负责此项工作，而且由洪秀全亲自主持其事。依据上引洪秀全的诏书，太平天国删书的目的，是要将儒家典籍和其他古籍中的"一切鬼话、妖怪话、妖语、邪语，一律删除净尽，只留真话、正话"，以便"弃伪从真"，对广大军民进行思想教育。但事实上，从有关史料的记载来看，太平天国的所谓删书，主要在两个方面：（一）按上帝是"独一真神"及不拜偶像的基督教教义，将"涉鬼神丧祭者削去"；（二）按太平天国尊崇上帝、贬斥历代帝王和孔孟以及避讳的规定，改字或增字，如在上帝前加上"皇"字，为"皇上帝"，改国为"郭"，改夫子为"孔丘"，改某帝、某王为某侯、某相等。如此删书，并没有对儒家典籍和其他古籍做任何实质性的改动，儒家思想中"宣明齐家治国孝亲忠君之道"的思想内容③，实际上被太平天国全盘继承了下来，并且成了维护新的至高无上君权和新的封建等级制度的工具。如我们在上一节中已指出的那样，洪秀全就曾大量引用儒家的纲常伦理以论证自己建立至高无上的君权和新的封建等级制度的合法性。

　　洪秀全和太平天国对孔子和他创立的儒家思想，从认同，反对，再到认同，转了一圈，又回到了原地。究其原因，就在于农民不是新的生产力的代表者，他们不能创立一种新的生产方式以代替旧的生产方式，创立一套新的政治制度以代替旧的政治制度，创立一套新的意识形态以代替旧的意识形态。既然生产方式是旧的（封建的小农经济），政治制度是旧的（封建王权和等级制度），那么他们也只能接受与旧的政治制度（封建王权和等级制度）相适应的意识形态。这是洪秀全和太平天国从反对孔子及其儒学到

①　太平天国历史博物馆编《太平天国文书汇编》，中华书局，1979，第39页。
②《钦定士阶条例》，载《中国近代史资料丛刊：太平天国（二）》，第552页。
③　王庆成编注《天父天兄圣旨》，第103页。

最后全盘继承儒家思想中"宣明齐家治国孝亲忠君之道"的思想内容的根本原因。

三、太平天国对佛、道和封建迷信的批判及其局限性

洪秀全和太平天国还反对偶像崇拜，对佛、道和封建迷信进行过尖锐批判。从"皇上帝"是"独一真神"的教义出发，洪秀全宣布："皇上帝之外无神也，世间所立一切木石泥团纸画各偶像皆后起也，人为也"，它们都是"据愚人愚见人手造出来"的"有口不能言，有鼻不能闻，有耳不能听，有手不能持，有足不能行之蠢物"。[①] 人们跪拜、崇信这些"无知无识"的"蠢物"，求其保佑，是"抑又愚矣"。他指出，这些"无知无识"的偶像所以会产生，并得到人们的跪拜、崇信，其原因就在于历代帝王的扶持和鼓吹。中国上古是没有偶像的，"坏自少昊时，九黎初信妖魔，讹延三苗效尤，三代时颇杂有邪神及有用人为尸之错"；"至秦政出，遂开神仙怪事之厉阶，祀虞舜，祭大禹，遣人海求神仙，狂悖莫甚焉"；到了汉文帝，立五帝庙，设五帝坛，"其亦暴悖之甚矣"；汉武帝临死时虽说过"始吾以为有神仙，今乃知皆虚妄"一类的话，"然其始祠灶，祠泰乙，遣方士求神仙，其亦秦政之流亚也"；其他"若汉宣祠后土，遣求金马碧鸡；汉明崇沙门，遣求天竺佛法；汉桓祠老聃，梁武三舍身，唐宪迎佛骨，至宋徽出，又改称皇上帝为昊天金阙玉皇大帝"，其结果，是偶像崇拜越演越烈。[②]

在反对偶像崇拜的同时，洪秀全还对佛、道及其信仰进行了批判。他指责"佛老之徒"是"怪人""狂人"，一切菩萨、神仙，都是"邪魔""邪神"，"该诛该灭"。和一切偶像一样，佛、道的"菩萨""神仙"也不能决定人的生死祸福，给人提供保佑。他尤其对迷信持激烈的反对态度，认为搞这类迷信活动的人"术艺不正"，品德不良，比如"堪舆相命辈"是"为惑世顾肥囊"，而"巫觋"则是"邪术惑众"，"诬民妄造符"，"修斋建醮尚虚无"，"欲肥己囊"。[③]

为了清除偶像崇拜和佛、道对人们的影响，洪秀全不仅在理论上对偶像

---

① 洪秀全：《原道觉世训》，载《中国近代史资料丛刊：太平天国（一）》，第96页。
② 洪秀全：《原道觉世训》，载《中国近代史资料丛刊：太平天国（一）》，第96页。
③ 洪秀全：《原道救世歌》，载《中国近代史资料丛刊：太平天国（一）》，第89—90页。

崇拜和佛、道进行了批判，而且还率领信众和后来的太平军开展了一场大规模的破坏偶像、捣毁庙宇的运动。我们在本章第一节中已经提到，早在皈依上帝、自行洗礼不久，作为私塾先生的洪秀全、洪仁玕就"将馆中所立孔子、文昌，家中所立灶君、牛猪门户来龙之妖魔一概除去"[①]。洪秀全还赋诗一首，以明心志："神天之外更无神，何故愚顽假作真。只为本心浑失却，焉能超出在凡尘。"洪仁玕也步原韵和诗一首："全能大父是为神，木刻泥团枉认真。幸赖耶稣来救世，吾侪及早脱凡尘。"[②]此后，尤其是他第二次到广西后，其反偶像崇拜的行为越来越激烈。1847年9月，亦即他第二次到广西仅两个月时间，便亲自策划了捣毁象州的甘王庙事件。甘王是桂东一带很有影响的民间神，人称"甘王爷"，据说很灵，有一次他附灵于某少年身上，将路过的官员拖下轿，并逼迫这位官员奉送了件龙袍才让他离去。从"皇上帝"是"独一真神"这一教义出发，同时也是为了树立"皇上帝"的权威，洪秀全在冯云山等人的陪同下来到象州，题诗怒斥甘王庙为"妖庙"，甘王为"妖魔"，并捣毁其神像，"命其四人将妖眼挖出，须割去，帽踏烂，隆（龙）袍扯碎，身放倒，手放断"[③]。此事过后不久，洪秀全又率领信众捣毁了紫荆山区的雷庙、土地庙等。1851年金田起义后，太平军在进军南京的途中，凡遇寺庙、偶像，一律加以捣毁。如在湖南，太平军"自孔圣不加毁灭外，其余诸神概目为邪，遇神则斩，遇庙则烧"[④]。占据武昌后，太平军"遇寺观辄火之，目为妖庙"[⑤]，"斥阎罗为妖，诸凡百神皆为妖魔，遇庙像辄焚毁"[⑥]。曾国藩的《讨粤匪檄》就攻击太平军"所过郡县，先毁庙宇，即忠臣义士，如关帝、岳王之凛凛，亦皆污其宫室，残其身首。以至佛寺、道院、城隍、社坛，无庙不焚，无像不灭，斯又鬼神所共愤怒"[⑦]。张德坚的《贼情汇纂》也说太平军"见庙宇即烧，神像即毁"[⑧]。定都南京后，洪秀全

---

① 洪仁玕：《洪秀全来历》，载《中国近代史资料丛刊：太平天国（二）》，第690页。
② 《太平天国起义记》，载《中国近代史资料丛刊：太平天国（六）》，第847页。
③ 《太平天日》，载《太平天国印书》，第49页。
④ 《粤匪犯湖南纲略》，载太平天国历史博物馆编《太平天国史料丛编简辑》第一册，中华书局，1961，第67页。
⑤ 《武昌兵燹纪略》，载《中国近代史资料丛刊：太平天国（四）》，第571页。
⑥ 陈徽言：《武昌纪事》，载《中国近代史资料丛刊：太平天国（四）》，第599页。
⑦ 曾国藩：《讨粤匪檄》，载《曾国藩全集·诗文》，第232—233页。
⑧ 张德坚：《贼情汇纂》卷十二，载《中国近代史资料丛刊：太平天国（三）》，第315页。

和太平天国的"毁灭偶像运动也随之进入一个高潮"①。以南京为例,几乎所有的泥塑、木雕、石刻、纸画、金属制造、陶瓷烧制的神像,都在劫难逃,无一例外地被捣毁。

如同太平天国的反孔一样,洪秀全和太平天国对偶像崇拜和佛、道的批判,虽然有它的合理性,对于太平天国初期事业的发展也有一定的积极意义。但我们必须看到,洪秀全和太平天国是以"皇上帝之外无神也"的基督教的一神论来反对偶像崇拜和佛、道的多神论的,是以对上帝的崇拜来反对对菩萨、神仙等偶像的崇拜的。太平天国的破坏偶像、捣毁庙宇,不过是基督教的宗教排他性的表现,结果在太平天国的统治区内,庙宇虽然拆除了,但代之而起的则是遍地的"礼拜堂",人们可以不崇拜菩萨、神仙和其他的民间偶像了,但必须按时做礼拜,人们可以不迷信佛、道了,但必须迷信上帝和作为上帝第二个儿子的洪秀全本人。人们并没有从神权和迷信下解放出来。

第三节 太平天国与中国早期近代化

一、军事近代化的初步尝试

所谓近代化,也就是资本主义化,它涉及的内容非常广泛,包括政治、经济、教育、思想、文化、军事等各个方面。西方的近代化首先是从经济领域开始的,即"以工业革命和工业化带动整个社会的其他方面的变革"。但与西方不同,中国首先开始的则是军事的近代化。这是因为西方的近代化是内源性的近代化,即"由社会自身力量产生的内部创新",又称"内源性变迁"。②而中国的近代化是外源性的近代化,中国所以会走上近代化的道路,除嘉道以来社会内部所孕育的新的经济和思想因素的作用外,另一重要的原因是西方的挑战和影响。西方通过1840年的鸦片战争,打开了中

---

① 夏春涛:《天国的陨落——太平天国宗教再研究》(增订版),第178页。
② 罗荣渠:《现代化新论》,北京大学出版社,1993,第123—124页。

国古老的大门，强迫清政府签订了一系列不平等条约。从此，中国开始从一个独立自主的封建社会逐渐沉沦为半殖民地半封建社会，与此同时，中国人民为了挽救国家和民族的危亡，也开始了向西方寻求救国救民真理的途程。由于西方用来打开中国古老大门的工具是坚船利炮，坚船利炮也就很自然地引起了中国先觉者们的关注，并成为他们首先要学习的对象。如前所述，鸦片战争结束不久，魏源便提出了"师夷之长技以制夷"的主张。而魏源所说的"夷之长技"主要有三项："一火器，二船舰，三养兵练兵之法"，也就是西方的军事装备和战术。因此，他在《海国图志》中提出的晚清第一个近代化方案，虽然也涉及其他方面，但主要讲的是军事的近代化。太平天国起义后，在与中外敌人的斗争中，西方的先进武器同样给太平天国的领导者们留下了深刻的印象。他们认识到"欲与洋鬼子争衡，务先买大炮早备为先，与其有争是定"。[①] 如果说魏源只是提出了军事近代化的方案，那么，太平天国则开始了军事近代化的初步尝试，开始用西方的先进武器装备自己。太平天国获取西方先进武器的主要途径有以下几个方面：

一是购买。据记载，早在金田起义之初，太平天国就想办法从香港、澳门购买了一些西洋武器。葡萄牙驻澳门的总督曾命令扣押士兵的武器，以阻止他们中的一些人到广西去。"1852 年 8 月一位耶稣会教士的信中报导说：'叛乱者（指太平军——引者）的武器不是中国制造的。'"[②] 但太平天国大规模地购买西方武器是在定都天京之后，尤其是占领苏（州）、常（州）地区之后。因为苏、常地区距离中国第一批通商口岸上海、宁波很近（太平天国还曾一度占领过宁波），购买武器非常方便。一些西方的传教士、士兵和商人，为了传教或牟取暴利[③]，也很乐意将西洋武器卖给太平军。1860 年 6 月，赫威尔等传教士访问苏州，太平军提议让他们"带钱到上海为他们购买武器"[④]。1861 年夏，太平天国的外籍战士吟唎到上海找欧洲人，为太平天

---

① 《李秀成自述》，载《中国近代史资料丛刊：太平天国（二）》，第 839 页。
② 转引自邓元忠《美国人与太平天国》，华欣文化事业中心，1983，第 167 页。
③ 当时"在上海十五元或二十元能够买得到的短枪"，外国人卖给太平军是"一百元"，参见亚朋德《华半传：有神自西方来》，载北京太平天国历史研究会编《太平天国史译丛》第三辑，中华书局，1985，第 119 页。
④ 《北华捷报》第 518 期，载北京太平天国历史研究会编《太平天国史译丛》第二辑，中华书局，1983，第 101 页。

国采购军火。1862 年 4 月，上海一家洋行在一个月内就卖给了太平军 795 门大炮和 11000 多发炮弹。这年布鲁斯和何伯上将在给英国政府的报告中称：香港和通商口岸的许多洋行都在和太平天国做枪炮生意，"许多船只为上海的洋行运送军械弹药给叛乱军，他们远离领事馆可以监督的范围，在预先约定的地点卸货，以便让太平军来领取"①。当"常胜军"头目华尔发觉太平军正向美国订购炮船时，即向李鸿章告密，于是由李鸿章向美国公使提出强烈抗议。②1863 年，两江总督怡良向朝廷奏称："上海逆匪向洋人买铜火药帽、自来机火枪，虽大雨亦可利用。"③太平天国向洋人购买的武器，有时也被清军截获。如 1862 年，"芭腊岗"号轮船，就装有 200 门铁制大炮，成千副轻武器，以及大量弹药。④

二是缴获。第二次鸦片战争后，清政府为了镇压太平天国，采取所谓"借师助剿"政策，这样除清军外，太平天国的敌人还有用近代的武器装备起来的"洋枪队"和中外混合军。在与中外敌人的作战中，太平军缴获了不少洋枪洋炮和船舰。例如，在"洋枪队"第一次进攻青浦时，"华尔不仅失去了所有大炮，而且丢失了几乎全部警备船舰"。在第二次反击"洋枪队"的战斗中，太平军缴获了"十八磅重弹炮两门和大量供给品"。第三次又缴获了敌人"全部大炮和警备船舰"。太平军还俘获了法尔德思上校，在"洋枪队"缴纳了价值超过五十五万元的"一百万发弹药、二百套武器"的赎身费后，太平军将法尔德思上校放了回去。⑤另据李秀成的追述，在第三次青浦战斗中，太平军共缴获洋枪 2000 余条，大炮 10 余门，洋庄 100 余口，船只数百余条，青浦之围也因此一举而解。除战场上缴获敌人的武器外，太平军还经常深入到敌占区或城市夺取武器。1863 年 11 月，吟唎与几个太平军战士在苏州到上海的内河里捕获了一艘敌汽船，船上有三十二磅旋转

---

① 梅邦·费雷代：《1860—1864 年的太平军》，载《太平天国史译丛》第二辑，第 163 页注 2。
② 兰杜尔：《"常胜军"建立者与首任领队华尔传》，载北京太平天国历史研究会编《太平天国史译丛》第三辑，中华书局，1985，第 16 页。
③ 中国科学院上海历史研究所筹备委员会主编《上海小刀会史料汇编》，上海人民出版社，1958，第 282 页。
④ 安德鲁：《"常胜军"：戈登在华战绩和镇压太平军叛乱史（选译）》，载《太平天国史译丛》第三辑，第 205 页。
⑤ 亚朋德：《华尔传：有神自西方来》，载《太平天国史译丛》第三辑，第 64、66、119 页。

炮一门，十二磅榴弹炮一门，以及大量的弹药。这艘船后来被命名为"太平号"，在与敌人的作战中发挥了重要作用。

三是设厂制造。为了尽可能地用西方先进武器装备太平军，以增强其战斗力，太平天国还开设了一些兵工厂，聘请西方人做技术指导，仿造洋枪洋炮和弹药。忠王李秀成、辅王杨辅清、护王陈坤书、侍王李世贤、听王陈炳文等各王麾下都有很多由外国人组成的小分队，这些分队除随车作战、操练军队外，一个很重要的任务便是帮助太平军制造西方的先进武器。一些太平军中还设有"洋炮官"，主持"洋炮馆"。在昆山，1863 年戈登、程学启和郭松林的中外联军攻陷该城后，发现"城内有制造大炮、炮弹和开花弹的军火厂，由两个英国人经营"。① 在太仓，据《李秀成自述》所说，太平军"抢得炮样，业经制（造），与一样无差，今南京城内有此样"②。另据《戈登在中国》一书记述：太仓有"太平军的军火库和炮弹厂"③。在湖州，呤唎"留下了从苏州来的一个工程师和另外一个人让他们制造枪弹炮药"。在嘉兴，有一位带领炮队的太平军旅帅和呤唎是莫逆之交，几乎每天都与呤唎共餐，呤唎"把自己所知道的铸造炮弹（他刚开始从事于这项工作）、制造信线和炮位瞄准的全部知识"都教给了这位旅帅，以便他设厂制造。④ 在镇江，有四位"洋兄弟"为太平军"制巨炮、喷筒，甚精制，能达远"⑤。此外，其他一些城市，如苏州等也有太平军设厂制造枪炮的记载。

通过上述途径，太平军的武器装备有了很大的改进。据外国人的观察，当时太平军"装备得很好，他们有毛瑟枪、来复枪，并拥有大量的弹药"⑥。仅苏州城中，就有 3000 多支洋枪，四分之一的太平军战士装备了来复枪。归王邓光明拥有 5000 人的炮兵队伍。由于忠王李秀成对军事的近代化最为重视，他的军队的武器装备也最好，其卫队全部配备了来复枪，普通军队

---

① 安德鲁：《"常胜军"：戈登在华战绩和镇压太平军叛乱史（选译）》，载《太平天国史译丛》第三辑，第 247 页。
②《李秀成自述》，载《中国近代史资料丛刊：太平天国（二）》，第 839 页。
③ 伯纳特·M. 艾伦：《戈登在中国》，载王崇武、黎世清编译《太平天国史料译丛》第一辑，神州国光社，1954，第 168 页。
④ 呤唎：《太平天国革命亲历记》，王维周、王元化译，上海人民出版社，1997，第 578—579 页。
⑤《余生记略》，转引自郭存孝《太平天国火炮研究》，《军事历史研究》1988 年第 3 期。
⑥ 严中平辑译《怡和书简选》，载北京太平天国历史研究会编《太平天国史译丛》第一辑，中华书局，1981，第 193 页。

的"三分之二（也）均有洋枪"，他破天京之围时，就曾使用过"开花大炮多尊，及洋枪二万杆"，其火器之利，"远优于湘军百倍"。随着武器装备的改进，太平军的战斗力也有了明显提高。淮军首领李鸿章曾向曾国藩诉苦说：太平军"专恃洋枪，每进队必有数千杆冲击，猛不可挡"。面对太平军的进攻，曾国荃也发出过这样的惊叹："其西瓜炮之利害，犹无可比拟。新副营之垒厚丈余，内砖石而外土块，亦为轰坍数处。"[①]曾在宁波指挥中外联军与太平军作战的斯泰夫勒对此有同样的感受："如果说在这次作战中联军所受的损失比以往和叛军作战的任何一次都更大的话，那是因为对方有欧洲的卡宾枪和手枪，是那些假仁假义的走私贩提供的。"[②]

　　除武器装备的近代化外，太平天国还非常重视学习西方先进的"养兵练兵之法"。据吟唎在《太平天国革命亲历记》中回忆，他在天京时"每天分出一部分时间去教练太平军兵士炮术，或教练太平军兵士操演一种中西参半的阵法"。他还帮助忠王李秀成成立了一支主要由外国教官组成的教练军，专门负责操练忠王的军队。此外，在他的协助下，忠王还组建了一支包括两三艘汽轮的舰队，这支舰队被命名为"忠义辅助军"，"归忠王节制。军官由欧洲人充任，人数定为二百名……这支军队严守欧洲战争中的各项规则，并且与之合作的太平军亦得遵守这些规则"。如前所述，和忠王的军队一样，其他各王的军队中也成立有主要由外国人组成的小分队，负责对太平军的操练。如"常胜军"领队白齐文于1863年初投降慕王谭绍光的军队后，"在苏州统率九十至一百个欧洲人和太平军一营，约一千人。他以外国军队的战术训练这些太平军，并派外国教官担任这支军队的军官"[③]。

　　尽管太平天国的军事近代化尝试只是初步的，仅仅限于采用西方先进的军事装备和战术，而没有对太平军进行制度性的改革，更没有把近代化的尝试从军事领域向经济、教育等领域扩展，但它毕竟在中国传统的坚冰上打开了一个缺口，其意义值得充分肯定。

① 曾国荃：《复骆制军》，载《曾国荃全集》第三册《书札》，岳麓书社，2006，第334页。
② 梅邦、费雷代：《1860—1864年的太平军》，载《太平天国史译丛》第二辑，第163页注2。
③ 吟唎：《太平天国革命亲历记》，第290、538、528页。

二、《资政新篇》的近代化蓝图

《资政新篇》的提出者是洪仁玕。洪仁玕（1822—1864），广东花县人，洪秀全的族弟，早年加入上帝会。太平天国金田起义时，他没有参加。金田起义后，迫于清政府的搜捕，于1852年避居香港，在外国传教士处教书，因而对西方文化多有了解。1858年他离开香港，历经艰险，于第二年4月，辗转到达太平天国首都天京。当时太平天国经1856年的"天京事变"和石达开的分离出走后，已元气大伤，人心涣散，离心倾向十分严重，而朝中秉政者又多为平庸奸佞之辈，形成不了强有力的领导核心。所以对他的到来，洪秀全喜出望外，不久即被封为干王，总理太平天国朝政。《资政新篇》是洪仁玕到达天京不久后提出来的，经洪秀全旨准颁行，是太平天国后期重要的官方文献。《资政新篇》共约10000字，内容相当丰富，包括"用人察失类""风风类""法法类"和"刑刑类"四部分。如果说此前的《天朝田亩制度》为太平天国描绘了一幅"大同"社会理想的蓝图，其核心是平分土地的话，那么，《资政新篇》则为太平天国描绘了一幅近代化理想的蓝图，其核心是向西方学习，实行具有资本主义性质的政治、经济和社会文化等方面的改革。

第一，进行政治改革，加强中央集权，建立一个高效、廉洁和稳定的政府。针对当时太平天国人心涣散，政治离心倾向十分严重的状况，洪仁玕主张实行政治改革，加强中央集权。要加强中央集权，就必须"禁朋党之弊"，反对政治上"结盟联党"，搞宗派，闹分裂，使"将之军法难行"，"君之权谋下夺"。他主张"要自大至小，由上而下，权归于一，内外适均而敷于众也"。同时"禁私门请谒，以杜卖官鬻爵之弊"，清除腐败。洪仁玕还提出，要加强中央集权，除"权归于一，内外适均而敷于众"外，还应"上下情通，中无壅塞弄弊者"，而要做到这一点，"莫善于准卖新闻篇或暗柜也"。为此，他建议像西方国家那样，开设报馆，用新闻报纸及时揭露地方官吏的奸谋，君主也可通过报纸对全国情形有所了解；设立书信馆，使君民上下沟通，不至于上下堵塞，君民相隔；设新闻官，收集各地吏治情况，使为"善"为"恶"者"难逃人心公议"；设立暗柜，即意见箱，接受检举的信件。同时，在省、郡、县设立"钱谷库"，"以司文武官员俸值公费"，防止官吏贪污受贿。

第二，进行经济改革，发展资本主义的交通、金融、采矿和机器制造业。这也是《资政新篇》中最为重要也最有价值的内容。为了改变中国交通十分落后的状况，他主张兴"车马""舟楫"之利，大力发展近代交通事业，包括兴建铁路、公路，修浚河道，行驶轮船，兴办邮政等，认为如果有了火车轮船厂，"国家则战守缉捕，皆不数日而成功，甚有裨于国焉"。他建议在全国21省修建21条公路，"以为全国之脉络"，并制定了公路的标准："通省者阔三丈，通郡者阔二丈五尺，通县及市镇者阔二丈，通大乡村者阔丈余。"在发展金融业方面，他主张兴办银行、发行纸币、推广保险，认为银行既可由三四个富民合办，也可由一人独办。在发展采矿业方面，他主张包括金、银、铜、铁、锡、煤、盐在内的矿藏，"有民探出者准其禀报，爵为总领，准其招民采取"，其所得利益，按总领20%、国库20%和采者60%的比例分成。在发展机器制造业方面，他主张"兴器皿技艺"，允许民间自办工厂，其产品允许自由销售。同时允许私人兴办邮政、新闻业。洪仁玕还提出要鼓励科技发明，并保护发明专利，"有能造精奇利便者，准其自售；他人仿造，罪而罚之。即有法人而生巧者，准前造者收为己有，或招为徒焉。器小者赏五年，大者赏十年，益民多者年数加多；无益之物，有责无赏。限满他人仿做"。

第三，进行社会改革，除旧布新，移风易俗。为了将太平天国改造成为一个具有新风尚、新道德、新气象的国家，洪仁玕主张进行社会改革，除旧布新，移风易俗。具体来说，在除旧方面，他主张禁溺子女，禁买卖奴婢，禁吸食鸦片，禁庙宇寺观，禁修斋打醮，禁演淫戏，禁酗酒，禁朝拜菩萨，革阴阳八煞，除九流，等等。在布新方面，他主张设学馆、医院，建跛盲聋哑院、鳏寡孤独院、礼拜堂、育婴堂等等。他提倡学习西方的科学技术知识，如火轮船、火车、钟表、天球、地球仪、连环枪等，他认为都是有用之宝。洪仁玕还批评了那种"不务实学，专事浮文"的学风，认为西方所以富强，在于西方社会崇尚实学，推崇科学技术，中国所以贫弱，也在于中国社会专事浮文，学的都是无用之学。

第四，实行平等和开放的外交政策。针对中国传统的天朝上国观念，洪仁玕提出，凡太平天国与西方各国的"往来言语文书，可称照会、交好、通和、亲爱等意，其余万方来朝、四夷宾服，及夷狄戎蛮鬼子，一切轻污之字，皆不必说也"。因为轻污之字，除"口角取胜"之外，并没有其他好处，而且弄得不好还容易引起外交纠纷。他进而指出，这些"轻污之字"，不仅不能施之于西方各国，也不能施之于邻近的暹罗（今泰国）、交趾（今越南）、日本和琉球这些小国，施之于它们，对方"亦必不服"，因为"人类虽下，而志不愿下；即或愿下，亦势迫之耳，非忠诚献曝也"。要使对方"归诚献曝，非权力所能致之，必内修国政，外示信义，斯为得尔"。也就是说，国家无论大小强弱，均应以信义平等对待，不得妄自尊大，轻侮对方。洪仁玕也对那种"拘拘不与人交接"、闭关自守的现象提出了批评，他主张对外开放，发展与世界各国的友好关系，允许外国人到中国通商、传教和从事科学技术指导，但不允许他们干涉中国内政和"毁谤国法"。

第五，树立"设法、用人"的法制观念。这是贯穿于《资政新篇》的一个总纲。洪仁玕首先以殷、周王朝的历史为例，强调国家强盛、衰亡，"惟在乎设法、用人之得当耳"。得当，国家强盛；不得当，国家衰亡。而且"设法"与"用人"，相互间存在着内在的有机联系，"用人不当，适足以坏法；设法不当，适足以害人"，所以对二者应予以同样的重视，不可偏废任何一方。洪仁玕虽然认为"设法"与"用人"都同样重要，但就"设法"与"用人"的难度而言，"设法"的难度要更大一些。因为法"无定而有定，有定而无定，如水之软，如铁之硬……此立法所以难也，此生弊所以易也"。故此他主张立法要审时度势，"于古所无者兴之，恶者禁之，是者损益之"。他还认为，"法"有"大纲"与"小纪"的区分。所谓"大纲"，亦即国家的根本大法；所谓"小纪"，亦即一些具体的法律。为了避免所立之法因年代久远而不合时宜，他主张"当留一律以便随时损益小纪、彰明大纲也"。洪仁玕已初步认识到西方资本主义国家各种法律对经济发展所起的保护和促进作用，因此他在《资政新篇》中介绍世界大势时，除宗教外，还特别着重论述了立法是否完善与国家兴盛之间的关系，强调英吉利"于今称为最强之邦，由法善也"；而土耳其于法"不知变通，故邦势不振"，并就此得出结论："以上略述各邦大势，足见纲常大典，教养大法，必先得贤人创立大体，代有贤能继起而扩充其制，精巧其技，因时制宜，度势行法，必永远不替也。"①该书"法法类"部分共草拟了 29 条法例，内容包括经济、行政、社会改造等方面。

以上是《资政新篇》的主要内容。如果比较一下《资政新篇》与此前的《天朝田亩制度》，就会发现二者之间存在着根本的不同：《天朝田亩制度》否定一切私有制，反对封建剥削；而《资政新篇》则肯定私有制承认剥削，允许富者请人雇工。《天朝田亩制度》的核心是平分土地，以解决农民的土地问题；而《资政新篇》的核心是向西方学习，实行具有资本主义性质的政治、经济和社会文化等方面的改革，重点是发展资本主义经济。《资政新篇》提出的发展资本主义经济的主张，符合历史发展的趋势和要求，比起《天朝田亩制度》所提出的建立在小农经济和平均主义之基础上的"大同"理想社会，无疑是一大历史进步。当然，由于当时中国还不完全具备实行具有资本主义性质的政治、经济和社会文化改革、发展资本主义的条件，加上太平天国又正忙于应付严酷的军事斗争，所以除得到洪秀全某种程度的认可外，它并没有产生什么实际影响，更没能挽救太平天国的覆灭，但这并不能否认它的历史意义。

《资政新篇》是中国人提出的第一个比较完整的近代化方案。我们前面已经指出，鸦片战争结束不久，魏源在《海国图志》中便提出了中国第一个近代化方案，但由于当时国门刚刚被西方的坚船利炮打开，魏源的世界知识和西学知识还相当有限，甚至还有不少荒谬和错误的认识，所以这一方案的内容主要涉及的是军事，是一个军事近代化方案。而《资政新篇》的内容则涉及政治、经济、法制、外交、社会风俗、思想文化等各个方面，无论是对世界的认识，还是主张向西方学习，它都代表了 19 世纪 60 年代以前中国的最高水平。中国第一位留美学生容闳就称赞《资政新编》的提出者洪仁玕是"远东大规模现代化计划的先驱"②。洪仁玕之所以能够在中国近代思想史上占一席之地，原因也就在此。

---

① 上引均见洪仁玕《资政新编》，载罗尔纲编注《太平天国文选》，上海人民出版社，1957，第117—131 页。
② 方忠英：《太平天国革命对近代中国的影响》，载广东太平天国研究会编《太平天国与近代中国》，广东人民出版社，1993，第 101 页。

三、太平天国在中国早期近代化进程中的历史地位

关于太平天国与中国早期近代化的关系，学术界存在着两种不同的看法。一种观点认为，太平天国的主力军和领导者是旧式农民，旧式农民不是先进生产力的代表者，他们所建立的政权只能是封建政权，这也是太平天国定都天京后迅速封建化的最根本的原因。而所谓近代化，也就是资本主义化，即"推封建主义之陈，行资本主义之新"。所以太平天国与近代化风马牛不相及，没有也不可能推动中国的近代化进程。[①] 另一种观点则与此相反，认为太平天国的主力军和领导者虽然是旧式的农民，但在当时特殊的历史条件下，他们承担起了本应由民族资产阶级承担的推动中国近代化的历史重任，并为此做出了自己的贡献。[②] 那么，究竟太平天国与近代化是一种什么样的关系？是推动了中国的近代化进程，还是没有推动中国的近代化进程？就这一问题谈谈本书的看法。

首先，太平天国存在着实施中国近代化的可能性。诚然，太平天国的主力军和领导者是旧式农民，但是他们毕竟与中国封建社会时代的农民不同，他们生活在鸦片战争之后中国已逐步沦为半殖民地半封建社会的时代，西方文化凭借其船坚炮利开始大规模地传入中国，而且太平天国的地盘又位于长江中下游，靠近中国第一批通商口岸的上海，是西方文化首先进入中国的地区。对于西方文化，太平天国领导人一般并不反对。如前所述，太平天国后期重要领导人洪仁玕对西方文化就多有了解。曾经与他打过交道的西方传教士富礼赐就认为他是"最开通的中国人。他极熟悉地理，又略识机械工程，又承认西洋文明之优越"。他的家里"犹如一博物馆"，洋望远镜、洋玻璃灯、洋钟、洋笔、洋酒、洋碟、洋工艺品，甚至吃饭用的刀叉、洗澡用的洋皂等生活用品，应有尽有。[③] 英国传教士艾约瑟在苏州谒见干王后，同样留下了非常深刻的印象，他记述道："干王表示，他不仅在宗教方面，而且在科学与社会改革方面，完全赞同外国人讲的道理。在他当

---

① 参见范书义《自发的农民斗争与中国近代化——太平天国与义和团运动比较研究》、范启农《太平天国起义不能实施中国近代化》。以上两文载《太平天国与近代中国》，第14—39页。

② 参见沈嘉荣《论太平天国推进中国近代化的历史功绩》、方忠英《太平天国革命对近代中国的影响》。以上两文载《太平天国与近代中国》，第40—56、94—106页。

③ 富礼赐：《天京游记》，简又文译，载《中国近代史资料丛刊：太平天国（六）》，第955—956页。

时住宅的图书室里所有的书籍中，他最感兴趣的是伟烈亚力翻译的那本微积分。"① 除干王洪仁玕外，忠王李秀成、章王林绍璋、侍王李世贤等也都对西方文化表现出了浓厚的兴趣。1860 年美国传教士霍姆士曾到天京忠王府拜会过李秀成，据他留下的有关这次拜会过程的记载："他（指李秀成——引者）请我坐在这椅子上，便开始问我许多关于外国机器的问题。一张有着许多平行线的地图把他弄糊涂了，他请我讲解给他听，据说这地图是外国人绘制的。随后又请我替他检查一个小望远镜和一件乐器，并问我许多关于这两件东西的问题，显然他认为每个外国人都精通这类东西的构造。"② 曾写有《太平天国革命亲历记》的吟唎回忆道："干王、章王全都熟悉地理和机械学，还收藏有许多关于西方文化和科学的附有插图的参考书，他们是经常研读这些学问的。"③ 侍王经常披览世界舆图，通晓中外关系，熟悉欧美政治。他们不仅自己对西方文化很感兴趣，而且还要求子女学习西方文化，"章王、干王、忠王之子茂林以及其他几位首长，正在学习英文，他们的书是几个传教士所供给的"④。就是天王洪秀全，虽然在太平天国后期，受皇权思想、天命思想和基督教教义的毒害，深居宫中，倦理朝政，但他对于西方文化在某种意义上持的还是开放的态度，这也是他同意颁布《资政新篇》，并接受其绝大多数主张的重要原因。洪仁玕在《资政新篇》中共提出 30 多条建议，洪秀全审阅后除了对"兴各省新闻官"一条，及对"勿杀"一条认为不宜实行外，对于其他各条皆写有"是"或"此策是也"的批语。洪仁玕就曾指出："天王对于引进欧洲的进步事物，诸如铁路、蒸汽机等类东西，极为赞成。"⑤

既然太平天国后期的领导者们并不反对向西方学习，那么也就意味着太平天国有实施近代化的可能性，因为所谓近代化，也就是资本主义化，即用西方资本主义的经济、政治、军事、教育和思想文化来取代中国封建主义的经济、政治、军事、教育和思想文化。而向西方学习，则是实施近代

① 《传教士艾约瑟等五人赴苏州谒见干王和忠王的经过》，载上海社会科学院历史研究所编译《太平军在上海——〈北华捷报〉选译》，上海人民出版社，1983，第 62 页。

② 伯纳特·M. 艾伦：《戈登在中国》，载《太平天国史料译丛》第一辑，第 157 页。

③ 吟唎：《太平天国革命亲历记》，第 192 页。

④ 吟唎：《太平天国革命亲历记》，第 191 页。

⑤ 《北华捷报》第 524 号，1960 年 8 月 11 日。

化，亦即资本主义化的必要前提。我们承认，太平天国的主力军和领导者都是旧式农民，他们不是新的生产力的代表者，因此他们所建立的农民政权很快就完成了向封建政权的转化；但由此并不能得出太平天国不能实施中国近代化的结论。就一般原则或西方的经验而言，近代化的实施者只能是代表新的生产力的资产阶级，但如同我们已经指出的那样，中国的近代化是外源性的，是在中国已经开始沦为半殖民地半封建社会的历史背景下发生的。一方面，由于历史与现实的种种原因，中国的民族资产阶级出生较晚，直到 19 世纪 70 年代后，中国才开始出现民族资本主义性质的工商企业；另一方面，第一次鸦片战争后面对西方的挑战所出现的"三千年未有之大变局"，使中国的近代化进程不可能等到民族资产阶级出现之后再由民族资产阶级来开启。于是，开启中国近代化进程的历史重任则只能由民族资产阶级以外的其他阶级（农民或地主）中的开明之士或先觉者们来承担。同时如前所述，近代化包括经济、政治、军事、教育和思想文化等不同方面，如果说政治的近代化是要以资本主义的政治制度取代封建主义的政治制度，亦即以资产阶级的统治取代地主阶级的统治，由于它危及地主阶级的根本利益，因而只能由资产阶级来领导、实施和完成的话，那么，经济尤其是军事的近代化只是以西方先进的军事装备和战术来取代中国落后的军事装备和战术，从而增强军队的战斗力，它不仅不会危及地主阶级的统治，相反还有助于地主阶级统治的维护，地主阶级（亦包括农民阶级）完全有可能成为军事近代化的最早实施者。这也是洋务运动首先是从军事近代化开始的一个重要原因。

　　从事实来看，以太平天国是封建政权，因而否认它有实施近代化的可能性，这也是站不住脚的。否认太平天国有实施近代化的可能性的学者，将洋务运动视为中国近代化的开端，但主持洋务运动的"洋务派"是清王朝的一些大臣和地方督抚，清王朝也是封建政权，为什么同样是封建政权，清王朝的一些大臣和地方督抚能实施中国的近代化，而太平天国就不可能呢？否定太平天国能实施近代化的学者的另一理由，则是说太平天国顽固守旧。清王朝难道就不顽固守旧么？清王朝以天朝上国自居，夜郎自大，闭目塞听，固守祖宗成法，坚持夷夏之辨，即使在洋务运动开始之后，清政府内部"以西法为可行者，不过二三人；以西法为不可行、不必行者，几于盈廷皆是"①。这与太平天国比较，并没有显示出更开明的一面。就是所谓"以西法为可行者"的开明之士，即以曾国藩、左宗棠和李鸿章为代表的洋务派，对于西方文化的了解实际上并不比太平天国后期主要领导人如洪仁玕、李秀成等人更多一些，至少他们中间没有人提出过像洪仁玕《资政新编》那样比较完整的近代化方案。

太平天国不仅具有实施近代化的可能性，事实上如前所述，它也进行过一些军事近代化的尝试。尽管这种尝试只是初步的，它没有对太平军进行制度性的变革，更没有将近代化的尝试从军事领域扩展到经济、教育等其他领域，但其原因不在于太平天国的主力军和领导者是旧式农民，他们建立的政权是封建政权，而是由于当时太平天国处于严酷的军事斗争之中，其首要问题是如何使政权能够继续生存下去，而非实施近代化的问题。太平天国的一切内政外交措施都要服从和服务于军事斗争。所以太平天国虽然为了军事斗争，开办了一些兵工厂，制造洋枪洋炮，但这些兵工厂规模都非常有限，它的洋枪洋炮主要还是靠购买和缴获，对中国的近代军事工业没有产生什么影响。洪仁玕虽然提出了中国近代第一个比较完整的近代化蓝图，但除得到洪秀全某种程度的认可外，并没有实行过。然而这并不能说明太平天国没有实施近代化的可能性。从太平天国后期一些领导人对西方文化的态度，从太平天国对军事近代化的初步尝试，从洪仁玕提出《资政新篇》并得到洪秀全某种程度的认可，我们完全有理由相信，如果太平天国不是面临严酷的军事斗争，如果太平天国没有被清王朝镇压下去，太平天国完全有可能像洋务派那样，在实践中逐步扩大军事近代化的规模和范围，并从军事的近代化，逐步扩展到经济和教育等其他领域的近代化，成为中国近代化的最早实施者。因为近代化一旦启动，其演发是不以人们的意志为转移的，而有它自己的规律。当然，历史不能假设。实际上，洋务派办的洋务企业开始数量也很少，规模很小，只有曾国藩1861年在安庆办的内军械所，洋务派洋务企业数量的增多，规模的扩大，那是在1868年先后镇压了太平天国和捻军之后。历史给他们实行洋务运动、扩大洋务企业提供了一个中国近代史上难得的相对和平的社会环境。

---

① 王韬：《洋务下》，载《弢园文录外编》卷二，第28页。

　　太平天国虽然只进行过一些军事近代化的初步尝试，没有对太平军进行制度性的改革，更没有将这种尝试逐步扩展到经济、教育等其他领域，随着太平天国的失败，太平天国的军事近代化尝试也就宣告终结了，成了未竟之业，它没有给我们留下任何近代化的物质遗产，但我们并不能据此而否认它推动了中国近代化的历史进程。概而言之，太平天国对中国近代化进程的推动，主要表现为对洋务运动的影响。第一，经太平天国的打击，清王朝的统治出现了前所未有的严重危机。为了应付危机，挽救摇摇欲坠的清王朝统治，清政府内部的一些相对比较开明的大臣和地方督抚（即洋务派）不得不采取一些自救措施，于是便有所谓洋务运动的发生。第二，洋务派的出现，与清王朝统治集团内部的权力结构的变化具有某种因果关系，而清王朝统治集团内部权力结构的变化是太平天国对清王朝打击的直接结果（详情见下一节）。第三，太平天国对军事近代化的初步尝试，在某种意义上为洋务派兴办洋务起了示范性的作用。李秀成临终前在《自述》中就曾向曾国藩"传授"过采购和制造洋枪洋炮的经验，建议曾"早定计去广东，先行密中多买其大炮回"，"取到其炮，取到车炮槶，寻好匠人，照其样式，一一制造"。[1] 就此而言，我们非常赞同学者们的意见，"曾、左、李镇压了太平天国，但就兴办'洋务'方面则又继承了太平天国未竟的事业。太平天国对'洋务派'，思想上起了启蒙作用，行动上起了引路作用"[2]。这就是太平天国的历史功绩。历史就是这样诡吊，借用恩格斯的话说：镇压者往往不自觉地充当了被镇压者遗嘱的继承人。

---

① 罗尔纲：《李秀成自述原稿注》，中华书局，1982，第351页。
② 沈嘉荣：《论太平天国推进中国近代化的历史功绩》，载《太平天国与近代中国》，第52页。

第 三 章

洋务思潮和早期维新思潮

洋务运动是在清王朝内忧外患都十分严重的形势下兴起的。一方面是以太平天国为代表的农民起义沉重地打击了它的统治，动摇了它的统治根基；另一方面是西方资本主义列强趁火打劫，先是挑起第二次鸦片战争，强迫清政府签订不平等的《北京条约》，19 世纪 70 年代后又不断在中国边疆制造危机。洋务运动的目的是为了"自强"和"求富"。主持或参与洋务运动的人我们称之为洋务派。洋务派大致由两部分人组成，一是手握中央和地方大权的洋务官僚，二是不当权的洋务知识分子。由于洋务运动要"制洋器""采西学"，遭到清统治集团内部顽固守旧势力的反对，围绕要不要向西方学习的问题洋务派与之展开过激烈争论，顽固派认为向西方学习是"以夷变夏"，而洋务派则依据"西学中源"说，认为那是"礼失而求诸野"。洋务派虽然主张向西方学习，但只主张学习西学之用，而要维护中学之体，这便是他们的"中体西用"文化观。到 80 年代后，尤其是中法战争后，一方面由于中国民族资本主义的产生，另一方面由于洋务运动的弊端暴露无遗，加上社会环境的变化，早年曾参与洋务运动的洋务知识分子对洋务运动越来越感到不满，有的最终从洋务派阵营中脱胎出来，成为中国早期的维新思想家或维新派。也正因为早期维新思想家或维新派是从洋务派阵营中脱胎出来的，他们身上还留有不少洋务派的印记，新（维新思想）旧（洋务思想）杂糅，是他们思想的一个显著特征。

第一节　洋务思潮的兴起

一、统治集团权力结构的变化和西学初步传播

清政府镇压了太平天国，但自身的权力结构却在镇压太平天国的过程中发生了不可逆转的变化。这种变化主要体现在两个方面：

一是地方督抚权力的扩大。在太平天国运动之前，地方督抚基本上没有什么实权，大权掌握在中央朝廷，主威权重，是太平天国运动之前清朝政治的显著特色。当时"凡有大寇患，兴大兵役，必特简经略大臣及参赞大臣，驰往督办。继乃有佩钦差大臣关防，及号为会办、帮办者，皆王公亲要之臣，勋绩久著，呼应素灵。吏部助之用人，户部为拨巨饷，萃天下全力以经营之，总督、巡抚，不过承号令、备策应而已。其去一督抚，犹拉枯朽也"①。但这种政治体制在镇压太平天国运动中发生了不可逆转的根本变化，地方督抚先后得到了军权（在团练基础上形成的湘淮军以及后来张之洞的"自强军"、袁世凯的北洋军实质上已成为一种半地方化半私人化的军队）、财权（1853 年清政府谕令京饷由各省每年将库款尽数报拨，改为按军定数指拨解部，从而赋予了地方督抚控制财政的合法权力）和用人权（督抚可以"置易两司"，保奏举荐人员）。权力下移所造成的内轻外重，督抚权力膨胀，这是太平天国后晚清政治的一个显著特点。

二是汉族大臣地位的提高。清王朝是少数民族建立的政权，为了维护和巩固自己的统治，清朝贵族虽然对汉族地主官僚加以笼络，但在太平天国运动之前，督抚一级的地方大员主要还是由旗人（包括满洲蒙古和汉军旗）担任。随着太平天国运动中曾国藩、左宗棠、李鸿章等湘、淮军将领的崛起，这种状况有了改变。有人曾对嘉庆、同治朝督抚的人事嬗递现象做过认真的考察：各省巡抚中旗人所占百分比，从嘉庆朝的四十二点一降为同

---

① 薛福成：《叙疆臣建树之基》，载丁凤麟、王欣之编《薛福成选集》，上海人民出版社，1987，第 290 页。

治朝的四点一；各省总督中旗人所占百分比，从嘉庆朝的五十九点六降为同治朝的二十六点三。① 统治集团内部权力结构的上述变化，对于洋务运动的兴起有着非常重要的意义。因为一般而言，汉族官僚不像清朝贵族那样顽固守旧，加上曾国藩、左宗棠、李鸿章等人在镇压太平天国运动和与外国人打交道中，又亲自感受到西方"轮船之速，洋炮之远"，对西方的先进武器装备和技术有所认识和了解，而督抚权力的扩大，尤其是财政权和用人权的下移，又为他们兴办新式军事、民用工业和编练新式军队提供了可能。于是，他们成为洋务运动的发起者和领导人。

在统治集团权力结构发生变化的同时，西学有了初步的传播。中国在第一次鸦片战争失败后，被迫割让香港岛给英国，并开放广州、福州、厦门、宁波和上海为通商口岸。从此，香港和五个通商口岸既成了西方列强侵略和掠夺中国的基地和跳板，同时也成为西学传播的中心。

首先是近代出版机构、报刊和图书馆等文化设施的创办。1843 年，英国传教士麦都思在上海麦加圈（今山东路）设立的墨海书馆是我国最早使用铅质字模和新式印刷机的印刷所，也是鸦片战争后出现的第一家近代出版机构。此后在通商口岸陆续设立的近代出版机构还有：英华书院印字局（1843 年，香港），美华书馆（1844 年，上海），清心书馆（1861 年，上海），罗扎里奥·马卡尔出版公司（1862 年，福州），土山湾印书馆（1865 年，上海），三圣教会出版社（1865 年，宁波），同治印书馆（1866 年，上海），传教士协会出版社（1869 年，宁波），别发印书馆（1870 年，上海），格致书院（1874 年，上海），益智书会（1877 年，上海），望益纸馆（1878 年，上海），点石斋石印局（1878 年，上海），复兴印书馆（1878 年，上海），英国长老会书馆（1880 年，汕头），广学会（1884 年，上海），中国卫理公会书局（1903 年，上海）等。这些书馆基本上都是传教士或教会创办的，主要出版的是宗教方面的读物，也有一些科学技术和文化方面的著作。其中墨海书馆在 19 世纪 60 年代之前影响最大。王韬就说过："西人设有印书局数处，墨海其最著者。"② 作为鸦片战争后设立的第一家近代出版机

---

① 魏秀梅：《从量的观察探讨清季督抚的人事嬗递》，载《"中央研究院"近代史研究所集刊》第四期，"中央研究院"近代史研究所，1973，第 265 页。

② 王韬：《瀛堧杂志》卷六，沈恒春、杨其民标点，上海古籍出版社，1989，第 118 页。

构，墨海书馆的影响不仅在于它的设备先进，是我国最早使用铅质字模和新式印刷机的印刷所，而且还在于它"所交多海内知名士"[①]，如受聘合作译书的数学家李善兰、古文家管复嗣、中国早期维新思想家王韬，以及与书馆联系密切的徐寿、华蘅芳、张文虎、项名达、罗士琳等都是当时中国的著名学人。加上书馆的创办者麦都思、艾约瑟等人对西方自然科学有较多的了解，因此，书馆除出版宗教读物外，在翻译西方科学书籍方面也成绩斐然。当时一些重要的西学著作，如《几何原理》《谈天》《重学》《代微积拾级》《光论》《格致西学提要》等都是该书馆翻译和出版的。根据熊月之教授的研究，从 1843 年至 1860 年，西方人在五个通商城市和香港设立的出版机构共出版各种西书 434 种，其中纯属宗教宣传品的有 329 种，占 75.8%；属于天文、地理、数学、医学、历史、经济等方面的有 105 种，占 24.2%。[②]

和近代出版机构一样，中国的近代报刊最早也是西人在通商口岸创办的。据统计，从鸦片战争结束到 90 年代，西人在华先后创办中外文报刊 200 种左右，约占同时期我国报刊总数的 80% 以上，其中绝大多数是以西方教会或传教士个人的名义创办的，比较著名的中文报刊有：《遐迩贯珍》（1853 年，月刊，香港），《六合丛谈》（1857 年，月刊，上海），《中外新报》（1858 年，先为半月刊，后改为月刊，宁波），《上海新报》（1861 年，日刊，上海），《中外新闻七日录》（1865 年，周刊，广州），《教会新报》（1868 年，周刊，上海），《申报》（1872 年，日刊，上海），《中西闻见录》（1872 年，月刊，北京，后迁上海），《益闻录》（1879 年，先为半月刊，后改为周刊，上海）等。《教会新报》自 1874 年 9 月起改名为《万国公报》，1883 年停刊，1889 年复刊，并改周刊为月刊，成为当时成立不久的"广学会"的机关刊物，至 1907 年停刊，先后出版 30 余年，累计近 1000 期，在外国人所办的中文刊物中历史最久、发行量最大、影响最广。除中文报刊外，西人还在各通商口岸创办了一些以西方人为主要读者对象的外文报纸，如《中国邮报》（俗称《德臣报》，1845 年，香港），《北华捷报》（1850 年，上海，

---

① 葛元煦：《沪游杂记·淞南梦影录·沪游梦影》，上海古籍出版社，1989，第 130 页。
② 熊月之：《西学东渐与晚清社会》，上海人民出版社，1994，第 8 页。

1864 年改名为《字林西报》，并改周刊为日刊，《北华捷报》成为它的每周
增刊），《孖剌报》（1857 年，香港），《上海差报》（1868 年，上海），《中
外杂志》《德文新报》《上海汇报》等。其中英国人创办的《字林西报》从
1850 年创刊，到 1951 年停刊，先后出版 101 年，最高发行量日达 7817 份，
是在中国出版时间最长、发行最广、影响最著的一份外文报纸。西方教会
或传教士个人创办报刊的目的是为了扩大布道事业，但他们在利用报刊这
一大众传媒传播上帝福音的同时，也宣传、介绍过西方的近代科学知识，
报道过国内外的一些重要消息，在客观上对传播西学和扩展人们的信息空
间起过一定的积极作用，同时对我国近代报刊的产生和发展也具有一定的
示范意义。

　　除了近代出版机构和报刊外，西方人还在通商口岸建立了中国的第一
批近代图书馆。如 1847 年传教士在上海徐家汇建立的"天主堂藏书楼"，
收藏各类中、外文书籍，中文书中以方志、报纸、杂志为主。1849 年，上
海英租界的外国人组织"书会"。1851 年，"书会"改为上海图书馆，专为
西方侨民和少数中国纳费会员服务，入会者岁纳会费 25 元。1854 年时有
书 1276 册，报刊 30 种。因其所藏全为外文书籍，故有"洋文书院"之称。
1857 年，亚洲文会北中国支会在上海设立图书馆，初名上海文理学会，以
保存东方历史书籍为主，被认为是"中国境内最好的东方学图书馆"。① 于是
各通商口岸的一些教会组织和教会学校也都设有图书馆。据统计，仅上海
徐家汇地区的一些教会组织所设立的图书馆就共藏 30 万册左右。西方人建
立的这些近代图书馆与中国传统藏书楼的根本不同之处在于，近代图书馆
强调图书的公共教育功能，因而它向社会开放，而传统藏书楼作为个人的
藏书之所，只为少数人服务，而不向社会开放。

　　其次是教会学校的设立。教会学校的设立是西方传教士来华传教的产
物。1807 年 9 月，英国新教传教士马礼逊来到广州，这是清政府宣布禁教
后第一个来华的西方传教士。由于当时不能在中国大陆公开活动，马礼逊
便根据英国伦敦会的指令，于 1820 年在临近中国大陆的马六甲设立了一所

---

① 胡道静：《上海图书馆史》，上海市通志馆，1935，第 59 页。

名为英华书院的教会学校，"以交互教育中西文学及传播基督教理为宗旨"[1]。
1836 年 9 月，在广州的外国商人、传教士为了实现在中国大陆办学的目的，
发起成立马礼逊教育会。三年后，英国人温施娣和美国传教士布朗在澳门
创办了马礼逊学堂。这是外国传教士在中国创办的第一所教会学校，所以
容闳称他"实为中国创办西塾之第一人"[2]。第一次鸦片战争为西方传教士在
华发展势力，尤其是设立教会学校打开了方便之门。1844 年，英国"东方
女子教育协进会"派遣阿尔德赛在宁波开办女子学塾，这是近代中国成立
最早的教会女校。第二年，美国长老会在宁波设立崇信义塾（1867 年迁至
杭州，易名育英义塾）。1846 年，美国圣公会传教士文惠廉在上海开设一
所男塾。1848 年，美国美以美会在福州设立主日学校。次年，耶稣会士晁
德莅司铎收留难童，设读经班于徐家汇天主堂边的光启社，后改为徐汇公
学（即今徐汇中学前身）。进入 50 年代，教会学校进一步增多，上海有英
国圣公会开设的英华学塾（1850 年），美国圣公会传教士裨治文夫人格兰德
在西门白云观设立的裨文女塾（1850 年，后又增设中学部，改名为裨文女
子中学），法国天主教拯亡会在董家渡天主堂设立的启蒙学堂（1851 年，后
改名为仿德小学），唐家塔天主堂在金家桥设立的晓星小学（1851 年），美
国圣公会在忆定盘路（今江苏路）设立的文纪女塾（1851 年，后改名为圣
玛利亚女子中学），法国天主教天主堂设立的明德女校（1853 年，后改名为
仿德女子中学），法国天主教拯亡会设立的徐汇女子中学（1855 年），法国
天主教设立的经言小学（1855 年），美国长老会设立的男子日校和女子日
校（1855 年），美国长老会传教士范约翰在陆家滨路设立的清心男塾（1860
年），范约翰夫人设立的清心女塾（1861 年，后改名为清心书院）；广州有
美国长老会传教士哈巴安德设立的男子日校（1850 年）、女子日校（1853
年）和寄宿学塾（1853 年），循道会俾士夫人设立的女子学塾（1854 年）；
福州有美国美以美会传教士麦利和夫人设立的福州女塾（1850 年），美国公
理会传教士卢公明设立的男童寄宿学校（1853 年，后改名为格致书院）和
女童寄宿学塾（1854 年，后改名为文山女塾），美以美会设立的寄宿义塾

① 马礼逊、米怜：《马六甲筹组英华书院计划书》，载陈谷嘉、邓洪波主编《中国书院史资料》
　　下册，浙江教育出版社，1998，第 2025 页。
② 容闳：《西学东渐记》，岳麓书社，1985，第 46 页。

（1856 年）和毓英女校（1859 年）；天津有望海楼天主堂附设的法汉学堂、诚正小学和淑贞女学（1853 年）；厦门有长老会设立的真道学堂（1856 年）；宁波有长老会设立的女子学校（1857 年）等。1860 年后，随着通商口岸的增加，尤其是通过《北京条约》等不平等条约，教会取得了在中国内地传教权，教会学校的数目也有大幅度增加，到 1875 年前后，教会学校的总数大约是 800 来所，学生 20000 人左右，其中属于基督教系统的学校有 350 所，学生 5975 人，其余属于天主教系统。[①]

西学的初步传播，对中国的士大夫产生过相当广泛的影响，"李善兰、徐寿、华蘅芳之所以能成为近代中国科学前驱，王韬之所以能成为开风气之先的启蒙思想家，无一不与他们系统阅读这些西书、深受西学影响有密切关系"[②]。同时西学的初步传播，也为洋务运动的兴起和开展储备了必要的新式人才。

二、《校邠庐抗议》：从经世到洋务的桥梁

洋务思潮的兴起与经世思潮之间有着直接的联系，甚至可以说，洋务思潮是经世思潮的延续和发展。而联系经世思潮和洋务思潮的桥梁是冯桂芬和他的《校邠庐抗议》一书。

冯桂芬（1809—1874），字林一，号景亭，江苏吴县（今苏州）人。他自幼博览群书，通晓经史，早负盛名，20 岁刚出头，就中了举人，并得到时任江苏巡抚的林则徐的器重，称他"一时无两"，不久又邀他入抚署校北直水利书。冯桂芬自称："受公知最早，所以期之者甚厚。公驰驱绝域，犹手笺酬答无间。"[③]随后他又相继担任过两江总督陶澍、江苏布政使裕谦的幕僚，并和姚莹、张穆、陈庆镛等人一起讨论学问，关心时政，讲求"经世之学"。他和魏源亦有深交。李柏荣写《魏源师友记》，说："桂芬在京时，尝与默深等修禊慈仁寺。在扬州，尝与默深、刘孟瞻诸子，纵言河事，金

---

① 陈学恂主编《中国近代教育大事记》，上海教育出版社，1981，第 37 页。

② 熊月之：《西学东渐与晚清社会》，第 214 页。

③ 冯桂芬：《林文忠公祠记》，《显志堂稿》卷三，载沈云龙主编《近代中国史料丛刊续编》第七十九辑，（台北）文海出版社，1974，第 333 页。

谓'非令北流不可'。"①1840年成进士，授翰林院编修，先后做过顺天府乡试同考官和广西乡试正考官，1856年升任詹事府五品中允。1859年，由于他对官场种种腐败现象的揭露和批判，受到权贵的打击排挤，不得不托病辞官返回故里，在家乡课业授徒，从事教育活动。第二年，太平军击破清江南大营，并乘胜横扫江、浙两省。为避战乱，是年冬，冯桂芬弃家逃到上海，至1863年10月，清军攻克苏州之后，方再返回故里。当时上海作为鸦片战争后首批开放的五个通商口岸之一，既是西方资本主义列强侵略和掠夺中国的桥头堡，也是西方文化在中国的大本营。在避居上海的三年期间，冯桂芬对西方社会和文化有了一定的了解，并完成了其划时代的著作《校邠庐抗议》。

"校邠庐"是冯桂芬居所的名称，"抗议"借用的是《后汉书·赵壹传》语，乃位卑而言高之意。他自称：自己"读书十年，在外涉猎于艰难情伪者三十年，间有私议，不能无参以杂家，佐以私臆，甚且羼以夷说，而要以不畔于三代圣人之法为宗旨"②。由此可见，冯桂芬是在不违背"三代圣人之法"的基础上，参阅"杂家"和"夷说"，并根据自己多年的实践观察，而写成《校邠庐抗议》一书的。该书初稿收入议论文章40篇。据冯氏自己讲，这是他在咸丰十年（1860）避居上海后所撰。稿成后，他即将初稿抄送曾国藩乞序，也请友人审正。咸丰十一年（1861）冬，冯氏又增添"旧作"7篇，结集成书，并撰写了《自序》，但未能刻印出版。实际上，所增7篇"旧作"之中，也有初稿写成后追补的"新作"，如《上海设同文馆议》，便写于1862年。但可以肯定，初稿收入的40篇议论文章，写于洋务运动兴起之前。《校邠庐抗议》涉及的内容非常广泛，包括政治、经济、军事、文化各个方面，对诸如选拔官吏、办理外交、保甲团练、财政金融、土地赋税、盐政水利、对外贸易、改革科举、采用西学、发展工农业生产等问题，都提出了意见和建议。李柏荣称此书"于经国大计，指陈剀切，见者咸叹为通儒"③，将其视为一部重要的经世之作。

《校邠庐抗议》一书曾得到过各种不同人物的不同评价。洋务派的早期

① 李柏荣：《魏源师友记》，岳麓书社，1983，第109页。
② 冯桂芬：《校邠庐抗议·自序》，载《采西学议——冯桂芬 马建忠集》，第3页。
③ 李柏荣：《魏源师友记》，第109页。

主要领袖曾国藩在日记中说它"虽多难见之行，然自是名儒之论"。先为洋务知识分子、后成为早期维新思想家的王韬说它"深明世故，洞烛物情，补偏救弊，能痛抉其症结所在，不泥于先法，不胶于成见，准古酌今，舍短取长，知西学之可行，不惜仿效；知中法之已敝，不惮变更，事事皆折衷至当，绝无虚骄之气行其间，坐而言者可起而行。呜呼！此今时有用之书"。维新变法时期维新派创办的重要刊物《湘学报》说它"言人所难言，为三十年变法之萌芽"。维新思想家梁启超 1896 年作《西学书目表》，将它与郑观应的《盛世危言》等书列入附录。帝党官僚翁同龢和孙家鼐先后将它呈进给光绪帝御览，孙家鼐认为它主"变法"，但"其中有不可行者"。戊戌六君子之一的刘光第于维新变法期间作《论〈校邠庐抗议〉》一文，开头便说"其书有已行者，有尚宜遵行者，有未可遵行者，有直不必行者"。[1] 在百日维新期间，光绪帝曾令直隶总督荣禄"迅即刷印一千部，克日送交军机处"，发给部院卿寺堂司各官签注意见。据统计，当时共有上自大学士、内阁学士、尚书侍郎、总理衙门，下至顺天府尹及所属知州、知县、同知等372 名大小官员参加签注，这些人中既有顽固反对变法的，也有拥护光绪帝和支持变法的。一般而言，拥护光绪帝和支持变法的，有肯定有保留；反对变法的，或勉强应付，或持反对态度。[2]

不仅历史上的各种人物对《校邠庐抗议》一书有各种不同的评价，当今学术界对该书及作者冯桂芬的评价也有不同。仅就冯桂芬的思想属性而言，或说他是地主阶级改革思想家的，或说他是洋务思想家的，或说他是早期维新思想家的，或说他是洋务思想家与早期维新思想家兼而有之的，或说他是维新思想的先驱者的。本书认为，冯桂芬是嘉道年间复兴的经世思潮的继承者和发展者，同时又是同光年间兴起的洋务思潮的开启者和影响者，如果套用人们对文艺复兴时期的意大利诗人但丁的评价（既是旧时代的最后一位诗人，又是新时代的第一位诗人），冯桂芬既是最后一位有影响的经世思想家，又是第一位有影响的洋务思想家，他的《校邠庐抗议》一书，是

① 以上参见陈旭麓《关于〈校邠庐抗议〉一书》，载《近代史思辨录》，广东人民出版社，1984，第 225—227 页。
② 参见龚书铎《戊戌变法时期对〈校邠庐抗议〉的一次评论》，载《中国近代文化探索》，北京师范大学出版社，1988，第 124—136 页。

连接经世思潮与洋务思潮的桥梁。概而言之，《校邠庐抗议》在以下两个方面继承和发展了嘉道年间复兴的经世思潮。

第一，继承和发展了龚自珍、魏源、包世臣等人的社会批判思想和"更法"改革思想。在《校邠庐抗议》的《自序》中，冯桂芬以中国士大夫理想中的"三代圣人之法"为参照系，对当时社会的种种弊端进行了揭露和批判，他写道：以亿万人自养则有余，以一人养千百人则不足。观于今日，奉军国则民力竭，养兵勇则国力又竭，而始知圣人兵农合一，车徒、马牛、甲兵出自民间之法的美善；取士始于习射，射御登于六艺，观于今日，文臣不知兵，武士不晓事，而始知圣人文武不分之法的美善；民以食为天，谷以水为母，观于今日，水利塞，稻田少，民受其饥，而始知圣人尽力沟洫之法的美善；国家的盛衰在吏治，吏治的隆污在人才，观于今日，科举不能选拔出优秀的人才，而始知圣人乡举里选之法的美善；上下不隔离，民隐能上达，观于今日，谏诤设专官，民隐不上达，而始知圣人的庶人传语之法的美善。[1] 清朝机构臃肿，冗员充斥，对于这一现象，他痛切指出：今之冗官很多，不冗于小而冗于大，不冗于闲而冗于要，不冗于一二而冗于十百，而"国家多一冗员，不特多一糜廪禄之人，即多一朘民膏之人，甚且多一偾国是之人"[2]。对于积弊甚深的盐、漕、河工诸政，冯桂芬的批判尤其尖锐："今天下之大害，大都在上下两损，而归于中饱。有专蠹国不蠹民，官吏转率民以蠹国者，营兵也，河工也，盐务中诸色人等也。有专蠹民不蠹国者，钱粮也。"[3] 晚清，吏治腐败达到极点，他借用顾炎武的话，称腐败的官吏是朝廷养于民间的虎狼，"虎狼何知，但知搏噬，噬民不已，继以噬国"，他认为应该对这些腐败的官吏"正名定罪，非尽杀不可"。[4] 他还沉痛地指出，官吏腐败"非（他们）本性之贪，国家迫之，使不得不贪也"[5]。冯桂芬批评"三代以下，君民隔而上下之情不通"[6] 是中国的大病，也是中国"不如夷"的重要方面，他形容当时情形是："部院大臣，习与京朝官处，绝

---

① 冯桂芬：《校邠庐抗议·自序》，载《采西学议——冯桂芬 马建忠集》，第1—2页。
② 冯桂芬：《校邠庐抗议·汰冗员议》，载《采西学议——冯桂芬 马建忠集》，第6页。
③ 冯桂芬：《校邠庐抗议·改土贡议》，载《采西学议——冯桂芬 马建忠集》，第41页。
④ 冯桂芬：《校邠庐抗议·易吏胥议》，载《采西学议——冯桂芬 马建忠集》，第20页。
⑤ 冯桂芬：《校邠庐抗议·厚养廉议》，载《采西学议——冯桂芬 马建忠集》，第11页。
⑥ 冯桂芬：《校邠庐抗议·严盗课议》，载《采西学议——冯桂芬 马建忠集》，第74页。

不知外省情事；大吏习与僚属处，绝不知民间情事；甚至州县习与幕吏丁役处，亦绝不知民间情事。蒙生平愚直，间为大吏及州县，纵言民间疾苦，多愕然谓闻所未闻者，此上下不通之弊也。"[1]

和龚自珍、魏源、包世臣等人一样，冯桂芬在对社会的种种弊端进行揭露和批判的同时，又提出了"更法"和改革的主张，而"更法"和改革的特点，是循古而创新。在《校邠庐抗议》的《自序》中他指出："古今异时亦异势，《论语》称损益，《礼》称不相沿袭，又戒生今反古，古法有易复，有难复，有复之而善，有复之而不善"者，所以，既不能完全弃古，也不能笼统复古，而应"去其不当复者，用其当复者"，循古而创新。[2]最能反映冯桂芬循古而创新这一"更法"和改革特点的，是他在《公黜陟议》《复乡职议》《复陈诗议》《重儒官议》《复宗法议》《改科举议》《改会试议》《许自陈议》《广取士议》和《收贫民议》等"议"中提出的一系列关于政治、经济、教育和社会的改革主张。如在《公黜陟议》中，为了改变长期以来朝廷选拔人才只"凭文字，凭私见"，因而不能得人的问题，他主张依据三代的"善取众论之法"，选才"宜采士誉，以誉多先用"。具体方法是：责成京官，自中书以上，皆岁举六部九卿一人，翰詹科道一人，外省知府以上一人，由吏部加以登录统计，依得举多少为名次的先后，遇有应升职位，即上请顺序迁补。又令上述各京官每年举部院司官一人，亦依得举的多少为升任顺序。外官则令在籍在京在外各绅及诸生，各乡正副董耆老，每年各举同知以下巡检以上一人，上之郡，郡核其得举最多者上之大吏，大吏博采舆论，加以折中，造册奏闻，有缺以次保升，以期能真正做到选拔人才"取千百人之公论"。[3]在《复乡职议》中，鉴于清代地方基层乡官太少，并且官不得人的状况，他主张"酌古斟今，折衷周汉之法"，进行改革：凡地方职司，自州县以下，概由民选。满百家公举一副董，满千家公举一正董，里中人各票选一人，交公所汇核，择其得举最多者当选。正副董的职责主要是析断里中的讼案，若有不服，则送巡检。对于捕贼缉盗，他们只提供线索，而不加责成；对于征收赋税，他们只负责劝导，而不为经办。

① 冯桂芬：《校邠庐抗议·复陈诗议》，载《采西学议——冯桂芬 马建忠集》，第56页。
② 冯桂芬：《校邠庐抗议·自序》，载《采西学议——冯桂芬 马建忠集》，第2—3页。
③ 冯桂芬：《校邠庐抗议·公黜陟议》，载《采西学议——冯桂芬 马建忠集》，第4—5页。

"如是则真能亲民，真能治民"，以确保一方平安。① 在《复陈诗议》中，为了解决"三代以下，君民隔而上下之情不通"这一中国的大病，冯桂芬主张恢复古代的陈诗之法，并加以变通，即令郡县举贡生监，平日有学有行者，写作竹枝词新乐府之类，抄送山长，山长选择其中的优秀者，密藏其原本，而以另录副本并隐其名，送学政转送国学，由祭酒进呈皇上，候皇上采择施行。有效者，通知祭酒、学政，察报其作者姓名而加以奖赏，无效者不罚。诗中关系重大者，如学政、祭酒不录的话，要加以惩罚。他相信如此则可使"九州之大，万口之众，果有甚苦之政，甚恶之人，宜必有长言咏叹以及之者矣"。② 在《复宗法议》中，他认为宗法"佐国家养民教民之原本也"，因而他主张"复宗法"以解决老百姓得不到教养的问题，其内容主要是采用宋朝范仲淹所立义庄之制，置于宗法基础之上，加以充实和推广。其立庄的原则是：有一姓即立一庄，每庄以千人为限，逾千人者则分立一支庄。庄内设"养老室恤嫠室育婴室，凡族之寡孤独入焉；读书室，无力从师者入焉；养疴室，笃疾者入焉。又立严教室，不肖子弟入焉"。③

　　如何评价冯桂芬的这些"更法"和改革主张，尤其是他在《公黜陟议》《复乡职议》《复陈诗议》提出的选官取于公论、陈诗以通下情的主张，学术界有不同的看法。有学者认为这体现了冯氏的民主政治思想。④ 这也是人们视他为早期维新思想家或早期维新思想家先驱的重要原因。本书认为此种观点值得商榷。因为在中国的传统政治思想中，重视民意，由来已久。《太誓》曰："天视自我民视，天听自我民听"；《洪范》曰："谋及庶人"；孔子曰："举直错诸枉，则民服。民者，亦众词也"；孟子曰："国人皆曰贤，然后察之，见贤焉然后用之"。之后历代学者，对此都有论及。冯氏所主张的"宜采士誉，以誉多先用"之语，就出自《新唐书·赵憬传》。就此而言，

---

① 冯桂芬：《校邠庐抗议·复乡职议》，载《采西学议——冯桂芬 马建忠集》，第15—16页。
② 冯桂芬：《校邠庐抗议·复陈诗议》，载《采西学议——冯桂芬 马建忠集》，第56—57页。
③ 冯桂芬：《校邠庐抗议·复宗法议》，载《采西学议——冯桂芬 马建忠集》，第58—59页。
④ 比如台湾学者吕实强先生就认为，"桂芬有关民主政治的构想，主要原则，为任官之权，由众而不由独，由下而不由上"（吕实强：《冯桂芬》，载王寿南主编《中国历代思想家》（十七），九州出版社，2011，第328页）。另一位台湾学者韦政通也认为：冯桂芬"要求改革的方向是维新的，是突破制度的，是具有民选制度色彩的"（韦政通：《中国十九世纪思想史》（下），东大图书公司，1992，第495页）。

冯桂芬提出的选官取于公论、陈诗以通下情的主张不过是对传统的重视民意思想的继承，或者用冯自己的话说，是复"三代上固自有善取众论之法"。冯氏复古而创新的创新之处，不是他提出了重视民意的思想和主张，而是他将这一思想和主张落到了实处，提出了一套具体的选官方法和程序，而且他提出的这套具体的选官方法和程序显然是受过西方影响的。[①] 曾国藩的幕僚赵烈文奉曾氏之命，对《校邠庐抗议》逐篇签注意见时，便认为冯氏提出的这套具体的选官方法和程序是"夷法也"。此其一。其二，冯桂芬虽然提出选官取自公论，"用其举多者"，但同时他又规定："若用举少者，则必言其故，候钦定"。[②] 给皇帝赋予了最终裁定权。这条规定显然违背了民主政治原则。同时，根据他的办法，公论所选举出来的结果，要报之"大吏"，大吏先要"博采舆论，加以折衷"一番，然后才"造册奏闻"。这与西方的民主选举制度也是相矛盾的。所以本书认为，冯氏受过西方思想的一些影响，他提出的这套具体的选官方法和程序与西方的民主选举有某些相似性，或带有某些民主色彩，但不能说它就是民主的，就基本的价值取向而言，冯桂芬的思想并没有超越中国传统的重视民意的思想范围。

第二，继承和发展了魏源的"师夷之长夷以制夷"的思想。"师夷之长技以制夷"的思想，是魏源在第一次鸦片战争结束后不久提出来的，是他面对西方列强的坚船利炮对中国的侵害而发出的时代呼声。对于魏源的这一思想包世臣评价甚高，他认为，魏源主张"以夷攻夷，以夷款夷"，不过是纵横家者之言，"独'师夷之长技以制夷'一语为得之"。[③] 但和冯桂芬相反，这一思想却被同时代的顽固守旧派视为"非圣人之法""以夷变夏"的异端。对此，冯桂芬在《校邠庐抗议》中借助历史进化的观念，予了义正词严的驳斥。他指出："世变代嬗，质趋文，拙趋巧，其势然也。"因此，处今日之世，而拘泥成法，因循守旧，反对师夷，这只能使自己更落后，更

---

① 据著名史学家陈旭麓先生讲，上海图书馆藏有《校邠庐抗议》稿本。稿本《公黜陟议》篇末有如下一段文字："见诸夷书，米利坚以总统领治国，传贤不传子，由百姓各以所推姓名投匦中，视所推最多者立之，其余小统领皆然。国以富强，其势骎骎凌俄英法之上，谁谓夷狄无人哉！"（见陈旭麓《关于〈校邠庐抗议〉一书》，载《近代史思辨录》，第 222 页）由此可知，冯桂芬曾看过有关方面的西书。
② 冯桂芬：《校邠庐抗议·公黜陟议》，载《采西学议——冯桂芬 马建忠集》，第 5 页。
③ 冯桂芬：《校邠庐抗议·制洋器议》，载《采西学议——冯桂芬 马建忠集》，第 76 页。

愚昧，实际上也是不可能的。他嘲讽顽固守旧派说："时宪之历，钟表、枪炮之器，皆西法也。居今日而据六历以颁朔，修刻漏以稽时，挟弩矢以临戎，曰：吾不用夷礼也，可乎？"顽固守旧派口口声声说要"攘夷"，"夫所谓攘者，必实有以攘之，非虚骄之气也。居今日而言攘夷，试问其何以攘之？"难道中国的木船土炮能攘西方列强的坚船利炮吗？要"攘夷"就必须要有"攘夷"的利器，把"夷之长技"学过来，这样才有可能"攘之也"。否则，所谓"攘夷"，只能是"迂阔之论"。[①] 他因而断然主张："法苟不善，虽古先吾弃之；法苟善，虽蛮貊吾师之。"[②] 师或不师的唯一标准是法的善与不善，而与法的制定者是古先还是蛮貊没有任何关系。冯桂芬的这一观点，在当时算得上是一种激进的言论，是对魏源的"师夷之长技"之说的发展。

要"师夷"，向西方学习，就必须面对现实，老老实实地承认自己的不如夷，"夫所谓不如，实不如也，忌嫉之无益，文饰之不能，勉强之无庸，向时中国积习长技，俱无所施，道在实知其不如之所在。彼何以小而强，我何以大而弱，必求所以如之"[③]。其他任何虚骄自大的态度都是错误的。那么中国究竟在哪些方面不如夷呢？魏源认为，中国不如夷的地方，一是战舰，二是火器，三是养兵练兵之法。由于冯桂芬写作《校邠庐抗议》是在五六十年代，加上他又有过在鸦片战争之后西方文化在中国的传播中心上海生活的经历，对西方的了解自然要比魏源多一些，他认为除了军旅方面"船坚炮利不如夷，有进无退不如夷"之外，中国还在其他四个方面"不如夷"：第一，"人无弃材不如夷"；第二，"地无遗利不如夷"；第三，"君民不隔不如夷"；第四，"名实必符不如夷"。[④] 显而易见，冯桂芬对中西差距的认识比之魏源已前进了一大步，这一大步在中国近代向西方学习的历程中具有十分重要的意义，它表明中国人已经开始认识到，中国不仅在船坚炮利方面不如西方，而且在教育、经济、政治和学术等各个方面都比西方落后，都不如人。如我们在评价魏源的"师夷之长技以制夷"的思想时已指出的那样，承认中国比西方落后，这是学习西方的必要前提。冯桂芬还针对

---

① 冯桂芬：《校邠庐抗议·制洋器议》，载《采西学议——冯桂芬 马建忠集》，第77—78页。
② 冯桂芬：《校邠庐抗议·收贫民议》，载《采西学议——冯桂芬 马建忠集》，第52页。
③ 冯桂芬：《校邠庐抗议·制洋器议》，载《采西学议——冯桂芬 马建忠集》，第75页。
④ 冯桂芬：《校邠庐抗议·制洋器议》，载《采西学议——冯桂芬 马建忠集》，第75页。

这几个"不如夷",提出了改革科举取士制度,设立同文馆,培养西学人才;大力兴修水利,发展粮食生产,改革生产工具,广植桑茶,开采矿山,扩大对外贸易;精简机构,裁汰冗员,肃清吏治,严惩贪官,整顿军队;"复陈诗",以诗文通下情,消除君民隔阂;设厂制造,引进西方先进机器等一系列主张,内容包括政治、经济、军事、文化各个领域,其条目之细,范围之广,前所未有。有学者认为冯桂芬提出的这些主张,"是在探讨中西弱强悬殊的现状和原因,并形成强烈危机意识的前提下,精心拟制的有针对性的自强自救的献策"①。这是精当之论。尤需指出的是,和魏源一样,冯桂芬主张"师夷"的目的,也是为了富强中国,抵御外侮,用他的话说,"用之(指"夷之长技"——引者)乃所以攘之(指"夷"——引者)也"②。所以冯桂芬一再强调:只有"以其人之法还治其人之身,能用西人而不为西人所用",中国才能"战可必克也,不战亦可屈人也,而我中华始可自立于天下"。否则,"有可自强之道,暴弃之而不知惜;有可雪耻之道,隐忍之而不知所为计",那结果就"不独俄、英、法、米之为患也,我中华且将为天下万国所鱼肉,何以堪之?"③

以上是冯桂芬对复兴于嘉道年间的经世思潮的继承和发展。至于他对洋务思潮的开启和影响,主要体现在以下几个方面:

第一,提出了"自强"的思想。晚清最早提出"自强"一词的不是冯桂芬④,但冯桂芬是最早在《校邠庐抗议·制洋器议》中对"自强"一词做出较为充分论述的人。他的论述是从分析"今日之以广运万里地球中第一大国"的中国,为什么会"受制于小夷",被英、法等西方列强侵略的原因入手的。在他看来,中国之所以会被英、法等西方列强侵略,原因并非中国的"天时、地利、物产"不如他们,而是人"不如耳"。所谓人"不如耳",并非是中国人的身体或聪明才智不如人,"彼人非魁首重瞳之奇,我人非僬侥三尺之弱,人奚不如?且中华扶舆灵秀,磅礴而郁积,巢、燧、羲、轩

① 丁伟志、陈崧:《中西体用之间:晚清中西文化观述论》,第53页。
② 冯桂芬:《校邠庐抗议·制洋器议》,载《采西学议——冯桂芬 马建忠集》,第78页。
③ 冯桂芬:《校邠庐抗议·制洋器议》,载《采西学议——冯桂芬 马建忠集》,第79页。
④ 第二次鸦片战争结束之际,赵树吉在给朝廷的上奏中就写道:"皇上以为抚议可恃乎?不可恃乎?如知其难恃也,则亦求所以自强而已。"[王树敏等辑《皇朝道咸同光奏议》卷三,载沈云龙主编《近代中国史料丛刊》第三十四辑,(台北)文海出版社,1974,第14页]

数神圣，前民利用所创始，诸夷晚出，何尝不窃我绪余，人又奚不如？则非天赋人以不如也，人自不如耳"。也就是说，中国被西方列强侵略，既不是中国的自然条件比西方列强差，也非中国人不如西方人聪明，而是中国人的主观努力不够，不像西方人那样发奋图强。所以"天赋人以不如，可耻也，可耻而无可为也；人自不如，尤可耻也，然可耻而有可为也"。如果是中国人的先天条件不如西方人，虽可耻，但这是没有办法的事情；如果是中国人的主观努力不如西方人，这固然特别可耻，但是可以改变的，关键是看人们的态度。"耻之，莫如自强"，而"自强之道"，是"师夷之长技"，向西方学习。用他的话说："始则师而法之，继则比而齐之，终则驾而上之。自强之道，实在乎是。"通过向对手学习，变落后为先进，这是被历史一再证明的真理。比如，战国时"吴受乘车战阵之法于晋，而争长于晋，赵武灵为胡服而胜胡"。在今天，落后国家通过向先进国家的学习，而实现富国强兵的例证也很多。如稍早的俄国"有比达王者，微服佣于英局三年，尽得其巧技，国遂勃兴"。近期的安南、暹罗等国，"近来皆能仿造西洋船炮"。尤其是日本，"蕞尔国耳，尚知发愤为雄"，开始强盛起来。日本尚且如此，"独我大国将纳污含垢以终古哉"？当然是不能的。他还进一步指出，中国不仅能够自强，而且历史也给中国提供了实现自强的机会，机不可失，时不再来，"今者诸夷互市，聚于中土，适有此和好无事之间隙，殆天与我以自强之时也，不于此急起乘之，只迓天休命，后悔晚矣"。[1]

第二，阐述了"驭夷之道"。第二次鸦片战争后，清政府的首要任务是剿灭太平天国，还是处理夷务？清朝统治者主张的当然是前者，如奕诉就认为太平天国是心腹之患，俄、英等西方列强是肘腋或肢体之患。但和清统治者不同，在冯桂芬看来，"今国家（应）以夷务为第一要政，而剿贼次之"，因为"贼可灭，夷不可灭也；一夷灭，百夷不俱灭也；一夷灭，代以一夷，仍不灭也……此夷衰，彼夷盛，夷务仍自若"。也就是说，自第一次鸦片战争中国的国门被打开之后，中国已被迫卷入进了全球化的浪潮之中，面对的不是一两个西方列强，而是整个西方世界，因此，处理夷务，与西

---

[1] 上引均见冯桂芬《校邠庐抗议·制洋器议》，载《采西学议——冯桂芬 马建忠集》，第75—77页。

方列强打交道，将是国家的第一要政，是一项长期的工作。既然要与西方列强打交道，那么"驭夷之道"，就不能不讲。他总结了第二次鸦片战争中国失败的教训，认为无论和战都要有明确的政策，否则，"宜战反和，宜和反战，而夷务坏，忽和忽战，而夷务坏。战不一于战，和不一于和，而夷务更坏"。就当时的局势而言，冯桂芬认为，第二次鸦片战争后，中国和西方列强已经议和，"今既议和，宜一于和，坦然以至诚待之，猜嫌疑忌之迹，一切无所用"，尽管这种和局能维持多久，"难言也"，但就目前的情况来看，维持"数年"或更长一些时期的中外和局的局面是可能的。他还认为，"夷人动辄称理，吾即以其人之法还治其人之身，理可从从之，理不可据理以折之。诸夷不知三纲，而尚知一信；非真能信也，一不信而百国群起攻之，钳制之，使不得不信也"。冯桂芬的这些认识表明，他对西方列强的侵略本性还认识不足，存在着 些幻想，不过，他始终认为，"驭夷"的最善之道，是中国的"自强"，"自强"是御外侮的最可靠保证。"不自强而有事，危道也；不自强而无事，幸也，而不能久幸也……自强而有事，则我有以待之，矧一自强而即可弭之使无事也"。所以他一再强调："前议自强之道，诚不可须臾缓矣"，中国应利用目前中外相安无事这一难得的和平环境，加速发展，尽快实现"自强"。①

第三，主张"制洋器"，"采西学"。我们前面已经提到，冯桂芬提出的"自强之道"，是"师夷之长技"，向西方学习，其具体内容，便是"制洋器"，"采西学"。他的《校邠庐抗议》中，专门写有《制洋器议》和《采西学议》。所谓"制洋器"，主要指的是制造西方的船炮军械。当时清政府为了镇压太平天国，已开始向西方"借兵雇船"和"购船雇人"。但冯桂芬认为，这只能是权宜之计，"不可常也"。因为船炮军械，我自己"能造、能修、能用，则我之利器也；不能造、不能修、不能用，则仍人之利器也。利器在人手，以之转漕，而一日可令我饥饿；以之运盐，一日可令我食淡；以之涉江海，一日可令我覆溺。仓卒有隙，幡然倒戈，舟中敌国，遂为实事"。他因而主张设厂制造，建立起中国自己的军事工业，并强调指出，只

---

① 上引均见冯桂芬《校邠庐抗议·善驭夷议》，载《采西学议——冯桂芬 马建忠集》，第79—81页。

有真正做到"自造、自修、自用"，中国也才能真正自强，"夫而后内可以荡平区宇，夫而后外可以雄长瀛寰，夫而后可以复本有之强，夫而后可以雪从前之耻，夫而后完然为广运万里地球中第一大国，而正本清源之治，久安长治之规，可从容议也"。基于上述认识，冯桂芬建议清政府"宜于通商各口拨款设船炮局，聘夷人数名，招内地善运思者从受其法，以授众匠，工成，与夷制无辨者，赏给举人，一体会试；出夷制之上者，赏给进士，一体殿试。廪其匠倍蓰，勿令他适"①。

　　除设厂制造船炮军械，建立中国自己的近代军事工业外，冯桂芬对西方的民用机器也表示出了浓厚的兴趣，并主张加以引进。比如，他主张引进"西人耕具"来开垦东南一带因战乱造成的荒地，"或用马，或用火轮机，一人可耕百亩"。②又说："前阅西人书，有火轮机开垦之法，用力少而成功多，荡平之后（指镇压了太平天国之后——引者），务求而得之，更佐以龙尾车等器，而后荒田无不垦，熟田无不耕。居今日而论补救，殆非此不可矣。"③在他看来，不仅农具，西方的织具等"百工所需"，也"多用机轮，用力少而成功多"，都应该把它们引进到中国来，以便"资以治生"。针对当时一些顽固守旧人士所散布的西方的机器是"奇技淫巧"的奇谈怪论，他明确宣布，西方机器"有益于国计民生"，"奇技淫巧不与焉"。④由此可见，冯桂芬讲的"制洋器"，虽然主要指的是西方的船炮军械，但他对"洋器"价值的认识，"事实上已经大大突破了船坚炮利的范围，他不但懂得'洋器'在军事上的效用，而且也了解到'洋器'在整个国计民生中所能发挥的巨大效益。这种认识，显然已经是试图从发展生产力的角度来观察、评估和汲取资本主义的文明成果了"⑤。

　　冯桂芬不仅认识到了"制洋器"对于中国"自强"的重要性，他还初步认识到，西方的"器"皆源于"学"。因此，他在主张"制洋器"的同时，又提出了"采西学"的主张。他指出，明末清初传入中国的数十种意大利

---

① 冯桂芬：《校邠庐抗议·制洋器议》，载《采西学议——冯桂芬 马建忠集》，第76—78页。
② 冯桂芬：《校邠庐抗议·筹国用议》，载《采西学议——冯桂芬 马建忠集》，第48页。
③ 冯桂芬：《校邠庐抗议·垦荒议》，载《采西学议——冯桂芬 马建忠集》，第112页。
④ 冯桂芬：《校邠庐抗议·采西学议》，载《采西学议——冯桂芬 马建忠集》，第83页。
⑤ 丁伟志、陈崧：《中西体用之间：晚清中西文化观述论》，第58页。

和英国的西书，除宗教书"猥鄙无足道"外，其他"如算学、重学、视学、光学、化学等，皆得格物至理，舆地书备列百国山川厄塞、风土物产，多中人所不及"，值得中国学习。尤其需要指出的是，冯桂芬对"学问"与"经济"的关系有较深刻的认识，认为"学问"是"经济"的基础，并从这一认识出发，得出了要制造"西器"就必须学习"西学"的结论。他建议清政府，"宜于广东、上海设一翻译公所，选近郡十五岁以下颖悟文童，倍其廪饩，住院肄业，聘西人课以诸国语言文字，又聘内地名师课以经史等学，兼习算学"。同时将英人所办英华书院、墨海书院所藏的西书"择其有理者"翻译之，借以扩充他们的西学知识，"由是而历算之术，而格致之理，而制器尚象之法，兼综条贯，轮船火器之外，正非一端"，他并再三强调：此"诚今日论学一要务矣"。① 冯桂芬"采西学"主张的提出，具有十分重要的意义，是对西学认识的重大突破。因为在此之前，以魏源为代表的先进中国人认为值得中国学习的只有"西技"或"西器"，而现在冯桂芬则告诉人们，"西学"是"西技"或"西器"的基础，要学"西技"或"西器"，必学"西学"。从此，中国向西方的学习也就进入了"技"或"器""学"并举的时代。冯桂芬的《校邠庐抗议》撰成不久，清政府便先后成立了京师同文馆（1862 年）、上海广方言馆（1863 年）和广州同文馆（1864 年）。1866 年，京师同文馆又增设天文算学馆，"西学"在中国得到了一定的传播。

第四，开"中体西用"论之先河。要"制洋器"，尤其是要"采西学"，那么就有一个如何处理"中学"与"西学"的关系问题。冯桂芬提出，"以中国之伦常名教为原本，辅以诸国富强之术"来处理"中学"与"西学"的关系。② 这是贯穿于《校邠庐抗议》的思想核心。③ 而这一思想是后来洋务派提出的"中学为体，西学为用"这一对中国近代社会影响至远至深的思维模式的最初表述。

因种种原因，冯桂芬去世（1874）多年后（1885），《校邠庐抗议》一

---

① 冯桂芬：《校邠庐抗议·采西学议》，载《采西学议——冯桂芬 马建忠集》，第 83—84 页。
② 冯桂芬：《校邠庐抗议·采西学议》，载《采西学议——冯桂芬 马建忠集》，第 82—84 页。
③ 如他在《制洋器议》中就再三强调，中国学习西方，只"用其器，非用其礼"（《采西学议——冯桂芬 马建忠集》，第 78 页）。

书才正式印行，然而书稿对洋务运动和洋务思潮的兴起产生过非常重要的影响。我们前面已经提到，冯桂芬曾将初稿40篇抄送曾国藩乞序，曾国藩虽然没有写序，但对于《校邠庐抗议》40篇的评价甚高，他在《复冯宫允书》中写道："校邠庐大论四十首……足以通难解之结，释古今之纷。至其拊心外患，究极世变，则又敷天义士所切齿而不得一当者，一旦昭若发蒙，游刃有地，岂胜快慰。"又说："自大著珍藏敝斋，传钞日广，京师暨长沙均有友人写去副本。天下之大，岂无贤哲窥见阁下苦心，而思所以竟厥功绪，尊论必为世所取法，盖无疑义。"[1] 曾氏非常欣赏冯桂芬的才学，曾多次邀其充当自己的幕僚，但未成。李鸿章对冯桂芬的才学也很赏识。同治元年（1862）李鸿章抵达上海后，即将冯桂芬延入幕府，引为得力助手，"有大政或遇事变，得所谘度"[2]。此后李鸿章才逐渐提倡洋务。他"早期倡办洋务、变法自强的言论，以及制洋器、改科举的具体主张，更是在在可见《抗议》的痕迹"[3]。冯桂芬在《校邠庐抗议》中提出的"制洋器""采西学"的主张，在洋务运动兴起前后已经不胫而走[4]，并得到广泛散播，它对于以曾国藩、李鸿章为首的一批掌握实权的大员迅速倾心于洋务，有着重要影响。"当时，郭嵩焘的洋务思想尚未成熟，王韬则在英国人办的墨海书馆中做编译，也未及大发议论，因而《抗议》就成为最早问世的洋务思潮的唯一代表作"，"《抗议》所陈述的关于自强之道的见解乃至所使用的词汇，均已为清朝政府中从中央到地方的洋务实力派所普遍接受，奉为'识时务者'的共识"[5]。

三、洋务官僚和洋务知识分子的形成

主持或参与洋务运动的人，我们称之为洋务派。洋务派大致由两部分人所组成。一部分是手握中央和地方大权的洋务官僚，如：主持总理各国事

---

[1] 《曾文正公复冯宫允书》，载冯桂芬《校邠庐抗议》，上海书店出版社，2002，第3页。

[2] 李鸿章：《三品衔詹事府右春坊右中允冯君墓志铭》，载《李鸿章全集》第九册，海南出版社，1997，第4643页。

[3] 丁伟志、陈崧：《中西体用之间：晚清中西文化观述论》，第50页。

[4] 李鸿章在《三品衔詹事府右春坊右中允冯君墓志铭》中就说冯桂芬"每一书成，远近学者争快睹焉"（《李鸿章全集》第九册，第4648页）。

[5] 丁伟志、陈崧：《中西体用之间：晚清中西文化观述论》，第50、62页。

务衙门的恭亲王奕䜣（1833—1898），总理各国事务衙门大臣文祥（1818—1876），先后任两江总督、直隶总督的曾国藩（1811—1872），先后任闽浙总督、陕甘总督的左宗棠（1812—1885），先后任署两江总督、湖广总督、直隶总督的李鸿章（1823—1901），先后任江西巡抚、福建船政大臣、两江总督的沈葆桢（1820—1879），先后任广东巡抚、首任驻英公使的郭嵩焘（1818—1891），先后任江苏巡抚、福建巡抚的丁日昌（1823—1882），先后任江苏巡抚、两广总督的张树声（1824—1884），先后任两广总督、湖广总督的张之洞（1837—1909）等。这些人是洋务运动的实际发动者和主持者，洋务运动的性质主要是由他们的思想和活动决定的。其中又以曾、左、李三人为领袖（后期有张之洞）。在成为洋务派之前，他们大都接受过嘉道之际兴起的经世思潮的影响。

曾国藩，字伯涵，号涤生，湖南湘乡人。湖南自宋以来号称理学之乡。周濂溪是湖湘子弟尊重的第一位理学乡贤，此后理学家是香火未断，代有传人，书院讲学蔚成风气。曾国藩就是在这样的风气下成长起来的。他早年求学于岳麓书院，以匡时救世为己任，"毅然有效法前贤澄清天下之志"[1]。道光十八年（1838）考取进士、入居翰苑之后，他虽然从理学家唐鉴讲求为学之方，但坚持认为义理、辞章、考据、经济之学，四者缺一不可，因为"义理明则躬行有要而经济有术"。所谓"经济"，即经国济世，也就是人们常说的经世致用。钱穆在《现代中国学术论衡》中就明确指出："曾国藩又增经济一目，经国济民，正为治平大道，即政治学，与近人以财货为经济者大异其趣。"[2]他把"经济之学"提升到孔门"政事之科"的高度，认为官制、财用、盐政、漕务、钱法、冠礼、婚礼、丧礼、祭礼、兵制、兵法、刑律、地舆、河渠等都是宜考究的天下之大事。为了经国济世，他自道光二十一年（1841）起，开始阅读魏源助贺长龄编辑的《皇朝经世文编》，并"究心方舆之学，左图右书，钩校不倦，于山川险要、河漕水利诸大政详求折中"[3]，对林则徐、魏源、贺长龄等人非常景仰。他还感于秦蕙田

---

① 黎庶昌:《曾国藩年谱》（卷一），岳麓书社，1986，第 5 页。
② 钱穆:《略论中国政治学》，载《现代中国学术论衡》，生活·读书·新知三联书店，2001，第 203 页。
③ 黎庶昌:《曾国藩年谱》（卷一），第 16 页。

的"《五礼通考》综括天下之事，而于食货之政稍缺，乃取盐课、海运、钱法、河堤各事，抄辑近时奏议之切当时务者别为六卷"，列入他所编辑的《曾氏家训长编》之中，"以补秦氏所未备"。[1] 咸丰初，曾国藩多次上疏朝廷，要求选贤任能，更新吏治，关心民谟，贵钱贱银，以平银价而苏民困。他强调学以致用，认为做学问应该"知一句便行一句"，"困知勉行，操心危虑，而后可以增智慧，长才识"。他尤其提倡"综核名实"，"笃实践履"，"求实""务实"，在致贺长龄的信中他说："今之学者，言考据则持为骋辩之柄，讲经济则据为猎名之津，言之者不怍，信之者贵耳，转相欺谩，不以为耻。……故每私发狂议，谓今日而言治术，则莫若综核名实；今日而言学术，则莫若取笃实践履之士。物穷则变，救浮华者莫如质。……若夫读书之道，博学详说，经世之才，遍采广询，自度智慧精神，终恐有所不逮。"[2] 后来曾国藩在日记中又写道："实者，不说大话，不好虚名，不行架空之事，不谈过高之理。如此可以少正天下浮伪之习。"[3]

左宗棠，字季高，湖南湘阴人。早年因家庭贫困，于下层人民生活和社会弊端多有了解。17岁时（1829），购读顾炎武的《天下郡国利病书》和顾祖禹的《读史方舆纪要》，次年结识贺长龄，得其赏识，并在贺氏的指导下反复研读《皇朝经世文编》，"丹黄殆遍"，对其中的一些文章还写了评论，揭示己见。道光十年（1831），他从贺长龄弟贺熙龄读书，贺氏授以汉宋儒先之书，讲求实行。"从此经世致用思想成为其一生思想主体。"[4] 道光十二年（1833）左宗棠首次到北京参加会试时，写下《燕台杂感》8首，抒发他对时局的忧虑和经世济民的抱负，其中一首写道："世事悠悠袖手看，谁将儒术策治安？国无苛政贫犹赖，民有饥心抚亦难。"[5] 他不久在写给朋友的信中说："比者春榜既放，点检南归，睹时务之艰棘，莫如荒政及盐、河、漕诸务。将求其书与其掌故，讲明而切究之……十余年外，或者其稍有所得乎！"[6] 此后十多年间，他对"荒政及盐、河、漕诸务"多有研究，并提出

---

① 黎庶昌：《曾国藩年谱》（卷一），第12页。
② 曾国藩：《复贺长龄》，载《曾国藩全集·书信一》，岳麓书社，2012，第4、5页。
③ 曾国藩：《曾国藩全集·日记一》，岳麓书社，1987，第539页。
④ 李国祁：《道咸同时期我国的经世致用思想》，《"中央研究院"近代史研究所集刊》第十五期。
⑤ 左宗棠：《癸巳燕台杂感八首》，载《左宗棠全集·家书 诗文》，岳麓书社，2014，第406页。
⑥ 左宗棠：《上徐熙庵先生》，载《左宗棠全集·书信一》，第1页。

过一系列社会改革设想。"在左宗棠接受经世致用思想进而探讨改革社会现实的过程中，具有进步思想倾向的陶澍和贺氏兄弟（贺长龄、贺熙龄）对他启迪最大，堪称为他的经世思想的启蒙者。"① 他得到过贺长龄的指导，是贺熙龄的学生，在陶澍家做过七年（1840—1847）的家庭教师。除贺氏兄弟和陶澍外，林则徐、龚自珍、魏源、包世臣对左宗棠经世思想的形成也起过重要作用。左宗棠对上述几人也很敬佩。他比林则徐小 27 岁，只见过林一面，但他对林氏的政治见解、思想作风、治学态度都非常地佩服，称之为"天人"。道光二十九年（1849）左宗棠在给胡林翼信中谈到他对林则徐的崇敬："天下士粗识道理者，类知敬慕宫保（即林则徐——引者）。仆久蛰狭乡，颇厌声闻，宫保固无从知仆。然自十数年来，闻诸师友所称述，暨观宫保与陶文毅（即陶澍，陶澍死后清帝赐谥号"文毅"——引者）往复书疏，与文毅私所纪载数事，仆则实有以知公之深。海上用兵（指鸦片战争——引者）以后，行河、出关、入关诸役，仆之心如日在公左右也。忽而悲，忽而愤，勿（忽）而喜，尝自笑耳！"② 他还非常推崇龚自珍和魏源，认为"道光朝讲经世之学者，推默深与定庵"，而对魏源尤为心仪，称魏氏的著作"切实而有条理"。③ 道光二十四年（1844），魏源的《圣武记》刚问世，他就急切写信给老师贺熙龄："魏默深所作《圣武记》，刘三来时，求便给宗棠一阅。"④ 两年后，他便把 40 多万字的《圣武记》读完了，认为"默翁《圣武记》，序次有法，于地道、兵形，较若列眉，诚著作才也。后四卷附《武事余记》，其谈掌故，令人听之忘倦"⑤。对于包世臣，他同样十分钦佩，认为包氏所撰的"《盐漕诸策》及《艺舟双楫》"很有见地，值得认真一读。同治十三年（1874），《包慎翁遗书》刊行，他特地写信给朋友，"敬乞购一全部见寄"。⑥

李鸿章，字少荃，晚年自号仪叟，安徽合肥人。早年在家乡启蒙读书，1840 年考中秀才，岁试时被滋园学使拔取第一。两年后他 20 岁时，曾作

---

① 杨东梁：《左宗棠评传》，湖南人民出版社，1985，第 18 页。

② 左宗棠：《答胡润之》，载《左宗棠全集·书信一》，第 64 页。

③ 左宗棠：《答陶少云》，载《左宗棠全集·书信三》，第 548 页。

④ 左宗棠：《上贺蔗农先生》，载《左宗棠全集·书信一》，第 43 页。

⑤ 左宗棠：《上贺蔗农先生》，载《左宗棠全集·书信一》，第 46 页。

⑥ 左宗棠：《与王若农观察》，载《左宗棠全集·书信二》，第 389 页。

《二十自述》七言律诗，表示自己要克服"因循"积习，珍惜青春年华，争做像西汉终军、贾谊那样弱冠扬声的人物。1843年尊父命到北京访师求学，遂拜曾国藩为老师，从此与曾"朝夕过从，求义理经世之学"①。据说，李鸿章贪睡懒散，而曾国藩则持身甚严，在曾国藩的严格要求下，李鸿章终对曾氏的生活方式"习以为常，也渐觉不甚吃苦"，逐渐养成了"每日起居饮食，均有常度"的习惯。②曾国藩十分重视对弟子、幕僚的教育，他每日都要与身边的弟子、幕僚一起吃饭，"饭罢后，即围坐谈论，证经论史，娓娓不倦，都是于学问经济有益实用的话"③。这一切对李鸿章的影响很大。吴汝纶在《李文忠公神道碑铭》一文中说：李鸿章"生平严事曾文正公，出治军，持国论，与曾公相首尾。其忠谋英断，能使国重，是非成败，不毫发动心，一秉曾公学"④。

　　除曾、左、李外，其他洋务派官僚也大多受到过经世思潮的熏陶。如郭嵩焘，早年曾与曾国藩、刘蓉一起在湖南岳麓书院求学，刘蓉告诉他，"文也者，载道之器，济治之方，非特记诵词章之谓也。……善读书者，静其心以察天下之变，精其心以穷天下之理，息其心以验消长之机"⑤。他于是在师友们的指导帮助下，专心致志于经世之学，"上承程、朱和王船山的学术源流，下受当代湖南学者贺长龄（1785—1848）、陶澍（1779—1839）、邹汉勋（1805—1854）、唐鉴（1778—1861）和魏源等人的影响"⑥。再如张之洞，他父亲张瑛自道光中叶起一直在贵州任官，从知府到道员，是西南各省镇压太平天国运动最尽职守的官员之一。张之洞在20岁（1856年）之前，大部分时间随父亲生活，"因受到这种危机四伏环境的刺激而慨然有经世之志"。胡钧《张文襄公年谱》云："公生长兵间，好阅兵家言及掌故经济之书，慨然有经世志。"《大清畿辅先哲传·张文襄公传》也称："（公）洽闻强记，淹贯群书，尤究心经世之务，以天下为己任。咸丰二年（1852），年

① 李鸿章：《李鸿章尺牍》，转引自苑书义《李鸿章传》，人民出版社，1991，第15页。
② 吴永口述，刘治襄记《庚子西狩丛谈》，苕溪渔隐，1943，第130、128页。
③ 吴永口述，刘治襄记《庚子西狩丛谈》，第131页。
④ 吴汝纶：《李文忠公神道碑铭》，黄山书社，2002，第217页。
⑤ 陆宝千：《刘蓉年谱》，"中央研究院"近代史研究所，1979，第13—15页。
⑥ 黎志刚：《郭嵩焘的经世思想》，载"中央研究院"近代史研究所编《近世中国经世思想研讨会论文集》，"中央研究院"近代史研究所，1984，第513页。

十六，举乡试第一，一时才名噪都下，乃益自淬励，精研历代诸儒之学，而以实用为归。"① 即使是恭亲王奕诉，也曾受过经世思想的影响，他的授业老师是卓秉恬，卓氏长于经世致用之学。

洋务派的另一部分人，是不当权的洋务知识分子。这部分人又可分为两种类型。一是与洋务官僚关系比较密切，或者入幕襄赞，或者奉派出使，或者经营洋务企业，直接参与洋务活动。如曾（国藩）门四大才子之一的薛福成，先后入曾国藩、李鸿章幕府近20年之久，还奉命担任过出使英法意比四国大臣；以通晓洋务著称的马建忠，长期协助李鸿章办理对外交涉事务，担任过赴英使臣郭嵩焘的随从、轮船招商局总办、上海织布局总办；以《盛世危言》一书而享誉于时的郑观应，先后由李鸿章札委为上海机器织布局总办，轮船招商局帮办、总办，上海电报局总办。二是与洋务官僚的关系若即若离，没有直接参与洋务活动，主要是通过上书和著书立说，提出自己的建议和主张，以影响洋务官僚和社会舆论。如著有《弢园文录外编》和《弢园尺牍》的王韬、著有《危言》40篇的汤震、著有《治平通议》的陈虬、著有《庸书》内外百篇的陈炽等。

这些不当权的洋务知识分子虽然与洋务官僚的关系不同，在洋务运动中所起的作用也各异，但他们在投身洋务运动之前都曾以不同的方式和渠道接受过西学的影响，对西方社会和文化有一定的了解。如马建忠少时也因太平天国战争随家迁居上海，入外国教会学校读书，接受西方文化的熏陶。郑观应虽是广东香山（今中山）人，但小时常住澳门，1858年后到上海学习经商，受雇于外国洋行，当过洋商创办的公正长江轮船公司的董事和太古轮船公司的总经理。王韬自青年时代起就受雇于英国传教士在上海所创办的墨海书馆，从事中西著作的翻译工作。1862年因所谓"王畹上书"事件被清政府通缉，避居香港，协助伦敦布道会教士英华书院院长理雅各翻译中国经书，后来又曾游历英、法、日等国，获得了不少西学新知。陈炽曾遍游沿海大埠，到过香港、澳门。如果论他们的籍贯，薛福成、马建忠、王韬是江苏人，郑观应是广东人，陈虬、汤震是浙江人，都地处东南沿海地区。这一地区与西方接触最早，与其他地区比较，西学的影响也大一些。

---

① 《张文襄公传》，载《张文襄公全集》第一册，中国书店，1990，第15页。

除接受西学的影响之外，他们中的不少人还接受过经世之学的影响。经世之学是他们接受西学影响的桥梁或中介。如王韬，自幼学习举业，聪慧过人，18 岁时便考中了秀才。然而受经世学风的影响，在考取举人后，他不再用心于科举，而立志要"为天下画奇计"。比王韬小 10 岁的薛福成，出身于江苏无锡一官宦之家，自幼学的也是举业。然而当太平天国运动席卷江浙，他目睹了家乡的战乱和清军的腐败无能之后，则"慨然欲为经世实学，以备国家一日之用，乃屏弃一切而专力于是"，他叙述当时的学习状况："始考之二千年成败兴坏之局，用兵战阵变化曲折之机，旁及天文、阴阳、奇门、卜筮之崖略。九州厄塞山川险要之统纪，靡不切究。"[1] 即使是出生最晚的陈炽，其思想的形成也与经世之学有着密切关系，宋育人说他"湛深经世之学"，余（遴）称他"经世功深，旷达源远"，赵炳麟认为他"深研经济学"。[2]

第二节　洋务思潮的主要内容

一、"数千年未有之变局"：洋务派的"时局"观

"变局"论出现于第一次鸦片战争之后。到了第二次鸦片战争之后，"变局"论逐渐多了起来，并成为洋务派的时局观。冯桂芬在《校邠庐抗议》中就写道："自五口通商，而天下之局大变。"[3] 王韬在 1864 年代友人黄胜上江苏巡抚李鸿章的信也指出："当今光气大开，远方毕至，海舶估艘，羽集鳞萃。欧洲诸邦几于国有其人，商居其利。凡前史之所未载，亘古之所未通，无不款关而求互市。我朝亦尽牢笼羁縻之，概与之通和立约。近闻吕宋、日本又将入请矣！合地球东西南朔九万里之遥，胥聚于我一中国之中，

---

[1] 薛福成：《上曾侯相书》，载《薛福成选集》，第 10 页。
[2] 陈炽：《陈炽集》，中华书局，1997，第 3、4、385 页。
[3] 冯桂芬：《校邠庐抗议·筹国用议》，载《采西学议——冯桂芬　马建忠集》，第 47 页。

此古今之创事，天地之变局。"①薛福成同年在上曾国藩的书中提出他对当前世局的了解时，也认为"方今中外之势，古今之变局也"②。与此同时，李鸿章、丁日昌也都对"西人之入中国，实开千古未创之变局"有过论述。

　　进入70年代，由于边疆危机的加深，"变局"论为更多的人所接受。在塞防和海防之争中，尽管双方各持己见，互不相让，但都认为当时中国正面临数千年来未有之变局，并以此作为自己主张加强塞防或海防的立论依据。比如李鸿章在《筹议海防折》中便写道："历代备边，多在西北。……今则东南海疆万余里，各国通商传教，来往自如，麇集京师及各省腹地，阳托和好之名，阴怀吞噬之计，一国生事，诸国构煽，实为数千年来未有之变局。轮船电报之速，瞬息千里；军器机事之精，工力百倍；炮弹所到，无坚不摧；水陆关隘，不足限制，又为数千年来未有之强敌。"③周盛传在给朝廷的奏折中做了与李鸿章同样的分析，甚至连字句语气都非常相似。他说："近来边防移在海疆，群夷麇我腹心，为数千年未有之创局。轮船电报之速，瞬息逾千万里，炮弹所到，无坚不摧，水陆城关，渺无限制，又为数千年来未有之强敌。"④

　　如果说以李鸿章为代表的当权的洋务官僚对变局的认识主要着眼于军事的话，那么不当权的洋务知识分子对变局的认识则主要着眼于历史变迁和中外通商。如薛福成从检讨中国历史入手，以说明"天道数百年小变，数千年大变"，变乃是宇宙间的普遍现象，是人类社会发展过程中的必然之势。他指出："上古狉榛之世，人与万物无异耳"，后来燧人氏、有巢氏、神农氏、黄帝氏出，教之火化，教之宫室，教之网罟耒耜，教之舟楫、弧矢、衣裳、书契，"积群圣人之经营"，于是"鸿荒之天下，一变为文明之天下"。到秦始皇灭六国，废诸侯，坏井田，统一天下，大泯先王之法，"于是封建之天下，一变为郡县之天下"。至汉唐降及今日，泰西各国凭其船坚炮利，驶驶东来，"环大地九万里，罔不通使互市"，于是"华夷隔绝之天

---

① 王韬：《代上苏抚李宫保书》，载《弢园尺牍》，中华书局，1959，第79—80页。
② 薛福成：《上曾侯相书》，载《薛福成选集》，第22页。
③ 李鸿章：《筹议海防折》，载《李鸿章全集》第二册，第825页。
④ 周盛传：《拟覆陈总署筹办海防条议》，《周武壮公遗书》卷一，载沈云龙主编《近代中国史料丛刊》第三十九辑，（台北）文海出版社，1973，第132页。

下，一变为中外联属之天下"。[1] 王韬同样指出，自汉代以来，中国的对外交往虽在不断扩大，但也"不过东南洋诸岛国而已，此外无闻焉"；然而自明末利玛窦来到中国后，人们始知地球有东西两个半球，海外诸国有若棋布星罗；"至今日，而泰西大小各国无不通和立约，叩关而求互市，举海外数十国，悉聚于一中国之中，见所未见，闻所未闻，几于六合为一国，四海为一家"[2]，此"固四千年来未有之创局也"[3]。郑观应也一再强调，自中西交通之后，西方各国"叩关互市"，外国商品像潮水一般地涌入中国，"此乃中国一大变局，三千余年来未之有也"。[4]

总之，承认中国正面临数千年来未有之"变局"，这是包括当权的洋务官僚和不当权的洋务知识分子在内的所有洋务派的基本共识，无论是从军事上着眼，还是从历史变迁和中外通商上着眼，都值得充分肯定。正如当时的一些西方人士所评价的那样，它表明洋务派"不是闭着眼睛不看事实，或是用盲目的自尊心把自己包裹起来"，而是"勇敢地承认已改变了的环境，并且企图适应环境"。[5] 换言之，"变局"论的提出，标志着洋务派开始真正突破以"天朝上国"自居的自欺欺人的观念，开始以世界的眼光来观察中国所处的地位，并对中国面临着的险恶形势有较为清醒的认识，初步具有了国家民族已处于危急关头的危机感。在当时能有这种危机感的人还凤毛麟角。尤需要指出的是，洋务派不仅能"勇敢地承认已改变了的环境"，而且还对环境的改变给予中国的影响有较为理性的认识。他们从中国传统的祸福相倚、互为转换这一朴素的辩证思想出发，不同意一些顽固派所宣扬的"变局"的发生"是为中国之害不是为中国之利"的观点，而是认为"变局"给中国带来的不仅仅是祸，也可能是福，关键在于人们如何处置。用王韬的话说："天之聚数十西国于一中国，非欲弱中国，正欲强中国，非欲祸中国，正欲福中国。故善为用者，可以转祸而为福，变弱而为强。不患

---

① 薛福成：《筹洋刍议·变法》，载《薛福成选集》，第554—555页。
② 王韬：《变法中》，载《弢园文录外编》卷一，上海书店出版社，2002，第11页。
③ 王韬：《变法自强下》，载《弢园文录外编》卷二，第32页。
④ 郑观应：《易言·论出使》，载夏东元编《郑观应集》上册，上海人民出版社，1982，第125页。
⑤ 寿尔：《田凫号航行记》，载中国史学会主编《中国近代史资料丛刊：洋务运动（八）》，上海人民出版社，1961，第409页。

彼西人之日来，而但患我中国之自域。"① 李鸿章也强调："敌国外患未必非中国振兴之资，是在一转移间而已。"② 只要处置得当，不甘落后，奋起直追，就能"转贫弱而为富强"。他们更反对那种以"变局"是中国之害为理由而主张闭关锁国的观点，尖锐地指出："虞西人之为害，而遽作深闭固拒之计，是见噎而废食也。"③ 在他们看来，面对数千年来未有之变局，唯一正确的主张，"无他，在一变而已矣"④。所以，"变局"论不仅是洋务派的时局观，也是他们主张"制洋器"，"采西学"，推行洋务运动的理论根据。

洋务派指出，中国既然面临的是数千年来未有之"变局"，被迫与"数千年未有之强敌"的西方打交道，那就不能再按老样子、旧方式维持下去了，必须做出相应的"变通"或改革，以适应"变局"的需要。李鸿章指出："外患之乘，变幻如此，而我犹以成法制之，譬如医者疗疾，不问何症，概投之以古方，诚未见其效也。"⑤ 张树声强调："方今事故日殷，筹边筹海皆数千年未有之变，其不能专恃数百年不变之法以应之也，明矣。"⑥ 也就是说，中国传统的"古方"已医治不了"新症"，古老的旧式武器已对付不了用坚船利炮装备起来的新的敌人，为了维护清王朝的统治，就应"稍变成法"，进行改革。这是"时势使然，虽圣人不能违也"。为此，他们在继承传统的变易观念的基础上，发展了龚自珍、魏源、包世臣、冯桂芬等人的变革思想，主张变通成法，进行改革。薛福成指出，法要随时代的变化而变化，"世变小，则治世法因之小变；世变大，则治世法因之大变"。今天既然面临的是数千年来未有之大变局，那就没有不变通成法、进行改革的道理，"稍变则弊去而法存，不变则弊存而法亡"。⑦ 沈葆桢认为，"自古无久而不敝之政"，更何况今日中国所面临的是数千年来未有之"变局"，就更应该因时损益，对旧的成法进行变革。⑧ 李鸿章也指出："古无久而不敝之

① 王韬：《答强弱论》，载《弢园文录外编》卷七，第 168 页。
② 李鸿章：《议复中外洋务陈折》，载《李鸿章全集》第二册，第 1125 页。
③ 王韬：《代上苏抚李宫保书》，载《弢园尺牍》卷七，第 80 页。
④ 王韬：《答强弱论》，载《弢园文录外编》卷七，第 168 页。
⑤ 李鸿章：《筹议海防折》，载《李鸿章全集》第二册，第 825 页。
⑥ 张树声：《请特开殊科折》，《张靖达公（树声）奏议》卷七，载沈云龙主编《近代中国史料丛刊》第二十三辑，（台北）文海出版社，1973，第 474 页。
⑦ 薛福成：《筹洋刍议·变法》，载《薛福成选集》，第 555 页。
⑧ 中国史学会主编《中国近代史资料丛刊：洋务运动（一）》，第 182 页。

法"，因此，"法贵变通"，变通成法势在必行。他在《筹议海防折》中写道："《易》曰：'穷则变，变则通。'盖不变通则战守皆不足恃，而和亦不可久也。"[1] 他认为当时清王朝危机重重，"如敝絮塞漏舟，腐木支广厦，稍一倾覆，遂不可知"，若不随时势而变迁，"事事必拘守成法，恐日即于危弱，而终无以自强"。[2] 故此，他希望清政府内部能统一思想，"上下一心，内外一心，局中局外一心"，"坚持必办，力排浮议"，变通成法。[3] 丁日昌在《海防条议》中再三强调：今日中国事机紧迫，已到了非变革不可的关头，"盖及今而能变，则尚有可通之日，及今而不变，则再无可变之时"[4]。王韬则通过中西情势的比较，阐述了变革的必要性和紧迫性。他指出：世人都明了过去，而昧于未来，只有深思远虑的人，才能默揣体察而筹划于未然。如今"天心变于上，则人事变于下。天开泰西诸国之人心，而界之以聪明智慧，器艺技巧，百出不穷，航海东来，聚之于一中国之中，此固古今之创事，天地之变局。诸国既恃其长，自远而至，挟其所有以傲我之所无，日从而张其炫耀，肆其欺凌，相轧以相倾，则我又乌能不思变计哉！"[5] "设我中国至此时而不一变，安能埒于欧洲诸大国，而与之比权量力也哉？"[6]

洋务派从当时中国面临的数千年来未有之大变局这一认识出发，反对泥古守旧，事事"拘于成法"，一切"率由旧章"，而主张正视现实，变通成法，进行变革。但他们所主张的变革是有限度和范围的，借用王韬的话说："吾所谓变者，变其外不变其内，变其所当变者，非变其不可变者。"[7] 那么什么是"所当变者"，什么又是"不可变者"呢？以李鸿章为代表的当权的洋务官僚在19世纪60年代认为，"中国文物制度，事事远出西人之上，独火器万不能及"[8]。因此，"所当变者"是"火器"，亦即军队的武器装备，"不可变者"是"文物制度"，亦即封建的政治经济制度和孔孟之道。进入19

① 李鸿章：《筹议海防折》，载《李鸿章全集》第二册，第826页。
② 李鸿章：《议复张家骧争止铁路片》，载《李鸿章全集》第二册，第1218页。
③ 李鸿章：《筹议海防折》，载《李鸿章全集》第二册，第831页。
④ 丁日昌：《海防条议》，载丁守和等主编《中国历代奏议大典》，哈尔滨出版社，第542页。
⑤ 王韬：《变法上》，载《弢园文录外编》卷一，第10页。
⑥ 王韬：《变法中》，载《弢园文录外编》卷一，第11页。
⑦ 王韬：《答强弱论》，载《弢园文录外编》卷七，第167页。
⑧ 宝鋆等编《筹办夷务始末（同治朝）》卷二十五，载沈云龙主编《近代中国史料丛刊》第六十二辑，（台北）文海出版社，1973，第2491、2492页。

世纪 70 年代后，随着洋务运动的进一步开展，他们把"所当变者"又扩大到经济、教育领域，主张引进西方的机器生产，创办新式的民用工业，改革八股取士的科举制度，以培养新式的洋务人才。对于君主专制制度和孔孟之道，他们则始终认为是尽善尽美的，是"不可变者"，不需要进行变革，尽管 19 世纪 80 年代末，"受到早期维新志士从官制入手改革政治体制的主张和日本明治维新改革政治体制实践启示"的影响，"李鸿章从整顿吏治进而提出'易官制'的主张，并把'易官制'放到'变法度'的首位"，但李的这一主张不仅只停留在私下议论阶段，没有付诸实践，而且就其具体内容来看，也"没有突破君主专制制度的藩篱，而接受西方资产阶级民主制度"。①

在 80 年代以前，特别是中法战争之前，不当权的洋务知识分子在"所当变者"和"不可变者"的认识上与当权的洋务官僚没有太大的分歧，他们也认为"所当变者"是制器，练兵，兴办新式的军事和民用工业，兴办学堂，派遣留学，改革八股取士的科举制度，"不可变者"是中国传统的政治制度和孔孟之道。如王韬在《变法》等文中就明确指出，中国当时"皆宜亟变者"有四：一是"取士之法"，二是"练兵之法"，三是"学校之虚文"，四是"律例之繁文"②；而"万世而不变者，孔子之道也，儒道也，亦人道也"③，"治国之道固无容异于往昔也"④。在《洋务》一文中他又写道："盖洋务之要，首在借法自强。非由练兵士，整边防，讲火器，制舟舰，以竭其长，终不能与泰西诸国并驾而齐驱。顾此其外焉者也，所谓末也。至内焉者，仍当由我中国之政治，所谓本也。其大者，亦惟是肃官常，端士习，厚风俗，正人心而已。"⑤ 王韬又将"所当变者"称之为"器"，"不可变者"称之为"道"，认为制器、练兵、兴办新式军事民用工业等一切活动，"皆器也，而非道也，不得谓治国平天下之本也"。⑥ 能称得上"治国平天下之本"的是"孔孟之道"和中国传统的政治制度，所以它们不能变。变"器"

① 苑书义：《李鸿章传》，第 166—167 页。
② 王韬：《变法中》，载《弢园文录外编》卷一，第 12—13 页。
③ 王韬：《杞忧生〈易言〉跋》，载《弢园文录外编》卷十一，第 266 页。
④ 王韬：《变法自强上》，载《弢园文录外编》卷二，第 29 页。
⑤ 王韬：《洋务下》，载《弢园文录外编》卷二，第 27 页。
⑥ 王韬：《变法上》，载《弢园文录外编》卷一，第 10 页。

不变"道"，这是当权的洋务官僚和不当权的洋务知识分子的基本共识，也是他们主张"中体西用"的思想基础。到了 80 年代后，特别是中法战争后，不当权的洋务知识分子开始认识到中国传统的政治制度也应该变，应该用西方的君民共主制度取代中国的君主专制制度，并对当权的洋务官僚只主张"变事"（采西学，制洋器），而反对"变政"（改革中国传统的政治制度，用西方的君民共主制度取代中国的君主专制制度）提出了严厉批评，认为"变事"不"变政"，是"小变而非大变，貌变而非真变"，是舍其本而求其末，遗其体而求其用。① 自此，他们与当权的洋务官僚开始分道扬镳，向早期维新思想家的身份过渡。

这里需要指出的是，当权的洋务官僚虽然自始至终都坚持认为中国传统的政治制度不能变，反对用西方的君民共主制度取代中国的君主专制制度，但他们并非对中国传统的政治制度的弊端和西方君民共主制度的长处没有认识。比如，李鸿章就对中国上下隔绝的政治局面进行过批评，认为"中国政体，官与民，内与外，均难合一"，因而"有贝之财，无贝之才，不独远逊西洋，抑实不如日本"。② 他主张借鉴日本和西洋的所谓"善政"，改善和调整君、臣、民之间的关系，以期实现"庙堂内外，议论人心"趋于统一。他在阅读了驻日公使黎庶昌寄来的日本改革官制后的"官员录"和明治宪法后，在回复黎庶昌的信中对中日两国的官制进行了一番比较，认为明治维新后的日本"大抵有一官办一事，大官少，小官多，最为得法"，而中国官制十分"冗烦"，"高资华选，大半养望待迁之官，尤有甚于荀公曾、颜清臣之所议。如此事，何由治"？总理衙门大臣文祥介绍西方的政治制度："其国中偶有动作，必由其国主付上议院议之，所谓谋及卿士也；付下议院议之，所谓谋及庶人也。议之可行则行，否则止，事事必合乎民情而后决然行之。"③ 不唯李鸿章和文祥，还有其他一些当权的洋务官僚也对西方"君民一体，上下一心"的君民共主制度给予过好评，但由于其特殊的身份和地位，他们虽然认识到了中国政治制度的弊端和西方政治制度的长处，却不敢也从来没有想过要对中国的政治制度进行改革，用西方的君民共主制

---

① 王韬：《答强弱论》，载《弢园文录外编》卷七，第 168 页。
② 李鸿章：《复曾相》，载《李鸿章全集》第五册，第 2607 页。
③《清史稿》卷三百八十六《文祥传》，中华书局，1977，第 1691 页。

度来取代中国的君主专制制度。这便是他们与不当权的洋务知识分子的区别所在。

尽管以李鸿章为代表的当权的洋务官僚所要"变通"的"成法",无非是采用西方的坚船利炮和军事民用工业,改革科举,派遣留学,以培养洋务人才,但在19世纪六七十年代,具有积极的意义,应该给予充分肯定。

二、"练兵为要""制器为先":洋务派的"自强"观

洋务派"变法"的目的,是为了"自强"。开始时,其内容主要指的是制器和练兵。奕䜣在同治三年(1864)上奏说:"查治国之道,在乎自强。而审时度势,则自强以练兵为要,练兵又以制器为先。自洋人构衅以来,至今数十年矣。迨咸丰年间,内患外侮一时并至,岂尽武臣之不善治兵哉!抑有制胜之兵而无致胜之器,故不能所向无敌耳。"[1]李鸿章也认为:"制器与练兵相为表里。练兵而不得其器,则兵为无用;制器而不得其人,则器必无成。西洋军火日新月异,不惜工费,而精利独绝,故能横行于数万里之外。中国若不认真取法,终无由以自强。窃谓士大夫留心经世者,皆当以此为身心性命之学。"[2]左宗棠同样强调:"中国自强之策,除修明政事、精练兵勇外,必应仿造轮船,以夺彼族之所恃。"[3]

早在第一次鸦片战争时期,林则徐、魏源就认识到了中国的"坚船利炮"和"养兵练兵之法"不如人。而洋务派则是通过第二次鸦片战争,尤其是通过镇压太平天国的军事活动得出这一结论的。李鸿章驻军沪上,目击外国军队作战,惊叹其"大炮之精纯,子药之细巧,器械之鲜明,队伍之雄整,实非中国所能及"[4]。他们认为,外国有军舰、轮船,中国则只有帆篷、舟楫;外国有大炮、来复枪,中国只有小炮、土枪和弓矢,相差实在太远。中国的军器如果也像西方的那样精良,那么不仅"平中国有余,敌外国亦无不足"。否则,如继续使用"旗绿营弓箭、刀矛、抬鸟枪旧法,断不

---

① 中国史学会主编《中国近代史资料丛刊:洋务运动(三)》,第466页。
② 李鸿章:《筹议天津机器局片》,载《李鸿章全集》第二册,第581页。
③ 左宗棠:《上总理各国事务衙门》,载《左宗棠全集·书信一》,第553页。
④ 李鸿章:《上曾相》,载《李鸿章全集》第五册,第2406页。

足以制洋人，并不足以灭土寇"。①因此，执掌大权的洋务官僚们始终把"制器"，即引进和采用西方先进的枪炮船械视之为"自强"的头等大事，极为重视。他们反复强调："国家百用可省，独练兵设备万不可省。"②

对于西方先进的枪炮船械，究竟是借雇、购买还是以自造为主？清政府内部最初存在着不同的意见。但大多数洋务官僚主张自造。左宗棠在《上总理各国事务衙门》中提出："借不如雇，雇不如买，买不如自造。"因为"自造轮机成船"，虽然"较买现成轮船多费至数倍，即较之购买现成轮机，配造成船，亦费增过半"，但是一旦"得其造轮机之法"，则自造"为中国永远之利，并可兴别项之利，而纾目前之患耳"。③丁宝桢也认为："中国知用洋枪而不能自造洋枪，非受制于洋人，即受骗于洋行，非计之得者也。"④因此他主张，西洋各种"著名利器"，中国应"自行添造，不必购自外洋"。⑤李鸿章同样是自造的主张者。他说："中国欲自强，则莫如学习外国利器。欲学习外国利器，则莫如觅制器之器，师其法而不必尽用其人。"⑥曾国藩开始时力主从国外购入枪炮，以为这是"今日救时之第一要务"。然而"阿思本舰队"事件发生后，使他深感购买外国轮船易受人控制，于是转而支持自己制造，并在《复陈洋人助剿及采米运津折》中明确提出"师夷智以造炮制船，尤可期永远之利"⑦。应该说，洋务派主张"自造"西方先进的枪炮船械，这无疑是正确的，因为它不仅为中国实现从手工制造到机器制造开辟了道路，从而促进了中国的工业化进程，同时，也如丁宝桢所说，只有实现"自造"，才能不受制于人。

为了"自造"西方先进的枪炮船械，洋务派先后创办了江南制造总局（1865年）、金陵制造局（1865年）、福州船政局（1866年）、天津机器局（1867年）、湖北枪炮厂（1890年）等军事工业。这些工业都采用机器生

①李鸿章：《筹议海防折》，载《李鸿章全集》第二册，第826页。
②吴汝纶：《李文忠公墓志铭》，载《李鸿章全集》第一册，第34页。
③左宗棠：《上总理各国事务衙门》，载《左宗棠全集·书信一》，第652、659页。
④中国史学会主编《中国近代史资料丛刊：洋务运动（四）》，第305页。
⑤中国史学会主编《中国近代史资料丛刊：洋务运动（四）》，第302页。
⑥宝鋆等编《筹办夷务始末（同治朝）》卷二十五，载《近代中国史料丛刊》第六十二辑，第2494页。
⑦曾国藩：《复陈洋人助剿及采米运津折》，载《曾国藩全集·奏稿二》，第1272页。

产，尽管当时的机械化程度不高，在生产中仍然大量使用手工劳动，但毕竟开始有了近代工业大生产方式。这对于中国传统的手工业生产来说，无疑是一大进步。要"自造"，就必须要有能从事"自造"的人才。而当时中国科举制度所培养出来的所谓"人才"都只会死记硬背"四书""五经"，不懂科学技术。用李鸿章的话说："今之儒者，殚心劳神于八股文字，及出而致用也，闭门造车，或不能出门合辙。"① 因此，为解决"自造"和其他洋务人才严重短缺的问题，洋务官僚主张改革八股取士的科举制度。李鸿章在同治三年（1864）向总理各国事务衙门建议："欲觅制器之器，与制器之人，则或专设一科取士，士终身悬以为富贵功名之鹄，则业可成，艺可精，而才亦可集。"② 三年后（1867），李鸿章又代呈藩司丁日昌条款，主张对"文场科举之制，略为变通"：即拟分八科，以求实济。其中第六科，"询山川形势，军法进退，以观其能兵"；第七科，"考算数格致，以观其通，问机器制作，以尽其能"；第八科，"试以外国情事利弊，言语文字，以观其能否不致辱命"。③ 沈葆桢也奏请设立算学科，要求"废无用之武科，以励必需之算学，导之先路，十数年后人才蒸蒸日上，无求于西人矣"④。据粗略统计，从同治三年李鸿章请专设一科取士开始，到光绪十三年（1887）陈琇莹请将明习算学之人归入正途考试为止，洋务官僚奏请变通考选之制的，就多达十五六人次。⑤ 除要求改革科举制度外，为培养"自造"和其他洋务人才，从咸丰十一年（1861）设立京师同文馆起，到光绪二十二年（1896）设立天津俄文学堂止，洋务官僚还相继设立了 34 所洋务学堂。⑥ 这 34 所洋务学堂大致可分成三类：一是培养外语翻译人才的外语学校，如京师同文馆（1861 年）、上海广方言馆（1863 年）、广州同文馆（1864 年）等；二是培养近代军事人才的军事学校，如福州船政学堂（1866 年）、北洋水师学堂（1880 年）、天津武备学堂（1885 年）、广东黄埔鱼雷学堂（1886 年）、

---

① 《筹办夷务始末（同治朝）》卷五十五，载《近代中国史料丛刊》第六十二辑，第 5169—5170 页。
② 《筹办夷务始末（同治朝）》卷二十五，载《近代中国史料丛刊》第六十二辑，第 2494 页。
③ 《筹办夷务始末》（同治朝）卷五十五，载《近代中国史料丛刊》第六十二辑，第 5170 页。
④ 中国史学会主编《中国近代史资料丛刊：洋务运动（五）》，第 117 页。
⑤ 苑书义：《李鸿章传》，第 125 页。
⑥ 参见李长莉《先觉者的悲剧》，学林出版社，1993，第 220—222 页。

广东水陆师学堂（1887 年）、北京昆明湖水师学堂（1887 年）、威海卫水师学堂（1889 年）、江南水师学堂（1890 年）、江南陆师学堂（1896 年）、湖北武备学堂（1895 年）等；三是培养专门技术人才的技术学校，如上海机器学堂（1867 年）、福州电气学塾（1876 年）、天津电报学堂（1880 年）、上海电报学堂（1882 年）、广东西艺学堂（1889 年）、湖北矿业学堂（1892 年）、天津北洋西医学堂（1894 年）、山海关铁路学堂（1895 年）等。这些学堂虽然规模大小不同（多者一百数十人，少者十几人乃至几人），程度高低不等（有的比较精专而系统，有的只是初等），并都依附于某个特定的洋务企业和机构，受洋务派官僚的直接操纵和控制，其存在与发展和洋务官僚的重视程度及个人职位的升迁变动密切相关，但它们和科举制度下的旧式学堂不同，除传统的中学课程外，各学堂都开设了一些新式的西学课程。如北洋水师学堂分驾驭和管轮两科，开设有英语、几何、代数、重学、天文、地舆、测量以及军阵战法等课程。北洋武备学堂开设的课程有算学、天文、舆地、测绘、格致、化学等基础知识，以及炮台、营垒工程做法和马、步、炮队技艺阵式等。天津电报学堂的学生要学习电报实习、基础电信知识、仪器规章、国际电报规约、电磁学、电测试、材料学、电报地理学、数学、制图、铁路电报设备等功课。福州船政学堂在课程的设置上，以学习和掌握外语、科学技术知识为主，学习制造的学生开设有法语、算术、代数、函法、几何、解析几何、三角、微积分、物理、力学等课程，并且要参加工厂实践；学习驾驶的学生开设的课程有英语、算术、几何、代数、平面几何、平面三角、球面三角、航海天文学、航海理论和地理。即使是以培养外语翻译人才为宗旨的外语学校，也为了扩大学生的知识面，以适应更广泛的需要，开设有社会科学和自然科学课。下面是光绪初年京师同文馆的课程表："由洋文而及诸学共须八年……首年：认字写字，浅解辞句，讲解浅书；二年：讲解浅书，练习文法，翻译条子；三年：讲各国地图，读各国史略，翻译选编；四年：数理启蒙，代数学，翻译公文；五年：讲求格物，几何原本，平三角，弧三角，练习译书；六年：讲求机器，微分积分，航海测算，练习译书；七年：讲求化学，天文测算，《万国公法》，练习译书；八年：天文测算，地理金石，《富国策》，练习译书。"① 此外，在洋务官僚的主持下，清政府还先后官派 8 批 191 名留学生到美、德、英、法等国学习。②

为解决"自造"所遇到的技术与人才问题，在设立新式学堂和派遣留学生的同时，洋务派还设立译书机构，翻译"西学"书籍。洋务派设立的译书机构主要有江南制造总局的翻译馆。据英人傅兰雅《江南制造总局翻译西书事略》记载，从 1871 年到 1880 年的 10 年间，翻译馆共出译书 98 种，235 册，译成未刊之书 45 种，140 余册，尚有 13 种未全部译完。另据徐维则《东西学书录》的统计，到 1899 年，江南制造总局翻译馆共出书 126 种。翻译馆译书以自然科学书籍和应用科学、工程技术书籍为主，同时也包括一些社会科学尤其是政法方面的书籍。1909 年翻译馆译员陈洙编《江南制造局译书提要》，共收录已出版译书 160 种，如果按种类从多到少排列，其顺序依次为兵学（21 种）、工艺（18 种）、兵制（12 种）、医学（11 种）、矿学（10 种）、农学（9 种）、化学（8 种）、算学（7 种）、交涉（7 种）、史志（6 种）、船政（6 种）、电学（4 种）、工程（4 种）、商学（3 种）、格致（3 种）、政治（3 种）、地学（3 种）、学务（2 种）、天学（2 种）、声学（1 种）、光学（1 种），另有"附刻"10 种。其中在 19 世纪七八十年代出版的较有影响的译著，有《代数术》（1872 年）、《算式集要》（1877 年）、《微积溯源》（1874 年）、《三角数理》（1878 年）、《数学理》（1879 年）、《代数难题解法》（1879 年）、《电学》（1879 年）、《声学》（1874 年）、《光学》（1876 年）、《化学鉴原》（1871 年）、《化学鉴原续编》（1883 年）、《化学鉴原补编》（1879 年）、《化学分原》（1871 年）、《化学考质》（1883 年）、《化学求数》（1883 年）、《谈天》（1874 年）、《测候丛谈》（1877 年）、《地学浅释》（1873 年）、《金石识别》（1872 年）、《儒门医学》（1876 年）、《西药大成》（1887 年）以及《列国岁计政要》（1878 年）、《佐治刍言》（1885 年）、《四裔编年表》等。

除江南制造总局翻译馆外，京师同文馆在培养外语人才的同时，也翻译

---

① 《同文馆题名录》光绪十三年、十九年、二十二年刊，"课程表"。载高时良主编《中国近代教育史资料汇编：洋务运动时期教育》，上海教育出版社，1992，第 86 页。
② 参见李长莉《先觉者的悲剧》，第 223 页。

过不少"西学"书籍。据统计，1888 年以前，同文馆师生共译辑各种书籍
22 种，包括法学（如《万国公法》《公法便览》《公法会通》《法国律例》《新
加坡律例》等），经济学（如《富国策》），外国历史（如《俄国史略》《各
国史略》等），物理学（如《格物入门》《格物测算》等），化学（如《化学
指南》《化学阐原》等），数学（如《算学课艺》），天文学（如《天文发轫》），
生理学（如《全体通考》），外交知识（如《星轺指掌》），外国语言（如《英
文举隅》《汉德字汇》等）和历书（如《中西合历》）等。这些书籍人都是
教材，是"西学"的入门书。尽管江南制造总局翻译馆和京师同文馆翻译
的"西学"书籍数量有限，内容也较浅显，有的在西方还已过时，但对于当
时中国的知识界来说，却都是新知识、新学问。后来的许多先进的中国人，
包括维新变法的领导人康有为都曾从中受到过启蒙和影响。

"自强"的另一内容，是按西法编练清军，改革旧的军制。洋务官僚大
都是湘、淮军将领，领过兵，打过仗，对旗兵、绿营的腐败和操法、武器
的落后，体会甚深，感到有按西法编练清军、改革旧的军制的必要。1861
年 1 月，奕䜣、文祥等奏请训练八旗兵丁使用洋枪洋炮。次年，在天津成
立洋枪队，聘用外国教练。接着，上海、广州、福州等地也按照天津练兵
章程成立洋枪队。与此同时，当时清军的主力湘军，尤其是淮军也开始装
备洋枪洋炮，雇佣外国教习，到 1865 年底，淮军 5 万多人已"尽弃中国习
用之抬枪、鸟枪，而变为洋枪队"。进入 70 年代后，在李鸿章等人的主持
下，清政府开始整顿海防，筹建新式海军，到 1894 年，分别建成福建水
师、南洋水师和北洋水师三支新式海军，共有船舰六七十艘，其中主力北
洋水师在当时的亚洲号称第一。

洋务官僚求"自强"的目的有两个：一是为了"除内患"，"剿内寇"，
也就是为了对付人民群众，镇压他们的反抗斗争。二是要"御外侮"，防范
和抵制西方资本主义列强的侵略。当然，由于具体的历史处境不同，这两
个目的重要性也不是一样的。在洋务运动的兴起阶段（19 世纪 60 年代），
太平天国起义、捻军起义和其他农民起义还没有被镇压下去，极大地威胁
着清王朝的统治，而第二次鸦片战争因《北京条约》的签订已经结束，西
方列强已经改变他们早期所奉行的在太平天国和清王朝的斗争中保持中立
的政策，公开支持清王朝对太平天国进行镇压。因此，这时期洋务官僚求

"自强"的最主要目的，是要镇压太平天国起义和其他农民起义。这也就是奕䜣等在上奏中所说的："就今日之势论之，发捻交乘，心腹之害也；俄国壤地相连接，有蚕食上国之志，肘腋之患也；英国志在通商，暴虐无人理，不为限制，则无以自立，肢体之患也。故灭发捻为先，治俄次之，治英又次之。"① 并且他把清政府、太平天国和捻军、外国列强的关系，比作三国时的蜀、吴、魏的三角关系，清政府是蜀，西方列强是吴，太平天国和捻军是魏，认为蜀（即清政府）与魏（即太平天国和捻军）势不两立，双方是你死我活的关系，而蜀和吴（即西方列强）则可"通好"，共同伐魏。所以洋务运动的兴起，首先是为了镇压太平天国、捻军和其他农民起义，这是谁也无法否定的历史事实。但进入七八十年代后，一方面，由于太平天国、捻军和其他农民起义已被镇压下去，农民起义对清王朝统治的威胁暂时已经消除，国内的阶级矛盾处于相对缓和的状态；另一方面，中国边疆地区的危机日益严重（1874），一向被目为"蕞尔小国"的日本，居然以台湾居民杀死了琉球船员为借口，出兵侵犯台湾，并在英、美、法等国的支持下，迫使清政府与之签订《台事专条》，中国"赔偿"日本兵费50万两，承认琉球为日本属国。1879 年，日本以武力吞并琉球，改为冲绳县。与此同时，中国西北和西南边疆也是危机四起。阿古柏在新疆发动叛乱，成了英、俄阴谋分裂新疆的工具。沙俄出兵占领伊犁，并不断蚕食鲸吞新疆边境的大片领土。法国、英国在把越南、缅甸和老挝变成自己的殖民地后，不断制造事端，企图将中国的云南、广西和西藏纳入自己的势力范围，清王朝与资本主义列强的矛盾有所激发。所以这一时期洋务官僚求"自强"的最主要目的已从镇压太平天国起义和其他农民起义，以维护清王朝的统治，转变为"御外侮"，防范和抵制西方资本主义列强的侵略。这也是整顿海防，筹建新式海军成为这一时期"自强"的重要内容的根本原因。当时的海防之议，便起于 1874 年日本出兵侵略台湾，使清统治集团内部的有识之士觉察到日本对中国构成了威胁。1875 年奕䜣在一份奏折中就明确指出："日本兵扰台湾，正恃铁甲船为自雄之具。彼时各疆臣因防务未集，骤难用兵，均以彼有此船，中国无此船为可虑之尤。自台事就绪，而揣度日本情势未

---

① 中国史学会主编《中国近代史资料丛刊：洋务运动（一）》，第 6 页。

能一日忘我，不能不豫为之备，于是有海防之议。"①李鸿章也强调：筹办海防，是"欲与洋人争衡"②，创建海军，是为了抵御从海道内犯的外国侵略势力，特别是近在咫尺的日本侵略者。"日本国小民贫，虚骄喜事。长崎距中国口岸不过三四日程，揆诸远交近攻之义，日本狡焉思逞，更甚于西洋诸国。今之所以谋创水师不遗余力者，大半为制驭日本起见。"③就"自强"的第二个目的而言，洋务运动无疑是对魏源的"师夷之长技以制夷"思想的继承和发展。

当然，由于清政府和洋务官僚自身的腐败，加上满族贵族顽固守旧势力的限制和阻挠，以及其他方面的原因，洋务派求"自强"的活动并不成功，李鸿章就承认，洋务官僚编练的新军，"制中土则有余，御外侮则不足"，"以剿内寇尚属可用，以御外患实未敢信"。④也就是说，"自强"只达到它"除内患""剿内寇"的第一个目的，而"御外侮"的第二个目的并没有完全实现。

三、"先富而后能强"：洋务派的"求富"观

"自强"和"求富"，是洋务运动的两项主要内容。用李鸿章的话说："今日当务之急，莫若借法以富强，强以练兵为先，富以裕商为本。"⑤所谓"求富"，也就是创办民用工业。

洋务派的"求富"，首先是为了求"自强"。如前所述，在洋务运动的开始阶段，洋务派的活动主要在求"自强"，即创办军事工业。但从70年代开始，洋务派求"自强"的活动遇到了一系列困难。比如，兴办军事工业和维持军火工厂的运转，需要大量的资金，而两次鸦片战争的军费、赔款和镇压太平天国、捻军和其他农民起义的巨大军费开支，早已使清政府入不敷出，财政拮据，根本无法满足兴办军事工业和维持军火工厂运转的经费需要。同时，近代军事工业不同于小生产，它必须以整个国民经济做

---

① 中国史学会主编《中国近代史资料丛刊：洋务运动（二）》，第337页。
② 李鸿章：《湘淮各军少裁长夫折》，载《李鸿章全集》第四册，第1787页。
③ 中国史学会主编《中国近代史资料丛刊：洋务运动（二）》，第498页。
④ 李鸿章：《筹议海防折》，载《李鸿章全集》第二册，第826页。
⑤ 盛宣怀：《上海奏建专祠疏》，载《李鸿章全集》第一册，第26页。

基础，需要其他工业为基础。所以，洋务军事工业创办后，其所需的原料、燃料和交通运输等种种困难日益显露出来，严重制约着军事工业的进一步发展。而这些困难，只有通过创办民用工业才有可能得到解决。对此，以李鸿章为代表的洋务官僚有比较清醒的认识。他们指出："夫欲自强，必先裕饷。欲浚饷源，莫如振兴商务。"[1]"船炮机器之用，非铁不成，非煤不济，英国所以雄强于西土者，惟借此二端耳。"中国如果"能设法劝导官督商办，但借用洋器洋法，而不准洋人代办，此等日用必需之物，采练得法，销路必畅，利源自开，榷其余利，且可养船练兵，于富国强兵之计，殊有关系"[2]。

当然，除要解决军事工业所遇到的经费、原料和燃料等种种困难外，洋务派的"求富"，即创办民用工业，也包含有"与洋商争利"的目的。第二次鸦片战争后，西方资本主义列强凭借它们从不平等条约中所攫取到的种种特权，逐步加强了对中国的经济侵略。1869年苏伊士运河正式通航，使中国和欧洲之间的航程比原来绕道好望角缩短了大约四分之一。1871年，上海至英国伦敦与美国旧金山的电报线路接通，使西方商人能够迅速掌握市场行情。这些都为西方资本主义列强扩大对中国的经济掠夺提供了便利条件。中国作为一个半殖民地国家，被进一步卷入了资本主义世界市场。据统计，中国进口货物总值，1864年为4600万海关两，1871年增为7010万海关两，10年后（1881年）更增到了9190万海关两。与此同时，外国资本还争相在中国开设工厂，到90年代初，共开设工厂192家，资本额近2000万元。[3]以李鸿章为代表的洋务官僚既不满意于西方资本主义独占中国市场、垄断中国利源，同时对于外国资本在中国开设工厂获得的高额利润更是羡慕不已。于是，他们提出了创办民用工业，以"与洋商争利"的主张。李鸿章在上奏中多次提出：中国"既不能禁洋货之不来，又不能禁华民之不用"，英国每年运至中国的呢布售银在三千余万两，铜、铁、铅、锡售银也在数百万两以上，严重地侵害了"中国女红、匠作之利"，中国何不效

---

① 李鸿章：《议复梅启照条陈折》，载《李鸿章全集》第三册，第1220页。
② 李鸿章：《筹议制造轮船未可裁撤折》，载《李鸿章全集》第二册，第678—679页。
③ 李侃、李时岳、李德征、杨策、龚书铎：《中国近代史》（第四版），中华书局，1994，第118—119页。

法英国，亦设机器自为制造，轮船铁路自为转运呢？只要能"使货物精华与彼相埒，彼物来自重洋，势不能与内地自产者比较。我利日兴，则彼利自薄，不独有益厘饷也"。①西方各国自通商以来，进口洋货日增月盛，"自非逐渐设法仿造，自为运销，不足以分其利权。盖土货多销一分，即洋货少销一分，庶漏卮可期渐塞"②。其他洋务官僚也表达过与李鸿章类似的意见。比如左宗棠就一再强调，创办民用工业的目的，是要"收回洋人夺去之利，更尽民间未尽之利"③。这说明在以李鸿章为代表的洋务官僚的"求富"思想中，也包含有抵制西方资本主义列强经济侵略的思想。实际上，洋务派后来创办的一些民用企业，对抵制西方资本主义列强的经济侵略也或多或少发挥过一些作用。

随着洋务运动的发展，以李鸿章为代表的洋务官僚对"自强"与"求富"关系的认识也有进一步的深化。他们开始认识到，"富强相因"，"必先富而后能强"。李鸿章指出："古今国势，必先富而后能强；尤必富在民生，而国本乃可益固。"④从先强后富，"求富"是为了解决"自强"遇到的种种困难，到先富后强，要"国强"必须先"图富"，表明以李鸿章为代表的洋务官僚对"求富"与"自强"关系的认识前进了一大步。因为国与国的竞争，说到底是经济实力的竞争，没有雄厚的经济实力，要想"自强"，抵御西方资本主义列强的侵略和掠夺，只能是一厢情愿。"落后就要挨打"，这已是被无数历史事实一再证明的绝对真理。洋务官僚们对此也有一定的认识。他们说："中国积弱由于患贫。西洋方千里、数百里之国，岁入财赋动以数万万计，无非取资于煤铁五金之矿，铁路、电报、信局、丁口等税。酌度时势，若不早图变计，择其至要者逐渐仿行，以贫交富，以弱敌强，未有不终受其敝者。"⑤而要改变这种局面，唯一的办法，就是"求富"，大力创办和发展民用工业。大力创办和发展民用工业，对于促进当时封建农业经济的进一步走向解体，促进中国资本主义经济的产生和发展，促进中

---

① 李鸿章：《筹议海防折》，载《李鸿章全集》第二册，第830页。
② 李鸿章：《试办织布局折》，载《李鸿章全集》第三册，第1339页。
③ 左宗棠：《试办台糖遗利以浚饷源折》，载《左宗棠全集·奏稿八》，第539页。
④ 李鸿章：《试办织布局折》，载《李鸿章全集》第三册，第1339页。
⑤ 李鸿章：《复丁稚璜宫保》，载《李鸿章全集》第五册，第2695页。

国的近代化进程，有重要的积极意义。

1872 年清朝统治集团内发生的关于继续造船与否的争论，是以李鸿章为代表的洋务官僚从"自强"到"求富"、从经营军事工业到创办民用工业的转折点。这年 1 月，内阁学士宋晋以"糜费太重"为由奏请停办福州船政局和江南制造局的造船工作，说"此项轮船将谓用以制夷，则早经议和，不必为此猜嫌之举，且用之外洋交锋，断不如各国轮船之利便，名为远谋，实同虚耗"。朝廷将奏折发给两江总督曾国藩和署闽浙总督文煜议奏。曾氏反对宋晋的意见，强调"中国欲图自强，不得不于船只、炮械、练兵、演阵等处入手"，造船"不能因费绌而中止"。①文煜则对是否停止造船不置可否。清政府于是再谕李鸿章、左宗棠、沈葆桢三人议奏。三人均反对停止造船。左宗棠认为一旦停止造船，"彼族（指西方列强——引者）得据购，雇之永利，国家旋失自强之远图，隳军实而长寇仇，殊为失算"②。沈葆桢认为船政局"不特不能即时裁撤，即五年之后亦无可停"③。李鸿章认为"国家诸费皆可省，惟养兵设防、练习枪炮、制造兵轮船之费万不可省"，否则"国无与立，终不得强"。④他还一针见血地指出，停止造船之议，乃是"士大夫囿于章句之学，而昧于数千年来一大变局，狃于目前苟安，而遂忘二三十年之何以创巨而痛深，后千百年之何以安内而制外，此停止轮船之议所由起也"。当然，他也深知国家经费困难，为解决这一困难，他除提出裁撤沿海沿江各省的旧式艇船而代以兵轮，把修造旧式艇船的费用拨归制造兵轮，以及闽、沪两局兼造商船，供华商领雇，以筹措造船资金的建议外，还主张自行设厂设矿，开采煤铁，以满足制造轮船的原料需要。⑤经过李鸿章等人的据理力争，清政府不仅否决了宋晋的提议，而且为洋务派兴办轮船招商局和其他民用企业开了绿灯。

自 70 年代开始，以李鸿章为代表的洋务官僚先后创办了轮船招商局（1872 年）、开平矿务局（1878 年）、兰州织呢局（1878 年）、电报总局

---

① "中央研究院"近代史研究所编《海防档·福州船厂（二）》，"中央研究院"近代史研究所，1957，第 326 页。
② 左宗棠：《复陈福建轮船局务不可停止折》，载《左宗棠全集·奏稿五》，第 233 页。
③ "中央研究院"近代史研究所编《海防档·福州船厂（二）》，第 349 页。
④ 中国史学会主编《中国近代史资料丛刊：洋务运动（五）》，第 120 页。
⑤ 李鸿章：《筹议制造轮船未可裁撤折》，载《李鸿章全集》第二册，第 679 页。

（1880 年）、上海机器织布局（1882 年）等民用企业。据统计，到甲午战争前，洋务派创办的民用企业达到 20 多家，其中包括采矿、冶炼、纺织等工矿企业以及航运、铁路、邮电等交通运输事业。这些企业除个别采取的是官办或官商合办外，其余采取的都是官督商办的方式。就性质而言，基本上属于资本主义性质的近代工业。

由于采取的是官督商办的方式，洋务派所创办的民用企业大多具有垄断性。如轮船招商局开办之初，即由李鸿章奏请获得特权："五年之内只准各处华商附股（轮船招商局），不准另行开设字号，免致互相倾跌，贻误大局。"[1] 李鸿章在奏设上海机器织布局时，又要求清政府允准"十年之内，只准华商附股搭办，不准另行设局"；当上海机器织布局被焚而筹设华盛纺织总厂时，李鸿章以奏请"合中国各口综计，无论官办商办，即以现办纱机四十万锭子、布机五千张为额，十年之内，不准续添"。[2] 对于洋务民用企业，尤其是在它的初办阶段，这种垄断性具有一定的催生和保护作用，有利于它的生存和发展。但这只是一方面，另一方面，洋务民用企业的垄断性又为民间资本的自由投资设置了障碍，束缚了民族资本主义经济的发展。同时，官督商办，便利了官对企业的控制和勒索，一切都听从官的指挥，而不按照市场规律办事，这是造成这些企业内部管理混乱、贪污腐败严重、经营效果不佳的重要原因。

第三节　洋务派与顽固派的争论及其中西文化观

一、洋务派与顽固派的争论

以"自强"和"求富"为主要内容的洋务运动兴起后，立即遭到了统治集团内部守旧势力——顽固派的反对。尽管洋务派的"自强"和"求富"，旨在学习和引进西方先进的军事、民用工业，以维护和巩固摇摇欲坠的清

---

① 李鸿章：《创设公司赴英贸易折》，载《李鸿章全集》第三册，第 1273 页。
② 李鸿章：《推广机器织布局折》，载《李鸿章全集》第四册，第 2226 页。

王朝的统治，根本没有触及封建专制的政治制度和封建的社会制度。但在顽固派看来，这有悖于"祖宗成法"和"圣人古训"。当时持这种观点的大臣官僚和士大夫还为数不少，其代表人物是大学士倭仁（1804—1871）、徐桐（1819—1900）、李鸿藻（1820—1897）等。倭仁是三朝元老、理学名臣，徐桐和李鸿藻则分别是同治帝和光绪帝的师傅，他们都有相当强大的思想和政治影响力。加上中国在历次对外战争中的失败所引发的排外、仇外情绪的高涨，顽固派的势力还相当不小。"这一派人物的共同特点就是墨守成规，故步自封，拒绝和排斥新思想、新事物。在他们看来，中国的封建制度已经尽善尽美，不需要任何变革。对于洋务派提倡的学习西方语言文字、引进近代的科学技术、采用机器生产、训练新式军队等措施，都认为是违背祖制，'用夷变夏'，于是就百般抵制，深恶痛绝。"[1] 作为清王朝最高统治者的慈禧，一方面为了维护清王朝的统治，同意洋务派搞洋务运动，另一方面为了抑制洋务派权势的过度膨胀，又对顽固派采取纵容的态度。这使顽固派的气焰更加嚣张，他们动辄给洋务派罗织罪名，纠举弹劾，从而达到阻挠甚至搞垮洋务运动的目的。编修丁立钧转呈朝廷的一封奏折说："唐虞患洪水，商季患戎狄、猛兽，春秋患乱臣贼子，今日之患未有如侈谈洋务之大者也。"[2] 通政使于凌辰在奏折中指名道姓攻击李鸿章和丁日昌，说他们违背古圣先贤用夏变夷的教诲，"直欲不用夷变夏不止！"[3] 大理寺少卿王家璧也攻击李鸿章、丁日昌提倡"西学"，是"逐彼奇技淫巧之小慧，而失我尊君亲上之民心也"[4]。第一任驻英公使郭嵩焘只不过在日记中如实地记下了自己在国外的所见所闻和感想，承认西方文明有超过中国的地方，顽固派便群起而攻之，日记不仅被奉旨毁版，他死去数年之后，还有人要求朝廷下令将其"掘墓戮尸，以谢天下"。曾国藩的儿子曾纪泽，因为奔父丧归乡，乘坐了外国的小轮船，几乎被顽固派开除省籍。郑观应在谈到当时的社会风气时说："今之自命正人者，动以不谈洋务为高，见有讲求西学者，

---

[1] 李侃、李时岳、李德征、杨策、龚书铎：《中国近代史》（第四版），第 128 页。
[2] 中国史学会主编《中国近代史资料丛刊：洋务运动（一）》，第 251 页。
[3] 中国史学会主编《中国近代史资料丛刊：洋务运动（一）》，第 121 页。
[4] 中国史学会主编《中国近代史资料丛刊：洋务运动（一）》，第 134 页。

则斥之曰名教罪人，士林败类。"①

对于顽固派的攻击，洋务派进行了还击，并与顽固派展开过两次激烈的争论。

洋务派和顽固派的第一次争论是由 1867 年关于同文馆是否招收科甲正途人员学习天文算学而引起的。1866 年末，奕䜣等人奏请在北京同文馆内，添设天文算学馆，招收翰林、进士、举人、贡生及科举正途出身五品以下京外各官入馆学习，由总税务司赫德招聘西人充当教习，并拟订章程六条，希望朝廷批准施行。奕䜣等人料定这一举措必然会引起顽固派的反对，所以他们在奏折中先给朝廷提了个醒："必有以臣等此举为不急之务者，必有以舍中法而从西人为非者，甚且有以中国之人师法西人为深可耻者。"② 果然不出他们所料，御史张盛藻于 1867 年 3 月 5 日首先上折反对，认为天文算学属奇技淫巧，交给生员和武弁学习就行了，科甲人员都是"读孔孟之书，学尧舜之道，明体达用"之士，"何必令其习为机巧，专用制造轮船、洋枪之理乎？"如果以"升途、银两"引诱他们学习天文算学，"是重名利而轻气节，无气节安望其有事功哉？"③ 他的奏折被朝廷"着毋庸议"，予以驳回。但顽固派并不死心。半个月后，倭仁亲自出马，上奏反对正途人员学习天文算学。他在折子中写道："窃闻立国之道，尚礼义不尚权谋；根本之图，在人心不在技艺。今求之一艺之末，而又奉夷人为师"，即使学得再好，"所成就者不过术数之士，古今来未闻有恃术数而能起衰振弱者也"。他认为如果科甲正途人员学习夷人的天文算学，将会"正气为之不伸，邪氛因而弥炽，数年以后，不尽驱中国之众咸归于夷不止！"④ 朝廷将倭仁的奏折发交廷臣讨论。

针对倭仁的观点，奕䜣 4 月 6 日上折进行了有力的驳斥，强调设立天文算学馆，目的在于"徐图自强"，而不是"空讲孤虚，侈谈术数"。他援引李鸿章的话，斥责倭仁等"无事则嗤外国之利器为奇技淫巧，以为不必学；

---

① 郑观应：《盛世危言·西学》，载《郑观应集》上册，第 272 页。

② 中国史学会主编《中国近代史资料丛刊：洋务运动（二）》，第 24 页。

③ 宝鋆等编《筹办夷务始末（同治朝）》卷四十七，载《近代中国史料丛刊》第六十二辑，第 4540—4541 页。

④ 宝鋆等编《筹办夷务始末（同治朝）》卷四十七，载《近代中国史料丛刊》第六十二辑，第 4557—4558、4559 页。

有事则惊外国之利器变怪神奇，以为不能学"。并一针见血地指出：除非倭仁他们别有良图，否则，"仅以忠信为甲胄、礼义为干橹等词，谓可折冲樽俎，足以制敌之命，臣等实未敢信"。①6 天后，即 4 月 12 日，倭仁第二次上折坚持己说，认为"延聘夷人教习正途一事，上亏国体，下失人心"，如果真的以夷为师，其人不仅不能指望他们"尽心报国"，"恐不为夷人用者鲜矣"。②4 月 23 日，奕䜣再次上折反驳倭仁的奇谈怪论，并在附片中提出，既然倭仁反对设立天文算学馆，认为"天下之大，不患无才"，那么就请他"酌保数员"，择地另设一馆，"由倭仁督饬，以观厥成"。同日，朝廷下达上谕，一面督促总理衙门抓紧同文馆的招生事宜，一面令倭仁酌保数人，择地设馆，"与同文馆招考各员，互相砥砺，共收实效"。③这无疑将了倭仁一军。4 月 25 日，亦即朝廷的上谕下达两天后，倭仁只好上奏收回自己的意见，承认自己并无精于天文算学的人选，不敢滥保，"应请不必另行设馆，由奴才督饬办理"④。这次论战以顽固派的失败而告一段落。据一直关注着事态发展并间接有所参与的翁同龢的观察，双方的争论非常激烈，"朝堂水火，专以口舌相争，非细故也"；倭仁与奕䜣"几至拂衣而起"。⑤

这次论战虽然以顽固派的失败告一段落，但由于倭仁等人的反对，造成了巨大的社会压力，从而使天文算学馆招考正途出身人员入馆学习的计划严重受挫。天文算学馆第一次招生时，"正途投考者寥寥"，奕䜣等无奈，只好将正杂各项人员"一律收考"，但报考总数也只有 98 名，考时又有 26 人缺考，取后从 72 名考生中勉强录取了 30 名。天文算学馆开馆半年后的一次例考又淘汰了 20 名"学经半年毫无功效之学生"，最后仅剩 10 名，只好与原在同文馆学习外国语言文字的八旗学生合并。自此，所谓天文算学

① 宝鋆等编《筹办夷务始末（同治朝）》卷四十八，载《近代中国史料丛刊》第六十二辑，第 4582—4585 页。
② 宝鋆等编《筹办夷务始末（同治朝）》卷四十八，载《近代中国史料丛刊》第六十二辑，第 4598—4599 页。
③ 宝鋆等编《筹办夷务始末（同治朝）》卷四十八，载《近代中国史料丛刊》第六十二辑，第 4607—4608 页。
④ 宝鋆等编《筹办夷务始末（同治朝）》卷四十八，载《近代中国史料丛刊》第六十二辑，第 4616 页。
⑤ 陈义杰整理《翁同龢日记》第一册，中华书局，1989，第 527—529 页。

馆已经名存实亡。①

　　洋务派和顽固派的第二次激烈争论，是因刘铭传建议修建铁路而引起的。早在19世纪70年代，洋务派就多次提出修筑铁路，但因顽固派的反对而不了了之。1880年底，淮系将领、前直隶提督刘铭传奉诏进京筹议抗俄军务，乘机再次提出修筑铁路的问题。他在《筹造铁路以图自强折》中，以很大篇幅说明修筑铁路的种种好处，"铁路之利于漕务、赈务、商务、矿务、厘捐、行旅者不可殚述，而于用兵一道，尤为急不可缓之图"，"裕国便民之道，无逾于此"，他并且建议：先修南北两路，南路宜修两条，一条由清江到北京，一条由汉口至北京；北路修一条，从北京至盛京（今沈阳）。如果经费不足，可先修清江至北京一条。②

　　清政府认为刘铭传的建议"系为自强起见"，谕令李鸿章和两江总督兼南洋大臣刘坤一"悉心筹商妥议具奏"。然而未等李、刘复奏，顽固派官僚、翰林院侍读学士张家骧就迫不及待地上奏表示反对，认为修筑铁路有"三弊"：一是招来更多的外国人，埋下肇祸的隐患；二是毁坏大量田地、房屋、坟墓、桥梁，伤人败物，滋扰民间；三是虚糜钱财，赔累无穷，加剧国家财政危机。他因而要求"将刘铭传请开铁路一节，置之不议，以防流弊，而杜莠言"。③张家骧的奏议得到御史屠仁守、顺天府府丞王家璧、翰林院侍读周德润等人的附和。李鸿章随即请薛福成代拟《特妥筹铁路事宜折》，支持刘铭传的修筑铁路的建议，强调修筑铁路大利约有九端，"而国计、军谋两事，尤属富强切要之图"④，并建议任命刘铭传督办铁路公司事宜。他还附片全面批驳了张家骧的奇谈怪论。李鸿章上奏不久，顽固派官僚、通政司参议刘锡鸿在上奏中提出了不能修筑铁路的25条意见，即"不可行者八，无利者八，有害者九"。由于刘锡鸿担任过驻英副使，是争论双方唯一见过铁路的人，他如今以亲历者的身份，说修筑铁路会夺民生计，毁害民业，开山毁坟，破坏风水，等等，因而具有颇大的煽动性和迷惑性。结果，在顽固派的反对下，1881年2月14日，清政府下达上谕称："叠据廷臣陈奏，

---

① 李细珠：《晚清保守思想的原型——倭仁研究》，社会科学文献出版社，2000，第173页。
② 中国史学会主编《中国近代史资料丛刊：洋务运动（六）》，第138页。
③ 中国史学会主编《中国近代史资料丛刊：洋务运动（六）》，第141页。
④ 中国史学会主编《中国近代史资料丛刊：洋务运动（六）》，第143页。

金以铁路断不宜开，不为无见。刘铭传所奏，着毋庸议。"[1]

洋务派尽管在论争中受挫，但中国自造铁路的事业则在19世纪80年代拉开了序幕。1880年在李鸿章的支持下，开平煤矿为解决运输困难，开始修筑唐山至胥各庄的铁路，长15里，并于次年建成。这是中国修筑的第一条铁路。为避免顽固派的反对，李鸿章在上奏中故意把它说成是"马路"。中法战争以后，主持海军衙门的醇亲王奕譞、李鸿章以及台湾巡抚刘铭传等，又先后提出延修唐胥铁路、修筑（天）津通（州）铁路和在台湾修筑铁路的建议，但均遭到顽固派的激烈反对，虽然在李鸿章等人的坚持下，铁路的修筑从未停止，但进展却因此而十分缓慢，到1894年中日甲午战争前夕，全国建成的铁路合计不过364公里。

就以上洋务派和顽固派的争论来看，涉及的问题虽然很多，但其实质是要不要学习西方，引进西学，采用西方近代的机器生产和科学技术，兴办近代军事民用工业，一句话，即要不要变革的问题。对此，洋务派和顽固派针锋相对。顽固派用陈腐的"夷夏之辨"观念看待西学，认为西方近代的机器生产和科学技术都不过是败坏人心的"奇技淫巧"，如果学习它们就有"以夷变夏"的危害，更何况"夷人"是中国的仇敌，洋务派公然"奉夷人为师"，这是一种"上亏国体，下失人心"的可耻行为，因此他们反对变革。而洋务派则冲破了传统的"夷夏之辨"的束缚，肯定西方近代的机器生产和科学技术的先进性和实用性，并明确表示学习它们是势在必行，中国要想在激烈的竞争中生存下去，就必须变革。与顽固派比较，洋务派的观点无疑是正确的。但这是问题的一方面，问题的另一方面，由于历史和阶级的局限性，当权的洋务官僚所要学的西学仅限于近代的机器生产和科学技术，而对于西方的政治制度，他们和顽固派一样持的也是反对的态度。这是我们在评价洋务派与顽固派的争论时必须注意的一个问题。

二、洋务派的"西学中源"文化观

"西学中源"说的最早源头可追溯到明末清初。我们知道，西学最早传入中国是在明朝后期，当时，以利玛窦为代表的一批耶稣传教士来华，他

---

[1]《清德宗实录》卷一百二十六，第13页。

们在向中国人传播上帝福音的同时，也将西方的历法和一些自然科学知识传入了中国，并引起中西文化之间的第一次正面冲突。一些士大夫在几千年形成的中国文化优越之心理的推动下，引经据典，论证利玛窦他们传入的西方科学知识在中国古代早已有之，不过是对中国文化的窃取，根本不值得中国人去学习。而一些认为西方的自然科学知识有可取之处的士大夫也极力论证这些自然科学知识在中国古已有之，传播到西方后中国本土反而失传，因此，西方科学知识传入中国，是"礼失而求诸野"。认为西学源自中国，是对中学的窃取，这是明末清初时不少士大夫们的共识。如徐光启认为，西历是"缀唐虞三代典遗义"。清初大数学家王锡阐在比较了中西数学后指出："西学原本中国，非臆造也。"即使是王夫之这样的进步思想家也持这种看法："西夷之可取者，唯远近测法一术，其他则皆剽袭中国之余绪"，故"虽以技巧文之，归于狄而已矣"。①

　　明末清初时的西学传入，不久因清统治者实行闭关锁国政策而中断，"西学中源"说也因此而偃旗息鼓。"西学中源"说的再次流行是在第二次鸦片战争之后。精于数理、制造的海南学者邹伯奇认为"西法皆古所有"，并首倡"西学出于墨子"之说。②冯桂芬强调："且中华扶舆灵秀，磅礴而郁积，巢、燧、羲、轩数神圣，前民利用所创始，诸夷晚出，何尝不窃我绪余。"③到了洋务运动时期，"西学中源"说更是盛行一时，洋务派中无论是手握大权的洋务官僚，还是不当权的洋务知识分子，大多数人都是这一学说的倡导者和鼓吹者。同治四年（1865），李鸿章在有关设立江南制造局的上疏中写道："无论中国制度文章，事事非海外人所能望见，即彼机器一事，亦以算术为主，而西术之借根方，本于中术之天元，彼西土目为东来法，亦不能昧其所自来。尤异者，中术四元之学，阐明于道光十年前后，而西人代数之新法，近日译出于上海，显然脱胎四元，竭其智慧不出中国之范围，已可概见。"④两年后（1867），恭亲王奕䜣奏请在同文馆内增设天文算学馆，招考正途出身人员入馆学习时，宣称西方的天文算学源自中国的古学，是

---

① 王夫之：《周易外传》卷五，中华书局，1977，第190页。
② 邹伯奇：《学计一得》卷下，同治十二年刻本。
③ 冯桂芬：《校邠庐抗议·制洋器议》，载《采西学议——冯桂芬 马建忠集》，第75页。
④ "中央研究院"近代史研究所编《海防档·机器局（一）》，第14页。

"东来法"，是中国的学问。先后出任过浙江、广东按察使和湖北布政使的王之春为提倡西学，推行洋务，在《广学校》一文中把西方的文字、天文、历算、化学、汽学、电学、机械等，都说成是在中国发其端，"泰西智士从而推衍其绪，而精理名言、奇技淫巧，本不能出中国载籍之外"①。与王之春相类似，号称精通西学的王韬在《原学》中也认为，中国作为"天下之宗邦"，"不独为文字之始祖，即礼乐制度、天算器艺，无不由中国而流传及外"，他并一一举出数学、乐器、船舰、指南车、霹雳炮、测天仪器、语言文学等，说这些都是"由东而西，渐被而然"的。②曾出使过四国的薛福成在日记中同样相信西学源出中国，认为"西人星算之学"源自中国的《尧典》和《周髀》，"其他有益国事民事者，安知其非取法于中华也？"③郑观应引《周礼》《墨经》《亢仓子》《关尹子》《淮南子》等书的有关记载，证明西方的数学、化学、重学、光学、气学、电学均出自中国，皆"我所固有者"④。陈炽、汤震、陈虬等人也都宣扬过"西学中源"说。比如陈炽在《西书》一文中声称：秦始皇焚书坑儒时，"必有名儒硕彦抱器而西，致海外诸邦制度，文为转存古意"⑤，于是便有了西学的产生。

"西学中源"说之所以会在洋务运动时期盛行一时，并成为洋务派的中西文化观，原因就在于这一学说能够解决洋务派所遇到的一个最大的思想或理论难题，即他们主张"制洋器""采西学"，学习西方先进的科学技术，是否是"以夷变夏"。我们前面已经指出，"夷夏之辨"或"夷夏之防"是以儒家思想为核心的中国文化最基本的价值观念之一。这一观念虽然在第一次鸦片战争之后，受到过魏源的"师夷之长技以制夷"思想的冲击，但由于它是几千年以来形成的价值观念，已深深地植根于人们的心灵之中，根本不可能因一次微弱的冲击而土崩瓦解。所以，"夷夏之辨"或"夷夏之防"的观念在洋务运动时期仍很有市场，根深蒂固，严重地束缚着绝大多数士人的思想。顽固派反对洋务派"制洋器""采西学"的一个主要观点，也是

① 王之春：《瀛海后言五》，载《小方壶斋舆地丛钞》第十一帙，杭州古籍书店，1985，第 513 页。
② 王韬：《原学》，载《弢园文录外编》卷一，第 2—3 页。
③ 薛福成：《四月庚子朔记》，载《薛福成选集》，第 582 页。
④ 郑观应：《盛世危言·西学》，载《郑观应集》上册，第 275 页。
⑤ 陈炽：《庸书·西书》，载赵树贵、曾丽雅编《陈炽集》，中华书局，1997，第 74 页。

说学习西学是"以夷变夏"，这也是他们之所以能够获得不少社会舆论的支持，从而给洋务运动造成极大阻力的一个重要原因。因此，洋务派要反驳顽固派，获得士人对洋务运动的理解和同情，就必须证明"制洋器""采西学"，学习西方先进的科学技术，并非是"以夷变夏"，而是中国的本来之学。王之春曾一针见血地指出："西学者，非仅西人之学也。名为西学，则儒者以非类为耻；知其本出于中国之学，则儒者当以不知为耻。"① 陈炽在《庸书·自强》中也写道："知彼物之本属乎我，则无庸显立异同；知西法之本出乎中，则无俟概行拒绝。"② 这就是当时士人的普遍心理。"西学中源"说则解决了洋务派所遇到的这一难题：学习西学不是"以夷变夏"，而是"礼失而求诸野"，是学习中土久已失传的中国古学。同时"西学中源"说还给洋务派提供了这样一种理论上的逻辑力量，即落后的西方人通过学习中国的学问，取得了进步，已经落后的中国人为什么就不能通过学习西方人的学问，而奋起直追，获得同样的进步呢？薛福成曾在日记中就向中国人提出过这样的反问："昔者宇宙尚无制作，中国圣人仰观俯察，而西人渐效之；今者西人因中国圣人之制作，而踵事增华，中国又何尝不可因之？"③

所以，"西学中源"说既为洋务派主张"制洋器""采西学"，学习西学提供了理论依据，同时也为他们反驳顽固派的攻击提供了有力武器。而洋务派对"西学中源"说的这两项功能的运用也非常得心应手。我们前面曾转引过李鸿章在有关设立江南制造局的上疏中写的西人代数新法"脱胎"于"中术四元之学"的一段话。在这段话后李鸿章继续写道："特其制造之巧，得于西方金行之性，又专精推算，发为新奇，遂几于不可及。中国亦务求实用，焉往不学？学成而彼将何所用其骄？是故求遗珠不得不游赤水，寻滥觞不得不度昆仑。后之论者，必以和仲为宅西之鼻祖，《考工》为《周礼》之外篇，较夫入海三千人采黄金不死之药，流沙四万里缮青莲般若之文，岂可同年语耶？事虽创闻，实无遗议。"④ 文中所谓西人代数新法"脱胎"

① 王之春：《瀛海卮言五》，载《小方壶斋舆地丛钞》第十一帙，第 513 页。
② 陈炽：《庸书·自强》，载《陈炽集》，第 8 页。
③ 薛福成：《四月庚子朔记》，载《薛福成选集》，第 582 页。
④ "中央研究院"近代史研究所编《海防档·机器局（一）》，第 14 页。

于"中术四元之学"，这纯粹是无稽之谈，但李鸿章此段文字的意义不在于论说是否严谨、正确，而在于它以独特的论说方式，论证了"中国向西方学习科技，具有无可指责的合情合理性质"①。既然"西学源于中国"，西方人能学习中国的"智慧"，那么，"务求实用"的中国人为什么就不能学习西方人的"制器"呢？他故此理直气壮地宣称：学习西方制器，"事虽创闻，实无遗议"，根本毋庸讨论！郑观应的《盛世危言·西学》一文，在列举了中国古贤先圣的种种发明之后发表议论说："古神圣兴物以备民用"的那些实学，因明清以来实行八股取士的科举制度，诱使"学者骛虚而避实……泊没性灵，虚费时日，率天下而入于无用之地"，而已"日见其荒，西学遂莫窥其蕴矣"。然而当中国人丢失了自己祖宗的实学传统，而成了历史的落伍者的时候，西方人却继承了中国古老的实学传统并加以发扬光大，取得了巨大的历史进步："不知我所固有者，西人特踵而行之，运以精心，持以定力，造诣精深，渊乎莫测。"既然文化的发展已使中西双方互换了位置，中国已从先进者变成了落后者，而西方则从落后者变成了先进者，那么中国要想改变自己这种落后的局面，唯一的办法就是老老实实地把经西方人发扬光大了的中国古老的实学传统重新请回老家来，"所谓礼失而求诸野者，此其时也"。因此，学习西学，不是顽固派所说的"以夷变夏"，而是"以中国本有之学还之于中国，是犹取之外厩，纳之内厩，尚鳃鳃焉谓西人之学中国所未有，乃必归美于西人。西人能读中国书者不将揶揄之乎？"② 王之春宣称，既然西方的"精理名言"，甚至"奇技淫巧"都源自中国，"不出中国载籍之外"，那我们还有什么理由反对学习西学，认为西学可以废弃呢？他指出，顽固派反对学习西学，并把学习西学说成是"以夷变夏"，这只能说明他们对中国的"百家之书、历代之事"未能博考，因而坐井观天、孤陋寡闻而已。③ 陈炽反问那些以标榜复古而自荣的顽固派道："今日日思复古，而于古意之尚存于西者，转深闭固拒，畏而恶之，譬家有明月之珠，遗之道路，拾而得之者不私不秘，举而归诸我，我乃按剑疾视，拒之而不

---

① 丁伟志、陈崧：《中西体用之间：晚清中西文化观述论》，第 144 页。
② 夏东元编《郑观应集》上册，第 275—276 页。
③ 王之春：《瀛海厄言五》，载《小方壶斋舆地丛钞》第十一帙，第 513 页。

受也，智乎？不智乎？"① 尊古的不是顽固派，而是主张"采西学""制洋器"的洋务派，学习西学不是"以夷变夏"，而是"渐复我虞夏商周之盛轨"。② 这样顽固派反对学西学的话语权就被剥夺了。

总之，在洋务运动时期，洋务派的"西学中源"说的文化观有它的积极意义，它对于反击顽固派对"制洋器""采西学"的攻击，减少顽固派对洋务运动的阻力，争取广大士人对学习西学的理解与同情起过一定的作用。后期洋务派的重要人物宋育仁曾经指出，"西学中源"说"取证于外国富强之实效而正告天下，以复古之美名，名正言顺，事成而天下悦从，而四海无不服"。③ 另外，它对于激发国人研究中国古代学术，特别是非儒学派的诸子学也起了一定的推动作用。因为根据"西学中源"说的观点，西学源于中学，主要是源于先秦的诸子之学。而先秦的诸子之学自汉武帝采纳董仲舒的建议，"罢黜百家，独尊儒术"之后，除儒家外，其他各家大都得不到应有的重视，有的甚至长期被束之高阁，无人问津。现在既然说西学源之于它们，自然就会引起人们的重视和研究。诸子学在 19 世纪末 20 世纪初之所以会出现所谓"复兴"，此为原因之一。

当然，我们在肯定"西学中源"说之积极意义的同时，也要看到它消极的一面。首先，它不是正确的理论，没有任何学术上的事实根据，尽管一些学者引经据典，言之凿凿，说西学源于中国，并将西学的某某内容与中国古代的某某学问联系起来，但大多牵强附会，是不正确的。诚然，中西之间，无论自然科学还是人文社会科学，其中确实有一些相似性，但相似并非同源。实际上，中学和西学都有它们自己的学术源流和传统。当时有极少数的思想家对此有较为清醒的认识。1878 年，正在巴黎法国政治学院学习的马建忠在复友人的信中就明确指出："夫泰西政教，肇自西腊，而罗马蹱之。"④80 年代，一生从事洋务活动的钟天纬著《格致说》，对西学的源流做了比较详细的论证。他说："考西国理学，初创自希腊，分为三类：一曰格致理学，乃明征天地万物形质之理；一曰性理学，乃明征人一身备有

---

① 陈炽：《〈盛世危言〉序》，载《陈炽集》，305 页。
② 陈炽：《〈盛世危言〉序》，载《陈炽集》，305 页。
③ 宋育仁：《时务论》，袖海书房，光绪二十二年刻本，第 63 页。
④ 马建忠：《巴黎复友人书》，载《采西学议——冯桂芬 马建忠集》，第 160 页。

伦常之理。"①接着他详细介绍了亚里士多德、培根、达尔文、斯宾塞等人的学术渊源和思想体系，从理论上否定了"西学中源"说。正因为"西学中源"说在学术上缺乏事实根据，所以进入19世纪末特别是20世纪后，随着人们对西学认识的进一步深化，讲"西学中源"的人就越来越少了。其次，"西学中源"说虽然在洋务运动时期，对西学的引进起过积极的作用，但从思想根源上来说，也是中国文化优越论的产物，它之所以能被广大士人所接受，原因就在于它把西学说成是中国久已失传的古学，从而满足了这些士人尊崇本民族文化传统的心理需要；它虽然被洋务派用来作为反驳顽固派的有力武器，但它自身则也暗含有顽固派所坚持的"夷夏之辨"或"夷夏之防"的观念，中国人之所以能引进和学习西学，从本源上来说，西学不是"夷人"之学，而是"华夏"之学，华夷观念泾渭分明，不容混淆。正因为"西学中源"在思想根源上也是中国文化优越论的产物，并暗含有顽固派所坚持的"夷夏之辨"或"夷夏之防"的观念，所以除提倡西学者利用它作为自己提倡西学的理论根据外，反对西学者也可以利用它作为自己反对西学的理论根据。比如，1884年出版的《瀛海论》，就是一部广泛搜罗"西学中源"的例证借以反对洋务的著作，这部书的作者张自牧"是一个连船炮、机器、铁路等都一律反对引进中国的顽固守旧人士"②。另一位顽固守旧人士屠仁守也针对洋务派的"西学中源"说提出，既然西学源自中国，那么根本之图，就不是学习西学，而是追本溯源，潜心研究西学之源——中国的古学。

三、洋务派的"中体西用"文化观

"西学中源"说主要讲的是西学的源流问题，以说明"制洋器""采西学"，学习西学并非"以夷变夏"，而是"礼失而求诸野"，解决的是学习西学的合法性，但它没有涉及西学引进中国后西学与中学的关系以及各自的地位问题。西学引进中国后是与中学平起平坐，平分秋色？还是喧宾夺主，取中学而代之？或者附属于中学，成为中学的补充？为了回答这些问题，

---

① 钟天纬：《刖足集外集》，转引自陈旭麓《论"中体西用"》，《历史研究》1982年第5期。
② 丁伟志、陈崧：《中西体用之间：晚清中西文化观述论》，第152页。

洋务派提出了他们"中体西用"论的中西文化观。

据学者们的研究，"中体西用"论的最早源头可追溯到明末清初。当时，以利玛窦为代表的耶稣会教士在向中国人传播上帝福音的同时，也把西方的一些学术（主要是自然科学知识）传入到中国，中国人开始把西方学术概称为"西学"，并出现了一些以"西学"命名的著作，如《西学凡》《西学治平》《民治西学》《修身西学》等。清乾隆年间，纪晓岚主持编纂《四库全书》，西书被列入《四库全书》另册，《四库全书总目提要》（为纪晓岚所撰）概括"国朝"（即清朝）对于西学的态度，"节取其技能，而禁传其学术"。这实际上是后来"中体西用"论之滥觞。① 第一次鸦片战争结束不久，魏源完成了他的划时代著作《海国图志》，在提出"师夷之长技以制夷"的同时，书中又收录了《四库全书总目提要》关于西学的那段文字，以及康熙时杨光先维护孔孟之道、申斥天主教的《辟邪论》一文。这表明魏源也是赞成对于西学采取"节取其技能，而禁传其学术"之态度的。到了第二次鸦片战争之后，冯桂芬撰写《校邠庐抗议》，主张"以中国之伦常名教为原本，辅以诸国富强之术"②，这是贯穿于《校邠庐抗议》的思想核心。"中体西用"论在这里已呼之欲出。

洋务运动兴起后，面对西学的引进和顽固派对引进西学的指责，以曾国藩、李鸿章为代表的洋务官僚继承和发展了魏源、冯桂芬的思想，对"中体西用"论做了进一步的阐述。当然，他们和魏源、冯桂芬一样，也不是直接用的"体""用"概念，而用的是更具中国传统特色的"本""末""道""器"。所以有的学者也称洋务派的"中体西用"论为"本末道器"观。但内容和实质没有什么区别。洋务官僚中最早对这一思想做较为系统阐述的是李鸿章。1865 年，他在奏请《置办外国铁厂机器折》中写道："中国文物制度，迥异外洋獉狉之俗，所以郅治保邦、固丕基于勿坏者，固自有在。必谓转危为安、转弱为强之道，全由于仿习机器，臣亦不存此方隅之见。顾经国之略，有全体，有偏端，有本有末。如病方亟，不得不治标，非谓培补修养之方即在是也。"③ 在李鸿章看来，"保邦固丕"之

---

① 丁伟志、陈崧：《中西体用之间：晚清中西文化观述论》，第 157 页。
② 冯桂芬：《校邠庐抗议·采西学议》，载《采西学议——冯桂芬 马建忠集》，第 84 页。
③ 李鸿章：《置办外国铁厂机器折》，载《李鸿章全集》第一册，第 323 页。

"本"在于"中国文物制度",这是不能动的,而"仿习机器"是使"本""转危为安、转弱为强"的急救之策,是"治标"之"末",是可行的。左宗棠指出:"古人以道、艺出于一原,未尝析而为二,周公以多材多艺自许,孔子以不试故艺自明。是艺事虽所兼长,究不能离道而言艺,本末轻重之分固有如此。"①曾国荃以道器本末来论述中西文化的关系,他说:"形而上者为道,此中华郅治之隆也;形而下者为器,此外夷之所擅长也。今以中华之大,欲制外夷之蛮,固宜先修富国强兵之道,以端其本,而后用耆陆栗水之器,以治其标。"②

不仅洋务派中手握大权的洋务官僚是"中体西用"论者,洋务派中不掌权的洋务知识分子也是"中体西用"论的倡导者。1872 年,薛福成在送陈兰彬带幼童赴美留学时写有赠言:"中国所长,则在秉礼守义,三纲五常……为今之计,莫若勤修政教,而辅之以自强之术。其要在夺彼所长,益吾之短。"③不久在《筹洋刍议》中他又明确主张:"取西人器数之学,以卫吾尧、舜、禹、汤、文、武、周、孔之道,俾西人不敢蔑视中华。"④邵作舟也认为:"中国之杂艺不逮泰西,而道德、学问、制度、文章,则复然出于万国之上",因而他主张:"以中国之道,用泰西之器"。⑤王韬本诸《易经》的道器观,认为西方的坚船利炮以及军事民用工业,"皆器也,而非道也,不得谓治国平天下之本也"。真正称得上"治国平天下之本"的"道"是"孔子之道"。"夫孔之道,人道也,人类不尽,其道不变。三纲五伦,生人之初已具,能尽乎人之分所当为,乃可无憾。"⑥郑观应指出:"善学者必先明本末,更明所谓大本末而后可。以西学言之:如格致制造等学其本也。语言文字其末也。合而言之,则中学其本也,西学其末也。主以中学,辅以西学。知其缓急,审其变通,操纵刚柔,洞达政体,教学之效,其在兹乎。"⑦

---

① 左宗棠:《艺学说帖》,载《左宗棠全集·札件》,第 576 页。

② 曾国荃:《遵旨奏议防务疏》,载曾国荃著,梁小进整理《曾国荃全集》第二册《奏疏》,岳麓书社,2006,第 249 页。

③ 薛福成:《赠陈主事序(一八七二年)》,载《薛福成选集》,第 46 页。

④ 薛福成:《筹洋刍议·变法》,载《薛福成选集》,第 556 页。

⑤ 邵作舟:《邵氏危言》,载《中国近代史资料丛刊:戊戌变法(一)》,第 182—183 页。

⑥ 王韬:《变法上》,载《弢园文录外编》卷一,第 10 页。

⑦ 郑观应:《盛世危言·西学》,载《郑观应集》上册,第 276 页。

  "中学为体，西学为用"完整表述的出现，是在 19 世纪 90 年代。1896 年 4 月，沈毓桂在《万国公报》上发表《救时策》，以外国人的口吻提出："夫中西学问，本自互有得失。为华人计，宜以中学为体，西学为用。"[①] 此说一出，引起不少人的注意。次年 8 月，孙家鼐在《议复开办京师大学堂折》中指出："今中国京师创立大学堂，自应以中学为主，西学为辅；中学为体，西学为用；中学有未备者，以西学补之，中学有失传者，以西学还之。以中学包罗西学，不能以西学凌驾中学。"[②]1898 年 5 月，后期洋务官僚的代表人物张之洞撰成《劝学篇》一书，对 30 年的洋务运动和思潮进行了比较系统的总结，当谈到"中学"与"西学"的关系时，再次强调应以"中学为体，西学为用"，"中学为内学，西学为外学，中学治身心，西学应世事"。[③]

  如何评价洋务派的"中体西用"文化观，学术界存有不同的争论。本书认为，第一，洋务派的"中体西用"文化观，在洋务运动的兴起阶段有它的积极意义。因为，在当时整个社会对西学缺乏正确的认识，以为学习西学就是"以夷变夏"的情况下，洋务派提倡"中体西用"的文化观，一方面强调中学之"体"的主导地位，另一方面又承认中学有"用"的不足，需要引进西学加以补充，从而实现以中学为本位、为主体的中西文化之间的调和或互补，这无疑是对传统的"中体中用"文化观的否定和突破，从而为学习西学扫清了道路。我们同意《中西体用之间》一书作者的如下观点：洋务派"中体西学"的文化观"形式上的重点是在强调中学之为'体'，事实上的重点却在强调西学之需'用'——从洋务派创导的这种文化新观念的主旨而言，应当说：'中体西用'，意在'西用'"[④]。尤其在洋务运动前期，这种意图非常明显。同时，洋务派的"中体西用"的文化观，将中学和西学这两种价值不同的文化置于一个共同体中，如有的研究者所指出的那样，"西学是新学，中学是旧学"，而根据进化论原则，新终将战胜旧，因此"在

---

① 沈毓桂：《救时策》，李天纲编校《万国公报文选》，生活·读书·新知三联书店，1998，第 333 页。
② 孙家鼐：《议复开办京师大学堂折》，载汤志钧、陈祖恩、汤仁泽编《中国近代教育史资料汇编：戊戌时期教育》，上海教育出版社，2007，第 122 页。
③ 张之洞：《劝学篇·会通第十三》，华夏出版社，2002，第 147 页。
④ 丁伟志、陈崧：《中西体用之间：晚清中西文化观述论》，第 160 页。

实施中，旧学和新学、'中体'和'西用'是不会互不侵犯的，'用'在'体'中会发酵，势必不断促进事物的新陈代谢"，推动中国文化向近代的转型。①当然这一结果，完全超出了洋务派的主观愿望。

第二，洋务派的"中体西用"文化观有一个发展过程，尤其是"西用"的具体内容，随着洋务派对西学认识的不断加深而有所变化。在洋务运动的开始阶段，洋务派所讲的"西用"，仅仅指的是西方列强的坚船利炮。后来逐渐扩大到坚船利炮之后的测算格致之学，认为"西洋制造之精，实源本于测算格致之学，奇才叠出，月异日新"②。再到后来，又由测算格致之学扩大到了声光电化之学。李鸿章就曾分西学"为格致、测算、舆图、火轮、机器、兵法、炮法、化学、电气学数门"，认为"此皆有切于民生日用军器制作之原"。③进入19世纪80年代后，以郑观应、马建忠、薛福成、郭嵩焘、张树声为代表的一些洋务知识分子和个别洋务官僚，开始认识到，西方的富强不仅在坚船利炮，也不仅在测算格致之学和声光电化之学，更在于议院等政治制度。因此，除坚船利炮和自然科技外，"西学"还应包含西方的政治制度，并且他们批评以李鸿章为代表的洋务官僚的洋务实践是"舍其本而逐其末"，徒袭皮毛。如两广总督、淮系要人张树声在1878年之前和其他洋务派一样，认为"中国声明文物，高出万国之上。自强之道，除练兵、造船、简器数端外，原不必一一效法西人"④。但到1884年他临终前给朝廷所上的《遗折》中却写道："夫西人立国自有本末。虽礼乐教化远逊中华，然驯致富强，具有体用。育才于学堂，论政于议院，君民一体，上下一心，务实而戒虚，谋定而后动，此其体也。轮船、火炮、洋枪、水雷、铁路、电线，此其用也。中国遗其体而求其用，无论竭蹶步趋常不相及；就令铁舰成行，铁路四达，果足恃欤？福州马江之役，聚兵船与敌相持，彼此皆木壳船也，一旦炮发，我船尽毁，此亦已事之鉴矣。"故此，他希望朝廷能"通筹全局，取琴瑟不调甚者而改弦更张之。圣人万物为师，采西人之体以

---

① 陈旭麓：《论"中体西用"》，载《近代史思辨录》，第59页。
② 李鸿章：《闽厂学生出洋学习折》，载《李鸿章全集》第二册，第939页。
③ 李鸿章：《筹议海防折》，载《李鸿章全集》第二册，第832页。
④ 张树声：《张靖达公杂著》，宣统二年武昌刻本，第65页。

行其用"。① 随着一些洋务知识分子和个别洋务官僚将西方的政治制度纳入应该采用的"西学"范围之内，洋务思潮开始向早期维新思潮过渡。

第三，洋务派的"中体西用"文化观，从根本上来说是对西方文化挑战的保守性反应，它虽然主张学习西学，但这种学习必须以维护中学的主导或本体地位为前提；学习西学的目的，不是要改变中学，而是为了更好地维护中学的主导或本体地位。以西卫中、以新卫旧，这是洋务派的"中体西用"文化观的根本精神。曾长期任张之洞幕僚的辜鸿铭在评价张之洞的"中体西用"论时指出："文襄（即张之洞，张之洞死后清政府赐谥"文襄"——引者）之效西法，非慕欧化也；文襄之图富强，志不在富强也，盖欲借富强以保中国，保中国即所以保名教。"② 所以有的人将"中体西用"论又称之为"变器卫道"论。如果说在洋务运动的兴起阶段，在当时整个社会对西学缺乏正确的认识、以为学习西学就是"以夷变夏"的情况下，它对于引进和学习西学还起过一定的积极作用的话，那么，随着人们对中国所以贫弱、西方所以富强之原因认识的逐步加深，以及对西学的不断了解和"西用"范围的不断扩大，"中体西用"文化观的局限性便日益显现出来。"当着要求全面学习'体用兼备'的西学，在中国实行变法改制的思潮萌动的时候，'中体西用'论式的实际作用便发生了微妙的变化：原本是作为论证采用西学的一条有力理由，这时却渐渐变成了妨碍着从'大本大原'处学习西方的一付羁绊。"③ 因此，到了19世纪90年代尤其是甲午战争以后，洋务派的"中体西用"文化观已去了它的积极意义，而成为保守主义的文化纲领。

四、在洋务和维新之间：郭嵩焘洋务思想的形成与发展

郭嵩焘，字伯琛，号筠仙，晚号玉池老人，世人又称养知先生，湖南湘阴人。清嘉庆二十三年（1818）出生，道光二十七年（1847）进士。一生经历坎坷，官场甚不得意。他以力劝曾国藩、左宗棠出山组建湘军知名

---

① 张树声：《遗折》，《张靖达公奏议》卷八，载沈云龙主编《近代中国史料丛刊》第二十三辑，（台北）文海出版社，1973，第559页。
② 辜鸿铭：《张文襄公幕府纪闻》，载黄兴涛等译《辜鸿铭文集》（上），海南出版社，1996，第419页。
③ 丁伟志、陈崧：《中西体用之间：晚清中西文化观述论》，第173页。

于后世，是湘军集团的缔造者之一。他同时又是一位学术成就极高的学者，兼治经史，是湘军集团、晚清封疆大吏中经史方面造诣最高者，其礼学成就为同时代学者所推崇。晚清湖南著名学者王先谦就评价他说："先生之文，畅敷义理，冥合矩度，其雄直之气，追配司马迁、韩愈，殆无愧色……评骘经史，考订尤精。"[1]郭嵩焘在"马嘉理事件"后赴欧洲担任中国第一任驻英法公使，亲历西方文明，以其敏锐眼光、开阔视野吸收了大量西方新知，形成了其独特的西方文明观和洋务思想，成为洋务官僚的特例。

郭嵩焘开始研究西方，起自于第一次鸦片战争期间，当时他正担任浙江学政罗文俊幕僚。此后随着湘军集团在晚清政局之中权势日重，作为湘军集团重要一员的郭嵩焘的政治地位也逐步提高，在其个人的学术旨趣以及湘学经世传统的影响之下，郭嵩焘对西方的认识逐渐深入，并能依其认识提出诸多处理中西关系的建言，也因之而获得了"通知洋务第一人"的名号。就郭嵩焘的洋务思想而言，大致可以以1875年他提出《条议海防事宜》，尤其是1876年"马嘉理事件"后他奉命出使英国为界，分为前后两个时期，前一个时期是他洋务思想的形成期，后一个时期是他洋务思想的发展期。

在其洋务思想的形成期，郭嵩焘对西方的认识大体不脱离自魏源以来"师夷之长技"的思想和晚清洋务派学习西方"器物之精"的范畴，但又有其自身的思想学术之理路。

第一，"循理"的洋务观。陆宝千曾这样评价这一时期郭嵩焘的洋务思想："郭氏洋务思想之基本观念，可拈二字以尽之，曰'循理'，是也。"[2]所谓"循理"，是指郭嵩焘对西方的认识以及洋务思想的基础来自其理学世界观。自嘉道以来，湖南湘学尊崇理学的特点就十分突出。清代汉学风靡一时，但湖南却在学术传承上独尊程朱理学。这一时期，省内有名的学者和书院都是极力维护宋学、反对汉学的，如岳麓、城南、石鼓等书院莫不如是。湖南学术以岳麓书院为中心，清代湖南省内有声望的学者，大都在此就读过。岳麓书院有"道南正脉"之称，历来尊崇程朱理学，并且影响了

---

[1] 王先谦：《养知书屋遗集序》，载《王先谦诗文集》，梅季校点，岳麓书社，2008，第95页。
[2] 陆宝千：《清代思想史》，华东师范大学出版社，2009，第373页。

湖南省内的一大批士人，如罗典，乾嘉年间任山长27年，"门下士发名成业者数百人"，其后欧阳厚均也担任山长27年，"弟子著录者三千余人"。①这些弟子门人不管有无获得功名，回到州县往往都是地方上有势力的绅士，又各自影响一大批人。正如当时人说："倡明道术，衍朱张之传，湖湘间翕然宗之。一时俊伟奇杰之士，获闻夫子之绪余者，皆服古志道，为有体有用之学。"②受湘学传统及学术交游的影响，郭嵩焘在学术上兼治经史，尤其是对六经之一的《礼记》颇有造诣，其代表作《礼记质疑》一书在晚清经学史上有着十分重要的地位。集中体现儒家精神的"礼"在他心目中的地位非常崇高，用他的话说："窃论《礼》者征实之书，天下万世人事之所从出也。得其意而万事可以理，不得其意则恐展转以自牾者多也。"③同时，郭嵩焘认为"道""理"不能绝对化地看待，尤其是不能脱离具体的典章制度来空谈所谓的"道""理"，"理"不仅是朱熹等理学家所说的事物存在的本质，也是历史事变的根本规律，"道""理"存在于"礼"所反映的具体的制度中，只有在历史的发展过程中，通过研究三代以来的制度变迁，才能认清"理""道"，这就是"以礼代理"。比如中国历史上对待夷狄的政策，只有辨析其理势情，区别不同形势，运用不同方法和策略，才能达到最好的效果。郭嵩焘认为就历史而言，汉唐时期中国应付夷狄绰有余裕，而南宋以下则措置失当，二者的根本区别，就在于汉唐朝廷能辨明理势，分别轻重而予以合理的应对，南宋以下则不分轻重，盲目地一味主战。郭嵩焘对南宋以下的盲目主战言论深恶痛绝，在著作和书信中一再加以严厉的驳斥。实际上这是针对当时士大夫的盲目主战言论有感而发的。它反映了自明末以来，儒学内部对理学的一种历史主义突破。虽然出于维护学术正统和人心风俗的需要，郭嵩焘治学主张以宋学为基础，要"先立乎大者"，"嵩焘于朱子之书，沉潜有年，而知圣人尽性以尽人物之性，统于明德、新民二者，而其道一裕之学。学者，致知、诚意，极于修身，止矣。致知之道

---

① 李瀚章、卞宝第：《湖南通志：人物》，光绪十一年刻本，湖南省图书馆藏。

② 严如熤：《乐园文钞》卷三，载《文会记》，转引自龙盛运《湘军史稿》，四川人民出版社，1990，第22页。

③ 郭嵩焘：《〈礼记质疑〉自序》，载《郭嵩焘诗文集》卷三，杨坚点校，岳麓书社，1984，第23页。

广，而具于心者约。诚意之功严，而尽天下之事固无不包也"，并提出"尊（经）也，亦即所以尊朱子也"的主张。[①] 但他同时又认为，对"理"的坚持不能像宋儒一样绝对化和教条化，"理"寓于历史变化之"礼"中，因而要根据当时的情势来历史地、客观地坚持"理"的实践，也即守"礼"。如针对宋儒对王安石变法的批评，他指出，"宋神宗之用王安石行新法也，志不忘幽燕也。辨君心之非者，亦辨之所用之人、所行之政而已矣。……温公（司马光）不能辨也。明道程子自安石用事，未尝一语及于功利。夫神宗之言功利，则亦当世之急务矣……神宗之心犹是也，贤如程子，不能辨也"。他更进一步指出："夫能辨知其心之非而格之，人与政之得失皆可言也；不能辨知其心之非而格之，人与政之得失无可言也。"[②] 正是从这种历史主义的"以礼代理"的理学世界观出发，郭嵩焘认为自道光朝以来办理洋务者之所以导致变故迭生，原因就在于当权者和士林之中的主流思想坚守的都是僵化陈旧的"理学观"，即不能以历史发展的"理"的思维去重新认识处理对外的"礼"，因此不能尽知洋务底蕴。

郭嵩焘对于西方的认识也经历了从蒙昧到理性的发展，其中主导这种变化的是湘学所具有的这种变革精神的理学观。他在《罪言存略》小引中就详细叙述过自己心路历程的变化，"嵩焘年二十而烟禁兴，天下纷然议海防。明年，定海失守。又明年，和议成。又五年而有《金陵条约》。又十二年而有《天津条约》。又二年，定约于京师。又十七年而有《烟台条约》。凡三十七八年，事变繁矣。当庚子、辛丑间，亲见浙江海防之失，相与愤然言战守机宜，自谓忠义之气不可遏抑"[③]。此时郭嵩焘与当时昧于世界大势者并无大的不同，直到"癸卯馆辰州，见张晓峰太守，语禁烟事本末，恍然悟自古边患之兴，皆由措理失宜，无可易者。嗣是读书观史，乃稍能窥知其节要而辨正其得失。久之，益见南宋以后之议论，与北宋以前判然为二，然自是成败利钝之迹亦略可睹矣。间语洋务，则往往摘发于事前，而其后皆验"[④]。此时，他还没有出使欧洲，亲身感受到西方国家的富强，"其

---

① 郭嵩焘：《〈大学章句质疑〉序》，载《郭嵩焘诗文集》卷三，第 24 页。
② 郭嵩焘：《读〈孟子〉》，载《郭嵩焘诗文集》卷一，第 9 页。
③ 郭嵩焘：《〈罪言存略〉小引》，载《郭嵩焘诗文集》卷三，第 34 页。
④ 郭嵩焘：《〈罪言存略〉小引》，载《郭嵩焘诗文集》卷三，第 34 页。

时于泰西政教风俗、所以致富强，茫无所知"。之所以有这种转变，以及后来"于是有谓嵩焘能知洋务者"，其原因就在于"所持独理而已"。①

正是这种变革的历史主义理学观，使得郭嵩焘在早期能够以理性的态度应对西方入侵所带来的危机。郭嵩焘认为，"自西洋通市中国，中国情形，彼所熟悉，而其国之制度虚实，中国不能知也，但眩惑其器械舟车之利，相与震惊而已"②。又说："盖南宋以来诸儒之议论，锢蔽于人心七八百年，未易骤化也。……洋人之入中国，为患已深，夫岂虚骄之议论、嚣张之意气所能攘而斥之者！"③而当权者在处理与西方的关系时，毫无定见，"朝廷于夷务，议和议战二者相持，均之于夷情无当也。……昔人有言：欲得办事者，须先求解事者。斯言不可易矣"④。在郭嵩焘看来，朝廷在"夷务"上之所以举措失当，其根本原因就在于不了解夷情，缺乏"解事"者。因此，要使国家自立，由弱转强，就必须深入了解夷情，从而做到"守正以明理"。郭氏虽然无法说服朝廷这样做，但他自己以身作则，是力图这样来做的："权抚粤东，就所知与处断事理之当否，则凡洋人所要求，皆可以理格之，其所抗阻，又皆可以礼通之。"⑤

第二，处理中外关系的明势、识势。从变革的历史主义理学观出发，郭嵩焘认为，在当时西方冲击中国之大背景下，再以过去之陈旧僵化眼光来看待西方，以传统"夷夏观"来处理中西关系是错误的，必须从理，也即事物发展的客观规律出发，掌握事物发展的趋势、方向，并以此来思考问题、解决问题，也就是要明势、识势。对近代湘学的发展产生过重要影响的王夫之就提出过自己的"理势观"："顺必然之势者，理也。理之自然者，天也。君子顺乎理而善因乎天，人固不可与天争久矣……天者，理而已矣；理者，势之顺而已矣。"⑥郭嵩焘又在王夫之"理势观"的基础上更进一步提出，"理"是历史发展的内在规律，表现于外则是"势"，"势"是历史发展必然趋势的"理"的外在范畴，是一种客观的不以人的意志为转移的规律，

---

① 郭嵩焘：《〈罪言存略〉小引》，载《郭嵩焘诗文集》卷三，第35页。
②《郭嵩焘日记》第一卷，湖南人民出版社校点，湖南人民出版社，1981，第188页。
③ 郭嵩焘：《〈罪言存略〉小引》，载《郭嵩焘诗文集》卷三，第35页。
④《郭嵩焘日记》第一卷，第140—141页。
⑤ 郭嵩焘：《〈罪言存略〉小引》，载《郭嵩焘诗文集》卷三，第35页。
⑥ 王夫之：《宋论·读通鉴论》，世界书局，1974，第16页。

所以认识事物就要"明乎理势"。他指出："天下，势而已矣。势，轻重也。极重不可反，识其重而亟反之，可也。反之，力也。力而不竞，天也。不识不力，人也。"① 因此，"理"可不变，但"势"是随着"时"的变化而不断变化的。并针对一些守旧人士动不动就谈三代，以三代之制来判断、处理中西关系，进行了尖锐的嘲讽和批判：今日之势与昨日之势不同。同样，三代之制固然完美，但并不适合于今时今日之中国，今时今日之中国正处于数千年未有的大变局中，空谈三代无益于时事，我们不能抱残守缺，而应识势，即随着时势的变化而变化。"时者，一代之典章，互有因革，不相袭也。生乎今之世，反古之道，则与时违矣，故时为大。"②

郭嵩焘所强调的识势，首先就是要充分认识中国所面临的世界发生了深刻变化，承认中国与西方的巨大差距这一客观存在的事实。他指出："天下，势而已矣。势，轻重也。极重不可反，识其重而亟反之，可也。反之，力也……知天下之势者，可与审几矣。知天下之几者，乃以销天下之险阻，而势之轻重，斟酌焉而得其平。"③ 世界中心与力量对比发生了转移，处理中外关系、办理洋务就必须知洋情、懂洋务，要在了解国际环境和认识中西力量对比的基础上展开对外交往，这才是符合对势的认识。故而知洋情、懂洋务遂成为其识势精神得以体现的关键。而在鸦片战争前后的当权者和士大夫，要么对西方蒙昧无知，固守着过去华夷之辨的僵化观念；要么对西方十分恐惧，恐洋、惧洋思想盛行，这些都极大地阻碍了中国与西方的正常交往。郭嵩焘在浙江任幕僚期间亲身经历过第一次鸦片战争，感受过西方对中国的伤害，但他并没有像当时绝大多数的士大夫一样，昧于世界大势，或是一味叫嚣主战，或是抱着妥协投降的心理，并不想真正了解西方，而是认为当务之急是要熟知西方真实情况，"能知洋情，而后知所以控制之法；不知洋情，所向皆荆棘也。吾每见士大夫，即倾情告之，而遂以是大招物议。为语及洋情，不乐，诟毁之。然则士大夫所求知者，诟毁洋人之词，非求知洋情者也。京师士大夫不下万人，人皆知诟毁洋人，安事吾一人而附益之？但以诟毁洋人为快，一切不复求知，此洋祸所以日深，

① 《郭嵩焘日记》第一卷，第 500 页。
② 郭廷以：《郭嵩焘先生年谱》（下），"中央研究院"近代史研究所，1971，第 471 页。
③ 《郭嵩焘日记》第一卷，第 500 页。

士大夫之心思智虑所以日趋于浮嚣，而终归于无用也"①。世界形势已发生深刻变化，中国正面临数千年未有之大变局，与西方的交往已是不可逆转之事实。面对此种现实，当权者与士大夫要正确认识这种变化，并通过疏通引导，让世人正确认识洋人、了解洋情，从而达到他所认为的中西互通的状态。郭嵩焘强烈反对那些以考求洋情为耻的思想，认为持此种思想的人，才是真正的贻害国家之人。"各国人材政教如此之盛，而勤勤考求，集思广益，不遗余力。中国漠然处之，一论及西洋事宜，相与哗然，以谓夸奖外人，得罪公议。至唐景星寓书李丹崖，切切焉以评论西人长处为大戒。中国士大夫愦愦如此，虽有圣者，亦且奈之何哉！"② 他发现，清朝政府与洋人交兵议款虽然已有 20 年之久，但始终无一人通知洋情、熟悉其语言文字者。于是，他冲破世俗的禁锢，第一个向咸丰帝建议，中国不能钩致夷人，自可访求蒙古汉人之通夷语者，并主张设立学习西方语言文字的学校，培养知洋情、熟悉其语言文字的人才。这就是后来京师同文馆设立的源起。

郭嵩焘虽然注重从历史上为他所提出的诸多重新认识、学习西方以及处理中西关系的对策追根溯源，但其重点则在论证历史上的典章制度是如何随着"时势"的变化而变化的。他指出，"惟圣人能制其权"，但"权不可预设，变不可先图。与时迁移，应物变化，设策之机也"。③ 同时要"理天下之剧，应人事之变，莫先于审幾。幾者，动之微，而理势之自然者也。知微之显，知远之近，知风之自，幾而已矣。悠悠之民，乌知君子之懿美哉。一动之幾，而忻然以起"④。"幾"的出现不是人为和偶然的，而是事物发展过程中的客观必然趋势，人们可以通过掌握这种"幾"，而使历史的偶然变成必然，也就是要充分发挥人在历史发展过程中的主观能动性。他强调，在实践过程之中，特别是在办理洋务过程中，要注意"因时度势"，也就是要注意以现实情况的变化为依据来制定措施。

第三，办理洋务需"循实以求之"。郭嵩焘虽然在情感上愤恨帝国主义以武力欺压侵略中国，但在理智上却有清醒的认识，即西方虽然武力强盛，

---

① 《郭嵩焘日记》第三卷，湖南人民出版社，1982，第 11 页。
② 《郭嵩焘日记》第三卷，第 634 页。
③ 《郭嵩焘日记》第一卷，第 392 页。
④ 《郭嵩焘日记》第二卷，湖南人民出版社，1981，第 35 页。

但志在通商，所以主战并不是应付时局的良方。他在京任翰林时，屡与朝官言及此意："一日，先生诣孚恩，适有客数人，在座谈洋务，一意主战。先生笑曰：'洋务一办便了，必与言战，终无了期。'闻者默然。顷之，客散，孚恩引先生就僻处告曰：'适言洋务不战易了，一战便不能了，其言至有理，我能会其意，然不可公言之，以招人指摘。'……是月，僧格林沁自天津回京度岁，一日在朝房就询先生：'东豫捻匪，天津海防，二者办理孰宜？'先生答曰：'捻匪心腹之患，办理一日有一日之功；洋人以通商为义，当讲求应付之方，不当与称兵；海防无功可言，无效可纪，不宜任。'僧邸默然。"[1] 陈孚恩和僧格林沁都是清政府主持内外政务的重臣，但一则知而不言，一则漠然置之，郭嵩焘的洋务思想和主张不被时论认可，由此可见一斑。

在出使欧洲之前，郭嵩焘先后为曾国藩、李鸿章担负筹饷大任，在厘金、盐政上都有一些成效显著的政治措施。湘军初起之时，内外交困；郭嵩焘担任两淮盐运使时，两淮盐政糜烂而不可收拾。如果这时还抱着所谓的君子小人之辨、义利之辨的道德坚守，很多政策就无法推行，这也是湘军人物的共识。郭嵩焘每行一政策，都喜欢从历史上寻找根源，为自己所推行的政策措施来寻找历史依据，以回应当时所谓的道德君子的攻击。他也认识到，所谓的伦理本位、道德至上并不是可以脱离历史发展来言的，而必须在历史发展过程中看待具体的道德实践，也就是"循实以求之"。他在谈到史学家批评诸葛亮在蜀中不行仁政、而行法家时说："自古言经国之计，能尽古今之变，述明哲之规，而不能审量当时事势，与其才力能行与否，言之愈精，其去事理愈远。曩读船山书辟申韩之说，极论诸葛公不当用此为治。窃疑诸葛公生扰攘之世，值群雄并起争逐之时，仓猝以就功名，所自命者管乐，而其量固远矣，岂能以三代王政期之？"[2] 他更进一步认识到即使是与道德有所背离，但只要符合当时的情势，也是符合历史发展的要求的。用他的话说："王者创业垂统，以下逮诸侯，道其常而已。不幸而出于变，反复相寻以求其安，必积之久而后定。惟圣人为能制其权。天时

---

① 郭廷以：《郭嵩焘先生年谱》（上），第 126—130 页。
② 郭嵩焘：《致瞿子玖》，载《郭嵩焘诗文集》卷十三，第 244 页。

人事之穷，以道贞胜，而有以通其变，后世守之为常法，圣人于其时创而行之，则权道也。……圣人为之，必更有反经合道，以兴起人心者。"①

鸦片战争后，国门洞开，伴随着西方列强的入侵，西学逐步兴起，以"师夷之长技"思想为指导，形成一种"不中不西即中即西"的应世之学，"会通中西，权衡新旧，中学为体，西学为用"，成为当时湖湘士人治学的主要倾向。从学理上来看，"师夷之长技"是内圣外王之道的伸延，是经世致用内涵的丰富和发展，它直接影响了湖湘学人的改革变法理论和守道救世思想。在太平天国农民运动兴起之时，湘军崛起，就是继承和发展了贺长龄、魏源以来的经世致用的传统，以洋务运动来应对数千年未有之大变局，通过笃实的学风去指导湘人在近代史上的中国大舞台上守道救时，体现的正是内圣与外王的传统观念，这不能不说是与湖湘文化之精神内核有着直接的联系。所以后来郭嵩焘就说："楚北人才不足与比方楚以南，有由然矣。南士游京师者，类能任事，务实行，以文章气节相高。人心习尚如此，欲无兴，得乎？"② 这正是由湖湘学派创立之初所传承下来的湖湘文化精神所影响导致的。例如刘蓉结合当时变局，认为此时研究的"道义之理"不是只能玄谈辩难的空洞无物的心性象征，而是要紧贴于社会现实与民生日用之道，能体现出传统伦理原则的一种道德化过程。在湖湘士人的治学之中，所谓的"道"，既高明远大，又蕴藏于日用生计之间。郭嵩焘又指出："圣人之道，其迹存乎名物象数之末……积累之久而得其精微，于是而有成德之君子，用其躬行实践之效以鼓舞整齐天下……循实以求之，考求名物象数，其制行必皆卓绝。"③ "躬行实践"，"循实以求之"，无疑也是对圣人之道的一种坚守。一个时代人心风俗的好坏，直接关系到国家的兴衰，世道之乱，就是人心风俗败坏的结果。因此，他特别重视宋儒的提倡道德修养，反对清初以来的汉学对宋儒的攻击。

同治五年（1866），署理广东巡抚的郭嵩焘因与两广总督瑞麟不合而被罢官回籍，在长沙城南书院及思贤讲舍讲学，直到光绪元年（1875）初，经军机大臣文祥举荐，才再度出山，授福建按察使。此时，正逢清政府内

---

① 郭嵩焘：《读〈论语〉二则》，载《郭嵩焘诗文集》卷一，第 7 页。
② 郭嵩焘：《冯树堂六十寿序》，载《郭嵩焘诗文集》卷十四，第 266 页。
③ 郭嵩焘：《〈中庸章句质疑〉序》，载《郭嵩焘诗文集》卷三，第 25—26 页。

部有所谓"海防""塞防"之争。先是 1874 年 3 月，日本借台湾少数民族杀害琉球难民之事，进兵台湾，中日濒临战争，经过一系列交涉，中日最终于秋间议和。此事引发清朝内部主持洋务者的焦虑，总理衙门于当年 9 月提出了筹备海防的练兵、简器、造船、筹饷、用人、持久六条建议。朝廷遂将总理衙门海防六条下发朝中官员和地方督抚进行讨论，由此引发的清政府内部自强本末之争引起了郭嵩焘的高度重视，他遂将 30 余年观察与办理洋务之心得写成《条议海防事宜》，上奏朝廷，也正是在这份重要的奏章之中，针对当时海防事宜，郭嵩焘在提出了因地、因时、因人的筹防三策后进一步指出，面临如此复杂之情势，要处理好中外关系，办理洋务必须有四大重要举措，一是急通官商之情，二是通筹公私之利，三是兼顾水陆之防，四是先明本末之序。在阐述"先明本末之序"时，郭嵩焘提出后人所公认超越时代的向西方学习的重要观点："嵩焘窃谓西洋立国有本有末，其本在朝廷政教，其末在商贾，造船、制器，相辅以益其强，又末中之一节也。"①

　　郭嵩焘提出的"西洋立国有本有末"的观点，实质上是对那种认为西方"为学无所谓道也，器数名物而已。其为治无所谓德厚也，富强而已"②之观点的突破或否定。因为在郭嵩焘看来，历史是发展变化的，这是事物之"理"，华夏过去之所以为世界中心，是因为当时之理是"道"在华夏，而随着历史之发展，世界中心已经发生转移，中国自秦汉以来失道久矣，中国失道，西洋得道，而且他们的道并非得自中国，他们与中国人一样同是人类，同为"含识之人民"，人同此心，心同此理，他们的道"上契于天"，"固天心之所属也"，两千年来，其政教风俗，"独擅其胜"，"自秦汉以来两千年流极败坏之久，累积之深以至今日"，"中国圣人之教，亦但资之以涂饰文具而已"。"秦汉以后之中国，失其道久矣。"③ 而"西洋立国二千年，政教修明，具有本末"④，西方之富强，其本不在器物之精，而在其政教。郭

---

① 郭嵩焘：《条议海防事宜》，载《郭嵩焘奏稿》，杨坚校补，岳麓书社，1983，第 345 页。
② 吴汝纶：《吴汝纶选集》，收入严云绶、施立业、江小角主编《桐城派名家文集》第 15 卷《吴汝纶选集・贺涛选集・范当世选集》，安徽教育出版社，2014，第 15 页。
③《郭嵩焘日记》第三卷，第 814—815 页。
④《郭嵩焘日记》第三卷，第 124 页。

嵩焘在这里批评了总理衙门所提出的自强之策，认为海防六条是舍本逐末。用他的话说："以中国之大，土田之广，因地之利，皆可使富也，用民之力，皆可使强也，即吾之所以自治也。舍富强之本图，而怀欲速之心以急责之海上，将谓造船、制器用其一旦之功，遂可转弱为强，其余皆可不问，恐无此理。"[1]朝廷的重心应该放在对于西方之"本"的借鉴和学习上。在"本"不立的情况下，清政府的"自强"方案只能是镜花水月、空中楼阁，因为"自强"的药方抄自西洋，而西洋"富强"的精髓在于"政教"，舍"政教"而求"富强"，是舍本而求末，其结果注定失败。"故欲先通商贾之气以立循用西法之基，所谓其本未遑而姑务其末者。"[2]

那么，郭嵩焘所谓的"政教之本"到底是指的什么？后来的研究者大都想当然地指其为西方资产阶级政治制度。这是不符合郭嵩焘提出"西方立国有本有末"的学术理论、思维模式及时代语境的。此时郭嵩焘所谓之"政教"，实际上指的是振肃纲纪、刷新吏治、选用人才，并未脱离传统的革新政治的思路。同样在《条议海防事宜》中他指出："自汉以来，中国全盛之世，边患相寻常若不及，而终宴然无事。及衰且乱，则必纪纲法度先弛于上，然后贤人隐伏，民俗日偷，而边患乘之。故夫政教之及人本也，防边末也。"[3]所以，总理衙门花费巨大代价建海军、购置炮舰、训练新式军队等，而忽视对朝廷政教的建设是舍本逐末，不仅不会取得理想的成效，相反还会产生破坏性的后果。当时就有人担忧道："今欲使中国之炮船足比西人，则轮船必以数百计，铁甲船必以数十计，大炮必以千计，次小之炮必以数千计，加以洋枪、杂器、火药、煤炭之费，将士薪粮之费，非数千万金不可……今中国民穷财尽，必不能有此巨款，势必横征暴敛，多结民怨，或凿山开矿，广开利孔，以冀集事，窃恐事未成而乱已生矣。"[4]也正是出于同样的担忧，郭嵩焘强调指出："富强者，秦汉以来所称太平之盛轨也，行之固有本矣，渐而积之固有基矣。振厉朝纲，勤求吏治，其本也。和辑人民，需以岁月，汲汲求得贤人用之，其基也。未闻处衰敝之俗，行操切之

----

① 郭嵩焘：《条议海防事宜》，载《郭嵩焘奏稿》，第346—347页。

② 郭嵩焘：《条议海防事宜》，载《郭嵩焘奏稿》，第345页。

③ 郭嵩焘：《条议海防事宜》，载《郭嵩焘奏稿》，第344页。

④ 强汝询：《海防议》，载《中国近代史资料丛刊：洋务运动（一）》，第367页。

政，而可以致富强者。"① 从上述言论可看出，郭嵩焘的本末观的落脚点，在于从学习西方的本末之论，重新回到针对当时国内朝廷弊政的反思与批判上，器物之道的学习、海防之建设并不是不需要，但相比较而言并非急务，"今海疆绥谧，民商乐业，可云无事矣……时之应有常、有变，而功之施有本、有末。时处乎变，则从其变之数以治其末而匡救之，而本有不暇顾矣。时际乎常，则审其常之理以探其本而厘正之，而末有不足言矣。天下之患，在吏治不修，纪纲废弛，民气郁塞，盗贼横行，岂为海上强敌莫之能支？一方告饥而已虞束手，一夫称乱而相顾哗然。窃以为方今之急，无时无地不宜自强，而行之必有其本，施之必有其方。本者何？正朝廷以正百官，大小之吏择人而任之，则本立矣。方者何？求富与强之所在而导民以从之，因民之利而为之制，斯利国之方也"②。正如有的研究者认为的那样，郭氏的"西洋立国有本有末"的观点，在一定程度上可视之为一种折中主义的学习西方的思路。在后人看来，这样的观点颇为"激进"或"先进"，因为它几乎是第一次指出了西方富强不在于坚船利炮，而在于政教，但置诸当时的语境中，其观点却可以说是走了一条折中路线：一方面，相对那些还怀持着"用夷变夏"的疑虑的人，郭嵩焘和总理衙门一样，已经认可了西方能够成为中国效仿的某种典范；而另一方面，相对于海防六条中透露出来的认为西方富强的秘密在于坚船利炮的观点，郭嵩焘却又和许多批评者一样，指出仅仅依靠器械并不能达成富强，富强之根本在于朝廷政教，亦即振肃纲纪、刷新吏治、选用人才。③

正是在这种"西洋立国有本有末"的理路之下，郭嵩焘提出了重视民生，以通商、发展商业作为致强之法的思想。郭嵩焘认识到西方国家之所以富强，在于它们重视工商业，保护公私之利，这就是所谓的"一曰急通官商之情"，"二曰通筹公私之利"。④ 在他看来，"西洋以商务为本，君民相与崇尚如此"⑤，"西洋以行商为制国之本，其经理商政，整齐严密，条理秩

---

① 郭嵩焘：《寄李傅相》，载《郭嵩焘诗文集》卷十二，第221页。

② 郭嵩焘：《条议海防事宜》，载《郭嵩焘奏稿》，第340页。

③ 李欣然：《文明竞争思路的开启——郭嵩焘西洋立国本于政教说的时代语境与历史意义》，《清华大学学报》(哲学社会科学版) 2017年第5期。

④ 郭嵩焘：《条议海防事宜》，载《郭嵩焘奏稿》，第341、342页。

⑤《郭嵩焘日记》第三卷，第328页。

然。即在中国，往来内江船主皆能举其职，而权亦重，优于内地官人远矣，宜其富强莫与京也"①。工商业发达是西方资本主义国家武力强大、对外掠夺的凭仗，"西洋以通商为义……一主通商，历久不变。其占踞地方，远至数万里，皆以通商为名，初无穷兵之心，而数反数复，必因衅以逞兵；亦并无争地之心，而屡战屡进，即乘势以掠地。南洋各岛侵占殆遍，无不由此，是以交涉西洋通商事宜，可以理屈，万不可以力争；可以诚信相孚，万不可以虚伪相饰；可以借其力以图自强，万不可恃其强以求一逞"②。至于如何发展工商业，这就需要"通筹公私之利"。他指出："国于天地，必有与立，亦岂有百姓困穷而国家自求富强之理？今言富强者，一视为国家本计，与百姓无与。抑不知西洋之富专在民，不在国家也。"③所以，要积极发动民众的积极性，"求富与强之所在而导民以从之，因民之利而为之制，斯利国之方也"，"窃谓造船、制器当师洋人之所利以利民，其法在令沿海商人广开机器局"，以最终实现"恃官民上下通筹，合力为之"。④

几乎与郭嵩焘官授福建按察使的同时，"马嘉理事件"发生，清政府授意负责处理事件的李鸿章、丁日昌二人妥协退让，并于1876年7月与英国签订《烟台条约》，其中规定中国派钦差赴英国道歉。10月，郭嵩焘以通知洋务而被授予出使英国之职，这年年底，郭嵩焘率副使刘锡鸿等随员30余人抵达英国，在伦敦设立了使馆，这也成为近代中国向外派驻使节的开端。1878年又受命兼任驻法公使。郭嵩焘到达英国后，把详细考察西方实情作为十分严肃、认真对待的最要紧事，非常留意英国的政治体制、教育和科学状况，考察了英国议会政治的运行过程，访问议会、法庭、监狱、工厂、学校、博物馆、图书馆、报社等，结识了众多专家学者，并以六十高龄潜心学习外语。这种亲身经历，使他对于西方的认识更加全面和深入，其洋务思想又在《条议海防事宜》的基础上有了进一步的发展。

郭嵩焘洋务思想的进一步发展，主要体现在他对于西方政教之本认识的深化。他曾经根据孟子的民贵君轻理论写道："天生民而立之君，所以为民

①《郭嵩焘日记》第三卷，第79页。
② 郭嵩焘：《因法事条陈时政疏》，载《郭嵩焘奏稿》，第404页。
③ 郭嵩焘：《与友人论仿行西法》，载《郭嵩焘诗文集》卷十三，第255页。
④ 郭嵩焘：《条议海防事宜》，载《郭嵩焘奏稿》，第341—343页。

也。三代圣人所汲汲者，安民以安天下而已。自战国游士创为尊君卑臣之说，而君之势日尊。至秦乃竭天下之力以奉一人而不足，又为之刑赏劝惩以整齐天下之人心。历千余年而人心所同拱戴者，一君而已。"①由此可见，他已经开始反思封建君主专制制度的历史不合理性。郭嵩焘曾详细考察过英国的议会民主制度，在其日记之中有大量篇幅记载他的所见所闻，以及他的思考。他认为英国的议会民主制度是"推原其立国本末，所以持久而国势益张者，则在巴力门议政院有维持国是之义；设买阿尔治民，有顺从民愿之情。二者相持，是以君与民交相维系，迭盛迭衰，而立国千余年终以不敝，人才学问相承以起，而皆有以自效，此其立国之本也"，而"中国秦汉以来二千余年适得其反"。这种民主制度能够达到郭嵩焘所理想的"君与民交相维系"的作用。②他还指出，英国议会的两党制，"相与驳难，以求一是，用意至美"③；"各竭其志意，推究辨驳，以定是非，而秉政者亦于其间迭起以争胜……问难酬答，直输其情，无有隐避……西洋一隅为天地之精英所聚，良有由然也"④。与之相比较，中国的君主专制制度存在诸多弊端。"圣人以其一身为天下任劳，而西洋以公之臣庶。一身之圣德不能常也，文、武、成、康四圣，相承不及百年，而臣庶之推衍无穷，愈久而人文愈盛。颇疑三代圣人之公天下，于此犹有歉者。秦汉之世，竭天下以奉一人。李斯之言曰：'有天下而不恣睢，命之曰以天下为桎梏。'恣睢之欲逞，而三代所以治天下之道于是乎穷。"⑤这种观点，既有对传统儒家民本思想的新发展，也是在考察西方，比较中西方政制之后所得出的新的思考。同样，他认为，西方之政制的最大好处是通公私之利，通上下之情，他也因而强调，"今日总当以通下情为第一义"⑥。"盖西洋富强之业，资于民人，其民人趋事兴功，而国家用其全力护持之，岁计所需以为取民之制。大兵大役，皆百姓任之，而取裁于议院。其国家与其民人交相维系，并心一力，以利为程。所以为富强者，人民乐利劝业，厚积其势以拱卫国家，行之固有本矣。未

---

① 《郭嵩焘日记》第四卷，湖南人民出版社，1983，第69页。
② 《郭嵩焘日记》第三卷，第373页。
③ 《郭嵩焘日记》第三卷，第470页。
④ 《郭嵩焘日记》第三卷，第393—394页。
⑤ 《郭嵩焘日记》第三卷，第548页。
⑥ 《郭嵩焘日记》第一卷，第215页。

闻处衰败之俗，行操切之政，而可以致富强者。"① 只有这样，国家、君主、民众才能成为一体，勠力同心。

在工商业的发展上，郭嵩焘尤其反对洋务派早期的官办或官督商办企业形式，他通过考察了解到，在商业管理体制上，西方国家官吏并不直接参与商业活动，而是由商民自主经营，自知其中利益而争赴之，相关官吏只是在经济秩序上为之经理而已，所谓的经理即"推考百货盈虚，达知本国，权衡物价之轻重，以为制国用之本"，郭嵩焘盛赞此举，认为这样可以"使商情与其国家息息相通，君民上下，同心以求利益，此中国所不能及也"。② 他还指出："泰西立国之势与百姓共之。国家有所举废，百姓皆与其议；百姓有所为利害，国家皆与赞其成而防其患。汽轮车之起，皆百姓之自为利也……其国家与其人民交相比倚，合而同之。民有利则归之国家，国家有利则任之人民。"③ 反观中国，往往是"若径由官开采，则将强夺民业，烦扰百端，百姓岂能顺从，而在官者之烦费又不知所纪极，为利无几，而所损耗必愈多。若仍督民为之，则亦百姓之利而已，国家何恃以为富强之基乎"④，所以他反复强调，当务之急，是要"急通官商之情，与其官督商办而造成烦费日甚，库款之支发日穷，不如使商人自制之情得而理顺也"⑤。

郭嵩焘还认识到中国古代政制是一种德治，而西方的政制是一种法治，法治是优越于德治的，他因而对西方的法治表示由衷地推崇："圣人之治民以德。德有盛衰，天下随之以治乱。德者，专于己者也，故其责天下常宽。西洋治民以法。法者，人己兼治者也，故推其法以绳之诸国，其责望常迫。其法日修，即中国之受患亦日棘，殆将有穷于自立之势矣。"⑥ 他也对西方的三权分立有所认识："其定法、执法、审法之权分而任之，不责于一身，权不相侵，故其政事，纲举目张，粲然可观。"⑦ 郭嵩焘还留意到西方新闻舆论自由在监督政府、主持正义和反映民情方面的巨大作用："西洋一切情事，

---

① 王兴国：《郭嵩焘研究著作述要》，湖南大学出版社，2009，第120页。
②《郭嵩焘日记》第三卷，第338页。
③ 郭嵩焘：《铁路后议》，载《郭嵩焘诗文集》卷二十八，第555页。
④ 郭嵩焘：《与友人论仿行西法》，载《郭嵩焘诗文集》卷十三，第253页。
⑤ 郭廷以：《郭嵩焘先生年谱》（下），第481页。
⑥《郭嵩焘日记》第三卷，第548页。
⑦ 马建忠：《上李伯相言出洋工课书》，载《采西学议——冯桂芬 马建忠集》，第156页。

皆著之新报，议论得失，互相驳辨，皆资新报传布。执政亦稍据其所言之得失以资考证，而行止一由所隶衙门处分，不以人言为进退也。所行或有违忤，议院群起攻之，则亦无以自立。故无敢有恣意妄为者。"①他认识到法制理念的确立和新闻舆论的自由不仅是西方文化的精义，也是国家富强的保证。

在郭嵩焘赴英之前，朝廷应总理衙门之奏请，诏命他将沿途所记日记等咨送总署。于是，郭嵩焘在赴英途中对所见所闻做了详细日记，而且还对这些见闻做了自己的评价。如见到一些港口每天上百艘轮船进进出出却秩序井然，他不禁叹道："条理之繁密乃至如此。"他还盛赞伦敦："街市灯如明星万点，车马滔滔，气成烟雾……宫室之美，至是殆无复加矣。"②其他如沿途十数国的地理位置、异土民情、风俗习惯、宗教信仰、土耳其的制宪改革、苏伊士运河巨人的挖河机器、"重商"对西方富强的作用等等，日记中都有记载和介绍。本来郭嵩焘想借日记对沿途见闻的介绍让国人对世界有更多的了解，从而摆脱夜郎自大的心态，但不料日记按朝廷要求寄到总理衙门并取名《使西纪程》刊行后，立即遭到顽固派的攻击、谩骂，有人甚至攻击他"有贰心于英国，欲中国臣事之"，要求将他撤职罢官，杀头问罪，朝廷也迫于舆论的压力，下令将此书毁版，禁其流传。到了英国正式走马上任之后，郭嵩焘也每每有在当时国内视为离经叛道之举，如以如夫人梁氏之名义在使馆举办招待各国公使之晚会等，加之与副使刘锡鸿观念不合，两人矛盾逐渐激化，刘锡鸿暗中对郭多加诋毁，指责郭嵩焘有"三大罪"：（一）"游甲敦（喀礅）炮台披洋人衣，即令冻死，亦不当披。"（二）"见巴西国主，擅自起立，堂堂天朝，何至为小国主致敬。"（三）"柏金宫殿听音乐屡取阅音乐单，仿效洋人之所为。"③刘锡鸿还密劾郭嵩焘罪责"十款"，极尽罗织诬陷之能事。鉴于郭、刘二人势同水火，清政府于1878年8月下令将二人同时调回。本来清政府还拟将郭嵩焘查办治罪，后在李鸿章、曾纪泽等人的反对下才不了了之。1879年5月郭嵩焘回到国内后，拒绝了总理衙门让他先期回京的谕令，而直接返回故乡长沙，直到1891年病逝，

①《郭嵩焘日记》第三卷，第368页。
②《郭嵩焘日记》第三卷，第98页。
③ 郭廷以：《郭嵩寿先生年谱》（下），第675页。

都未再出山任职。

郭嵩焘晚年赋闲家居期间，通过对自己几十年办理洋务之得失的反思，在西方文明之本在于政教的基础上又有了对于中西文明比较的更进一步认识："人心风俗为立国之本"，并把人心风俗与国家富强紧密地联系在一起："凡为富强，必有其本。人心风俗政教之积，其本也。"[1] 在郭嵩焘看来，"人心风俗"由"人心"与"风俗"构成，"人心之积为风俗"，"风俗之美恶全系之人心"。也就是说，"风俗"就是社会上部分人的"人心"，由此出发，郭嵩焘把"人心风俗"看作是社会经济基础和组织形态决定的，反映文化时代精神的社会普遍心理和行为方式，包括国民的道德水准、知识结构、思想观念以及在此基础上形成的官场作风、社会风气等。这种人心风俗为立国之本的思想，固然有几十年办理洋务和亲历西方的切身体会，也与其传统知识结构有关。有学者就指出，"郭嵩焘以人心风俗为中西差别与富强之'本'所在，固属来自英国经验的直接观感，更是其自身学养的内在反应。清季道咸以降，今文经、诸子学潜滋暗长，论学一意尊汉黜宋者已不多觏。郭嵩焘于汉学宋学并无严苛的门户之见，但其论学言辞之间，往往流露尊宋之意，若为其划分阵营，仍须归入理学之列。此亦为论者共识。在词汇上拈出'风俗'与'富强'相对应，亦未尝不是宋学思路中的条件反射"[2]。郭嵩焘把人心风俗看作立国之本，既是对中国历史上王朝兴衰经验的总结，也是对晚清社会人心败坏现实情况的反思，更是对中西文明比较之后所思考得来的富强之道。郭嵩焘就讲过："自古世道之乱，原本人心风俗，而其患皆起于士大夫。"[3] 但自嘉道以来，社会弊病丛生，又遭遇鸦片战争之后西方所带来的危机，人心风俗败坏更是不堪，"今吾民之弱极矣，而道德之消削亦愈甚；贫极矣，而风俗之偷薄亦愈深。此所以为可忧也"[4]。他将晚清以来社会民众盲目、愚昧的表现概纳为四个方面：讹言恣兴，乱亡之征；愚昧无知，空谈误国；狡猾自私，相与倾轧；无理取

---

① 郭嵩焘：《复姚彦嘉》，载《郭嵩焘诗文集》卷十一，第200页。

② 郭道平：《19世纪后期关于"富强"的本末观——以郭嵩焘和严复为中心》，《北京大学学报》2014年第2期。

③《郭嵩焘日记》第四卷，第416页。

④《郭嵩焘日记》第四卷，第88页。

闹，动辄抗上。这与西方之人心风俗形成了鲜明对比。例如对于他万不可解者的西方舞会风俗，"男女杂沓，连臂跳舞，而皆着朝服临之。西洋风俗，有万不可解者。自外宫门以达内厅，卫士植立，皆有常度，无搀越者。跳舞会动至达旦，嬉游之中，规矩仍自秩然。其诸太子及德国太子，皆与跳舞之列。以中国礼法论之，近于荒矣。而其风教实远胜中国"①。他认为西方的"风教"之所以"远胜于中国"，关键在于西方社会重视上下民情相通，"其民人周旋，一从其实，不为谦退辞让之虚文。国家设立科条，尤务禁欺去伪。自幼受学，即以此立之程，使践履一归诚实。而又严为刑禁，语言文字一有诈伪，皆以法治之，虽贵不贷。……其风俗之成，酝酿固已深矣。世安有无政治教化而能成风俗者哉？西洋一隅为天地之精英所聚，良有由然也"②。这也正是西方之强大的根本所在，"西洋人品学问，蒸蒸日上，非无故也"③，"此邦术事愈出愈奇，而一以学问思力得之，人心固无不有也"④。

中国的人心风俗败坏如此，自强也就无从谈起："即富强二者，未尝无策，然决非今日所能行。无他，天下万事万务，根本人心。人心流极败坏，以有今日，直无复可以有为之理。"⑤"中国士大夫惯惯如此，虽有圣者，亦且奈之何哉！"⑥因此，要寻求富强之路，首先就要振奋人心，而人心风俗的培育，当权者与士大夫应该起到表率、振刷的作用，"凡风气所趋，人心为之波靡，正须一二强有力者推而挽之，又须有人响应景从，而后可以转而之正，久之而成为风俗，此乃所谓积渐之效也。若更有一强有力者，导天下为靡靡之音，人心方乐趋之。孔子不能正季、孟之僭，孟子不能攻齐宣之心，况在中才以下者乎？居今日而欲挽回一世之人心，非得在上位者端其表而正其防，使皆耸然而听命，未有幸而能取效者也"⑦。同时，郭嵩焘认为，"学校者人心风俗之本，学校修明，人心风俗亦将有感

---

① 《郭嵩焘日记》第三卷，第 510 页。
② 《郭嵩焘日记》第三卷，第 393—394 页。
③ 《郭嵩焘日记》第三卷，第 194 页。
④ 《郭嵩焘日记》第三卷，第 211 页。
⑤ 《郭嵩焘日记》第四卷，第 25 页。
⑥ 《郭嵩焘日记》第三卷，第 634 页。
⑦ 《郭嵩焘日记》第三卷，第 934 页。

发振兴，转移于不自知者"①。晚年引退之后，郭嵩焘并没有完全丧失进取之心，他依然有着一种强烈的责任感和使命感，"嵩焘以为吾辈家居，政教之得失，纪纲法度之修废，皆非所能与闻，独于人心风俗，吾辈当同任其责"②。正是秉持这一理念，郭嵩焘晚年在湖南以老病之躯、一人之力兴办洋务，试图扭转湖南的人心风俗，如他于光绪五年（1879）倡设退省私社（后改名尊行公社）和耕心堂，目的就在于"专务表章乡里轶行，编集《嘉言录》，力矫湖南造谣倾轧之习"③。此外，鉴于鸦片泛滥对于中国人生理和精神所造成的巨大危害，同年（1879）他在长沙联合士绅取缔烟馆，并倡设禁烟公社，力倡禁烟，"申明禁烟之义"，"训示各家子弟，使知稍有忌惮，以不致习为故常，推类以各及其亲戚朋友，能醒劝一二人，即一二人受其益"。④郭嵩焘还于光绪七年（1881）倡设思贤讲舍，"以思贤讲舍与公社交相维持，发明其说"，其宗旨是"曰自重以为立身之本，讲求礼法以为接人应务之方，亲师取友以求共学之益，读书务实以立为学之程"。⑤

郭嵩焘的洋务思想尤其是"西方立国有本有末"的思想在近代中国社会变迁与文化转型之中十分突出，也能反映出当时一大批彷徨迷惑于传统与现代、中学与西学之间的知识分子的生存状态。郭嵩焘对西方文化的认识并没有停留在之前中体西用、船坚炮利的层面上，他认识到"西方立国有本有末"，因而学习西方，不仅仅要学习西方的物质文明，更为重要的是要学习西方的政教风俗。但同时，郭嵩焘之洋务思想仍然有其局限性，结合时代语境、学术理路来看，其"西方立国有本有末"思想的思维模式仍然局限在所谓"道出于一"的框架之中。郭嵩焘比较中西文化发展的源流，一方面通过亲身考察西方的各种文化和政治经济制度，与三代典制相比较，得出"俾知西学之渊源，皆三代之教之所有事"的结论。在他看来，"苟得其道，则固天心之所属也。茫茫四海，含识之人民，此心此理，所

①《郭嵩焘日记》第四卷，第157页。
②《郭嵩焘日记》第四卷，第88页。
③《郭嵩焘日记》第三卷，第925页。
④《郭嵩焘日记》第四卷，第87页。
⑤《郭嵩焘日记》第四卷，第157页。

以上契于天者，岂有异哉？而猥曰：'东方一隅为中国，余皆夷狄也。'吾所弗敢知矣"。① 内中所含之意蕴，即认为中国与西方有着同一样的"道"；另一方面，从对中西文化历史发展源流的考证中，郭嵩焘认识到，"自秦汉以来两千年流极败坏之久，累积之深以至今日"，"中国圣人之教，亦但资之以涂饰文具而已"。"秦汉以后之中国，失其道久矣"，而"西洋立国二千年，政教修明，具有本末，与辽、金崛起一时，倏盛倏衰，情形绝异"。② 这就表明郭嵩焘认为西方之所以强大，乃是因为中国失"道"，而西方得"道"。这种以传统文化来比附西方文化的方法，是他提出学习西方思考方式的思想基础，其逻辑基点和思维模式是以传统文化比附西方文化，西方的强盛并不是凭借其自身文化所有的特质异于中国，而是西方本身的文化中蕴涵了和中国传统的政教风俗相契合的因子，正是这些与东方文化相一致的思想因素造成了其文明的兴盛。而中国之所以积弱不振而处于衰世，也是因为中国没有充分地把这些有利因素发扬光大起来。这正如论者所指出的那样："在向西方学习的方向上，郭嵩焘认识到西方不仅器物值得师法，政教上也值得学习，从而将对西方的认识引入到了中国人更加关注的'道'的层面；而在国家治理的问题上，他又摆脱了西方冲击带来的治国'以器械为重轻'的'异端'思路，力图回归从政教人心下手这样的'正道'。而这二者的交汇，则意味着向西方学习和儒生心目中的'正道'是可以并存的。后世'趋西'风潮的形成，恰是沿着郭嵩焘的思想方向发展下去的结果。"③ 但同时，我们也不能因为这种"道出于一"，以西方比附中国三代的思维模式就抹杀了郭嵩焘洋务思想的价值和意义。

就郭嵩焘洋务思想的历史地位而言，本书认为是介于洋务与维新之间，即超越了洋务思想，但又没有达到维新思想的高度。之所以说超越了洋务思想，是因为郭嵩焘认为"西方立国有本有末，其本在朝廷政教，其末在商贾，造船、制器"。尽管郭嵩焘在这里所讲的"政教"，指的是振肃纲纪、

---

① 《郭嵩焘日记》第三卷，第814—815页。
② 《郭嵩焘日记》第三卷，第814、124页。
③ 李欣然：《文明竞争思路的开启——郭嵩焘西洋立国本于政教说的时代语境与历史意义》，《清华大学学报》（哲学社会科学版）2017年第5期。

刷新吏治、选用人才，这仍然是传统的革新政治的思路，但"西方立国有本有末"思想的提出，如同后来早期维新思想家胡启、何礼垣和戊戌时期的维新思想家严复所提出的"西方立国有体有用"的思想一样，亦是对洋务派的"中体西用"文化观的突破和否定，有其重要的思想意义。尤其是郭嵩焘在出使英法期间，通过对西方民主政治运行过程的考察，认识到西方的民主政治比中国的传统政治优越得多，从而给予了西方的民主政治以充分的肯定和赞美，其字里行间流露出的是对西方民主政治的高度认同。这是对洋务思想的超越和突破，我们在同时代的洋务官僚中是很难找到郭嵩焘的类似思想的。之所以说没有达到维新思想的高度，是因为早期维新思想家不仅高度肯定和赞美西方的民主政治，并进而提出了中国应向西方学习，变中国的君主专制制度为西方的"君民共主"制度的主张。是否主张在中国实行西方的"君民共主"的政治制度，是判定一个人是不是早期维新思想家的根本标准。而郭嵩焘虽然对西方的民主政治给予了充分的肯定和赞美，但他并没有明确主张变中国的传统政治为西方的民主政治，在中国实行"君民共主"。因此，他的思想还没有达到早期维新思想家的高度，还不能称之为早期维新思想家。

　　超越洋务思想，这是郭嵩焘洋务思想的闪光之处，也是他的思想之所以不能见容于社会的根本原因。蒋廷黻就曾指出："同治光绪年间的社会如何反对新人新政，我们从郭嵩焘的命运可以更加看得清楚……他是全国最开明的一个人，他对西洋的认识远在李鸿章之上，但是时人反对他，他以后全无机会做事，只好隐居湖南从事著作。他所著的《养知书屋文集》，至今尚有披阅的价值。"[①] 没有达到维新思想的高度，这是郭嵩焘洋务思想的局限所在，造成这一局限的原因是多方面的，其中最主要的原因可能要到他所生活的时代、他所接受的思想以及他所身处的体制中去寻找。借用他的好友王先谦的话说："夫经纶者，时也；屈伸者，命也。时与命相际，而才显焉；不则反是。吾见役志于功名之途，以毕其生，及其不遂而殇（殇）、而无复有以自见者甚多而可悲也。惟魁奇杰特之士，自其始为学时，即已靡不通究。出而应世，未尝以庳小自域，而散见于楮墨者，众咸宝贵之。其

---

① 蒋廷黻：《中国近代史》，上海古籍出版社，1991，第49—51页。

或卒绌于远大之程，出其余艺，犹足颉颃千载作者。自古贤达，莫不皆然，吾于郭筠仙先生尤深慨焉。"①

第四节　脱胎于洋务思潮的早期维新思潮

一、从洋务知识分子到早期维新派

随着洋务运动的发展，进入19世纪70年代后，在外国资本主义的刺激下，中国社会出现了一些商办的民用企业。这些企业主要是由一些官僚、地主、买办和商人投资而来的，还有一些是从原来的旧式手工业工场、作坊开始采用机器生产转化而来的。它们构成了中国最早的民族资本主义经济。由于受外国资本主义和本国封建势力的双重压迫，这些企业发展非常缓慢，力量十分薄弱。据统计，到1894年，商办的民族资本主义性质的企业总共只有50多家，资本500多万元。其中比较有名的有1873年广东华侨商人陈启沅在广东南海开设的继昌隆缫丝厂，1878年轮船招商局会办朱其昂在天津开设的贻来牟机器磨坊（面粉业），1881年黄佐卿在上海开设的公和永缫丝厂，1881年买办徐润在上海开设的同文书局（印刷业），1886年官僚杨宗濂、买办吴懋鼎等在天津开设的自来火公司（火柴厂），1887年买办商人严信厚在宁波开办的通久源轧花厂，1898年买办祝大椿在上海开办的源昌机器碾米厂，以及1890年上海商人叶澄衷、朱炜臣开设的燮昌火柴公司等。

中国民族资本主义经济是在中国日益半殖民地化的社会历史条件下产生的。当时，外国资本主义通过不平等条约强迫中国开辟多处通商口岸，降低进出口税率，并取得了沿海、内河航运权和海关控制权，把中国变成了它们的商品市场和原料供应地。中国民族资义企业无论在产品销售还是原料收购方面，都受到外国资本主义的控制和排挤。外国资本主义还经常采取降价倾销产品、高价收购原料等手段，打击中国民族资本主义企业，

---

① 王先谦：《养知书屋遗集序》，载《王先谦诗文集》，第95页。

阻碍它们的发展。除外国资本主义的排挤和打击外，中国民族资本主义企业还经常受到国内封建势力的压制和摧残。在甲午战争以前，中国民族资本主义企业始终没有得到清政府的正式承认，处于不合法的地位，在设厂、经营和销售等方面，得不到任何法律保障。地方官吏可以随意处置它们，对它们进行敲诈勒索。比如，1881 年南海知县徐赓陛以继昌隆缫丝厂"专利病民""夺人生业""男女（工人）混杂，易生瓜李之嫌"为由，下令予以封闭，该厂被迫迁往澳门，直到徐赓陛调离后，才又迁回南海。又如 1893 年武举出身的李福明在北京东便门设立机器磨坊，被清朝官吏视为"不安本分"的"刁商"，"经都察院奏准，饬令撤去"。[①] 所以，中国民族资本主义经济与外国资本主义和国内封建势力之间存在着矛盾和斗争。但同时，由于中国民族资本主义经济在外国资本主义和国内封建势力的双重压迫和摧残下，举步维艰，困难重重，力量十分薄弱。为了生存和发展，它们又不得不左右依附：一方面依附于外国资本主义，需要购买它们的机器、设备和原料，需要它们贷款，需要它们的保护；另一方面又依附于国内封建势力，需要清政府和地方官员批准营业、减免厘金和税收，需要它们提供支持。凡此种种，使中国民族资本主义经济与外国资本主义和国内封建势力之间又存在着千丝万缕的联系和一定的依存关系。

伴随着中国民族资本主义经济的出现和发展，产生了民族资本主义经济的政治代表——中国民族资产阶级。中国最早的民族资产阶级有两个来源：一是由那些投资于官督商办、官商合办和商办企业的官僚、地主、买办和商人转化而来，二是由那些采用机器生产的旧式手工作坊或手工工场的作坊主或工场主转化而来。中国民族资产阶级是一个具有两面性的阶级：一方面，中国民族资本主义企业同外国资本主义和国内封建势力之间的矛盾，决定了中国民族资产阶级愿意参加反对外国侵略和反对封建压迫的斗争，具有历史的进步性和一定的革命性；另一方面，中国民族资本主义企业同外国资本主义和国内封建势力之间存在着的千丝万缕的联系和一定的依存关系，又决定了中国民族资产阶级反对外国侵略和反对封建压迫不坚

[①] 孙毓棠编《中国近代工业史资料》第一辑 1840—1895 年（下册），科学出版社，1957，第 964、988 页。

决、不彻底，具有先天的软弱性和妥协性。中国民族资产阶级的这种两面性，在中国民族资产阶级思想家身上表现得非常明显。

一定的思想是与一定的经济关系和阶级关系相联系的。随着中国民族资本主义经济的出现和中国民族资产阶级的产生，在 19 世纪的八九十年代，中国思想界兴起了一股要求抵抗外国资本主义侵略、发展民族资本主义工商业、采纳西方政治制度的早期维新思潮。这一思潮反映的正是形成中的中国早期民族资产阶级的利益和愿望。

早期维新思潮的代表人物称之为早期维新思想家或维新派，他们主要有王韬（1828—1897，初名利宾，号兰卿，江苏长洲人，后化名黄畹上书太平天国事被清政府通缉，在英人的保护下逃到香港，改名为韬，字紫诠，号仲弢，晚年自号弢园老民，著有《弢园文录外编》）、薛福成（1838—1894，字叔耘，号庸盦，江苏无锡人，1879 年作《筹洋刍议》，提出变法主张，后出任驻英、法、意、比四国公使，对西方的政治、经济多有了解，著有《庸盦全集》）、马建忠（1845—1900，字眉叔，江苏丹徒人，早年入李鸿章幕，后奉派到法国，入法国巴黎政治学院学习，是第一个获得法国学位的东方人，长期协助李鸿章办理外交，著有《适可斋纪言纪行》）、郑观应（1842—1921，字正翔，号陶斋，广东香山人，先后当过英商宝顺洋行买办、洋务企业上海机器织布局会办、轮船招商局帮办和总办、上海电报局总办，著有《盛世危言》一书）、陈虬（1851—1903，字志三，号蛰庐，浙江乐清人，1892 年著《治平通议》8 卷，刊行于世）、陈炽（1855—1900，字次亮，号瑶林馆主，江西瑞金人，当过户部郎中、刑部章京、军机处章京，著有《庸书》内外百篇）、汤震（1856—1917，后改名寿潜，字蛰先，浙江山阴人，著有《危言》40 卷）以及何启、胡礼垣（两人后有介绍）等。如前所述，这些人几乎都参与或支持、同情过洋务运动，除何启、胡礼垣等少数人外，大多是洋务派中不当权的洋务知识分子。在洋务运动的兴起阶段，他们在思想上与以曾国藩、李鸿章、左宗棠等为代表的洋务官僚并无明显的区别。在对"变局"的认识、"自强""求富"的指导思想、官督商办的经营方式，以及"中体西用"的文化观等问题上，都同洋务官僚的主张基本一致。这也是他们中的一些人所以能得到洋务官僚的重用，或入幕襄赞（如薛福成），或奉派出使（如马建忠），或经营洋务企业（如郑观应），直接参与洋务活动的重要原因。然而，这些人毕竟与以曾国藩、李鸿章、左宗棠等为代表的洋务官僚不同，他们不是当权派，与清王朝的关系不像曾国藩、李鸿章、左宗棠等人那样紧密。而与民族资本主义经济的联系，他们又比曾国藩、李鸿章、左宗棠等人更多些，其中有的人本身就是民族资本主义经济的经营者（如郑观应）。同时，他们对西方社会、政治、经济和文化情况也比曾国藩、李鸿章、左宗棠等人有更多的了解，不少人还到过港澳和欧美，亲身感受过西方文明，而对西方文明感受愈多，对中国的落后封闭也就愈感痛切。另外，他们的年纪也比曾国藩、李鸿章、左宗棠等人小，一般要小20～30岁，其思想也因而更敏锐，接受新思想、新事物也较快。所以，随着洋务运动的开展，以及社会环境的变化，洋务运动所固有的问题和矛盾逐渐暴露无遗，他们对以"自强""求富"为主要目的的洋务运动也越来越感到不满，并最终从洋务派阵营中脱胎出来，成了中国早期的维新思想家或维新派。[1]也正因为早期维新思想家或维新派是从洋务派阵营中脱胎出来的，他们身上还留有不少洋务派的印记，在一些问题上（如文化观）还很难把他们与洋务派彻底区分开来，新（维新思想）旧（洋务思想）杂糅，这是他们思想的一个显著特征。

二、早期维新思潮的主要内容

（一）反对外国侵略的爱国思想。早期维新思想家或维新派的一个共同特点，就是具有比较强烈的反对外国侵略、希望中国独立富强的爱国思想。他们对外国侵略者在中国的种种侵略罪行进行了揭露和批判。马建忠指出："今日之中国，其见欺于外人也甚矣。道光季年以来，彼与我所立约款、税则，则以向欺东方诸国者，转而欺我。于是其公使傲睨于京师，以陵我政府；其领事强梁于口岸，以抗我官长；其大小商贾盘踞于租界，以剥我工商；其诸色教士散布于腹地，以惑我子民。"[2]他们谴责外国侵略者强迫清政

---

① 例如，王韬批评洋务运动的所谓"求强""求富"，向西方学习，是"有其名而鲜其实"，徒袭西方的"皮毛"而已（《变法下》，载《弢园文录外编》卷一）。陈炽也批评洋务运动"以巽弱为能，以周容为度，以张皇退葸为功"，号称学习西方，但实际上是"弃其菁英而取其糟粕，遗其大体而袭其皮毛"（《庸书内外篇·自序》）。
② 马建忠：《拟设翻译书院议》，载《采西学议——冯桂芬 马建忠集》，第224页。

府签订的不平等条约，尤其是对不平等条约中所规定的有损中国权利的片面最惠国待遇、领事裁判权、协定关税权等条款，表示愤慨和不满，要求予以修改。薛福成认为："中国立约之初，有视若寻常而贻患于无穷者，大要有二：一则曰一国获利，各国均沾也……一则曰洋人居中国，不归中国官管理也"，这也就是片面的最惠国待遇和领事裁判权。初订条约时，以为这是很平常的事，其实它后患无穷，给中国带来的是巨大灾难。仅以片面最惠国待遇而言，"一国所得，诸国安坐而享之，一国所求，诸国群起而助之，是不啻驱西洋诸国，使之协以谋我也"。[①] 王韬强调："我之所宜与西国争者，额外权利一款耳，盖国家之权系于是也。"[②] 所以他希望在修订条约时，取消这一条款。郑观应指出，领事裁判权严重损害了中国的主权，"此尤事之大不平者也"[③]。因为根据不平等条约的规定，外国人在中国犯法，不受中国法律的制裁，而由各国领事依据本国法律审判，这样他们"人命有时不必偿，负欠有时不必赔。凡可以取悦于商人，可以尽护商之能事者，领事无不可为所欲为"[④]。至于协定关税权，他们认为这是造成洋货进口税轻，国货出口税重，从而使中国严重入超，民族企业无法同外资竞争的根本原因，于"国计民生"危害尤大。因此他们主张"重订税则，厘正捐章，务将进口之税大增，出口之税大减"[⑤]。他们还特别反对外国人把持中国海关，由英国人赫德担任总税务司。陈炽揭露赫德，"盘据要津，根深蒂固。海关厘税，岁入三千万，仰其鼻息，以为盈虚，引党类数百人，糜工资二百万，渐而阴持朝议，显缩邦交，偶或侵之，颠蹶立至。吨钞数及百万，本国家自有之利源，乃一意把持，据为己有。……阻挠税则，左袒西商……貌类忠诚，心坏鬼蜮"；故此，他主张立即撤换赫德，总税务司以下海关官员，也以一年为限，"概易华人"，并警告清政府，如果让赫德长期把持总税务司一职，中国将"重蹈印度覆亡之辙"。[⑥] 郑观应也主张辞退赫德，收回海关管理权。他要求清政府"明定章程，择三品以上官员曾任关道熟悉情形者为

---

① 薛福成：《筹洋刍议·约章》，载《薛福成选集》，第 528 页。
② 王韬：《除额外权利》，载《弢园文录外编》卷三，第 73 页。
③ 郑观应：《易言·交涉》，载《郑观应集》上册，第 185 页。
④ 郑观应：《申报·中西交涉损益论》，载《郑观应集》上册，第 425 页。
⑤ 郑观应：《盛世危言·商务三》，载《郑观应集》上册，第 616 页。
⑥ 陈炽：《庸书·税司》，载《陈炽集》，第 96—97 页。

总税务司。其各口税司、帮办等皆渐易华人，照章办理，庶千万巨款权自我操，不致阴袒西人阻挠税则，不特权政大有裨益，而于中朝国体所保全者为尤大也"①。

　　早期维新思想家或维新派还对外国传教士在华的文化侵略进行了抨击。他们指出，外国侵略有两种方法，一是通商，进行经济侵略；一是传教，进行文化侵略。前者是掠夺财富，后者是控制精神。而就通商与传教对中国的危害而言，传教"欲服华人之心。阳托修和，阴存觊觎"，其害"倍甚通商"。②郑观应对西方传教士在中国的种种罪行做了揭露。他指出，传教士在中国传教，网罗的都是各地的莠民，这些人"以入教为护符，尝闻作奸犯科，讹诈乡愚，欺凌孤弱，占人妻，侵人产，负租项，欠钱粮，包揽官事，击毙平民。种种妄为，擢发难数"。而当官府依据中国法律要惩办犯罪的教民时，外国传教士却"私心徧袒，紊我王章，差提则匿之堂中，罪定则纵之海外"，成了犯罪教民的保护神。由于得到外国传教士的保护，不法教民更是有恃无恐，无法无天，随心所欲，无恶不作。结果，广大被欺压的民众实在忍无可忍，只好起而反抗，"民之受屈愈甚，则衔恨愈深，而教堂之案迭起矣"。③所以，早期维新思想家或维新派对当时风起云涌的反洋教斗争，大多数持的是支持或同情的态度。

　　针对外国侵略者的经济掠夺，早期维新思想家或维新派还提出过"商战"的主张。郑观应在《商战》一文中写道："自中外通商以来，彼族（西方侵略者——引者）动肆横逆，我民日受欺凌，凡有血气孰不欲结发厉戈，求与彼决一战哉。"而战有两种，一是"兵战"，一是"商战"。"兵战"只能治标，而"商战"才可固本。因为外国侵略者的"兵之并吞祸人易觉"；而外国侵略者的"商之掊克敝国无形"，故此，与其"习兵战不如习商战"。④所谓"商战"，就是通过发展商业而与西方列强展开竞争，从而达到抵御它们经济侵略的目的。用郑观应的话说，"欲制西人以自强，莫如振兴商务"⑤。

---

① 郑观应：《盛世危言·税则》，载《郑观应集》上册，第546页。

② 郑观应：《论传教》，载《郑观应集》上册，第121页。

③ 郑观应《盛世危言·传教》，载《郑观应集》上册，第406、405页。

④ 郑观应：《盛世危言·商战上》，载《郑观应集》上册，第586页。

⑤ 郑观应：《盛世危言·商务三》，载《郑观应集》上册，第614页。

何启、胡礼垣也表达过类似的主张，他们指出：外国侵略者的商品倾销吸取了中国的膏血精华，使中国逐渐衰弱，甚至有亡国的危险，朝鲜、越南便是前车之鉴，因此必须大力发展商业，组织商人与外国侵略者竞争，开展"商战"。"今之国如有十万之豪商，则胜于有百万之劲卒。"[1] 马建忠提出，为与外国侵略者进行"商战"，中国一方面要"精求中国固有之货，令其畅销"，"使出口货多"；另一方面要大力"仿造外洋之货，敌其销路"，"使进口货少"。[2] 只要实现这一多一少，就能抵制西方列强的经济侵略。

（二）要求发展资本主义工商业。早期维新思想家或维新派主张强国富民，尽快改变中国贫弱的落后局面。但就强国与富民的关系而言，他们认为"治国以富强为本，而求强以致富为先"。富是强的基础和前提，故欲强国，必先富民，"民富而国自强"[3]，"富则未有不强者"[4]。因此，如何尽快地使民富起来，这是他们始终思考和关切的一个问题。他们认为，要尽快地使民富起来，就必须大力发展资本主义工商业，"富民之道首在于通商"[5]。用郑观应在《盛世危言后编·自序》中的话说："欲攘外，亟须自强；欲自强，必先致富；欲致富，必首在振工商。"[6] 他们指出，欧美两百年来所以日益富强，成为世界上最发达的国家，原因就在于它们"导民生财"，努力发展矿务、商务和工务，而中国百余年来所以日益贫弱，一个重要原因，是"中国之矿务、商务、工务，无一振兴，坐视民之困穷而不为之"。[7] 因此，他们把发展资本主义工商业看成是强国富民、改变中国贫弱落后局面的关键所在、根本之举。

早期维新思想家或维新派非常重视工业，认为"工者，商之本也，生人利用之源也"[8]。"工艺一道为国家致富之基。工艺既兴，物产即因之饶

---

① 何启、胡礼垣：《新政论议》，载《新政真诠——何启 胡礼垣集》，郑大华点校，辽宁人民出版社，1994，第168页。

② 马建忠：《富民说》，载《采西学议——冯桂芬 马建忠集》，第126—129页。

③ 马建忠：《富民说》，载《采西学议——冯桂芬 马建忠集》，第125—134页。

④ 王韬：《中外合力防俄》，载《弢园文录外编》卷四，第96页。

⑤ 何启、胡礼垣：《新政论议》，载《新政真诠——何启 胡礼垣集》，第154页。

⑥ 郑观应：《盛世危言后编·自序》，载《郑观应集》下册，第11页。

⑦ 薛福成：《西洋诸国导民生财说》，载《薛福成选集》，第367页。

⑧ 陈炽：《庸书·考工》，载《陈炽集》，第82页。

裕。"① 他们认识到外国商品所以能倾销中国，中国商品不能与外货竞争，一个重要原因就在于中国工业不发达："外洋入口之货，皆工作所成，中国出口之货，皆土地所产，工拙相越，贵贱相悬，而中国之金银山崩川竭矣。"② 所以要与外国商品竞争，就必须大力发展工业，提高工业生产的技术和水平。否则，"纵令地不爱宝，十八省物产日丰，徒弃己利以资彼用而已"③。这也就是说，如果本国的工业不发达，那么中国就只能成为西方资本主义的原料产地。所以，他们主张发展机器工业。薛福成还专门为此写了篇《用机器殖财养民说》，他说西洋各国的强盛，是由富而来；各国的富裕，是由振兴工商而来；工商的发达，是由利用机器而来。中国要想富强，就必须仿照西洋发展机器工业，用机器制造生产货物。他认为机器生产的好处是生产力高，产品精美，成本较低，可以节省大量的劳动力。当时有不少人反对采用机器生产，认为中国劳力多，没有必要采用机器，一旦机器代替了人力，将使百工农夫无以为生。薛福成对这种观点进行了批驳。他认为：如果不用机器生产，中国手工业产品无论数量，还是质量，以及价格，都无法与外国商品竞争，从而造成外国商品倾销，中国手工业破产，其结果，广大民众仍然处于饥寒和困厄的悲惨境地，国家也不能富强起来。反过来，"盖用机器以造物，则利归富商；不用机器以造物，则利归西人。利归富商，则利犹在中国，尚可分其余润以养我贫民。利归西人，则如水渐涸而禾自萎，如膏渐销而火自灭，后患有不可言者矣"④。郑观应也表达过类似观点。他指出：要与外人竞争，就必须发展机器生产，落后的手工业生产是不能与外人抗衡的。落后的手工业生产，这是造成西方商品在中国倾销的重要原因。因此中国应大力发展机器生产以抵制洋货的进口，从而扭转中国出口原料、进口商品的不利局面。他认为要大力发展机器生产，首先就必须发展本国的机器制造业。他说："尝阅西书，论商务之原，以制造为急；而制造之法，以机器为先。……各种机器自能制造，则各种货物亦自能制造。" 只有建立起中国自己的机器制造业，自行制造各种机器，中国才

---

① 郑观应：《盛世危言·技艺》，载《郑观应集》上册，第 728 页。
② 陈炽：《庸书·考工》，载《陈炽集》，第 82 页。
③ 郑观应：《盛世危言·商战上》，载《郑观应集》上册，第 588 页。
④ 薛福成：《用机器殖财养民说》，载《薛福成选集》，第 421 页。

能够不"受制于外人",并进而"夺其利权",真正实现国家的富强。所以他一再主张"设专厂制造机器"。[1] 陈炽也提出过"机器养民论",主张设立机器厂自行制造,并再三强调:"中国不能制机,中国之工商即永不能力争先着也。"[2]

早期维新思想家或维新派也很重视采矿业和近代交通运输业的发展。王韬在《兴利》一文中提出,"利之最先者曰开矿"。郑观应作《开矿》文,呼吁"五金之产,天地自然之利。居今日而策富强,开矿诚为急务矣"[3]。他既反对守旧分子以有碍风水而阻止开矿的看法,也反对洋务官僚以"官督商办"来垄断开矿的权利,而主张开矿之事由商人自办,官府只宜加以保护而已。陈炽指出:中国矿藏虽然丰富异常,但由于"守旧者胶执成见,谋新者任用非人",没有得到很好的开采,"山川无尽之藏,终无由一见于世"。[4]为了改变这种状况,他主张"各山各矿一律弛禁"[5],并提出习矿师、集商本、弭事端、征税课等一套处理矿政的办法。早期维新思想家或维新派对近代交通运输业对国计民生的重要意义有充分认识。王韬指出火车能"远近相通,可以互为联络,不独利商,并且利国"[6]。马建忠认为铁路建设是国家"富强之基","铁道所通,无水旱盗贼之忧,无谷贱钱荒之弊"。[7]何启、胡礼垣认为要"振百为"就必须兴修铁路:"凡土地所生,人力所作,无铁路则颓然而废者,有铁路则勃然而兴;凡商旅往来,兵士调动,无铁路则裹足不前者,有铁路则翘足而至。铁路所不到,寂无居人者,铁路所一到,则成都成邑也;铁路所未设,民成游惰者,铁路若一设,则宅宅田田也。"[8]薛福成强调:一旦铁路修成,"譬如人之一身,血脉贯通,则百病尽去"[9]。既然铁路对于发展经济、巩固国防、促进工商业的发展都有十分重要的意义,所以他们主张大力修筑铁路,发展近代交通运输事业。为此,马建忠、

---

① 上引见郑观应《盛世危言·商务五》,载《郑观应集》上册,第626—627页。
② 陈炽:《续富国策·制机之工说》,载《陈炽集》,第224页。
③ 郑观应:《盛世危言·开矿上》,载《郑观应集》上册,第702页。
④ 陈炽:《庸书·卅人》,载《陈炽集》,第85页。
⑤ 陈炽:《庸书·奉吉》,载《陈炽集》,第47页。
⑥ 王韬:《兴利》,载《弢园文录外编》卷二,第38页。
⑦ 马建忠:《铁道论》,载《采西学议——冯桂芬 马建忠集》,第136页。
⑧ 何启、胡礼垣:《新政论议》,载《新政真诠——何启 胡礼垣集》,第129—130页。
⑨ 薛福成:《创开中国铁路议》,载《薛福成选集》,第108页。

薛福成、陈炽等还专门写有《铁路论》《借债以开铁路说》《创开中国铁路议》
《大兴铁政说》《急修铁路说》等文。

对于商业在整个国民经济生活中的重要作用，早期维新思想家或维新派也有充分认识。他们指出："商务者国家之元气也，通商者疏畅其血脉也。"[①]"商务之盛衰，必系国家之轻重，虽百世可知矣。"[②]所以，他们主张发展商业，并提出了与外国侵略者进行"商战"的思想。而要发展商业，他们认为，首先必须提高商人的社会地位，抛弃重农抑商、商为四民之末的传统观念。郑观应曾一针见血地指出，社会上很多人"总以工商为谋利之事，初不屑与之为伍。其不贪肥者，则遇事必遏抑之；惟利是图者，必借端而朘削之。于是但有困商之虐政，并无护商之良法。虽欲商务之兴，安可得哉？"[③]所以要发展商业，振兴商务，就应提高商人的地位，重新排定"士农工商"的社会"座次"。郑观应说："不知商贾虽为四民之殿，实握四民之纲。士有商则行其所学，而学益精；农有商则通其所植，而植益盛；工有商则售其所作，而作益勤。商足以富国，岂可视为末务！"[④]薛福成指出，按照传统的观念，"商为中国四民之殿"，但实际上，"握四民之纲者，商也"。所以"西人则恃商为创国、造家、开物、成务之命脉"。[⑤]针对中国轻视商人、轻视商业的积习，何启、胡礼垣对西方国家如何重视商民、重视商务的情况做了介绍：商人可以参加议会，参与国家大政方针的制定；商人设立公司，政府提供一切必要的帮助和支持；"凡事必先便于商部，课税必尽善其参详"[⑥]。

除提高商人的社会地位外，早期维新思想家或维新派还认为，要发展商业，还必须提高商人的自身素质。商人的素质差，这也是中国商务不振的一个原因。用郑观应的话说，中国商人"愚者多，而智者寡；虚者多，而实者寡；分者多，而合者寡；因者多，而创者寡；欺诈者多，而信义者寡；贪小利者多，而顾全大局者寡。此疆彼界，畛域攸分，厚己薄人，忮求无

① 郑观应：《盛世危言·商务一》，载《郑观应集》上册，第604页。
② 陈炽：《庸书·商务》，载《陈炽集》，第84页。
③ 郑观应：《盛世危言·商务二》，载《郑观应集》上册，第609页。
④ 郑观应：《沪报〈变通商务论〉》，载《郑观应集》上册，第593页。
⑤ 薛福成：《英吉利用商务辟荒地说》，载《薛福成选集》，第297页。
⑥ 何启、胡礼垣：《新政论议》，载《新政真诠——何启 胡礼垣集》，第132页。

定，心不齐力不足"。也正因为中国商人的素质差，所以"合股分而股本亏，集公司而公司倒"，商务始终振兴不起来。为了改变这种状况，使商人的素质尽快得到提高，郑观应建议在"商务局中兼设商学，分门别类，以教贻商子弟：破其愚，开其智；罚其伪，赏其信；劝其创，戒其因；务其大，箴其小，使豁然于操奇逐赢之故。而后分者可合，散者可聚，小者可大，拙者可巧，诈者可信，贫者可富，废者可兴"。① 早期维新思想家或维新派主张提高商人自身的素质，以及所提出的提高商人素质的措施，在今天仍然值得我们借鉴。

为了发展商业，振兴商务，早期维新思想家或维新派还大力宣传崇私理论，对所谓"君子不言利"的传统观念进行了批判。薛福成说："人人之欲济其私也，惟人人之欲济其私，则无损公家之帑项，而终为公家之大利。"②这也就是说，"私"是人的天性，自己替自己打算叫作"私"，这是人人正当的要求，人各得其私，天下便公了。陈炽指出："夫财利之有无，实系斯人之生命。虽有神圣，不能徒手而救饿夫。"③ 因此，求利是人的正当行为。他又说：人们常讲重义轻利，然而实际上重义轻利这是圣人所为，而广大"中人""惟有利而后能知义"；就天下人而言，"大抵皆中人耳"，所以"圣人立身行义，舍生取义，而治国平天下之经，不讳言利"。④ 何启、胡礼垣也认为："财者，民所一日不能无者也。利者，民所一日欲得者也"，根本无法绝禁。⑤ "是人之能利于己，必能利于人，不能利于己，必致累于世。通商者求之有道，将欲利己以利人也。"⑥ 他们还公开为"私"辩护，主张"人不妨私其人"，"家不妨私其家"，"乡不妨私其乡"，因为只有人人"各得其私"，天下才能长治久安。早期维新思想家或维新派宣传崇私理论，肯定求利的正当性，这在当时具有积极的意义。

在当时，清政府是发展资本主义工商业的最大障碍。对此，早期维新思想家或维新派进行了一定的斗争。他们一致谴责清政府所推行的扼杀、束

① 郑观应：《盛世危言·商务三》，载《郑观应集》上册，第 615—617 页。
② 薛福成：《商政》，载《薛福成选集》，第 541 页。
③ 陈炽：《续富国策·攻金之工说》，载《陈炽集》，第 211—212 页。
④ 陈炽：《续富国策·分建学堂说》，载《陈炽集》，第 273 页。
⑤ 何启、胡礼垣：《新政始基》，载《新政真诠——何启 胡礼垣集》，第 194—195 页。
⑥ 何启、胡礼垣：《新政始基》，载《新政真诠——何启 胡礼垣集》，第 132 页。

缚资本主义工商业的政策。他们指出，西方工商业所以发达，是由于"朝野上下敬之慕之，扶之翼之，有以激厉之之故也"①。而中国的情形则正好相反，清政府"但有困商之虐政，并无护商之良法"②，这是中国工商业不能发达的根本原因。比如，"西国于商民，皆官为之调剂翼助，故其利溥而用无不足；我皆听商民之自为，而时且遏抑剥损之，故上下交失其利"③。他们愤慨地责问清政府："华官不惟不能助商，反朘削之，遏抑之，吁！是诚何心哉？"④为了发展资本主义工商业，早期维新思想家希望清政府能像西方政府那样，采取一些有利于工商业发展的"善政"。为此，他们向清政府提出了以下一些要求：

首先，他们要求清政府实行保护关税的政策，废除厘金制度。按照不平等条约，外国商品进口，交百分之五的进口税和百分之二点五的子口税，便可通行各埠。英、法、美、德各国的进口税则值百抽三十、四十。由于进口税低，出口税高，结果，"洋商获利，华商裹足不前"。为此，早期维新思想家或维新派要求清政府实行保护关税的政策，"凡我国所有者，轻税以广去路；我国所无者，重税以遏来源。收我权利，富我商民"。⑤1853 年，副都御史雷以諴奉命在扬州参赞军务，于江都仙女庙设立厘局，对过境货物抽百分之一的税，称为厘金。这是为了筹措镇压太平天国的军饷而设的额外苛税。此后，曾国藩、左宗棠、李鸿章竞相效尤，设立厘金关卡，商民深受其苦。早期维新思想家或维新派认为，"厘捐不撤，商务难以振兴"⑥。因此，他们要求清政府废除厘金制度，加征海关关税。

其次，他们要求清政府允许商民自办企业。我们前面已经提到，洋务官僚创办的民用企业，大多采取的是"官督商办"。对于"官督商办"，在 80年代之前，早期维新思想家或维新派基本上持的是赞成的态度。但到 80 年代之后，随着"官督商办"的种种弊端和腐败的日益暴露，早期维新思想家或维新派开始变支持官督商办为反对官督商办，认为官督商办根本无法办

① 薛福成：《振百工说》，载《薛福成选集》，第 483 页。
② 郑观应：《盛世危言·商务二》，载《郑观应集》上册，第 609 页。
③ 王韬：《代上苏抚李宫保书》，载《弢园尺牍》，第 85 页。
④ 郑观应：《盛世危言·商务一》，载《郑观应集》上册，第 605 页。
⑤ 郑观应：《盛世危言·税则》，载《郑观应集》上册，第 543—545 页。
⑥ 郑观应：《盛世危言·厘捐》，载《郑观应集》上册，第 557 页。

好企业，求得国家的富强，只有发展商办企业，才是振兴民族工业的唯一道路。于是，他们纷纷要求清政府允许商民自办企业。王韬主张，凡开发矿产、制造机器、修筑铁路、建造轮船等，"皆许民间自立公司，视其所出繁旺与否，计分征抽，而不使官吏得掣其肘"①。薛福成认为，"有能招商股自成公司者"，清政府不仅要允许"自办"，而且还应"察其才而假以事权，课其效而加之优奖，创办三年之内，酌减税额以示招徕"。②鉴于"外洋商务制胜之道在于公司"的经验，马建忠主张"以散商股归并为数大公司，公举董事以为经理"，自负盈亏，自主经营，政府不得干预。③郑观应提出："凡通商口岸，内省腹地，其应兴铁路、轮舟、开矿、种植、纺织、制造之处，一体准民间开设，无所禁止。或集股，或自办，悉听其便。全以商贾之道行之，绝不拘以官场体统。"④何启、胡礼垣同样主张"由民自立公司"⑤，"勿用官员督办"。

第三，他们要求清政府采取积极措施，保护和奖励资本主义工商业。他们建议：清政府在朝廷内设立商部，以"公忠体国、廉洁自持、长于理财、无身家之念者"为部务大臣，在各省水陆通衢分设商务局，由地方官公举素有声望的绅商为局董，保护工商业者⑥；开"赛珍会"，以促进本国产品日益"精进"；设"商务学堂"，"分门别类"，以培养从事工商业的专门人才⑦；"仿泰西规制"，设立专利制度，"有能自出新意，制成一物有益民生者，准上之工商二部，赏给护照宝星，许其专利，以开风气"⑧。

（三）对西方资本主义政治制度的介绍和提倡。早期维新思想家或维新派要求发展资本主义工商业，很自然地也要求建立与之相适应的资本主义政治制度。他们根据自己的了解，把西方国家的政治制度归结为三种形式，即"君主之国""民主之国"和"君民共主之国"。他们认为"君主之国"

---

① 王韬：《重民中》，载《弢园文录外编》卷一，第18页。
② 薛福成：《商政》，载《薛福成选集》，第542页。
③ 马建忠：《富民说》，载《采西学议——冯桂芬 马建忠集》，第127—128页。
④ 郑观应：《盛世危言·商务二》，载《郑观应集》上册，第612页。
⑤ 何启、胡礼垣：《正权篇辩》，载《新政真诠——何启 胡礼垣集》，第424页。
⑥ 郑观应：《盛世危言·商战上》，载《郑观应集》上册，第588页。
⑦ 郑观应：《盛世危言·商务三》，载《郑观应集》上册，第589—608页。
⑧ 陈炽：《庸书·考工》，载《陈炽集》，第83页。

有俄国、奥地利、普鲁士；"民主之国"有美国、法国、瑞士；"君民共主之国"有英国、意大利、西班牙和东洋的日本。他们并对这三种不同的政治制度进行了介绍："一人主治于上而百执事万姓奔走于下，令出而必行，言出而莫违，此君主也。国家有事，下之议院，众以为可行则行，不可则止，统领但总其大成而已，此民主也。朝廷有兵刑礼乐赏罚诸大政，必集众于上下议院，君可而民否，不能行，民可而君否，亦不能行也，必君民意见相同，而后可颁之于远近，此君民共主也。"[1]就这三种政治制度的比较而言，他们认为，君主制"权偏于上"，君权过重，民主制"权偏于下"，民权过重，都不理想，只有君民共主制"权得其平"，才是理想的政治制度。[2]用王韬的话说："君为主，则必尧、舜之君在上，而后可久安长治；民为主，则法制多纷更，心志难专一，究其极，不无流弊。惟君民共治，上下相通，民隐得以上达，君惠亦得以下逮，都俞吁咈，犹有中国三代以上之遗意焉。"[3]陈炽在介绍西方国家的这三种政治制度时，也对君民共主制予以了高度评价，认为这三种制度中，"惟君民共主之国……举无过言，行无废事，如身使臂，如臂使指，一心一德，合众志以成城也"[4]。

在介绍西方政治制度的过程中，早期维新思想家或维新派已初步认识到，西方的君民共主制度远比中国的君主专制制度优越，中国的贫弱落后是由于没有实行君民共主制度的结果。如郑观应比较中国的君主专制制度和西方的君民共主制度：中国"于政事之举废，法令之更张，惟在上之人权衡自秉，议毕即行，虽绅耆或有嘉言，未由上达。……于是利于上者，则不利于下矣；便于下者，则不便于上矣。情谊相隔，好恶各殊，又安能措置悉本大公，舆情咸归允惬也哉？"与中国不同，泰西君民共主之国，"凡有国事，先令下院议定，详达之上院。上院议定，奏闻国主。若两院意议符合，则国主决其从违。倘彼此参差，则或令停止不议，或覆议而后定。故泰西政事举国咸知，所以通上下之情，期措施之善也"[5]。王韬在给友人的信

---

① 王韬：《重民下》，载《弢园文录外编》卷一，第19页。
② 郑观应：《盛世危言·议院上》，载《郑观应集》上册，第314页。
③ 王韬：《重民下》，载《弢园文录外编》卷一，第19页。
④ 陈炽：《庸书·议院》，载《陈炽集》，第107页。
⑤ 郑观应：《易言·论议政》，载《郑观应集》上册，第103页。

中就中国贫弱西方富强的原因做过分析：欧洲诸国的土地、人民均不及中国，却能横行于天下，原因就在于实行的是君民共主制度，能做到上下一心；中国之所以"欺藐于强邻悍敌"，也是因为"一人秉权于上，而百姓不得参议于下"，没有实行君民共主。既然君主专制制度是造成中国贫弱落后的根本原因，那么，要想中国富强，改变贫弱落后的局面，就必须向西方国家学习，采用君民共主的政治制度。王韬曾明确指出：中国"苟得君主于上，而民主于下，则上下之交固，君民之分亲矣。内可以无乱，外可以无侮，而国本有若苞桑磐石焉。由此而扩充之，富强之效亦无不基于此矣"①。

依据早期维新思想家或维新派的看法，君民共主制所以优于君主制和民主制，就在于它的权既不偏于上，也不偏于下，而得其平，这样便能做到上（君）下（民）一心。而其中的关键是它设有议院，议院起着联系上（君）下（民），平衡权力的作用。用郑观应的话说："议院者，公议政事之院也。集众思，广众益，用人行政一秉至公，法诚良、意诚美矣。"②因此，到中法战争之后，早期维新思想家或维新派对西方资本主义政治制度的介绍几乎都集中到了议院上面，并提出了在中国设立议院的主张。其中郑观应最为积极。他指出，议院是西方国家的富强之本，中国欲求富强，就必须设立议院，"果能设立议院，联络众情，如身使臂，如臂使指，合四万万之众如一人，虽以并吞四海无难也"。又说，"欲行公法，莫要于张国势；欲张国势，莫要于得民心；欲得民心，莫要于通下情；欲通下情，莫要于设议院"。③而且他批评洋务官僚只主张学习西方的"轮船火炮，洋枪水雷，铁路电线"，却反对设议院，进行政治改革，是舍其本而求其末，遗其体而求其用，根本不可能达到洋务官僚们所标榜的"求强""求富"的目的。④

早期维新思想家或维新派不仅要求设议院，而且还提出了设议院的具体方案。陈虬主张在对现行官僚体制不做大的改革的基础上加入议院的内容。其具体的方案是：由各省札饬州县，"一例创设议院"。议院场所由书院或寺观改建而成，"国家地方遇有兴革事宜，任官依事出题，限五日议缴，但

① 王韬：《重民下》，载《弢园文录外编》卷一，第20页。
② 郑观应：《盛世危言·议院上》，载《郑观应集》上册，第311页。
③ 郑观应：《盛世危言·议院上》，载《郑观应集》上册，第313—314页。
④ 郑观应：《盛世危言·自序》，载《郑观应集》上册，第234页。

陈利害，不取文理……择尤议行"。① 由此看来，陈虬所设计的议院虽有参政议政权，对政府和地方官吏也有一定的制约作用，但仍受政府和地方官吏的控制和支配，何事交由议院议和如何择优议行，都凭官员决定。另外，陈虬还提出过设立中央议院的试行办法："另设都察院衙门，主以三公，中设议员三十六人，每部各六，不拘品级，任官公举练达公正者。国有大事，议定始行。"② 也许是试行，陈虬对议院的职能、会期、议事范围和程序等虽然没有说明，但就其内容来看，不过是在现行官僚体制内对旧机构略加变革而已。和陈虬不同，汤震提出的议院方案则较为具体。依据他的方案，议院分为上下两院，议员概由现任京官兼任，四品以上的官员组成上议院，四品以下的官员组成下议院，分别由军机处和都察院管理，凡国家大政方针，经"请明谕"，交上下议院论其得失，"由宰相核其同异之多寡，上之天子，请如所议行"③。他还主张在各省、府、州、县也设立地方议院，由当地巨绅及举人、秀才担任议员，讨论地方事宜。汤震的方案虽比陈虬的方案具体，但和陈虬的方案一样，议员并非民选，而由官员兼任，同时上下议院分由军机处和都察院管理，议事前后都要仰请天子圣裁，议院没有取得独立地位。不同于陈虬和汤震的方案，在陈炽所提出的方案中议员由选举产生，其办法是：先"由百姓公举"选出县议员，再由县议员选出府议员，由府议员选省议员，最后则省议员选出国会议员。选举时，"皆仿泰西投瓯分举之法，以举主多者为准"④。

　　或许是由于长期居住于香港，对西方的议会制度有比较深入的了解，或许是因为与清政府及地方官吏没有直接的联系，总之，在早期维新思想家或维新派提出的所有有关议院的方案中，何启、胡礼垣方案不仅最具体，也最与西方的议院制度相接近（详见下一节）。早期维新思想家或维新派所提出的关于议院的具体方案，是早期维新思潮中最具有特色的内容。尽管除何启、胡礼垣的方案外，其他早期维新思想家或维新派由于对西方资本

① 陈虬：《救时要议·治策》，载胡珠生辑《陈虬集》（《温州文史资料》第 8 辑），浙江人民出版社，1992，第 79 页。
② 陈虬：《经世博议·变法一》，载《陈虬集》（《温州文史资料》第 8 辑），第 21 页。
③ 汤震：《危言·议政》，载《中国近代史资料丛刊：戊戌变法（一）》，第 177 页。
④ 陈炽：《庸书·议院》，载《陈炽集》，第 108 页。

主义的议院制度还缺少真正的了解。加上又受几千年君主专制制度的影响和熏陶，他们所设计的议院不是独立的立法机关，而是皇帝或官员的咨询机关，与西方真正近代意义上的议院还相差甚远。但这些方案在当时具有石破天惊的积极意义，它反映了正在形成中的中国民族资产阶级要求参与国家政权的愿望和要求。

三、《新政真诠》：一部未得到应有重视的维新著作

《新政真诠》的作者是何启和胡礼垣。何启（1859—1914），字迪之，号沃生，广东南海（今广州）人。1872年赴英国留学，先后入帕尔玛学校、阿伯丁大学和林肯法学院学习。1882年回国后在香港任律师和医生，是香港议政局议员。1887年创办雅丽氏医院，医院附设有西医书院。孙中山曾在该书院读过书。1895年孙中山筹划广州起义，何启枳极参与，并负责起草对外宣言。1900年义和团运动时，为兴中会草拟《治平章程》，在香港总督卜力（H.A.Blake）的授意下，建议孙中山的兴中会与两广总督李鸿章合作，策划两广独立。1900年任香港大学助捐董事会主席，1913年将所办西医书院并入香港大学。胡礼垣（1847—1916），字荣懋，号翼南，广东三水人，买办商人家庭出身，是何启早年在香港中央书院（后改为皇仁书院）读书时的同学，毕业后留校任教习两年。1879年任《循环日报》翻译员，两年后离职赴沪，郑藻如、陈兰彬聘其出使，被婉言拒绝。不久应邀访问太平洋小国苏禄国，助其国王整理国政。1894年游日本，一度代理中国驻神户领事，1895年回香港，研究法律、哲学，晚年研究佛学，著有《胡翼南全集》。何启、胡礼垣的生平没有什么特别之处，但他们合著的《新政真诠》则是晚清一部很重要的维新著作，他们本人也因此而获得了中国早期维新思想家的声誉。但长期以来，由于种种原因，《新政真诠》一书并没有得到学术界的应有重视，1994年该书才由辽宁人民出版社收入"中国启蒙思想文库"，正式出版。到目前为止，还没有专文对该书进行过认真的系统研究。这与学术界对同时代的郑观应、王韬、薛福成、马建忠、陈炽等人及其著作的热衷形成巨大反差。

《新政真诠》由"初编：曾论书后"，"二编：新政论议"，"三编：新政始基"，"四编：康说书后和新政安行"，"五编：劝学篇书后"，"六编：新

政变通"以及"前总序""后总序"组成，实际上是写于不同时期的9篇文章汇编。学术界传统的观点是认为这些文章大都先由何启用英文写成，然后由胡礼垣译成中文，并"阐发之"。但据与何启、胡礼垣都相交甚深的黎乙真说，除"曾论书后"和"新政论议"为二人"商榷而成"外，其余7篇主要由胡礼垣一人所撰，之所以要冠上何启的名字，是因为何启在香港有很高的社会地位，希望借其名声"以动当道之听"。①台湾学者李金强也认为胡礼垣对于《新政真诠》的贡献要远远大于何启，因为"何、胡二人同于香港中央书院接受新式教育，然何启于1873年十四岁时前赴英国留学，直至大学毕业后，娶英妇雅丽斯为妻返港，实为一洋化之华人，不通中学，不擅中文；而胡氏则相反，除知晓西学，能写极好的英文外，具有中国传统学问的根基，经史娴熟。众所周知，清季变法家必须兼通中西，而后始能表述其变法思想于当时中国智识界，故无胡礼垣执笔奋书，援引经史，借古喻今，畅论变法主张，何启难以知闻于时，并于身后取得中国近代思想史上之一席地位"②。应该说李先生的分析是有相当说服力的。这些文章虽然写于不同时期，但彼此间有着内在的逻辑联系，都是围绕中国要不要改革（即实行新政）以及如何改革这一问题而展开议论的，当然其侧重点又各有不同。通过这9篇文章，我们可以略窥晚清维新思潮的演变轨迹。

　　首先写成的是《曾论书后》（原名叫《书曾袭侯〈中国先睡后醒论〉后》）。此文写于1887年春夏。先是这年的2月8日，香港《德臣西字报》刊登了曾国藩之子曾纪泽的《中国先睡后醒论》。曾文举中国购战舰、筑炮台、保藩邻、防外侮等所谓"外攘夷狄"者为据，认为中国"昔睡而今醒"，正在成为一个富强的国家，而于任贤能、黜浮伪、核名实、洽君民等所谓"内修政治"则略而不语，或者语而不详。何启阅读此文后，认为它"本末舛逆，先后混淆"，于是以华士的笔名用英文写成《书曾袭侯〈中国先睡后醒论〉后》一文，就中国弊政大端以及亟宜改革事项向曾文提出质疑。继而由胡礼垣"取其文而绅绎之，阐发之，间亦添以己意，涉以喻言"③，发表

---

① 参见李金强《胡礼垣》，载王寿南总编辑《中国历代思想家》（十八），台湾商务印书馆，1999，第295页。

② 李金强：《胡礼垣》，载《中国历代思想家》（十八），第295—296页。

③ 何启、胡礼垣：《曾论书后》，载《新政真诠——何启 胡礼垣集》，第70页。

在1887年5月11日的香港《华字日报》上。该文指出，科甲选士，不能造就人才；俸粮扣克，不能鼓励武弁；炮台虚设，不能卫我岩疆；铁舰徒矜，不能固吾海宇；讼狱不察，不能约束洋人；内政不修，不能保护藩服；虚文礼谊，不能扶救颠危；轻试其锋，不能坐成干济；民不信任，不能底绩大功；国失权衡，不能守持自主。因此，与其说中国已醒，还不如说中国仍在昏睡之中。而要使中国从昏睡中醒来，其关键是"内修政治"，真正做到"君民相维，上下一德，更张丕变，咸与维新"。[1] 否则，"当今之世，而不变今之法，虽使尧舜临朝，禹皋佐绩，仲由慎诺，公绰无私，加以管晏之才，苏张之辩，亦无以决疑征信，大得于民"[2]。文中就君民关系做了新的说明，认为有民才有国，有国才有君，"苟无民，何有君"？所以"民之于君为更贵，以有民不患其无君，而有君独患其无民也"。[3] 国之所以能立，不是因为君，而是因为民；国之所以能兴，也不是因为君，同样是因为民。君的职责就在于"保民""利民"，使民能"立国""兴国"。[4]

在《曾论书后》中，何启、胡礼垣还第一次提出了"公平"的思想。他们认为："公与平者，即国之基址也。公者，无私之谓也。平者，无偏之谓也。公则明，明则以庶民之心为心，而君民无二心矣。平则顺，顺则以庶民之事为事，而君民无二事矣。措置妥帖，众志成城，此其所以植万年有道之基，享百世无穷之业也。"在这里，"公"与"私"相对，"平"与"偏"相对，"公"的结果是"以庶民之心为心"，平的结果是"以庶民之事为事"。与此相反，"私"的结果是以君之心为心，"偏"的结果是以君之事为事。由此可见，何启、胡礼垣在这里所讲的"公平"，实际上包含有公道、平等和民主的内容，是对以君之心为心、以君之事为事的中国传统的君主专制主义的否定。职是之故，他们以"公平"为武器，对中国传统的君主专制主义进行了猛烈的批判，指出："今者中国政则有私而无公也，令则有偏而无平也，庶民如子，而君上薄之不啻如奴贱也；官吏如虎，而君上纵之不

① 何启、胡礼垣：《曾论书后》，载《新政真诠——何启 胡礼垣集》，第102页。
② 何启、胡礼垣：《曾论书后》，载《新政真诠——何启 胡礼垣集》，第97页。
③ 何启、胡礼垣：《曾论书后》，载《新政真诠——何启 胡礼垣集》，第90页。
④ 何启、胡礼垣：《曾论书后》，载《新政真诠——何启 胡礼垣集》，第92页。

啬如鹰犬也。"① 这是中国所以贫弱、遭受外国欺负的根本原因。如此激烈地批判君主专制主义的言论，在同时代的维新思想家中不可多见。

何启、胡礼垣进一步指出，公平是一个国家强盛的根本原则，公平对于国家，就像"人身之有脊骨，脏腑之有气血"一样，"人无脊骨则耳目手足虽具，而起立无能。人无血气，则肌肤筋骨虽全，而活动不得。国无公平，则虽猛士如云，谋臣如雨，勇夫如海，铁甲如山，亦不能服人心而昭众信"。② 因此，中国要想实现富强，就必须进行变法，而变法的主要内容，便是变"政则有私而无公也，令则有偏而无平也"③ 为政则有公而无私，令则有平而无偏。而判断公平与否的标准，不是君上，也不是官僚，而是民意。用他们的话说："夫一政一令，在立之者无不自以为公，自以为平，而公否平否，当以民之信否质之，乃得其至公至平。且一政一令，在行之者多亦自谓无不公，自谓无不平，而公否平否，亦当以民之信否证之，乃得其真公真平。以立之者君，而循之者民也。行之者官，而受之者民也。……民以为公平者，我则行之。民以为不公平者，我则除之而已。公平无常局，吾但以民之信者为归。公平有变法，吾但以民之信者为主。夫如是，则民信矣。民信，则借款可以兴；借款兴，则商务可以振；商务振，则大利可以图；大利图，则军威可以壮；军威壮，则外敌可以宁……则治天下之道尽于斯矣。"④ 显然，以民意作为政令公平与否的评价标准，这已具有相当的民主意义。但遗憾的是，何启、胡礼垣没有进一步讨论民意表达的方式和途径问题。他们对这一问题的讨论则是在 7 年后的《新政论议》一文中。

《新政论议》（原名《中国宜改革新政论议》）写于 1894 年冬，刊于 1895 年春中日《马关条约》订立前夕。其时，中日甲午战争已近尾声，中国战败已成定局，割地赔款在所难免。面对如此险恶处境，中国如何才能避免亡国灭种的噩运，并进而重新振作起来，这是当时每一个忧国忧民之士所思考的问题。何启、胡礼垣也不例外，他们认为，"兹当玉弩惊张之会，

① 何启、胡礼垣：《曾论书后》，载《新政真诠——何启 胡礼垣集》，第73页。
② 何启、胡礼垣：《曾论书后》，载《新政真诠——何启 胡礼垣集》，第86页。
③ 何启、胡礼垣：《曾论书后》，载《新政真诠——何启 胡礼垣集》，第73页。
④ 何启、胡礼垣：《曾论书后》，载《新政真诠——何启 胡礼垣集》，第97页。

金瓯荡动之辰，将欲再奠元黄，永安社稷，则必奋然改革，政令从新"①。于是他们写下《新政论议》一文，系统地阐述了他们的变革主张。在他们看来，要"奋然改革，政令从新"，就"宜复古帝王执中精一之心传，而行古帝王因时制宜之运量"。具体而言，"复古者其要有七焉"：一曰择百揆以协同寅，二曰厚官禄以清贿赂，三曰废绢纳以重名器，四曰宏学校以育真才，五曰昌文学以救多士，六曰行选举以同好恶，七曰开议院以布公平。② "因时之事，其要则有九焉"，一曰开铁路以振百为，二曰广轮舶以兴商务，三曰作庶务以阜民财，四曰册户口以严捕逮，五曰分职守以厘庶绩，六曰作陆兵以保疆土，七曰复水师以护商民，八曰理国课以裕度支，九曰宏日报以广言路。③ 就何启、胡礼垣提出的这些改革内容来看，涉及政治、经济、教育、军事、文化、社会等各个方面，其内容之广泛，比之后来康有为在维新变法期间提出的改革毫不逊色。

在《曾论书后》的基础上，《新政论议》对君民关系做了进一步的说明。文中写道："横览天下，自古至今，治国者惟有君主、民主以及君民共主而已。质而言之，虽君主仍是民主。何则？政者民之事而君办之者也，非君之事而民办之者也。事既属乎民，则主亦属乎民，民有性命恐不能保，则赖君以保之，民有物业恐不能护，则借君以护之。至其法如何，性命始能保？其令如何，物业方能护？则民自知之，民自明之，而惟恐其法令之不能行也。于是乎奉一人以为之主，故民主即君主也，君主亦民主也。"④ 在这里，他们明确提出君主是由人民推举出来为人民办事的，其职责主要是保护人民的生命和财产安全，除"民之事"外，君主没有自己的特殊利益；君主和人民，只是分工的不同，而没有贵贱的差别，二者是可以相互替换的，所以"民主即君主也，君主也民主也"。显而易见，何启、胡礼垣的这些观点与西方卢梭等人的社会契约论非常相似，或者可以说是中国版的社会契约论。社会契约论是反对封建专制主义的有力武器，"作为资产阶级反对封建专制理论的提出，在西方是从洛克、卢梭开始的，在中国，则以何启、

---

① 何启、胡礼垣：《新政论议》，载《新政真诠——何启 胡礼垣集》，第104页。
② 何启、胡礼垣：《新政论议》，载《新政真诠——何启 胡礼垣集》，第104页。
③ 何启、胡礼垣：《新政论议》，载《新政真诠——何启 胡礼垣集》，第129页。
④ 何启、胡礼垣：《新政论议》，载《新政真诠——何启 胡礼垣集》，第127—128页。

胡礼垣这段议论为发轫"①。

依据他们对君民关系的新认识，何启、胡礼垣在《新政论议》中第一次提出了"行选举""设议院"的主张，并且还就如何"行选举""设议院"的问题提出了他们的方案。如上一节所指出的那样，在早期维新思想家或维新派提出的所有有关方案中，何启、胡礼垣的方案不仅最具体，也最与西方的议院制度相接近。根据他们的方案，朝廷设有中央议院，省、府、县分别设有地方议院，省、府、县三级地方议院各设议员 60 人，由平民在秀才中选举出县议员，由秀才在举人中选举出府议员，由举人在进士中选举出省议员。地方事宜由地方议院与地方官员共同决定，"官有所欲为，则谋之于议员，议员有所欲为，亦谋之于官，皆以叙议之法为之，官与议员意合，然后定其从违也"。地方政事都要通过地方议院表决通过。各省要政，则须上报国君："从违既定，乃由县详府；府议员意合，则由府详省；省议员意合，则详于君；君意合，则书名颁行；意不合，则令其再议。若事有不能衷于一是者，则视议员中可之者否之者之人数多寡，而以人多者为是，所谓从众也。"②中央议院则由各省议员组成，"各省议员一年一次会于都会，开院议事，以宰辅为主席；议毕各员将其本省来岁应行之事，如公项出入，选取人员等件，记明画押公奏，主上御笔书名，以为奉行之据，如有未洽，则再议再奏，务期尽善而止"③。他们相信，只要"行选举""设议院"，就能"使君民如一，上下同心"④，"若是者国有万年之民，则君保万年之位，所以得民莫善于此"⑤。

何启、胡礼垣还从"公平"的原则出发，论证了"行选举""设议院"的合理性。他们指出："夫天下公器也，国事公事也，公器公同，公事公办，自无不妥，此选议员辟议院之谓也。若以天下为私，更张无法，而以谗谄面谀，不学无术之辈出而布政，自无不危，此不选议员不辟议院之谓也。"中国自古以来所以动乱不止，是由于民心之不服；民心所以不服，是由于

① 熊月之：《中国近代民主思想史》（修订本），上海社会科学院出版社，2002，第 180 页。
② 何启、胡礼垣：《新政论议》，载《新政真诠——何启 胡礼垣集》，第 115 页。
③ 何启、胡礼垣：《新政论议》，载《新政真诠——何启 胡礼垣集》，第 117 页。
④ 何启、胡礼垣：《新政论议》，载《新政真诠——何启 胡礼垣集》，第 157 页。
⑤ 何启、胡礼垣：《新政论议》，载《新政真诠——何启 胡礼垣集》，第 128 页。

政令之不平，"今既使民自议其政，自成其令，是人人皆得如愿相偿，从心所欲也，何不服之有？"[①]如果以天下为"公"，就必须"行选举"，"设议院"；否则，搞君主专制，便是以天下为"私"。以天下为公，老百姓打心里服从，为政也就自无不妥；以天下为私，老百姓从心里反对，为政必然自无不危。立宪与专制，孰优孰劣，谁合理，谁不合理，不言自明。

除从"公平"的原则出发，论证"行选举""设议院"的合理性外，何启、胡礼垣又从君与民的关系出发，进一步论证了"行选举""设议院"的必要性。他们写道："夫政者，民之事也，办民之事，莫若以公而以平。何则？民之疾苦，惟民知之为最真，事之顺逆，惟民知之为最切。譬如为远隔千里之人而决其家事，倘不得其人之亲切指陈，未有能洞中机宜者也。……君者，民之父母也，为父母者孰不欲知其子之心曲隐微，而置其子于安乐得所？乃格于不得相见，阻于不得相闻，虽欲保护之，救济之，不可得而为也。今君门万里，民之疾苦无由而诉；尊居九重，事之顺逆无由而知；虽有留心民瘼之名，而不能得留心民瘼之实；有料量民隐之念，而不能得料量民隐之施。皆未得其法之故也。"[②]在这里，何启、胡礼垣已不是从君主个人品德的好坏——是否愿意体察民情，了解民隐，关心民瘼——着眼，而是从政治体制的角度来分析君与民的关系，得出了君主立宪制度优越于君主专制制度，因此"行选举""设议院"有其必要性的结论。

在《新政论议》中，何启、胡礼垣还提出了"重商"的主张。他们指出："夫国之所以兴且强者，其道首在于爱民，爱民之道首在于富民，富民之道首在于通商"，"今之商不惟斯民富教之所关，且为一国兴亡之所系"。[③]商业之所以系于一国的兴亡，就在于它能互通有无，关系国计民生。用他们的话说："夫利济天下，惠及群生者商也。天下之才，不能独钟于一国，天下之物不能尽产于一邦，故天地以无私覆，无私载，无私照之心，布人才物产于地球之东西南朔而商者，即以捐有余补不足，公同好之意。"[④]商业虽然如此重要，但长期以来，由于受中国传统的重农抑商观念的影响，商

① 何启、胡礼垣：《新政论议》，载《新政真诠——何启 胡礼垣集》，第128页。
② 何启、胡礼垣：《新政论议》，载《新政真诠——何启 胡礼垣集》，第116页。
③ 何启、胡礼垣：《新政论议》，载《新政真诠——何启 胡礼垣集》，第154、168页。
④ 何启、胡礼垣：《新政论议》，载《新政真诠——何启 胡礼垣集》，第131页。

业得不到应有的重视，加上清政府所实行的诸如厘金等制度的打击，中国的"商务不兴"，而"商务不兴，则不能与敌国并立"，这也是各国瞧不起中国的重要原因。为此，他们提出，朝廷要设立商部，并立为各部之首，"欲中国以商务称雄也"。[①] 同时，大力兴修铁路，尤其是要大力发展轮舶航运事业，因为商务非铁路尤其是轮舶不能兴，只有轮舶航运事业发展起来了，中国的商人才能"周环天下，以展鸿图"。为了发展轮舶航运事业，他们要求打破洋务派办的轮船招商局对航运事业的垄断，要求清政府下令，"如民间有纠合公司购建轮船往还外国者，国家借其交递邮务信息，酌量补助，给以巨资"。至于内河航运，有欲倡设轮舶公司的，"立行批准"，而且自今以后，只准建造轮船，旧式木船听其废坏，不准复造。他们相信，"如此则出洋之船必相继而起"，"内地之船必林立而兴；加以税课均平，育才有法，而商务不旺者未之有也"。[②] 他们还要求提高商人的社会地位，针对"中国之目商务中人，必曰奸商"这一社会现象，他们指出："求利乃人之本心，今有执途人而告之曰我不求利，则人必谓之奸；有执途人而告之曰我欲求利，则人必谓之忠。彼则言不由衷，此则言以明志也。故求利者国家不禁，特求之须有其方耳。如有其方，则禁锢所无，尤当乐助。"[③] 这也就是说，商人不仅不"奸"，相反是"忠"；对他们的求利行为不仅不应禁锢，相反应给予支持、鼓励。为了提高商人的社会地位，鼓励大家经商，他们特别要求废弃传统的商人不得为官的规定，而主张选举一定的商人为各级议员；"夫人之所重惟利与名，使为贾者不得而为官，则人或以商务为浊流而鄙夷不屑，乃为官者正不嫌其为贾，则人正以商务为正路而黾勉以图。新政立，则商贾中有品行刚方行事中节者，人必举以为议员，以办公事，是求利中不失其求名之望，求名中可表其求利之心"[④]。何启、胡礼垣的这一要求，实际上也表达了当时新兴的商人阶级要求享有政治权力、参与国家政权的愿望。

何启、胡礼垣在《新政论议》中提出的另一个值得重视并具有其特色的

---

① 何启、胡礼垣：《新政论议》，载《新政真诠——何启 胡礼垣集》，第 137 页。
② 何启、胡礼垣：《新政论议》，载《新政真诠——何启 胡礼垣集》，第 132—133 页。
③ 何启、胡礼垣：《新政论议》，载《新政真诠——何启 胡礼垣集》，第 131—132 页。
④ 何启、胡礼垣：《新政论议》，载《新政真诠——何启 胡礼垣集》，第 121 页。

思想，是"宏日报以广言路"，亦即言论自由的思想。他们指出，人的才识得之于见闻，如果见闻不广，则思考不长；思考不长，则谋猷必隘。以无思考之人与有思考之人竞争，胜负不言而喻；以思考短之人与思考长之人竞争，胜负也不言而喻。"而思虑俱从见闻而生，见闻多由日报而出。"所以他们主张"宏日报"，认为"日报之设，上则裨于军国，下则益于编氓，如一乡一邑，凡议政局员条议各节，极之会议时诸员之形容举动，皆列于报内，评其得失，而民隐无不通也。一案一讼，凡两造状师所辨事情，以及判断时陪员之可否如何，皆登诸报中，记其精详，而民心无不惬也"。其他如官家之颦笑，京国之传闻，各国之约章，战守之时务，物价之行情，市道之旺弱，股份之价值，店铺之张歇，田宅之买卖，创举之节略，生意之授受，学校之抡材，船艘之往来，铁路之接续，邮寄之便捷，百工之处所，行客之姓名，官员之迁调，货物之出入，关税之征收，都邑之公项，司事之人员，医道之善法，药物之灵异，矿物之奇赢，格致之日进，植物之丰歉，杂技之优劣，人才之选举，陪员之轮值，地方之灾祥，生死之报章，婚姻之纪事，案牍之消长，军政之筹划，公务之兴作，工作之需人，外国之时事，异邦之习尚，海外之奇谈，天气之寒暑，等等，"凡有益于民生日用性命身心者，闻则无不录，录则无不详"。[1] 他们再三强调办报要"据事直书"，"实事求是"，"尽删门面之语"，尤其是"主笔者、采访者有放言之权，得直书己见"，这样"日报之设"，才能"为利无穷"，"于军国政事风俗人心有所裨益"；否则，"若唯诺由人，浮沉从俗，遇官府旷职则隐而不言"，"遇小民含冤则忍而不发"，那就势必"至逢君恶"，"至失人心"。"盖言必能直，于日报方为称职。言而不直，于日报则为失职也。"中国办日报也有一些年头了，"而不能得其利益"，主要原因就在于"秉笔之人不敢直言故也"。[2] 在提倡言论自由的同时，他们还对晚清言论不自由的状况进行了揭露和批判："今有于官司之不葆而偶一及之者，则其报馆必致查封，其主笔必被拘系，不问其事之真与伪也。今有于官门之受赃而涉笔言之者，则主稿者祸不旋踵，司报者灾必及身，不问其情之虚与实也。是故不知忌讳者不

---

① 何启、胡礼垣：《新政论议》，载《新政真诠——何启 胡礼垣集》，第 145—146 页。
② 何启、胡礼垣：《新政论议》，载《新政真诠——何启 胡礼垣集》，第 177 页。

可以为日报，不识情面者不可以为日报，知忌讳识情面而不肯阿谀奉承地方有司者仍不可以为日报。"其结果华人办日报馆，只好假借洋人的名号以求保护。"其受制也若此，尚能望其有益于实事哉！"① 除办日报外，他们还主张办医学、化学、电学、军装战舰等专业报纸，这些专业报纸"不惟详言其事，而且细绘其图，此又利世利民，而欲与天下共趋于上者也"②。何启、胡礼垣在《新政论议》中提出的这些思想和主张，不仅发甲午战争前其他早期维新思想家所未发，就是与甲午战争后以康有为、梁启超为代表的维新思想家比较，也有过之而无不及。

　　《新政始基》作于 1898 年春。其时，康有为、梁启超等维新思想家发动和领导的维新变法运动正蓬勃开展，方兴未艾。对于维新变法运动，何启、胡礼垣是支持的，但由于他们人在香港，加上在一些问题上与康、梁存在认识上的差异，因此，他们基本上没有参加其具体活动，而把主要精力放在了变法理论的阐发上。他们警告清政府，自甲午战后，列强掀起了瓜分中国的狂潮，"德人则以教民细故而盘踞胶州，俄人则以借泊水师而安驻旅顺，于是鹰瞵虎视之国，莫不竞存鲸吞蚕食之心，观衅而乘，环伺而起"，清政府如果仍然因循守旧，拒不变法，"恐灾害百出，诚非关心，国计者所忍言也"。③ 而变法的内容，在何启、胡礼垣看来，除康、梁等人提出的改革官制、废除科举、兴办学校、开设议院等项外，"中国理财之法不得不变也"④。《新政始基》重点谈的就是如何理财的问题："谓官商各有专司之事，混而为同，则扞格开物，宜存奖劝之意，抽其公款，则心离；出口之税不可加，加之，则商愈困；地丁之抽不可益，益之，则民愈贫；昭信股票不可行，行之，则官愈坏；减俸裁饷不可议，议之，则兵愈屡；地税盐课宜以印度之国赋为比，否则，应收一万万五千万圆者，所得不过四千四百万圆也；土药厘税宜以局外之稽查为断，否则，应收一千八百余万两者，所得不过二百二十余万两也；土关进项宜以洋关之收缴为推，否则，应收一千万两者，所得不过一百万两也；地方公务宜以本处所征饷项

---

① 何启、胡礼垣：《新政论议》，载《新政真诠——何启 胡礼垣集》，第 177—178 页。
② 何启、胡礼垣：《新政论议》，载《新政真诠——何启 胡礼垣集》，第 146 页。
③ 何启、胡礼垣：《新政始基》，载《新政真诠——何启 胡礼垣集》，第 184 页。
④ 何启、胡礼垣：《新政始基》，载《新政真诠——何启 胡礼垣集》，第 243 页。

为之，否则，止有君事，绝无民事，止有君需，并无民需也。"①他们还要求发展资本主义工商业，指出要发展资本主义工商业，首先必须改变原来那种官督商办的经营方式，去掉"官督"，允许商民自办企业；其次保护关税，以利民族工商业的发展；其三合厘金于关税，以减轻厘金对工商业的危害。何启、胡礼垣的这些要求，与早期维新思想家是一脉相承的。

《康说书后》成书仅比《新政始基》晚两个月。1898 年春，康有为等人在北京发起成立"保国会"。保国会以救亡图存相号召，以"保国、保种、保教"为宗旨。何启、胡礼垣认为，康有为倡设保国会，"欲激昂事理，抨磕谈风，以牖万民之心，而广士夫之智，其志足嘉也"。但康在保国会第一次集会上的演说，"似未能握要，非徒无益，而又有害"，他们于是"急为书后一篇，以质诸康君，并以质诸斯时之欲为中国变法者"。②

何启、胡礼垣在《康说书后》中对康有为在其演说中"谓泰西之能保民、养民、教民，以其所为与吾经义相合之故；中国之不能保民、养民、教民，以其所为与吾经义不合之故"的说法提出了批评，指出："夫事也，物也，理也，固有为古之所有今之所无者，亦有为古之所无今之所有者。执今之有无，以定古之有无，不可也；执古之有无，以定今之有无，亦不可也"，因为"今古不同，源流顿异"。实际上泰西各国之所以能保民、养民、教民，不在于"以其所为与吾经义相合"，相反是由于"无经义以阻挠之"；中国之所以不能保民、养民、教民，亦不在于"以其所为与吾经义不合"，相反是由于"有经义以蔽塞之也"。他们进一步指出，西人所读之书，阅数年而一变，华人所肄之业，历千载而不更；西人新法之善，必竟委而穷源；华人古法之拙，犹多方而护短者。之所以会出现这种情况，并不是西人比中国人聪明，而是以儒家经典为主要内容的所谓"经义"害了中国人。"是故八股经义之法不改，则学问必无进境之机；科第用人之法不除，则中国必无振兴之望。"③八股和经义同为导致中国人虚骄保守的"病根"，二者都应废除，而不可像康有为等人所主张的那样，废除八股，"乃复以经义而取才"，"不知经义与八股究有何异，废八股而不废经义，是八股犹未

① 何启、胡礼垣：《前总序》，载《新政真诠——何启 胡礼垣集》，第 6 页。
② 何启、胡礼垣：《康说书后》，载《新政真诠——何启 胡礼垣集》，第 247 页。
③ 何启、胡礼垣：《康说书后》，载《新政真诠——何启 胡礼垣集》，第 266—269 页。

废也"。① 所以他们要求康有为等人，"勿矜中国之八股经义，行其谦虚戒慎，而但学外邦之富国强兵"②。应该说何启、胡礼垣对康有为的批评是深刻的，康有为提出"保国""保种"是对的，能激起人们的爱国热情，但他提出"保教"，企图维护儒家的正统地位不变，并要求给儒学以国教的地位，他自己充当中国的马丁·路德，这反映了其保守主义的文化心态。

　　何启、胡礼垣还对"中体西用"论提出了批评，指出："今或以中学为体，西学为用；中学为本，西学为末；中学为经济，西学为富强；皆于其理有未明也。"在他们看来，西学既有其体，也有其用，其体是它的民主政治，其用是它的实学。用他们的话说："泰西之为国也，朝廷政令可否，皆决于议院，而议员则来自民间；草野讼狱曲直，皆判于陪审，而陪员则选诸民庶。上有清明之法度，下有平恕之民情，而富强之体已传。若夫学问之繁，撮其要则为天学，地学，人学，学问之实，施于事则为神科，医科，律科，其余工艺之流，支分派别，心计之巧，月盛日新，学无不成，人无不学，而富强之用亦全。"③ 就目前所发现的资料而言，何启、胡礼垣是最早对"中体西用"论提出批评的思想家。他们以民主政治为西学之体，以实学为西学之用的提法，也显示出了他们思想的深刻性，与严复提出的西学以自由为体、以民主为用有异曲同工之妙。

　　这里尤需指出的是，何启、胡礼垣虽然主张君主立宪，但他们主张的是英国式的"君听于民而权归百姓"的虚君制君主立宪。在文中他们写道："泰西君主之国，可为吾法者莫如英。而核计四百年以前，英国之权独归于君，而民无权也，而百废不兴，富强未立。二百年以前，其权则半属于君，半属于民也，而得失互见，上理未闻。自是而后，以至于今，则君听于民而权归百姓矣。然以今日而视四百年前之英，强盛实逾百倍。故吾以为权独归君者，秦隋之世也。君民均权者，成康之世也。权操诸民者，尧舜之世也。尧舜之法盛，成康之法平，秦隋之法亡。"④ 如果我们把何启、胡礼垣的这一主张与康、梁同时的主张比较，谁更进步，一目了然。只是到了20

① 何启、胡礼垣：《康说书后》，载《新政真诠——何启 胡礼垣集》，第 266 页。
② 何启、胡礼垣：《康说书后》，载《新政真诠——何启 胡礼垣集》，第 269 页。
③ 何启、胡礼垣：《康说书后》，载《新政真诠——何启 胡礼垣集》，第 270 页。
④ 何启、胡礼垣：《康说书后》，载《新政真诠——何启 胡礼垣集》，第 271 页。

世纪初年，清政府宣布预备立宪后，梁启超才主张实行英国式的虚君制君主立宪制，并为此与心仪日本式的二元制君主立宪制的清政府进行过争吵（详见本书第六章），而在此之前，无论是郑观应、王韬，还是康有为、梁启超，他们主张的都是君主有很大权力的二元制君主立宪制。可以说何启、胡礼垣是最早主张采纳英国式的虚君制君主立宪制的思想家。也正因为他们主张的是英国式的虚君制君主立宪，何启、胡礼垣对康有为、梁启超等人为了打着光绪帝的旗号推行变法、把光绪帝说成是圣主明君、并为其开脱失政职责的做法特别不满，在他们看来，中国当时是一君主专制的国家，而非民主之国，"君上以及当道秉钧之人"应为中国所面临的"亡国灭种"的危险负责，"至于士庶人则惟有从君之命而已……是故国家之事不言则已，言则必欲其达于君。诚以中国今法，君者，一国之祸福吉凶所由出也。今日不责在上，岂以在上者为不可与言，而与之言者恐失其言耶？"[①]何启、胡礼垣的批评可谓一针见血。在当时也没有其他思想家敢像他们那样直接追究君上的失政责任。何启、胡礼垣之所以敢于如此，与他们身居香港、不怕清政府迫害的处境不无关系。

《康说书后》写成不到两个月，戊戌政变突然发生，"六君子"被杀，其他维新派和大批参与新政及倾向变法的官员，或被罢官，或被放逐。政变后，除京师大学堂外，其余新政措施全被废除，变法运动宣告失败。在"黑云压城城欲摧"的险恶形势下，人们闻变法色变，一些心里同情或倾向变法的人，为免遭株连，也违心地表示赞成守旧，用何启、胡礼垣的话说"及新进（指维新派——引者）之既败，天下又不知有维新之人也，朝野上下皆守旧之人而已；所以然者，惧株累也"[②]。但何启、胡礼垣没有被吓倒，就在戊戌政变后不到三个月，他们刊行了《新政安行》这一宣传维新变法的理论文章。在其《序》中，针对顽固派对维新变法运动的攻击，他们理直气壮地公开宣称："新政者所以救中国之药也。"在文中他们还谴责了顽固派屠杀、迫害维新志士的罪行，指出顽固派以维新派"植党营私"为借口而大开杀戒，实际上"植党者，其党未必以杀人为心也；营私者，所营未必以

---

① 何启、胡礼垣:《康说书后》，载《新政真诠——何启 胡礼垣集》，第 272 页。
② 何启、胡礼垣:《新政安行》，载《新政真诠——何启 胡礼垣集》，第 305 页。

杀人为事也。使其党于善耶？是社稷之臣也，引而进之可也；使其党于恶耶？是寇贼之流也，进而去之可也"。退一步说，"维新之徒纵曰：植党营私矣。守旧之辈亦何尝非植党营私哉？且新党未尝以杀人为事，旧党先以杀人为功，是党祸之开，开自旧党也"。[①]公开为维新派辩护，谴责顽固派的屠杀，这在当时是需要政治勇气的。

继《康说书后》，《新政安行》对"中体西用"论做了进一步的理论批判。文中指出："本末者，事之始终也。指一事之全者而言，谓其有是本，因而有是末也，非指二事之散者而言，谓其本在此，其末在彼也，本末有先后而无不同也。"比如，其本为嘉禾，则其末不可能为稂莠。反之亦然，其本为稂莠，则其末不可能为嘉禾。体用也是一样，"体用者身之全量也，指一身之完者而言，谓其有是体，因而有实用也，非指二物之异者而言，谓其体各为体，用各为用也，体用有内外而无不同也。其体为羽翼，其用则为冲天；其体为鳞甲，则其用为伏地"。故此，西学有其本，也有其末，有其体，也有其用。西方的富强不仅仅像洋务派所说的那样只有"末"或"用"，而且也有其"本"和"体"，"无富强之本，则纵使其学极高，亦不能为富强。无富强之体，纵使其才极美，亦不能得富强也。本小则末亦小，本大则末亦大。体弱则用亦弱，体强则用亦强"。正因为洋务派固执于"中体西用"论，没能弄清本与末、体与用之间不可分离的关系，"故其言曰：泰西之所以富者，强也；其所以强者，枪炮也，战舰也，炮台也。今吾造枪炮，置铁甲，筑炮台，不亦俨然强国哉？既俨然为强国矣，不将俨然富国哉？……中国所重者道也，德也。道德为本，则富强抑末矣；道德为体，则富强仅用耳"。[②]其结果以"自强""求富"为宗旨的洋务运动并没有使中国真正富强起来。如前已指出的那样，何启、胡礼垣是从理论上较系统地批判"中体西用"论的第一人，人们常引用的严复以牛体马用为喻对"中体西用"论的批判，那是1900年以后的事，要晚何启、胡礼垣好几年！

《新政安行》还进一步论证了"兴民权"的重要性，指出："树必有干然后枝叶生，邑必有市然后货物集，名理必有其会通然后无矛盾，无出入，

---

① 何启、胡礼垣:《新政安行》，载《新政真诠——何启 胡礼垣集》，第306页。
② 上引见何启、胡礼垣《新政安行》，载《新政真诠——何启 胡礼垣集》，第301—302页。

无崎岖邪曲，无错乱纠纷。民权者，树之干也，邑之市也，名理之会通也。天下有无君之国，不闻有无民之国，民权在则其国在，民权亡则其国亡，是不可以不论辨周详者也。"①故此，何启、胡礼垣强烈要求"兴民权"。他们警告清统治者说，时局至此，列强瓜分迫在眉睫，如果仍然禁忌民权如故，则"中国之颓"将无可救药。他们也反对戊戌政变后对民间报纸的查封，在文中他们写道："泰西文治之法，最盛莫如日报，有一城百数十家，一家数十万里纸者，思虑辟，闻见周，上德宣，下情达，无以过此。是故士阅之而文艺愈进，农阅之而田功愈多，工阅之而技巧愈神，商阅之而贸迁愈盛，寰球时事如亲见之，世界光明，民心知向，靡不由来。本无可禁者也，然而禁之者则以为毁谤时政，摇动人心，类讪上之下流，比横议之处士，而不知其大谬不然也。"②他们要求开放报禁，允许民间自由办报。

《〈劝学篇〉书后》刊于 1899 年春。先是前一年的 5 月，洋务派后期领袖、湖广总督张之洞出版了一本名叫《劝学篇》的小册子，以反对当时正蓬勃开展的维新变法运动。《劝学篇》全书分为内外篇，内篇 9 篇，是"务本，以正人心"；外篇 15 篇，是"务通，以开风气"。所谓"本"，是指封建纲常名教，他认为这不能变，主张用封建纲常名教加强对人民的政治统治和思想束缚；所谓"通"，是指西方的坚船利炮和科学技术，他认为这是维护清王朝统治不可缺少的，可以逐渐变通举办。全书的宗旨，在于反对维新思想家提出的"兴民权""设议院"，实行君主立宪的主张，重弹洋务派的"中学为体，西学为用"的老调。《劝学篇》出版后，理所当然地遭到了维新思想家们的批判。何启、胡礼垣的《〈劝学篇〉书后》则是批判《劝学篇》的代表作。

《〈劝学篇〉书后》对《劝学篇》进行了全面的批判，但重点是批判该书"内篇"，内篇 9 篇之中重点批判的又是《明纲篇》和《正权篇》，也即张之洞所宣扬、鼓吹的忠君思想、纲常名教和维护君主专制制度、反对"兴民权""设立院"的谬论。

他们指出，"三纲之说，非孔孟之言也。商纣无道者也，而必不能令武

① 何启、胡礼垣:《新政安行》，载《新政真诠——何启 胡礼垣集》，第 311 页。
② 何启、胡礼垣:《新政安行》，载《新政真诠——何启 胡礼垣集》，第 311—312 页。

王为无道，是君不得为臣纲也。瞽瞍顽嚚者也，而必不能令虞舜为顽嚚，是父不得为子纲也；文王以姒氏而兴，周幽以褒女而灭，是夫亦不得为妻纲也"。在何启、胡礼垣看来，孔孟时代并没有三纲之说，自秦而后，三纲之说才出现。它出于《礼纬》，而《白虎通》引之，董仲舒释之，马融集之，朱熹述之，于是流毒遍天下。但《礼纬》之书，多资谶纬解经，无一是处，根本不能相信。所以说三纲之说非孔孟之言。[①] 何启、胡礼垣试图从词源学上将三纲之说与孔孟之道剥离开来，否认二者思想上的联系，这并不科学，因为孔孟虽然没有直接说过三纲之说的话，但在他们的整个言论中，包含有这方面的思想。不过他们剥离三纲之说与孔孟之道的目的，是为了釜底抽薪，彻底否定三纲之说。故此他们接着指出：三纲之说的实质是谓君臣父子夫妇"有强弱轻重之不同"，君可以无罪而杀其臣，父可以无罪而杀其子，夫可以无罪而杀其妇。推而衍之，"官可以无罪而杀民，兄可以无罪而杀弟，长可以无罪而杀幼"。不仅如此，"勇威怯、众暴寡、贵陵贱、富欺贫，莫不从三纲之说而推"。其结果，因君可以无罪而杀臣，"直言敢谏之风绝矣"；因父可以无罪而杀子，"克谐允若之风绝矣"；因夫可以无罪而杀妇，"伉俪相庄之风绝矣"，"是化中国为蛮貊者，三纲之说也"。[②] 既然三纲之说是"大道之颓，世风之坏"的根源，那为什么张之洞等人还"沾沾自喜以中国三纲为宝"，在那里极力宣传、鼓吹和维护呢？何启、胡礼垣分析说，原因就在于"知君臣之纲，则民权之说不可行也；知父子之纲，则父子同罪免丧废祀之说不可行也；知夫妇之纲，则男女平权之说不可行也"[③]，张之洞等人所看重并以之为宝的正是三纲之说的这种社会功能。何启、胡礼垣对三纲之说实质的批判和张之洞等人之所以宣传、鼓吹和维护三纲之说的原因分析，可以说是一针见血，入木三分，相当深刻。这是继谭嗣同的《仁学》之后，中国思想家从理论上对三纲之说的又一激烈而系统的批判。但谭嗣同的《仁学》在当时并没有公开发表，因此，可以说，第一次公开发表的批判三纲之说的文字是何启、胡礼垣的《〈劝学篇〉书后》，它对20世纪初革命派思想家，乃至新文化运动时期新文化派思想家对三纲之

① 何启、胡礼垣：《〈劝学篇〉书后》，载《新政真诠——何启 胡礼垣集》，第348—349页。
② 何启、胡礼垣：《〈劝学篇〉书后》，载《新政真诠——何启 胡礼垣集》，第354页。
③ 何启、胡礼垣：《〈劝学篇〉书后》，载《新政真诠——何启 胡礼垣集》，第353页。

说的批判都产生过一定影响。

在《〈劝学篇〉书后》"正权篇辩"一节中，何启、胡礼垣系统地阐述了他们的民权思想，批判了张之洞反对"兴民权""设议院"种种的谬说。他们首先指出："权者乃天之所为，非人之所立也。天既赋人以性命，则必畀以顾此性命之权。天既备人以百物，则必与以保其身家之权。是故……讨曰天讨，伐曰天伐，秩曰天秩，位曰天位，一切之权，皆本于天。然天不自为也，以其权付之于民，而天视自民视，天听自民听，天聪自民聪，天明自民明，加以民之所欲，天必从之，是天下之权，惟民是主。"①又说："为国之大道，先在使人人知有自主之权……自主之权，赋之于天，君相无所加，编氓亦无所损，庸愚非不足，圣智亦非有余，人若非作恶犯科，则此权必无可夺之理也。"②这两段话的意思无非是说民权（或人权）是天赋的。据熊月之先生的研究，何启、胡礼垣的这两段话"是近代中国思想家第一次明确地宣传天赋人权论"③。天赋人权论是反对封建专制主义的锐利武器，欧洲的启蒙思想家曾用它来批判欧洲的封建专制主义，何启、胡礼垣也运用它来批判中国的封建专制主义。他们依据"天赋人权"理论，重新解释了君权的起源：权本属于天，然天不自为，以其权付之于民；然而民亦不自为，选立君上以行其权，是谓长民。乡选于村，邑选于乡，郡选于邑，国选于郡，天下选于国，是为天子。天子虽去庶民较远，但其权得之于庶民。君权既得之于民，如果他不称职，不能代民操其权，为老百姓办事，民则有权废黜其君，收回赋予他的权力。选于村者不善，则一乡废之；选于乡者不善，则一邑废之；选于邑者不善，则一郡废之；选于郡者不善，则一国废之；选于国者不善，则天下废之。"故曰：失其民斯失天下也。"他们并且强调："尧舜三代之隆，莫不由此。泰西富强之本，亦莫不由此。"④我们前面介绍何启、胡礼垣在《曾论书后》和《新政论议》中就对君民的关系做过新的解释，已经有了社会契约的思想，但那时他们只说明君是民选举出来为民办事的，并没有回答君如果不称职、不为民办事该怎么办的问题。

---

① 何启、胡礼垣：《〈劝学篇〉书后》，载《新政真诠——何启 胡礼垣集》，第397页。
② 何启、胡礼垣：《〈劝学篇〉书后》，载《新政真诠——何启 胡礼垣集》，第419页。
③ 熊月之：《中国近代民主思想史》（修订本），第183页。
④ 何启、胡礼垣：《〈劝学篇〉书后》，载《新政真诠——何启 胡礼垣集》，第397—398页。

在《〈劝学篇〉书后》中他们对这一问题做出了回答，即：民既能选君，也能罢君，君不为民办事，民有权废黜他。这说明他们的思想随着历史的发展也在发展，其社会契约思想有了进一步的完善。

在何启、胡礼垣看来，民权之说，中国虽古已有之，尧舜时代，无不率循，但自秦而后，其理顿晦，迄今也未能昌明。这是导致中国国弱民贫、乱象丛生，并受制于外国列强的重要原因。因此要强国富民，消除乱象，免于被列强的瓜分，就必须昌明民权。用他们的话说："中国之所以不能雄强，华民之所以无业可安，朝廷之所以不能维系，愚民所以喜，乱民所以作，纪纲所以不行……皆惟中国之民失其权之故。"[1]"若民有权，则外人畏、将士勇、大臣法、学校兴、工商利，虽欲乱而不可得也。是止乱者，民权也。"[2]"人人有权，其国必兴；人人无权，其国必废；此理如日月经天、江河行地，古今不易，遐迩无殊。"[3]在何启、胡礼垣眼里，民权就是神丹妙药，只要有了它，中国便能起死回生，转弱为强，变贫为富，一切内政外交问题都可迎刃而解。这显然是一种典型的"民权万能"论。后来立宪派的"立宪万能"论，革命派的"共和万能"论，新文化派的"民主与科学"万能论，与它可谓是一脉相承。这种以某一种政治制度为万能的思想，一方面体现了提出者对他所心仪的政治制度的信仰和热情，值得充分肯定；但另一方面它又容易导致人们对其他问题的忽视，把复杂的社会和政治问题简单化、简约化，最终影响到社会和政治的发展进程。这方面最典型的例证是革命派的"共和万能"论，当时以孙中山为代表的革命党人以为只要推翻清王朝，建立起民主共和制度，中国就能够实现民主和富强，驾欧美而上之，而忽略了诸如反封和发动农民、进行深刻的社会变革等问题，其结果，共和国是建立起来了，但中国的民主和富强并没有实现。此是后话，于此不论。

何启、胡礼垣进一步指出，"夫民权之复，首在设议院，立议员"[4]。因

---

① 何启、胡礼垣：《〈劝学篇〉书后》，载《新政真诠——何启 胡礼垣集》，第406页。
② 何启、胡礼垣：《〈劝学篇〉书后》，载《新政真诠——何启 胡礼垣集》，第396页。
③ 何启、胡礼垣：《〈劝学篇〉书后》，载《新政真诠——何启 胡礼垣集》，第412页。
④ 何启、胡礼垣：《〈劝学篇〉书后》，载《新政真诠——何启 胡礼垣集》，第398页。

为议院可以"宣上德，通下情，使平日一政一令，必归于和"①。为此，他们对张之洞在《劝学篇》中反对设立议院的种种观点进行了批驳。比如，针对张之洞的"中国士民不知环球之大事，不晓国家之经制，不闻外国之立政立教制器治兵"，因此没有人有资格担任议员的观点，他们指出：议员的职责"在决其事之可行与否，非在能督办其事也"，只要知道何事该办、何事不该办就可以了，"凡有益于地方者，务求善策以使之行，凡有害于人民者，务必剔厘而使之去"。至于环球大势、国家经制和外国之立政立教制器治兵等事情，"知之也可，不知亦可，皆非议员之责也"。② 他们还运用平等、自由等理论，就个人之权与众人之权、少数人之权与多数人之权的关系做了说明，从而在根本上驳斥了张之洞所散布的民权一兴，"操纵予夺，民皆可任情自恣"，因而"民权之说无一利而有百害"的说法。他们指出，个人是相对于众人而言的，个人之权是相对于众人之权而言的，"今人独在深山之中，与木石居，与鹿豕游，则其人之权自若，无庸名以自主之权矣。惟出而与人遇，参一己与群侪之中，而自主之权以出，是自主者由众主而得名者也"。既然个人之权是相对于众人之权而言的，那么个人在行使自己的自主之权时，就不能影响或违背众人之权，"众主者，谓不能违乎众也。人人有权，又人人不能违乎众"。个人之权为什么不能影响或违背众人之权呢？这是因为"权者，利也，益也。人人皆欲为利己益己之事，而又必须有利益于众人，否则亦须无损害于众人。苟如是，则为人人之所悦而畀之以自主之权也。人之畀我者如是，则我之畀人亦必如是"。③ 这是就个人之权与众人之权而言，个人之权不能影响或违背众人之权。就少数人之权与多数人之权来看，（一）少数人的利益不能妨害多数人的利益，少数人之权不能影响或破坏多数人之权。比如，他们举例道：有一件事情，受其利者百人，受其害者十人，则不能以十人之故，"阻其事而不行"。有一种思想，沾其益者百人，致其损者十人，则不能以十人之故，"挠其说而不恤"。（二）少数人必须服从多数人的决议，即使这少数人是君主、官吏，也是如此，这是行使民权的一个基本原则。他们在文中写道："民权者，以众得权之谓也。

① 何启、胡礼垣:《〈劝学篇〉书后》，载《新政真诠——何启 胡礼垣集》，第 400 页。
② 何启、胡礼垣:《〈劝学篇〉书后》，载《新政真诠——何启 胡礼垣集》，第 398 页。
③ 何启、胡礼垣:《〈劝学篇〉书后》，载《新政真诠——何启 胡礼垣集》，第 416—417 页。

如以万人之乡而论，则五千人以上所从之议为有权，五千人以下所从之议为无权。以中国四万万人而论，则二万万人以上所从之议为有权，二万万人以下所从之议为无权。有权者必须行之，无权者不能行也。以国内一人而论，则无论其人为民者无权，即为官者亦无权，即为君者亦无权。以国内大众而论，则无论君在其列者有权，官在其列者有权，即君与官俱不在其列者，亦有权。凡以善善从长，止问可之者否之者人数众寡，不问其身分之贵贱尊卑也，此民权之大意也。"①从以上何启、胡礼垣对个人之权与众人之权、少数人之权与多数人之权关系的论述中可以看出，他们对民权的理解是正确而深刻的，符合民主理论，达到了当时中国人所能达到的最高水平。

　　为了驳斥张之洞攻击"兴民权"是搞"无君""无父"的"民主"，何启、胡礼垣还就民主与民权的区别做了一番说明，指出："民权之国与民主之国略异，民权者其国之君仍世袭其位，民主者其国之君由民选立，以几年为期。"并且一再表示，他们只主张"兴民权"，从而使"中国之君世代相承，践天位于勿替"，而不主张行民主，使中国成为民主之国。②何启、胡礼垣对民主与民权的区别以及他们只主张兴民权，反对行民主，实际上是从早期维新思想家到后来以康、梁为代表的维新思想家一以贯之的认识和立场。据熊月之先生研究，中国的"民权"一词译自日文，而日文中的"民权"一词又是英文中"民主"一词的日译。在日文辞典中，"民权"意为"政治上人民的权力"，这与西方"民主"的本义"人民的权力"是同一个意思。而且在英文中，"民主""民权"本来就是一个词"democracy"。然而在中国早期维新思想家和以康、梁为代表的维新思想家那里，则将"民权"理解为"人民的权力"，将"民主"理解为"人民作主"，即人民统治国家，并将"民权"与君主立宪相联系在一起，将"民主"与共和联系在一起，因而他们主张"兴民权"，实行君主立宪，而反对行民主，搞共和革命。到了戊戌变法之后，梁启超还在那里斤斤计较于"民权"与"民主"的区别。中国早期维新思想家和以康、梁为代表的维新思想家之所以将"民权"理解为

①　何启、胡礼垣：《〈劝学篇〉书后》，载《新政真诠——何启 胡礼垣集》，第416页。
②　何启、胡礼垣：《〈劝学篇〉书后》，载《新政真诠——何启 胡礼垣集》，第406页。

"人民的权力"，因为"人民的权力"既可解释为"人民的全部权力"，又可解释为"人民的部分权力"。"作为前一种解释时，它与'民主'同义。作为后一种解释时，给人民以部分的权力。这样，它就被认为既有反对君权的一面，又有与君权并存的一面，它的反对君权的锋芒就不那么咄咄逼人，而可以与君权共处共存了。这种词义解释的灵活性，给改良派以极大的方便，由于他们对君主统治采取既斗争又妥协的态度，与君权既有矛盾又能共存的'民权'，就成了他们既要享有政治权力又不推翻君主制度最理想的口号。"直到 20 世纪初，革命派才将"民权"解释为"人民的全部权力"，从而实现了与"民主"的同义。[①]

《〈劝学篇〉书后》写好后，何启、胡礼垣决定将此前撰写、刊行的几篇文章汇集出版。于是在 1899 年秋写了一篇总序（即《前总序》），就理财之宜设专司、群经之义非可崇、官俸之给必从厚、日报为滥觞于孔子之《春秋》和民权为根本于帝王之治世等问题进行了阐述。序写好后，他们觉得还应再写一篇文章附于书后，"以明新政之终于必行而勿虑其不行，使阅之者得以兴起，为之者毋托空言"[②]，从而有是年冬《新政变通》一文的写作。

如前所述，何启、胡礼垣写作该文是在 1899 年冬，当时正是维新变法失败后，顽固派全面控制了朝廷，对新政进行反攻倒算，气焰极为嚣张。针对顽固派的倒行逆施，该文开篇明义便为新政大唱赞歌："拨乱反治之计，起衰振敝之谋，扶中拒外之方，济世安民之法，皆所谓新政也。""新政之于中国也，如济川之舟楫，如大旱之云霓，如饥渴之壶飧，如倒悬之解结，固人人所共期而必欲得之者也。"新政对于中国虽然具有如此重要的意义，但由于顽固派的所作所为，已远离中国而去，中国也因此而更加衰弱，"其势岌岌于群雄耸峙之间"，亡国灭种的危险迫在眉睫。对此，何启、胡礼垣把批判的矛头指向了顽固派，尤其是清政府的最高统治者慈禧。文中写道：中国之所以"不能自致维新"，是由于"居高位握权要之人顽固鲜耻，老髦无能，视其民如己之家奴，视其国如己之私业，欺君罔上，乘便营私，以至君民相违，上下隔绝也，故中国之执政一日不变其人，则中国之新机一

---

① 熊月之：《中国近代民主思想史》（修订本），第 9—12 页。
② 何启、胡礼垣：《新政变通》，载《新政真诠——何启 胡礼垣集》，第 428 页。

日不可得而冀"。①如此愤激的言论，在该文中比比皆是，它从一个侧面反映了维新变法失败后一部分曾支持或同情维新变法的人对清政府的失望甚至绝望情绪。

何启、胡礼垣认为，要推行新政，进行改革，必须"用民智"。因为"民智者大用之则大效，小用之则小效，暂用之则暂效，久用之则久效，磅礴天地，充塞宇宙，转移世运，陶铸鸿钧，皆民智也"。先秦以前，中华民族的民智是很发达的，但自秦汉以后，"斯道敝晦，民之智或如漆室之无光，或如抽薪之断火，既已于炽昌之无力，而又敝于警觉之无人，纵或明焉，而乍明则乍暗矣；纵或行焉，而乍行则乍止矣；分崩则听其分崩也，民智之不用如故也；离析则听其离析也，民智之不用如故也；失位则听其失位也，民智之不用如故也；灭国则听其灭国也，民智之不用如故也"。②其结果是民智不用，国家衰微。因此，"用民智"成为中国的当务之急。

何启、胡礼垣还讨论了"民智"与"民权"的关系。他们写道："民智、民权有别乎？无别乎？……有别而无别也。民之所知谓之智，民行其智谓之权，智与权虽若判然，而有知则有行，有行实由于有知，知与行相因而至，即权与智相辅而成，故曰有别而无别也。智之生本之于天，权之行归之于人，智与权虽为一事，而得于天者未必守之于人，守于人者未必尽合于天，人与天未能一致，则权与智必至相乖，故曰无别而有别也。"③既然民智与民权"有别而无别"，所以"用民智"就必"兴民权"，"兴民权"也必"用民智"；又既然民智与民权"无别而有别"，所以"用民智"不能替代"兴民权"，"兴民权"也不能替代"用民智"。

实际上，早在维新变法期间，严复、梁启超等人就提出过"民智"问题，而且也论述过"民智"与"民权"的关系。但他们的一个基本观点是认为中国民智未开，故此他们主张通过改革科举、兴办学校来开启民智（详见本书第五章）。后来张之洞在《劝学篇》中反对兴民权、设议院的一个重要理由，也是认为中国的民智未开。和严复、梁启超等人不同，何启、胡礼垣则认为中国的民智早在尧舜三代时期即已开之，因为"未有民则无智，

① 何启、胡礼垣：《新政变通》，载《新政真诠——何启 胡礼垣集》，第428—433页。
② 何启、胡礼垣：《新政变通》，载《新政真诠——何启 胡礼垣集》，第466页。
③ 何启、胡礼垣：《新政变通》，载《新政真诠——何启 胡礼垣集》，第459页。

既有民则有智，国未立则智不显，国既立则智必彰"，中国在尧舜三代时期即已立国，那时民智也就已经开启。故此他们一再强调："中国民智之开，其先于泰西各国者盖数千年，则以中华立国早于泰西者已数千年也"，并且要那些"为中国策维新者，勿复以民智未开为疑"。① 他们指出，一些人之所以认为中国的民智未开，甚至以此来反对兴民权，设议院，是因为"不知智之说有二：一则耳目所已及之智；一则耳目所未及之智。耳目未及者，虽圣人亦不能详，故必须学问。耳目已及者，虽庸愚亦能自解，故无事研求。今所用以治天下者，亦惟常人耳目所及知之智而已。人纵不读书，亦莫不知身家之宜保；人纵不识字，亦莫不知强暴之宜除；人纵不博闻，亦莫不知物产之宜兴；人纵不强记，亦莫不知民生之宜遂。尚何得以开其智为辞哉？"② 这也就是说，专门的专业知识（"耳目未及之智"）必须通过学习，不是人人都能掌握的，但对日常生活中的是非、好坏、得失、利害等的判断力，乃是"耳目所及之智"，是人人都具备的。与民权相关的智便是这"耳目所及之智"。就此而言，"民之智无时无地而不有，无时无地而不同，家给人足，无待于开者也"，所以说民智的问题不是开不开的问题，而是用不用的问题，"用之则其国必富且强，不用则其国必贫且弱；用之则其国必兴以盛，不用则其国必替而衰"。③ 何启、胡礼垣关于民智的上述认识，是非常深刻的，也具有重要的历史意义。因为自晚清到民国，一切反对在中国立即实行民主政治的人，一个重要的理由便是说中国人民智未开，还不具备实行民主政治的资格或能力，所以要先开民智，然后才能行民主。19 世纪末的张之洞是这么说的，20 世纪初的清政府也是这么说的，20 世纪20 年代末 30 年代初的国民党人还是这么说的。何启、胡礼垣则认为民主政治需要的民智并不高深，只要对日常生活中的是非、好坏、得失、利害等有判断力就行，而这种判断力是人人都具有的。这样就从根本上否定了反对在中国立即实行民主者的理由。

在《新政变通》一文中，何启、胡礼垣对汉学宋学予以了猛烈抨击。他们指出，中国民智之开在三皇五帝时代，"其先于泰西各国者数千年"，但

---

① 何启、胡礼垣:《新政变通》，载《新政真诠——何启 胡礼垣集》，第 461 页。
② 何启、胡礼垣:《新政变通》，载《新政真诠——何启 胡礼垣集》，第 458—459 页。
③ 何启、胡礼垣:《新政变通》，载《新政真诠——何启 胡礼垣集》，第 463 页。

自秦汉后，民智逐渐弃而不用，究其原因，就在于汉学宋学的败坏。"夫所谓民智，不外直道与自由二者而已。直道者，正也，汉学则以谶纬而入于邪。自由者，真也，宋学则以矫揉而流于伪。以谶纬而生矫揉，则伪以邪兴；以矫揉而合谶纬，则邪以伪立。一邪百邪，一伪百伪，民虽有智，何能用之？"结果"民智不用，断断然矣"。当然，汉学宋学并非一无可取，但汉学宋学"不用民智则削夺民权，削夺民权则国非其国，国非其国则民非其民，大旨既乖，功不补过"。[1] 所以要"兴民权"，"用民智"，必自批判汉学宋学、肃清其流毒始。前面曾经指出，早在鸦片战争前后，以龚自珍、魏源、包世臣为代表的嘉道经世思想家就对汉学宋学进行过批评，但他们主要是批评汉学宋学或埋首故纸堆中，或空谈义理性命，而于国计民生不闻不问。后来的思想家对汉学宋学的批评基本上也是以此立论。而何启、胡礼垣则批评汉学宋学"不用民智"，造成了中国的衰微，把对汉学宋学的批评与"用民智""兴民权"的主张结合了起来。这是他们思想的一大特色。

何启、胡礼垣在《新政变通》的末尾提出了所谓"批赁之法"，即朝廷将 18 省赁出，交由各省之民，自行承批，每年向朝廷缴纳一定的贡税，通过地方分治，来推行新政。他们认为这是在当时内忧外患十分严重的情况下，施行新政的最好方法，用他们的话说："即此便是新政，即此便是民智，即此便是君用民智以行新政，即此便是民自用智以行新政。"[2] 这也是他们写作该文的主要目的。"批赁之法"的提出，说明他们对清政府推行新政已不抱有任何希望。

《新政变通》完稿不久，北方义和团反帝爱国运动兴起，至 1900 年夏达到高潮。与此同时，帝国主义列强也借口镇压义和团，组织八国联军，公然入侵中国，并于七八月间攻占了天津和北京，慈禧太后带着光绪帝及少数亲信臣仆仓皇逃到西安。这就是历史上有名的"庚子事变"。庚子事变发生后，何启、胡礼垣又于是年冬写了一篇《后总序》置于原序（即《前总序》）之后，与其他几篇文章一起于 1901 年出版。

《新政真诠》是一部很有思想性的理论著作，在晚清维新思潮中占有非

---

[1] 何启、胡礼垣：《新政变通》，载《新政真诠——何启 胡礼垣集》，第 466—467 页。
[2] 何启、胡礼垣：《新政变通》，载《新政真诠——何启 胡礼垣集》，第 516 页。

常重要的位置，开创了多项"最早"：如最早提出"公平"的思想，最早系统地宣传社会契约思想和天赋人权思想，最早要求自由办报和言论自由，最早对"中体西用"论进行理论批判，最早主张采纳英国的虚君制立宪制度，如此等等。因此该书出版后一纸风行，并出现盗印本，如《新政六编》等，对清末思想界曾产生过一定的影响。

第五节　甲午战争前中国人思想观念的初步变化

一、开始从封闭逐渐走向开放

鸦片战争之前中国是一个封闭的传统社会，人们被隔绝在一个一个狭小的空间里，缺少与外界的必要联系。鸦片战争后，随着中外交往的扩大，新的文化设施的设立，人们开始从封闭逐渐走向开放。

首先是知识结构的变化。传统的知识结构以经史子集为基干，科举考试更是只考儒家的四书五经。因此，对于传统的士子来说，除了"帖括词章"，就没有其他"学问"了。但到了鸦片战争以后，特别是到了七八十年代以后，由于教会学校和洋务学堂等新式学校的设立，人们的知识结构开始发生了明显的变化。新式学校不同于旧式学堂的根本之处，就在于除传统的中学课程外，还开设一定的西学课程，如数学、化学、物理、生物、天文、地理、历史、政法、外语等。而且随着时间的推移，人们对西学重要性认识的不断加深，西学课程在整个课程结构中的地位越来越重要，并逐步形成了完全不同于传统的西学主导型课程结构。据对上海已知课程门类的 38 所新式学堂的研究，有 37 所学堂的西学课程门类超过了中学课程门类。其中西学、中学课程门类比率小于两倍的有 19 所，占 50%；两倍以上的有 18 所，占 43.76%；比率持平的只有一所。[①] 这些西学课程的教材，或取自西方，用西方原版书或翻译的书，或由任课的西人教习自编。

---

① 施扣柱：《清末上海改革教育之研究》，载上海市地方志办公室编《上海研究论丛》第 7 辑，上海社会科学院出版社，1991，第 199 页。

　　除西学课程外，影响人们知识结构发生变化的，还有报刊和各种新式书籍。据统计，从鸦片战争结束到 90 年代，先后共有中外文报刊 250 种左右，其中西人创办的有 200 多种，大约占同时期我国报刊总数的 80% 以上。当时的许多报刊都经常刊登一些自然科学和社会科学方面的知识。戈公振的《中国报学史》在谈到当时教会和传教士所办的报纸时便指出："外人之传教也，均以输入学术为接近社会之方法。故最初发行之报纸，其材料之大部分，舍宗教外，即为声光化电之学。"[①] 如林乐知主编的《万国公报》就刊载过培根的《格物新法》（今译《新工具》）、韦廉臣的《格物探原》、慕维廉的《格致新学》和林乐知的《格致源流说》。除这些科学总论性质的书籍外，在自然科学的具体学科方面，《万国公报》刊载的书籍，物理学有叶芝圃的《电报节略》、朱玉堂的《声学刍言》；天文学有慕维廉的《天文地理》、丁韪良的《彗星论》、潘慎文的《彗星略论》、林乐知的《论日蚀》、韦廉臣的《星学举隅》和《天文图说》；地理学有介绍世界各大洲主要国家、重点是与中国有贸易关系的 15 个国家情况的《万国地图说略》，以及李提摩太的《八星之一总论》；医学有德贞的《西医举隅》《西医汇抄》《医理杂说》《论饮食消化之理》和《脉理论》；农学有李提摩太译的《农学新法》。在社会科学方面，《万国公报》刊载的名人传记有艾约瑟的《亚里斯多得传》、韦廉臣的《泰西格致诸名家传》、广东宣道子的《华盛顿肇立美国》，政治学、经济学有花之安的《国政要论》、艾约瑟的《富国养民策》、林乐知的《译民主国与各国章程及公议堂解》、海滨逸民的《论泰西国政》，历史学有李提摩太的《三十一国志要》和《泰西新史揽要》；哲学有花之安的《性海渊源》等。[②] 至于新式书籍，除了宗教的内容，其他大都讲的是西方自然科学和社会科学的知识。如我们前面已经引用过的，仅江南制造总局翻译馆翻译的西书，据英人傅兰雅《江南制造总局翻译西书事略》记载，从 1871 年到 1880 年的 10 年间就有 98 种，235 册，译成未刊之书 45 种，140 余册，尚有 13 种未全部译完。

　　知识结构的变化，必然会引起接受新式学堂教育的青年学子的思维方式

---

① 戈公振：《中国报学史》，中国新闻出版社，1985，第 91 页。
② 熊月之：《西学东渐与晚清社会》，上海人民出版社，1994，第 396 页。

和行为方式发生变化。因为他们从新的课程中，不仅学到了声光化电等自然科学知识，而且还学到了一些社会科学知识，知道了世界各国的历史和现状。在清末上新式学堂的梁漱溟后来回忆，他便是在新式学堂里第一次知道了欧罗巴、法兰西。

其次是认知空间的拓展。在传统的社会里，人们与外界基本上是隔绝的，除本乡本土外，认知空间非常有限。但到了鸦片战争后，特别是七八十年代后，由于报刊的大量创办，以及各种新式书籍，尤其是有关世界各国史地书籍的出版，人们的认知空间有了大的拓展，从本乡本土逐渐拓展到了全国乃至全世界。有学者曾以《申报》为例研究过当时上海人认知空间拓展的情况。自 1872 年创刊后，《申报》除每天照登"京报"的消息外，还编发不少来自本埠、各地及国外的消息。据统计，1872 年 5 月全 12 月，《申报》共编发消息 892 条，其中本埠消息 374 条，占总数的41.9%；国内其他地区消息 266 条，占总数的 29.9%；国外消息 252 条，占总数的 28.2%。国内其他地区的 266 条消息来自 16 个省份和香港、澳门。国外的 252 条消息来自亚、欧、非、澳洲的 22 个国家和地区，其中来自日本的消息最多，为 79 条，占国外消息的 31.3%；其次是英国，为 52 条，占20.6%；欧美各国消息共 139 条，占 55.1%。而且其数量在逐年递增。1872年 5 月至 12 月《申报》平均每月编发消息 111 条。到 1877 年，仅 1 月份就编发了 402 条，几乎是 1872 年月平均的 4 倍。1882 年 1 月份编发的消息又比 1877 年有大的增长，达到 521 条。[①] 其他报刊也都或多或少刊登有国内外的消息。如由思想家王韬任主笔的华人报纸《循环日报》（1874 年创办）就开辟有《中外新闻》栏目，除每天一篇评论外，还大量报道国内外的最新消息。以 1874 年 5 月 16 日这一天的栏目为例，刊登长短不一的新闻共 33 条，其中国外新闻 18 条，报道的国家有美国、英国、日本、高丽、俄罗斯、荷兰、阿比西尼等；国内新闻 15 条，报道的地区有香港、澳门、广州、佛山、上海、京师、台湾、烟台等，内容涉及灾害报道、商业信息、交通信息、社区新闻、国际关系、华侨情况、科技新知、宗教节日、婚嫁异事、科举考试、旅游、教育、法制、医学、洋务、罢工、缉私、慈善等

---

① 乐正：《近代上海人社会心态（1860—1910）》，上海人民出版社，1991，第 175—177 页。

各个方面，"丰富多彩，有闻必录"。①

　　报纸是给读者看的。读者通过阅读《申报》和其他报刊，不仅知道了发生在本乡本土的事情，而且还知道了发生在遥远的异乡、异国的事情，并把这些事情纳入到了自己的观察、思考和讨论的范围之内。以《申报》"时论"论及的题材为例。1877 年 1—7 月共刊发"时论"148 篇，其中本埠题材 23 篇，外地题材 53 篇，全国性题材 35 篇，国外题材 37 篇；1881 年 1—6 月共刊发"时论"168 篇，其中本埠题材 23 篇，外地题材 48 篇，全国性题材 74 篇，国外题材 23 篇；1882 年 1—6 月共刊发"时论"174 篇，其中本埠题材 57 篇，外地题材 36 篇，全国性题材 44 篇，国外题材 37 篇。总起来看，本埠题材只占《申报》"时论"总数的五分之一，其余五分之四都是关于国内国际的题材，换言之，国内国际大事已成为"时论"的第一主题。②

　　第三是比较模式的转变，即由过去注重历史性的纵向比较，转变为共时性的横向比较，比较的坐标也从过去的"三代"，转变成了当今的"西方"。在传统社会里，受知识结构和认知空间的限制，人们往往把上古的"三代"作为一种理想社会，拿来与后世的某一时代进行比较。③而现在，由于知识结构的变化和认知空间的拓展，人们对西方的历史与现状有了一定的了解，于是开始拿中国与西方进行比较。在当时的报刊上，诸如《论中西历之所以不同》《中西饮食异宜说》《论中西民情不同》《论中西医学之所以不同》《论中西风俗之异》《中西刑律异同说》《中西政情之别》一类的文章已屡见不鲜。据统计，甲午战争前仅《申报》发表的中西比较的文章就有二三十篇之

---

① 刘圣宜：《近代广州社会与文化》，广东高等教育出版社，2004，第 102—103 页。
② 乐正：《近代上海人社会心态（1860—1910）》，第 178 页。
③ 传统意义上的"三代"一般是指夏、商、周三个朝代。作为历史时期意义上的三代，作为一个整体概念出现于春秋战国时期，先秦诸子皆谈及"三代"，但见解各有不同，而其中儒家对于"三代"的论述，对后世影响最大。"三代"被儒家视为一个重要的历史反思对象，后逐渐被塑造为我国古史上的"黄金时代"，并寄托不同时代的社会理想。"宋儒专言三代"，自宋代开始，在儒家对先秦儒家思想的阐释中，"三代"逐渐被塑造为社会理想典范，官僚士大夫以追慕"三代"的方式批判现实，提出变革的设想，追求理想社会的实现，形成了比较明确的"三代观"。最理想的社会是"三代"，如何能达到"三代之治"，成为宋明以来儒家传统政治理念中的一个核心问题，也是此后历朝历代政治追求的最高理想。〔刘明：《西学东渐与晚清"三代观"的变迁》，《武汉大学学报》（人文科学版）2017 年第 4 期〕

多。而且随着时间的推移，中西比较的范围在逐渐扩大。以郑观应的三部著作为例，70 年代出版的《救时揭要》进行中西比较的文章有 8 篇，占全书篇数的 32%，比较的范围有 7 个方面；80 年代出版的《易言》进行中西比较的文章有 30 篇，占总篇数的 83.3%，比较的范围有 30 个方面；90 年代出版的《盛世危言》进行中西比较的文章有 106 篇，占总篇数的 93.8%，比较的范围多达 73 个方面，内容涉及政治、经济、文化、军事、外交、习俗、法律、思想、学术等各个领域。[①]

以"三代"为坐标进行历史性的纵向比较，比较的是古（三代）今（当前）之间的差异，由于"三代"已被人们理想化，比较者得出的只能是今不如古的结论。而以"西方"为坐标进行共时性的横向比较，比较的是中（中国）西（西方）之间的差异，由于当时中国在政治、经济、文化等各个方面都比西方落后，比较者则有可能得出中不如西的结论。比如，早在 50 年代末 60 年代初，冯桂芬在他的《校邠庐抗议》一书中便通过对中西的比较，认识到中国在"人无弃才""地无遗利""君民不隔""名实必符"等方面都"不如夷"。王韬在比较中西时也同样认识到了中国的落后："中西同有舟，而彼则以轮船；中西同有车，而彼则以火车；中西同有驿递，而彼则以电音；中西同有火器，而彼之枪炮独精；中西同有备御，而彼之炮台、水雷独擅其胜；中西同有陆兵水师，而彼之兵法独长。其他则彼之所考察，为我之所未知；彼之所讲求，为我之所不及，如是者直不可以偻指数。"[②] 通过中西之间的横向比较，认识到中国比西方的落后，这对当时的中国人从封闭走向开放具有十分重要的意义。

二、"华夏中心"和"夷夏之辨"观念的变化

随着人们从封闭逐渐走向开放，"华夏中心"和"夷夏之辨"的传统观念发生了变化。人们开始认识到，与古代的"四夷"不同，西方国家不仅不比中国落后，甚至还比中国先进、发达，因而不能再以旧"夷"视之。比如，作为洋务官僚的特例，郭嵩焘在日记中就写道："西洋立国二千年，政

---

① 乐正：《近代上海人社会心态（1860—1910）》，第 231 页。
② 王韬：《变法中》，载《弢园文录外编》卷一，第 11 页。

教明修，具有本末，与辽、金崛起一时，倏盛倏衰，情形绝异。"①即不能简单地把今日之西方，等同于中国古代的北方游牧民族。他甚至认为："三代以前，独中国有教化耳，故有要服、荒服之名，一皆远之于中国而名曰夷狄。自汉以来，中国教化日益微灭，而政教风俗，欧洲各国乃独擅其胜，其视中国，亦犹三代盛时之视夷狄也。中国士大夫知此义者尚无其人，伤哉！"②郭嵩焘认识到所谓"夷"与"夏"的转移："秦汉以来二千年，夷狄为患中国……由边患而入处内地，而割据，而有天下。综其大势言之，匈奴、蒙古二者实相为始终"，"匈奴灭而蒙古兴，蒙古衰而欧洲各国日新月盛以昌于中土。秦汉以后之中国，失其道久矣。天固旁皇审顾，求所以奠定之。苟得其道，则固天心之所属也。茫茫四海，含识之人民，此心此理，所以上契于天者，岂有异哉？而猥曰：'东方一隅为中国，余皆夷狄也。'吾所弗敢知矣"。③冯桂芬从中国在"人无弃才""地无遗利""君民不隔""名实必符"等方面都"不如夷"这一认识出发，指出，既然西方国家在很多方面都要比中国文明和先进，那么我们就不能再用旧的"夷夏之辨"的眼光来看待西方国家，"欲以战国视诸夷，而不知其情事大不侔也"。④王韬的《弢园文录外编·华夷辨》公开批评"夷夏之辨"是"大谬不然"，"苟有礼也，夷可进为华；苟无礼也，华则变为夷，岂可沾沾自大，厚己以薄人哉？"他主张区别"夷夏"的标准应是"系于礼之有无也"，西方国家不仅有自己的政教文化，而且还非常发达，不能与历史上的"夷"等量齐观。⑤郭嵩焘也批评那些动不动就以"夷夏之辨"为说辞的传统士大夫，"顽然不以为愧，侈口张目以相訾议，吾且奈之何哉！"⑥

人们还开始认识到，中国并非世界的中心和唯一文明的国家，除中国外世界上还有很多国家，其中也包括西方。冯桂芬在《校邠庐抗议》中便写道："顾今之天下，非三代之天下比矣。《周髀算经》有四极四和与半年为昼、半年为夜等说，后人不得其解。《周礼》职方疏：'神农以上有大九州，

---

① 《郭嵩焘日记》第三卷，第124页。
② 《郭嵩焘日记》第三卷，第439页。
③ 《郭嵩焘日记》第三卷，第814—815页。
④ 冯桂芬：《校邠庐抗议·制洋器议》，载《采西学议——冯桂芬 马建忠集》，第76页。
⑤ 王韬：《华夷辨》，载《弢园文录外编》卷十，第245页。
⑥ 《郭嵩焘日记》第三卷，第688页。

后世德薄，止治神州。神州者，东南一州也。'驺衍谈天，中国名曰赤县神州，中国外如赤县神州者九，当时疑为荒唐之言。……今则地球九万里，莫非舟车所通、人力所到，《周髀》、《礼》疏、驺衍所称，一一实其地。据西人舆图所列，不下百国。"① 王韬在《变法中》指出："至今日，而泰西大小各国无不通和立约，叩关而求互市。举海外数十国，悉聚于一中国之中。见所未见，闻所未闻，几于六合为一国，四海为一家。秦、汉以来之天下，至此而又一变。呜呼！至今日而欲办天下事，必自欧洲始，以欧洲诸大国为富强之纲领、制作之枢纽。舍此，无以师其长而成一变之道。"② 和王韬一样，作为早期维新思想家的代表人物，郑观应也已认识到中国并非天下之中心，只是"天下之一国"而已。他在《盛世危言·公法》中写道："中国为五洲冠冕，开辟最先。唐、虞、三代，相承为封建之天下；秦并六国，改为郡县，历汉、唐以迄今，莫之或易。其间可得而变易者，宗子之封藩，疆域之分合也。其虽变而莫之或易者，概不得专礼乐征伐之权也。然均有相维相系之势，而统属于天子则一也。统属于天子一，故内外之辨，夷夏之防，亦不能不一。其名曰有天下，实未尽天覆地载者全有之，夫固天下之一国耳。"③ 郑观应还批评传统的"华夏中心"观念说："若我中国，自谓居地球之中，余概目为夷狄，向来划疆自守，不事远图。……地球圆体，既无东西，何有中边。同居覆载之中，奚必强分夷夏"，他希望中国人能放弃"华夏中心"的传统观念，"自视为万国之一"。④ 1878 年 1 月 28 日《申报》的一篇文章同样指出："今之天下非古之所谓天下。古之天下不过中国一隅耳，凡不隶版图者，皆谓之四夷。今之天下则四海内外声气莫不通。"既然西方和中国一样是世界众多国家中的一国，因而也就不能把西方视之为古代的"四夷"。

基于上述认识，人们开始用"洋"取代"夷"来指称西方。如前所述，"夷"本来是中国古代士人对居于中原四周未开发的少数民族的一种鄙称，意指不文明、不开发、落后愚昧。但到了鸦片战争前后，"夷"的范围扩大，

---

① 冯桂芬：《校邠庐抗议·采西学议》，载《采西学议——冯桂芬 马建忠集》，第 82 页。
② 王韬：《变法中》，载《弢园文录外编》卷一，第 11 页。
③ 郑观应：《盛世危言·公法》，载《郑观应集》上册，第 387 页。
④ 郑观应：《易言·论公法》，载《郑观应集》上册，第 67 页。

来自另一边地球的西方人也被人们视之为未开发的民族，而鄙称之为"夷"，其船艘称之为"夷船"，其商人称之为"夷商"，其商馆称之为"夷馆"，其语言称之为"夷语"，与西方国家有关系的事务称之为"夷务"。当时有一套对外关系资料集，名之为《筹办夷务始末》。就是开明者，如魏源，也未能脱俗，他的《海国图志》就是为了"以夷攻夷，以夷款夷，师夷之长技以制夷"而作。但到了第二次鸦片战争后[①]，特别是60年代后，"夷""夷船""夷商""夷馆""夷务"逐渐为"洋""洋艘""洋商""洋馆""洋务"所取代。大家知道，上海租界又叫"十里洋场"。但在19世纪的五六十年代，无论在官府文书上，文人笔墨下，还是在一般人的口语中，都叫"夷场"。张德彝在《航海述奇》中就记载："（新北门）门外原系荒野，一望苍茫；自西人至此，遍造楼房，迄来十余年，屋瓦鳞鳞，几无隙地。土人名其地曰'夷场'。"[②] 将租界称之为"夷场"，正是"夷夏之辨"的传统观念下所形成的华尊夏卑之理念的产物，如有的研究者所指出的那样，"其睥睨傲视的意态是非常明显的"[③]。但到了60年代后，"夷场"逐渐被"洋场"所取代，并最终成了历史。虽然"洋场"和"夷场"只有一字之差，但它反映的是"夷夏之辨"的传统观念的变化。

当然，"洋"取代"夷"，除人们思想观念发生变化这一原因外，外力的压制也起了很重要的作用。1856年6月签订的《中英天津条约》第51条规定，"嗣后各式公文，无论京外，内叙大英国官民，自不得提书夷字"[④]。1860年签订的《中英北京条约》申明《中英天津条约》完全有效。此后，清政府怕引起外交冲突，其官方文书在提到西方人时很少再用"夷"字。

三、"重农抑商"观念的变化与重商思潮的兴起

在"夷夏之辨"的传统观念发生变化的同时，"重农抑商"的传统观念也开始发生了变化。这首先表现在从事商业活动的人数剧增。经商能够赚

---

① 在此之前，虽然也有人称西方人为"洋人"，称西方船为"洋艘"，称西方兵为"洋兵"，称与西方的事务为"洋务"，但那只是个别特例，而没有成为一种社会现象。

② 张德彝：《航海述奇》，湖南人民出版社，1981，第146页。

③ 周武、吴桂龙：《晚清社会》（熊月之主编《上海通史》第5卷），上海人民出版社，1999，第286页。

④ 王铁崖编《中外旧约章汇编》（一），生活·读书·新知三联书店，1957，第102页。

钱致富，过上富裕生活，而中外贸易的发展和新式商业的繁荣，又给人们提供了经商致富的机会。与此相反，在西方资本主义商品倾销的打击下，加上战乱和自然灾害造成的巨大破坏，传统农业和手工业却每况愈下。于是那些想发财致富的人们便纷纷弃农、弃工而经商。如上海的嘉定、金山、宝山一带"颇有以巨大资本经营棉纱、花、米、绸、木等业于上海而获利者"，甚至出现了"农工争骛于洋场，而乡间之耕作稀"的状况。[①] 在这股风气的影响下，作为四民之首的"士"亦开始弃文经商，"由文入商"。有竹枝词这样写道："一经贸易便财东，者也之乎路路穷，何自古人轻市井，眼前若个不趋风？"[②] 所趋的便是弃文经商之风。上海县就出过不少弃文经商的"诸生"。不仅上海，进入 90 年代后，在普通农村读书人弃文经商也非个别现象。如山西太原祁县、太谷一带，"视读书甚轻、视为商甚重"，才华秀美子弟外出"为商者十八九"，留在家乡"读书者十一二"，读书人所以要外出经商，是因为他们认识到，"读书之士，多受饥寒，曷若为商之多得银钱，俾家道之丰裕也"。[③] 甚至官吏经商这时也蔚成风气。史料记载："同（治）、光（绪）以来，人心好利益甚，有在官而兼营商业者，有罢官而改营商业者。"[④] 上海《申报》也有报道说：当时"在官而商者"的现象非常普遍，"通爵显佚，岁俸万金，头衔一二品，包苴贿赂，坐而受之。其子弟挟资经商，附本店号，所在皆是。此亦重商之意，故衮衮诸公皆屑为之，似乎风气一转，官商俨然齐体矣"。[⑤] 官吏经商本来是清政府一再明令禁止的，意在防止官吏"与民争利"，然而现在却成了一种社会常态。读书人的弃文经商和官吏的在官经商，既是经济与社会压力造成的结果，同时也反映了在慕商、重商之风气的影响下儒家义利观念的变化。由于人们竞相经商，而通商口岸是中外贸易和商业活动集中的地方，所以纷纷向通商口岸移民。19 世纪中叶以后，各通商口岸尤其是作为中外贸易中心的上海，因移民的纷至沓来，人口有比较快的增长。据统计，1885 年上海公共租界人

---

① 钱淦纂《江湾里志》，施锡卫序，转引自周武、吴桂龙《晚清社会》（熊月之主编《上海通史》第 5 卷），第 434 页。

②《高行竹枝词》（抄本），转引自乐正《近代上海人社会心态（1860—1910）》，第 65 页。

③ 刘大鹏：《退想斋日记》，山西人民出版社，1990，第 17 页。

④ 徐珂：《清稗类钞》第 4 册，中华书局，1984，第 1672 页。

⑤《再论保护商局》，《申报》1883 年 11 月 3 日。

口中，上海籍人口仅为 15%，其余 75% 为各地移民。

随着人们纷纷弃文经商和弃官或在官经商，传统的四民之序和尊卑等级观念受到严重冲击，商人的社会地位得到前所未有的提高。在传统社会中，"士"居四民之首，处于社会等级的上层，他们进而为官，退而为绅，居官民之间，是一群有身份、有地位、有学问、无官职的社会群体。商则居四民之末，与士存在着不可逾越的等级差别。然而现在商人则可以通过"经营大获，纳赀得官，乃得厕于缙绅之列"①。以至"天下之士多出于商"，士绅和商人实现了合流。当时有一个新词语叫"绅商"，指的就是这一由商而绅或由绅而商（亦即前面讲的士人弃文经商）所形成的新的社会阶层。商人这时不仅通过捐纳可以得到功名，成为士绅，而且还可以成为官吏，由商从政。汪康年就曾注意到："近来大商家或买办，率捐府道或府道职衔，以便与官场往来，亦有直自作官者。"如曾任上海道台的吴健章，原是十三行行商，后与美国商人合股参与花旗洋行的经营，并捐了个候补道员，1848 年在英、美商人的支持下出任苏松太道，主持江海关事务。由于商人可以为官，官吏在官经商，"向日官与商其相差有无量之等级"的界限被打破，官吏和商人实现了合流。有人套用《论语》的话，称这种现象为"仕而优则商，商而优则仕"。②当时还有一个新词语叫"官商"，指的就是这一由商而官或由官而商（亦即前面讲的官吏在官经商）所形成的新的社会阶层。商与绅和商与官的合流，是商人的社会地位有了前所未有的提高的具体体现。由于商人的社会地位有了前所未有的提高，他们在社会上也得到了前所未有的尊重。如上海宝顺洋行买办徐润在准备回籍完婚前，收到各处朋友赠送的衣帽袍料"不计其数"，礼金一千六七百元，他连续四五天在桂花楼设宴答谢，每天都要摆四五十席。如果以每席 10 人计算，吃答谢宴的有 2000 多人。由此可见他当时受社会各界尊重的程度。③

重商思潮的兴起，也是传统的"重农抑商"观念开始发生变化的表现之一。我们在第一章谈到包世臣、魏源等经世思想家的社会改革思想史时提到，除农业外，他们也很重视商业，认为"给有无者商"，商业在国计民

---

① 《论整顿茶市》，《申报》1880 年 5 月 6 日。
② 汪康年：《汪穰卿笔记》，上海书店出版社，1997，第 168 页。
③ 周武、吴桂龙：《晚清社会》（熊月之主编《上海通史》第 5 卷），第 437—438 页。

生中具有举足轻重的重要地位。但还不能说他们有了近代意义的重商思想。因为第一，他们讲的商业还是传统的商业，非近代商业；第二，他们并不否认农业的立国地位，他们只反对抑商，但不反对传统的重农思想。具有近代意义的重商思潮是在第二次鸦片战争后随着中西交往的扩大而逐渐兴起的。最早提出重商思想的是王韬。王韬在 70 年代初提出了"恃商为国"的主张，并指出"通商之益有三：工匠之娴于艺术者得以自食其力，游手好闲之徒得有所归，商富即国富，一旦有事，可以供输糈饷"[①]。继王韬之后，马建忠提出了"通商致富"说。他在《富民说》中写道：英、美、法、俄、德等西方国家"无不以通商致富。尝居其邦而考其求富之源，一以通商为准"，因此，中国不求富则已，要求富就必须通商。[②]几乎与马建忠同时，曾出使过英、法、比、意四国的薛福成也主张中国向西方学习，"立国以商务为本，富国强兵全借于商"[③]。长期居住在香港的何启、胡礼垣在《新政论议》中也提出了他们的重商思想（详见前一节）。甲午战争前，最有影响的是郑观应提出的"商战"的口号，强调要以商业为本，发展资本主义工商业，与西方列强进行商战。在提出重商思想的同时，王韬等人还对传统的"重农"思想进行了批判。王韬批评传统的"重农"之人根本就不懂得讲求"度土宜，辨种植，辟旷地，兴水利"及其他农业要务，只知道"丈田征赋，催科取租，纵悍吏以殃民"，这不是"重农"，而是害农，"为农之虎狼而已"。[④]薛福成批责传统的"重农"思想不合时宜，"居今日万国相通之世，虽圣人复生，必不置商务为缓图。倘以其为西人所尚而忽之，则以中国生财之极富，不数十年而渐输海外，中国日贫且弱，西人日富且强，斯固西人所大愿也"[⑤]。所以传统的"重农"思想不可能实现富国强兵。

四、"重义轻利"观念的变化以及对节俭观念的质疑与否定

除了"夷夏之辨"和"重农抑商"的传统观念外，重义轻利的传统观念

① 王韬：《代上广州府冯太守书》，载《弢园文录外编》卷十，第 248 页。
② 马建忠：《富民说》，载《采西学议——冯桂芬 马建忠集》，第 126 页。
③ 薛福成：《出使四国日记》，湖南人民出版社，1981，第 147 页。
④ 王韬：《兴利》，载《弢园文录外编》卷二，第 36 页。
⑤ 薛福成：《英吉利用商务辟荒地说》，载《薛福成选集》，第 297 页。

这时也受到了前所未有的冲击。首先是商人抛弃了传统的"信义"观念，为追逐商业利益而不择手段。据当时居住在上海的王韬的观察，"往来于洋泾浜者，大抵皆利徒耳。贪、争、诈三者，无一不备，目中所见言端行信之人，卒未一遇。盖贤愚杂糅，品类不一，天资稍厚者，日变浇薄，利之所在，则不知有友谊矣"①。王韬的这段话见于他的 1858 年的日记，那时离上海开埠通商才 15 年之久，商人传统的"信义"观念就已"日变浇薄"，重利轻义成了司空见惯的事情。1872 年的《申报》曾刊登过一篇《孔方兄传》的文章，讽刺商人的嗜利失德，其中写道："孔方兄之所最恶者，仁义廉耻也；最喜者，奸刁巨滑也。见慷慨之徒则嫉之如仇，遇鄙吝之辈则麾之不去。交刻薄不交忠厚，交谄媚不交刚直。吾等多方钻刺，百计哄骗，遇懦弱者狐假虎威，逢显赫者奴颜婢膝，由是大得孔方兄之欢心，自源源而来矣。"②该文虽然写得非常尖刻，但指出的现象在当时的商界确实存在，这些现象真实地反映了商业化所引起的人们价值观念的变化。对于这种变化，有人曾分析过它的原因："吾国商人，虽无商业教育，而颇以信义著闻于时，为外人所称道。然非所论于都会之小商，而在上海租界者为尤甚。盖上海五方杂处，良莠不齐，且人人心目中视所居为传舍，商贾尤甚。以为吾侪于此，小住为佳，何必作久远之规画，失目前之利益。于是遇有顾客，遂百出其计以欺之，挽售低货也，高抬价值也，混用伪币也，种种伎俩，匪夷所思。至礼貌疏脱、语言侮慢之怪状，则尤数见不鲜。见此现象，尤以花园、车行、戏馆、西餐饭馆、酒馆、茶馆、妓馆为最。盖若辈托迹租界，恃洋人为护符，侦探巡警，无不勾通。初至者尤易受欺，稍与龃龉，即遭诟詈讥讽，或且曳之送官，官惑于先入之言，无不曲直倒置，而深受其害矣。"③文中说的虽是上海，实际上其他商业比较发达的通商口岸和城市也无不如此。这种现象的产生说明了两个问题：一是商业化进程在一些通商口岸和商业比较发达的城市虽已开始，但正常的商业秩序却没有形成；二是随着商业化进程的开始，传统的"信义"价值观念已被商业性的功利至上的价值观念所取代。

---

① 王韬:《王韬日记》，中华书局，1987，第 57 页。
② 醉禅外史:《孔方兄传》，《申报》1872 年 12 月 20 日。
③ 徐珂编撰《清稗类钞》第五册，中华书局，1984，第 2320 页。

　　不仅商人为追逐商业利益而不择手段，就是作为四民之首的士大夫们这时也不讳言利、言富。在王韬、马建忠、薛福成、郑观应、汤震、何启、胡礼垣等人的著作中，言利、言富一类的言辞比比皆是。薛福成还从古代典籍中寻找出言利、言富的根据，以论证"圣人正不讳言利"的道理。1890 年《申报》的一篇时论甚至认为"利"是"时之义大"者。文中写道："天下之攘攘而往者何为？熙熙而来者又何为？曰：为利耳。富者持筹握算，贫者奔走驰驱，何为乎？曰：为利耳。泰西之人不惮数万之程，不顾重洋之险，挈妻孥偕朋友来通商于中国，何为乎？曰：为利耳。中国之人讲洋务，习西法，购机器，聘教习，不以异言异服为憎，不以非我族类为忌，何为乎？曰：为利耳。利之时义大矣。……吾茫茫四顾，见四海之大，五洲之众，非利无以行。中外通商以后，凡环附于地球者，无一不互相交易，以通有无。当今之天下，实为千古未有之利场，当今之人心，亦遂为千古未有之利窟。"① "为利"已是时势所趋，是任何人也阻挡不了的。

　　人们在言利、言富的同时，还对传统的义利观念提出了挑战和疑问。比如洋务派针对顽固派所散布的治国之根本在"尚礼义不尚权谋"，"在人心不在技艺"，"欲求制胜必求忠信于人，欲谋自强必谋礼义之士"等种种奇谈怪论，明确指出，在当时西方的船坚炮利远胜于中国的条件下，"仅以忠信为甲胄，礼义为干橹等词，谓可折冲樽俎，足以制敌之命，臣等实不敢信"。在他们看来，欲谋自强，既要"修明礼义，以忠义之气为根本"，又要"宜趁南省军威大振，洋人乐于见长之时，将外洋各种机利火器实力讲求，以期尽窥其中之秘"。② 正是基于上述认识，洋务派提出了"欲自强必先致富，欲致富必先经商"的主张。洋务运动的宗旨就在"自强""求富"。我们在论述早期维新思潮的内容时已经指出，为了发展商业，振兴商务，早期维新思想家或维新派大力宣传过崇私理论，对所谓"君子不言利"的传统观念进行过批判，充分肯定求利的正当性。

　　在传统的义利观受到挑战与质疑的同时，传统的节俭观也受到了前所未有的挑战和质疑，19 世纪六七十年代后在商品经济比较发达的通商口岸和

---

① 《利害辨》，《申报》1890 年 7 月 23 日。
② 中国史学会主编《中国近代史资料丛刊·洋务运动（三）》，第 467 页。

一些大中城市出现了一种崇尚奢华的风气。70 年代初，有个署名"海上看洋十九年客"的文人在《申报》上发表《申江陋习》一文，批评当时人们争趋奢华的风气，并将上海人的所谓陋习归纳为"七耻"：一"耻衣服之不华也"。谓交友不问出身，不念故旧，全以衣冠取人："新交因狐裘而订，不问出身；旧友以鹑结而疏，视同陌路。遂令舆台隶卒辉煌而上友官绅，寒士贫儒蓝缕而自惭形秽"。在这种风气的驱使下，追求穿戴就成为一种必然。二"耻不乘肩舆也"。"肩舆"也就是轿子。谓无论贫富贵贱，出门都必须坐轿。甚至"有家中无米为炊，而犹高坐蓝呢之轿者，且有轿役之身分超乎轿中之人者"。三"耻狎么二妓也"。当时上海人把妓女分为三等，么二为次等妓女，长三为高等妓女，谓人耻于狎次等妓女而争狎高等妓女，以抬高自己的身份。四"耻肴馔之不贵也"。谓时人为了显示自己的阔绰，外出宴请吃饭往往追求价高名贵，全不顾实际口味，"一入酒家，争尝者燕窝鱼翅。夫燕窝鱼翅珍馐也，非美味也。徒慕贵重之虚名，而不求饮食之真味"。五"耻坐只轮小车也"。独轮车是当时最普通、也最下等的交通工具，上等的交通工具是轿子，人们争相坐轿而以坐独轮车为耻。六"耻无顶戴也"。顶戴是清朝官服样式，是官衔的标志物，咸（丰）同（治）以降，为解决巨额军费和其他开支，捐纳极滥，有钱人争相捐官以顶戴装饰抬高自己身份，而以无顶戴为耻。七"耻戏院末座也"。当时的上海戏院座位一般分为三等，人们争相坐上等座位，以坐下等的末座为耻，"甚有友人之坐四角者，且不与之晋接"。[①] 从上述"七耻"中可以看出追求奢华之风在上海是何等的盛行。

　　这种奢华之风的始作俑者是那些腰缠万贯的富商大贾，他们为了炫耀自己的消费能力，以证明自己的阔绰和成功，在社交场合往往是一掷千金。有人曾作竹枝词描绘富商大贾们宴席的豪华："万钱不惜宴嘉宾，朝上同新暮复新。同嗜甘鲜贪口腹，那知滋味菜根真。"[②] "海味山珍任品题，新新楼上夕阳西。一筵破费中人产，忘却糟糠尚有妻。"[③] 富商大贾们崇尚奢华、讲求排场，为普通市民的生活方式起了导向性的作用，加上商品经济的发展

---

① 《申江陋习》，《申报》1873 年 4 月 7 日。
② 慈湖小隐：《续沪北竹枝词》，《申报》1872 年 8 月 12 日。
③ 《后洋泾竹枝词》，《申报》1872 年 6 月 13 日。

使人们的消费观念发生改变，不再把消费仅仅看作是一种个人的物质享受，而更看作是实现自我价值、证明自己能力的一种手段，于是人们对标志富有的奢华生活，从开始羡慕到逐渐仿效，奢华也就成了一种社会风气，"衣服则绸绫不足必尚锦绣，饮食则鱼肉不足必尚珍错，居处则华屋不足必尚洋房，出入则小车不足必坐马车"①。崇尚奢华的风气虽然最早出现在商品经济比较发达的通商口岸和一些大中城市，但不久就扩散到了近邻地区甚至偏远的乡村。如紧邻上海的浙江嘉善县，"乾嘉时风尚敦朴，咸同而后渐染苏沪风气，城镇尤甚，男女服饰厌故喜新，东南乡多小市，农工习于游惰"②。地近扬州但与上海朝发夕至的江苏六合，"自轨舶纷驰，商场集中沪镇"后，"渐染仿效，不揣本而齐末，消耗之途多而殷实之户少，曩时朴厚之风一变而为奢靡，生计艰窘，诈伪滋多可慨也"。③就连商品经济相对来说较南方落后的北方城乡，各地也多有"同光以后，俗尚奢华"的记载。④

奢华之风的兴起，必然导致对传统的节俭观的质疑乃至否定。1877年2月上海《申报》曾刊登过一篇《论治世不必偏重节俭》的文章，对"节俭"提出了疑问，认为节俭作为一种美德，"可行诸三代以上，不能行之三代以下"。因为三代以上，"君官四民均有一定之世业，岁之所入，仅供所出，故必须量入以为出"，如不节俭，就会"出过于入"，"是以贵节俭也"。而三代以下，"豪强兼并，有无不均，富者家拥千万而有余，贫者日积一文而不足。其道故不贵崇尚节俭，实贵能衰多益寡，以有济无也。若仍令其节俭，则富者财无所出而日增其富，贫者财无所入而日增其贫，又何怪有贯朽粟红、号饥啼寒之分乎！"所以"裕国足民之道不在于斤斤讲求崇尚节俭，盖自有其道也"。该文在对"节俭"质疑的同时，肯定人们的奢华行为，认为奢华之风对于"衰多益寡，以有济无"是有好处的，不仅不应禁止，而且还应提倡。⑤与该文主要从"衰多益寡，以有济无"的角度，亦即从调节社会财富的功能角度质疑"节俭"而肯定"奢华"不同。《申报》发表的另

---

① 《欲富国当先去奢俗论》，《申报》1891年12月1日。

② 江峰青等修《重修嘉善县志》卷八《风俗》，光绪十八年（1882）刊。

③ 《六合县续志稿》卷三，民国九年（1920）石印本。

④ 见刘志琴主编《近代中国社会文化变迁录》第一卷，浙江人民出版社，1998，第341—342页。

⑤ 《论治世不必偏重节俭》，《申报》1877年2月28日。

一篇文章则从富国富民的角度对"崇俭禁奢"的观念提出了不同看法。文章指出，所谓"奢华"，也就是吃精美的食品，穿华丽的衣服，用奇巧的器具，"乃吾静夜自思，假使一邦之富人食必糙米，服必布衣，用必粗恶之器具，则营业工匠自食其力之人又何以自鬻其技能？安能各臻于富乎？民不能自富，国又何由富乎？"又假设一邦之富人"只用朴素粗恶之物，则国仅有朴素粗恶之物，又何以臻于富耶？"由此该文得出结论，当时已有人认为，节俭不能富民富国，"惟奢侈之人爱求精巧之物，是以鼓励人皆精巧，又为分财与人之道也"。①

　　这里需要指出的是，如本节标题所表明的那样，在甲午战争之前，中国人的思想观念的变化还是初步的，城乡之间、地区之间以及群体之间还存在着较大的差异。一般而言，城市，尤其是得风气之先的通商口岸城市及其郊区，变化大些，而农村，特别是偏远的山区变化较小，甚或没有发生变化；东南沿海地区变化大些，而北方、西南、西北地区变化较小，甚或没有变化；城市居民，特别是居住在城市的商人和知识分子变化大些，农民和乡居的士绅变化较小，甚或没有变化。1890 年 5 月，第二次在华传教士大会召开前，美国传教士、《花图新报》主编范约翰曾提供了一份截至大会召开前的《中文报刊目录》，共收录出版的 75 份报刊的名字，其中上海 23 种，香港 5 种，广州 3 种，福州 3 种，北京 2 种，其他还有汉口、宁波及海外等。② 显然，这些报刊主要集中分布于东南沿海的通商口岸城市，尤其是上海的优势特别明显，而广大的东北、西北和西南等内陆地区则为空白，作为中国传统的政治、文化中心的北京也只有 2 种。造成这种差异存在的根本原因是中国政治、经济和文化发展的不平衡性。1936 年，毛泽东在《中国革命战争的战略问题》一文中指出，"中国政治经济发展不平衡——微弱的资本主义经济和严重的半封建经济同时存在，近代式的若干工商业都市和停滞着的广大农村同时存在，几百万产业工人和几万万旧制度统治下的农民和手工业工人同时存在，管理中央政府的大军阀和管理各省的小军阀同时存在，反动军队中有隶属蒋介石的所谓中央军和隶属各省军阀的

---

① 《理财辩》，《申报》1874 年 12 月 1 日。
② 参见宁树藩主编《中国地区比较新闻史》中卷，复旦大学出版社，2018，第 564 页。

所谓杂牌军这样两部分军队同时存在，若干的铁路航路汽车路和普遍的独轮车路、只能用脚走的路和用脚还不好走的路同时存在"①。这种政治、经济和文化的发展不平衡性非始于20世纪30年代，实际上早在晚清就已存在，这既有山川地理等自然环境的因素，也有其他社会文化方面的原因。有人曾把鸦片战争以后中国社会在西方文化的影响下所发生的变化分为三个阶段："在鸦片战争后的二十年，变化仅限于东南沿海五口；第二次鸦片战争后三十年，变化扩大到南北沿海及长江一线；中日甲午战争以后，变化才逐步向内地城镇推进。而广大的内地农村，则到本世纪（指20世纪——引者）三十年代还没有根本的变化。"②所以，否认鸦片战争后中国人的思想观念在西方文化的冲击和影响下已开始发生变化不是实事求是的态度，但夸大这种变化同样是没有历史依据的。

---

① 毛泽东：《中国革命战争的战略问题》，载《毛泽东选集》第一卷，人民出版社，1991，第188页。
② 周振鹤：《中国历史文化区域研究》，复旦大学出版社，1997，第373页。

第 四 章

救亡呼唤维新变法

　　1894 年的甲午战争以及由此而造成的中国割地赔款，是继第一次鸦片战争后中国近代史上的又一次巨大灾难。这场灾难不仅使早已存在的民族危机变得日益严重起来，同时也引发了以救亡图存为宗旨的维新变法思潮的兴起。而维新变法思潮的兴起，是中华民族觉醒的起点。用梁启超的话说："唤起吾国四千年之大梦，实自甲午一役始也。"① 甲午战争后，以康有为、梁启超为代表的维新思想家一方面大力从事维新思想的宣传，并就要不要变法以及如何变法等问题对顽固派和洋务派进行过批判，另一方面又积极创办报刊，成立学会，兴办学堂，出版新书，以推动维新变法思潮的发展，到 1898 年维新变法思潮走向高涨，其标志便是称之为"百日维新"的戊戌变法的启动。但戊戌变法仅仅搞了 103 天就失败了。失败的原因是多方面的，既有客观原因，也有主观原因。作为救亡图存的爱国运动和资产阶级的政治改革运动，维新变法失败了；但作为思想启蒙运动，维新变法不仅没有失败，相反成了 20 世纪初和新文化运动时期的思想启蒙运动的先导。

---

① 梁启超：《戊戌政变记》，载《饮冰室合集》第 6 册，专集之一，第 113 页。

第一节　维新变法思潮的兴起和发展

一、甲午战败与维新变法思潮的兴起

19 世纪 70 年代后，世界资本主义各国相继进入帝国主义阶段，亚洲、非洲、拉丁美洲的大部分地区已被帝国主义瓜分完毕。各帝国主义国家为了重新瓜分殖民地和划分势力范围，展开了空前激烈的斗争，而地大物博、国势贫弱的中国则成了它们争夺的焦点。在帝国主义争夺中国的斗争中，因明治维新而走上资本主义发展道路的日本则成了中国最凶恶的敌人。1894 年日本挑起中日甲午战争。战争最后以中国战败、被迫签订《马关条约》而告结束。

《马关条约》是自第一次鸦片战争以来中国割地赔款最多、丧权辱国最为严重的不平等条约。《马关条约》规定：清政府将台湾全岛及所有附属各岛屿、澎湖列岛和辽东半岛割让给日本，后来辽东半岛因帝国主义之间的矛盾，日本不得已归还给了中国，但要了中国三千万两的赎金。《马关条约》还规定：清政府赔款二万万两，加上赎回辽东半岛的三千万两，共二亿三千万两，接近于清政府当年财政收入的三倍。清政府的财政本来就极为困难，为了支付这笔巨额赔款，清政府便向帝国主义国家借债，先后向俄法银行团和英德银行团借款三亿两，加上利息共计七亿两。帝国主义通过政治借款，控制了中国关税、盐税、内地税等全部财政收入，从而左右着中国的政局。《马关条约》允许日本在中国开设工厂，各帝国主义国家援引不平等条约有关片面最惠国待遇的规定，开始在中国大规模投资设厂。据统计，从 1895 年到 1900 年，外资在华设厂共 130 多家，其中资本在 10 万两以上的就有 20 家。除此，《马关条约》签订后，帝国主义各国掀起了以争夺中国矿山开采权和铁路修筑权、经营权为中心的瓜分中国的狂潮。

甲午战争后，一方面，由于清政府既然允许外国人在中国投资设厂，也就不便对民间设厂再加以严格限制，不得不正式宣布"准各省广开民厂"，承认民间设厂的合法性；另一方面，面对帝国主义资本输出的严重威胁，一些爱国之士发出了实业救国的呼声，提出了自办铁路、开办工厂以"抵制洋商洋厂"的主张，加上甲午战争的失败，尤其是北洋海军的全军覆灭，宣告了以"自强""求富"为目的的洋务运动的严重受挫，洋务派再也无力垄断近代新式企业，民族资本主义获得了初步的发展。据不完全统计，1895—1898 年，新办的商办厂矿企业共 62 家，资本总额达 1200 余万元，而官办或官商合办企业只有 8 家，资本总额仅 400 万元。前者是后者的三倍。

随着甲午战后民族资本主义的初步发展，中国民族资产阶级的力量也逐渐成长起来，尤其是其中的上层力量的发展更为明显。如 1895—1898 年创办的 50 余家商办企业中，资本在 10 万元以下的 29 家，占设厂总数的 58%，资本总额为 73.6 万余元，只占总投资的 6.1%。而资本在 10 万元以上的企业为 21 家，占设厂总数的 42%，资本总额达到 1126 万余元，占总投资的 93.9%。这些资本在 10 万元以上的企业大多由地主官僚和大商人所创办，他们属于民族资产阶级的上层；那些资本在 10 万元以下的创办者，主要是一些普通商人和手工工场主，他们属于民族资产阶级的中下层。

我们前面已经说过，中国的民族资产阶级具有两面性：一方面由于与外国资本主义和国内封建势力之间的矛盾，决定了他们愿意参加反对外国侵略和封建压迫的斗争，具有历史的进步性和一定的革命性；另一方面同外国资本主义和国内封建势力之间存在着的千丝万缕的联系和一定的依存关系，又决定了他们反对外国侵略和反对封建压迫不坚决、不彻底，具有先天的软弱性和妥协性。而就民族资产阶级上层来说，由于他们与外国资本主义尤其是国内封建势力之间的联系更多些，有不少人在从事资本主义经营活动的同时，又往往拥有大量土地，收取地租，或兼营钱庄、典当、商号，从事封建剥削，因而反帝反封建的软弱性和妥协性亦更严重些，他们害怕广大人民群众起来用暴力手段推翻封建制度，希望在不触犯地主阶级的根本利益的基础上，通过自上而下的改革，用和平的手段实现发展资本主义的目的。甲午战后兴起的维新变法思潮从根本上来说反映的正是民族资产阶级上层的这种愿望和要求，而促使这一思潮兴起的催化剂则是 1895年的甲午战败所引起的民族危机。

甲午战争中，堂堂"天朝上国"竟被"蕞尔岛夷"的日本打败，"而且失败得那样惨"[1]，这不能不使举国震动。1895年4月中，又从日本马关传来消息，日本逼迫清政府签订自第一次鸦片战争以来丧权辱国最为严重的《马关条约》。全国各阶层人士无不为之痛心疾首，悲愤不已。当时在京参加会试的18省举人义愤填膺，纷纷到都察院请愿表示反对。广东举人康有为更是五内俱焚，悲愤之余，用两夜一天的时间起草了一份18000多字的上皇帝书，提出拒和、迁都、练兵和变法四项主张，要求光绪帝"下诏鼓天下之气，迁都定天下之本，练兵强天下之势，变法成天下之治"。

何谓"下诏鼓天下之气"？康有为建议光绪帝速下三道诏书，一下罪己之诏，激励天下臣民，同雪国耻；二下明罚之诏，严惩那些主和大臣和战阵不力的将帅，以及那些调度非人、守御无备的疆吏，以振刷朝政，鼓舞士气；三下求才之诏，"悬赏功之格，为不次之擢"。

何谓"迁都定天下之本"？康有为分析当时的形势说，因旅顺、威海已被日军攻占，京师屏障全失，已成危城。所以他建议迅速迁都西安，这样远可防诸国之联镳，近可拒日本之胁制。

何谓"练兵强天下之势"？康有为认为中国之所以屡战屡败，将衰、兵弱、器窳是其重要原因。故此，他主张不拘资格，精选年轻有为、忠义知兵的将才，日夜训练重兵，并整饬地方绅士自办团练，同时向西方购买精良军械。

何谓"变法成天下之治"？康有为认为下诏、迁都和练兵三项是应敌的权宜之计，只有变法才是"立国自强之策"。他指出，"物久则废，器久则坏，法久则弊"，尤其是"方今当数十国之觊觎，值四千年之变局"，若仍不变法，这就像盛夏已至而不脱皮衣，病症已变而仍用旧处方一样，"未有不喝死而重危者也"。因此，今之为治，当以开创之势治天下，不当以守成之势治天下；当以列国并立之势治天下，不当以一统垂裳之势治天下。要谋求国家富强、长治久安，"非变通旧法，无以为治"。他提出的"变法"涉及"富国""养民""教民"和内政外交四个方面。

具体来说，一、"富强之法"有六：即印行钞票，兴修铁路，使用机器

---

[1] 吴玉章:《辛亥革命》，人民出版社，1961，第32页。

轮船，开采矿山，铸造银币和设立邮政。二、"养民之法"有四：即务农，劝工，惠商，恤穷。三、"教民之法"有四：即普及教育，令各省、州、县遍设艺学书院，大办学校；改革科举，废除考弓刀步石的武科，改为艺科；开设报馆，奖励办学；设立道学，发明孔子之道。四、改革内政外交：即裁撤冗员，紧缩机械，澄清吏治，改革官制，设立使才馆培养外交人才，派遣官吏和亲贵大臣出国留学或游历。他还建议以县为单位，每约十万户公举一位"博古今，通中外，明政体，方正直言之士"为"议郎"。"议郎"职责是"上驳诏书，下达民词"，供皇帝咨询。凡中央及地方的一切重要兴革政令和筹饷事宜，均由"议郎"开会讨论，经会议三分之二的多数通过后，立即交由政府各部执行。全体"议郎"每年更换一次。①

就上述这四项内容来看，无疑是对早期维新思潮的继承和发展，是模仿西方政治、经济、教育和文化的改革。尤其是设"议郎"，表面上为了备皇帝的顾问，实际上是对西方议会制的模仿，它反映了民族资产阶级上层要求参与政权、实现君主立宪制的愿望，与早期维新思想家的思想和主张一脉相承。

康有为起草好上皇帝书后，便与弟子、广东举人梁启超、麦孟华等日夕奔走，进行广泛活动，于5月1、2、3日，连续三天在北京宣武门南松筠庵的谏议堂，集18省举人传阅讨论，并预定5月4日到都察院投递。康有为等人的活动，引起投降派、顽固派的注意，他们一面派人四处活动，阻挠举人联名上书，一面在朝廷向光绪帝施压，迫使光绪帝提前于5月2日批准条约，次日发出谕旨，派人前往烟台换约（原定5月8日换约），造成木已成舟、无可挽回的局势。由于投降派、顽固派的破坏，原定5月4日18省举人联名上书之举以流产而告终。②

---

① 康有为：《上清帝第二书》，载汤志钧编《康有为政论集》上册，中华书局，1981，第114—135页。

② 关于"公车上书"，目前学术界有不同的看法。2005年，北京大学历史系教授茅海建在《近代史研究》第3期和第4期上发表《"公车上书"考证补》长文，根据中国第一历史档案馆所藏档案及其已公开发表过的档案文献，认为"公车上书"有两个不同的含义，一是由高官组织和发起的上书，其数量多达31件，签名的举人有1555人次之多，且上书已经上达御前；二是由康有为组织的18行省举人联名上书，但那是一次流产的政治事件，因各种原因，上书根本就没有送到都察院。

这就是中国近代史上有名的"公车上书"（公车即官车，汉代实行征辟选官制度，士大夫应举到京城做官，由公家备车接送。后来以"公车"作为入京应试举人的代称。"公车上书"，就是应试举人向皇帝上书）。上书虽因投降派和顽固派的破坏而流产，没有转呈到光绪帝手中，亦未能阻止《马关条约》的签订，但大批举人的这次上书请愿，则创"清朝二百余年未有之大举"①，标志着早期维新思潮与爱国救亡运动相联系，发展成为维新变法思潮，并产生了广泛的影响。上书被广泛传抄印刷，流传很广，人们从中"亦渐知天下大局之事，各省蒙昧启开，实起于斯"。此后，社会上要求维新变法的呼声日渐高涨，康有为亦从此确立了维新变法运动的领袖地位。

甲午战后维新变法思潮的兴起和发展，除甲午战争的影响外，康有为的维新变法理论和活动，以及严复翻译《天演论》及其影响也起过十分重要的作用。

二、康有为的维新变法理论和变法活动

康有为（1858—1927），字广厦，号长素，原名祖诒，广东南海人，出身于一个以"诗礼传家"的士绅家庭。他从小受过儒家思想的严格训练。1876 年，19 岁的他拜广东大儒朱次琦为师。朱次琦"其学根柢于宋明"，治学"以程朱为主，而间采陆王"，提倡经世致用，反对"无用之空谈高论"的学风。②受朱次琦的影响，康有为反对烦琐的考证，关心国事民瘼，具有"以经营天下为志"的政治抱负，并逐渐对旧学产生了怀疑，认为"日埋故纸堆中"于国计民生没有什么用处。

1879 年，康有为至西樵山白云洞，"潜心佛典"，终于"深有所悟"，从道、佛思想中吸取了不少营养。同年 12 月，他游历香港，"览西人宫室之瑰丽，道路之整洁，巡捕之严密，乃始知西人治国有法度，不得以古旧之夷狄视之"③，开始朦胧地认识到西方资本主义制度比中国封建制度优越，从而产生了向西方学习的念头。1882 年，他第一次到北京参加乡试落第，经上海回到广东。上海租界的繁华景象，同样给他留下了很深的印象，"益知

① 梁启超：《戊戌政变记》，载《饮冰室合集》第 6 册，专集之一，第 114 页。
② 梁启超：《康南海先生传》，载《饮冰室合集》第 1 册，文集之六，第 60—61 页。
③ 中国史学会主编《中国近代史资料丛刊：戊戌变法（四）》，第 115 页。

西人求治之有本"，于是"大购西书以归讲求焉"。其实当时所谓的"西书"是非常贫乏的，用梁启超的话说，那正是学问饥荒的年代。康有为购买的主要是江南制造局翻译馆译印的西方有关工艺、兵法、医学、宗教、天文、地理以及少量社会科学方面的书籍。第二年，他又订购了美国人林乐知主编的《万国公报》，这是一份以时事为主的综合性刊物。在"讲求"西书的过程中，康有为"参中西之理"，先后撰写了《诸大讲》《康子内外篇》和《实理公法全书》等著作。这些著作的撰写，标志着康有为维新变法思想的初步形成。

　　1888 年，康有为第二次进京参加顺天府乡试，并受中法战争失败的刺激，于这年的 12 月 10 日以布衣身份向光绪帝上了一篇长达 6000 多字的《为国势危蹙祖陵奇变请下诏罪己及时图治折》（即《上清帝第一书》），在论述了变法的紧迫性和必要性后，提出"变成法，通下情，慎左右"的三点建议，认为"今之法例，虽云承列圣之旧，实皆六朝、唐、宋、元、明之弊政也"。[①] 但结果，上书因无人代呈而未能上达。"治安一策知难上，只是江湖心未灰。"[②] 康有为并未因上书失败而心灰意冷，相反，他落第回到广东后，"专意著述"，从事变法维新思想理论的研究。1891 年，又在广州设立长兴学舍，1893 年改名万木草堂，收徒讲学，培养维新变法人才，梁启超、陈千秋、麦孟华、徐勤等都是他的得意弟子。并在梁启超等人的协助下，先后完成《新学伪经考》和《孔子改制考》两书的撰写工作。《新学伪经考》以破除守旧理论的古文经学为主，《孔子改制考》以树立孔子改制的变法理论为主，它们与康氏在万木草堂讲学期间即已写出初稿、后来又加以修改完成的以宣传变法光明前景的《大同书》一起（关于《大同书》见本书第六章第一节），构成了康有为的维新变法思想体系。

　　康有为早年研究古文经学，曾著《何氏纠缪》，专攻东汉今文经学大师何休。1888 年他第一次上书的失败，使他深感顽固守旧势力的强大，要打破这种封建局面，除向西方学习外，还必须从中国传统学说中寻找方法。而在此之前受清代今文经学家刘逢禄、龚自珍、魏源等人的启示，他已注

---

① 康有为：《上清帝第一书》，载《康有为政论集》上册，第 58 页。
② 康有为：《感事》，载《康有为政论集》上册，第 62 页。

意到今文经学的理论中有许多"非常异议可怪之论"，可以为自己的维新变法事业提供理论依据，便开始从古文经学向今文经学转变。这时他则把主要精力都放在了"发古文经之伪，明今文经之正"上，决心以今文经学为基础批判顽固守旧势力。1890 年他在广州见到四川学者廖平。廖氏曾拜湖南学者王闿运为师，王治《春秋公羊传》，宗今文经学。廖平发扬师说，曾作《今古学考》《知圣篇》和《辟刘篇》，前者述今文学之正，后者抨击汉代学者刘歆，证明古文经学为刘歆伪造。廖平的上述观点正好符合康有为的需要，他于是吸取廖平及嘉道以来今文学的成果"而推阐之"，于 1891 年 5 月写成《新学伪经考》一书。其要点有五：一、西汉经学，并无所谓古文，凡古文皆刘歆伪造；二、秦始皇焚书坑儒，并未危及六经，汉十四博士所传，皆孔门足本，并无残缺；三、孔子所使用的文字，即秦汉间的"篆书"，即使以"文"论，亦绝无古文经与今文经之分；四、刘歆欲弥缝其作伪之迹，故在校中秘书时，有意将多数古书"羼乱"；五、刘歆所以要作伪经，目的是要帮助王莽篡权，因而预先掩没了孔子的"微言大义"。概言之，古文经是刘歆假借孔子的名义伪造出来的，是王莽建立的"新朝之学"，应称"新学"；东汉以来的经学多出自刘歆伪造，不是孔子真经，应称"伪经"。[①]

就辨伪的科学性而言，《新学伪经考》可商榷之处颇多。当时执教广雅书院的朱一新就在《答康长素书》中说康有为"穿凿附会"，任意可否，对同一本书，"合己说者则取之，不合者则伪之"，把所有的古文经通通说成是刘歆的伪造，甚至认为《史记》等古籍也都经过刘歆的篡改，这是过于看重刘歆，使之与孔子"争席"。尽管朱一新是站在古文经学的立场上提出批评的，但其批评不无道理。属今文经学派的皮锡瑞也说康有为"武断太过"。就是他的弟子梁启超在《清代学术概论》中也委婉地批评乃师"以好博好异之故，往往不惜抹杀证据或曲解证据，以犯科学家之大忌"[②]。康有为甚至将地下出土的钟鼎彝器也说成是刘歆为欺世而私铸埋在地下的。

但《新学伪经考》不是单纯的辨伪的学术著作，而是"借经术"以宣传维新变法思想的理论著作，因此它的价值不在其学术而在其政治方面，在

---

① 以上内容见康有为《新学伪经考》，中华书局，1956。
② 梁启超：《清代学术概论》，载《饮冰室合集》第 8 册，专集之三十四，第 57 页。

它所产生的巨大的社会影响上。梁启超说《新学伪经考》的社会影响有二：
"第一，清学正统派之立脚点，根本摇动；第二，一切古书，皆须从新检查
估价。此实思想界之一大飓风也。"① 康有为在书中宣称清朝所尊信的儒家古
文经学不是孔子的真经，而是刘歆为帮助王莽篡权编造的"伪经"；清朝所
服膺的"汉学"，也不是孔子的真传，而是刘歆替新莽统治辩护的"新学"。
这就从理论上动摇了古文经学的"述而不作"的传统理念，打击了顽固守
旧势力"恪守祖训"，泥守古法的主张，从而为维新变法制造了理论根据。
康有为的这种论断虽然与史事不相符合，但它在沉寂的思想界无异于响起
了一声惊雷，因为从来没有人敢如此大胆地向长期居于统治地位的古文经
学发起挑战。所以此书于1891年8月刊行后，即有四种翻刻和石印本子流
传，风行思想界。同时它也遭到了顽固守旧势力的攻击，清政府曾三次下令
毁版。

《新学伪经考》刊行不久，康有为即着手撰写《孔子改制考》，1896年
定稿，翌年印行。如果说《新学伪经考》的作用在破，那么，《孔子改制考》
的作用则在立，与前书比较，后书的政治色彩更强烈和鲜明一些，对当时
社会尤其是思想界的影响也更大一些。梁启超就把《新学伪经考》比作"思
想界之一大飓风"，把《孔子改制考》比作"火山大喷火"和"大地震"。②
火山喷发和大地震所引起的社会震动当然要比飓风大。《孔子改制考》究竟
宣传了哪些维新变法思想，会引起如此大的社会震动呢？

　　第一，推翻孔子"述而不作"的传统观点，认为"六经"都是为托古改
制而写，其"微言大义"均在其中，从而把孔子打扮成托古改制的大师，主
张革新、反对保守的"素王"。康有为在《孔子改制考》中一再强调，孔子
"祖述尧舜，宪章文武"，只是为寄托未来"太平世"的理想，他为了改革
当时的社会现状，特意按照自己的政治理想，假托古人的言论而制定了"六
经"，尧舜文武有无其人不能肯定。如此一来，自西汉以后士大夫们所深信
不疑的"道统"，即所谓尧、舜、文、武、周公、孔子之道"一以贯之"的
观念就被打破了，那种以为今不如汉唐、汉唐不如三代、三代不如五帝的

---

① 梁启超：《清代学术概论》，载《饮冰室合集》第8册，专集之三十四，第56页。
② 梁启超：《清代学术概论》，载《饮冰室合集》第8册，专集之三十四，第57页。

历史退化观也就站不住脚了。这无疑有助于人们的思想从传统儒家经典束缚中解放出来。这里需要指出的是，康有为把孔子打扮成托古改制的教主，目的是要向人们证明，自己的维新变法主张是对孔子"托古改制"思想的继承和发扬。利用两千年来社会所推崇的"至圣先师"孔子的权威来为自己的维新变法主张辩护，这就使顽固守旧势力攻击维新变法是"离经叛道"的谬论失去了依据。

第二，反对"荣古虚今，贱近贵古"的守旧思想，主张因时变革，并通过今文经学与西学的结合，《周易》的阴阳之变、《春秋公羊传》的"通三统""张三世"学说与西方进化论和自然科学知识的结合，宣传一种历史的进化观。《周易》有"穷则变、变则通、通则久"的发展变化的思想，《春秋公羊传》有所谓"通三统""张三世"。"通三统"是指每个朝代都有一受制于天的"统"，共有"黑统""白统"和"赤统"三个"统"，如夏是黑统，商是白统，周是赤统，凡朝代的更迭，就是这三个"统"的依次更替，相互循环。新朝取代旧朝，必须"改正朔，易服色"，制度和政策都要因时制宜，有所损益。"张三世"有一个发展过程。孔子删订《春秋》，把鲁国的十二世按年代远近分为"所传闻世""所闻世"和"所见世"。后来何休撰《春秋公羊解诂》，加以引申，以"所传闻世"为"衰乱世"，"所闻世"为"升平世"，"所见世"为"太平世"，由衰乱进入升平，由升平进入太平，社会历史不断由低级向高级发展，典章制度也都必须因时而异，不断变革，而不能墨守成规，一成不变。康有为在《孔子改制考》中，把《春秋公羊传》的这"三统""三世"说与他刚学来的西方进化论思想结合起来，指出"衰乱世"是西方的君主专制时代，"升平世"是君主立宪时代，"太平世"是民主共和时代，认为人类社会就是沿着"据乱、升平、太平"三世的轨迹有序不乱地向前发展的，因而人类社会越来越进步，越来越文明。他并强调，当时的中国正由"据乱世"进入"升平世"，这是任何人也无法抗拒的历史潮流。正是从这种历史进化观出发，康有为批判了顽固派的守旧思想，论证了维新变法的必要性和必然性。顽固守旧派以人心不古，世风日下，反对革新，反对变法，康有为则根据历史进化观，论证历史愈演化愈进步，一代胜过一代，因此不能墨守成规，而要日新又新，与日俱进，只有"因革改制"，中国才能发展，才能进入"升平世"，最后达到"太平世"。

　　第三，宣传西方的人权平等思想，批判封建专制制度。康有为在《孔子改制考》中认为，人民应该有"自主自立"之权，并提出孔子所以要"祖述尧舜"，托古改制，就是因为"尧舜为民主，为太平世，为人道之至"。他甚至断言，"孔子之道，务民义为先"。他还对"君""王"做了新的解释，认为"君者群"，能"群天下人"的人便是"君"，"王"是天下归往之谓，否则不过"匹夫"而已。康有为还指出，历史上的不少君王，如桀、纣、嬴政、杨广之流，都是残害人民的民贼，对于这些"民贼"，"人人得而诛之"。因此商汤诛桀，武王伐纣，是"汤武革命，顺天应人"的义举。他还把历史上农民起义领袖陈胜、项羽与汤、武相提并论，认为他们推倒暴秦，其功劳不在"汤武革命"之下。①

　　1895年春，康有为偕弟子梁启超等进京参加会试（他已于1893年考中举人），正好赶上甲午战败和《马关条约》的签订，于是便有他起草和发动"公车上书"之事件的发生。他在"公车上书"中提出的"变法"主张，实际上是他形成已久的维新变法思想的逻辑体现。"公车上书"的第二天，会试揭晓，康有为中进士，授工部主事，但他并没有到工部就职，而是继续想方设法推进维新变法运动的进一步发展。在考中进士的当月，他又写了封长达10000多字的上皇帝书，即《上清帝第三书》（"公车上书"是第二书），补充和发展了"公车上书"的内容，备陈变法入手之方和先后缓急之序，并从各个方面说明中国必须变法的道理。他指出，此次割地赔款是"圣清"二百余年之大辱，"社稷之危未有若今日者"。经此"创巨痛深之祸"，朝廷如果能卧薪尝胆，厉行变法，国事还大有可为，否则，如果继续因循守旧，不自筹自强之策，"是坐待自毙也"。因此，他建议光绪帝应抓紧时间，下哀痛之诏，鼓士民之气，维新变法，转败为功，并提出"富国""养民""教士""练兵"四策，其中又以"求人才而擢不次，慎左右而广其选，通下情而合其力"为关键。② 不久他又撰《为变通善后，讲求体要，乞速行乾断，以图自强呈》，即《上清帝第四书》，指出西方各国所以能够富强，原因就在君民相亲，有情而必通，有才而必用。中国变法，也必须从两个

———————————

① 以上内容见康有为《孔子改制考》，中华书局，1958。

② 康有为：《上清帝第三书》，载《康有为政论集》上册，第139—148页。

方面入手：一、立科以励智学，奖励创造发明，给予制造新机器者以专利权；二、设议院以通下情，使四方民间疾苦无不上闻。并且他请求光绪帝讲明国是，尽弃旧习，再立堂构，彻底变法。其具体措施：一是"下诏求言"，设上书处于午门，允许天下言理之人到午门递折，如果言有可采，则予以褒奖，或令召对；二是"开门集议"，令天下郡县十万户中推举一人，凡有政事，令之会议，三占从二，立即施行；三是"辟馆顾问"，大开便殿，广陈图书，令天下人才皆在左右，皇帝公余翻阅图书，随时咨问；四是"设报达聪"，令直省要郡各开报馆，将报纸日月进呈，同时派人采购欧美各国的重要报纸，以备阅览；五是"开府辟士"，仿西汉故事，从中央朝廷到地方督抚县令都令开幕府，收罗人才。同时免除严刑长跪，以恤民艰。①

在这次上书中，康有为第一次明确提出了设议院的要求。要求设议院，并不始于康有为，早在80年代，郑观应等早期维新思想家就提出过，但把它作为一项变法主张正式向皇帝提出，则是康有为的历史功绩。当然，我们也应看到，与早期维新思想家一样，康有为所要求设立的议院与西方民主国家的议院还有较大的差距，因为康有为所要求设立的议院，议员不由民选，而由皇帝任命；其职权也仅限于宣扬上德、沟通下情和解决筹饷。故就性质而言，这种议院只能是皇帝的咨询机构，封建君权的附属物。就是与"公车上书"和第三次上书中提出的"议郎"比较，其议员的职权亦有所缩小，议员不具有"议郎"的"上驳诏书，下达民词"的权力。之所以要缩小议员的权力，分析起来有两个原因：第一，第三书曾通过层层转递，最后到达光绪帝手中。据说光绪帝看后非常重视，当即命军机处将上书抄录三份，一份存乾清宫，一份存勤政殿，一份存军机处，原件送颐和园，呈慈禧"懿览"。既然上书已得到光绪帝的重视，康有为则认为可以依靠光绪帝来推行变法因而不愿限制君权。第二，鉴于顽固派对设议院将"有损君权"的攻击，为减少阻力，便于光绪帝接受，则采取了以退为进的策略，所以康氏在上书中一再重申："用人之权"不属议院，设立议院不会对君权造成任何损害。

---

① 康有为：《上清帝第四书》，载《康有为政论集》上册，第149—162页。

三、严复翻译《天演论》及其影响

严复（1854—1921），原名传初，易名宗光，字又陵，又字幾道，福建侯官（今福州市）人。1866 年考入福州船政学堂，1877 年被派往英国留学，学习驾驶技术。但他到英国后，却对社会科学产生了浓厚的兴趣。当时英国正处于维多利亚时代，国势强盛，文化繁荣，思想界大师辈出，人文荟萃，严复流连其间，比较中西文化异同，探寻西方富强原因，求索中国复兴之途。1879 年回国，先任福州船政学堂教习，次年调任北洋水师学堂洋文正教习。1890 年升任学堂总办。1895 年中国在甲午战争中的惨败尤其是《马关条约》的签订，使他大受刺激。是年，他在天津《直报》上连续发表了四篇曾传诵一时的政论文章：《论世变之亟》《原强》《辟韩》和《救亡决论》，从进化论出发，反复宣传了古今形式不同，不变法不足以图存的道理，对两千多年的封建专制制度进行了批判，并以"鼓民力""开民智"和"新民德"为救亡图存之策。翌年初夏翻译英人赫胥黎《天演论》，将进化论输入中国，严复本人也因此而成了晚清著名的启蒙思想家之一。

据研究，早在 19 世纪的七八十年代，就有人对达尔文和达尔文的进化论做过介绍，但由于这些介绍是零星的、不系统的，而且多为外国传教士所为，他们介绍达尔文进化论的目的，是要证明基督教上帝创世说的正确，所以在社会上基本上没有产生什么影响。真正将达尔文的进化论比较完整、系统介绍到中国来的是严复。1895 年，严复在天津《直报》上发表《原强》一文，首先介绍了达尔文的学说，对达尔文的名著《物种起源》的成书、内容和影响做了评述，并把达尔文的生物进化规律引用到人类社会领域，用来解释民族、国家的兴衰存亡。在该文中，他还介绍了斯宾塞的社会达尔文主义观点，说："又有锡彭塞者，亦英产也，宗其理而大阐人伦之事，帜其学曰'群学'"，认为"一群一国之成之立也，其间体用功能，实无异于生物之一体，大小虽殊，而官治相准"。①此文发表后不久，严复开始着手翻译英国生物学家赫胥黎的《进化论与伦理学》一书，名曰《天演论》，先是分期连载于 1897 年 11 月创刊的《国闻报》，1898 年春又将其正式出版。

---

① 严复：《原强》，载王栻主编《严复集》第一册，中华书局，1986，第 6—7 页。

严复翻译《天演论》，介绍达尔文的进化论学说，主要是受了甲午战后民族危机日益严重的刺激。因此，他翻译《天演论》，介绍达尔文的进化论学说，第一，是为了以进化论为武器，宣传"世道必进，后胜于今"的观点，以打破"天不变，道亦不变"的形而上学的传统观念对人们思想的束缚，帮助人们树立起社会是不断发展变化的历史进化观，从而认识到维新变法的必然性；第二，是要通过对达尔文的"物竞天择，适者生存""弱肉强食"的学说的介绍和宣传，来唤起民族的觉醒，使广大民众从封闭保守、麻木不仁的落后的社会心理中解脱出来，从而认识到维新变法的紧迫性。正是基于这样的目的，严复在翻译《天演论》时，根据需要对原书做了不少修改，并加了许多按语和注释，以抒发己见，有的按语的字数还远远超过了原文。他在《天演论》的《译例言》中说："译文取明深义，故词句之间，时有所颠到附益，不斤斤于字比句次，而意义则不倍本文。"至于"有以多符空言，无裨实政相稽者，则固不佞所不恤也"。①

严复在其译文及其按语中，大力宣传达尔文的"物竞天择，适者生存""弱肉强食"的学说，尤其推崇斯宾塞的庸俗社会进化论，认为"物竞天择"，"此万物莫不然，而于有生之类为尤著。物竞者，物争自存也，以一物以与物物争，或存或亡，而其效则归于天择。天择者，物争焉而独存……存其最宜者也"。② 但同时他又不满于斯氏的"任天为治"的观点，而赞同赫胥黎在《进化论与伦理学》中提出的"天不可独任，要贵以人持天"，"与天争胜"的思想，认为"赫胥黎氏此书之旨，本以救斯宾塞任天为治之末流，其中所论，与吾古人有甚合者，且于自强保种之事，反复三致意焉"。③ 这样，在严重的民族危机面前，严复一方面通过对达尔文的进化论尤其是斯宾塞的庸俗社会进化论的介绍，尖锐地抨击了封闭保守、麻木不仁的落后的社会心理，给人们敲响了如不赶快维新变法中国就有可能被强国肉食、亡国灭种的警钟；另一方面又通过对"天不可独任，要贵以人持天"，"与天争胜"思想的强调，告诉人们自己可以掌握自己的命运，只要树立信心，奋发图强，中国就可以由弱变强。

---

① 严复:《译〈天演论〉自序》，载赫胥黎《天演论》，严复译，商务印书馆，1981，卷首。
② 赫胥黎:《天演论》，第2—3页。
③ 严复:《译〈天演论〉自序》，载赫胥黎《天演论》，卷首。

　　严复进一步提出，中国要"与天争胜"，由弱变强，就必须"开民智""合群体"。他指出，动物的生存竞争，取决于进与不进，"进者存而传焉，不进者病而亡焉"；人类社会也是一样，"人欲图存，必用其才力心思，以与是妨生者为斗。负者日退，而胜者日昌，胜者非他，智德力三者皆大是耳"。① 而就智德力三者比较，智又处于更为重要的位置，人民的聪明与否，是一个民族能否在残酷的生存竞争中生存下来并得到发展、一个国家能否实现富强的关键因素。他以西方为例，"今日欧民之脑，方之野蛮，已此十而彼七"，"此其消长盈虚之故，其以物竞天择之用而脑大者存乎？"② 所以"泰西言治之家，皆谓善治如草木，而民智如土田。民智既开，则下令如流水之源，善政不期举而自举，且一举而莫能废。……而民智未开，终弗善也"，因此他强调，中国欲图富强，必自开民智始，提高人民的聪明智慧，否则，"言治而不自教民始，徒曰'百姓可与乐成，难与虑始'，又曰'非常之原，黎民所惧'，皆苟且之治，不足存其国于物竞之后者也"。③ 至于"合群体"，严复指出，这同样对一个民族的生存发展和国家的兴盛衰亡起着十分重要的作用。因为"人之所以为人者，以其能群也"，而"天演之变，将使能群者存，不群者灭；善群者存，不善群者灭"。中国要"与天争胜"，转弱为强，"合群体"至关重要。故此他呼吁国人要"早夜孜孜，合同志之力，谋所以转祸为福，因害为利"之道，他并表示："吾愿与普天下有心人，共矢斯志也。"④

　　严复翻译《天演论》，把达尔文的进化论学说比较系统地介绍到中国来，为维新变法提供了理论上的支持，从而推动了维新变法思潮的发展。在此之前，康有为虽然也通过阅读西书接触过进化论学说，承认它为"新理"，但他的接触是零星的，不系统的。因此，当他从梁启超处读了严译的《天演论》译稿后，眼界为之大开，自称此前"眼中未见此等人"，并盛赞严复"为中国西学第一者也"。梁启超、谭嗣同等人在读了《天演论》译稿后，也都"佩钦至不可言喻"，接受了它的思想影响。在《天演论》正式出版之

---

① 赫胥黎：《天演论》，第37页。
② 赫胥黎：《天演论》，第38页。
③ 赫胥黎：《天演论》，第22—23页。
④ 赫胥黎：《天演论》，第95页。

前，梁启超就开始宣传"物竞天择"的思想，并用它作为自己文章的理论依据。《天演论》出版后，更很快风靡海内，对中国思想界产生了巨大而持久的影响力。鲁迅回忆他在江南水师学堂、矿物铁路学堂读书时，除看《时务报》外，"一有空闲，就照例地吃侉饼、花生米、辣椒，看《天演论》"①。胡适在《四十自述》中也有同样的回忆："《天演论》出版之后，不上几年，便风行到全国，竟做了中学生的读物了。读这书的人，很少能了解赫胥黎在科学史和思想史上的贡献。他们能了解的只是那'优胜劣败'的公式在国际政治上的意义……几年之中，这种思想像野火一样，延烧着许多少年人的心和血。'天演'、'物竞'、'淘汰'、'天择'等等术语都渐渐成了报纸文章的熟语，渐渐成了一班爱国志士的'口头禅'。还有许多人爱用这种名词做自己和儿女的名字。"②胡适自己也受其影响，改名为胡适，字适之，取"适者生存"之意。王国维对进化论在近代中国的巨大影响也做过描述："侯官严氏（严复是福建侯官人——引者）所译之赫胥黎《天演论》出，一新世人之耳目……嗣是以后，达尔文、斯宾塞之名，腾于众人之口，物竞天择之语，见于通俗之文。"③

四、维新变法思潮的蓬勃发展

光绪帝虽然没有看到康有为上的第四书，但这时他已对康有为的维新变法主张有了了解，内心表示赞同。光绪帝的老师、帝党领袖、户部尚书翁同龢这时与康有为也建立了直接联系。光绪帝和翁同龢赞同变法，不仅使康有为信心大增，也给其他维新思想家带来了很大希望。于是他们以更大的热情积极宣传维新变法，从而促进了维新变法思潮的蓬勃发展。这主要表现在以下几个方面：

第一，创办近代报刊，大造社会舆论。维新思想家们对报刊的巨大作用有比较明确的认识，康有为在"公车上书"中就提出了"开设报馆"的要求，随之开始在北京筹办报刊。维新派认为，报刊的作用是通民隐，达

---

① 鲁迅：《朝花夕拾·琐记》，载《鲁迅全集》第二卷，第406页。
② 胡适：《四十自述》，载胡适著、季羡林主编《胡适全集》第18卷，安徽教育出版社，2003，第58页。
③ 王国维：《论近年之学术界》，载《王国维文集》，北京燕山出版社，1997，第329页。

民意，"去塞求通"，而通塞直接关系到国家的强弱，因为"阅报愈多者，其人愈智；报馆愈多者，其国愈强"，所以他们大声疾呼："报馆有益于国事"，可以"助耳目喉舌之用，而起天下之废疾"。① 基于这一认识，他们于1895 年之后掀起了一个创办报刊的热潮，"沿海各都会，继轨而作者，风起云涌，骤十余家，大率面目体裁，悉仿《时务》"②。据不完全统计，1895—1898 年底，全国各地共创办报刊 39 种，其中 1895 年 2 种，1896 年 5 种，1897 年 27 种，1898 年 5 种；依出版地点计，则上海 24 种，天津 3 种，广州 2 种，北京、福州、澳门、长沙、桂林、温州、杭州、无锡、成都、重庆各 1 种。③ 这些报刊，种类繁多，有的以政治论说为主，如《时务报》《知新报》《湘学新报》《国闻报》《湘报》《萃报》《东亚报》《经世报》《蜀学报》《渝报》等；有的以提倡实业为主，如《农学报》《工商学报》等；有的偏重于自然科学知识的介绍，如《算学报》《新学报》《格致新报》等；有的着眼提倡儿童教育，如《蒙学报》《求是报》等；有的主要是译介西方的书籍，如《译书公会报》等；有的尝试文字和文学改良，如《演义白话报》《无锡白话报》等，这些报刊虽然侧重点各有不同，或重启蒙，或重实业，或关心政治，或关心教育，但它们的共同点是宣传维新变法，对维新变法思潮的蓬勃发展都做出过自己的贡献。

这些报刊中创办最早的是北京的《万国公报》，影响最大的是上海的《时务报》和天津的《国闻报》。《万国公报》1895 年 8 月由康有为创办，双日刊，梁启超、麦孟华等人为撰稿人，每期 10 页，除转载中外各报有关"新政"的新闻和评论外，还常常刊载 500 字上下的时评。《万国公报》的宗旨在介绍西方的政治、经济情况，兼及自然科学知识，探讨各国强弱的原因。开始时每期印 1000 份，随当时专门刊载诏书、奏章的《邸报》分送给在京官员。后来随着维新变法思想的传播，《万国公报》不久改名为《中外纪闻》，印数也很快增加到 3000 份。作为维新变法的宣传媒介和舆论工

---

① 梁启超：《论报馆有益于国事》，载《饮冰室合集》第 1 册，文集之一，第 100—101 页。

② 梁启超：《本馆第一百册祝辞并论报馆之责任及本馆之经历》，载《饮冰室合集》第 1 册，文集之六，第 53 页。

③ 参见吴雁南、冯祖贻、苏中立、郭汉民主编《中国近代社会思潮（1840—1949）》第一卷，湖南教育出版社，1998，第 229—230 页。

具，《中外纪闻》在北京的一部分官员和士大夫中有一定的影响。

《时务报》于 1896 年 8 月在维新派官僚黄遵宪主持下创办，汪康年为总理，梁启超任主笔。梁启超（1873—1929），字卓如，号任公，又号饮冰室主人，广东新会人。自幼刻苦好学，天资聪慧，12 岁考取秀才，16 岁考中举人，后来成为康有为的得意门生，也是康有为领导维新变法运动的主要助手：康有为发起"公车上书"，梁氏为之积极奔走鼓动；康有为创办《万国公报》，梁氏是主要撰稿人之一；康有为发起组织强学会，梁氏担任书记员；《时务报》创刊，梁氏南下任主笔；1897 年冬梁氏又到湖南，任时务学堂总教习；1898 年初，应康有为之召，梁氏又北上到京，参与后来的百日维新。所以人们常常将他与康有为相提并论，合称为"康梁"。

梁氏担任《时务报》主笔时才 23 岁，精力旺盛，才思敏捷，"每期报中论说四千余言，归其撰述；东西文各报二万余言，归其润色；一切奏牍告白等项，归其编排；全本报章，归其复校。十日一册，每册三万字，经启超自撰及删改者几万字，其余亦字字经目经心。六月酷暑，洋蜡皆变流质，独居一小楼上，挥汗执笔，日不遑食，夜不遑息"[1]，往往一人干七八个人的活，是《时务报》名副其实的灵魂。《时务报》"以变法图存为宗旨"，内容以论说和译文为主，其中论说主要由主笔撰写，它最富理论色彩，影响也最大。据统计，《时务报》先后发表论说 120 多篇[2]，影响较大的有梁启超的系列论文《变法通议》和《古议院考》《论中国积弱由于防弊》《论君政民政相嬗之理》《知耻学会序》《西学书目表后序》等，以及汪康年的《中国自强策》、麦孟华的《论中国宜尊君权抑民权》、徐勤的《中国除害议》、欧榘甲的《论大地各国变法皆由民起》。这些文章令人信服地论证了维新变法的必要性与必然性，并从政治、经济、教育、军事等方面对封建制度进行了批判，介绍和宣传了资产阶级的政治、经济制度和民权、平等思想。加上梁启超"纵笔所至不检束"，"笔锋常带感情"，写出的文章"平易畅达"，"条理明晰"，令人耳目一新，具有很强的感染力。因此，《时务报》出版不久，即受到广泛欢迎，"一时风靡海内"。发行点由十几处增至 100 多处，

---

① 梁启超：《创办时务报源委》，《知新报》第 66 册，1898 年 8 月 29 日。

② 汤志钧编著《戊戌变法人物传稿》下册附录《时务报重要论著撰人题名》，中华书局，1961，第 737—745 页。

发行地区由沿海大城市逐渐扩展到云、贵、川、甘一些边远地区和潍县、沙市、瑞安等中小城镇，销售量最多时达到17000多份，"为中国有报以来所未有，举国趋之，如饮狂泉"。[①]时人赞誉《时务报》"中外毕备，巨细兼收，辟四万万人之心思，通欧亚美澳之风气"[②]，风流所至，"虽天下至愚之人，亦当为之蹶然奋兴，横涕集慨而不能自禁"[③]。此话虽有过誉之嫌，但《时务报》作为当时最有影响的报刊，对转化士民心理，推动维新变法思潮的蓬勃发展确实起过非常重要的积极作用。

《国闻报》于1897年10月由严复与王修植、夏曾佑、杭辛斋等人创办，严复任主笔。《国闻报》以"通上下之情"和"通中外之故"为宗旨，除编发大量的海内外新闻、报道维新派人物及其活动外，还发表了40多篇社论，其中严复一人就写了20多篇。这些社论抨击顽固守旧势力，宣传维新变法，产生了广泛的影响，并很快使《国闻报》执北方舆论之牛耳，与上海的《时务报》南北呼应，成为维新派的重要舆论阵地，尤其是自《国闻报》创刊起就开始连载严译的《天演论》，对清末民初的中国思想界影响极大，"中国民气为之一变"[④]。

除《时务报》和《国闻报》外，由谭嗣同和唐才常等人在长沙创办的《湘报》在当时也很有影响。《湘报》创办前，主张维新的湖南学政江标已于1897年4月在长沙创办了一份《湘学新报》，由唐才常主编，半年后改名《湘学报》，每十天出一期，宣传维新变法思想。1898年春，自称是康有为私淑弟子的谭嗣同由外地回到长沙后，鉴于《湘学报》十天才出一期，不能适应飞速发展的维新变法形式的需要，同时，南学会已于此前成立，需要一份报刊作舆论阵地，于是和唐才常等人一起，于3月间创办《湘报》，改为日刊，由熊希龄、唐才常任主编。为说明此点，谭嗣同特作《〈湘报〉后序》一文，强调"日新"。他说：世道变化，正所谓日日新，"昨日之新，至今日而已旧；今日之新，到明日而又已旧"，过去的《湘学报》本为"助

① 梁启超：《〈清议报〉一百册祝辞并论报馆之责任及本馆之经历》，载《饮冰室合集》第1册，文集之六，第52页。
② 王鹏飞：《王鹏飞致汪康年函》，载《汪康年师友书札》（四），上海古籍出版社，1986，第3533页。
③ 方汉奇：《中国近代报刊史》，山西人民出版社，1981，第83页。
④（胡）汉民：《述侯官严氏最近政见》，《民报》第2号，1906年5月8日。

人日新之意至切"，然而十日出一期，只能谓之"新"，而不能谓之"日新"，因此特办《湘报》，日出一期。他还引申梁启超将历史分为"君史"和"民史"的说法，认为以前的二十四史讲的都是"君史"，现在办报要讲"民史"，反映老百姓的呼声。①《湘报》从3月创刊，到10月停刊，共出版177号，内容分为论说、奏疏、公牍、电旨、各国时事、本省新政、商务、杂事等，文字通畅，形式活泼，很受读者欢迎。《湘报》经常刊登宣传维新变法的文章，以及谭嗣同、唐才常等人在南学会的演讲稿，还开设问答专栏，讨论西方所以富强、中国所以贫弱的原因，以及救亡图存之道，在社会上反响强烈。

第二，成立各种学会，扩大社会基础。犹如报刊一样，维新思想家对组织成立学会也很重视，认为组织学会是"今日救亡保命，至急不可缓之上策"②。"欲救今日之中国，舍学会末由哉！"③他们冲破"君子群而不党"的思想束缚和政治限制，"日以开会之义，号之于同志"，并"挟书游说，日出与士大夫讲辩，并告以开会之故"。④维新思想家所以如此重视学会，原因在于他们认为学会可以起到开风气、联人才、合群力的作用。所谓开风气，就是通过学会制造舆论，扩大影响；所谓联人才，就是通过学会加强维新派的联系，培养造就一支致力于维新变法事业的骨干队伍；所谓合群力，就是通过学会把分散的维新派或同情者组织起来，以形成为一股大的力量。

据统计，自1895年11月康有为在北京成立强学会起到"百日维新"失败止，全国共成立各种学会68个。依成立年份论，1895年5个，1896年3个，1897年21个，1898年37个，不详2个。甲午之败，是1895年学会兴起的重要原因。但北京、上海两地强学会的被查封，使成立学会的势头遭到重大打击，因而1896年只有3个学会成立。及1897年瓜分之祸生，士人再起，加上光绪帝已决定变法，鼓舞了维新派的士气，于是成立学会的势头再次强劲，从1896年的3个，猛增到1897年的21个，再到1898

① 谭嗣同：《〈湘报〉后叙（上）》，载蔡尚思、方行编《谭嗣同全集》（增订本）下册，中华书局，1981，第417—418页。
② 谭嗣同：《论全体学》，载《谭嗣同全集》（增订本）下册，第405页。
③ 转引自汤志钧《戊戌变法史》，上海社会科学院出版社，2015，第99页。
④ 康有为：《康南海自编年谱》，载《中国近代史资料丛刊：戊戌变法（四）》，第133页。

年37个。戊戌政变后，绝大多数学会或自动或被迫解散，只有很少几个纯学术或教育性的学会保存了下来。以成立地区论，北京12个，上海15个，江苏8个，浙江4个，湖南17个，江西2个，湖北2个，陕西1个，四川2个，广东2个，广西1个，贵州1个，福建1个。[①] 这些散布全国13个省市的学会大致可以分为三种类型。第一种类型是政治性的学会，如北京强学会、上海强学会、北京保国会、湖南南学会以及保浙会、保滇会、保川会等。成立这些学会的目的，就是为了推进维新变法运动；第二种类型是学术性的学会，如上海农学会、湖南法律学会、上海算学会、上海地图公会、上海译书公会等，这些学会的政治色彩不浓，专业色彩则较为厚重；第三种类型是改良性的学会，如不缠足会、戒鸦片烟会、延年会和女子学会等，这些学会主张移风易俗，革除陋习，提倡婚姻自由，反对买卖婚姻，引导人们过一种健康、文明的生活。尽管这些学会的性质或着重点有所不同，但它们都为维新变法思潮的发展，扩大维新变法运动的社会基础，做出了贡献。其中影响较大的有北京和上海的强学会、湖南南学会和北京保国会。

北京强学会于1895年8月，经康有为奔走，由支持变法的翰林院侍读学士文廷式出面组织成立，早期维新思想家、户部郎中陈炽任提调，梁启超为书记员，并改《万国公报》为《中外纪闻》，由梁启超、汪大燮任主笔。强学会每十日集会一次，每次都有人宣讲"中国自强之学"。参加学会的成员，基本上是维新派和支持维新变法的一些开明士大夫和官僚。此外，一些洋务官员和投机政客，如当时在天津小站练兵的袁世凯、署两江总督张之洞、直隶总督兼北洋大臣王文韶、提督宋庆和聂士成等，鉴于光绪帝已明确表示赞同变法，为捞取政治资本，或列名强学会中，或为强学会捐款，甚至签订《马关条约》的李鸿章也想捐款入会，只是由于他的名声太差，而被拒绝。而以康有为为领袖的维新派从策略上考虑，也极力想把洋务派官员和有势力的官僚拉入强学会，以扩大强学会的声势。北京强学会成立不久，经康有为活动，并征得署两江总督张之洞的同意，上海也成立了强学

---

① 以上参见张玉法《戊戌时期的学会（1895—1898）》，载王晓秋主编《戊戌维新与近代中国的改革——戊戌维新一百周年国际学术讨论会论文集》，社会科学文献出版社，2000，第284—285页。

会，并发行《强学报》，康有为弟子徐勤任主笔。北京和上海强学会的相继成立，推动了这两地维新变法运动的开展，同时也引起顽固守旧势力的仇视和反对。1896 年初，顽固派御史杨崇伊上书弹劾强学会"私立会党"，请饬严禁。北京强学会被清政府查封。张之洞见风使舵，随即也查封了上海强学会，《强学报》也被停办。

南学会于 1898 年 2 月由谭嗣同、唐才常等人发起成立。成立的那天，支持维新变法的湖南巡抚陈宝箴亲率文武官员赴会祝贺，发表演说，并当场办了入会手续。梁启超为南学会作序，论述了成立学会的重要意义，认为即使八股废、学校兴、商政修、农工立，也不能保中国不亡，因为"人心之无热力，虽智其民，而不能国其国也"；只有办学会，加强维新派的联系，扩大维新变法的社会基础，才能"齐万而为一"，达到救亡图存的目的。[①] 南学会立有章程，在组织上也较为严密，会中设有会长、坐办和具体办事人员，会长由今文经学家、具有维新思想的皮锡瑞担任。为"联全省为一气，合万众为一心"，除长沙设有总会外，南学会在全省各府、厅、州、县还设有分会，总会与各分会之间，"上下相亲，权力相平，长短相剂，学业相益"。[②] 根据章程规定，加入学会要履行一定手续，凡入会者应由会友三人作保，经会中公举，半数以上通过才能入会；入会时要填写履历表，会友要交一定会费。会友分为三种：一为议事会友，由谭嗣同、熊希龄、唐才常、黄遵宪等人担任，负责议定会中章程、事务和各种重大决定；二为讲论会友，定期讲课，解答疑难，主要由一些社会名流和学者如谭嗣同的老师欧阳中鹄等担任；三为通信会友，系指远道来函，请求指教，联系密切的各分会会友。就以上情形来看，南学会实际上已具有近代政党的雏形。南学会成立后，有 1200 多人入会，骨干在 200 人左右，其活动主要是集会演讲，一般每七日举行一次。每次演讲，不拘形式，自由发挥，但大都围绕如何维新变法、救亡图存的主题进行。

保国会于 1898 年 4 月由康有为和御史李盛铎发起组织成立，以"保国、保种、保教"为宗旨，即保国家政权不亡，保中华民族不灭，保孔孟儒教

---

① 梁启超：《南学会叙》，《时务报》第 51 册，1898 年 2 月 10 日。
② 谭嗣同：《群萌学会叙》，《湘报》第 32 号，1898 年 4 月 12 日。

不失。在北京上海各设总会，各省、府、县均设分会。定有章程 30 条，章程除规定保国会的宗旨外，还详细规定了总会和分会的组织、权限、纪律、入会手续、会员的权利和义务、领导及工作人员的职责等。会内定期举行演讲讨论会，并设入会舍、图书馆等。保国会已具有近代资产阶级政党的雏形，是戊戌时期影响最大的进步团体。据说保国会成立的那天有 2000 多人出席会议，公推康有为演说。此后又连续举行了几次集会，每次都有上百人到会，听康有为、梁启超等人演说只有维新变法才能救国的道理。保国会的成立在社会上引起了很大的反响，由严复主笔的天津《国闻报》评价保国会的成立说："本朝二百五十余年，士大夫不奉朝旨，毅然引国事为己任，不顾成败利钝，斩斩而决之，吾之一心，而其徒从之者，如是其盛，盖之前所未闻也。"[①] 当然，保国会成立后也引起了顽固守旧势力的拼命反对，他们纷纷上奏参劾，要求查封保国会，荣禄甚至杀气腾腾，要加入保国会的人小心自己脑袋。尽管由于得到光绪帝的保护，保国会免遭查封，但参加集会的人员则因顽固守旧势力的威胁而愈来愈少，最后不得不停止集会。

第三，兴办新式学堂，培养维新变法人才。维新思想家们认识到，"泰西之所以富强，不在炮械军兵，而在穷理劝学"[②]，"兵战不如商战，商战不如学战"，所以，他们在创办报刊、学会的同时，也很重视兴办新式学堂，"咸以振兴学校为第一义"，以培养维新变法人才。以康有为为例，他一生重要的讲学活动有三次，其中两次在维新变法时期。一次是从 1891 年至 1898 年，广州创办万木草堂，阐述学术源流，论证中国变法的必要性与必然性，从学者"动至数百人"；二是 1895 年至 1897 年间，两赴桂林讲学，创办广仁学堂，讲述经史之学、春秋公羊之学、孔子改制之义，尤其注重讲中国学术变迁和政治改革的问题。除康有为创办的这两所学堂外，比较著名的还有 1896 年 10 月成立的上海南洋公学，"所教以通达中国经史大义厚植根柢为基础，以西国政治家日本法部文部为指归"[③]；1897 年张元济、严

---

① 《国闻报》1898 年 5 月 19 日。

② 康有为：《上清帝第二书》，载《康有为政论集》上册，第 130 页。

③ 盛宣怀：《筹集商捐开办南洋公学折》附《南洋公学章程》，光绪二十四年（1898）四月，上海交大档案 508 卷。

复在北京创办的通艺学堂，以"开风气""专讲泰西诸种实学"为宗旨，主张中西学并重；1897年梁启超、谭嗣同在长沙主办的时务学堂；1897年梁启超在上海创办的女学；以及1898年经元善在上海创办的经正女学等。其中尤以湖南的时务学堂影响最大。

时务学堂是在具有维新变法思想的湖南巡抚陈宝箴的支持下创办起来的，并且陈宝箴亲撰《湖南时务学堂缘起》。时务学堂聘请因主笔《时务报》而声名鹊起的梁启超为中文总教习，精通外语的李维格为外文总教习。其教习有谭嗣同、唐才常等人。梁启超亲定《湖南时务学堂学约十章》：一曰立志，要求学生以天下为己任，为救亡而献身；二曰养心，要求破苦乐，破生死，破毁誉，威武不屈，富贵不淫，贫贱不移；三曰治身，忠信笃敬；四曰读书，要求"上下千古，纵横中外之学"；五曰穷理，注重思考和观察；六曰学文；七曰乐群；八曰摄生，锻炼身体；九曰经世，探究富旨之道；十曰传教，宣扬孔子精神。时务学堂的课程分普通学和专门学两种，普通学的科目有五，即诸子学、经学、公理学和中外史志及简单的格算诸学；专门学有三，即公法学（各种法律约章）、掌故学和格算学。学习分为两个阶段，前半年学普通学，后两年半学专门学。同时强调学生读报，关心时事政治。

由于时务学堂的中文总教习和教习大多是维新思想家，或者是对维新变法持同情、理解态度的官吏士绅，学堂的空气比较自由，梁启超、谭嗣同、唐才常等人经常在课堂上或札记中向学生灌输民权思想和反清思想，还把黄宗羲的《明夷待访录》、王秀楚的《扬州十日记》秘密刊印，加上按语，在学生中广为散发，激发学生的反清思想。他们还鼓励学生勿为功名所累，当以国家民族为念，以救国救民为己任。时务学堂开办后，共招生三次，总计收学生200多人，其中不少人后来成为维新运动的骨干，戊戌变法运动失败后，他们有的人又走上了反清革命的道路，最著名的是蔡锷，成为护国运动的名将。

除办报刊、设学会、兴学堂外，以康有为为代表的维新思想家还非常重视图书出版，先后出版了一大批宣传维新变法的书籍。1897年秋冬间，梁启超和康有为胞弟康广仁在上海创办大同译书局，"首译各国变法之事，及将变未变之际一切情形之书，以备今日取法。译学堂各种功课，以便诵读。

译宪法书，以明立国之本。译章程书，以资办事之用。译商务书，以兴中国商学，挽回利权"①。据学者研究，1895 年至 1898 年间，初版或重版的重要书籍有李提摩太的《时事新论》，孔广德的《普天忠愤集》，陈炽的《庸书》，冯桂芬的《校邠庐抗议》，郑观应的《盛世危言》，黄遵宪的《日本国志》，康有为的《新学伪经考》和《孔子改制考》，唐才常的《觉颠冥斋内言》，程佐衡的《时务摘要》，何启、胡礼垣的《新政论议》等书。另外，蔡尔康编的《中东战纪本末》，梁启超编的《西政丛书》，麦仲华编的《经世文新编》也很重要。②梁启超编的《西政丛书》，1897 年由慎记书庄承印出版，内容分为史志、官制、学制、公法、农政、工政、商政、兵政等 8 门，共 32 种，"都是当时讨论西洋政事的切要之书"③。麦仲华编的《经世文新编》，旨在"化陋邦而为新国"，分为通论、君德、官制、法律、学校等 21 门，"多通达时务之言"，"条理精密，足以开守旧者之耳目"。④蔡尔康编的《中东战纪本末》，1896 年初编 8 卷，翌年续编 4 卷，包括有关甲午战争的详细报道和时事评论，"对于当时亟欲救亡图存的维新派说来，客观上起着一定的警醒作用"⑤。

　　总之，通过办报刊，设学会，兴学堂，以及出版宣传维新变法的书籍，维新思想家们宣传了维新变法思想，促进了维新变法思潮的蓬勃发展。

五、湖南成为最富有"朝气"省份的原因分析

　　维新变法运动的全国领导人是广东人康有为，以及他的学生梁启超，但维新变法运动搞得最有声有色的省份则是湖南，被史家称之为"最富有朝气"。比如，办报方面，湖南有《湘报》；学会方面，湖南有南学会；新式学堂方面，湖南有时务学堂，尤其是时务学堂影响很大，在全国独树一帜。此外，维新变法期间，湖南还成立了湖南矿务总局、鄂湘善后轮船局、湖南电报总局、宝善成机器制造公司、善记和丰火柴股份公司、湖南化学制

① 梁启超：《大同译书局叙例》，载《饮冰室合集》第 1 册，文集之二，第 58 页。
② 参见张玉法《清季的革命团体》，"中央研究院"近代史研究所，1982，第 198—199 页。
③ 丁文江、赵丰田编《梁启超年谱长编》，第 69 页。
④ 梁启超：《〈经世文新编〉序》，载《饮冰室合集》第 1 册，文集之二，第 48 页。
⑤ 顾长声：《传教士与近代中国》，上海人民出版社，1981，第 170 页。

造公司等一批新式工矿、交通、通信和制造企业，湖南之有新式工矿业、交通运输业、电话电报业和机器制造业是从维新变法开始的。维新变法期间，长沙还设立了保卫局，第一次引进西方的警察制度。

为什么在全国 20 多个省份中，地处中部、没有任何地域优势的湖南却一枝独秀，维新变法运动搞得如此风生水起，有声有色，富有"朝气"呢？依本书看来，主要有以下三个方面的原因：

第一，与太平天国后湖南人所形成的那种强烈的社会责任感和使命感有关。在古代湖南，由于经济文化落后，湖南在全国各省中的地位是很低的，几乎没有什么影响。据《汉晋春秋》载："吴楚之民脆弱寡能，英才大贤不出其土"，说明古代吴楚之地包括湖南在内的地方地位低下，人才缺乏，几乎成了被遗忘的角落。直到清初，这一地位也没有改变。当时的著名学者刘献廷就认为湖南是 个"荒陋之区"，讥讽湖南"无半人堪对语"。[①] 皮锡瑞也说："湖南人物，罕见史传，三国时如蒋琬者只一二人。唐开科三百年，长沙刘蜕始举进士，时谓之'破天荒'。至元欧阳原功，明刘三吾、刘大夏、李东阳、杨嗣宗诸人，骎骎始盛。"[②] 一直延续到 1840 年鸦片战争前，湖南也没有出现过几桩足以影响全国局势的大事，湖南人物见于史传者，同样是寥若晨星。这种状况使湖南历代有识之士深感憋屈。嘉道年间，湖南虽然出了一批有影响的经世思想家，如陶澍、贺长龄、贺熙龄、汤鹏、魏源，魏源还编写了部《海国图志》，提出了"师夷之长技以制夷"的主张，从而开启中国近代向西方学习的新潮流，但一来这些人数量还不多，屈指数来，也就四五人而已；二来这些人长期在京师、东南一带为官和生活，与湖南的整个风气关系不大，其影响也主要在京师和东南一带，对湖南本土并没有产生过多大影响。

太平天国运动爆发后，湖南出现了以曾国藩、左宗棠、胡林翼等为核心的挽救清王朝的湘军集团。湘军经过十多年的奋战取得的最后胜利，不仅挽救了摇摇欲坠的清王朝，同时也终于使湖南人从历史舞台的最边缘走到了中心。湘军与太平天国的战争，在湖南士人看来，不仅是为挽救清政府

① 刘献廷：《广阳杂记》卷二，转引自龙盛运《湘军史稿》，四川人民出版社，1990，第 415 页。
② 皮锡瑞：《师伏堂未刊日记》，《湖南历史资料》1959 年第 1 期。

统治而战，更是为名教而战，为文化绝续而战，正是因为湘军的胜利，文化传统才得以保存，社会秩序才得以维持。所以在此之后，为中国保存文化传统的湖南成为全国的重心，甚至有了"天下一日不可无湖南"之说。这对湖南以至整个中国后来历史的发展都产生了深远的影响。辛亥时期的著名革命家杨毓麟就说："咸同以前，我湖南人碌碌无所轻重于天下，亦几不知有所谓对于天下之责任。知有所谓对于天下之责任者，当自洪杨之难始。"[1]杨氏所说的"知有所谓对于天下之责任"，实际上就是一种觉醒了的群体意识，一种以天下为己任、敢为天下先的社会心理，一种强烈的社会责任感和使命感，一种大无畏的担当精神。"振支那者惟湖南，士民勃勃有生气，而可侠可仁者惟湖南"[2]，"其可以强天下而保中国者，莫湘人若也"[3]，湘军的成就刺激了大批湘人奋发努力。"语战绩则曰湘军，语忠义则曰湘士，语以民权而参官权，则亦曰湘人。"[4]"无湖南人不成衙门"之说，几乎流遍全国。因此，当甲午战争中国惨败，维新变法运动兴起之后，太平天国后湖南人所形成的那种强烈的社会责任感和使命感，那种大无畏的担当精神，使湖南很快就走到了全国的前列，成了维新变法运动搞得最有声有色的省份。

第二，与湖南有一批具有变法改革思想、敢做敢为的士绅有关。其中的代表人物有谭嗣同、唐才常、熊希龄、皮锡瑞等。谭嗣同（1865—1898），字复生，号壮飞，湖南浏阳人。父继洵，官至湖北巡抚。嗣同幼年丧母，常受父妾虐待，"遍遭纲常之厄"，故对封建纲常异常痛恨。10岁时拜浏阳著名学者欧阳中鹄为师。欧阳中鹄平素服膺王夫之的学术气节，在其影响下，谭嗣同对王夫之的思想也发生了兴趣。1884年他出外游历，此后十年间，涉足江南塞北，黄河上下，行程八万余里，途中的所见所闻，使他对社会的各种矛盾和黑暗面有了一定的认识。甲午战败，对他的刺激很大，他深感中学无用，于是转而学习西学。1895年，他听说康有为在北京组织强学会，便到北京会晤康有为，途经上海时，遇见英国传教士傅兰雅，在

① 湖南之湖南人（杨笃生，即杨毓麟）：《新湖南》，载张枬、王忍之《辛亥革命前十年间时论选集》第一卷下册，生活·读书·新知三联书店，1963，第618页。
② 湖南省哲学社会科学研究所编《唐才常集》，中华书局，1980，第178页。
③ 梁启超：《南学会叙》，载《饮冰室合集》第1册，文集之二，第66页。
④ 湖南省哲学社会科学研究所编《唐才常集》，第170页。

傅氏那儿看到化石、计算器、爱克斯光照片，始知进化原理。谭嗣同到了北京时，康有为已回广州，只看到梁启超，梁向他介绍了康氏学说，他佩服得五体投地，自称康的私淑弟子，从此投身维新变法运动。1897 年完成他的主要理论著作《仁学》，宣传维新变法思想，批判封建专制主义和纲常名教。同年初，他在老家浏阳开办浏阳算学馆，这是湖南维新运动之开端的标志，也是中国第一个民间科技团体。不久他到长沙，积极参与湖南的各种维新变法事业。1898 年 8 月被光绪帝任命为军机章京，参与"百日维新"。戊戌政变发生后被杀，是"戊戌六君子"之一。唐才常（1867—1900），字伯平，号黻丞，后改佛尘。从小生活在浏阳，读书禀赋惊人，有神童之称，性情忠厚。1877 年，12 岁的谭嗣同随父亲回浏阳老家，与唐才常相识，同拜名儒欧阳中鹄为师，被人称为"浏阳双杰"。湖南能够成为维新变法运动搞得最有声色的省份，与"浏阳双杰"有很大的关系。1898 年戊戌政变发生，谭嗣同被杀，死于北京菜市口。1900 年义和团运动时期，唐才常密谋自立军起义失败，被湖广总督张之洞杀于汉口。熊希龄（1870—1937），字秉三，湖南凤凰人。1892 年赴京应试，中贡士，1894 年补应殿试，中进士，授翰林院庶吉士，后到武昌出任两湖营务处总办。1896 年 4 月，熊希龄回湘省亲期间，湖南巡抚陈宝箴、陈三立父子盛情邀请其回湖南相助。熊希龄遂辞去两湖营务处总办职，于 1896 年秋返湘，加入湖南维新运动行列。他参与了湖南维新运动中的几乎所有新政，如筹备枪炮厂、编练新军，创设宝善成制造公司，筹备湘省内河航运、力争粤汉铁路入湘，创设时务学堂、《湘学报》和南学会等，并在其中发挥了主要或重要的作用。辛亥革命袁世凯当了中华民国大总统后，他出任第一届内阁总理。皮锡瑞（1850—1908），字鹿门，一字麓云，长沙府善化（今属长沙市）人。43 岁中举人，但四次会试不中，遂绝意功名仕进，专心于讲学和著述。1892 年，应江西学使、湖南攸县人龙湛霖之邀，任南昌经训书院讲席，先后达 7 年之久。1897 年 9 月他回到长沙后，"与梁启超、黄遵宪、谭嗣同、熊希龄等交游往还，渐被诸维新官绅引为同调，又因他学识渊博，议论通达，善于言谈，熊希龄等人在筹创南学会时，即拟延聘他为学长"[①]。自 1897 年 9 月

---

① 吴仰湘：《南学会若干史实考辨》，《近代史研究》2001 年第 2 期。

从江西回长沙到1898年6月他离开长沙前往南昌的约9个月时间里，皮锡瑞作为南学会的学长，主持了南学会的12次聚会，并担任主讲，共演讲12次，成为在南学会演讲最多的一位主讲。政治上，他主张"抑君权，伸民权"。经济上，他主张大力发展民族工商业，与外国资本主义进行"商战"。文化教育上，他激烈反对八股取士制度，主张开学会、办报纸、兴学堂，以开通民智。皮锡瑞晚年曾任湖南图书馆纂修，湖南高等师范馆、中路师范、长沙府中学堂讲席，学务公所图书课课长等职。

　　这里想谈谈另一位湖南人王先谦。王先谦（1842—1917），字益吾，号葵园，长沙府善化（今属长沙）人，幼习经史，1865年中进士，授翰林院庶吉士、翰林院编修、国子监祭酒等职，先后典试云南、江西、浙江，任江苏学政。1889年辞官回长沙，任长沙思贤讲舍、城南书院、岳麓书院主讲，还任过师范馆长、学务公所议长、省谘议局会办等职。他既是史学大师，又是经学大师，编撰有清代《十朝东华录》《尚书孔传参正》等书。在历来学者的笔下，王先谦都是反对维新变法的守旧人物，甚至是守旧派的典型，因为他支持过一些守旧学生对时务学堂的攻讦，并领衔向巡抚陈宝箴递呈过要求整顿时务学堂，撤换梁启超、韩文举、叶觉迈等新派教习的《湘绅公呈》，制定过一份约束学生言行、抵制维新思想的《湘省学约》。但这只是他的一方面；他的另一方面，又是一个新派人物，实际上王先谦开始是支持维新变法的，曾参与过湖南一些新政的制定和推行，湖南时务学堂的创办就与他有很大的关系。1896年，王先谦联络湘绅蒋德钧、黄自元等人，集股创办具有官督商办性质的宝善成机器制造公司。宝善成机器制造公司创办后不久（1896年冬），蒋德钧提议在宝善成机器制造公司之下设立新式学堂。蒋德钧提议设立新式学堂的最初的目的，是为了推广工艺，为宝善成机器制造公司培训人才。[1] 蒋的这一提议得到了王先谦等人的赞同，并由王先谦等领衔上报湖南巡抚陈宝箴。陈宝箴当时已有设立新式学堂、培养新式人才的考虑，因而看到王先谦领衔上报的呈文后"惊喜叫绝"，并为学堂取名为"时务学堂"，这便是时务学堂一名的由来。[2] 后来时务学堂聘

---

① 邹代钧：《致汪康年函》（42），载《汪康年师友书札》第三册，上海古籍出版社，1986，第2695页。
② 周秋光：《熊希龄与湖南维新运动》，《近代史研究》1996年第2期。

请梁启超为中文总教习，王先谦也是赞同的。除时务学堂外，他还先后参与创办或独自创办过宝善成机器制造公司、大经丝织公司和湖南炼矿总公司，对湖南近代实业的产生和发展做出过重要贡献。实际上像王先谦这种先"新"后"旧"，先支持维新变法，后又反对维新变法的人，在维新变法时期绝不是个案，而具有普遍的意义。如以湖广总督张之洞为代表的一些洋务派和地方官员开始是支持维新变法的，这也是维新变法能在很短时期内蓬勃兴起的一个重要原因。但后来他们又反对维新变法，张之洞还写了本宣传洋务思想、批判维新变法的小册子《劝学篇》，这也是导致维新变法失败的原因之一。

为什么王先谦、张之洞等人先支持维新变法，后又反对维新变法呢？原因非常复杂，但主要有以下三点：一是学术观点的不同。王先谦、张之洞等人是古文经学家，而康有为认同和宣传的是今文经学，古文经学和今文经学，历来水火不容。大致说来，有五个方面的差异：1. 文字不同，今文经用的是汉代的隶书（今文经学形成于汉代，所以称今文），而古文经用的是战国时期的大篆或籀书，亦叫"蝌蚪文"（故称古文）；2. 篇章不同，比如古文经的《尚书》的篇章就要比今文经的多 16 篇；3. 书目不同，以《诗》为例，今文经有三家，即《鲁诗》《齐诗》《韩诗》，古文经只有一家《毛诗》，《尚书》今文经有三家（伏胜、大夏侯、小夏侯），古文经也只有一家；4. 对待孔子和经的地位不同，今文经尊孔子是给后世制法立典的"素王"，六经皆为孔子所作，其中寄托着孔子托古改制的思想，而古文经认为孔子是"先师"，六经皆为史料，孔子是"述而不作"，只是对史料进行整理；5. 解经的方法不同，今文经重在阐述经文中孔子的"微言大义"，而古文经则重在文字训诂。正因为这几点不同，尤其是第五点解经的方法不同，今文经重在阐述经文中孔子的"微言大义"，阐经者则可以在解释经典的过程中塞进自己的思想，这就为那些主张改革或托古改制的人提供了一个平台，这也是康有为为什么会放弃从小就学的古文经而改信今文经的原因所在。二是变法的内容或程度不同。他们虽都主张变法，但王先谦、张之洞等人只主张"小变"，只"变法"不"变政"；而康有为则主张"大变""全变"，不仅要"变法"，更要求"变政"，即用西方的君主立宪制度来取代中国的封建专制制度。关于这个问题，我们在本章第三节会有专门讨论，此不展开。

三是一些利益和人事的纠纷。以时务学堂的创办为例。据学者研究，早在时务学堂创办动议之初，王先谦与陈宝箴、熊希龄等人在经费问题上就产生了芥蒂。后来，时务学堂的创办经费，即湖南盐厘加价部分的 7000 两落实后，王先谦即以时务学堂原本属宝善成制造公司名下为由，要求掌握此笔经费，但因熊希龄等人的反对而作罢，于是对熊希龄等人心存不满，并诉之于陈宝箴，但也没有获得陈的支持，因而对陈也很有意见。①

　　第三，与时任湖南巡抚陈宝箴、学政江标和徐仁铸、署按察使黄遵宪等地方大员的开明和支持有关。陈宝箴（1831—1900），族谱名观善，字相真，号右铭，晚年自号四觉老人，江西义宁（今修水）人。21 岁中举出仕，其文韬武略和协调能力为曾国藩所赏识。他曾长期在湖南为官，或寓居长沙，与当地士绅结交甚广，对湖南的风土人情也较为熟悉，并深受曾出使过欧洲、对西方有较为深入了解的郭嵩焘的影响（陈宝箴寓居长沙时，郭嵩焘也居住在长沙，二人交往甚密）。因而 1895 年他出任湖南巡抚后，便积极推行新政，倡导变法，正是在他的支持下，才有了湖南时务学堂的创办和《湘报》的刊行，也才有矿务、轮船、电报、制造公司及长沙保卫局的设立。百日维新失败后被罢官，回江西老家。除陈宝箴本人外，他的儿子陈三立，思想也较为开明，对湖南的维新变法事业也多有赞助，尤其在罗致人才、革新教育方面贡献突出。百日维新失败后，因"招引奸邪"之罪被革职不用。后随父返江西，居西山"青庐"。

　　在湖南的地方大员中，如果只有陈宝箴一人支持变法，那么他也是孤掌难鸣。好在当时先后任学政的江标和徐仁铸、署按察使黄遵宪等地方大员也都是变法的支持者。江标年轻时在京师同文馆学习，对西学有所研究，曾参与筹办北京强学会，1894 年出任湖南学政，对陈宝箴的新政举措极力赞成。徐仁铸在甲午战后痛感国势日衰，亟思变法，1897 年继江标出任湖南学政，与在长沙鼓吹新学的梁启超、谭嗣同相交甚厚，不仅巩固和扩大了江标的各项新政成果，而且亲手颁布《湘士条诫》，倡导学习自然科学。黄遵宪曾出使日本，任驻美旧金山总领事、驻英二等参赞、驻新加坡总领事，撰《日本国志》40 卷，着重介绍日本明治维新后的改革措施及成

---

① 参见郑大华主编《湖南时务学堂研究》，民主与建设出版社，2015，第 79—81 页。

效，并以此为中国改革的模式，参与上海强学会、《时务报》的创办，1897
年任湖南长宝盐法道，代理湖南按察使，积极赞助陈宝箴的新政改革。维
新变法失败后，梁启超在《戊戌政变记》中曾对陈宝箴、黄遵宪等人有过
评价："观于湖南之事，乃知陈宝箴、黄遵宪等之见识，远过李鸿章、张之
洞万万矣。"① 从中，我们也可以看出为什么是湖南成为维新变法运动搞得最
有声有色之省份的原因。对此，有学者曾将维新时期的湖南和广东做过比
较："把湖南与广东进行对比，这一点就看得更为清楚。广东是康有为、梁
启超、黄遵宪等维新领袖的故乡，维新思想兴盛于斯，但广东的'督、抚、
藩、臬、学五台皆视西学为仇耳，度风气之闭塞，未有甚于此间者也'。在
广东，各项新政诏谕均得不到遵行，各项维新也难以举办。维新派不得不
在光绪面前参劾两广总督谭钟麟'昏老悖谬，阻抑新政'。"②

第二节　维新变法思潮的主要内容

一、主张变法，反对守旧，要求"大变""全变"

"要救国，只有维新；要维新，只有学外国。"这是维新变法时期维新
思想家们的基本共识。对此，他们从各个方面做了比较透彻和有说服力的
说明。他们首先论证了维新变法的合理性和迫切性。康有为指出，"变"是
事物进化的普遍原则，"如使天有昼而无夜，有夏而无冬，万物何从而生？
故天惟能变通而后万物成焉"。上至天，"夫天久而不弊者，为能变也"；下
至人，"自少至老，颜貌万变，自不学而学，心智万变"；远至历史，"千
年一大变，百年一中变，十年一小变"。③ 梁启超在《变法通议》中也一再
阐述了"变者，古今之公理也"的思想，认为古今中外，万事万物，"凡
在天地之间者，莫不变"，"藉曰不变，则天地人类并时而息矣"。人类社

---

① 梁启超：《戊戌政变记》，载《饮冰室合集》第 6 册，专集之一，第 143 页。
② 尹飞舟：《湖南维新运动研究》，湖南教育出版社，1999，第 71 页。
③ 康有为：《变则通通则久论》，载《康有为政论集》上册，第 110 页。

会也是一样，"上下千岁，无时不变，无事不变，公理有固然，非夫人之为也"。① "法"同样要变，"法行十年，或数十年或百年而必敝。敝而必更求变，天之道也"②。既然"变"是事物进化的普遍原则，古今中外没有不敝、不变之法，那么，我们就应该顺从事物发展的规律，不断变法革新，而不能因循守旧，泥古不化。严复在《原强》《天演论》中，以达尔文的生物进化论和斯宾塞的庸俗进化论为理论依据，反复强调万事万物都在不断地变化之中，指出"天道变化，不主故常是已"，"故知不变一言，决非天运"。

　　他们还批判了封建顽固派所散布的"祖宗之法不能变"、变将祸乱国家的守旧思想。康有为根据世间万物"新则壮，旧则老；新则鲜，旧则腐；新则活，旧则板；新则通，旧则滞"的道理指出，既然"法既积久，弊必丛生，故无百年不变之法"，那么"祖宗之法"就必须随着时代的变迁而变迁。他还以历史上各朝典章制度的变化，特别是清朝自身从鸦片战争以后50年间，清朝军队的武器由"刀矛弓矢"变为"洋枪洋炮"，以及新设总理各国事务衙门以处理对外关系等事实，论证变法是不可抗拒的历史必然，不是人们愿不愿意的问题，变得变，不变亦得变。他嘲笑那些守旧的顽固大臣们说："古而可好，又何必为今之人哉！"梁启超也学着乃师的腔调说：清朝建立后曾"变服色"，"变文字"，"变历法"，"变赋法"，"变役法"，"变刑法"，在各个方面都"变"了"前朝之法"，并且取得了很好的效果。在清朝建立后的200多年中，也在不断"因时制宜"，多次"变本朝之法"。清人关后的制度对清人关前的制度有所改变，鸦片战争后的制度又对鸦片战争前的制度有所改变，"上观百世，下观百世，惟本朝为善变"。既然"本朝"的"祖宗"以"善变"而著称，今天讲"法祖"，就应"法祖宗之意"，维新变法。否则，因循守旧，"泥祖宗之法"不变，则是"戾祖宗之意"，是以"善变"而著称的"祖宗"的不肖子孙。这样，梁启超就以其人之道，还治其人之身，把"背叛祖宗"的大帽子反扣到了顽固派的头上。皮锡瑞在湖南南学会的一次讲演中指出，上古之世，榛榛狉狉，饮血茹毛，食肉衣皮，穴居野处，与野人无异，自黄帝尧舜中国才由草昧而变文明，"若必守

① 梁启超：《变法通议·自序》，载《饮冰室合集》第1册，文集之一，第1页。
② 梁启超：《变法通议·论不变法之害》，载《饮冰室合集》第1册，文集之一，第7—8页。

旧不变，以为古法必不可易，则古之饮血茹毛者不必变为火化谷食矣，古之食肉衣皮者不必变为布帛矣，古之穴居野处者不必变为宫室矣。试问既有火化谷食布帛宫室，而欲反于饮血茹毛食肉衣皮穴居野处能乎？"[1]这显然是不可能的。由此推论，顽固派主张"恪守祖训"，也是不可能的。

维新思想家们进一步指出，能否遵循事物进化的原则，不断变法革新，这是一个国家强盛衰弱的重要原因。康有为以俄国、日本、波兰、法国和土耳其等五国为例证，对此做了说明。他说，日本由于变法，搞了明治维新改革，从一个落后的封建专制主义国家变成了君主立宪国家，强盛起来，从一个"蕞尔岛国"变成了一个与欧美并驾齐驱的强国；法国君主不肯变法，经过流血革命，君主被推翻，实现变法，成为民主国家，也走上了强盛的道路；土耳其开始变法，出现强盛迹象，但后来由于旧势力的反扑，恢复旧制，变法失败，国家因此而变得极弱；波兰不肯变法，结果被瓜分亡国。这五个国家的不同命运说明，只有变法才能强国。梁启超对此也有论证。他说，印度是千年古国，因"守旧不变"，成了英国的殖民地；土耳其地跨三大洲，立国历千年，也因"守旧不变，为六大国执其政，分其地矣"。而与印度、土耳其相反，俄国虽"苦寒之地"，并长期受"蒙古钤辖"和沙皇的残暴统治，"民气凋丧"，但自彼得大帝"游历诸国"，"归而变政"，国势日益强盛起来。日本也是一样，虽曾经遭受过欧美列强的入侵，"国几不国"，但"自明治维新，改弦更张，不三十年，而夺我琉球，割我台湾也"。[2]故此他得出结论："开新者兴，守旧者灭。开新者强，守旧者弱。天道然也，人道然也"[3]，"新旧者固古今盛衰兴灭之大原哉"[4]。谭嗣同一再强调："方将愚民，变法则民智；方将贫民，变法则民富；方将弱民，变法则民强；方将死民，变法则民生。"[5]变法是起死回生的良药，是国家富强的保证。

从上述认识出发，维新思想家们把变法与救亡图存联系了起来，他们指

---

① 皮锡瑞：《皮鹿门学长南学会第十一次讲义》，《湘报》第72号，1898年5月28日。
② 梁启超：《变法通议·论不变法之害》，载《饮冰室合集》第1册，文集之一，第3页。
③ 梁启超：《〈经世文新编〉序》，载《饮冰室合集》第1册，文集之二，第47页。
④ 梁启超：《〈经世文新编〉序》，载《饮冰室合集》第1册，文集之二，第46页。
⑤ 谭嗣同：《仁学》，载《谭嗣同全集》（增订本）下册，第343页。

出，中国内忧外患，积弊已深，"强邻环伺"，亡国灭种的大祸已迫在眉睫，只有变法才能挽救危局，免于列强的瓜分，否则，是自取灭亡之道。康有为在给光绪帝的上书中再三强调"观大地诸国，皆以变法而强，守旧而亡"，中国面临列强瓜分，非变法无以图存。[1] 谭嗣同在给他的老师欧阳中鹄的信中写道："中国不变法以期振作，使外洋入而代为变之，则养生送死之利权一操之外人，可使四百兆黄种之民胥为白种之奴役，即胥化为日本之虾夷、美利坚之红皮土番、印度阿非利加之黑奴！"[2] 樊锥指出：当今世态日亟，"不穷则不变，不变则不通，不通则不久，不久则中国几乎绝也，则黄种几乎斩也，则孔教几乎灭也"；只有"蹙然以振，翻然而悔，皇然以惧，奋然而起"，变法图强，以"完吾新"，中国才有免于灭亡的可能。[3] 易鼐认为，中国"处今之世，变亦变，不变亦变"，如果"不变亦变"，他人代之，那么"所谓古法，所谓圣教，所谓主尊，所谓贵种者"，都将不复存在。[4] 维新思想家们用严峻的现实危机诘问反对变法的封建顽固派道："且法者所以守地者也。今祖宗之地既不守，何有于祖宗之法乎？夫使能守祖宗之法，而不能守祖宗之地，与稍变祖宗之法，而能守祖宗之地，孰得孰失，孰重孰轻？"[5]

　　在当时，除了中国要不要变法这个问题外，还有一个如何变法的问题。如果说在要不要变法的问题上，维新思想家们批判了顽固派，论证了变法的合理性和必然性，并得出了中国只有变法才能图存的结论，那么，在如何变法的问题上，维新思想家们则批判了洋务派，强调变法"须知本源"，并得出了中国变法必须大变、全变，否则仍将亡国的结论。康有为指出，"购船置械，可谓之变器，不可谓之变事；设邮便，开矿务，可谓之变事矣，未可谓之变政；改官制，变选举，可谓之变政矣，未可谓之变法。日本改定国宪，变法之全体也"[6]。洋务派搞的所谓"新政"，非变政、变法也，

① 康有为：《上清帝第六书》，载《康有为政论集》上册，第 211 页。
② 谭嗣同：《上欧阳中鹄书》，载《谭嗣同全集》（增订本）上册，第 155 页。
③ 樊锥：《开诚篇一》，《湘报》第 3 号，1898 年 3 月 9 日。
④ 易鼐：《中国宜以弱为强说》，《湘报》第 20 号，1898 年 3 月 29 日。
⑤ 康有为：《上清帝第六书》，载《康有为政论集》上册，第 212 页。
⑥ 康有为：《日本变政考·按语》卷七，载蒋贵麟主编《康南海先生遗著汇刊》（十），宏业书局，1987，第 187 页。

乃变器、变事也，是一些"补苴罅漏，弥缝缺失"的枝枝节节的改革，不可能产生好的效果。因为当时中国积弊已深，"非尽弃旧习，再立堂构，无以涤除旧弊，维新气象。若仅补苴罅漏，弥缝缺失，则千疮百孔，顾此失彼，连类并败，必至无功"①。梁启超也对洋务派搞了30余年洋务，"创行新政，不一而足，然屡见败衄，莫克振救"②提出了批评，认为30多年的洋务运动所以失败，没有取得任何实质性的成效，其根本原因就在于洋务派"变法不知本源"，只求补苴弥缝，而不知"全变""尽变"。因此，他们的所谓"新政"，只知仿效西方的炮械军器，而不问其政，不闻其学，不知其俗，即使是李鸿章、张之洞这样的所谓"号称通达时务之人"，"亦谓西法之当讲者，仅在兵而已，仅在外交而已，曾无一人以蓄养民力、整顿内治为要务者"③；只知"兴矿利，筑铁路，整商务"，而不知兴西学、不晓得西方的富强之道，"在其士人之学，新法之书，几一名一器，莫不有学，理则心伦生物，气则化光电重，业则农工商矿，皆以专门之学为之。此其所以开辟地球、横绝宇内也"④；只袭西学之皮毛，而不求西学之精义，"震其技艺之片长，忽其政本之大法，故方言算学制造武备诸馆，颇有所建置，而政治之院，曾靡闻焉"⑤；只知雇用洋员，而不知培养人才，他们虽然也兴办了同文馆、水师学堂等一些培养人才的机构，但由于只注重一技之长，用于一事，而忽视从强国立政着眼，不懂人才为强国之本，其结果"糜巨万之资，竭数十年之力，仅为洋人广蓄买办之才"⑥。

梁启超指出，虽然洋务派曾与顽固派就要不要搞洋务新政、引进西方的"军兵炮械"的问题发生过争吵，但实际上无论是顽固派的因循守旧，还是洋务派的洋务新政，都不可能挽救已百孔千疮、摇摇欲坠的清王朝。他很形象地把清王朝比之于一座千年巨厦，说此巨厦已"瓦墁毁坏，榱栋崩折"，眼看即将崩塌，而屋中之人，有的则"酣嬉鼾卧"如常，"漠然无所闻见"；有的则"睹其危险，惟知痛哭，束手待毙，不思拯救"；有的则"补苴罅漏，

---

① 康有为：《上清帝第四书》，载《康有为政论集》上册，第152页。
② 梁启超：《变法通议·论变法不知本源之害》，载《饮冰室合集》第1册，文集之一，第8页。
③ 梁启超：《戊戌政变记》，载《饮冰室合集》第6册，专集之一，第143页。
④ 梁启超：《读日本书目志书后》，载《饮冰室合集》第1册，文集之二，第52页。
⑤ 梁启超：《上南皮张尚书书》，载《饮冰室合集》第1册，文集之一，第105页。
⑥ 梁启超：《变法通议·学校余论》，载《饮冰室合集》第1册，文集之一，第64页。

弥缝蚁穴，苟安时日，以觊有功"。他们虽然"用心不同"，但后果一样，"漂摇一至，同归死亡"。① 这里所谓"酣嬉鼾卧"者，指的是最愚昧无知的顽固派；"惟知痛哭"者，指的是那些空谈"尊王攘夷""夷夏之辨"的清流派，其中不少人属于顽固派的阵营。"补苴弥缝"者，指的是洋务派。梁启超认为，善于居住的人，面对即将倾覆的巨厦，则必须"去其废坏，廓清而更张之。鸠工庀材，以新厥构"，这样才能保证它不会因"风雨猝集"，而突然崩塌。② 所以他反复指出："中国今日不变法日新不可，稍变而不尽变不可。"③ 不变法，中国必然会蹈波兰的覆辙，被资本主义列强瓜分；不尽变法，"非徒无效，只增弊耳"，中国也逃脱不了被瓜分的命运。他的《变法通议》，其中一篇《论不变法之害》，主要批判的是不变法的顽固派；另有一篇《论变法不知本原之害》，主要批判的是不尽变法的洋务派。康有为也一再强调，变法必须"大变""全变"，这就像"夏葛冬裘，各有时宜"一样，"苟易其时，皆宜全变，不能中立两存者也"。他警告光绪皇帝说：中国"能变则全，不变则亡，全变则强，小变仍亡"。④ 如果继续按照洋务派的那套搞下去，只变器、变事，而不变政、变法，"只言治术，未及教旨"，中国必将亡国灭种。

　　当然，维新思想家们虽然主张"全变""尽变"或"大变"，并对洋务派的"小变"提出了尖锐的批评，但实际上从他们提出的变法纲领和具体活动来看，他们所讲的"变"，只是"渐变"，而非"骤变"。用康有为的话说："人道进化，皆有定位……盖自据乱进为升平，升平进为太平，进化有渐，因革有由"⑤，"未至其时，不可强为"⑥。他们只主张自上而下的改革，并把改革的希望寄托在光绪帝的身上，认为只要推动光绪帝下决心变法，那么"数诏一下"，就会出现"天下雷动，想望太平，外国变色，敛手受约矣"的大

① 梁启超：《变法通议·论不变法之害》，载《饮冰室合集》第1册，文集之一，第2页。
② 梁启超：《变法通议·论不变法之害》，载《饮冰室合集》第1册，文集之一，第2页。
③ 梁启超：《读日本书目志书后》，载《饮冰室合集》第1册，文集之二，第53页。
④ 康有为：《上清帝第六书》，载《康有为政论集》上册，第211页。
⑤ 康有为：《论语注》，载姜义华、张荣华编校《康有为全集》第六集，中国人民大学出版社，2007，第393页。
⑥ 康有为：《孟子微》，中华书局，1987，第11页。

好局面，表现出政治上的幼稚性和不切实际的空想性。①这种政治上的幼稚性和不切实际的空想性是由他们的社会地位、阶级地位决定的。作为正在资产阶级化的士大夫和民族资产阶级上层的代言人，他们鄙视广大劳动群众，看不起人民群众的力量，认为人民群众愚昧无知，只可役使，而不可乐成。他们甚至害怕人民群众，怕他们一旦觉醒后危及清王朝的统治秩序。康有为就说过："民性可静而不可动也，一动之后，若转石于悬崖，不至于趾不去也。"②维新思想家们既然看不起人民群众，害怕人民群众，找不到实现社会变革的政治力量，他们自身的力量又非常弱小，因此，他们只好依赖于光绪帝，把变法的全部希望寄托在一个没有政治实权的皇帝身上，其结果，一旦顽固守旧势力反扑，变法只能以失败而宣告结束。

二、"兴民权"，"开民智"，改革君主专制制度

西方何以富强？中国何以贫弱？这是自鸦片战争以来一些先进的中国人认真探讨的一个问题，也是维新变法时期康有为、梁启超、严复、谭嗣同等维新思想家们认真探讨的一个问题。他们探讨的结论是："民权兴则国权立，民权灭则国权亡。"西方所以能够富强，是由于西方实行的是民主制度，"人人有自主之权"，人人"各尽其所当为之事，各得其所应有之利"。中国所以贫弱，是由于中国实行的是专制制度，"收人人自主之权，而归诸一人"，"使治人者有权，而受治者无权"。③一句话，"君权日益尊，民权日益衰，为中国致弱之根原"④。"中国所以不可为者，由上权太重，民权尽失。"⑤既然有无民权，是西方和中国一盛一衰、一强一弱、一富一贫的根本根源，那么，中国要救亡图存，实现富强，其不二法门自然是"兴民权"。用梁启超的话说，"言爱国必自兴民权始"⑥。他们要人们相信，中国"能兴民权者，断无可亡之理"⑦。

---

① 康有为：《上清帝第四书》，载《康有为政论集》上册，第 159 页。
② 康有为：《进呈〈法国革命记〉序》，载《康有为政论集》上册，第 309 页。
③ 梁启超：《论中国积弱由于防弊》，载《饮冰室合集》第 1 册，文集之一，第 99 页。
④ 梁启超：《西学书目表后序》，载《饮冰室合集》第 1 册，文集之一，第 128 页。
⑤ 谭嗣同：《报唐才常书》，载《谭嗣同全集》（增订本）上册，第 248 页。
⑥ 梁启超：《爱国论》，载《饮冰室合集》第 1 册，文集之三，第 73 页。
⑦ 梁启超：《湖南时务学堂课艺批》，载《中国近代史资料丛刊：戊戌变法（二）》，第 548 页。

　　不破不立。要兴民权，首先必须否定君权。而君权神授论，这是君权合法性的理论依据。这种理论认为，君主的权力是上天赐予的，是至高无上的，世代相传的；君主天生统治臣民，臣民必须绝对服从君主的统治，否则便是"叛逆"，是大逆不道。因此，要否定君权，须先否定君权神授论，剥去披在君主身上的这件合法性外衣。在维新思想家中，最先否定君权神授论的是严复。1895年他在天津《直报》上发表《辟韩》一文，对君主专制制度进行了猛烈的批判，并依据他从西方学来的民主政治理论，解释了君、臣、民的关系以及国家和君主的起源。他指出：上古时代，社会上充满了互相欺骗、互相争夺，甚至互相残杀的现象，而人民又终日忙于生产劳动，无暇"锄强梗"，"防患害"，"自卫其性命财产"，于是便根据"通功易事"的原则，"择其公且贤者，立而为之君"，以管理众人之事，而众人出"十一之赋"给他作为办理"刑政甲兵"的经费。当然"君不能独治"，一个人不可能管理一个偌大的社会，于是便有了"臣"，"使之行其令，事其事"，这样便有了君主和国家。"是故君也臣也，刑也兵也，皆缘卫民之事而后有也……故曰：君臣之伦，盖出于不得已也！"[1]换言之，君权不是神授的，而是由人民推选出来管理众人之事的，君、臣、民仅是社会分工的不同，民从事生产，君、臣专司卫护之责，他们之间根本不存在着谁绝对统治谁、谁绝对服从谁的问题。

　　继严复之后，谭嗣同、康有为、梁启超等人也根据西方的民主政治学说重新解释了君主和国家的起源，否定了君权神授论。谭嗣同在《仁学》中宣称：生民之初，无所谓君臣，都是民。"民不能相治，亦无暇治，于是共举一民为君。"君既是民共举的，"则非君择民，而民择君也"，是先有民而后有君。同时，民既能共举君，也能共废君。因为君是民选出来为民办事的，臣则是助君为民办事的，"事不办而易其人，亦天下之通义也"。[2]他又说："君者，公位也"，不是某人的私产，人人都可以为君。如果"君之不善"，欺压掠夺百姓，则"人人得而戮之"，这绝不是"叛逆"，不是大逆不道。世上本来就没有"叛逆"二字，它是君主杜撰出来的，目的是要钳制

---

① 严复：《辟韩》，载《严复集》第一册，第34页。
② 谭嗣同：《仁学》，载《谭嗣同全集》（增订本）下册，第339页。

人民的口实，使他们俯首帖耳地甘当自己的奴隶。[①]康有为也表达过与谭嗣同类似的思想：人生来要为自己谋利益，求快乐，于是聚集起来，但"民事众多，不能人人自为公共之事"，不得已公举一人来负责，这人便就成了君。君是由民选举产生的，所以民为本，君为末，主权在民不在君。如果君为民办事办得好，大家都比较满意，可以继续当他的君；反之，大家不满意，则有权力撤换他，选举新的君主；如果他残民以逞，那他就成了"独夫""民贼"，人民有权驱逐或杀掉他，所以英杀查理十一、法杀路易十六、奥逐费迪南都是正义之举。[②]

维新思想家们在否定君权神授论的同时，批判了两千多年来的中国君主专制制度。康有为指出，中国两千多年来的政治都是暴政，秦始皇以来的历代帝王都是暴主，历史上的所谓圣主明君都不过是"虐民"的"匹夫""霸"和"民贼"而已。他认为，中国所以会积贫积弱，发展停滞，这完全是君主专制制度造成的，因为中国的历代帝王都相信老子和韩非的学说，"故以刑名法术督责钳制，而中国二千年受其酷毒"[③]。严复说：自秦以来的历代君主，"皆其尤强梗者也，最能欺夺者也"，他们没有别的本事，只有欺压、强夺老百姓的能耐。他认为老、庄所讲的"盗钩者诛，窃国者侯"是有道理的，秦以来的历代君主就都是"所谓大盗窃国者"，他们从民那里"偷"来国而为所欲为，为了防备民众造反，不服从他们的暴政，便制定了许多法令，"于是其法与令猬毛而起，质而论之，其什八九皆所以坏民之才，散民之力，漓民之德者也"。[④]这也是造成中国衰弱的重要原因。梁启超也公开痛斥过中国历史上的君主，除少数几个"霸者"外，"其余皆民贼也"[⑤]。

在维新思想家中，对君主专制制度的批判最为激烈的是谭嗣同。他指出，两千多年来的政治都是秦朝的苛政，两千多年来的君主都是窃国大盗，他们把天下当作私人财产，把人民当作犬马土芥，"竭天下之身命膏血"供

① 谭嗣同：《仁学》，载《谭嗣同全集》（增订本）下册，第 334 页。
② 康有为：《孟子微》，第 106 页。
③ 康有为：《孟子微》，第 10 页。
④ 严复：《辟韩》，载《严复集》第一册，第 35—36 页。
⑤ 梁启超：《梁启超书牍》，载《中国近代史资料丛刊：戊戌变法（二）》，第 549 页。

其一人享乐，"又滥纵其百官，又欲传之世世万代子孙"，而广大老百姓则没有任何权力，只能"俯首帖耳，恬然坐受其鼎镬刀锯"，听任君主的任意宰割。[1] 谭嗣同在批判君主专制制度的过程中，还把批判的矛头对准了清王朝，认为中国两千多年来的君主专制统治，其为祸最烈的是辽、金、元，此后便是清朝。因为，"古之暴君，以天下为其私产止矣"；而辽、金、元、清皆"起于游牧部落，直以中国为其牧场耳"。他揭露满洲贵族入主中原时逞"凶残淫杀之威"，攫取中原财物，屠杀中原人民的种种罪行，认为《扬州十日记》《嘉定屠城纪略》所记录的清军屠杀汉族人民的罪行不过是满洲贵族所犯罪行的"一二事而已"。他还揭露满洲贵族严刑峻法，大兴文字狱，对广大汉族人民实行残暴统治，甚至愤怒地斥责清朝统治者为"贱类异种"。[2] 对清政府的卖国罪行，谭嗣同也进行了揭露和批判，指责清朝统治者为了保全一族一姓一家的利益，不惜出卖国家利益，出卖四万万人民的利益。谭嗣同对满洲贵族所犯种种罪行的揭露和批判，与后来以孙中山为代表的资产阶级革命派的有关文字何其相似！

前已指出，维新思想家们否定君权神授论，对两千多年来的中国君主专制制度进行批判，其目的是为了"兴民权"。那么怎样才能"兴民权"呢？就维新思想家们的主流意识来看，他们认为要"兴民权"，须先"开民智"。梁启超的一个重要观点，是认为"权生于智"，"有一分之智，即有一分之权；有六七分之智，即有六七分之权；有十分之智，即有十分之权"。"权之与智相倚者也。"由于两千多年的君主专制统治，以"塞民智为第一义"，造成中国"民智极塞，民情极涣"，因此，"今日欲伸民权，必以广民智为第一义"。[3] 只有民智一天天提高，民权才能一天天增多，一天天实现。所以他一再强调，"开民智"是"兴民权"的根本和起点，"悠悠万事，惟此为大，虽百举未遑，犹先图之"。[4] 严复指出，两千多年的君主专制统治，使中国的民智、民力、民德都没有得到正常发展，结果造成了国家的极端贫弱，民权特别的不发达。因此，现在要"兴民权"，救亡图存，就必须"鼓民

① 谭嗣同：《仁学》，载《谭嗣同全集》（增订本）下册，第337—339页。
② 谭嗣同：《仁学》，载《谭嗣同全集》（增订本）下册，第337页。
③ 梁启超：《论湖南应办之事》，载《饮冰室合集》第1册，文集之三，第41页。
④ 梁启超：《变法通议·学校总论》，载《饮冰室合集》第1册，文集之一，第20页。

力"，"开民智"，"新民德"，并认为这三者是治国的根本，是"兴民权"的关键，其他办法均不过是"治标"而已，"唯是使三者诚进，则其治标而标立；三者不进，则其标虽治，终亦无功；此舍本言标者之所以为无当也"。①而在"鼓民力"，"开民智"，"新民德"三者之中，严复强调的又是"开民智"。他引西方政治家的话说："盖泰西言治之家，皆谓善治如草木，而民智如土田，民智既开，则下令如流水之源，善政不期举而自举。"②他甚至认为中国如果民智未开，就不可能"兴民权"，实行君民共主制度。他在1897年发表的《中俄交谊论》一文中写道："君权之重轻，与民智之浅深为比例。论者动言中国宜减君权、兴议院，嗟呼！以今日民智未开之中国，而欲效泰西君民并主之美治，是大乱之道也。"③

"兴民权"，须先"开民智"。那么怎样才能"开民智"呢？概括维新思想家们的看法，他们认为，要"开民智"，第一，要变科举；第二，要兴学校。用梁启超的"一言以蔽之"的话说："变法之本，在育人才，人才之兴，在开学校，学校之立，在变科举。"④所以维新思想家们对"变科举""兴学校"非常重视。除变科举和兴学校外，维新思想家们也很重视译西书对于"开民智"的重要作用，认为"国家欲自强，以多译西书为本；学者欲自立，以多读西书为功"。⑤为此，他们创办报刊，译载西文，设立书局，翻译西书，努力传播西学。

维新思想家们认为要"兴民权"，须先"开民智"，并提出了如何"开民智"的办法。同时，他们又认为，"开民智"要以"开绅智""开官智"为前提、为重点。为什么"开民智"要以"开绅智""开官智"为前提、为重点呢？因为他们所讲的"民权"，主要是"绅权"，而要"兴绅权"，就须"开绅智""开官智"。梁启超对此曾有过说明。他说："欲兴民权，宜先兴绅权。欲兴绅权……则宜开绅智。……然他日办一切事，舍官莫属也，即今日欲开民智开绅智，而假手于官力者，尚不知凡几也，故开官智，又为万

---

① 严复:《原强修订稿》，载《严复集》第一册，第27页。
② 赫胥黎:《天演论》，第22页。
③ 严复:《中俄交谊论》，载《严复集》第二册，第475页。
④ 梁启超:《变法通议·论变法不知本原之害》，载《饮冰室合集》第1册，文集之一，第10页。
⑤ 梁启超:《西学书目表序例》，载《饮冰室合集》第1册，文集之一，第123页。

事之起点。"① 维新思想家们所以主张"兴民权"要先"兴绅权"，主要有以下两个方面的原因：第一，与他们鄙视广大劳动群众，看不起人民群众的力量，认为人民群众愚昧无知，只可役使，而不可乐成的认识有关；第二，与他们自始至终走的都是上层路线，企图通过自上而下的改革，来实现他们的维新变法主张的变法策略有关。

维新思想家们"开民智""兴民权"的目的，是要实行政治改革，变君主专制制度为君民共主制度。康有为就认为西方的君民共主制度是最理想的一种政体，"行此政体，故人君与千百万之国民，合成一体，国安得不强？"② 所以他们虽然否定了君权神授论，并对两千多年来的君主专制制度进行了批判，有的批判还相当激烈，但他们并不主张废除君主制。为什么不能废除君主制呢？对此，康有为是这样解释的。他在《春秋笔削大义微言考》中写道："今欧国立宪之法，盖用内诸侯世禄不世官之义，以待其君。亦以生当升平，一时不能去帝，而委曲以致之，别举贤为相，以执国政，所谓通贤共治，示不独尊重民之至，此真升平之法也。升平者，不能极平，而少得其平，故其政体委曲如此也。"③ 就这段话来看，康有为认为不能废除君主制的理由，是他的所谓"公羊三世说"，即当时中国正处于从"据乱世"向"升平世"过渡的阶段，"据乱世"是君主专制时代，"升平世"是君民共主时代，所以不能废除君主制，只有到了"太平世"后，君主制才可以被废除，因为"太平世"是民主共和时代。和康有为以他的所谓"公羊三世说"来解释中国不能废除君主制不同，严复则认为，中国不能废除君主制的根本原因，是中国人民的力、德、智的水平还很低，没有达到自治的程度，"其时未至，其俗未成，其民不足以自治也"④。因此，当时的中国还需保留君主制。梁启超的观点和严复的差不多，也认为"中国今日民智极塞，民情极涣"，所以"民主固救时之善图也，然今日民义未讲，则无宁先借君权以转移之"⑤。

---

① 梁启超：《论湖南应办之事》，载《饮冰室合集》第 1 册，文集之三，第 43、45 页。
② 康有为：《请定立宪开国会折》，载《康有为政论集》上册，第 338 页。
③ 康有为：《春秋笔削大义微言考》卷三，载蒋贵麟主编《康南海先生遗著汇刊》（七），第 176 页。
④ 严复：《辟韩》，载《严复集》第一册，第 34—35 页。
⑤ 梁启超：《与严幼陵先生书》，载《饮冰室合集》第 1 册，文集之一，第 110 页。

要实行君民共主，就必须设议院，因为议院是君民共主的根本制度。所以，从1895年"公车上书"提出设"议郎"，凡国家大事由"议郎"会议"三占从二，下部施行"，到1896年《上清帝第四书》正式提出"设议院以通下情"，设立议院从此就成了以康有为为代表的维新思想家们的一项主要政治诉求。严复指出，"设议院于京师，而令天下郡县各公举其守宰。是道也，欲民之忠爱必由此，欲教化之兴必由此，欲地利之尽必由此，欲道路之辟、商务之兴必由此，欲民各束身自好而争濯磨于善必由此。呜呼！圣人复起，不易吾言矣！"[①]严复把设议院不仅看作是刷新政治的关键，而且是国家经济发展和国民道德进步的良策。梁启超为了给在中国设议院寻找根据，特撰《古议院考》，援引《周易》《尚书》和《孟子》等书中的一些只言片语，证明中国古代就有类似议院的制度，只是由于"议院者，民贼所最不利也"，这个制度后来逐渐被君主专制所取代。因此，"今日欲强中国"，应设议院，但设议院前，"必风气已开，文学已盛，民智已成"。梁启超故此一再强调："强国以议院为本，议院以学校为本。"[②]宋恕的《六字课斋卑议》认为议院和学校、报馆"三端"，是国家富强的三大纲领。"白种之国，独俄罗斯无议院，故俄最不治。黄种之国，独日本有议院，故日本最治。"故此，《卑议》要求"诏求英、德、法、美、日本等国议院、报馆详细章程，征海风通人斟酌妥善，与学校同时举行"。并且相信，"三大纲领既举，则唐虞、三代之风渐将复见，英、德、法、美之盛渐将可希矣"。[③]《时务报》第53册刊登有赵而霖的《开议院论》一文，盛赞议院制度使"国家无难决之疑，言路无壅蔽之患，内政既清，外侮不作"，因此中国要"应天下之变"，就必须"开议院"。文章还批评了洋务派对开议院的阻挠，一针见血地指出，"同文方言之馆，何一非西人开其端？水师武备之堂，何一非西人衍其绪？……何独于创立议院，竟相聚哗然乎？"[④]尽管后来由于各种原因，康有为于"百日维新"期间放弃了设议院的想法，而主张"于宫

① 严复：《原强修订稿》，载《严复集》第一册，第31—32页。
② 梁启超：《古议院考》，载《饮冰室合集》第1册，文集之一，第96页。
③ 宋恕：《六字课斋卑议·议报章第七》，载胡珠生编《宋恕集》上册，中华书局，1993，第137页。
④ 赵而霖：《开议院论》，《时务报》第53册，1898年3月3日。

中开制度局"，但就他对制度局的设计来看，是根据西方"三权鼎立之义"，按照日本变政的模式设计的，可以说是议院的一种变通。因此，他虽然放弃了设议院的形式，但并未放弃设议院的基本精神。

三、宣传自由、平等观念，抨击封建纲常名教

维新思想家们从"天赋人权"的思想出发，积极宣传资产阶级的自由、平等思想，论述了实现自由、平等的天然合理性。严复在《论世变之亟》一文中写道："夫自由一言，真中国历古圣贤之所深畏，而从未尝立以为教者也。彼西人之言曰：唯天生民，各具赋畀，得自由者乃为全受。故人人各得自由，国国各得自由，第务令毋相侵损而已。侵人自由者，斯为逆天理，贼人道。"[1]在他看来，民主制度能否建立，关键是人民是否享有自由权力，并能否正确地使用这些权力。综合《原强》《论世变之亟》等文，严复所讲的"自由权力"主要包括以下五方面内容：（一）言论自由；（二）人人平等；（三）人身不受侵犯；（四）财产不受侵犯；（五）尚贤、隆民、以公治天下。[2]他还把人民的自由权利与国家的富强联系起来，指出："夫所谓富强云者，质而言之，不外利民云尔。然政欲利民，必自民各能自利始；民各能自利，又必自皆得自由始。"[3]谭嗣同以"通"为"仁"的"第一义"，而"通之象为平等"，"平等者，致一之谓也。一则通矣，通则仁矣"。他由此提出要打破"四不通"，即上下不通，中外不通，男女内外不通和人我不通，而代之以"四通"，即上下通、中外通、男女内外通和人我通，也就是要消灭世界上一切差别和等级，实现彻底的平等。樊锥强调："天之于生，无非一也。一也者，公理焉。公理也者，平等焉。无人非天之所生，则无人非天之子也。"[4]既然人人都是天生，也都是天的儿子，那也就有同等的权利。故此，他大声呼吁，"凡物皆以平等视之"，希望人们"毅然破私天下之猥见，起四海之豪俊，行平等、平权之义"，并进而提出了"人人平等、权权

---

① 严复：《论世变之亟》，载《严复集》第一册，第2—3页。
② 参见熊月之《中国近代民主思想史》（修订本），第268页。
③ 严复：《原强修订稿》，载《严复集》第一册，第27页。
④ 樊锥：《发锢》，《湘报》第38号，1898年4月19日。

平等"的口号。[①]湖南的另一位维新志士皮嘉祐对平等思想做过系统的发挥。他说：平等是自然界的基本法则，"山有等乎？而泰岱不让土壤。水有等乎？而河海不择细流。是故草木不离其等而蓄茂焉，禽兽不戕其等而孳息焉。不等于山，不等于水，不等于草木禽兽，则谓之人等。噫！人亦何为而有等哉？乾坤初辟，流质炎炎，先有万物，后有人类，何彼何此，无小无大，来者熙熙，往者攘攘，榛榛尔，狉狉尔，浑浑尔，噩噩尔，巢树穴窟，错居于草木禽兽之间，无所谓人世界也，无所谓人等也"。也就是说，人类社会最初和自然界一样，没有等级尊卑，人人平等，只是后来由于"世界日宏，人物愈盛，于是自区其等"，从而有了君臣、父子、上下、官民、贫富、贵贱、尊卑等的等级区别，其结果，"而等以分，而等以争，而等以异，而等以私，而人各等其心，而人各等其群，而人各等其品，而人各等其量，相疏相间，相忌相疑，等以自孤，等以自弱，将至自让、自择、自离、自戕不能"。所以，"矫时者遂欲合天下之等而平之"。[②]在他看来，"等者，同之异名也，天下皆与我同，则我当同天下而无殊。等者，齐之别诂也，万物悉与我齐，则我必齐万物而为一。由前之说，平等自属人情。由今之说，平等尤为要义。一乡之中言平等之义，则乡为仁善之乡，而乡必安；一家之中言平等之义，则家为和好之家，而家必昌；一国之中言平等之义，则国为康乐之国，而国必强；天下之中言平等之义，则天下为太平之天下，而天下必治"。[③]

在宣传资产阶级的自由、平等思想的同时，维新思想家们还以自由、平等思想为武器，对封建纲常名教进行了猛烈的批判。谭嗣同要求冲决封建纲常名教之罗网，摆脱封建专制制度的压迫与束缚，实现人的平等和自由。在其名著《仁学》中，他揭露封建纲常名教的虚伪性道："俗学陋行，动言名教，敬若天命而不敢渝，畏若国宪而不敢议。嗟乎！以名为教，则其教已为实之宾，而决非实也。又况名者，由人创造，上以制其下，而不能不奉之，则数千年来，三纲五伦之惨祸烈毒，由是酷焉矣。君以名桎臣，官以名轭民，父以名压子，夫以名困妻，兄弟朋友各挟一名以相抗拒，而仁

---

① 樊锥：《开诚篇三》，《湘报》第 24 号，1898 年 4 月 2 日。
② 皮嘉祐：《平等说》，《湘报》第 58 号，1898 年 5 月 12 日。
③ 皮嘉祐：《平等说（续前稿）》，《湘报》第 60 号，1898 年 5 月 14 日。

尚有少存焉者得乎？然而仁之乱于名也，亦其势自然也。"① 在这里，谭嗣同一针见血地指出了纲常名教是"上"为了"制其下"而"创造"出来的，违背了自然法则与社会公理（仁）。皮嘉祐也对以三纲为核心的封建等级关系进行了批判，认为它违背了"人人平等，权权平等"的原则。他批驳那种认为"君臣平等，则尊卑不分；父子平等，则亲爱过薄；夫妇平等，则刚柔无别；兄弟平等，则长幼失序"的观点，是"见之迂而忧之深"。② 严复则通过中西文化的比较，用西方的"平等"否定了中国的"三纲"。

对于"三纲"中的"君为臣纲"一节，维新思想家们的抨击尤为激烈。谭嗣同指出："二千年来君臣一伦，尤为黑暗否塞，无复人理，沿及今兹，方愈剧矣。"③ 在"君为臣纲"的关系之下，臣子只有绝对服从君上的义务，否则便是犯上，犯上就会被加以"怨望""觖望""怏怏""腹诽""讪谤""亡等""大逆不道"等莫须有的罪名，或遭放逐，或被诛戮。为此，他愤慨地控诉道：畜生被人屠杀时，"犹得奋荡呼号，以声其痛楚"，而为人臣者，遭君责难，不能辩驳，即使蒙不白之冤，也只能默默承受，"被之以恶名"。④ 真所谓"名之所在，不惟关其口，使不敢昌言，乃并锢其心，使不敢涉想"⑤。"此其黑暗，岂非名教之为之蔀耶！"⑥ 谭嗣同还进一步指出，"君为臣纲"还是"三纲"的核心，"父为子纲"和"夫为妻纲"都必须服从、服务于"君为臣纲"，"彼君主者，独居三纲而据其上"，即于"父子、夫妇之间"，亦"视为锥刃地耳"。君主以父子、夫妇之伦要求别人，而他自己则乱父子、夫妇之伦，"其残暴无人理，虽禽兽不逮焉"。⑦

谭嗣同还对维护"君为臣纲"的"死节""忠君"等封建道德观进行了揭露和批判。他指出，民是民，君也是民，"民之于民，无相为死之理"；民为本，君为末，"本之于末，更无相为死之理"。在原则上他并不反对死节，但反对死君，因为在上古时代君是由老百姓推举出来为民办事的，"后

---

① 谭嗣同：《仁学》，载《谭嗣同全集》（增订本）下册，第 299 页。
② 皮嘉祐：《平等说》，《湘报》第 59 号，1898 年 5 月 13 日。
③ 谭嗣同：《仁学》，载《谭嗣同全集》（增订本）下册，第 337 页。
④ 上引均见谭嗣同《仁学》，载《谭嗣同全集》（增订本）下册，第 299—300 页。
⑤ 谭嗣同：《仁学》，载《谭嗣同全集》（增订本）下册，第 348 页。
⑥ 谭嗣同：《仁学》，载《谭嗣同全集》（增订本）下册，第 300 页。
⑦ 谭嗣同：《仁学》，载《谭嗣同全集》（增订本）下册，第 349 页。

世之君，皆以兵强马大力征经营而夺取之"，维护的是一家一姓的利益，没有任何理由要臣民为他死节。若果有人"为之死节"，则是一种"本末倒置"的愚蠢行为。如想使死节合理化，那"止有死事的道理，决无死君的道理"。① 在历史上，为君死节的人，称之为"忠君"。但在谭嗣同看来，这不过是君主利用名教以愚民的一种手段，其真正用心，是"欲后之人之为我死"。实际上，他指出，上古时所说的忠，并非是忠君，而"以实之谓忠也。下之事上当以实，上之待下乃不当以实乎？则忠者，共辞也，交尽之道也，岂可专责之臣下乎？……古之所谓忠，中心之谓忠也。抚我则后，虐我则雠，应物平施，心无偏袒，可谓中矣，亦可谓忠矣"。也就是说，忠是平等的，无私的，双方的。但三代以后所谓的"忠"，是忠于"独夫民贼"。对于独夫民贼"而犹以忠事之，是辅桀也，是助纣也"，所以"三代以下之忠臣，其不为辅桀助纣者几希"。②

在批判"君为臣纲"的同时，维新思想家们也对"三纲"中的"父为子纲"和"夫为妻纲"进行了批判。谭嗣同指出，和"君为臣纲"一样，"父为子纲"和"夫为妻纲"，"而父子、夫妇之伦遂各以名势相制为当然矣。此皆三纲之名之为害也"。他批驳了那种认为父子关系是上天决定的观点，指出从体魄上来说子虽为父所生，但从灵魂上来说，"子为天之子，父亦为天之子，父非人所得而袭取也，平等也"。③ 既然是平等的，因此父可以责子，子亦可以责父。然而在"父为子纲"关系下，父叫子死，子不得不死，父亲可以任意地处罚儿子，但儿子则不能对父亲有半点怨言。至于"夫为妻纲"，他指出，本来男女同为天地之菁英，同有无量之盛德大业，是完全平等的，但由于"夫为妻纲"，妇女不得不受男人惨无人道的压迫和蹂躏，"夫既自命为纲，则所以遇其妇者，将不以人类齿"。他为广大妇女遭受到的种种不幸鸣不平：女婴一出生就受到"溺女之习"的威胁；稍长又必须"穿耳以为饰"，"又有甚者，遂残毁其肢体，为缠足之酷毒，尤杀机之暴著有也"；出嫁后又要受"夫妇之道苦"，"本非两情相愿，而强合漠不相关之人，絷之终身，以为夫妇"，"男则姬妾罗侍，纵淫无忌；女一淫即罪至死"。他

---

① 上引均见谭嗣同《仁学》，载《谭嗣同全集》（增订本）下册，第339页。
② 谭嗣同：《仁学》，载《谭嗣同全集》（增订本）下册，第340页。
③ 谭嗣同：《仁学》，载《谭嗣同全集》（增订本）下册，第348页。

指出，丈夫所以能"伸其偏权"，虐待妻子，"实亦三纲之说苦也"。他还将批判的矛头指向了宋明理学，在《仁学》中他写道："自秦垂暴法，于会稽刻石，宋儒炀之，妄为'饿死事小，失节事大'之瞽说，直于室家施申、韩，闺阃为岸狱，是何不幸而为妇人，乃为人申、韩之，岸狱之。"[1] 皮嘉祐在批判纲常名教时，也同样把矛头指向了宋明理学，认为"宋明诸儒，扶阳抑阴，谓夫可再娶，妇不得再嫁，贞女不得事二夫"，"待妇女太苛，乖平等之义"。[2]

除谭嗣同外，在维新思想家中，宋恕批判纲常名教、主张男女平等的思想也很有特色。他宣传维新变法思想的代表作《六字课斋卑议》，专门辟有"伦始章"和"救惨章"，论述妇女问题，反对重男轻女和包办婚姻。他写道："夫妇为人伦之始，善男娶恶女，善女嫁恶男，终身受累，而女尤苦；即同为善类，而性情歧别，相处亦不乐。"是故他主张改革由父母一手包办的"嫁娶礼律"，结婚除由父母做主外，还须"本男女于文据上亲填愿结，不能书者画押"；没有父母的，"悉听本男女自主"。《卑议》又认为，只允许丈夫离婚休妻，不允许妻子离婚休夫，"于是夫妻、姑媳或难共居，欲出不能，欲去不得，逼成相戕，比比皆是，残忍之风，于斯为极"，这是极不合理的事情。故此《卑议》主张"定三出、五去礼律"，妇女在条件不合的情况下，也和丈夫一样有离婚的自由权力。[3]《卑议》还对封建统治者和宋明理学利用"贞""节""烈"等礼教残害妇女的实质进行了揭露，指出："今俗：已字未嫁：夫亡不字者，称'贞女'；自尽者，称'烈女'；已嫁：夫亡不再适者，称'节妇'；自尽者，称'烈妇'；例得旌表。然此风盛于宋、元以后，实则用情大过，不合礼经；未嫁'贞'、'烈'，尤为无谓！……自儒者专以'贞'、'节'、'烈'责妇女，于是号称'贞者'、'节者'、'烈者'，多非其本心，而劫于名议，而为妇女者，人人有不聊生之势矣。"[4]《卑议》对生活在社会最下层的童养媳、娼、婢、妾等妇女寄予了深切同情，认为她们是"赤县极苦之民"，受尽了人间的欺凌、污辱和折磨，其地位和

---

[1] 谭嗣同：《仁学》，载《谭嗣同全集》（增订本）下册，第349页。
[2] 皮嘉祐：《平等说》，《湘报》第60号，1898年5月14日。
[3] 宋恕：《六字课斋卑议·伦始章第三十二》，载《宋恕集》上册，第149页。
[4] 宋恕：《六字课斋卑议·停旌章第三十二》，载《宋恕集》上册，第33页。

境遇比之乞丐还不如。为了使这些妇女从水深火热中解救出来，《卑议》主张"严禁童养媳"，对于犯禁者予以严惩；设巡查逼娼员役，严密查拘盗卖，逼娼诸莠男女，一经审实，斩立决；严禁买婢，其现有之婢，由官出价赎身，改作雇工，去留听便。

维新思想家们批判封建纲常名教的目的，是为了维新变法。用谭嗣同的话说："今中外皆佟谈变法，而五伦不变，则举凡至理要道，悉无从起点，又况于三纲哉！"① 为什么说不批判纲常名教，维新变法就"无从起点"呢？因为维新变法的目的之一，是要变封建君主专制制度为资产阶级的君主立宪制度，而纲常名教是封建君主专制制度的护身符，专制君主"积以威刑钳制天下，则不得不广立名为钳制之器"②，这也是历代"独夫民贼"都非常喜欢纲常名教，依据它来"辨上下，陈高卑，懔天泽，定名位"③，制定各种刑律制度的根本原因。因此，要维新变法，变封建君主专制制度为资产阶级的君主立宪制度，就必须批判纲常名教。

四、"富国养民"，发展资本主义工商业和文化、教育事业

维新思想家们始终把"富国养民"、发展资本主义工商业作为维新变法的一项重要内容。康有为在《上清帝第二书》中即主张变法要以"富国为先"，并提出了如何"富国""养民"的具体措施。其中"富国之法"有印行钞票、兴修铁路、使用机器轮船、开采矿山、铸造银币和设立邮政等六项；"养民之法"有务农、劝工、惠商、恤穷等四项。他还敏锐地察觉到生产方式与社会进步之间内在的逻辑联系，认为"国尚农则守旧日愚，国尚工则日新日智"。④ 中国几千年来由于"以农立国"，造成了国民"尊古守旧"的落后心理，他们"无智无欲"，对"不饥不寒""相安相乐"的小农生活心满意足，不思进取，缺乏"竞争日新"的意识。如果说在万国交通未开、国与国之间少有往来的古代，"以农立国"还能相安无事的话，那么，当此"万国交通""优胜劣败"的资本主义时代，中国仍"以其农国守旧愚民之

---

① 谭嗣同：《仁学》，载《谭嗣同全集》（增订本）下册，第351页。
② 谭嗣同：《仁学》，载《谭嗣同全集》（增订本）下册，第299页。
③ 谭嗣同：《仁学》，载《谭嗣同全集》（增订本）下册，第335页。
④ 康有为：《请厉工艺奖创新折》，载《康有为政论集》上册，第289页。

治与之竞"，"必不能苟延性命"，因此，当务之急，"知非讲明国是，移易民心，去愚尚智，弃守旧，尚日新，定为工国，而讲求物质，不能为国"。[①] 也就是由"尚农"变"尚工"，大力发展资本主义工业，从而使中国由农业之世界步入"工业之世界"。他还主张"恢张利源，整顿商务"。[②] 宋恕的《六字课斋卑议》对顽固派所谓西洋机器是"奇技淫巧，坏我人心"的奇谈怪论进行了批驳，指出"机器之学绝于愚民之世"。

维新思想家们从新兴的民族资产阶级利益出发，迫切要求封建统治者承认资产者的利益，让他们"各遂其生，各均其利"，反对洋务派的官督商办政策，认为洋务派对民族工商业的压制，是"中国工艺不兴之大原"。[③] 因此，他们主张任何企业"一付于民"，听任其自由发展。他们还特别重视发展科学技术，认为要发展资本主义工商业，达到"富国养民"的目的，就要把发展科学技术放在很重要的地位。康有为曾把欧洲各国与中国做了一番比较，认为欧洲各国之所以富强，"深考其由，则以诸欧政俗学艺，竞尚日新"，中国则完全相反，轻视科学技术，"诋奇技为淫巧，斥机器为害心"，士大夫把精力都用在了无用的"八股举业"上，结果是日益落后。为了改变这种状况，他要求光绪帝"劝厉工艺，奖募创新"，凡著作新书能"寻发新地，启发新俗"，而非抄袭者，可"与以高科，并许专卖"；创新器者，根据效用的大小，"小者许以专卖……大者加以爵禄"，给以鼓励。如此则"举国移风，争讲工艺，日事新法，日发新议，民智大开，物质大进"，实现"以智民富国"，从而立于世界民族之林。[④]

为了发展资本主义工商业，维新思想家们提出了许多具体的主张，如废除严重阻碍商品经济发展的厘金制度，切实开垦荒地，保护专利，奖励工艺创新，"平道路，浚江河，开铁轨，通电报"等。

在文化上，维新思想家们主张大力引进西方文明，并以西方文化为参照系，对中国传统文化进行反省和检讨。康有为指出，"泰西之所以富强，不在炮械军兵，而在穷理劝学"，并据此从价值观念、统治方式等方面比较了

---

① 康有为：《请厉工艺奖创新折》，载《康有为政论集》上册，第 290 页。
② 康有为：《请立商政、开利源而杜漏卮折》，载《杰士上书汇录》卷二。
③ 梁启超：《中国工艺商业考提要》，载《饮冰室合集》第 1 册，文集之二，第 51 页。
④ 康有为：《请厉工艺奖创新折》，载《康有为政论集》上册，第 288—290 页。

中西文化，认为"中国之教，所谓亲亲而尚仁，故如鲁之秉礼而日弱，泰西之教，所谓尊贤而尚功，故如齐之功利而能强"。[1]"亲亲而尚仁"导致"守旧从昧"而"安息不进"，长此以往，"无一事能究其本原，无一法能穷其利弊，即聋从昧，国皆失目"。[2]因此，他主张"治竞长之世以动，务使民心发扬，争新竞智，而后百事皆举"[3]。严复认为，西方社会强调个人自由，"以自由为体，以民主为用"[4]。但在中国，"夫自由一言，真中国历古圣贤之所深畏，而从未尝立以为教者也"。中国与西方社会的根本不同就在于"自由与不自由耳"，并由此又派生出了其他许多不同：比如，在政治上，"中国最重三纲，而西人首明平等；中国亲亲，而西人尚贤；中国以孝治天下，而西人以公治天下；中国尊主，而西人隆民；中国贵一道而同风，而西人喜党居而州处；中国多忌讳，而西人众讥评"；经济上，"中国重节流，而西人重开源；中国追淳朴，而西人求欢虞"；文化上，"中国美谦屈，而西人务发舒；中国尚节文，而西人乐简易；中国夸多识，而西人尊新知；中国委天数，而西人恃人力"；在历史观上，"中之人好古而忽今，西之人力今以胜古"。[5]严复对中西社会的上述比较是深刻的，他告诉人们：中国各方面都比西方落后，其原因就在于中国没有西方的那种"自由"。这在当时达到了比较高的认识水平。

在教育上，维新思想家们普遍认为八股取士的科举制度是封建教育制度的核心，是统治者最为有效的愚民工具，因此，强烈要求改科举，废八股。严复早在 1895 年所撰的《救亡决论》中就提出了"废八股"的要求，认为"今日中国不变法则必亡是已。然则变法何先？曰：莫亟于废八股"。康有为也强调：当务之急，"莫急于得人才，得才之道多端，而莫先于改科举"；要改科举，"则莫先于废弃八股"。[6]为了论证"改科举""废八股"的必要性，维新思想家们对八股取士的科举制度的种种弊端进行了揭露和批判。严复指出，科举制度有"锢智慧""坏心术""滋游手"三大弊害，"使天下消磨

① 康有为：《与洪给事右臣论中西异学书》，载《康有为政论集》上册，第 48 页。
② 康有为：《上清帝第五书》，载《康有为政论集》上册，第 204 页。
③ 康有为：《请御门誓众开制度局以统筹大局革旧图新以救时艰折》，载《杰士上书汇录》卷二。
④ 严复：《原强》，载《严复集》第一册，第 23 页。
⑤ 严复：《论世变之亟》，载《严复集》第一册，第 3、1 页。
⑥ 康有为：《请废八股试帖楷法试士改用策论折》，载《康有为政论集》上册，第 268 页。

岁月于无用之地，堕坏志节于冥昧之中，长人虚骄，昏人神智，上不足以辅国家，下不足以资事畜。破坏人才，国随贫弱"。因此，不改科举，废八股，所谓练兵，所谓通商，都只能是一句空话。"何则？无人才，则之数事者，虽举亦废故也。"[①]梁启超批判八股取士，"使学者坠聪塞明，不识古今，不知五洲"，他赞同明末清初著名思想家顾炎武的说法，认为八股取士之祸"更甚于焚书坑儒"。[②]康有为剖析八股取士的危害，"以小题枯困截搭缚人才，投举国才智于盲瞽"[③]，更甚者"使举天下无人不受不学侮圣之传，以成其至陋极愚之蔽，目不通古今，耳不知中外，故至理财无才，治兵无才，守令无才，将相无才，乃至市井无才商，田亩无才农，列肆无才工，晦盲迂谬，西人乃贱吾为无教，藐吾为野蛮，纷纭胁割，予取予求，而莫敢谁何，皆八股之迷误人才有以致之也"[④]。但鉴于当时骤废科举条件还不成熟，维新思想家们主张废弃八股，对科举进行改革，具体来说，改革考试内容，"以策论代替八股制艺"，同时开设经济特科。他们相信，只要"科举一变，则海内洗心，三年之内，人才不教而自成。此实维新之第一义也"[⑤]。为了实现"改科举""废八股"的目的，维新思想家们先后多次上书光绪帝力陈八股之害。1898年4月康有为第一次受光绪帝召见时，也痛论其害，希望光绪下定决心，废除八股，并且"自下明诏，勿交部议"，以免引起守旧大臣们的反对。后来光绪采纳了维新思想家们的建议，在百日维新期间，先后下达了一系列改革科举的诏书，在保留原来考试制度的前提下，改革了考试内容，将过去以八股取士，改为以策论取士。

如果说"改科举""废八股"的着眼点在于改革，那么，"兴学校"的着眼点则在建设。对"兴学校"维新思想家们非常重视，认为"亡而存之，废而举之，愚而智之，弱而强之，条理万端，皆归本于学校"[⑥]。梁启超变法维新思想的主要代表作《变法通议》，连《自序》在内，共14篇，其中8篇是谈开民智的，这8篇中又有5篇是谈学校的，可见他对兴学校的重视非

---

① 严复：《救亡决论》，载《严复集》第一册，第43页。
② 梁启超：《戊戌政变记》，载《饮冰室合集》第6册，专集之一，第87—88页。
③ 康有为：《请废八股试帖楷法试士改用策论折》，载《康有为政论集》上册，第270页。
④ 康有为：《请废八股以育人才折》，载《康有为政论集》上册，第286页。
⑤ 梁启超：《梁启超书牍》，载《中国近代史资料丛刊：戊戌变法（二）》，第546页。
⑥ 梁启超：《变法通议·学校总论》，载《饮冰室合集》第1册，文集之一，第19页。

同一般。康有为把变科举视作是挽救危亡的第一步，而以"广开学校"为"急补养而培其中气"之举。他在《请开学校折》中，不仅要求广开学校，而且还提出了一个系统的学校教育方案，建议清政府仿效欧美、日本的经验设立各级学校，并对小学、中学、专门高等学校和大学的课程设置、内容及学习期限均做了一些规定，提出设立京师大学堂。在《请饬各省改书院淫祠为学堂折》中，他针对当时兴学过程中遇到的经费短缺、校舍缺乏、师资不足的困难，提出了一些具体的解决措施。比如，为解决校舍不足的困难，他建议把各地"公私现有之书院、义学、社学、学塾，皆改为兼习中西之学校，省会之大书院为高等学，府州县之书院为中等学，义学、社学为小学"①。除康有为外，其他的一些维新思想家也先后向清政府提出过广开学校的要求。康有为等人的要求和建议，后来也为光绪帝所采纳，百日维新期间，在开设新式学堂方面也颁布了许多上谕。戊戌政变后，所有新政被废除，只有京师大学堂保留了下来。

在"兴学校"的要求中，维新思想家们特别重视"兴女学"。康有为在《日本变政考》中指出："中国以二百兆之女子，曾无一学校以教之，则不学者居其半，是吾有民而弃之也。"因而他主张兴办女子学校，使妇女有受教育的机会。梁启超在"开民智"的工作中认识到女智不开的严重性，强调"开民智"应以"开女智为第一义"，设立女子学堂，对女子进行教育，以智力平等促能力平等，达到国富种强的目的。1896 年他发表《论女学》一文，提出了关于女子教育的系统主张。维新思想家们还身体力行，积极投身于兴办女学的事业。1897 年，梁启超协助经元善，在谭嗣同等人的支持下，在中国创办了中国第一所女子学堂，并亲撰《倡设女学堂启》和《女学堂试办章程》，对女学堂的办学宗旨、课程设置、管理制度等做了说明和规定。他还首次将日本女子学校的课程设置向中国教育界做了介绍，这对后来中国女学的发展起过一定的积极作用。

维新思想家们也很重视风俗的改革。据统计，维新运动期间，成立的以改良社会风俗为主旨的群众团体很多，其中规模较大、影响较大的团体有

① 汤志钧、陈祖恩、汤仁泽编《中国近代教育史资料汇编 戊戌时期教育》，上海教育出版社，2007，第 114 页。

10 多个，分布在上海、湖南、广东、广西、福建、湖北、天津、香港、澳门等地。维新思想家们改革风俗，最值得一提的是禁缠足。缠足的风俗开始于 10 世纪的南唐宫廷，后来逐渐传播到宋代的上层社会，到明清时期，在汉族群众中流行起来。缠足风俗渊源于一种畸形的性心理和由此而形成的病态审美观，体现的是男性对女性的支配和统治，是男女之间的不平等，是一项严重摧残广大妇女身心健康的陋俗恶习。把一个女孩的脚用残暴的方式裹小，成为三寸金莲，这是一种极端野蛮的行为。严复认为"中国礼俗，其贻害民力而坐令其种日偷者，由法制学问之大，以至于饮食居处之微，几于指不胜指。而沿习至深，害效最著者，莫若吸食鸦片、女子缠足二事"①。康有为指出，女子缠足，身体受损，不能劳动，且伤国体，"今当举国征兵之世，与万国竞，而留此弱种，尤可危矣"。梁启超对广大妇女被"戕其支体，蔀其耳目，黜其聪慧，绝其学业，闺阃禁锢，例俗束缚，惰为游民，顽若土番"痛心疾首。②谭嗣同一针见血地指出，缠足之大恶，"将不惟亡其国，又以亡其种类"③。宋恕认为"残苦女人，莫此为甚！体残气伤，生子自弱，士夫奄奄，此实其源"④。因此，维新思想家们从救亡图存的立场出发，要求禁缠足，并发动了一场轰轰烈烈的禁缠足运动。1895 年，康有为与其弟康广仁在广东提倡不缠足，进而创立"粤中不缠足会"，由康有为的女儿康同薇、康同璧参加主持，现身说法，宣讲女子缠足之害和不缠足的好处，一时有不少人参加，"粤风"因而"大移"。1897 年春，梁启超、谭嗣同、康广仁等在上海发起成立"不缠足会"，其《简明章程》规定："凡入会人所生女子，不得缠足"；"凡入会人所生男子，不得娶缠足之女"；"凡入会人所生女子，其已经缠足者，如在八岁以下，须一律放解"；入会人员及其子女可以互相通婚；入会人员女子在 9 岁以上已无法再放足者，报会登记后亦可与会中人婚娶。⑤这些规定一方面大力倡导放足，另一方面也解决了当时的天足女子面临的出嫁困难。该《章程》在梁启超主笔的《时务

① 严复：《原强修订稿》，载《严复集》第一册，第 28 页。
② 梁启超：《倡设女学堂启》，载《饮冰室合集》第 1 册，文集之二，第 20 页。
③ 谭嗣同：《仁学》，载《谭嗣同全集》下册，第 303 页。
④ 宋恕：《六字课斋卑议·女生章第五》，载《宋恕集》上册，第 17 页。
⑤ 梁启超：《试办不缠足会简明章程》，载《饮冰室合集》第 1 册，文集之二，第 21 页。

报》上刊出后，社会反响强烈，不少人写信给《时务报》表示支持，并提出了很多好的建议。不久，由黄遵宪、谭嗣同等发起成立的湖南不缠足会，刊布《湖南不缠足会章程》，规定入会人所生女子不得缠足，已经缠足的，如在 8 岁以下一律放解，所生男子不得娶缠足之女。还印有《戒缠足歌》，到处张贴、散发。在广东、上海、湖南不缠足会的影响下，江苏、杭州、湖北、福建、香山、顺德、澳门、龙山等不少地方都成立了"不缠足会"或"天足会""放足会"等。到了百日维新期间，不缠足运动达到高潮。这年的 8 月 13 日，康有为向光绪帝上《请禁妇女裹足折》，痛陈缠足给妇女造成的痛苦和所带来的社会危害，要求"禁妇女裹足：其已裹者，一律宽解"，如有违者，"重罚其父母"。同日，光绪帝采纳他的建议，发出上谕"准令各省劝诱禁止妇女缠足"。

除禁缠足外，维新思想家们还主张变婚俗，反对婚姻嫁娶中论财和铺张，反对纳妾，主张一妻一夫制，梁启超和谭嗣同等人还组织过一夫一妻世界会；主张易俗延年，反对各种繁文缛节的虚礼，要求过一种健康文明的生活；主张变发易服，1898 年康有为曾上过一道《请断发易服改元折》，要求剪掉发辫，改穿西服；主张改用孔子纪年，并在上海《强学报》上，首次采用"孔子卒后二千三百七十三年"的纪年年号。这些主张，在当时都产生过一定的社会影响。

第三节　维新变法思潮从高涨到低落

一、维新变法引起的错综复杂思想斗争

维新思想家们的维新变法思想和活动引起了顽固派和洋务派的反对。顽固派是晚清政治舞台上的一支重要力量，他们坚守"天不变，道亦不变"的传统思想和"夷夏之辨"的传统观念，反对向西方学习、变革一切"祖宗成法"。早在洋务运动时期，以倭仁为代表的顽固派就给洋务运动造成过巨大阻力。到了甲午战后，顽固派的思想观念虽然随着时间的推移而有所

变化，但他们要求"恪守祖训"、反对变革"祖宗成法"的诉求却没有多少改变。慈禧斥责光绪帝的变法是"徇一人而乱家法，祖宗其谓我何？"反对变法的军机大臣刚毅每遇新政便哭列祖列宗，在他看来，"我朝成法，尽善尽美"，"不可轻易更张"。① 另一位反对变法的军机大臣荣禄在五大臣会见康有为时，第一句话就是："今举国上下皆言变法，千变万变，祖宗之法不能变。"② 有一位叫曾廉的顽固派竟公然鼓吹一代不如一代的历史退化论，说什么"一代开基之祖宗，绝非后世守成之子孙所能及"，后世子孙的职责就是为祖宗守好宗庙，假如不变祖宗成法，国家虽然危弱，但还不至于灭亡；如果变祖宗成法，所造成的祸乱必甚于不变革之世，这就像一栋房屋撤去了栋梁必然会立即倾覆一样。他认为，"中国一切皆非制度之不良，而但为人心之败坏而已"。③ 既然中国的一切问题都不是制度不好引起的，所以也就没有变法的必要。

在当时，顽固派的势力还很大，除守旧的王公贵族和各级官僚外，还包括各地的守旧士绅、八股士子、孔孟信徒，以及一些思想观念守旧的人，有着比较广泛的社会基础。这些人除在思想上对维新变法思想加以口诛笔伐外，还利用他们的权力和影响迫害维新思想家，打击维新变法运动。在这方面，湖南的守旧势力最为典型。1898 年，湖南一批思想守旧的士绅（其中也包括王先谦这样的先是支持和参与维新变法，后随着维新变法运动的发展而反对维新变法的士绅）向支持维新变法的巡抚陈宝箴递交《湘绅公呈》，要挟陈整顿时务学堂，挨退中文总教习梁启超和唐才常等维新思想家，继而煽动他们控制的岳麓书院、城南书院、求忠书院的部分守旧学生，订立所谓《湘省学约》，制定了"正心术""尊圣教""辟异端"等条规，加强对学生的控制，防止他们受时务学堂的影响。他们还殴打《湘报》主笔，哄闹南学会，逼走南学会会长、主讲人之一的皮锡瑞，将南学会邵阳分会负责人樊锥驱逐出境，"并刊刻逐条，四处张贴，播告通省"④，气焰十分嚣

---

① 刚毅：《直抒愚悃折》，第一历史档案馆馆藏。
② 转引自何一民《维新之梦——康有为传》，四川人民出版社，1995，第 188 页。
③ 曾廉：《蠡瓜庵集》卷七（下），曾氏会辅堂刻民国十三年续刻本，第 13 页。
④《邵阳士民驱逐乱民樊锥告白》，载苏舆编《翼教丛编》卷五，上海书店出版社，2002，第 141 页。

张。皮锡瑞的儿子皮嘉祐写了一首《醒世歌》，其中"地球本是浑圆物，谁是中央谁是旁"这两句否定了传统的华夏中心的"天下观"，也受到顽固派的攻击和迫害。他们还发动同乡京官向朝廷上奏攻击湖南的维新变法。

和顽固派不同，洋务派并不反对变革，但他们只主张"变器""变事"，而不主张"变政""变法"，对变革的内容和范围有严格限定。1898 年 4 月，后期洋务派的领袖人物张之洞发表《劝学篇》一书，在谈到变革的内容和范围时他一再强调："夫不可变者，伦纪也，非法制也；圣道也，非器械也；心术也，非工艺也。"[1] "亲亲也，尊尊也，长长也，男女有别，此其不可得与民变革者也。"[2] 可变者是"法制""器械"和"工艺"，但"伦纪""圣道"和"心术"是不可变的，这是中国的立国之本。用他的话说："法者，所以适变也，不必尽同；道者，所以立本也，不可不一。"[3] 在对待西学的态度上，洋务派虽然不像顽固派那样，一味反对学习西学，张之洞在《劝学篇》中还主张对西方要"政艺兼学"，不仅要学习"算、绘、矿、医、声、光、化、电"这些"西艺"，而且还要学习"学校、地理、度支、赋税、武备、律例、劝工、通商"这类"西政"，也就是他所说的"法制"。[4] 但他又认为，在"中学"与"西学"的关系上，应以"中学为体，西学为用"，"主以中学，辅以西学"，"中学治身心，西学应世事"。张之洞认为，为了"应世事"，必须学西学，只有这样才可"免迂陋无用之议"，但学西学当"先以中学固其根柢"，如此才能"杜离经叛道之弊"。否则，将会出现"强者为乱首，弱者为人奴"的局面，"其祸更烈于不通西学者矣"。[5] 文悌在参劾保国会的奏折中也反复说明，要得到西学的益处，须先学习中国的孔孟程朱之学，"使人熟知孝弟忠信、礼义廉耻、纲常伦纪、名教气节以明体，然后再习学外国文字、言语、艺术以致用"[6]。总之，认为"法制""器械"和"工艺"可以变，而且必须变，西学可以学，而且应该学，这是以张之洞为领袖的后期洋务派与顽固派不一致的地方，但强调"伦纪""圣道"和"心术"

① 张之洞:《劝学篇·变法》，华夏出版社，2002，第 109 页。

② 张之洞:《劝学篇·明纲》，第 34 页。

③ 张之洞:《劝学篇·变法》，第 111 页。

④ 张之洞:《劝学篇·设学》，第 94 页。

⑤ 张之洞:《劝学篇·循序》，第 59 页。

⑥《文仲恭侍御严劾康有为折》，载《翼教丛编》卷二，第 30 页。

是中国的立国之本，因而不能变，强调学西学必须"先以中学固其根柢"，以"杜离经叛道之弊"，这又是以张之洞为领袖的后期洋务派与顽固派完全一致的地方。这后一方面，使洋务派和顽固派有可能抛弃他们以前的恩恩怨怨，为了维护清王朝的统治制度和封建伦理纲常，暂时结成反对维新变法思潮和维新变法运动的联盟。

由于张之洞等洋务派认为"法制""器械"和"工艺"可变，而且必须变，因此他们在某种程度上，尤其是在维新变法运动的初期，对维新思想家们提出的某些变法主张持同情或理解的态度，有的甚至"稍稍和之"①，参加维新变法运动。如他们参加北京强学会，支持上海成立强学会，发行《强学报》等，洋务派在某种程度上的同情、理解和支持，是发端于甲午战后的维新变法思潮能迅速兴起并蓬勃发展的一个原因；又由于他们强调"伦纪""圣道"和"心术"是中国立国之本，不能变，因此随着维新变法运动的深入和发展，当他们认识到维新思想家们不仅要求变"法制""器械"和"工艺"，而且还要求变"伦纪""圣道"和"心术"时，便立即改变立场，站到了维新思想家们的对立面，并与封建顽固派结成联盟，共同对维新变法思潮和维新变法运动进行围剿。张之洞于1898年4月发表的《劝学篇》，分"内篇"和"外篇"，"内篇"务本，"外篇"求末，"内篇"的主要内容是反对民权，维护三纲，提倡"中体西用"，对抗维新变法思潮和维新变法运动；"外篇"的主要内容是如何学习"算、绘、矿、医、声、光、化、电"这些"西艺"和"学校、地理、度支、赋税、武备、律例、劝工、通商"这类"西政"。不久，湖南顽固派士绅苏舆编了一本《翼教丛编》，内收顽固派朱一新、叶德辉等人维护封建纲常名教，批驳、攻击维新变法思潮和维新变法运动的文章，同时，也将张之洞《劝学篇》中"内篇"的《教忠》《明纲》《正权》诸篇收入书中，并称赞《劝学篇》是"挽澜作柱"。《翼教丛编》的编辑出版，是顽固派、洋务派结成联盟反对维新变法思潮和维新变法运动的标志。

概而言之，顽固派和洋务派对维新变法思潮的攻击和诋毁，主要集中于以下几个问题上：

---

① 梁启超：《清代学术概论》，载《饮冰室合集》第8册，专集之三十四，第71页。

第一，关于民权。我们已经指出，"兴民权""开民智"，改革君主专制制度，这是维新变法思潮的一个重要内容。但在顽固派、洋务派看来，"倡平等，堕纲常也；伸民权，无君上也"①。而按照传统的观念，无君无父，是大逆不道。所以他们对维新思想家们所倡导的民权说深恶痛绝，认为民权之说乃"召乱之言"，"无一益而有百害"，必须坚决铲除。②梁启超在任时务学堂总教习时，在学生的作业本中写了一些关于民权的批语。后来湖南的顽固派把这些批语一字不漏地摘录了下来，并逐条加以批驳。他们说："今康、梁所用以惑世者，民权耳，平等耳，试问权既下移，国谁与治？民可自主，君亦何为？是率天下而乱也。"③又说，梁启超"因秦始皇之愚黔首，元太祖之勤远略，明太祖之黜孟子、兴制义，隐肆诋諆，论其心迹，何止蔑古"④。他们甚至诬陷梁启超提倡民权，是鼓动人人造反，时时作乱，如果让其"邪说浸淫"，"必欲倾覆我邦家也"。⑤

作为后期洋务派的领袖，张之洞为了否定民权说的理论依据，宣称维新思想家们的民权说是对西方有关政治制度的误解、误译。他说："考外洋民权之说所由来，其意不过曰国有议院民间可以发公论、达众情而已，但欲民伸其情，非欲民揽其权。译者变其文曰'民权'，误矣。"又说：西方所讲的"人人有自主之权"，"其意言上帝予人以性灵，人人各有智虑聪明"，而维新思想家们则把它误译为政治上"人人有自主之权，尤大误矣"。他还认为中国没有设议院、实行君民共主的条件和需要，因为"中国士民至今安于固陋者尚多"，他们既不知道环球之大势，也不晓得国家之经制，甚至连外国的兴学、立政、练兵、制器都没听说过，让这些人聚集一堂，议论国事，是议论不出什么来的。所以与其设议院，还不如在现有的制度内作一些改革，朝廷有大事，诏旨交廷臣会议，外史令绅局公议；一省有大事，绅民等得以公呈达于院司道府，也可以联名公呈都察院；国家有大事，京朝官可陈奏，可陈请代奏。如此，"建议在下，裁择在上，庶乎收群策之益，

---

① 苏舆：《翼教丛编·序》，载《翼教丛编》卷首，第1页。

② 张之洞：《劝学篇·正权》，第52页。

③《宾凤阳等上王益吾院长书》，载《翼教丛编》卷五，第144页。

④《叶吏部〈《读西学书法》书后〉》，载《翼教丛编》卷四，第129页。

⑤《宾凤阳等上王益吾院长书》，载《翼教丛编》卷五，第144页。

而无沸羹之弊，何必袭议院之名哉！"① 顽固派也认为西方的民主制度不适合中国的国情。但他们和张之洞不同，不是说中国老百姓的智力不够，而是说"中国自古就是君主之国"，又是难治的大国，只有实行君主专制，才能维持社会的安定。

　　顽固派、洋务派还危言耸听地宣称，中国如果提倡民权，势必引起祸乱。张之洞在《劝学篇》的《正权》中认为："使民权之说一倡，愚民必喜，乱民必作，纪纲不行，大乱四起……且必将劫掠市镇，焚毁教堂，吾恐外洋各国必借保护为名，兵船陆军深入占踞，全局拱手而属之他人，是民权之说固敌人所愿闻者矣。"② 他以倡导民权必将引起天下大乱，而导致外敌入侵，来胁迫维新思想家们放弃对民权学说的宣传。顽固派还举例说："迩者孙文事起，海表啸聚，闯然以民主揭橥。君权不尊，民气嚣然，震旦恐从此不靖矣。"所谓"孙文事起"，是指孙中山1895年准备发动的广州起义。他们据此反复强调："民主万不可设，民权万不可重，议院万不可变通。"③

　　第二，关于伦理纲常。维新思想家们在提倡"兴民权"的同时，还对封建伦理纲常进行了批判，尤其是谭嗣同的批判非常激烈。但和维新思想家们相反，顽固派和洋务派对封建伦理纲常则持的是肯定和维护的态度。顽固派认为："吾人舍名教纲常，别无立足之地，除忠孝节义，亦岂有教人之方？"④ 张之洞的《劝学篇》有《明纲》一篇，其中写道："君为臣纲，父为子纲，夫为妻纲，此《白虎通》引《礼纬》之说也。董子所谓'道之大原出于天。天不变，道亦不变'之义，本之。……圣人所以为圣人，中国所以为中国，实在于此。"⑤ 又说："三纲为中国神圣相传之至教，礼政之原本，人禽之大防，以保教也。"⑥

　　既然伦理纲常是"礼政之原本，人禽之大防"，所以顽固派和洋务派对维新思想家们的批判伦理纲常痛心疾首，认为维新思想家们批判伦理纲常，主张"人人平等、权权平等，是无尊卑、亲疏也。无尊卑，是无君也；无

---

① 张之洞：《劝学篇·正权》，第52—56页。
② 张之洞：《劝学篇·正权》，第53页。
③《王干臣吏部〈实学平议〉》，载《翼教丛编》卷三，第52—53页。
④《宾凤阳等上王益吾院长书》，载《翼教丛编》卷五，第144页。
⑤ 张之洞：《劝学篇·明纲》，第34页。
⑥ 张之洞：《劝学篇·序》，载《劝学篇》卷首。

亲疏，是无父也。无父无君，尚何兄弟、夫妇、朋友之有？是故等不平则已，平则一切倒行逆施"①。他们指出，维新思想家们批判伦理纲常的结果，将是"子不从父，弟不尊师，妇不从夫，贱不服贵，弱肉强食不尽，灭人类不止"②。

第三，关于"伪经改制"。康有为在《新学伪经考》和《孔子改制考》中，宣称千百年来一直被供奉如仪的古文六经是"伪经"，一直被尊为述而不作的至圣先师孔子是"托古改制"的"素王"。梁启超曾将这两书引起的思想界震动比之为"大飓风"和"火山喷发"，这其中当然也包括顽固派、洋务派对它的诋毁和攻击。顽固派认为，六经是不容怀疑的，怀疑六经将产生极坏的影响。用他们的话说："伪六籍，灭圣经也；托改制，乱成宪也"，其结果必然是"邪说横溢，人心浮动"。③他们意识到康有为宣称六经皆伪和孔子是托古改制的"素王"有其政治目的，前者是要通过"诋评古人"，达到"疑经"；通过"疑经"，"进而疑圣；至于疑圣，则其效可睹矣"。后者则是要假借孔子"托于素王改制之文，以便其推行新法之实"。他们还认为，康有为的所谓托古改制，其实质是"以夷变夏"，是用西法来变中国的法制，而中国"法制本自明矣，初无俟借资于异俗"，因此，他们要求将《新学伪经考》和《孔子改制考》毁版，否则，如果让这两书流传，"适为毁弃六经张本耳"。④御史文悌在参劾康有为的奏折中，说康有为在《孔子改制考》中所阐发的理论，是"灭圣经""乱成宪"的叛逆行为，除将书毁版外，还应把"无君无父"的康有为明正法典。张之洞认为，"文王受命、孔子称王之类"，是今文经学家们所杜撰的，"实有不宜于今之世道者，如禁方奇药，往往有大毒可以杀人"。⑤所以康有为在《新学伪经考》《孔子改制考》中所宣扬的"公羊三世说"、孔子改制说，应严加禁止。这里需要指出的是，由于康有为的《新学伪经考》和《孔子改制考》，宣称古文六经都是"伪经"，孔子是"托古改制"的"素王"，这不仅与传统的观点大相径庭，

---

① 《邵阳士民驱逐乱民樊锥告白》，载《翼教丛编》卷五，第142页。
② 张之洞：《劝学篇·正权》，第54页。
③ 苏舆：《翼教丛编·序》，载《翼教丛编》卷首，第1页。
④ 《朱侍御答康有为第四书》，载《翼教丛编》卷一，第10页。
⑤ 张之洞：《劝学篇·宗经》，第46页。

且多"穿凿附会"，"武断太过"，因此，一些同情、支持维新变法的官僚、士人，甚至维新思想家内部对《新学伪经考》和《孔子改制考》也很反感，提出过不少批评，如支持维新变法的湖南巡抚陈宝箴就认为康有为的"伪经改制"之说是"偏宕之辞"，并上折要求"将所著《孔子改制考》一书版本，自行销毁"。黄遵宪曾私下写信给梁启超，请他劝说康有为不要去做孔子改制的无谓宣传。严复、唐才常、谭嗣同，以及当时支持维新变法的章太炎，都曾在公开场合或私下里表示不能赞同康有为的"伪经改制"说。章太炎甚至撰文批驳《新学伪经考》，只是考虑到维新变法的大局，才没有公开发表。但这些人的批评，主要是从学术方面立论，批评康"穿凿附会"，"武断太过"，缺少学术方面的事实根据。这与顽固派和张之洞的批评不能相提并论。因为后者除从学术方面提出批评外，主要是从思想方面，亦即康有为的"伪经改制"说所产生的社会和政治影响方面进行攻击和诋毁的。

二、民族危机推动维新变法思潮走向高涨

自 1895 年"公车上书"之后，在以康有为、梁启超、严复、谭嗣同为代表的维新思想家们的推动下，维新变法思潮蓬勃发展，维新变法、救亡图存已逐渐成为一股不可抗拒的时代洪流。1897 年 11 月，德国强占胶州湾，中国将被帝国主义瓜分的危险迫在眉睫。救亡图存是维新变法思潮形成和发展的原动力。为挽救危亡，胶州事变发生不久，康有为再次从南方赶到北京，第五次上书光绪帝，建议光绪帝借胶州事变，下"发愤之诏"，明定国是，进行变法，并提出上、中、下三个变法方案，供光绪帝采择。他还警告光绪帝说："若徘徊迟疑，因循守旧，一切不行，则幅员日割，手足俱缚，腹心已刲，欲为偏安，无能为计"，"恐自尔之后，皇上与诸臣，虽欲苟安旦夕，歌舞湖山而不可得矣，且恐皇上与诸臣，求为长安布衣而不可得矣"。[①]这次上书，虽因工部尚书松桂不肯代呈而未能到达光绪帝手中，但因它内容痛切，措辞尖锐，道出了广大忧亡爱国的官绅们想说而没有说、或不敢说的话，被京师的官绅们辗转传抄，并"登沪上报章，展阅

---

① 康有为《上清帝第五书》，载《康有为政论集》上册，第 209、203 页。

一周"①。《湘报》也以《南海康工部有为条陈胶事折》为题全文刊载，谭嗣同写了一大段文字，放在奏折的前面，没有署名，文中写道："此南海先生第五次上书也……言人所不敢言；其心为支那四万万人请命，其疏为国朝二百六十年所无也。"②上书产生了广泛的社会影响，维新变法思潮也从此进入全面高涨时期。

上书不久，总理衙门五大臣传见了康有为，代光绪帝询问变法事宜。传见后，光绪帝命康有为"条陈所见"，并命进呈变法新书。于是，在1898年1月29日，康有为上《应诏统筹全局折》（即《上清帝第六书》），统筹全局，提出堪称变法纲领的变法三策，一、"大集群臣于天坛、太庙，或御乾清门，诏定国是，躬申誓戒，除旧布新，与民更始"；二、"设上书处于午门，日轮派御史二人监收，许天下士民，皆得上书……其有称旨者，召见察问，量才擢用，则下情咸通，群才辐辏矣"；三、"设制度局于内廷，选天下通才十数人，入直其中，王公卿士，仪皆平等……皇上每日亲临商榷，何者宜增，何者宜改，何者当存，何者当删，损益庶政，重定章程，然后敷布施行，乃不谬紊"。③接着，他又上《为译撰俄彼得变政记成书，可考由弱致强之故，呈请代奏折》，建议光绪帝效法彼得帝，出国考察，接近人民，厉行变法。4月，康有为在北京发起成立保国会，并在保国会发表了激动人心的"救亡图存"演说，痛陈中华民族在近代遭受的凌辱，指出："吾中国四万万人，无贵无贱，当今日在覆屋之下，漏舟之中，薪火之上，如笼中之鸟，釜底之鱼，牢中之囚，为奴隶，为牛马，为犬羊，听人驱使，听人割宰，此四千年中二十朝未有之奇变。加以圣教式微，种族沦亡，奇惨大痛，真有不能言者也。"回顾鸦片战争以来所受到的列强侵略，尤其是近两个多月以来在西方列强掀起的瓜分狂潮中，中国"失地失权之事已二十见，来日方长，何以卒岁？"中国若再不变法，等待我们的将是缅甸、安南、印度、波兰那样亡国灭种的命运。他进而指出，当此"奇惨大痛"之际，人人有亡天下之责，人人有救天下之权，"若使吾四万万人皆发愤，

---

① 谭献：《复堂日记续录》，载《中国近代史资料丛刊：戊戌变法（一）》，第536页。
②《南海康工部有为条陈胶事折》，《湘报》第16号，1898年3月24日。
③ 康有为：《上清帝第六书》，载《康有为政论集》上册，第213—214页。

洋人岂敢正视乎？"[1] 保国会虽然不久即因顽固派的攻击、威胁而停止了活动，但保国会的成立，在社会上产生了强烈的反响，康有为所发表的"救亡图存"的演讲，也深受爱国人士的欢迎，根据在场记录的演说辞在士大夫中不胫而走，很快就传抄到其他一些大中城市。受保国会的影响和启发，保滇会、保浙会、保川会等群众爱国组织相继宣告成立。同时受局势的推动，学会、报刊的创办这时也呈风起云涌之势，据不完全统计，1898 年戊戌政变前的 8 个多月中，新建各种学会 31 个，新办报刊 19 种，大致相当于前 3 年的总和。尤其重要的是，这时的光绪帝在康有为上书的影响和局势的推动下，"于万国之故更明，变法之志更决"，对维新变法表示出了明确的支持态度。而光绪帝支持维新变法，又对推动维新变法思潮的进一步高涨，并成为一种自上而下的政治改革运动起了非常重要的作用。光绪帝所以支持维新变法有以下几个原因[2]：

首先，支持变法有利于从后党手中夺取统治实权。光绪帝 1875 年即位时只有 4 岁，由慈禧太后"训政"。1889 年，光绪"大婚"后，慈禧表面上将"政"归还给了光绪帝，但实际上仍控制着朝廷的实权，无论大事小事光绪帝都要请"懿旨"定夺，于是形成帝、后两党，为争夺统治实权，两党矛盾日益加深。甲午战争时，帝党事事受到后党的排挤和压制。甲午战后，维新变法思潮兴起，以光绪帝的师傅、户部尚书翁同龢为首的帝党官僚意识到，维新思想家和维新派是一支可以利用的力量，如果与他们联合起来，有利于从后党手中夺取实权，从而使光绪帝从一个傀儡皇帝成为有实权的国君。

其次，支持变法可以挽救清王朝面临的严重危机。甲午战后，一方面，帝国主义加紧了对中国的侵略，尤其是以 1897 年的胶州湾事变为起点，帝国主义掀起了瓜分中国的狂潮，中国的危亡迫在眉睫；另一方面，全国各地人民的反抗情绪日益高涨，社会各种矛盾更趋尖锐激烈，甲午、戊戌年间，城乡人民暴动频繁，会党起义此伏彼起，回民起义遍及陕、甘、新、青、康（西康）各省。内忧外患的严重危局，使光绪帝在康有为上书的一

---

[1] 康有为：《京师保国会第一集演说》，载《康有为政论集》上册，第 237—241 页。
[2] 以下参见刘振岚《戊戌维新运动专题研究》，首都师范大学出版社，1999，第 313—314 页。

再陈述、劝告下，逐渐认识到"非变法不足以图存"，不足以"团结人心"，缓和社会矛盾，从而挽救清王朝的统治，避免"为亡国之君"。这是光绪帝支持维新变法的一个重要原因。

再次，应当承认，在清贵族中光绪帝比较开明，也有一定的爱国思想，在甲午战争中曾极力主战，对于签订丧权辱国的《马关条约》很是痛心，甲午战后，"愤外难日迫，国势阽危，锐欲革新庶政致富强"，不仅阅读了翁同龢、孙家鼐所进呈的一些早期维新思想家的著作，如陈炽的《庸书》、汤震的《危言》、郑观应的《盛世危言》，以及冯桂芬的《校邠庐抗议》、李提摩太译的《泰西新史揽要》，而且还经常写条子要总理衙门送书，向翁同龢索要黄遵宪的《日本国志》。据说，他"考读西法新政之书，日昃不遑"，"一册甫上，阅日即催"，达到了"手不释卷"的地步，是一位愿意接受并接受了一定新思想的皇帝。① 同时，他对清朝的官僚昏庸、吏治腐败、机构臃肿、办事效率极低的状况也多有不满，想在改革政治方面有所作为，以便"重振朝纲"，富国强兵。而维新变法思潮的蓬勃发展，对推动他支持维新变法也起了一定作用，特别是1898年春夏之交，他先后看到康有为的《上清帝第六书》以及进呈的介绍俄国、日本变法的著作，使他对维新变法有了进一步的认识，认为"非实行变法，不能立国"，于是决心支持维新变法。

1898年6月11日，在以康有为为代表的维新思想家们的一再要求和推动下，光绪帝"乾纲独断"，仿日本变政故事，发布"明定国是"诏书，宣布变法。诏书的主要内容有三点：一是强调了变法的必然性和重要性，指出："五帝三王，不相沿袭，譬之冬裘夏葛，势不两存"，变是不可抗拒的发展趋势，只有变法，才能救亡图存，否则，"若仍以不练之兵，有限之饷，士无实学，工无良师，强弱相形，贫富悬绝"，是不能"制梃以挞坚甲利兵"的；二是提出了变法的宗旨，即"以圣贤义理之学，植其根本，又须博采西学之切于时务者，实力讲求，以救空疏迂谬之弊"；三是要求中外大小臣工，自王公以及士庶，从今以后，"各宜努力向上，发愤为难"，而不要"门户纷争，互相水火，徒蹈宋明积习，于时政毫无裨益"，尤其不要"托于老

---

① 梁启超：《戊戌政变记》，载《饮冰室合集》第6册，专集之一，第155页。

成忧国，以为旧章必应墨守，新法必当摈除"，反对新政。至于新政内容，诏书中除提出要举办京师大学堂，以"为各行省之倡"外，没有明确列举。[①]

光绪帝在颁布"明定国是"诏书之前，曾亲往颐和园请示慈禧太后，据记载称："太后告帝。'凡所施行之新政，但不违背祖宗大法，无损满洲权势。即不阻止。'"[②] 由于慈禧太后划定了变法的底线，所以，由翁同龢起草的这份诏书，并没有反映出维新变法思潮的全部或主要要求，甚至没有超脱出所谓"洋务新政"的范围，其变法宗旨也与张之洞的"中学为体，西学为用"论一脉相承。尽管如此，"明定国是"诏书的发布仍有其重要的历史意义，它使兴起已久的维新变法思潮发展成了一种自上而下的政治改革运动，使维新变法取得了合法性地位，从而极大地鼓舞了维新思想家和维新派，以及所有希望国家进步富强的人们。用梁启超的话说："自是天下向风，上自朝廷，下至人士，纷纷言变法，盖为四千年拨旧开新之大举，圣谟洋洋，一切维新，基于此诏，新政之行，开于此日。"[③] 梁启超的话或许有些渲染，但毋庸否认，"明定国是"诏书的颁布，对推动维新变法思潮的高涨，并使之发展成为自上而下的政治改革运动，起了非常重要的作用。

三、"百日维新"失败，维新变法思潮走向低落

"明定国是"诏书的颁布，标志着被历史学家称之为"百日维新"的戊戌变法运动的开始。从6月11日到9月21日的103天中，维新思想家们的改革建议和其他一些图强要求（当然也包括其他官员的合理建议），通过光绪帝的诏令像雪片一样飞向全国各地。据统计，光绪帝先后发布的有关改革诏令180条左右，平均每天颁发1.7条，最多的一天即9月12日竟颁发了11条，其内容涉及政治、经济、文教、风俗、军事等各个方面。如在政治上，删改则例，裁汰冗员，取消闲散重叠的行政机构；允许大小臣民上书言事，准许"旗人"自谋生计等。在经济上，设立农工商局，切实开垦荒地，提倡兴办实业，奖励创造发明；设立路矿总局，修筑铁路，开采矿产；举办邮政，裁撤驿站；改革财政，编制国家预算等。在文教上，废

---

① 《上谕》，载《中国近代史资料丛刊：戊戌变法（二）》，第17页。

② 濮兰德、白克好司：《慈禧外纪》，陈冷汰译，辽沈书社，1994，第101页。

③ 《上谕·梁启超按》，载《中国近代史资料丛刊：戊戌变法（二）》，第19页。

除八股取士制度，改试策论；取消各地书院，改设学校，创办京师大学堂；设立译书局，翻译外国新书；允许自由创办报馆和学会，派人出国留学、游历等。在军事上裁减绿营，力行保甲；训练海陆军，各省军队皆使用洋枪，改练洋操等。尽管由于顽固派的干扰和反对，维新变法思想家们的建议和要求并没有在诏令中全部体现出来，比如康有为视为变法纲领之纲领的"于宫中设制度局"，就因顽固派的反对而作罢，但总的来看，它是根据维新思想家们的建议，尤其是康有为的上奏起草的，据统计，百日维新期间，康有为利用光绪帝给他的"专折奏事"权，共上奏条陈47件（其中也有请别人代奏的），差不多每两天就有一件。这些诏令在政治上给了人民一定程度的言论、出版、结社的自由，在经济上制定了一些有利于资本主义发展的政策，在文教上也采取了一些打击旧学、提倡新学的措施，这对于国内工商业的发展和西方文化科学的广泛传播，都有一定的积极作用。

然而，这些新政措施却遭到了顽固守旧势力的抵制和反对，变法诏书的颁布过程，也是新旧势力激烈斗争的过程。如前所述，于宫中开制度局是康有为在《上清帝第六书》中提出的变法纲领之纲领，其主要目的是为了排除从中央到地方的清政府各级实权派的干扰，为推行变法新政提供组织上的保证，后来又多次提出过，也得到了光绪帝的明确赞成。但由于牵涉到要削弱军机处和内阁六部以及督抚、藩臬司道的权力，所以顽固派拼命反对，他们首先是肆意搪塞，然后公然驳回，明目张胆地屡次违拂上意，直到光绪帝发出通牒式的旨令后，才提出一个所谓变通方法，即让光绪帝从原来的部院当中挑选一些所谓有才识者，听候随时召见，以备任用，以代替制度局。朝廷如此，地方也是如此。督抚中，除湖南巡抚陈宝箴尚能认真办理外，其余或借词推搪，或粉饰应付，或彼此观望，光绪帝虽"三令五申，仍复貌为具文"[1]。而作为顽固势力靠山的慈禧太后，自推行新政的那一天起，即开始积极部署力量，准备伺机发动政变，废除光绪帝。6月5日，即《明定国是》诏书颁布的第四天，慈禧太后便胁迫光绪帝颁发三道谕旨，一是免去光绪师傅、帝党领袖翁同龢的本兼各职，勒令回籍，使光绪帝失去了重要助手；二是规定凡授任二品以上官员必须到太后面前谢恩，控制

---

[1] 梁启超：《戊戌政变记》，载《饮冰室合集》第 6 册，专集之一，第 40 页。

用人大权，使光绪帝无法破格任用维新派；三是任命慈禧太后心腹荣禄为直隶总督，统领董福祥、聂士成和袁世凯三军，控制了驻守于京津一带的军队。同时，慈禧太后还加强了颐和园和北京城内的警戒，宫中广布爪牙，监视光绪帝的一举一动。对于顽固派的反对，尤其是废立的阴谋，光绪帝和维新派也进行过反击，如先后召见康有为、梁启超、严复等维新派，罢斥顽固守旧的御史文悌和礼部六堂官，提拔谭嗣同、林旭、杨锐、刘光第为军机章京，"参预新政事宜"等。最后，由于新旧双方的斗争愈演愈烈，不可调和，慈禧太后于9月21日发动政变，囚禁光绪，废除新政，捕杀维新党人，戊戌变法运动彻底失败。

戊戌变法运动的失败原因很多，归纳起来不外客观原因和主观原因这两条。客观原因主要是以慈禧太后为首的封建顽固派和后党势力远远大于以康有为为领袖的维新派和以光绪帝为首的帝党势力，清政府的实权，尤其是兵权掌握在顽固派和后党手中，所以当慈禧太后发动政变时，光绪帝和维新派只能束手就擒。同时，那些醉心"金榜题名"的士子，习惯于传统生活方式的乡绅，被裁撤的冗员以及再不能过寄生生活的旗人，都对新政刻骨仇恨，必加扼杀而后快。而这种势力对比的悬殊，又是由当时封建势力强大，资产阶级弱小，阶级力量的对比悬殊决定的。我们以前把维新变法的失败原因完全归咎于维新派的软弱性、妥协性，并以此证明民族资产阶级尤其是它的上层的软弱性、妥协性，这缺乏说服力。实际上，在敌我力量对比过于悬殊的情况下，康有为等人并不缺少斗争的勇气，如康有为敢于顶着"离经叛道"的压力，为了创立变法理论，宣布二千年来的儒家古文六经是伪经，孔子是托古改制的"素王"，并冒着杀头危险，一再上书朝廷，要求变法，对顽固守旧势力进行了猛烈抨击；谭嗣同要求冲破一切罗网，激烈批判君主专制制度特别是清王朝的统治，以及最后为变法而英勇献身；如此等等。

除客观原因外，戊戌变法运动的失败还有其主观原因，这主要体现在以下几个方面：

第一，康有为的"伪经改制"说引起的负面作用。我们前面已经讲到，维新变法的理论基础，一是康有为在《新学伪经考》和《孔子改制考》中提出的"伪经改制"说，二是严复翻译介绍的达尔文的进化论。"伪经改制"

说提出后，曾在思想学术界引起很大震动，梁启超将它比之为"大飓风"和"火山喷发"。不仅顽固派和洋务派对它大加攻击和诋毁，一些对维新变法持同情、理解甚至支持态度的官僚、士人，也对"伪经改制"说非常反感，他们反感并非是反对变法，而是对"伪经改制"说持有不同的学术见解，或为今、古文经之争，或不以康的武断、牵强的学风为然。《新学伪经考》刊行后，帝党领袖、光绪帝师傅翁同龢在其日记中写道："《新学伪经考》，以为刘歆古文无一不伪，窜乱六经，而郑康成以下皆为所惑云云，真说经家一野狐也，惊诧不已。"[1] 同是帝党的文廷式也对康有为的"公羊"说不满意，他讥讽说："国初人讥宋学家不读书，近时讲汉学者标榜公羊，推举西汉，便可以为天下大师矣！计其所读书，尚不如宋学家之夥也。"[2] 其他如陈宝箴、黄遵宪、何启、胡礼垣、严复、唐才常等都对康氏的"伪经改制"说或"不敢苟同"[3]，或提出过批评。后期洋务派领袖张之洞开始是赞成维新变法的，后来所以与维新派分道扬镳，并撰《劝学篇》从理论上批判维新变法思潮，成为维新变法的巨大阻力，除他只主张变"法制""器械"和"工艺"，而反对变"伦纪""圣道"和"心术"这一主要原因外，他不赞成康有为的"伪经改制"说也是原因之一。1896 年 9 月，康有为到南京，拜会时任两江总督的张之洞，康言及成立强学会计划，张表示支持，但当二人谈及康有为的"伪经改制"说时，发生严重争执。张要康氏"勿言此学"，又派梁鼎芬专程规劝。性格执拗的康有为根本不买张之洞的账，他说："孔子改制，大道也，岂为一两江总督供养易之哉？"[4] 由是，不仅两人前议的在南京设立强学会的计划告吹，而且张原来答应的活动经费也不给一文，还事事予以掣肘。尤其令人不可理解的是，既然《新学伪经考》于 1891 年 8 月刊行后，已引起不少人反对，给维新变法事业带来了一定的负面影响，康有为为何又要在 1898 年刊行有可能引起更大负面影响的《孔子改制考》一书呢？而且此时维新变法思潮已经兴起，并得到蓬勃发展，开始走向高涨，

---

[1] 陈义杰整理《翁同龢日记》第五册，中华书局，1997，第 2696 页。

[2] 文廷式：《纯常子枝语》卷六，江苏广陵古籍刻印社，1990，第 109 页。

[3] 如唐才常在《上欧阳中鹄书（九）》中就写道："往书肆购得《新学伪经考》阅之。今年三月，始读所谓《改制考》、《董氏学》两书。其宗旨微有不合处，初不敢苟同。"（《唐才常集》，第238 页）

[4] 康有为：《康南海自编年谱》，载《中国近代史资料丛刊·戊戌变法（四）》，第 135 页。

根本不存在靠此书来推动维新变法思潮的发展问题。其结果，除为顽固派、洋务派攻击、诋毁维新变法提供更多的炮弹外，只能进一步引起内部的纷争和混乱。《翁文恭公（同龢）日记》光绪二十四年（1898）四月初七日记："上命臣索康有为所进书，令再写一分递进，臣对与康不往来。上问何也？对以此人居心叵测。曰前此何以不说？对臣近见其《孔子改制考》知之。"[1]陈宝箴也在《孔子改制考》刊行不久，上《奏厘正学术造就人才折》，认为孔子改制之说"伤理而害道"，请将《孔子改制考》一书版本"自行销毁"。

康有为撰《孔子改制考》的目的，是要托孔子之名，行变法之实，拉虎皮，作大旗，以封建统治阶级所崇拜的孔子权威，作为维新变法的护符，打击顽固派，减少变法的阻力。这也许是他于1898年维新变法思潮走向高涨之际刊行他两年前就已写好而未刊行的《孔子改制考》一书的主要原因。但结果事与愿违，不仅顽固派并未因此而减弱对维新变法的拼命反对，相反在同情、理解甚至支持维新变法的阵营内部引起了纷争和混乱。比如翁同龢因《孔子改制考》，让他对康有为的变法动机产生了怀疑，认为"此人居心叵测"，并从此"与康不往来"。翁氏心理的这一变化，在当时很具有代表性。所以就康有为于1898年刊行《孔子改制考》的客观效果来看，是失大于得，百分之百的失策。

第二，维新思想家们对改革的艰巨性和复杂性认识不足，盲目乐观。改革就其本质而言，是一种利益调整，既得利益集团想方设法要破坏改革，以维护既得利益，而当时既得利益集团的总代表是以后党为中坚的顽固派，他们的力量远远大于支持维新变法的力量，他们不仅掌握着国家的实际权力，尤其是军权，而且还有深厚的社会基础。但维新思想家们却对维新派与顽固派两派力量对比的实情缺乏清醒的认识，对变法可能引起的新旧之间的激烈冲突，甚至是你死我活的斗争估计不足，把维新变法看得过于简单，以为只要得到光绪帝的支持，依靠光绪帝"乾纲独断"，学习日本变法，则"三年而宏规成，五年而条理备，八年而成效举，十年而霸图定矣"[2]，似乎中国的富强，在"一反掌间"就能实现[3]。

---

[1] 陈义杰整理《翁同龢日记》第六册，中华书局，1998，第3128页。
[2] 康有为：《进呈日本明治变政考序》，载《康有为政论集》上册，第224页。
[3] 康有为：《康南海自编年谱》，载《中国近代史资料丛刊·戊戌变法（四）》，第145页。

正因为维新思想家们对改革的艰巨性和复杂性认识不足，盲目乐观，1898 年 6 月 16 日，亦即《明定国是》诏书颁布的第五天，康有为在光绪帝召见时，向光绪帝提出了一个"尽变""全变"的变法方针，认为"既知守旧之致祸败，则非尽变旧法与之维新不能自强"；"少变而不全变，举其一而不改其二，连类并败，必至无功"。①并且他满怀信心地告诉光绪，他研究过各国变法的历史，西方各国经过三百年才富强起来，日本变法不过三十年就一跃而为东方强国。中国变法只要"尽变""全变"，三年即可自立，以后则蒸蒸日上，富强可驾万国。他还建议光绪帝应充分运用君权，乾纲独断，"特下诏书"，使"老耄守旧"大臣"无从驳议"。光绪帝对康有为提出的变法方针，或"以为然"，或"点头称是"，表示赞成。就后来的变法实践来看，也基本上是按照"尽变""全变"之战略进行的。在短短的 103 天中，就先后颁发了 180 多条变法诏令，内容涉及政治、经济、文教、风俗、军事等各个方面。康有为在提出"尽变""全变"的变法方针时忽视了一个根本事实，即在改革与反改革力量对比如此悬殊的情况下，"尽变""全变"的变法方针在实践上能否行得通。我们同意一些学者的看法，"尽变""全变"的变法方针，"目标定得太高，摊子铺得太大，力所不逮，难以实现"，"确有失宜之处"。②"尽变""全变"只能作为长期的追求目标，而不能期望它在很短的时期内实现。

维新思想家们对改革的艰巨性和复杂性认识不足，盲目乐观，还导致了他们在制定改革策略上的失误。一般而言，在反对改革的势力远远大于改革势力的情况下，改革派要想获得改革的成功，就必须尽量减少社会震动，实行先易后难、循序渐进的改革策略，先改革那些相对来说容易取得成功的内容，最后等到条件成熟时再啃改革的硬骨头，以争取社会的广泛支持。然而维新思想家们计不出此，他们一上来便提出要改革官制。官制改革可能是一切改革中最难的一项改革，因为它涉及的是众多当权者的利益，这些人盘根错节，活动能量极大，一旦他们群起而反对，改革就很难继续进行下去。尤其是戊戌官制改革的重点，又在裁撤京师的闲散衙门以及由此

① 康有为：《康南海自编年谱》，载《中国近代史资料丛刊·戊戌变法（四）》，第 145 页。
② 李双璧：《戊戌变法失败原因的再认识》，载《戊戌维新与近代中国的改革》，第 33 页。

产生的大量冗官冗员。清政府设置闲散衙门的目的，是为了安置那些不从事任何职业和营生的八旗子弟，以保证他们生活无虑无忧。本来改革官制难度就大，加上涉及的重点又是八旗子弟，这就使官制改革难上加难，维新思想家们又没有提出改革的配套措施，对被裁汰的官员做出妥善安排，结果激起他们的强烈不满。据时人记载："戊戌变政，首在裁官，京师闲散衙门被裁者，不卜十余处。连带关系因之失职失业者将及万人，朝野震骇，颇有民不聊生之戚。"[①]

第三，举措失当，人为地增加了变法的阻力。这方面最典型的例子是礼部六堂官被罢黜事件。"明定国是"诏书颁布后不久，光绪帝发布谕旨，鼓励士民上书言事，以广开言路，并规定"部院员司"上书，由各部堂官（明清对中央各部长官如尚书、侍郎等的通称）代奏，士民上书由都察院呈递。礼部主事王照率先响应"圣谕"，上折建议光绪帝到日本等国游历，并对守旧官僚进行了猛烈抨击，"开人所不敢开之口"。折子写好后，王照请求礼部尚书怀塔布、许应骙代递，但遭到思想保守的怀、许二人拒绝。王照又转请礼部左侍郎堃岫、右侍郎溥颋代递，堃岫、溥颋亦不肯代递。王照非常气愤，当面指责怀塔布、许应骙等人不肯代递是违旨行为，并表示如礼部堂官们坚持不代递的话，他就要到都察院请求代递。怀塔布、许应骙怕事情闹大，不得已答应代递，但在代递王照的奏折时，又反打一耙，说王照建议光绪皇帝出游日本，是"居心叵测"，并指责王照"咆哮署堂，借端挟制"，要求光绪帝给予"惩治"。[②]当时正是新旧斗争十分激烈之时，光绪帝为反击守旧派，于9月4日发布谕旨，将怀塔布、许应骙等礼部六堂官全部革职，同时嘉奖王照"不畏强御，勇猛可嘉，着赏给三品顶戴，以四品京堂候补，用昭激劝"[③]。就当时情况来看，阻挠王照上书的主要是礼部尚书怀塔布、许应骙二人，如果说他们被革职是咎由自取的话，那么将其他四人尤其是毫无关系的署左侍郎徐会沣、署右侍郎曾广汉一同革职，则扩大了打击面，起的是"为渊驱鱼，为丛驱雀"的作用，把本来有可能支持或同情变法的力量赶入到反对变法的阵营，同时也为守旧派的反对变法提

---

① 陈夔龙：《梦蕉亭杂记》，载《中国近代史资料丛刊：戊戌变法（一）》，第485页。
② 梁启超：《戊戌政变记》，载《饮冰室合集》第6册，专集之一，第44页。
③ 《德宗实录》卷四百二十四，第565页。

供了口实。

戊戌变法运动失败后，除京师大学堂外，其他新政全部废除，维新思想家们创办的报刊、学会、学堂或被查禁，或自动停办，"如西山残阳，倏忽匿影，风吹落叶，余片无存"[1]。维新思想家们或被杀（如谭嗣同、康广仁），或逃往海外（如康有为、梁启超），或在"黑云压城城欲摧"的白色恐怖下暂时偃旗息鼓，放弃了维新变法的宣传（如严复），维新变法暂时走向低落。

四、救亡、改革、启蒙：维新变法思潮的性质和意义

首先，是"救亡图存"的爱国主义思潮。民族危机是推动维新变法思潮兴起、发展和高涨的原动力。梁启超在《戊戌政变记》中写道："吾国四千余年大梦之唤醒，实自甲午战败割台湾偿二百兆以后始也；我皇上赫然发愤，排群议，冒疑难，以实行变法自强之策，实自失胶州旅顺大连湾威海卫以后始也。"[2] 作为当事人，梁启超把维新变法思潮的兴起，归因于甲午战败的刺激；把维新变法思潮走向高涨、光绪帝颁布"明定国是"诏书，归因于胶州湾事变后帝国主义掀起的瓜分中国狂潮，使中华民族危机进一步加深。应该说，梁启超的说法比较符合历史事实。

1895 年中国在甲午战争中败给日本，并被迫签订自第一次鸦片战争以来丧权辱国最为严重的《马关条约》，这对中华民族来说是空前的奇耻大辱，给人们造成的心灵上的创痛和震撼是巨大的。《马关条约》签订时，谭嗣同写下了这样的诗句："世间无物抵春愁，合向苍冥一哭休。四万万人齐下泪，天涯何处是神州。"[3] 其表露出来的悲愤之情是当时人们心境的真实写照。严复在给朋友吴汝纶的信中说：自甲午以来，"金瓯既缺……而中国之民长与身毒之民等耳"，每念及此，"尝中夜起而大哭，嗟呼！谁其知之"。[4] 曾参加过辛亥革命的吴玉章回忆当时的心情："我还记得甲午战败的消息传到我家乡（四川荣县——引者）的时候，我和我二哥曾经痛哭不止。""这真是空前

① 梁启超：《〈清议报〉一百册祝辞并论报馆之责任及本馆之经历》，载《饮冰室合集》第 1 册，文集之六，第 53 页。
② 梁启超：《戊戌政变记》，载《饮冰室合集》第 6 册，专集之一，第 1 页。
③ 谭嗣同：《有感一首》，载《谭嗣同全集》（增订本）下册，第 540 页。
④ 严复：《与吴汝纶书》，载《严复集》第三册，第 521 页。

未有的亡国条约！它使全中国都为之震动。从前我国还只是被西方大国打
败过，现在竟被东方的小国打败了，而且失败得那样惨，条约又订得那样
苛，这是多么大的耻辱啊！"①正是受甲午战败和《马关条约》签订的刺激，
才有 1895 年春夏之交的 1300 多位举子"公车上书"事件的发生，而"公车
上书"的主要内容，是"拒和、迁都、变法"，以"救亡图存"。"公车上
书"既是一场"救亡图存"的爱国运动，又是维新变法思潮兴起的标志，它
说明维新变法思潮自始便与爱国主义结合在一起。

　　"公车上书"后，经过维新思想家们的不懈努力，维新变法思潮得到了
迅速发展。1897 年 11 月，德国强占胶州湾，并以此为起点，帝国主义掀起
了瓜分中国的狂潮。胶州湾事变使不少人认识到，当时中国"譬犹地雷四
伏，药线交通，一处火燃，四面皆应"，"瓜分豆剖，渐露机牙，恐惧回惶，
不知死所"，亡国灭种已迫在眉睫。②因此，它给中国人民造成的心灵上的创
痛和震撼比之甲午战败而有过之无不及。梁启超后来写道：1895 年甲午战
败后，他"与士大夫痛陈中国危亡朝不及夕"，而"信者十一，疑者十九"；
而到了胶州事变后，"中国之士大夫，其心力、其议论，与三岁以前则大
异"，"忧瓜分惧为奴之言，洋溢乎吾耳也"。③也正是在民族危机的推动下，
才有康有为的第五次上光绪书、保国会的成立和 1898 年 6 月 11 日的"明
定国是"诏书的颁布，从而使维新变法思潮走向高涨，并发展成为一场政
治改革运动。

　　如果说民族危机是推动维新变法运动兴起、发展和走向高涨的原动力，
那么，救亡图存则是维新变法思潮的出发点和目的。维新思想家们认识到，
"要救国，只有维新；要维新，只有学外国"。救亡图存与维新变法的关系
是目的与手段的关系，救亡图存是目的，维新变法是手段，要救亡图存必
须维新变法，而维新变法是为了救亡图存。用梁启超在《戊戌政变记》的
第五篇《政变后之关系》中的话说，"必有忧国之心，然后可以言变法；必
知国之危亡，然后可以言变法；必知国之弱，由于守旧，然后可以言变法；

① 吴玉章：《辛亥革命》，人民出版社，1961，第 32 页。
② 康有为：《上清帝第五书》，载《康有为政论集》上册，第 202 页。
③ 梁启超：《保国会演说词》，载《饮冰室合集》第 1 册，文集之三，第 27 页。

必深信变法之可以致强，然后可以言变法"①。所以说，维新变法与救亡图存密不可分。也正是由于救亡图存是维新变法的出发点和目的，维新思想家们在宣传维新变法的思想时，救亡图存是其主要的内容之一。如前所述，在康有为、梁启超、严复、谭嗣同等维新思想家们的著作中，他们反复强调的便是中华民族正面临着亡国灭种的严重危机，只有维新变法，才能救亡图存。

其次，是资本主义性质的改革（或改良）思潮。维新变法既是"救亡图存"的爱国主义思潮，也是资本主义性质的改革（或改良）思潮。因为如前所述，在维新思想家们看来，要"救亡图存"，就必须变法，而变法的内容，涉及政治、经济、文化、教育、风俗等各个方面。概而言之，在政治上，"兴民权"，"设议院"，变封建专制主义制度为资产阶级君民共主制度；在经济上，发展资本主义的工商业，允许民间筹资设厂，努力实现中国经济的近代化；在文化教育上，创办学堂，翻译西书，改革八股取士制度，培养具有新的知识文化观念的新式人才。虽然维新思想家们只主张利用光绪皇帝的权威，通过自上而下的改革，来实现上述的变法内容，但与此前的洋务运动不同，维新变法已不是地主阶级的自救运动，而是具有资本主义性质的改革（或改良）运动。因为发动和领导变法的维新思想家们已不是地主阶级内部开明的当权派，而是正在资产阶级化的士大夫或知识分子，"他们向往'以民主为体、以自由为用'的西方政治制度，向往大机器生产的资本主义物质文明，向往能够'利用资本劳力''而蕲其有所复'的'殖产之术'即资本主义生产方式"②；他们提出的变法的主要内容，尤其是"兴民权"、"设议院"、变革君主专制制度的主张，反映的不是地主阶级，而是形成中的资产阶级和正在资产阶级化的士大夫或知识分子的利益和愿望。虽然在学习西方的船坚炮利，引进西方的科学技术，培养新式的知识分子人才等方面维新思想家们与洋务派有一些共同或相似之处，但是，"在用资本主义批判封建主义和用爱国主义、民族主义对抗帝国主义侵略方面，维

---

① 中国史学会主编《中国近代史资料丛刊：戊戌变法（一）》，第293页。注：《饮冰室合集》第6册，专集之一，收录了《戊戌政变记》，但没有收录第五篇《政变后之关系》。

② 吴廷嘉：《戊戌思潮纵横论》，中国人民大学出版社，1988，第206页。

新派在理论和实践上都提出了洋务派所不敢设想、也不敢提出的新内容"①。这也是洋务派虽然曾一度附和维新变法，但不久即与维新思想家们分道扬镳，成为他们反对者的根本原因。

目前学术界有一种观点，认为维新变法不是资本主义性质的改革（或改良）运动，而是一次失败了的、不彻底的资产阶级革命。因为"历史上一种更高级的社会形态取代了原来的较低一级的社会形态，都属于社会革命"，而维新变法正是这样一种试图使"社会形态发生根本质变"的政治运动，它的终极目的是"要以资本主义的生产方式代替封建主义的生产方式"。②这就涉及对社会革命的正确理解。

什么是社会革命？社会革命有广义和狭义之分。广义的社会革命"包括社会经济、政治、社会关系和思想观念的全面变革，表现为一种社会形态向另一种社会形态的过渡，革命性地改造全部社会生活领域，通常是一个急剧变化的历史时期"；狭义的社会革命"特指政治革命，基本问题是政治制度和政权问题，表现为政治制度的根本变革和政权从一个阶级手里转到另一个阶级手里，这种转变通常采取暴力的形式"。③马克思主义经典作家们所讲的革命，一般取的是狭义。所以他们一再强调：革命"就是用暴力打碎陈旧的政治上层建筑，即打碎那种由于同新的生产关系发生矛盾而到一定的时候就要瓦解的上层建筑"④。"无论从革命这一概念的严格科学意义来讲，或是从实际政治意义来讲，国家政权从一个阶级手里转到另一个阶级手里，都是革命的首要的基本的标志。"⑤显而易见，就狭义的革命而言，维新变法运动肯定不能称之为革命，因为它始终坚持的都是自上而下的改革，而非用暴力的手段实现国家政权从一个阶级向另一个阶级的转移。

在狭义上维新变法运动不能称为革命。那么，在广义上维新变法运动能否称为革命呢？回答也是否定的。道理很简单，维新变法运动没有对"社会经济、政治、社会关系和思想观念"进行"全面变革"，对"全部社会生活

① 吴廷嘉：《戊戌思潮纵横论》，第 207 页。
② 李公明：《关于戊戌变法性质的再探讨》，《华南师范学院学报》1982 年第 1 期。
③《中国大百科全书·社会学卷》，中国大百科出版社，1991，第 290 页。
④ 列宁：《社会民主党在民主革命中的两种策略》，载《列宁选集》第一卷，第 631 页。
⑤ 列宁：《论策略书》，载《列宁选集》第三卷，第 25 页。

领域"进行"革命性地改造"，无论在政治和经济上，还是在社会关系和思想观念上，都保留着浓厚的封建主义的因素或色彩。以政治改革而论，维新思想家们虽然提出了"兴民权""设议院"的主张，但就其具体内容来看，维新思想家们所要设的议院与西方资本主义国家的宪法和议院还存在着较大的距离，他们并非要完全取代封建地主阶级对国家的统治，而只是要求参政议政，以便与封建地主阶级分享国家的权力，用康有为在"百日维新"期间向光绪帝建议的话说："勿去旧衙门，而惟增置新衙门；勿黜革旧大臣，而惟渐擢小臣；多召见才俊志士，不必加其官，而惟委以差事，赏以卿衔，许其专折奏事足矣。"① 我们不否认维新变法的终极目的是"要以资本主义的生产方式代替封建主义的生产方式"，但这并不能得出维新变法运动是一次失败的、不彻底的资产阶级革命的结论。因为就广义的革命而言，判定一场运动是不是资产阶级革命，不是看它的终极目的，而是看它有没有对"社会政治、经济、社会关系和思想观念"进行"全面变革"，对"全部社会生活领域"进行"革命性地改造"。

再次，是资产阶级的思想启蒙思潮。20 世纪八九十年代，学术界有一种比较流行的观点，说是在近代中国的所谓"双重变奏"中，救亡压倒了启蒙。但就戊戌变法思潮来看，与此恰恰相反，不是救亡压倒了启蒙，而是救亡推动了启蒙；启蒙思潮的兴起，又进一步推动着救亡运动的向前发展。救亡与启蒙是一种相互推动、彼此促进的关系。本书将维新变法期间救亡与启蒙的关系，即救亡推动启蒙，启蒙又促进了救亡运动的发展，称之为"戊戌模式"，以与"五四模式"，即启蒙推动救亡，救亡又促进了启蒙运动的发展（见本书第二卷第九章的有关内容）相区别。如前所述，维新变法思潮首先是作为一种"救亡图存"的爱国主义思潮兴起的，在从事"救亡图存"的宣传过程中，维新思想家们认识到，要动员广大人民群众投身"救亡图存"的爱国运动，就必须对他们进行思想启蒙教育，因为中国所以会面临亡国灭种的危险，关键就在于中国的"民智"未开，亦就是中国人民还处于愚昧状态，知识水平和思想觉悟不高。早在 1895 年，亦就是"救亡图存"的爱国运动兴起不久，严复在《原强》一文中便指出：国家救亡运动应

---

① 梁启超:《戊戌政变记》,载《饮冰室合集》第 6 册,专集之一,第 16 页。

以收权练兵为"标"，以开民智、新民德、鼓民力为"本"。不治标"无以救急"，不治本则治标"不久亦将自废"，如果本治好了，"标将自立"。第二年他在修改此文时又进一步指出："民智者，富强之源，此悬诸日月不刊之论。"康有为、梁启超等人对"开民智"也很重视，梁启超就曾一再强调：一个国家如果不开民智，不育人才，"虽举其国而兵焉，犹之亡也"，反之，"虽无兵焉，犹之强也"。[①] 所以，"开民智"始终是维新思想家们的一项重要工作，他们创办报刊、成立学会、兴办学堂、翻译西书的目的，就广义而言，都是为了"开民智"。而民智的开启，又对"救亡图存"的爱国运动的进一步发展起了巨大的推动作用。比如，严复翻译的《天演论》所宣传介绍的达尔文"物竞天择，优胜劣汰"的进化论思想，对于唤醒国民奋发图强、自强保种的民族意识具有非常重要的意义，而民族意识的唤醒使"中国民气为之一变"，推动了"救亡图存"的爱国运动的进一步发展。

维新思想家们借以对广大民众进行思想启蒙的武器主要是西学，如上面提到的达尔文"物竞天择、优胜劣汰"的进化论思想，资产阶级的天赋人权、自由平等、民权民主学说，以及各种自然科学知识和社会科学知识，如谭嗣同、唐才常等人在南学会举办的演讲会上还根据自己刚刚学来的自然科学知识，讲述了九大行星绕地球转，地球的公转和自转，经度与纬度，两极与赤道，以及地震、日食等天文和地理知识。尽管这些思想、学说和知识，有些在西方已经陈旧过时，甚至遭到了一些进步思想家的批评，但在中国它们都是新的，具有振聋发聩的思想启蒙意义。因为在这些思想、学说和知识介绍到中国之前，长期统治和支配中国人心的，是中国传统的"天不变道亦不变"的形而上学不变论，"君权神授"的封建专制主义、封建等级主义思想和以纲常名教为核心的封建伦理道德规范，以及各种封建迷信、落后愚昧的思想观念。维新思想家们在宣传、介绍西方的新思想、新学说和新知识时，还对中国的这些旧的理论、旧的思想和旧的观念进行了无情的揭露和猛烈的抨击，比如他们对以纲常名教为核心的封建伦理道德规范的批判，就是与20世纪初年革命派和新文化运动时期新文化派的批判比较也毫不逊色。

---

① 梁启超：《论变法不知本原之害》，载《饮冰室合集》第1册，文集之一，第11页。

虽然受历史环境和自身认识的限制，维新思想家们在从事思想启蒙的宣传时，还存在着这样或那样的缺陷，比如他们中的一些人还摆脱不了传统思想的束缚，总想借用孔孟儒学的权威（如公羊三世说和古老的民贵君轻思想）来宣传进化论思想和民权自由学说；他们虽然认识到"开民智"的重要意义，然而在具体实践中他们强调的又是"开绅智""开官智"，但瑕不掩瑜，他们对西方资产阶级的新思想、新学说、新知识的宣传是有成效的，影响也是巨大的，其历史功绩不可磨灭。作为救亡图存的爱国运动和资产阶级的政治改革运动，戊戌变法是失败了，但作为思想启蒙运动，维新变法不仅没有失败，相反成了 20 世纪初年和新文化运动时期的思想启蒙运动的先导。

第 五 章

鸦片战争以来的
反侵略思想和义和团运动

毛泽东在《中国革命和中国共产党》一文中指出："帝国主义和中国封建主义相结合，把中国变为半殖民地和殖民地的过程，也就是中国人民反抗帝国主义及其走狗的过程。"[①] 这也就是著名的"两个过程"论。第一次鸦片战争是西方殖民主义亦即后来的帝国主义侵略中国的开始，也是中国人民反对西方殖民主义亦即后来的帝国主义侵略中国的开始。从此，中国人民前赴后继、进行了艰苦卓绝的反对西方列强亦即后来的帝国主义侵略的斗争，其中包括反洋教斗争，并提出了"以战制夷""以夷制夷""以民制夷""师夷制夷"等反侵略思想。甲午战争后，帝国主义掀起了瓜分中国的狂潮，中国人民挽救民族危亡的运动也因而高涨，义和团运动便是中国人民自发反抗侵略斗争高涨的体现。义和团运动从性质上来说是反侵略的爱国运动，但又具有盲目排外的一面。义和团运动的失败，标志着传统民族主义的民众抗争运动的终结。鸦片战争以来的反侵略思想和斗争，极大地丰富了反侵略思想的内容，阻止了帝国主义瓜分中国的图谋，推动了晚清的社会进步，具有重要的思想意义。

---

① 毛泽东:《中国革命和中国共产党》，载《毛泽东选集》第二卷，人民出版社，1991，第632页。

第一节　鸦片战争以来的反侵略思想

一、"以战制夷"的反侵略思想

哪里有侵略，哪里就有抵抗。中国近代史上第一个奋起抵抗西方列强侵略的人是林则徐。1839 年初，林则徐以钦差大臣的身份到广州查禁鸦片，林则徐一到任，即通过各种渠道广泛了解"夷情"，先后组织人翻译了《四洲志》《各国律例》《华事夷言》。通过对情况的广泛了解，林则徐逐渐认识到禁烟运动若要成功，关键在于断绝鸦片的来源，而英国是鸦片的最大来源国，其运输手段主要为"夷船"，这样，禁烟运动的矛头便直接指向了英国鸦片贩子。林则徐坚持"奉法者来之，抗法者去之"的基本原则，将鸦片贩子与一般商人区分开来，采取"劝戒兼施"的方法。1839 年 3 月 18 日，林则徐命令行商传谕外国商人，三天之内，将趸船上所藏数万箱鸦片悉数呈缴，并签具甘结合同，声明以后再夹带鸦片，一经查出，"人即正法，货即没收"，同时传谕给各国商人并令粤海关停止颁给外国商人离开广州赴澳的红牌。迫于压力，部分外商同意并交出了一些鸦片。3 月 22 日，林则徐下令传讯大鸦片商人颠地，24 日下令中断中外贸易并封锁商馆区，撤退仆役，断绝供应。3 月 27 日，英国驻华商务监督义律在商馆宣布，以英国政府的名义要求本国商人将鸦片交出，由其转交中国政府。在义律表示愿意交出鸦片后，林则徐逐步解除了对商馆区的封锁，恢复供应并允许仆役返回商馆区工作。5 月 2 日，林则徐撤销了对商馆区的封锁，除颠地等 16 名大鸦片商人外，其他外国商人都准许离开广州；5 月 22 日，颠地等 16 名商人具结，保证以后不来中国；24 日义律及最后一批外国商人离开广州。1839 年 6 月 3 日至 21 日于广州虎门海滩公开销毁鸦片 19176 箱 2119 袋，实重 237 万斤。[①]虎门销烟沉重打击了外国侵略者，鼓舞了中国人民的斗志，

---

① 茅海建：《天朝的崩溃——鸦片战争再研究》，生活·读书·新知三联书店，1995，第 104—106 页。

向全世界表明了中国人民维护民族尊严和反抗外国侵略的坚强决心。

但英国侵略者并不甘心此次失败。虎门销烟后，义律率领的英国军舰和商船多次侵犯广东沿海，并与清军水师发生多起冲突，其中以九龙之战和穿鼻海战规模最大。面对英军的侵略，林则徐毫不畏惧。早在虎门销烟之际，林则徐在销烟池畔接见美国传教士裨治文等外国人时就严正宣告："我们不怕战争。"① 表明了他"以战制夷"的原则立场。九龙之战后，聚泊在尖沙嘴的英国载烟商船拒绝接受搜查，林则徐主张以武力对付之。1839 年 10 月 6 日，林则徐在《已谕英船听候搜查并办理出结究凶折》中提出："恐载烟回去夷船，利心不死，或竟潜赴东西两路，冀图分销，臣等现又飞饬沿海各营，准备师船，严密防范，并由中路抽拨兵勇，跟踪踩缉，如有此等夷船驶至，即行开炮夹击，务使遗孽肃清。"② 鸦片战争正式爆发后，基于对中英双方军力的判断，林则徐奉旨停止了中英贸易，并提出了"以守为战"的战略方针。1840 年 3 月 7 日，他在《烧毁匪船以断英舶接济折》中写道："臣等若令师船整队而出，远赴外洋，并力严驱，非不足以操胜算。第洪涛巨浪，风信靡常，即使将夷船尽数击沉，亦只寻常之事，而师船既经远涉，不能顷刻收回，设有一二疏虞，转为不值，仍不如以守为战，以逸待劳之百无一失也。"③ 在此思想指导下，林则徐先后于九龙、澳门、虎门、狮子洋一带修筑炮台并集结战舰兵勇，加强防守。"中路要口，以虎门为最，次即澳门，又次即尖沙嘴一带"，虎门一处设"大炮三百余位"，兵丁三千余名，澳门一处驻兵一千三百余名；尖沙嘴一带驻兵八百余名，并"飞咨闽、浙、江苏、山东、直隶各省，饬属严查海口，协力筹防"。④ 与此同时，他大力整顿营伍，强化官兵训练，做好随时打仗的准备。1840 年 1 月，林则徐接任两广总督不久，"即面谕在省营员，以弁兵技艺之短长，定将备各员之贤否，责令认真操练，必使一兵得一兵之用，一日有一日之功。并恐兵丁中尚有旧染吸食鸦片恶习未经戒断之人，除上年行令各营，每兵一名，指派五兵

---

① 《中国丛报》1939 年 9 月号，转引自季云飞《林则徐禁烟抗英斗争方略之探析》，《南京政治学院学报》1999 年第 3 期。
② 林则徐：《已谕英船听候搜查并办理出结究凶折》，载《林则徐集·奏稿中》，中华书局，1965，第 687—688 页。
③ 林则徐：《烧毁匪船以断英船接济折》，载《林则徐集·奏稿中》，第 762 页。
④ 林则徐：《英人续来兵船及粤省设防情形片》，载《林则徐集·奏稿中》，第 838 页。

联保，一兵有犯，责令五兵举首，其不首者，发觉连坐外，臣先将附近各营送到兵册，随意抽验，其气力稍觉软弱者，即先责革熬验，以儆其余"，并将老弱将领一律裁汰，"以肃营伍"。① 对于游弋外洋的英国船舰，林则徐则采取了"以奸治奸，以毒攻毒"的方针，招募熟悉"夷情"的渔民疍户为水勇，并发布告令："如英夷兵船一进内河，许以人人持刀痛杀，凡杀白头鬼一名，赏洋银一百元；杀死黑鬼子一名，赏洋银五十元。如持首级来献，本部堂、本部院验明后，即于辕门立时给赏，擒夹带鸦片之侦船者倍之，擒及杀死鬼夷官者又倍之。"② 正因为防守得法，在林则徐主持广东防务期间，英军的侵略始终未能得逞。

鸦片战争爆发时，包世臣已年近七十，且体弱多病，但他仍然时刻关心着这场反侵略战争，尽一切可能收集前线情报，积极为当局出谋划策。他先后应邀与路经他住地南昌的奕山、杨芳、奕经举行过晤谈，并多次写信给前线官员，贡献自己"以战制夷"的意见。他清醒地认识到英国发动的这场战争与前明的倭寇之乱"事略同而情迥异"，因此，其反侵略的措施也应不同于前明的平定倭寇之乱。他建议当局要"通筹全局"，不要仅仅注重广东一隅，"计出于头痛医头，脚痛医脚也"，而应于各海口都加强警戒，"备以重兵"，以防"一处空虚"，被英军乘机突破，特别是要加强台湾这一经济、军事要地的军事力量，"增防严守"，以安定人心。③ 同时，他又估计英军可能会溯江而上，切断瓜州粮道，威胁京师的粮食供应，因此，建议加强长江防务，尤其要在长江入海口的咽喉要道圌山"安设重兵，以备不虞，使皇室粮艘来往无惊，以维国脉"④。鸦片战争中，清军腐败不堪，节节败退。包世臣对此进行了无情的揭露：清"军政久弛，遇敌辄奔"，广州之役，清军拥兵五万，却"辱逾城下"；吴淞之役，牛鉴统兵二千，则不战而逃，各营武器皆弃。"军官罕自尊重，文吏唯计筐箧。"⑤ 营员分驻，各领所属，勇怯不一，漫无区别，迨至临事，怯者无以自立，勇者莫肯尽心，则

---

① 林则徐：《校阅在省标营及因公至省各官兵情形折》，载《林则徐集·奏稿中》，第779页。
② 林则徐：《英夷鸱张安民告示》，转引自杨国桢《英夷鸱张安民告示录评》，《学术研究》1990年第6期增刊。
③ 包世臣：《与果勇侯笔谈》，载《安吴四种》卷三十五。
④ 包世臣：《上两江督部裕大臣书》，载《安吴四种》卷三十五。
⑤ 包世臣：《答傅蜀门（霬）书》，载《安吴四种》卷三十五。

势必奔溃。更有甚者，这些"望贼辄奔溃"的清兵，"掳掠齐民"则无比勇敢，而"主兵者复与兵朋比以仇民"，抢劫掠夺，无恶不作，连地方上的官吏对他们都"莫可谁何"，只能听之任之。[①] 对清军的种种劣行，他"闻之寒心，言之腐齿"，愤恨至极。[②] 在揭露清军的腐败不堪、遇敌辄奔的同时，包世臣又向当局提出建议，采取措施整顿清军，以便与英军再战。如他认为兵要有"选锋"，不能"置之一概"，否则必败无疑。故此，他建议凡大帅督师，须于各营中精选万分之二三为亲军，其裨将领兵千人以上者，挑百分之五六为亲军，以此类推，下至哨弁。对于亲军有"优其日给，使倍差于侪辈"，这样"设有不逞"，亲军便能"同患难，应缓急"，发挥"选锋"作用，率领全军与敌拼命；他还建议练兵必先教以拳勇，上者练软功，次者练硬劲，使之力长身轻，才可分授营械，否则，如果还像现行营例那样，听之操练，只能"徒费火药，绝生计，终其身不成技艺也"。[③] 他特别强调上司要奖罚分明，对于那些临阵逃跑作战不力的官兵，一定要严惩不贷。在给两江总督裕谦的信中，他就明确指出，欲改变"军政久弛，遇敌辄奔"的状况，"全视举劾，稍滋物议，便失人心"。[④]

鸦片战争爆发时，姚莹正担任台湾兵备道，主持台湾防务，他在东南沿海各省屡败的情况下，坚持"以战制夷"，并与总兵达洪阿等人一起领导台湾军民取得了"夷五犯台湾不得一利，两击走，一潜遁，两破其舟，擒其众而斩之"的巨大胜利。[⑤] 其中，规模较大的保卫战有两次：1841年9月，鸡笼口保卫战，击沉英舰纳尔不达号，毙敌32人，生擒130人，缴获船炮十门；另一次，1842年3月，大安保卫战，击沉英舰安纳号，毙敌10人，生俘49人。英军入侵台湾最终以大量英军被俘而告失败。姚莹之所以能领导台湾军民取得抗英斗争的胜利，首先是与他基于对敌我双方力量的正确认识而提出的应对之策分不开的。1840年，英军舰队进攻我东南沿海时，他首先向清政府提出"台湾孤悬海外，口岸处处可通"，加强海防，刻不容

---

① 包世臣：《答傅蜀门（霆）书》，载《安吴四种》卷三十五。
② 包世臣：《上两江督部裕大臣书》，载《安吴四种》卷三十五。
③ 包世臣：《答傅蜀门（霆）书》，载《安吴四种》卷三十五。
④ 包世臣：《上两江督部裕大臣书》，载《安吴四种》卷三十五。
⑤ 姚莹：《与光律原书》，载《东溟文后集》卷八，第3页。

缓的意见，并及时会同总兵达洪阿制订了海防计划。当时驻台清军总共有14000人，其中水师约为3000人，而且水师装备十分落后，只有不到百艘的木质战船。姚莹经过调查得知，"夷人之长，全在大船、火器"[1]，如果水师贸然出海与之较量，无异于以卵击石，他因而提出"夷人船高炮烈，不宜轻与决战海上，应以严守口岸"的防御方针[2]。他曾致函时任闽浙总督的邓廷桢说："逆夷船高炮大，势难取胜外洋，我兵攻具未齐，目下要务，自当保固藩篱，守定而后议战。"[3] 当时，邓廷桢主张"大创"之举，即与英军在海上决战，但在姚莹看来："简练舟师，选择将帅，修葺战舰攻具，以御其外，严禁奸民，杜绝勾通，谨守口隘，以清其内，此诚目前要务矣"，"大创"的想法固然很好，但在目前的条件下又是不可能的，因为"夷船坚大而便捷，师船小者不足以安巨炮，其大者水师又以滞重为嫌"。[4] 为了落实"严守口岸"这一防御方针，他又和达洪阿一起依据"台湾孤悬海外，南北道里绵长，口岸纷歧，防御诚非易事"的客观条件，制定了沿海各口岸主要防守与次要防守区别对待的策略。由于澎湖列岛是抗击英军自外海入侵台湾本岛的第一道天然屏障，"为台、厦中流锁钥，亦属最要之区"，因而成为防守的重中之重。1840年7月，英国军舰在澎湖外洋游弋时，姚莹即令"台、澎二协立即封港，不许小舟竹筏出口，以杜奸民接济"，同时又"督饬舟师合力轰击，旋皆窜去"。[5] 对于本岛各口岸，则在普遍防守的前提下实行重点防守。这年10月，姚莹就台湾沿海各口岸在设防中的主次关系与防守状况向道光帝奏报："统计现在勘办台湾郡城要口三处，曰安平大港、曰四草、曰国赛港。嘉义县要口一处，曰树苓湖。彰化县要口一处，曰番仔挖即鹿港外口。淡水厅要口二处，曰沪尾即八里岔口、曰大鸡笼。噶玛兰界外一处，曰苏澳。皆水势宽深。其余南北路次要小口九处，较为浅狭。鹿耳门昔称天险，自道光二年来，已成淤废，商船不能出入，故亦为次要。以上各口，共用防夷弁兵三千四百八十一名，屯丁二百名，乡勇

---

[1] 姚莹:《东溟奏稿》，载沈云龙主编《近代中国史料丛刊续编》第六辑，(台北)文海出版社，1974，第1780页。
[2] 姚莹:《东溟奏稿》，载《近代中国史料丛刊续编》第六辑，第1661页。
[3] 姚莹:《覆邓制府筹勘防夷状》，载《东溟文后集》卷四，第19页。
[4] 姚莹:《覆邓制府言夷务书》，载《东溟文后集》卷六，第21页。
[5] 姚莹:《东溟奏稿》，载《近代中国史料丛刊续编》第六辑，第1660页。

二千一百六十名，水勇五百二十名，或配战船、商船，堵防海口；或在炮台、炮墩，日夕登陴。此皆常川在地之师。"[①] 上述这 17 个本岛口岸中，安平、鸡笼、沪尾三处尤为重要。因此，姚莹领导台湾军民在对各个口岸普遍"筑设炮墩，调兵募勇设防"的同时，"复于沪尾添设石炮台一座、鸡笼炮墩改筑石炮台，左右添筑石墙，并将督臣颜伯焘发运新铸之八千斤大炮四门、六千斤大炮二门，分置安平及鸡笼、沪尾三口，以期巩固"。[②] 后来的事实证明，姚莹采取的这些措施是相当及时和有效的，"尤其是改筑加固后的基隆二沙湾炮台在基隆之战重创英军的战斗中发挥了重要的作战效能"[③]。

与此同时，为了更有效地使"严守口岸"的防御方针落到实处，姚莹除了领导台湾军民在沿海各口岸"修整炮台，探量水势，分途防守"外，还具体实施了"其要端有五"的"守御之法"。"一曰塞港"："近时塞港之法，各省皆有讲求，当各因地势而用。台郡近城，惟国赛港与三鲲身之新港最为宽深。新港现用大竹篓及木桶载石填塞。国赛港则以不堪用之哨船数只，并制大木笼千余个，载石堆贮水中，拦其大小船只。港内岸上，均设兵勇守之。至四草与安平大港对峙，安平为重兵所在，而以偏师扼守，四草港内复制大木排四座，上架大炮，拦截港门，更制二丈长大木钻数百枝，上安大铁钻带钩，贯以藤条，横浮水上，以罩其船，此塞港与守港之法也。""二曰御炮"："沿岸建设石壁，外以竹篓贮土堆作炮堆，或用大木篱夹筑土墙，长数十丈及百余丈不等。其下更挖濠沟，或埋钉桶、竹签，或布铁蒺藜。""三曰破其鸟枪"："水中用竹筏，上张木架，悬挂牛皮、棉被，使水勇乘之以进。岸上则于藤牌之外，新添翻被架，五十名为一排，后藏小铜炮、抬炮、抬枪，可以破其鸟枪、火箭、火镖。又练翻被手，其法用五十人为队，手执水湿棉被，张其两角，兼执两刃，排列而前。长矛鸟枪随进，较藤牌更为得力。""四曰守城"："台湾郡城逼近海边，安平即系西城。三郊商贾云集之所，向有炮台三座，近更加筑坚厚。复围建木栅七百余丈，守以义勇，城内八坊八十二境，谕令绅士、铺民，每段树栅，自选壮丁，稽查严守。""五曰稽察奸民"：对与夷"欲行勾结"的"奸民"，"痛

---

① 姚莹：《东溟奏稿》，载《近代中国史料丛刊续编》第六辑，第 1662—1663 页。
② 姚莹：《东溟奏稿》，载《近代中国史料丛刊续编》第六辑，第 1674 页。
③ 白纯：《鸦片战争中台湾军民的抗英斗争述略》，《南京政治学院学报》2010 年第 3 期。

加歼剿"。① 上述"守御之法"得到了道光帝的充分肯定："所奏塞港、御炮、破鸟枪、守城邑及稽察奸民五条，均属周妥，着即照议办理。"②

尽管在姚莹等人的领导下，台湾军民击退了英军的五次进犯，取得了保卫台湾的胜利，但由于清王朝的封闭、愚昧和腐朽，鸦片战争最终以清王朝与英国以及其他西方列强签订《南京条约》等一系列不平等条约而告结束。鸦片战争结束后，包世臣以极其痛苦的心情对中国所以失败的原因进行了认真反省。他认为，就当时中英双方情势的对比而言，中国并非没有取胜的可能，因为一方面"英夷去国五六万里，与中华争，势难相及"③，处于不利的地位；另一方面，"夷人大舶，载兵二千，粮饷即充，薪蔬必借内地"，只要坚壁清野，英军就会不战自退，特别是经三元里、沉山头两次大败于中国乡民之后，英军"断不敢上岸肆掠，逆夷送死终必在此"④。中国所以失败，其根本原因"患在封圻节钺，不知既不求，知者复不用，甚且扼塞其志意，沮遏其忠愤，以馁吾士气而张贼威耳"。比如，广州三元里人民为保家卫国，"集乡人歼其渠魁"，但"有司"不仅不支持三元里人民的抗英斗争，"反为逆夷乞命，致留遗孽"。再如，河南游击陈平川"勇而尚义，廉而轻死"，曾率兵与英军战于吴淞，后奉调入南京守卫，"见夷船有机可乘，力请一战"，而未被上司批准，致使陈气得吐血。就此而言，他指出，"草泽中固大有人在"，"军官中亦未尝无人"，如果"当轴诚能反其道而用之，拔擢英俊，申明法守"，中国哪有战败之理。⑤ 所以，他不同意那种将中国的失败归之于"船炮不坚""兵心不固"的观点。在他看来，既不是船炮，也不是军民，而是那些愚昧无知、自毁长城的清朝统治者应对战争的失败负责。应该说，包世臣对鸦片战争失败原因的分析是很有见地的。一百多年之后，著名历史学家胡绳在分析第一次鸦片战争失败的原因时几乎得出了与包世臣相同的结论。⑥ 在反省了鸦片战争失败的原因之后，包世臣进一步指出，英国侵略者虽然因《南京条约》的签订而暂时停止了对中国的武力

① 姚莹：《东溟奏稿》，载《近代中国史料丛刊续编》第六辑，第 1780—1782 页。
② 姚莹：《东溟奏稿》，载《近代中国史料丛刊续编》第六辑，第 1791 页。
③ 包世臣：《致广东按察姚中丞书》，载《安吴四种》卷三十五。
④ 包世臣：《上安徽徐承宣书》，载《安吴四种》卷三十五。
⑤ 包世臣：《致祁大臣书》，载《安吴四种》卷三十五。
⑥ 胡绳：《从鸦片战争到五四运动》上册，人民出版社，1981，第 45—46 页。

侵略，但他们的欲望没有止境，更何况通过此次战争他们洞悉了中国实情，知道清政府软弱可欺，因此武力侵略中国之事或许"再有"[①]，我们一定不能以为战争已经结束而高枕无忧，必须吸取教训，做好再次反侵略战争的准备。他认为："居今日而言补救，唯在收摄人心，物色人材而已。收摄人心者，结良以化莠，省刑薄赋，以固良民之心，则莠民无与助势。物色人材者，举强以劝弱，吊死问疾，以作强者之气，则弱者有以自立。"[②]他并强调指出，统治者如果还不吸取教训，"徒任钩距以锄莠民，恣鞭挞以迫弱兵"，巧取豪夺，鱼肉百姓，继续维持其"官民相仇"的局面，那么，中国在下次反侵略战争中，只能重蹈第一次鸦片战争的覆辙，"是速之瓦解也"。[③]后来的历史证明，包世臣的预测是多么的正确。清统治者对人民群众的残酷压迫和巧取豪夺所造成的"官民相仇"，是历次反侵略战争所以失败的原因之一。

　　魏源曾到过浙江前线，参加过鸦片战争。鸦片战争失败后，为了总结鸦片战争失败的教训，探讨反侵略的措施策略，魏源先后完成了《圣武记》《道光夷艘征抚记》《海国图志》等著作。《道光夷艘征抚记》是我国最早的一部比较翔实地记录鸦片战争全过程的著述，因"恐遭时讳"，以抄本形式广为流传，直到光绪四年（1878）上海申报馆将传抄本《道光夷艘征抚记》改题为《道光洋艘征抚记》，补入道光二十六年（1846）《圣武记》卷十内排印出版。在该文中，魏源总结鸦片战争中经验教训，认为战败的主要原因在于"中外朋议，非战即款，非款即战，从未有专议守者，何哉？且其战也，不战于可战之日，而偏战于不可战之日。其款也，不款于可款之时，而专款于必不可款之时。其守也，又不守于可守之地，而皆守于不可守不必守之地"。因此魏源提出了"以守为战，以守为款"的"以武制夷"的指导方针，认为"诚能择地利，守内河，坚垣垒，练精卒，备火攻，设奇伏，如林、邓之守虎门、厦门，先为不可胜以待敌之可胜，则能以守为战，以守为款"，其中"以守为战"，可利用佛兰西、弥利坚、廓尔喀，"以外敌攻外敌"，亦可"以汉奸攻逆敌"。"以守为款"则"力持鸦片之禁，关其口，

---

① 包世臣：《上安徽徐承宣书》，载《安吴四种》卷三十五。
② 包世臣：《致前四川督部苏公书》，载《安吴四种》卷三十五。
③ 包世臣：《致前四川督部苏公书》，载《安吴四种》卷三十五。

夺其气，听各国不得贸易之夷居间调停"，"则岂特烟价可不给，而鸦片亦可永禁其不来，且可省出犒夷数千百万金，为购洋炮洋艘、练水战火战之用，尽收外国之羽翼为中国之羽翼，尽转外国之长技为中国之长技，富国强兵，不在此一举乎？"①魏源还提出，"诚能暂宽市舶之操切，以整水师之武备，尽除海关之侵索，以羁远人之威怀，奏仿钦天监用西洋历官之例，行取弥利坚、佛兰西、葡萄亚三国各遣头目一二人，赴粤司造船局，而择内地巧匠精兵以传习之，如习天文之例，其有洋船、洋炮、火箭、火药，愿售者听，不惟以货易货，而且以货易船，易火器，准以艘械、火药抵茶叶、湖丝之税，则不过取诸商捐数百万，而不旋踵间，西洋之长技，尽成中国之长技"。加以修筑炮台，整顿水师，"一如粤省之例"，"而后合新修之火轮、战舰，与新练水犀之士，集于天津，奏请大阅，以创中国千年水师未有之盛：虽有狡敌其敢逞？虽有鸦片其敢至？虽有谗慝之口其敢施？夫是之谓以治内为治外，奚必呕呕操切外洋从事哉？"②

魏源撰写《圣武记》的直接原因即为鸦片战争之刺激，其称："晚侨江淮，海警沓至，忾然触其中之所积，乃尽发其椟藏，排比经纬，驰骋往复，先出其专涉兵事及尝所论议若干篇，为十有四卷，统四十余万言，告成于海夷就款江宁之月。"③该书问世于道光二十二年（1842），"风行海内"，书中采用纪事本末体，记载了从清朝开国至道光年间的重要武功事迹并抒发议论，全书分十四卷，战事被分为开创、藩镇、外藩、土司苗瑶回民、海寇民变兵变、教匪数类，分别记录清朝开国、统一东北及内外蒙古、平定三藩、平定回疆、平定前后藏及大小金川等前后经过，共十卷。后四卷为《武事余记》，讨论兵制、军政等事。作为历史著作，该书开启了清朝当代人著当代史的先河，且魏源著述的目的并不是为了颂扬清朝武功之盛，而是为了以史为鉴，激励时人总结经验教训以应对时局。因此，魏源在各篇文字之后多有相关议论，并联系时局进行分析。在《西藏后记》中，魏源提出由西藏攻入印度之策，称："然则怒江南岸，逾野夷西境即布鲁克部，与东天竺近。而怒夷自雍正中内附，岁输皮贡于腾越界，非不可辟之区，

① 魏源：《圣武记》，载《魏源全集》第三册，岳麓书社，2011，第486页。
② 魏源：《圣武记》，载《魏源全集》第三册，第470页。
③ 魏源：《〈圣武记〉叙》，载《魏源全集》第三册，第3页。

则天竺与中国亦非不可接之境。惟是东天竺即今南洋孟加腊地，久为西洋英吉利所据，其地已不兴佛教，即至其地亦无高僧异典，而膏沃殷阜，专产鸦片，流毒中国。诚能募腾越土勇万人，渡怒江而西南，长驱捣其背腋，通绝域为邻壤，实制西夷之一奇。"①在《乾隆征廓尔喀记》中，魏源提出利用廓尔喀及俄罗斯，"以夷攻夷"之策，其称："廓尔喀界西藏及东印度，摄两勍敌之间，然内贡中国而不贡印度夷。近日英夷西与俄罗斯构兵，东与中国结衅，故廓尔喀欲乘两大国之势以攻印度云。印度地产鸦片烟，英吉利关税岁八千万计。其兵船入犯中国者，十九皆孟加腊之人，诚能听廓夷出兵之请，奖其忠顺，扰彼腴疆，捣其空虚，牵其内顾，使西夷失富强之业，成狼狈之势，亦海外奇烈也。俄罗斯地袤二万里，与中国首尾相接，地大兵强，西洋所畏。其与我互市之地，则有陆而无海；英夷之与我互市，则又有海而无陆。近日俄罗斯屡与英夷争达达里之地，其地横亘南洋，俄罗斯得之，则可以图并印度，故与英夷连年血战。……若能许俄罗斯海舶赴粤贸易，联络弥利坚、佛兰西等国，皆英夷仇敌，则英夷之兵舶不敢舍其境而远犯中国。"清朝的历史经验为魏源的策略做了极好的例证，魏源宣称："夫以夷攻夷之效，咫见者视为迂图。乾隆、嘉庆间一封暹罗，遂足以西制缅甸，东制安南；善弈者或一间着，而全局皆生，况以宅中驭外之势，制仇衅四结之夷哉？"②在《乾隆征抚安南记》中，安南成功利用内河优势战胜英军，魏源叙其事称："初，安南恶西洋之鸦片烟、天主教，久绝其广南市舶。及是英吉利驻印度兵酋闻阮邦新造，衅可乘，乃以兵舰十余驶入富良江口。安南人尽敛舟藏内港，数百里无一人。直抵东都。夜，忽小舟百十出下游内港，乘风潮火攻之。英夷无走路，先入七艘烬焉，其海口余艘骇遁，无颜返国，乃顺抵广东图占澳门，不果而去。即嘉庆十三年吴熊光督粤时事。"有此例证，魏源提出："固知正不如奇，力不斗智，御海口不若御内河也。必欲洋炮、洋艘始足制西洋，其不为安南所笑者几希；如欲调札船以驰逐外洋，或必守海口而不许闯入，其又不为安南所笑者几希。"③

　　魏源的一系列反侵略思想到了《海国图志》中更加成熟。他总结鸦片战

---

① 魏源：《圣武记》，载《魏源全集》第三册，第234页。
② 魏源：《圣武记》，载《魏源全集》第三册，第242页。
③ 魏源：《圣武记》，载《魏源全集》第三册，第283—284页。

争失败的教训，并得出结论："自夷变以来，帏幄所擘画，疆场所经营，非战即款，非款即战，未有专主守者，未有善言守者。不能守，何以战？不能守，何以款？"在此基础上，他从守、战、款三者关系的角度出发，提出了"以守为攻，以守为款，用夷制夷，畴司厥健"的反侵略方案，即："以守为战，而后外夷服我调度，是谓以夷攻夷；以守为款，而后外夷范我驰驱，是谓以夷款夷。自守之策二：一曰守外洋不如守海口，守海口不如守内河；二曰调客兵不如练土兵，调水师不如练水勇。攻夷之策二：曰调夷之仇国以攻夷，师夷之长技以制夷。款夷之策二：曰听互市各国以款夷；持鸦片初约以通市。"①他还从地理、军备、中西史实、国际关系等各个方面，全面分析了反侵略方案的立论基础。以他提出的"以守为攻""以守为战"的"以战制夷"的方略为例。他之所以认为"守外洋不如守海口，守海口不如守内河"，是他分析了中英双方的武器装备：英军的船舰、火器远比中国先进，英军的船舰不仅吨位大，而且速度快，火器也比中国的更猛、更强，中国如果与英军水战，无疑是以卵击石，必败无疑，因此与其与英军在外洋周旋、决战，还不如以少数兵力把守海口，打击敌人，而以主力把守内陆、内河，形成"犄角奇伏之用"。海口守军挫伤敌人以后，便迅速后撤，诱敌深入，敌舰至内河、内陆后，因不熟悉地理地形，加之内河河面又十分狭窄，船舰"只能鱼贯，不能棋错四布"，行动必定迟缓，这样就给我方创造了对敌"聚而歼之"的有利时机和条件，即乘敌舰行动迟缓之机，立即用沉舟塞筏断其归路，同时两岸排列火炮猛轰，并派水勇驾火舟去焚烧敌舰。如果敌人弃舟登岸，"则预掘暗沟以截其前，层伏地雷以夺其魄"。②他还把这一理论上升到哲学的高度来认识，以鼓励人们反侵略的斗志。他说："彼谓西洋水犀戈船无敌海内外者，抑知五行迭相克，阴阳迭相胜，天下有不可制之物耶？"③胜败的关键在扬长避短，以己之长，攻敌之短，这样就能取得反侵略的胜利。他之所以主张"调客兵不如练土兵，调水师不如练水勇"④，是他于鸦片战争中耳闻目睹了清政府调兵遣将的种种弊端

---

① 魏源：《海国图志》，载《魏源全集》第四册，第 9 页。
② 魏源：《海国图志》，载《魏源全集》第四册，第 11 页。
③ 魏源：《海国图志》，载《魏源全集》第四册，第 428 页。
④ 魏源：《海国图志》，载《魏源全集》第四册，第 9 页。

后得出如下认识，即：调客兵防万里海疆，不仅防不胜防，而且还有两大不利：其一，所调之兵皆陆兵，用于防海，是舍长取短，以短攻长，得不偿失；其二，客兵在籍有安家，在途有传食，事竣有回递。县县传递，驿驿供张，则累在官。来如乳虎，败如鸟散，则骚在民。与此相反，如果改调客兵为"练土兵"、改调水师为"练水勇"的话，土兵、水勇有服水土、熟道路、顾身家、少费用之利，"计调兵一，而当募勇之费十，当土著之兵五"①，"每土兵四五而赡一客兵"②，这样，"各省之勇民，原足充各省之精兵。练一省之精兵，原足捍一省之疆圉"。由此可见，"调兵者，选调本省之兵而已。募兵者，选练本省之人而已。远调不如近调，远募不如近募"③。他以广东为例，"广东岸上力作之人与水中渔贩之人，其技勇皆欧罗巴人所不及，若挑练此等人为兵卒，可谓一等勇壮之兵"④，足以卫本地之身家。

继第一次鸦片战争后，西方列强以及明治维新后不断走向对外扩张的日本为进一步掠夺中国，扩大它们在中国的权利，又先后发动了第二次鸦片战争、中法战争、中日甲午战争等一系列侵华战争，以及对中国边疆的侵略。这些侵华战争和对中国边疆的侵略也理所当然地遭到了包括广大爱国官兵和士大夫在内的中国人民的坚决抵抗。以左宗棠收复新疆为例。同治年间，阿古柏在英国的支持下，侵入南疆，占领乌鲁木齐，俄国则乘机强占伊犁地区，新疆面临着从中国分裂出去的现实危险。其时，左宗棠正在陕甘总督任上，他洞察到西方列强的侵略野心，并清楚认识到新疆的重要地位。他说："重新疆者所以保蒙古，保蒙古者所以卫京师。西北臂指相连，形势完整，自无隙可乘。若新疆不固"，则国家"亦将无晏眠之日"。⑤因此，坚决主张以武力收复新疆，"以战制夷"，并于1873年春，提出了收复新疆的具体方案："就兵事而言，欲杜俄人狡谋，必先定回部（指南疆）；欲收伊犁，必先克乌鲁木齐"；"就饷事而言"，则应"别筹实饷于肃州设总粮台，司其收发，并将各军专饷归并为一"。⑥然而祸不单行，就在新疆危机日

① 魏源：《海国图志》，载《魏源全集》第四册，第27页。
② 魏源：《海国图志》，载《魏源全集》第四册，第26页。
③ 魏源：《海国图志》，载《魏源全集》第四册，第26页。
④ 魏源：《海国图志》，载《魏源全集》第四册，第28页。
⑤ 左宗棠：《遵旨统筹全局折》，载《左宗棠全集·奏稿六》，第649页。
⑥ 左宗棠：《上总理各国事务衙门》，载《左宗棠全集·书信三》，第336页。

益严重之时，在东南又发生了日本入侵台湾的事件，其图谋占领台湾的野心暴露无遗。是新疆重要，还是台湾重要？由此在清政府内部引起了一场"海防"与"塞防"的大辩论。在这场事关领土主权和国家利益的大辩论中，形成了截然相反的两派意见：一派以李鸿章为代表，认为"海防"重于"塞防"，收复新疆得不偿失，主张放弃新疆。另一派以左宗棠为代表，反对丢弃新疆，表示"尺寸不可让人"。左宗棠批评李鸿章将"海防"与"塞防"割裂开来的荒谬理由，分析了放弃新疆的危害，并明确提出"东则海防，西则塞防，二者并重"的主张。① 清政府在和沙俄毫无结果的交涉中，逐渐认识到沙俄"一味狡展，断非空言所能有济"，最终接受了左宗棠的意见。1875 年，清政府任命左宗棠为钦差大臣督办新疆军务，从而揭开了收复新疆的序幕。根据新疆的形势，左宗棠制订了"先北后南，缓进速战"的战略计划，逐步推进，环环相扣。经过一年多的激烈战斗，到 1877 年底粉碎阿古柏政权，收复除俄盘踞的伊犁以外的全部新疆。在粉碎了阿古柏政权后，左宗棠准备一鼓作气，乘胜武力收回伊犁，他上奏朝廷："前疏所称地不可弃者，窃以腴地不可捐以资寇粮，要地不可借以长敌势，非乘此兵威，迅速图之，彼得志日骄，将愈进愈逼。而我馈运艰阻，势将自绌，无地堪立军府，所忧不仅西北也。"② 但清政府不想与俄国发生战争，于是派崇厚到莫斯科谈判伊犁归还问题。崇厚未经清政府同意，于 1879 年 10 月擅自与俄国签订了《伊犁条约》，即《里瓦几亚条约》。条约规定：俄国归还伊犁九城一带地方，中国将霍尔果斯河以西和特克斯河流域大片领土割让给俄国；并许给俄国一系列特权。《伊犁条约》的签订严重损害了中国的权利。消息传来，举国哗然。左宗棠更是义愤填膺，他上奏指出："武事不竞之秋，有割地求和者矣！兹一矢未闻加遗，乃遽议捐弃要地，餍其所欲，譬犹投犬以骨，骨尽而噬仍不止。目前之患既然，异日之忧何极！此可为叹息痛恨者矣。"他回顾了俄国在伊犁问题上施用的伎俩，主张武力收复伊犁，"以战制夷"，并表示愿亲率大军出关。他说："俄人自占据伊犁以来，始以官军势弱，欲诳荣全入伊犁，陷之以为质；既见官军势强，难容久踞，乃借

---

① 左宗棠：《复陈海防塞防及关外剿抚粮运情形折》，载《左宗棠全集·奏稿六》，第 176 页。
② 左宗棠：《复陈新疆情形折》，载《左宗棠全集·奏稿七》，第 171 页。

词各案未结以缓之。此次崇厚全权出使，嗾布策先以巽词诘之，枝词惑之，复多方迫促以要之。其意盖以俄于中国未尝肇起衅端，可间执中国主战者之口，妄忖中国近或厌兵，未便即与决裂以开边衅。而崇厚全权出使，便宜行事，又可牵制疆臣，免生异议。……就事势次第而言，先［折］之以议论，委婉而用机；次决之以战阵，坚忍而求胜。臣虽衰庸无似，敢不勉励！"①1880年2月，清政府正式拒绝批准《里瓦几亚条约》，改派曾纪泽为代表，谈判另立新约。为了增强中方的谈判筹码，以武力促谈，并做好用武力收回伊犁的准备，左宗棠拟订了三路进兵、收复伊犁的军事计划：一路由金顺进驻精河从正面佯攻，以牵制俄军主力，且防俄军向东进犯；一路由张曜从阿克苏越过天山进击伊犁南部；一路由刘锦棠经乌什越冰岭直赴伊犁西面的后路。这年6月，年已六十八岁的左宗棠率大军离开肃州（今酒泉市），出嘉峪关向哈密挺进。为了表示其视死如归、与侵略者拼命的决心，他"舁榇西行"，也就是抬着棺材上路。这是何等英勇悲壮的爱国主义行为。正是这种气壮山河、视死如归的英雄气概，加上有强大的武力做后盾，才迫使沙俄在中俄伊犁谈判中让步，签订《中俄伊犁改订条约》，交还伊犁大部分权利。《湘军记》作者王定安认为，新疆重新完整回到祖国，左宗棠功不可没："左文襄排众议而独任其难，不惜竭天下全力图之，其深谋远虑，弭祸乱于已兆，岂非古之所谓社稷臣乎？"②王定安此言不虚。

新疆危机刚刚平息，法国又挑起了中法战争。和海防塞防之争一样，当时清政府内部也存在着主战与主和两派。主战派以左宗棠、曾纪泽、张之洞等为代表，主和派的代表有李鸿章、郭嵩焘等人。主战派之所以主战，其理由主要有两点：第一，法国侵略越南北圻，危害中国西南边疆，其最终目的是要侵占中国的云南两广，而且还会引起其他列强效法。比如时任两江总督的左宗棠就指出："北圻尤为滇、粤屏蔽，与吾华接壤，五金之矿甚旺，法人垂涎已久，若置之不顾，法人之得陇望蜀，势有固然。迨全越为法所据，将来生聚训练，纳税征粮，吾华何能高枕而卧？若各国从而生心，如俄人垂涎朝鲜，英人觊觎西藏，日本并琉球，葡萄牙据澳门，鹰眼

---

① 左宗棠：《复陈交收伊犁事宜折》，载《左宗棠全集·奏稿七》，第378、380—381页。
② 王定安：《湘军记》，岳麓书社，1983，第336页。

四集圜向，吾华势将猵糠及米，何以待之？"①曾纪泽也认为："越之北境多与滇、粤毗连，越亡则强敌与我为邻，边境岂能安枕？且法果得越，势必进图滇南，以窥巴蜀，得寸思尺，我之防守愈难。"②张之洞同样强调："窃惟法国图越窥滇，蓄谋已久。五年前，与立十四条之约，越已为法所钳。比者海上传闻，法人兵船，已突入彼东京而踞之，则越将为法所并。从此，溯流入滇，强开商岸，南徼亦为兵冲。中国自固藩篱，断无坐视之理。"③翰林院侍讲学士周德润看法也一样："查法夷驶入中华，势必远涉重洋。如窃据越南，则陆路由谅山直达广西镇南关，由洮江直达云南蒙自县，海道由海东府直达广东钦州，朝发夕至，患难猝防，设有不虞，滇、粤震动，楚、淮岂能独安？"④第二，越南是中国属国，中国有保护的义务，如果越南不保，必将产生连锁反应，其他属国也将不保，属国不保，则唇亡齿寒。两江总督刘坤一写道："臣愚以越南为中国外藩，本应保护，如法之于西班牙，英之于比利时，以其邻近，极力维持，况中国之于越南乎？"⑤两广总督张树声指出："越南为我中国藩篱，若竟为外夷所撤，实多不利。更恐海外诸岛相率效尤，如日本从事朝鲜，俄人索我伊犁，后患将无底止。"⑥江南道监察御史屠仁守强调："始计所以力护越南者，固为国势强弱全局攸关也。争越南而得，则英、俄觊觎之志可衰，他国思逞之心可戢，庶自强从今日始。今直以为区区之越南而弃之，二百余年藩封，数千余里疆土，曾不顾惜，徒争诸和约锱铢尺寸之间。"⑦他认为中国通过这一战，不但可以消除边患，而且还能达到自强的目的。周德润认为，法国侵略越南，对于中国来说，是"唇亡齿寒之患也。或以为蛮触相争，不足与较。臣窃谓越南之存亡，中

① 左宗棠：《时务说帖》，载中国史学会主编《中国近代史资料丛刊：中法战争（四）》，上海人民出版社，1957，第321页。
② 曾纪泽：《袭侯致书》，载《中国近代史资料丛刊：中法战争（四）》，第267页。
③ 张之洞：《越南日蹙宜筹兵遣使先发豫防折》，载苑书义、孙华峰、李秉新主编《张之洞全集》第一册，河北人民出版社，1998，第93页。
④ 蒋廷黻编《近代中国外交史资料辑要》（中卷），商务印书馆，1934，第275页。
⑤ 刘坤一：《两江总督刘坤一奏覆筹议越南事宜折》，载《中国近代史资料丛刊：中法战争（五）》，第92页。
⑥ 张树声：《两广总督张树声向总署抄送越都议和北圻请战探报》，载张振鹍主编《中国近代史资料丛刊续编：中法战争（一）》，中华书局，1996，第618—619页。
⑦ 屠仁守：《奏自强之道不宜畏避迁延疏》，载《中国近代史资料丛刊：中法战争（四）》，第551页。

夏之安危系之"①。正是基于上述认识，主战派积极主张，坚持"以战制夷"。比如张之洞就依据古人的"守四境不如守四夷之说"，向朝廷提出了"今日法越之局，惟有一战"的建议。②

自鸦片战争以来，面对西方列强和明治维新后不断对外扩张的日本的侵略，包括广大爱国官兵和士大夫在内的中国人民进行了坚决抵抗，"以战制夷"始终是中国人民的反侵略思想和主张之一。但是，除了林则徐主持广东防务时、姚莹主持台湾防务时和左宗棠收复新疆时，"以战制夷"取得过一些成效外，总的来看，"以战制夷"成效并不明显，没有达到制止西方列强和明治维新后不断对外扩张的日本对中国侵略和掠夺的目的。究其原因主要有以下两方面：

首先是中国的落后。自鸦片战争起，中国已逐步沦为半殖民地半封建社会，而侵略和掠夺中国的是西方资本主义列强和明治维新后不断走向对外扩张的日本，无论是经济，还是军事，以及综合国力，中国都处于远远落后的不利地位。"落后就要挨打"，这是被历史一再证明的真理。所以尽管在历次反侵略战争中，中国人民进行了可歌可泣的英勇抵抗，涌现了一大批像林则徐、关天培、邓世昌这样的民族英雄，但战争最后还是以中国失败、被迫签订不平等条约而暂告结束。以第一次鸦片战争时期的中英武器为例。先看战船：当时清军的战船，是清一色的旧式木制战船，不仅船体小（最大者也只有 30 多米长，6 米多宽），载人少（最多不过百人），而且全为木质，无铁皮或铜皮包裹，防护性极差。船体小，也就意味着安装的大炮少，当时清军水师舰船上一般只安装大炮 2～4 门，最多也就 10 门左右。而英军战舰不仅船体大（船长一般都在 100 米左右），载人多（300～500 人），而且船体全用铜皮包裹，防护性能好，抗沉性强，被称之为"船坚"。船体大，安装的炮位也就多，英军的战舰一般都安装有三四十到百门以上大炮，远远超过清军。尤其是经过工业革命，英军已开始装备以蒸汽机为动力的轮船，尽管其吨位比较小，安装的大炮也不多，那时还没有成为英海军的主力，"但因其航速快、机动性能强、吃水浅等特点，在

---

① 周德润：《请保藩封以安中夏折》，载《中国近代史资料丛刊：中法战争（五）》，第 89 页。
② 张之洞：《法衅已成敬陈战守事宜折》，载《张之洞全集》第一册，第 184 页。

武器装备落后的中国沿海和内河横行肆虐"①。看火炮：与英国相比，清军火炮在样式及制造原理上并无多大差别，但由于英国经历了工业革命，其制造技术有了长足进步，因而无论是射程、射速，还是其精确度，清军的火炮都要远远落后于英国的火炮。当时清军最主要的火力装备是红夷炮，一般重 500 ~ 7000 斤不等，其有效射程在 400 ~ 1000 米。在射速方面，由于红夷炮需要在发射后进行长时间冷却，大约平均每 6 分钟才可以发射一发，连续发射不能超过 1 小时，也就是说，1 小时最多只能发射 10 发炮弹，否则过热容易引起爆炸，而英军大炮不仅有效射程远远大于清军的红夷炮，一般在 1500 ~ 2500 米，而且 1 小时内可维持每分钟 2 发的高射速，换言之，1 小时可发射 120 发炮弹，是清军火炮射速的 12 倍。所以"在实战中，清军往往被英军火炮速射压得抬不起头来"②。在准确度方面，当时清军的许多火炮是没有瞄准器的，"或只有'星斗'（用以确定射击方向）而没有'炮规'（用以确定高低夹角）。士兵们主要靠经验来瞄准"③。而英军的火炮不仅有瞄准器，并且还很先进。在炮弹方面，清军只有杀伤力很低的实心弹，英军除实心弹外，还有霰弹、榴弹、葡萄弹等可以造成较大面积杀伤的特种弹药，而且就算是实心弹，英军用的是蜡模铸造炮弹的技术，与清军的用泥模铸造炮弹的技术不同，蜡模铸造出的炮弹表面光滑，与炮膛内壁之间的缝隙小，这有利于提高射程和射速。④ 所以魏源在《海国图志》中总结鸦片战争失败的教训时，认为清军有三个方面不如英军，其中就包括"战舰"和"火器"。

其次是清政府的腐败和妥协。武器是决定战争胜败的重要因素，但不是决定因素，影响战争胜败的决定因素是人而不是物。讲到人的因素，我们首先想到的肯定是军队。第一次鸦片战争期间，尽管清军的总数有 80 万之多，开赴前线的兵力也多达 10 万之众，数倍于英军的 2 万人，但由于驻防分散，几千里的海防线都要派兵把守，所以在具体的防守点上兵力并不多，而英军则可以借助其"船坚炮利"，集中兵力攻击一点，形成局部的兵力优

---

① 茅海建：《天朝的崩溃——鸦片战争再研究》，第 39 页。

② 沈原：《鸦片战争中英军力对比分析报告》，《休闲读品（天下）》2012 年第 4 期。

③ 茅海建：《天朝的崩溃——鸦片战争再研究》，第 37 页。

④ 沈原：《鸦片战争中英军力对比分析报告》，《休闲读品（天下）》2012 年第 4 期。

势，鸦片战争中共发生 12 次较大规模的战斗，除 1841 年 5 月的广州之战
和 1842 年 3 月的浙东之战清军人数占优外，其余 10 次战斗，或中英兵力
基本相当，或英军兵力占优，加上前线清军大多是从各省抽调而来，历经
长途跋涉，早已疲惫不堪，而英军是以逸待劳，相对清军的优势非常明显。
尤为重要的是，与整个清朝统治日益走向腐败没落相一致，这时的清军也
已严重腐化，正如我们在本卷第一章中所指出的那样，将官平日克粮冒饷，
贪贿享乐，遇有战事，则借端摊派，乘机中饱；兵丁平日游手好闲，疏于
训练，遇有战事，则畏缩不前，贪生怕死；将不知兵，兵不能战，无论八
旗还是绿营，早已丧失了昔日的战斗能力。黄爵滋在上奏中就曾指出："今
日之兵，或册多虚具，则有额无兵；粮多冒领，则有饷无兵；老弱滥充，
则兵且非兵；训练不勤，则又兵不习兵；约束不严，则更兵不安兵；……顾
何致积弊如此，臣思其故，皆由于营弁之侵饷自肥，扣饷自润。"[1]曾国藩在
上奏中也对清军有过描述："兵伍之情状，各省不一……大抵无事则游手恣
睢，有事则雇无赖之人代充，见贼则望风奔溃，贼去则杀民以邀功。章奏
屡陈，谕旨屡饬，不能稍变锢习。"[2]派这样的军队去打仗，岂有不败之理！
在战术上，清军沿用的仍是冷兵器时代的战术，机械死板，缺少变化。而
与清军相反，英军纪律严明，训练有素，其战术灵活多变。所以魏源在《海
国图志》中就认为，清军的"养兵练兵之法"不如夷（英军）。清军的腐化
和战斗能力的低下，实际上是整个清朝统治的腐败和治理能力低下的表现
或缩影。关于整个清朝统治的腐败和治理能力的低下，我们在本卷第一章
中已有论及，此不展开。也正因为如此，清朝统治者早已失去了战胜外来
侵略者的信心和决心。实际上，我们综观鸦片战争以来的反侵略战争，就
会发现这样一个现象，即每次反侵略战争，清统治内部都存在着主战派与
主和派的分歧，作为最终决策机关的清政府，开始都是一定程度上利用主
战派进行抵抗，但只要战事稍受挫折，或列强发出将扩大战争的言论后，
便立马利用主和派与列强展开和谈，只要不根本危及自己的统治，就不惜
满足列强的要求，与之签订丧权辱国的条约或协议，第一次鸦片战争、第

---

[1] 黄爵滋：《综核名实疏》，齐思和整理《黄爵滋奏疏许乃济奏议合刊》卷四，中华书局，1959，
　第 36 页。
[2] 曾国藩：《议汰兵疏》，载《曾国藩全集·奏稿一》，第 19 页。

二次鸦片战争、中法战争、中日甲午战争以及其他边疆冲突和危机都是如此。比如我们上面提到了左宗棠收复新疆，当左宗棠"舁榇西行"，计划分兵三路收复被俄国强行占领的伊犁时，清政府被俄国要扩大战争、派舰队封锁渤海、威胁北京的言论吓坏了，于是决计罢兵主和，并于 1880 年 8 月将左宗棠调离新疆回京。后虽经曾纪泽的据理力争，加上有左宗棠留在新疆的强大武力作后盾，俄国很不情愿地签订了《中俄伊犁条约》，中国收回伊犁的大部分主权，但它仍是一个不平等条约。因为根据条约的规定，俄国将伊犁地区归还了中国，霍尔果斯河以西、伊犁河南北一带地方则划归俄有，中国还要赔款 900 万卢布（约合 509 万两白银）给俄国，两年内偿清。《中俄伊犁条约》签订后，沙俄又根据该约中关于修改南、北疆边界的原则规定，于 1882 年到 1884 年强迫清政府签订了《伊犁界约》《喀什噶尔界约》《科塔界约》《塔尔巴哈台西南界约》和《中俄续勘喀什噶尔界约》等 5 个勘界议定书，分段重新勘定了中俄西段边界。俄国通过《中俄伊犁条约》和上述这些勘界议定书，共割占了塔城东北和伊犁、喀什噶尔以西约 7 万多平方公里的中国领土。中法战争，甚至是在冯子材指挥清军重挫法军、取得镇南关大捷的背景下，清朝与法国签订了丧权辱国的《中法条约》（《越南条款》），导致了中国的不败而败。

二、"以夷制夷"的反侵略思想

"以夷制夷"源于春秋时代"天子守在四夷"的思想。到了战国时代，七雄并立，苏秦、张仪更是将其发展成为合纵连横之术。"以夷制夷"也是中国历代王朝对付边境邻国或内部少数民族的传统做法。中西交通后，中国官方和民间仍沿用过去对少数民族的叫法，也称西方人为夷，所谓"以夷制夷"，也就是利用西方列强之间存在的矛盾，制止西方列强的侵略。实际上早在鸦片战争之前，萧令裕在《记英吉利》一文中就提出了"以夷伐夷"的思想：英吉利"精修船炮，所向加兵……西南洋之印度及南洋濒海诸市埠与南海中岛屿，向为西洋各国所据者，英夷皆以兵争之，而分其利"，所以英吉利不仅与占据澳门的葡萄牙不和，矛盾甚深，与美国、法国也夙有仇雠，中国应该充分利用这些矛盾，"使相攻击，以夷伐夷"。①

　　中国近代第一个提出"以夷制夷"反侵略思想的是林则徐。我们前面已经讲到，1839 年林则徐被任命为钦差大臣，南下广州禁烟。林则徐到广州不久后发现，英国商人与美国、法国、荷兰、葡萄牙等国商人在对华贸易上存在着矛盾，他于是提出并实施了"以夷制夷"的斗争策略。比如在虎门销烟前后的具结反具结斗争中，他争取美国、法国、荷兰、葡萄牙等国商人首先具结，"以此分化、动摇和争取被义律控制的英商具结"②。他在《英兵船阻挠该国商船具结进口并各处滋扰在穿鼻尖沙嘴迭次将其击退折》中分析道："至贸易一事，该国（英国——引者）之国计民生皆系于此，断不肯决然舍去。若果哎夷惮于具结，竟皆歇业不来，正咪唎咥等国人之所祷祠而求，冀得多收此利者。与其开门揖盗，何如去莠安良；而良莠之所以分，即以生死甘结为断。"③ 林则徐的这一策略产生了非常好的效果，美国货船 Paris 号和 Nantasket 号首先具结入口，照常贸易，到 7 月上旬除英国商船外，其他各国商船也都先后具结，保证永不贩卖鸦片，入口从事正常贸易。10 月、11 月间，英国商船 Thomas Coutts 号与 Royal Saxon 号等也遵式具结入口，英国商人被分化。对此，林则徐极为高兴，他在我们上引的《英兵船阻挠该国商船具结进口并各处滋扰在穿鼻尖沙嘴迭次将其击退折》中写道："所喜该国（英国——引者）犹有良夷，如弯喇、当嘟两船，屡谕之余，颇知感悟，甫与他国夷商一体遵式具结，臣等加意优奖，冀为众夷之倡。"④ 正因为"林则徐在具结问题上切实实施以夷制夷方略，至 1839 年 12 月初，各国商船遵式具结进口者达 56 艘"⑤。

　　英国当然不甘心其失败，虎门销烟后，它不断制造事端，中英冲突日益加剧，战争不可避免。有鉴于此，林则徐一方面积极整军备战，做好反侵略战争的准备；另一方面又基于他对英国与美、法等国矛盾的认识，产生

---

① 《粤东市舶论》，载《小方壶斋舆地丛钞》，再补编九。
② 季云飞：《林则徐禁烟抗英斗争方略之探析》，《南京政治学院学报》1999 年第 3 期。
③ 林则徐：《英兵船阻挠该国商船具结进口并各处滋扰在穿鼻尖沙嘴迭次将其击退折》，载《林则徐集·奏稿中》，第 705 页。
④ 林则徐：《英兵船阻挠该国商船具结进口并各处滋扰在穿鼻尖沙嘴迭次将其击退折》，载《林则徐集·奏稿中》，第 702 页。
⑤ 季云飞：《林则徐禁烟抗英斗争方略之探析》，《南京政治学院学报》1999 年第 3 期。

了利用英国与美、法等国矛盾，联络美、法等国共同抗英的想法。因而当道光帝就大理寺卿曾望颜提出的"封关禁海"、断绝与一切国家的贸易往来的建议征求他的意见时，他则明确表示反对，并提出了"以夷制夷"的抗英策略。他在《复奏曾望颜条陈封关禁海事宜疏》中指出："嗼咭唎在外国最称强悍，诸夷中唯咪唎𡑞及佛兰西尚足与之抗衡，然亦忌且惮之，其他若荷兰、大小吕宋、㗝国、喘国、单鹰、双鹰、嗼啵哑等国到粤贸易者，多仰嗼夷鼻息。自嗼夷贸易断后，他国颇皆欣欣向荣，盖逐利者喜彼绌而此赢，怀忿者谓此荣而彼辱，此中控驭之法，似可以夷治夷，使其相间相暎，以彼此之离心，各输忱而内向。若概与之绝，则觖望之后，转易联成一气，勾结图私……总之，驭夷宜刚柔互用，不必视之太重，亦未便视之太轻，与其泾渭不分，转至无所忌惮，曷若薰莸有别，俾皆就我范围。而且用诸国以并拒嗼夷，则有如踣鹿，若因嗼夷而并绝诸国，则不啻驱鱼。"[1] 就林则徐提出的"以夷制夷"的抗英策略来看，它是建立在各国都想与中国通商获利，而英国和美、法等国在中国通商获利方面存在着矛盾之认识基础上的。

鸦片战争爆发后，原两广总督阮元也提出了类似于林则徐提出的"以夷制夷"的抗英策略，即"招美以制英人"。他指出："素知在粤通市各国，嗼咭唎之外，惟咪唎𡑞国最为强大，其国地平而多米，嗼夷仰其接济，不敢触犯。而咪夷在粤向系安静非若嗼夷之顽梗。若优待咪夷，免其货税，又将嗼夷之贸易移给咪夷，必感荷天恩，力与嗼夷相抗。且嗼夷之船炮多向海外各国租赁裹胁而来，若咪夷为我所用，则各国闻知，无难瓦解。至咪夷既经受恩，嗼夷心必不服，各省口岸，恐有一二处被其冲突，然其势既衰，我坚壁清野，来则应之，亦不难于却退。"[2] 阮元提出这一"招美以制英人"的抗英策略，在英人攻占大角、沙角炮台之后，引起了两江总督伊里布的重视。1841 年初，伊里布在上奏中向道光帝推荐了阮元提出的"招美以制英人"的抗英策略，并再三强调它是符合祖宗之法的："若假咪夷之力以制嗼夷，似觉事半功倍，虽以天朝之大，借助外夷，未为正办，然兵法中有伐交之说，而以夷制夷之法，汉、唐以来载于史策者，不一而足，仿而行之，

① 林则徐：《复奏曾望颜条陈封关禁海事宜疏》，载《林则徐集·奏稿中》，第 794—796 页。
② 《钦差大臣伊里布为原任大学士阮元函告以美制英之策似不为无见片》，中国第一历史档案馆编《鸦片战争档案史料》(Ⅲ)，天津古籍出版社，1992，第 25—26 页。

尚非失体。"但对阮元提出的"招美以制英人"的抗英策略能否在实践中有效，伊里布也没有十分把握："阮元之策，似亦不为无见。惟咪夷能否制服嘆夷，果否肯为我用，此外有无窒碍之处，奴才未能深悉，即阮元离粤多年，亦恐不无今昔之异。"[1]他因而请求道光帝就此做出裁决。当时道光帝的心思是在主剿上，因此阮元提出的"招美以制英人"的抗英策略并没有得到他的认同。

实际上，在第一次鸦片战争时期，除林则徐、阮元外，不少官员和士大夫都提出过"以夷制夷"的抗英策略。如新任钦差大臣专办攻剿的江苏巡抚裕谦，于伊里布上奏不久，也上奏道光帝，建议利用英国与美国、法国等各国的矛盾，允许各国洋人杀英人请赏，以达到"以夷制夷"的目的。他在奏折中写道："探闻海外各国因嘆逆滋事贸易平常，无不同深怨恨。如欧罗巴、咪唎唑、佛郎机诸国，其势力亦与该逆相等。在天朝自不值明降谕旨令其帮助，而悬赏告示内不妨声叙，无论兵民水勇汉奸及各国夷人，一体准其杀贼请赏字样。再另行出示，晓谕各国，大皇帝君临天下，中外一视同仁，顺者抚之，逆者剿之。嘆咭唎肆逆犯顺，现已调兵征剿，与尔等各国无干，尔等均准照常贸易。倘嘆夷胆敢恃强阻拦，致碍尔等生计，准尔等各国在外洋开炮轰击，或另用兵船捣袭其国"，裕谦还建议"用反间之计，随机应变，播弄怂恿，使彼互相残杀，我兵尽可静以待动。迨该逆孤立无偶，势益穷促，官兵水勇乘其敝而击之，区区小丑，不难一鼓殄灭"。[2]又如包世臣在与杨芳（当时杨芳被道光帝任命为参赞大臣，率兵南下广州途经包世臣居住之地南昌时，登门拜访包氏，求教抗英之策）笔谈（杨芳耳聋）时就提出，西方与中国通商的各国中，英国最强，其他各国都不独与之为敌，而英国则依仗自己的富强欺凌其他国家，"邻国所产各货皆被该夷于要害处所设关收税"，其他国家皆敢怒而不敢言。中国应该利用其他国家对于英国的不满，联合各国力量，共同消灭英国。这种办法他称之为"以夷狄攻夷狄之策"。具体而言，他建议先封关绝市，然后由当局明告各国，中国所以封

---

[1] 伊里布：《伊里布又奏招美以制英片》，载齐思和等整理《筹办夷务始末（道光朝）》第二册，中华书局，1964，第746页。

[2]《钦差大臣裕谦奏请谕告各国准其攻英请奖片》，载《鸦片战争档案史料》（Ⅲ），第221—222页。

关绝市，是因为英国不遵守中国法令，走私鸦片，复又"恃强怙恶"，坚不具结，如果各国能集众弱以为强，共消灭英国于海中，叩关内请，自当论功行赏，仍准通商，并分别功能高下，减免各该国关税，这也就"是谚所谓'羊吃麦叫猪去赶也'"。① 也许是受了包世臣建议的影响，杨芳到达广州不久，即与广东巡抚怡良一同奏请港脚货船准予通商："昨据咪唎咩、咈哩哂等国代求，以港脚虽系噗夷所属，但距噗国二万余里，并未随同滋事。此时各国货船俱已进口，而并未滋事之港脚似不便再令向隅，以示区别。"但这一奏请遭到当时一心主剿的道光帝的严厉批驳："以下情节，此时不应理论。朕惟知一剿字，何况全不可信。"②

尽管在战争的开始阶段道光帝一心主剿，相信只要自己的天威降临，中国必胜无疑，但战争的胜败不是以他个人的意志为转移的，由于清军的腐朽，战斗力低下，加上武器装备的落后，主剿的结果是清军的一系列惨败和厦门、定海、镇海、宁波的相继失守，这时惊慌失措的道光帝又从主剿转变为主和，第一次鸦片战争最终以清政府被迫与英国和其他西方列强签订丧权辱国的《南京条约》等一系列不平等条约而暂告结束。我们前面已经提到，第一次鸦片战争结束不久，为了总结鸦片战争失败的教训，探讨反侵略的措施策略，魏源先后完成《圣武记》《道光夷艘征抚记》《海国图志》等著作，提出了一系列的反侵略思想和主张，其中"以夷制夷"是他反侵略思想和主张的重要组成部分。所谓"以夷攻夷"，也就是"调夷之仇国以攻夷"。他在《海国图志·筹海篇三·议战》中分析了英国与西方各国以及与中国一些邻国的矛盾："英夷所惮之仇国三：曰俄罗斯，曰佛兰西，曰弥利坚。惮我之属国四：曰廓尔喀，曰缅甸，曰暹罗，曰安南。"③ 根据上述"英夷所惮之仇国"的地理位置，魏源提出了自己的"以夷攻夷"之法：一是陆攻，即策动俄罗斯、廓尔喀从陆路进攻英国的殖民地印度；一是海攻，即策动弥利坚、佛兰西从海路进攻英国的殖民地印度，策动安南、暹罗等国从海路进攻英国的占领地新加坡。并且他强调，"以夷攻夷"是我们老祖宗的"驭外夷"之策略，当然由于古今形势不同，"古之驭外夷者，惟防其

---

① 包世臣：《与果勇侯笔谈》，载《安吴四种》卷三十五。
②《参赞大臣杨芳等奏请港脚货船准予通商折》，载《鸦片战争档案史料》(Ⅲ)，第310页。
③ 魏源：《海国图志》，载《魏源全集》第四册，第32页。

协寇以谋我，不防其协我而攻寇也；止防中华情事之泄于外，不闻禁外国情形之泄于华也"。而当今"欲制外夷者，必先悉夷情始；欲悉夷情者，必先立译馆翻夷书始；欲造就边才者，必先用留心边事之督抚始"。①

自林则徐、魏源等人提出"以夷制夷"的抗英策略后，"以夷制夷"始终是中国近代尤其是晚清时期中国人民的反侵略思想之一。比如先是洋务知识分子、后为早期维新思想家的薛福成自青年时代起就特别留心"外洋形势"，对西方列强之间的矛盾多有了解，早在1865年他在《上曾侯书》中就看到了西方列强中英、法、俄、美"四大国"之间，"其先皆有仇隙，非能始终辑睦也"的矛盾，认为没有充分利用四国之间的矛盾是中国的重大失策，也是鸦片战争以来历次反侵略战争失败的重要教训。他写道："昔英吉利之初发难也，俄有可联之势，美有效顺之情，中国非但漠焉置之，抑且驱之激之，使协以谋我。闻英人之攻广州，强搂法、美二国，迫入大沽，则俄、法、美三国皆从。三国非有大憾于我也，盖知我之无可助，而实可侮也。"他因而主张吸取以往的教训，充分利用各国的矛盾"以夷制夷"。其具体的做法是："诚能于发难之始，察诸国之无恶意者，先啖以微利而退之，或竟密与联结，俾为我助。如是庶足披敌之党，届时必有显为排解者，有隐为阻止者，此合者离之之效也。"②除了利用各国的矛盾"以夷制夷"外，薛福成还提出了"牵制"的"以夷制夷"策略。用他的话说："何谓牵制？今各国来者日益多，则各口之商务日益盛。倘一国有衅，则告各国以商务停止，当由启衅之国偿其利。又如英国有衅，则先以贸易之停止，谕其商民；法国有衅，则先以教民之不能安居中国，谕其教民。彼商民、教民必不愿也。而我仍默示怀柔，动其慕恋，如此则归曲于敌，使之彼此怨尤，上下乖迕，其势不顺而谋必败。此以各国牵制一国，以商民、教民牵制彼国之效也。"③19世纪70年代中叶，西方列强以及明治维新后逐渐走向对外扩张之路的日本乘中国内乱频发之机，不断侵略中国，造成中国的边疆危机和海防危机。对此，薛福成忧心忡忡，在《应诏陈言疏》（1875年）中，他借鉴"昔者乐毅伐齐，先必联赵；诸葛守蜀，首尚和吴"的策略，提出了

---

① 魏源：《海国图志》，载《魏源全集》第四册，第34—35页。
② 薛福成：《上曾侯书》，载《薛福成选集》，第24页。
③ 薛福成：《上曾侯书》，载《薛福成选集》，第24—25页。

自己的应对之策："洋人之至我中国，专恃合纵连横，而我以孤立无助，受其钳制，含忍至今。诚欲于无事之时，多树外援，则择交不可不慎也。"他认为，"方今有约之国，以英、法、俄、美、德五国最强"。五国之中，英人险谲，法人慓悍，所至之地，便思窥伺畔隙，隐图占据。"此中国之深仇，不可忘也。"俄国地广兵强，现在又通过对中国的不平等条约，"西守伊犁，东割黑龙江以北，据最胜之地以扼我后路"，因而俄国"此中国之强敌，不可忽也"。美国与中国相距遥远，不仅和中国少有直接冲突，还担心"中国稍弱，则欧洲日强，还为彼国之害"，因而中国和美国，"宜推诚相与，略弃小嫌，此中国之强援，不可失也"。德国刚大败法国，国势强盛，"几与俄、英鼎峙"，但所幸目前与中国交涉不多，因而德国虽然他日必成中国之强敌，"不可恃为外援"，但目前"亦未至骤为患也"。在对英、法、俄、美、德五国进行了上述分析后薛福成写道："自昔列国争雄之世，得一国，则数国必折而受盟；失一国，则诸国皆从而启衅。盖择交之道得，则仇敌可为外援；择交之道不得，则邻援皆为仇敌。"他因而建议当局，"诚宜豫筹布置，隐为联络，一旦有事，则援助必多，以战则操可胜之权，以和必获便利之约矣"。①

中法战争之前，中法矛盾日益尖锐，法国试图挑起事端，先占领越南北部，进而侵略中国云南的目的暴露无遗，中国如何援助越南、抵制法国的侵略已成当务之急。为此，薛福成上书李鸿章，就"援助越南事宜"提出了自己建议，即利用法国与德国、英国的矛盾，"以夷制夷"。他在上书中写道："德为法之仇敌，而英人注意滇边通商，又忌法人得越者也。"中国应该利用法国与德国、英国的矛盾，"代为介绍"，促使"英、德各国，与越南立约通商，则法人无所挟以歆动各国"。在越南与英、德各国"订立通商"以后，中国可以进一步劝导"越南使臣，历聘英、德，隐动法人顾惮之心，即遇各国有所评断，亦必归曲于法"，这样"法人恐无益于实而有损于名"，也许就会放弃对越南北部的侵略。②中法战争正式爆发后，薛福成又多次上书当道，建议利用法国与英国、德国等国的矛盾，孤立法国，至少使

---

① 上引均见薛福成《应诏陈言疏》，载《薛福成选集》，第76—77页。
② 薛福成：《上李相伯论援救越南事宜书》，载《薛福成选集》，第194页。

各国在中法冲突中保持中立，从而有助于中国的抗法斗争。1884年，薛福成正式出任浙江宁绍道台。当时法军正图谋侵占舟山，威胁中国的东南沿海尤其是上海地区。所以他刚上任，就积极为保护舟山不为法军侵占出谋划策。早在第一次鸦片战争结束不久的1846年，中英订立的一份条约的第三、四款规定：中国承诺英军退出舟山之后，不把舟山让与别国，英国也承诺以后有别国攻打舟山一带地方，"英国必为之保守，务当将舟山送还中国"①。尽管这是一个不平等条约，但薛福成认为，值此军事紧张之际，可以利用它来保护舟山不为法军占领。为此，他授命幕僚杨楷撰写《英宜遵约保护舟山说》一文，并经他"重加删润"后，请"本关税务司葛显礼翻译洋文数分，寄往伦敦报刊，刊刻分布"。该文指出：法国发动中法战争，影响最大的是英国与中国的通商，"是法欲拓其本无之土，而致英失其固有之利也。是法所明扰者在中国，而所暗损者尤在英国也。是法所欲索之八千万佛郎未必可得，而英之所耗恐已不止此数也"。所以，英国为自己的利益考虑，应遵守与中国的约定，派兵船一、二号赴定海，以保护舟山不受法军侵犯，这样"定海可全，定海全而英之商务亦全。从此信义兼著，盟约勿渝，商民感颂，名实无损，不愧为欧洲第一等强邦"。否则，"英如不守保护舟山之约，日后如有他国与中国以利益相让，中国以舟山许之立埠，英必缄口无言矣。坐见商务之日坏，利权之日削，香港之遂成废地，岂不大可惜哉！"②同时，薛福成禀呈南北洋大臣，请以此文为根据，咨明总理各国事务衙门，"照会英国公使，请其照约办理。万一彼未能遵行，亦可杜英人异日之借口，于我固无加损"③。薛福成本人还多次约见英国驻宁波领事固威林，晓以利害："今若果有战事，则外洋商务之在中国者，英实居其八九，且定海居港沪之间，于英最有关系。"④尽管薛福成试图借助英国的力量来保

① 薛福成：《禀南北洋大臣督院抚院夹单为英国有保护定海旧约请转咨酌夺由·附录：翻译洋文中英条约》，载《薛福成选集》，第220页。
② 薛福成：《禀南北洋大臣督院抚院夹单为英国有保护定海旧约请转咨酌夺由·附录：英宜遵约保护舟山说》，载《薛福成选集》，第222—223页。
③ 薛福成：《禀南北洋大臣督院抚院夹单为英国有保护定海旧约请转咨酌夺由》，载《薛福成选集》，第218页。
④ 薛福成：《禀南北洋大臣督院抚院夹单为英国有保护定海旧约请转咨酌夺由》，载《薛福成选集》，第219页。

护舟山不受法军侵犯的想法未免有些幼稚，也未能实现，但他利用英法的矛盾"以夷制夷"的反侵略思想，在当时的历史条件下有它的积极意义。

与薛福成一样，先是洋务知识分子、后是早期维新思想家的郑观应，也是"以夷制夷"反侵略思想的积极倡导者。我们上面已经提到，进入19世纪70年代后，中国的边疆危机和海防危机日益严重起来，对此，郑观应有较为清醒的认识："年来日本讲究水师，频添战舰，多置军械，及遣人分住各口，设贸易馆，习方言，托名学贾，实则交结匪人，时入内地暗察形势，绘图贴说，其志叵测，恐终为中国边患。俄、英、法三国属地，铁路皆将筑至中土，托名商务，意在并吞。倘俄、法合力侵犯，水陆并进，南北夹攻，恐西人之大欲将不在赔费，而在得地矣！俄、法有事，英、德、美、日必以屯兵保护商人、教士为名，亦分占通商各口，后患之来不堪设想。"[1] 如何化解日益严重的边疆危机和海防危机？这是时刻关心着国家前途和命运的有识之士必须思考和解决的问题。郑观应也不例外。他认为，就边疆危机而言，"边地广矣，在南则与法之越南、英之缅甸交界，在西则与印度比邻，在东北、西北由东三省、内外蒙古迤逦而至新疆，又在在与俄接壤"，无论是英国，还是法国，亦或俄国，"皆强邻也"。我们是防英呢，还是防法呢，抑或防俄呢？他通过分析得出结论，应该以"防俄为先"，因为"俄人包藏祸心，匪伊朝夕，为我边患亦已数见不鲜。咸丰八年，乘中国方有兵事，据我乌苏里江东之地五千里，诳占我沿边卡伦以外之地万余里。……近来造西伯里亚铁路，由彼得罗堡直达珲春。查铁路之造，虽所以便用兵，亦所以兴商务。是以各国铁路大都造于繁庶之区。今俄人独不惜巨款造于不毛之地，非有狡谋，更何为乎？……倘西伯里亚铁路造成，则由彼国京都达我边界，调兵运械不过瞬息之间"。[2] 除了俄国，中国的另一个最大威胁是明治维新后走向对外扩张之路的日本。因为"防边之要着，固莫急于东三省矣！其与东三省壤地相连、安危相系者，尤在朝鲜"，对于朝鲜，除"俄人早已逐逐眈眈，欲踞之为外府，然后徐图东省为并吞囊括之谋"外，"日本亦有心图此久矣"，尤其是日本距离朝鲜特近，"日之对马

---

① 郑观应：《海防中》，载《郑观应集》上册，第760页。
② 郑观应：《边防一》，载《郑观应集》上册，第774—775页。

与釜山仅隔海岬数十里，朝发夕至，势类探囊"，有着比俄国更有利的地理位置。郑观应虽然认识到俄、日是中国的最大威胁，但就中国的国力而论，又很难独自与俄、日抗衡，抵御俄、日的侵略，因而他提出"为今之计，独力当俄、日之狡谋，不如合力以制俄、日之锋锐，此连横之策不可不讲也"。换言之，就是利用列强之间的矛盾，"以夷制夷"。那么在众多的列强中，中国与谁连横呢？郑观应认为，中国最有可能与之连横的是英国。因为"俄人贪而无信，天下莫不知之，苟吞并朝鲜，东得志于亚洲，西必横行欧土。势同东帝，浸假而进窥印度，亦英人所深忌也……日人得志于朝鲜，亦非英所乐闻，岂有不交中国以保朝鲜，而反助俄、日之理乎？"更何况英国的"东方商务较各国首屈一指，其防人之攘夺也，盖无日不凛于念"，如果一旦俄国占领了朝鲜，不仅"东海之利权与英匹敌"，而且"势必旁溢横出"，威胁到英国在香港的利益，甚至染指印度，"俄谋印度之心未尝一日忘，朝鲜既得，则筹饷有所，屯兵有所，不难逐渐而西。英人虽强，恐难相御"。至于日本，自称是东方复出一英国，这是英国人的大忌，所以英国"决不愿其坐致强大也必矣"。基于上述对英与俄、日矛盾的分析，郑观应极力主张联英以制俄、日："无事之日，结英吉利同心合力以拒俄、日，中英联盟则与俄、日势均力敌。两国或能知难而退，可不折一弓，不绝一矢，不伤一卒，不费一钱，而朝鲜有磐石之安，东省有金汤之固"，中国的边疆危机也就此可以化解。①

如果说在19世纪七八十年代，郑观应主张联英以制俄、日的话，那么到了19世纪的90年代，尤其到了甲午战争后，他则主张联俄以制英。为什么郑观应"以夷制夷"的策略会发生如此大的变化呢？一方面，经过甲午一役，他认识到英国不仅"不能为我援者"，相反已成为中国的心头大患。因为"英国既以商务夺我利薮，涸我利源，又且贩售鸦片，毒痛人民，为中国之漏卮；时生事端，横加需索，坏中国之大体。海疆诸衅亦皆英为戎首"，更有甚者，"我中国地势辽阔，控扼南北，实握天下关键，而英昔者尝欲强中以御俄，今见我之不竞，反思媚日以抑中"。另一方面，俄国发起的三国干涉还辽，使郑观应对俄国产生了好感，认为"我在今日亲英则俄

---

① 上引均见郑观应《边防二》，载《郑观应集》上册，第777—779页。

忌，亲俄则英忌。惟俄自画疆遣使以来，世修和好，未改前盟，况今俄之所以待我者独厚，东方之事（意指三国干涉还辽——引者），俄固大有造于我也，则我尤当乘此时结俄以为援，亲俄以自固"。正是基于上述这两方面的认识，郑观应提出了"为今变计，莫若联俄以制英"的"以夷制夷"策略，并且他要人们相信，"中、俄既亲，我又能变法自强，则日本亦就我范围以兴亚洲，彼此整顿商务，力图富强，互相保护。中、俄、日可世为婚姻之国，合力以驱逐英、法、荷，占据印度，索还暹罗、缅甸、越南、南洋各岛，仍使立国，听该国择其贤而有才者以主其民。如此同声相应，同气相求，有弊即除，有利即兴，又何虑洋烟之不能禁乎"，中国之不能兴乎？[①] 尽管郑观应对"联俄以制英"充满了憧憬，但实际的结果是，俄国不仅没有帮助中国"制英"，相反还乘机强占了中国的旅顺、大连，并图谋强占中国东三省的野心也昭然若揭。俄国的所作所为，使郑观应认识到俄国"封豕长蛇，磨牙厉齿，已见端倪，益觉俄之可畏。宜设法亟联大援抵御之矣"[②]。于是他又提出了"联日美以制俄"的"以夷制夷"之策。和他提出的"联俄以制英"一样，郑观应提出的"联日美以制俄"的结果是，日、美不仅没有与中国联合起来帮助中国反对俄国的侵略和掠夺，相反是借机扩大了他们在中国的侵略权利。

"以夷制夷"，不仅是鸦片战争以来中国人民的反侵略思想之一，同时自第一次鸦片战争后也逐渐成了清政府的一种外交策略，在第二次鸦片战争中、中法战争中、中日甲午战争中，以及其他一系列的对外交涉和谈判中，清政府都曾经试图利用列强之间的矛盾，或联合、或利用、或依附某国或几国来对抗另外的国家。但无论是"以夷制夷"的反侵略思想，还是清政府"以夷制夷"的外交策略，都没有达到"以夷制夷"的目的，除了林则徐的禁烟斗争取得一定的成效外，其他还举不出什么成效来。有学者举"三国干涉还辽"作为清政府"以夷制夷"外交策略的成效，但实际上"三国干涉还辽"并非是清政府"以夷制夷"外交策略的作用，而是日本割占中国的辽东半岛，损害了俄、法、德三国尤其是俄国在中国东北的利益，

---

① 上引均见郑观应《边防六》，载《郑观应集》上册，第798—799 页。
② 郑观应：《边防九》，载《郑观应集》上册，第827 页。

所以它们要出面干涉，这种干涉是以中国用三千两白银赎回为代价的。

"以夷制夷"之所以达不到目的，其原因就在于：

第一，列强之间虽然因历史、现实或分赃不均等方面的原因存在着矛盾，甚至是尖锐的矛盾，但它们在侵略中国、掠夺中国、使中国成为它们的半殖民地或殖民地方面的诉求和利益上是一致的。因此，如果借用"内部矛盾"和"敌我矛盾"这一概念来表述，列强之间的矛盾对列强来说是"内部矛盾"，而列强与中国或中华民族之间的矛盾（列强要侵略、掠夺中国，中国要反侵略、反掠夺）对列强来说是"敌我矛盾"，"内部矛盾"是可以协调的，而"敌我矛盾"是无法协调的，所以"以夷制夷"的结果往往是：在开始阶段，个别列强或某些列强表示在中国与其他列强的斗争中愿意帮助中国，以此来换取中国的好感，获取更多的利益；而随着事态的发展，这些表示愿意帮助中国的列强的真实面貌就逐渐暴露无遗，最后是列强联合起来侵略和掠夺中国。因为根据片面最惠国待遇，某一列强在中国取得的利权，其他列强都可利益均沾。1863 年，当丹麦派专使来中国要求订约时，英国公使普鲁斯便积极出面，为丹麦代表拉斯勒福奔走"介绍"，而美国公使蒲安臣对丹麦代表更是大力支持，多方为其周旋，他们打着"帮助"中国的旗号，软硬兼施，促成中国与拉斯勒福签订了《中丹条约》。蒲安臣在给国务院报告中说："该约内容，与英约（指 1858 年中英《天津条约》——引者）完全相同。此外，对我们还有下列增加的利益——自英约签订以来，那些为我们所不断要求的东西，都已签订在这个条约之内。"[1]这就是列强"帮助"中国的真面目。然而遗憾的是，无论是"以夷制夷"反侵略思想的主张者，还是清政府"以夷制夷"外交策略的提出者，他们都只看到列强之间的矛盾一面，而没有看到或有意无意地忽略了列强在侵略中国、掠夺中国、使中国成为它们的半殖民地或殖民地方面的诉求和利益上的一致性。

第二，如前所述，"以夷制夷"源于春秋时代"天子守在四夷"的思想，也是中国历代封建王朝对付边境邻国或内部少数民族的传统做法。"以夷制夷"在中国古代所以能够取得成功，一个重要原因，就是当时实施"以夷制

---

[1] 转引自丁名楠等《帝国主义侵华史》第一卷，人民出版社，1961，第 113 页。

夷"的封建王朝（如汉武帝时期的西汉、唐太宗时期的唐代）大都经济发达、国力昌盛、文化远优于边境邻国或内部少数民族，所以在实施"以夷制夷"的方略时，总有"夷"能真心实意地归顺朝廷，听从朝廷的指挥，而被制的"夷"在与封建王朝的斗争中总体上处于不利的地位。俗言说，识势者为俊杰。当封建王朝与某一邻国或内部某一少数民族发生矛盾或斗争时，有关的其他邻国或内部其他少数民族从维护自身利益考虑，往往会站在强大的封建王朝一边，帮着封建王朝去攻打与封建王朝作对的其他邻国或内部的其他少数民族。所以，古代封建王朝的"以夷制夷"有其可行性。但到了鸦片战争后，中国已沦为半殖民地半封建社会，无论经济、军事、文化，还是综合国力，与西方列强比较都处于落后的地位，在"夷"强"我"弱的情况下，没有列强是会真心实意帮助中国的。人们常说，弱国无外交，讲的就是这个道理。就此而言，近代的"以夷制夷"往往是主张者和提出者的一厢情愿。也正是这一原因，为了达到"以夷制夷"的目的，清政府经常会以牺牲中国的某些权利甚至主权来换取列强对自己的支持。比如，《马关条约》签订前，清政府内部不少人主张联合英、俄以制日本。而要联合英、俄，就必须给英、俄以厚利。1894年12月，两江总督、南洋大臣张之洞在分别致中国驻俄公使许景澄、驻英法公使龚照瑗的电报中写道："辽沈危，京畿急，非借强援不可，上等借船助战，次者武断胁和——如前数年英为俄、土两国武断定和之事。英忌他国夺东方之利，俄亦不愿倭强，志在自得海口，似均可商；但必须饵以重利，恐须商务、矿务、界务等事于彼有利，方能相助。"张之洞这里所讲的"界务"，指的是边界变动，亦就是割让领土。那么，这种割让领土予英、俄，与割让领土予日本有何不同呢？对此，张之洞做了说明："总之，胁和则可，讲和则不可；胁和则以利益与他国，而不屈于倭，国威未挫；讲和而以利益与倭，则为倭所屈，从此不能立国矣。"以割让领土来换取英、俄与自己联合制日，这就是作为"弱国"的清政府"以夷制夷"外交策略所付出的沉重代价。①

---

① 中国史学会主编《中国近代史资料丛刊·中日战争（五）》，第47—50页。

三、"以民制夷"的反侵略思想

第一个认识到民心可用，从而主张"以民制夷"的也是林则徐。早在他领导禁烟斗争的过程中，林则徐对人民群众在禁烟斗争中的重要作用有了一定的认识，相信只要把广大人民群众发动起来，组织起来，就能取得禁烟斗争的胜利。他不止一次地严正警告外国烟贩，"察看内地民情，皆动公愤，倘该夷不知改悔，惟利是图，非但水陆官兵军威壮盛，即号召民间丁壮，已足制其命而有余……尔等远出经商，岂尚不知劳逸之殊形，与众寡之异势哉！"① "尔等售卖鸦片，贻害民生，正人君子，无不痛心疾首……即里闬小民，亦多抱不平之气，众怒难犯，甚可虑也。"② 虎门销烟后，英军不断挑起事端。面对英国的武装挑衅，林则徐主张坚决抵抗。在积极备战的过程中，他看到了广大民众对外国侵略者的痛恨，认为"民心可用"，主张"或由民间自行团练以保村庄，或由府县雇觅壮丁以资捍卫"。③ 他发现"粤东渔人疍户以及滨海居民，多以采捕为生，不畏风涛之险川"④，于是将其招募，编成水勇，抵御外夷。针对英国空趸船只逗留在尖沙嘴洋面、伺机挑衅，林则徐要求义律立即饬令将空趸等船开走，"若再执迷不悟，则不能不示以严威，不独各处师船，一调即至，即沿海民人，莫不视波涛如平地，倘一触动公愤，则人人踊跃思奋，虽欲阻之而不能矣"⑤。鸦片战争正式爆发后，鉴于英军自恃"船坚炮利"，不畏清军水师，而畏"岸上粗工力作之人"及"水上之人"，林则徐更是积极主张动员和利用人民群众力量，进行抗英斗争。1840 年 8 月定海被英国侵略军攻陷，林则徐闻讯后即上书道光帝，希望朝廷允许并鼓励村民诛杀英军，收复定海。他在《密陈以重赏鼓励定海民众诛灭敌军片》中写道："该县周围二百余里，各村居民总不下十余万众，夷匪既踞岸上，要令人人得而诛之，不论军民人等，能杀夷人者，均按所献首级，给予极重赏格，似此风声一树，不瞬息间，可使靡有孑遗。其人既已尽诛，则其船炮皆为我有，是破格给赏，所费不为虚靡，似亦敌忾同

① 林则徐：《谕各国商人呈缴烟土稿》，载《林则徐集·公牍》，第 65 页。
② 林则徐：《附：外商速缴鸦片烟土四条稿》，载《林则徐集·公牍》，第 66 页。
③ 林则徐：《复议团练水勇情形折》，载《林则徐集·奏稿中》，第 881—882 页。
④ 林则徐：《复议团练水勇情形折》，载《林则徐集·奏稿中》，第 881 页。
⑤ 林则徐：《会札刘蒋二丞传论义律饬令空趸等船开行》，载《林则徐集·公牍》，第 119 页。

仇之一道。"① 在《密探定海敌情片》中，林则徐进一步指出："与其交镝于海洋，未必即有把握；莫若诱擒于陆地，逆夷更无能为。或将兵勇扮作乡民，或将乡民练为壮勇，陆续回至该处，诈为赴招而返，愿与久居，一经聚有多人，约期动手，杀之将如鸡狗，行见异种无遗。惟机缄不可泄露。"② 这年10月，林则徐被无理革职，在发配的戍途上，他念念不忘的仍是如何抗英，保家卫国，在《致姚春木、王冬寿书》中，他建议加强海军海防，招募漳州、泉州、汀州三郡"敢死之士"和老虎头盐民组织水军，做好抗英侵略的准备。

　　和林则徐一样，被道光帝任命为钦差大臣、主持浙江军务的裕谦，对人民群众在抗英斗争中的作用也较为重视。1841年4月6日，他在《复陈审度江苏防堵情形折》中对如何利用民力来取得反侵略斗争的胜利有一段精彩论述："制敌之道，首重体察民情。因其势而利导之，勿事张皇，以摇惑民心，勿因军需而扰累民力，勿夸敌强以沮丧民气，勿任弁兵之攘冒民功，则民志坚定，乐为我用，何敌不克？"③ 从这段论述中可以看出，裕谦认为取得反侵略斗争胜利的关键，是要得民心，得民心便可得民力，以民制夷。正是基于这一认识，裕谦针对广东奕山等人提出的"防民甚于防寇"论调，一再强调绝大多数老百姓都是遵纪守法、爱国家的良民，汉奸只是极少数，就是这极少数汉奸只要处理得法亦可转化为良民，抗英斗争不能专恃兵力，应该充分发挥民力的作用。他在《复陈审度江苏防堵情形折》中指出："盖兵有数而民无数，江、浙沿海居民虽奸良不一，毕竟良民较多，奸民不过百之一二，因材器使，信赏必罚，良者固可用，奸者亦可化而为良。若反其道而行之，专恃兵力，则寇未至而民间先已哗然。勇者观望，智者隐藏，懦者迁徙，黠者煽惑，悍者抢夺，富者远害其身，贫者幸灾乐祸，自相惊扰，草木皆兵。虽有百万雄师，千员健将，安内之不暇何暇攘外？"④ 在实际的反侵略斗争中，裕谦也特别重视发挥"民力"的作用，其具体方法，就是招募乡勇，直接参与战斗。1841年8月20日，他在《奏浙口沿海形势及

① 林则徐：《密陈以重赏鼓励定海民众诛灭敌军片》，载《林则徐集·奏稿中》，第861页。
② 林则徐：《密探定海敌情片》，载《林则徐集·奏稿中》，第864页。
③ 裕谦：《复陈审度江苏防堵情形折》，载《筹办夷务始末（道光朝）》第二册，第948页。
④ 裕谦：《复陈审度江苏防堵情形折》，载《筹办夷务始末（道光朝）》第二册，第949页。

筹防情形片》中称："奴才权其缓急，督饬地方官，多募乡勇，以为援应之策，而全力仍注镇海、定海二处。"[1]1841 年 10 月 1 日，定海失陷，裕谦仍主张在各地援兵到齐后，"再用渔船分遣东渡，藏伏山岙，就近招募乡勇，克复定海"[2]。

除林则徐、裕谦外，认识到"民心可用"，从而主张"以民制夷"的还有其他一些官员和士大夫。如户科掌印给事中朱成烈认为，"盖水勇皆渔户水盗等类，惟利是逐，强悍轻生，又能衽席海涛，出没自若"，如果朝廷能够以诚相待，悬立重赏，"有能沉一夷船者赏银若干，斩一白夷、黑夷者赏银若干，生擒一汉奸者赏银若干"，这些水勇必然会奋勇争先，剿杀外夷。[3]掌广西道监察御史蔡家玕在向道光帝陈奏的"制英之策"中写道："广东有名'海鬼'者，其居水无异于陆地，此等皆干法潜逃之犯"，他因而建议道光帝"下宽诏，准其投军效力，将功折罪，事成犹有重赏"，如此"只须招集数百人，各给以斧凿利器"，夷船来攻的时候，"令其潜入水内，将其船底凿破"，则"夷船束手无策，立时沉溺"，英军也就不战自败了。[4]掌广东道监察御史高人鉴认为，当时海防吃紧，但各地的兵力不足，而解决水师兵力不足的最好办法，就是"招集团练"，"俾濒海游民，皆归行伍"，让他们上前线抵抗英军的侵略，等到肃清夷匪之时，"仍令各安故业"，"实为海疆无穷之福"。[5]山东巡抚托浑布主张，沿海口岸"陆营弁兵不敷拨守之处"，应当责成各地方官"团练乡勇，以资防卫"，而海域辽阔，"水师弁兵不敷巡哨之处"，则应当令各地方官"募雇水勇渔筏，以资分段协巡"。同时，务必令各地方官按时发放充足的口粮，使"乡民乐于应募"，而"不致徒循虚名"，他认为"所雇水勇皆系沿海捞摸海参渔户，生长海滨，惯习风涛"，只要使用得法，并视其烧毁敌船和歼敌多少给予奖赏，他们就能奋勇当先，

① 裕谦：《奏浙口沿海形势及筹防情形片》，载《筹办夷务始末（道光朝）》第三册，第 1210 页。

② 裕谦：《钦差大臣裕谦奏报定海失守情形折》，载《筹办夷务始末（道光朝）》第三册，第 1245 页。

③ 朱成烈：《户部掌印给事中朱成烈扬长避短之剿办英船之战策折》，载《筹办夷务始末（道光朝）》第二册，第 923 页。

④ 蔡家玕：《监察御史蔡家玕遵旨奏陈制英之策折》，载《筹办夷务始末（道光朝）》第二册，第 601 页。

⑤ 高人鉴：《掌广东道监察御史高人鉴奏请沿海各省将已撤水勇仍旧团练片》，载《筹办夷务始末（道光朝）》第二册，第 646 页。

从而取得抗英斗争的胜利。[①] 安徽巡抚程楙采对比了"客兵"与"水勇"的优劣，认为"客兵有不便者三，水勇有可恃者五：奔驰远道，精力已疲"，这是客兵的不便者一；"水土异宜，难耐潮湿"，这是客兵的不便者二；"月粮不饱所欲，势必抢掠民财，驭之严则激起事端，抚之宽则愈形骄纵"，这是客兵的不便者三。而与客兵不同，水勇"一则海滨生长，惯习风涛；二则熟知岛岙路径，可借其差探贼踪；三则身先受值，自卫乡闾，谊必乐于效命；四则缓急可用，贼至编之入队，贼平散之还乡，即有一二无家可归，或交营考补名粮，或有司收归民壮；五则节省物力，以支应客兵之费，移作团练民勇之资，似属有赢无绌"，他因而得出结论："今海疆要著，莫亟于募练水勇，酌减客兵"，以民制夷。[②]

鸦片战争中广大人民群众自发地反抗外来侵略、保家卫国的行为，尤其是三元里人民的抗英斗争，引起了以包世臣、姚莹为代表的一些士大夫和官员的极大注意，使他们在清军腐败不堪、屡战屡败的情况下，认识到民众是抵抗英军侵略的重要力量。包世臣对广大人民群众自发的抗英斗争给予了充分的肯定和热情赞扬，他看到三元里、嵊县和南京48村群众的抗英杀敌的事迹后，称之为"奇功"，并颇受鼓舞地说："草泽中固大有人在。"[③]他因而建议当局招收潮州壮勇入军，对三元里义民应鼓其气而用之，选拔他们补充水师，修复被英军破坏的虎门各炮台；招募怀远炮手、黑风泾"水贼"和杭州轿夫，"精授技仗而厚结之"，充分发挥他们抗击英军的作用和积极性。他相信只要吸收广大民众参加抗英斗争，"则何求不成乎"，凶恶的英军"无不可制其死命"。[④]江苏巡抚梁章钜于三元里抗英事件发生后上书道光帝说："此次广州省城幸保无虞者，实借乡民之力。乡民熟睹官兵之不可恃，激于义愤，竭力抵御，一呼四起，遂令嘆夷胆落魂飞，骤解围困。"他还首次将广东义民告英人说帖全文摘录在此次奏折内，上呈道光帝，并认为广州"现已众志成城"，民众"与嘆夷誓不两立"，"实是广东一大转

---

① 托浑布：《山东巡抚托浑布奏报校阅兵勇实验炮位情形折》，载《筹办夷务始末（道光朝）》第二册，第983—984页。

② 程楙采：《程楙采奏陈攻防事宜折》，载《筹办夷务始末（道光朝）》第二册，第841页。

③ 包世臣：《致祁大臣书》，载《安吴四种》卷三十五。

④ 包世臣：《与傅卧云书》，载《安吴四种》卷三十五。

机"，只要当局"认真团练乡勇"，"填塞口岸"，坚壁清野，夷人就会不战自溃。① 闽浙总督颜伯焘同样上书道光帝，谓"广东民情，非不可用"，"四月初十日有萧冈、三元里等乡数万人，围困义律等众，功在须臾"，只因广州知府余保纯应英军要求，"出城弹压，乡人始渐解去"。他否定了奕山所散布的"患不在外而在内""防民甚于防寇"的观点，认为"为今之计，亟宜大张挞伐"，撤去各处外调之兵，委派亲信重臣，"用本省之人民作本省之兵勇"，激励人心，振作士气，才能争取战争的胜利。② 姚莹在领导台湾军民打败英军第一次侵台后，感到台湾形势紧急，有必要进一步加强防务，而要加强防务，仅靠清军的力量是不够的，需要把人民群众动员起来，组织起来。为了强调动员和组织人民群众抗英的重要性，他对全国各地的抗英战况做了一番比较，并得出结论："天津、台湾官与民一，而守固；广东官与民二，初以不振，卒之，官与民一，而复有功。义民固可忽乎哉！"③正是在他的动员和督促下，台湾的团练义勇组织发展很快，到1842年3月下旬，"各属陆续册报练勇四万七千一百有奇"。姚莹把团练义勇当作后备力量，"平时不用，以养其锐，临事然后用之，则皆生力军也。故无事则以守口为正兵，有事则出新兵以胜之"，另外"港内小渔船亦皆编立字号，给印旗为记，朝出暮归，稽查奸宄"。④ 由于发动和组织得法，台湾全岛形成了"家自为守，人自为兵"的局面。姚莹看到人民群众同仇敌忾、鼓舞奋斗的情形，感到十分欣慰，他说："远近士民，亦闻招即至，察看民情，似尚可用。"⑤正由于他认识到"民心可用"，敢于发挥广大人民群众的力量，"以民制夷"，所以才能领导台湾人民取得了抗击英军侵略的胜利。⑥

第一次鸦片战争结束后不久，又发生了广东民众反对英人入城（广州）的斗争。事情的起因是这样的：《南京条约》第二款规定："自今以后，大皇帝恩准英国人民带同所属家眷，寄居大清沿海之广州、福州、厦门、宁

---

① 梁章钜：《梁章钜又奏广州幸保无虞实藉乡民之力片》，载《筹办夷务始末（道光朝）》第二册，第1139—1140页。

② 颜伯焘：《颜伯焘奏探闻广东情形折》，载《筹办夷务始末（道光朝）》第二册，第1093—1095页。

③ 姚莹：《陆制军津门保甲图说序》，载《东溟文后集》卷九，第14页。

④ 姚莹：《与王提督书》，载《东溟文后集》卷六，第27页。

⑤ 姚莹：《厦门有警台饷不敷状》，载《东溟文后集》卷五，第13页。

⑥ 戚其章：《姚莹的海防思想与海国研究》，《安徽史学》1994年第1期。

波、上海等五处港口，贸易通商无碍；且大英国君主派设领事、管事等官住该五处城邑。"这就是说，一般英国人（包括商人、传教士、旅行者及其家属）可以居住在港口，英国女王任命的外交官则可以住在城邑。中方认为，按中文字义，城邑不一定指城内，条约未给英国人入城的权利。而英方则根据《南京条约》的英文文本把中文文本中的"港口"和"城邑"都译成 Cities and Towns，认为 Cities and Towns 指的就是城内，因此，英国外交官和一般英国人都可以入城。于是围绕入城和反入城，中英双方产生矛盾和冲突。由于第一次鸦片战争期间，英军在进攻广州和撤退前后，经常下乡骚扰百姓，奸淫掳掠，无所不作，在广州民众中造成了极坏的影响，加上第一次鸦片战争后，英国人又处处以胜利者自居，恃强凌弱、傲慢无礼，这更引起了广州民众的愤怒与敌视，所以当英国人提出入城要求后，即遭到了广州民众的坚决反对，一些士绅联名致书英使文翰，劝告英人不要入城，"无如民心坚定，断难曲从"，他们告诉文翰，"今（广州）城厢内外街之团勇，户户出兵，合计不下十余万人。而且按铺捐资，储备经费，合计有数十万金，其意岂尽为防御土匪而设也"。[1] 其言下之意，这十余万"团勇"和数十万金"经费"，也是可以用来抵御英人入城和英军侵略的。此时已接替耆英为两广总督的徐广缙以及广东巡抚叶名琛，其内心就不赞成英人入城。徐广缙接任两广总督不久（1838 年），曾写信给林则徐，咨询可否用民抵制"夷人"入城。林则徐表示："承示粤民可用，弟尝谓今之所恃，惟此一端，今经执事为之作新，更可供指臂之使。"[2] 如今见广州民众坚决反对，认为民心可用，他们因而上奏朝廷，不同意朝廷之前提出的"允英使入城一游"的意见，而主张利用民心，劝阻英人不要入城，并认为"婉阻之未必遽开边衅，轻许之必至立启兵端。且阻其进城而有事，则众志成城，尚有爪牙之可恃。许其进城而有事，则人心瓦解，必至内外之交讧"，英国"数千之兵，岂能敌汹汹之众"。[3] 与此同时，他们将大量团勇调入广州城

---

① 徐广缙、叶名琛：《广东绅士致英国文翰》，载《筹办夷务始末（道光朝）》第六册，第3180—3181页。
② 杨国祯编《林则徐书简》（增订本），福建人民出版社，1985，第293页。
③ 徐广缙：《两广总督徐广缙奏陈熟思于英使进城一事实属万不可行折》，载《筹办夷务始末（道光朝）》第六册，第3170—3171页。

内，以向英人展示民众反入城的决心和力量，"当勇之夜出也，四城灯烛照耀，殆同白日，枪炮声闻十里，首尾凡十旬"①。他们还策动从事外贸的中国商人以反对英国人入城为借口罢市，先是经营毛织品进出口的商人联盟锦联堂发布公启，宣布暂停与洋人交易，"如夷人罢议入城，我行中再行照常交易"，此后其他类似组织纷纷效仿，以至于广州外贸"在重要的进口项目中，仅有小额交易进行"。②面对广州民众的坚决反对，英使文翰自知众怒难犯，于是不得已放弃了入城的要求，广州民众的反入城斗争取得了暂时胜利。

广州民众反入城斗争的暂时胜利，使清朝的最高统治者道光帝大喜过望，他在感叹"夷务之兴，将十年矣，沿海扰累，糜饷劳师，近年虽略臻静谧，而驭之之法，刚柔不得其平，流弊愈出愈奇"的同时，认识到"该夷既不畏兵而畏民，则收服民心，即可化其骄而制其命"。于是民心可用，"以民制夷"，不仅成为第一次鸦片战争以来包括一些官员和士绅在内的中国人民的反侵略思想之一，也成为清政府在与西方列强和日本打交道时的"驭夷"之策。比如，中法战争的关键时刻，兵部尚书彭玉麟上奏朝廷："为今之计，惟有协力同心，与之决战；若再容忍，成何国体？……所幸民心坚固，未泯天良，官兵不足，民兵尚多可用。除主战外，别无自强之策。若论实在把握，虽汉臣诸葛亮再生，亦不敢言操胜算；所恃者众志成城，通力合作，人定足以胜天，理亦足以胜数而已。"③彭认为"民心坚固"可用，他因而主张军民团结一心，共同抗法。中法战争中，以左宗棠、彭玉麟、张之洞为代表的主战派官员，积极主张利用黑旗军抗法。黑旗军原为太平天国起义时期活动于中国两广边境地区的一支农民起义军，因其战旗为七星黑旗，故名"黑旗军"。太平天国运动失败后，黑旗军在其首领刘永福的率领下进入越南北部。同治十二年（1873），法军进犯河内地区，越南阮氏王朝邀请驻扎在保胜一带的刘永福部众与越南军民一道抗击法国侵略者。黑旗将士于这一年的十一月初二日在河内大败法军，击毙敌酋安邺。此后，法军虽占据河内，但无法窥伺滇粤，原因就在于黑旗军控制着红河上游一带，阻断了法军的侵略路线。因而中法战争爆发前后，主战派官员纷纷要

---

① 梁廷枏：《夷氛闻记》，中华书局，1959，第165页。
② 广东省文史研究馆译《鸦片战争史料选译》，中华书局，1983，第479页。
③ 中国史学会主编《中国近代史资料丛刊：中法战争（五）》，第224—225页。

求朝廷采取措施联系和笼络黑旗军，并对其抗敌义举给予各种形式的支持。广西巡抚倪文蔚上奏朝廷："法谋通滇，蓄意已久，恃有越官刘永福扼扎保胜，故不敢遽肆凭陵。"[1] 他因而建议朝廷应当暗助黑旗军，坚守保胜一路，以待事机之转圜。倪氏还进一步强调："保胜之境能否设关，必视刘永福之从违为准；中国之能否保护，亦必视刘永福之聚散为衡。"[2] 云南巡抚唐炯则建议朝廷"传谕刘永福自行增募"，并由西南各省"拨给军火、饷银，以资得力"。[3] 江苏学政黄体芳对黑旗军的勇武盛赞不已："去夏一战于怀德府而渠魁授首，再战于丹凤县而贼舰潜踪，去秋又大战于祉桥而水陆皆捷，此黑旗独战之明效也。"为了取得更大的胜利，同时避免日后再有"桑台之败"，他建议朝廷应当"严檄华越各军之援刘团者，惟敌是求，惟命是听；其有与黑旗兵私忿交讦者，及早撤回；若临阵退缩，惶乱军心，即许刘永福以军法从事"。[4] 后来在中日甲午战争中，尤其是在台湾人民反割台斗争中，不少官员有鉴于台湾人民反割台斗争的风起云涌，认识到民心可用，从而上奏朝廷，主张顺应民意，"以民制日"，保全台湾。比如时任台湾巡抚的唐景崧就多次上奏朝廷，"自闻警以来，台民慨输饷械，不顾身家，无负朝廷列圣深仁厚泽二百余年，所以养人心、正士气，为我皇上今日之用，何忍弃之"，"如日酋来收台湾，台民惟有开仗"。[5] 台湾"土勇数十营，誓必与战，撤时断不肯缴军装。日人登岸，民必歼之，崧力不能禁"[6]；"民心忠义如此，若不设法筹救，势必别出大变，愈难收拾"，"此事赔款则可，割台则断断不可"[7]。鉴于全国官民尤其是台湾人民的强烈反对，光绪帝曾一度拒绝在和约上用国玺，但最终还是迫于各方压力，批准了《马关条约》，将自古以来就是中国领土的宝岛台湾割让给了日本，成为日本的殖民地。至于清政府的"以民制夷"的"驭夷"之策，其最典型的事例，就是利用义和团反对"夷"人，抵抗八国联军。而当联军攻入北京城后，清政府为了与

---

[1] 张振鹍编《中国近代史资料丛刊续编：中法战争（一）》，中华书局，1996，第 186 页。

[2] 中国史学会主编《中国近代史资料丛刊：中法战争（五）》，第 137 页。

[3] 中国史学会主编《中国近代史资料丛刊：中法战争（五）》，第 217 页。

[4] 中国史学会主编《中国近代史资料丛刊：中法战争（五）》，第 288—289 页。

[5] 王彦威辑，王亮编《清季外交史料·光绪朝》，（台北）文海出版社，1985，第 1913 页。

[6] 王彦威辑，王亮编《清季外交史料·光绪朝》，第 1914 页。

[7] 王彦威辑，王亮编《清季外交史料·光绪朝》，第 1922 页。

列强达成和议，以维护自己的统治，又出卖义和团，成了义和团的镇压者。

和"以武制夷""以夷制夷"一样，除了鸦片战争初期林则徐领导的抗英斗争、姚莹领导的台湾人民抗英斗争和广州人民反入城斗争取得过一定的成效外，"以民制夷"并没有真正达到抵抗、制止西方列强和日本侵略的目的，清政府"以民制夷"的"驭夷"之策最终也以失败而告结束。其原因有以下几点：

第一，不敢放手发动民众，真正做到"以民制夷"。林则徐、裕谦、姚莹、徐广缙、张之洞等人，虽然认识到民心可用，主张"以民制夷"，但又不敢放手发动民众、动员民众、组织民众，让他们积极投身反侵略斗争，相反，他们对民众的利用是有一定限度的，即以能够实行有效控制、不威胁到清王朝的统治为前提。以林则徐为例。一方面他在领导禁烟和抗英斗争的过程中，看到了广大民众对外国入侵者的痛恨，认为"民心可用"，因而主张"以民制夷"，即"由民间自行团练以保村庄"，并从渔民、蛋户、盐工中招募壮丁，编练水勇。[1]另一方面他又认为，"惟是雇用此辈，流弊亦多，权宜虽在暂时，而驾驭必须得法。盖其来从乌合，非比有制之师，而又犷悍性成，每易借端生事。即令举出头目，亦系素与习熟之人，分既不足以相从，权亦不足以相制。全在管带之员弁，猛宽并济，钤束有方"。而他提出的"钤束"方法是："当其招募之时，即令查明亲属，取具的保，详开名册，各给腰牌，示以拊循，厚其雇值，平日勤加操练，渐以化其嚣陵，临事不借冲锋，只令备为策应。其犒劳赏恤，仍予从优，使有顾恋之心，不萌他念。第口粮安家，一切用费较繁，且若辈久处行间，习知虚实，其中亦有所不宜，故又须加意防维，随时稽察。果能遵守纪律，出力向前，则留营酌编入伍，否亦酌量资遣，妥为管束，以杜日后非为。是雇募水勇之策，系属因时制宜，而欲其能发能收，则惟有妥筹经理，始可防其流弊也。"[2]第一次鸦片战争时期的裕谦，也是"以民制夷"的积极主张者和实践者，但同时他的"防民"思想同样是根深蒂固的，在奏折中时有表露："又水勇一项，本系乌合之众，不谙纪律，且皆沿海骁悍之人。若聚成大帮，

---

① 林则徐：《复议团练水勇情形折》，载《林则徐集·奏稿中》，第881—882页。
② 林则徐：《复议团练水勇情形折》，载《林则徐集·奏稿中》，第882页。

恐不免恃众滋事，现在既难弹压，将来更难遣散"，他因而建议道光帝，对水勇要"分头召募"，"总不得专募一州一县之人"，防守口岸的时候"不令聚集一处"，以防他们聚众闹事。① 他甚至还认为，"此等水勇，均属匪类"，"以之攻夷，可收以毒攻毒之效"，即使有所伤亡，也没有什么值得可惜的，"既不致有损天威，并可为地方除害"。② 可以说林则徐和裕谦在清朝官员中，对于"民心可用"的认识最为深刻，因而主张"以民制夷"也最为积极，他们尚且如此，更遑论他人。这种既用民，又防民，既主张"以民制夷"，又担心民众动员起来后危及清王朝统治的思想，是不可能真正把广大民众动员起来、组织起来，真正做到"以民制夷"的。无论是地方官员，还是清政府，他们在实施"以民制夷"的过程中：1. 对"民"是有选择的，他们所说的"民"，主要是听话的"良民"，而非"无赖愚民"。"无赖愚民"，在他们看来，是"未可与谋"的，否则，"若令其暗中设计，不惟不益，且恐不密害成，更误大局"③；2. "民"是要受"官"的严格控制和约束的，以防他们借机闹事；3. 见好就收，即一旦"以民制夷"取得初步成效，或外来侵略有所缓解，就会"飞鸟尽而良弓藏"，把组织起来的民众加以解散，甚至视民众为心腹大患，处处防备。如 1849 年广州民众反（英人）入城斗争刚刚取得暂时胜利，徐广缙即上奏道光帝说："广东民情，刚强原属可用，浮动亦觉堪虞，此次保卫整齐，嗅夷就范，难免气傲心高，万一无端寻衅，诚恐别生枝节"，他因而已通过当地绅耆，转告民众"不得招惹是非"，同时"告知夷商，现在悉泯夙嫌，重联旧好"。④

　　第二，官民之间离心离德。"以民制夷"的前提，是广大民众的积极参与和支持。然而，当时清王朝与广大民众的矛盾十分尖锐激烈，清统治者并没有像包世臣所建议的那样，吸取第一次鸦片战争因"官民相仇"而失

---

① 裕谦：《裕谦奏镇海铸炮练勇及英船游弈情形折》，载《筹办夷务始末（道光朝）》第二册，第 1008 页。

② 裕谦：《裕谦又奏请悬赏告示许各国洋人杀贼请赏片》，载《筹办夷务始末（道光朝）》第二册，第 870 页。

③《掌山西道监察御史陈鸿翙致军机处王大臣纠约绅民以备不虞函》，载《筹办夷务始末（道光朝）》第一册，第 98 页。

④《徐广缙等又奏已嘱许祥光劝民各安生业并由伍崇曜转告英人勿听浮言片》，载《筹办夷务始末（道光朝）》第六册，第 3191 页。

败的教训，继续巧取豪夺，鱼肉百姓，维持其"官民相仇"的局面，各地"民变"时有发生。一些主张"以民制夷"的官员，如林则徐、裕谦、姚莹等人，尽管对"官民相仇"的现象有一定的认识，但限于各种原因，他们并没有采取有效措施来改变这一现象。在官民矛盾十分尖锐激烈的情况下，官民就不可能同心同德。就"官"一方而言，他们对"民"是不放心的，生怕他们借机闹事，这也是以林则徐、裕谦、姚莹为代表的一些官员在认识到"民心可用"、主张"以民制夷"的同时，又时刻不忘"防民"的重要原因。从"民"一方来看，他们对"官"是不信任的，因为"官"在利用他们"制夷"的过程中，是对他们的严格控制和处处防备。加上那时的民众还没有产生近代国家观念，厘不清保家与卫国的关系，不少民众参与反侵略斗争的动机，主观上并非是为了卫国，而是出于对侵略者暴行的义愤，或是为了获得当局开出的优厚待遇和奖励，以改善自己或家人、家族的生计。因此，当外来侵略者也开出优厚待遇的时候，他们有时还帮助侵略者来对付清朝的军队，如第二次鸦片战争中，英法联军的运输队就是由中国人组成的，"他们第一次随军出征是进袭广州，在那里，以及后来在大沽，他们都表现了优越的成绩"[①]。在官民离心离德的情况下，"以民制夷"是很难取得好的成效的。

四、"师夷制夷"的反侵略思想

"师夷制夷"反侵略思想的最初提出者，同样是鸦片战争时期的林则徐。继林则徐后，包世臣也表达过类似的思想，一些到过前线或关注战事的清朝官吏，如伊里布、耆英等，也对英军的"船坚炮利"有一定认识，进行过一些"师夷"的活动。但无论是林则徐，还是包世臣，他们的"师夷制夷"的反侵略思想还处于"朴素形态"，没有对这一思想进行理论阐述，将这一思想进行理论阐述、从而使其从"朴素形态"升华为一种"自觉理论"的是魏源。如我们在本卷第一章中已指出的那样，在魏源的思想里，所谓"师夷"，也就是向西方学习，但并非学习西方的一切，只是要学习西方的"长技"，也就是比中国先进的东西；而"师夷"的目的，是"制夷"，反对

---

① 马士：《中华帝国对外关系史》第一卷，生活·读书·新知三联书店，1957，第564页。

西方列强的侵略。魏源的这一思想被后来的一些先进的爱国的思想家所继承[1]，只是随着对中西文化之间优劣差异认识的一步步深化，"师夷"的内容也有所不同而已。概而言之，在甲午战争之前，先是认识到西方的船坚炮利和养兵练兵之法比中国先进，再又认识到西方的声光电化等科学技术以及机器制造和经营管理也比中国先进，于是有洋务思潮和洋务运动的兴起。到了甲午战争后，面对日益严重的民族危机，以康有为、梁启超为代表的一班人认识到，"要救国，必须维新；要维新，必须学外国"，并把向外国学习的内容锁定在"兴民权""设议院"，改革君主专制制度，据此开展了维新变法运动。到了20世纪初，以孙中山为代表的一班人同样认识到，"要拒外人，须要先学外人的长处"[2]，而他们所认识的"外人的长处"，除船坚炮利、西艺西学外，也不外是西方的民权思想和政治制度。和维新派不同的是，他们主张民主共和，并据此发动了辛亥革命。

"师夷制夷"的反侵略思想，与两种错误的思想区别了开来。

一是只讲"制夷"而反对"师夷"的盲目排外主义。自鸦片战争以来，自始至终都存在着一股强大的顽固守旧势力，这些人表面看来非常爱国，与外国列强势不两立，有人甚至连洋人都不愿瞧一眼，但他们"制夷"的武器，不过是传统的"夷夏之防"观念，因此，他们对任何外来事物都持排斥和鄙视的态度，反对一切向外国学习的行为，"一言学之，则骂之耻之"，甚至攻击主张"师夷"的人是"以夷变夏"的"士林败类"。对于这种只讲"制夷"而反对"师夷"的盲目排外主义，一些思想家予以了严正批判。如冯桂芬在《校邠庐抗议》中便批判这种观点是"迂阔之论"[3]。梁启超称这种观点是"不健全之爱国论"，并一针见血地提出："欲闭关自守以冀绝外患者，中国人至愚极陋之言也。"[4]它只会"长国民故见自封之习，而窒其虚受

---

[1] 如梁启超就认为，要"抵挡列强之民族帝国主义"，就要"强吾国"；而要"强吾国"，则不可不博考各国民族所以自立之道，汇择其长者而取之，以补我之所未及"（《新民说》，载《饮冰室合集》第6册，专集之四，第6页）。陈天华在《警世钟》也提出，中国人"越恨他（指西方列强——引者），越要学他；越学他，越能报（指抵抗——引者）他，不学断不能报"（《陈天华集》，第84页）。

[2] 陈天华：《警世钟》，载刘晴波、彭国兴编《陈天华集》，湖南人民出版社，1958，第83页。

[3] 冯桂芬：《校邠庐抗议·制洋器议》，载《采西学议——冯桂芬 马建忠集》，第78页。

[4] 梁启超：《湖南时务学堂答问》，载李华兴、吴嘉勋编《梁启超选集》，上海人民出版社，1984，第66页。

进取之心"，"最足为国家进步之障者"。① 严复在《救亡决论》中嘲讽这种"以恶其人，而废其学"的盲目排外主义，如同见仇人持刀就告诫家人勿持寸铁，见仇人积粮就严禁家人种田一样的荒谬可笑。还有人指斥"谓求学外人为可耻者"，是"八股之徒"，认为这种反对向西方学习的"守旧主义"的结果，是"亡国亡种"，因为"我中国前此以大部不能敌野蛮之部族，今日焉能徒手以敌欧美之列强也"。②

　　二是虽讲"师夷"，但主张西化或全盘西化的盲目崇外主义。与盲目排外主义相反，自鸦片战争以来，尤其是到了 1895 年之后出现了一股主张西化或全盘西化的盲目崇外主义思潮，此种思潮认为，中国的一切都比西方落后，一切都不如人，因此，西化或全盘西化才是中国的唯一出路。1898年，湖南的维新志士樊锥在《湘报》撰文提出，中国的"一切繁礼细故，猥尊鄙贵，文武名场，恶例劣范，铨选档册，谬条乱章，大政鸿法，普宪均律，四民学校，风情土俗，一革从前，搜索无剩，唯泰西者是效，用孔子纪年，除拜跪繁节，以与彼见而道群"③。另一位维新志士易鼐在《中国宜以弱为强说》中同样主张，中国如果"欲毅然自立于五洲之间，使敦盘之会以平等待我"，则必须"改正朔，易服色，一切制度，悉从泰西，入万国公会，遵万国公法，庶各国知我励精图治，斩然一新"。④ 从字面上看，"唯泰西者是效"和"悉从泰西"，当然是主张西化，甚至是全盘西化，但从前后行文以及樊锥和易鼐的整个言论和思想来看，我们并不能得出有的研究者所得出的他们主张"全盘西化"的结论。⑤ 尤需指出的是，樊锥和易鼐的上述主张并不是通过对中西文化的全面比较后提出的，和当时大多数从未出过国门的士大夫一样，他们对西方文化并没有多少真正的深入了解。也正因此，他们的"唯泰西是效"和"悉从泰西"主张提出后，并没有产生多少社会影响。到了 20 世纪初，所谓"欧化""欧化主义"这一类表示"西化"的名词在报刊上已屡见不鲜。1907 年 6 月由吴稚晖、李石曾创办的《新世纪》

① 梁启超：《国民浅训》，载《饮冰室合集》第 8 册，专集之三十二，第 18 页。
② 《劝同乡父老遣子弟航洋游学书》，《游学译编》第 6 册，1903 年 4 月 12 日。
③ 樊锥：《开诚篇三》，《湘报》第 24 号，1898 年 4 月 2 日。
④ 易鼐：《中国宜以弱为强说》，《湘报》第 20 号，1898 年 3 月 29 日。
⑤ 如台湾的王尔敏先生就将樊锥和易鼐视为中国"全盘西化"论的鼻祖（见王尔敏《中国近代思想史论》，社会科学文献出版社，2003，第 152 页）。

周刊，既是革命派内部一个宣传无政府主义的刊物，也大力宣传提倡过所谓"欧化主义"。该刊认为，中国这个数千年的老大帝国的所谓"国粹"，已成了"陈尸枯骨"，虽欲保存，但其"臭味污秽，令人掩鼻作呕"，只能起阻碍青年吸收新理新学的作用，而不会有其他任何积极意义。西方新的文明既已诞生，那么，已成为"陈迹"的中国过去的一切历史文化，自然"当在淘汰之列"，"醉心欧化"才是中国文化的唯一选择。

对于这种主张西化或全盘西化的盲目崇外主义，大多数思想家是不赞成的。梁启超就明确表示，他既反对视欧人为"蛇蝎"的排外主义，也不赞成视欧人为"神明，崇之拜之，献媚之，乞怜之"的崇外主义。[1] 在他看来，外国的确有许多好的、值得我们学习的东西，但也有很多不能学习、不值得学习和无法学习的东西，因此，我们学习要有所选择，不能不加分别地把外国的都学过来，尤其不能有一种崇拜外国的奴隶性，如果"脱崇拜古人之奴隶性，而复生出一种崇拜外人、蔑视本族之奴隶性"，这是得不偿失的事情。[2] 和梁启超一样，孙中山也既反对盲目的排外主义，也不赞成盲目的崇外主义，他后来在《三民主义》的演讲中对这两种主义都提出了批评。他说："中国从前是守旧的，在守旧的时候总是反对外国，极端信仰中国要比外国好；后来失败，便不守旧，要去维新，反过来极端的崇拜外国，信仰外国是比中国好。因为信仰外国，所以把中国的旧东西都不要，事事都是仿效外国；只要听到外国有的东西，我们便要去学，便要拿来实行。"[3] 他认为，这两种观点都要不得，都不是对待外来文化应有的态度。1905 年创刊的《二十世纪之支那》在其创刊词中对"媚外"和"排外"这两种对待西方文化的态度都进行了批判，指出"媚外者固足以亡其国，而排外者亦足以促其亡也"。[4]

"师夷制夷"的反侵略思想虽然与盲目排外主义和盲目崇外主义这两种错误思想区别了开来，是鸦片战争以来正确的反侵略思想，但和"以武制夷""以夷制夷""以民制夷"等反侵略思想一样，"师夷制夷"的成效亦不

① 梁启超：《忧国与爱国》，载《饮冰室合集》第 6 册，专集之二，第 40 页。
② 梁启超：《论中国学术思想变迁之大势》，载《饮冰室合集》第 1 册，文集之六，第 3 页。
③ 孙中山：《三民主义》，载《孙中山全集》第九卷，中华书局，1986，第 316—317 页。
④ 卫种：《二十世纪之支那初言》，《二十世纪之支那》第 1 期，1905 年 6 月。

明显，它并没有制止住西方资本主义列强和明治维新后不断走向对外扩张的日本对中国的侵略，学习西方器物的洋务运动和学习西方制度的维新变法与辛亥革命最后都以遭受挫折和失败而告结束。

除了"以战制夷""以夷制夷""以民制夷""师夷制夷"外，鸦片战争以来中国人民还提出了其他一些反侵略思想，如早期维新思想家提出的"商战"思想和主张，19世纪末20世纪初提出的"教育救国""实业救国"思想和主张，由于这方面的内容在本卷有关章节中已有阐述，此不展开。

五、反侵略斗争的特点和思想意义

反对外来侵略，是中华民族的优良传统，也是鸦片战争以来重要的思想之一。鸦片战争以来有见识的或进步的思想家，也都是反对外来侵略的爱国者，从林则徐、包世臣、魏源、姚莹，到洪秀全、洪仁玕；从冯桂芬、左宗棠、张之洞，到王韬、薛福成、马建忠、郑观应；从康有为、梁启超、谭嗣同、严复，到孙中山、陈天华、邹容、章太炎，其反侵略思想是他们整个思想的重要组成部分。至于广大人民群众，他们更是反对外来侵略的主力军，正是他们所掀起的一次又一次的反侵略斗争，以及在反侵略战场上的浴血奋战，给侵略者以沉重打击，才阻止了帝国主义企图瓜分中国的阴谋。

鸦片战争以来中国人民反侵略斗争的一个显著特点，是具有广泛的群众性。这一特点是由当时社会的主要矛盾决定的。众所周知，鸦片战争以来中国社会的主要矛盾有两个：一是资本主义列强亦即后来的帝国主义与中华民族的矛盾，二是封建主义与人民大众的矛盾。这第一个矛盾决定了鸦片战争以来中国人民反侵略斗争是在统一的中华民族反抗资本主义列强亦即后来的帝国主义侵略的斗争中表现出来的，具有广泛的群众性。这体现在两个方面：一方面，在资本主义列强亦即后来的帝国主义侵略面前，中国各族人民空前团结，联合作战，同仇敌忾，共同抗击侵略者；另一方面，在抵御外侮、捍卫国家的独立和主权的斗争中，除少数民族败类外，社会各阶级、阶层和政治集团都做出过他们自己的贡献。

首先，就第一方面而言，在第一次鸦片战争中，汉、满、蒙等各族将士为着中华民族的根本利益，相互支援，并肩作战。1841年1月初，英军发

动突然袭击，攻占大角、沙角炮台，土家族将领陈连升、陈举鹏父子及土
家族、苗族守台官兵 600 多人全部壮烈牺牲。在近代中国抗击外国侵略者
的斗争中，陈连升是第一位为国捐躯的少数民族将领。1842 年 7 月，英军
进攻镇江，副都统海龄（满族）率 4000 余名满、蒙、汉族将士殊死抵抗，
终因力量悬殊，守军全部战死，镇江失守。第一次鸦片战争中为国捐躯的
少数民族将领还有定海三总兵之一的郑国鸿（回族）、两江总督裕谦（蒙古
族）等。为国捐躯的汉族将领更多。这说明反抗西方列强的侵略是整个中
华民族的神圣事业。在此后的其他几次大的反侵略战争中，如第二次鸦片
战争、中法战争、中日战争、抗击八国联军的战争等，都活跃着各民族将
士的身影，也都有各民族将士流血牺牲。

除了在几次大的反侵略战争中与侵略者浴血奋战外，中国边疆和边远
地区的各族人民还为保卫祖国边疆免遭外国侵略者的侵犯，进行过英勇悲
壮的斗争。如世代居住在西北边疆的中国哈萨克、维吾尔、蒙古等各族群
众，在祖国遭受沙俄的侵略时，自动协助清军守卫边疆。蒙古族的扎萨克
地方首领图布新柯什克挑选青壮年千余名，组成队伍，准备一旦俄人"逞
兵内窜，伊等即带兵丁前来助守"。居住在伊犁的哈萨克、维吾尔等少数民
族人民，面对沙俄入侵，"皆有愤发思战之心"，并积极做好清军的后勤保
障工作，"供给马羊"。[①] 世代居住在黑龙江、乌苏里江两岸的中国满族、赫
哲族、鄂伦春族、汉族等各族群众，也积极协助清军守卫祖国领土，抵抗
沙俄军队的侵犯。居住在云南、广西、西藏边境的汉族、藏族、回族、苗
族、傣族、壮族、瑶族、白族等民族，同样为保卫祖国的西南边疆与侵略
者进行过可歌可泣的斗争，如中法战争中的镇南关大捷，就有当地壮、瑶、
白族群众数百人参战，刘永福率领的由各族群众组成的黑旗军，曾屡创法
军，给侵略者以沉重打击。尤其是台湾各族人民，自第一次鸦片战争开始，
就多次抗击过外国侵略者的侵犯。中日甲午战争，以中国被迫签订《马关
条约》而结束。当台湾各族人民获悉清政府已将台湾割让给日本的消息后，
"骤闻之，若午夜暴闻轰雷，惊骇无人色，奔走相告，聚哭于市中，夜以继

---

① 中华书局编辑部李书源整理《筹办夷务始末（同治朝）》第四册，第 2169—2174 页。

日，哭声达于四野"①。他们相继鸣锣罢市，抗议清政府的卖国行径，并发布檄文，表示出"愿人人战死而失台，决不愿拱手而让台"的决心。在之后保卫台湾的战斗中，不畏强暴的台湾各族人民在外援尽失的艰苦条件下，先后战斗 100 多次，抗击日本三个近代化师团和一支海军舰队，打死打伤日军 32000 多人，最后因弹尽粮绝而失败。台湾各族人民为保卫祖国神圣领土，写下了可歌可泣的一页。

其次，从第二方面来看，无论是旧有的农民阶级和地主阶级，还是新生的民族资产阶级，（无产阶级虽是新生的阶级，但在这时它还没有登上政治舞台，政治上没有独立性）都产生过杰出的反对外来侵略的爱国主义者，如林则徐、魏源、左宗棠（属于地主阶级）、洪秀全、洪仁玕（属于农民阶级）、康有为、梁启超、孙中山、陈天华、章太炎（属于民族资产阶级）等；也都提出过具有广泛影响的反侵略思想，如魏源提出的"师夷之长技以制夷"，义和团提出的"扶清灭洋"，维新派提出的"救亡图存"，孙中山提出的"振兴中华"，梁启超提出的"民族帝国主义"概念；并且都发动过大规模的有成千上万群众参加的反侵略斗争，如由地主阶级士绅领导、广大人民群众参加的反进城斗争和反洋教运动，以农民为主力军和领导者的义和团运动，由民族资产阶级领导、有广大市民参加的抵制美货运动、收回利权运动，等等。

就农民阶级、地主阶级和民族资产阶级的比较而言，由于农民阶级不是新的生产力的代表者，加上长期受封建地主阶级的压迫与剥削，得不到受教育的权利而愚昧无知，他们的反侵略斗争及其思想往往表现为盲目的排外主义，其反侵略的爱国热情也容易被封建统治者所利用，1900 年兴起的义和团运动就是其例证。地主阶级中的顽固守旧势力，如我们已指出的那样，他们表面上很爱国，对西方列强似乎有深仇大恨，但他们坚持传统的"夷夏之辨"的观念不变，反对向西方学习，是盲目的排外主义者，其思想毫无可取之处。地主阶级中的改革派，一般来说较顽固守旧派思想开明，也愿意接受新生事物，对西方社会和文化有一定了解，在新生的民族资产阶级没有正式登上历史舞台之前，他们充当着反侵略思想的阐述者和反侵

①　江山渊：《徐骧传》，《小说月报》第 9 卷第 3 号，1918 年 3 月 25 日。

略斗争的领导人这样的双重角色，其反侵略思想的最高成就是魏源提出的"师夷之长技以制夷"的主张。作为新的生产力的代表者，新生的民族资产阶级的反侵略思想比起农民阶级和地主阶级的反侵略思想来说，毫无疑问要丰富得多，进步得多，也更具有时代的特色。首先，他们不仅摒弃了盲目的排外主义，而且认识到"夷之长技"不仅在船坚炮利和西艺西学，而且还在民权思想和政治制度；其次，他们把救亡图存与思想启蒙结合了起来，以救亡推进启蒙，又以启蒙促进救亡，实现了救亡与启蒙的双重合奏；最后，他们对帝国主义的本质以及帝国主义与清王朝之间关系的认识有了长足进步，不仅提出了民族帝国主义、民族建国主义等概念，而且还提出了各被压迫民族联合反帝的思想，认识到只有变革或推翻封建专制制度，中华民族才有可能立于世界民族之林，爱国主义开始与民主主义实现结合（详见本卷有关章节）。

鸦片战争时期的徐继畬是抵抗派，还是投降派？是爱国者，还是卖国者？自鸦片战争以来就一直存在着争论。这也涉及如何认识晚清乃至中国近代史上的抵抗与投降、爱国与卖国的问题。本书认为在讨论这一问题之前，有几个原则必须确立，即：第一，抵抗侵略是爱国，但盲目排外绝不是爱国；第二，对外投降是卖国，但理性外交绝不是卖国；第三，对外开放也是近代爱国主义应有的题中之义。

我们先来谈抵抗侵略是爱国，但盲目排外绝不是爱国的问题。如前所述，自1840年鸦片战争起，西方资本主义列强以及后来的日本曾先后发动过无数次侵略中国的战争。在西方资本主义列强以及日本的侵略面前，中国各族人民空前团结，联合作战，同仇敌忾，共同抗击侵略者，并涌现出了像第一次鸦片战争中的关天培、陈连升、海龄、郑国鸿、裕谦等那样的为国捐躯的爱国将领，以及像林则徐那样的不畏强暴，收缴和焚毁鸦片，抵御侵略，捍卫民族尊严的民族英雄。关天培、林则徐等人是当之无愧的爱国者。对此，恐怕没有人会提出异议。但我们也必须承认，在近代中国，尤其是在晚清，也发生过一些盲目的排外事件，凡是外国的人，外国的事，外国的货物，外国的文化，外国的制度，不问青红皂白，一概予以反对；有些人看起来很爱国，与外国列强势不两立，甚至连外国人都不愿多瞧一眼，但他们排外的武器，不过是传统的"夷夏之辨"观念。因此，他们对任何外来事物都持排斥和鄙视的态度，反对一切向外国学习的行为，"一言学之，则骂之耻之"，甚至攻击主张向西方学习的人是"以夷变夏"的"士林败类"。对于这些排外事件和排外人物，我们则不能以爱国视之，因为历史已经证明，盲目排外不是爱国，而是误国。洋务运动时期的倭仁就是此类人物的典型。

就像我们说抵抗外来侵略是爱国一样，说对外投降是卖国大概也不会有人提出相反的意见。但"投降"二字应有严格的界定，不能动不动就给人扣上一顶"投降"的帽子。顾名思义，所谓投降，是指在一定的压力下，为保全个人或小部分人（如某一集团、党派甚至某个阶级）的利益，以牺牲国家和民族的根本利益或重大原则为代价，向敌对一方屈服的行为。如晚清的实际统治者慈禧，为了换取外国侵略者对自己利用义和团的"扶清灭洋"向八国联军宣战的原谅，宣布要"量中华之物力，结与国之欢心"，并最终与侵略者签订了中国近代史上丧权辱国最为严重的《辛丑条约》；像汪精卫的叛国投敌；如此等等。慈禧和汪精卫及其类似人物也因此而被永远地钉在了卖国者的耻辱柱上。在中国近代史上，对外关系中有"投降"，但更多的是"妥协"。长期以来，人们往往把"投降"与"妥协"两词连用，称"妥协投降"或"投降妥协"，实际上这两个词之间是有重大区别的。凡略具政治和外交常识的人都了解，妥协是政治和外交活动中司空见惯的现象，国与国之间许多交涉和协议的达成，就是当事国双方互相妥协的结果。就近代中国而言，由于当时的中国是一个积贫积弱的落后国家，而与之打交道的都是一些贪得无厌的西方资本主义列强和穷凶极恶的日本，所以在外交谈判或活动中，往往是中国被迫做出更多的妥协或让步，从而使中国的主权和利益受到了较大的损害。中国近代史上的许多不平等条约就是这样签订的。对这类妥协，当然要给予批判和谴责，但它们和"投降"还是有所不同，我们也不能说主持签订这类协议的人都是卖国者。如果按照传统的观念，凡是"妥协"，就是"投降"，就是"卖国"，那中国近代史上的领导人，尤其是主持外交的领导人，可能没有人不是"卖国者"的。因为弱国无外交，国与国之间的交往，依据的是实力，当一个弱国与一个强国交涉或谈判时，被迫做出更多的妥协或让步的只能是弱国。

除了上述"妥协"外，还有一类"妥协"，就是灵活地运用国际公法、条约制度和外交策略，进行有理、有利、有节的斗争，化解而不是激化与西方列强的矛盾，以最小限度的"妥协"而达到最大限度地维护国家和民族之根本利益的目的。这类"妥协"，可以称之为"理性外交"。"理性外交"要获得成功，需要操盘手有高超的外交艺术，有非同寻常的胆略和理性思维。这类"理性外交"是弱国所应主张和追求的。但在近代中国，由于西方资本主义列强以及日本对中国的野蛮侵略、掠夺和蹂躏，中华民族与它们的矛盾异常尖锐和激烈，加上受传统的"非我族类，其心必异"之"夷夏大防"观念的影响，在普通民众甚至部分的上层社会中存在着一种仇视外人的情绪和心理，这也是上面讲的"盲目排外"所以能够发动起来的社会原因。因此，这种理性外交往往得不到社会的认同和支持，甚至主张和实施"理性外交"的人经常被视为向外国人"投降"的"卖国者"而陷于人人喊打的境地。作为当今的学者，我们可以"同情地理解"时人的仇外心理和他们对"理性外交"的反对，但绝不可以受其影响，把"理性外交"与"对外投降"等同起来，一概斥之为"卖国"。

为什么说"对外开放也是近代爱国主义应有的题中之义"呢？这主要是由近代中国所面临的主要任务决定的。因为如本书绪论所指出的那样，近代中国所面临的主要任务，一是民族独立，二是社会进步。民族独立和社会进步相依相存，民族独立是实现社会进步的保障，而社会进步又有利于民族独立的实现。而要实现社会进步，亦就是实现中国社会从传统向近代的转变，就必须对外开放，向已进入近代资本主义社会的西方各国学习。众所周知，中国之所以从一个先进、富强的国家变成了一个落后、贫弱的国家，并在第一次鸦片战争中被远道而来的"岛夷"英国打败，其原因就在于中国闭关自守，故步自封，不思进取，无论是社会经济，还是政治制度，或文化教育，都已远远落后于西方资本主义各国。因此，中国要改变落后的局面，就必须对外开放，向西方资本主义各国学习。对外开放，向西方学习，可以说是自鸦片战争以后的时代主题或历史潮流。但冰冻三尺，非一日之寒。中国是一个有着几千年文明史的国家，其社会经济、政治制度和文化教育不仅历史悠久，发展完善，具有超强的稳定性，而且还具有极强的历史惰性，加上受传统的"华夏中心""夷夏之辨"和"天朝上国"之观念的影响，要对外开放、向西方学习，谈何容易，尤其是在沉重而古老的国门刚刚被西方列强用大炮轰开的 19 世纪的四五十年代，那时候提出对外开放是要有眼光、胆识和勇气的。我们之所以肯定魏源，其原因也就在于魏源于鸦片战争结束之后不久便在《海国图志》中提出了"师夷之长技以制夷"的主张，从而开启了近代中国对外开放、向西方学习的新潮流。既然近代中国所面临的主要任务是民族独立和社会进步，而要实现社会进步，就必须对外开放，向西方学习，那么，对外开放也就理所当然地应该成为近代爱国主义应有的题中之义，那些主张对外开放并为此做出过重要贡献的人，比如魏源，理所当然地也应该被纳入爱国者的行列。

　　依据上述三个原则，本书认为徐继畬不是投降派，而是抵抗派；不是卖国者，而是爱国者。这可以从他在鸦片战争期间和鸦片战争后的一系列表现中得到证明。鸦片战争爆发前，徐继畬任福建西北的延建邵道。鸦片战争爆发后，为加强福建沿海防卫，清政府将徐继畬调署福建东南的汀漳龙道，驻节漳州。当时英军攻打厦门甚急，而漳州距厦门仅 70 里路，并且有一水路相通，居民一日数惊，人心惶惶。徐继畬到任后，立即采取措施，"调兵、募勇、运米、拦港、劝练"，加强防守。英军知道有备，没有发动进攻，防区幸得无事。在将近两年的抗英斗争中，徐继畬都能恪尽职守，努力做好抵抗英军侵略的准备，尤其是当厦门失守，漳州告急时，他临危不惧，决心"与此土共安危，与此城共存亡"。他曾对夫人说："城如不保，陈忠愍公祠（前明壬午全家殉难，仅乳母带男婴逃走，署内有陈子祠堂——引者）内，吾尽节处也，卿且奈何？"夫人笑答说："相从俱死耳，此事且待商量！"[1] 夫妻双双所表现出来的为国尽忠的民族气节，令人感佩。他称赞在镇海抗英斗争中"以灭贼自任，力竭而死"的钦差大臣裕谦为"豪杰之士"，"天下悲之"。[2] 就鸦片战争中徐继畬的整个表现来看，他是一个具有民族气节的尽职尽责的抵抗派。

　　鸦片战争结束后，徐继畬先后担任福建布政使和福建巡抚，主持厦门、福州的对外通商事务。在此期间，曾先后发生过福州英人欺侮民人事件，葡属黑人淹波罗吐和含璧杀死杀伤民人事件，以及英国传教士等租住神光

---

[1] 徐继畬：《续夫人家传》，载《松龛先生全集·徐氏本支叙传》，收入沈云龙主编《近代中国史料丛刊续编》第四十二辑，（台北）文海出版社，影印本，1977，第 38 页。

[2] 徐继畬：《致赵盘文明经谢石珊孝廉书》，载《松龛先生全集·文集》卷三，第 6 页。

寺事件。就徐继畬对这几起事件的处理来看，他采取的是一种理性的"两不偏袒"的稳健态度，依法办理，以图将大事化小，小事化了，尽管在某些方面有不妥之处，但大的方面并无什么不当。有的人认为徐继畬在处理英国传教士等租住神光寺事件上，与林则徐等地方绅士意见相左，对外国列强过于软弱，甚至是妥协投降，而妥协投降，就等于卖国，所以徐继畬不是爱国者，而是卖国者。此言值得商榷。因为和林则徐等地方绅士一样，徐继畬也不赞成英国传教士等违背有关条约的规定，租住乌石山下之神光寺两间房屋，当他得知侯官知县兴廉未经禀商，即擅自在英翻译官金执尔代替传教士签订的租约上加盖公印后，即嘱令兴廉与金执尔交涉，令其在城外另行租赁，"断不听其入城居住"。徐继畬和林则徐等地方绅士在此问题上的分歧，并非如有的人所认为的那样，是反对外国侵略（林则徐等地方绅士）与对外妥协投降（徐继畬及闽浙总督刘韵珂）的分歧，而是采取什么样的手段——激烈（林则徐等地方绅士）还是缓和（徐继畬）——将英国人驱逐出城的分歧。在给清帝的上奏中，徐继畬认为在英人租屋一事上，他"与绅士虽有缓急之分，然皆坚意驱逐，并无歧异不同之处"①。概而言之，林则徐等地方绅士主张调兵、演炮、募勇，用示威等强硬手段将英人立即驱逐出城；而徐继畬则担心用强硬手段会引起节外生枝，"枝节一生，不可收拾"②，因而主张用劝说和制造种种不便的办法使英人在六个月租约期满后或提前搬至城外，从而维持福建地区自鸦片战争后"夷民两安"的和好局面。应该承认，与林则徐等地方绅士比较，徐继畬在处理英国传教士等租住神光寺事件上要更理性一些。因为：（一）一两个英国人租住城内房屋，并不是一件了不起的大事，不值得大动干戈，激化与英国的矛盾；（二）是早一天（立即）将英人驱逐出城，还是晚一天（租约期满）使他们搬到城外去，实际上也无关大局，不涉及国家的主权问题；（三）在当时的情况下，如果因此小事而引起外交纠纷，甚至战争，对中国并没有好处。就此而言，在处理英国传教士等租住神光寺这事件上，"投降"和"卖国"的帽子是怎么也戴不到徐继畬头上去的。

---

① 徐继畬：《复官绅意见不合疏》，载《松龛先生全集·奏疏》卷上，第37页。
② 徐继畬：《复官绅意见不合疏》，载《松龛先生全集·奏疏》卷上，第37页。

徐继畬还是中国最早"开眼看世界"的先进人物之一，为近代中国的对外开放，向西方学习做出过重要贡献。我们前面已经提出，近代中国所面临的主要任务是民族独立和社会进步，而要实现社会进步，就必须对外开放，向西方学习。但对外开放，向西方学习的前提，是"开眼看世界"，了解和认识西方。因为，只有"开眼看世界"，在了解和认识西方的过程中，才有可能发现自己的落后，也只有认识到了自己的落后，才有可能提出对外开放、向西方学习的要求。否则，总认为中国是"天朝上国"，物产丰美，天下第一，这怎么能产生对外开放、向西方学习的欲望或要求呢！所以第一次鸦片战争结束前后，一些先进的中国人开始"开眼看世界"，先后编撰了20多部介绍西方历史地理的书籍，其中包括徐继畬1848年完成的《瀛寰志略》。作为近代中国第一批"开眼看世界"的先进人物，徐继畬在《瀛寰志略》中对世界大势做了较为全面系统的介绍，无论是资料的准确性，还是叙述的科学性，在当时所有的中国人编撰的世界历史地理书中都无出其右者，这当然也包括魏源的《海国图志》。换言之，《瀛寰志略》是当时中国人编撰的最高水平的世界历史地理书。徐继畬的《瀛寰志略》对世界各大势的介绍，不仅使长期生活在与世隔绝状况下的中国人对外部世界有了一定了解，这在客观上有利于打破传统的"天下观"对人们思想的束缚和近代世界意识的形成；同时也有利于国人从"天朝上国"的虚骄自大的心态中解脱出来，通过与欧美各国的比较，认识到自己的不足和落后。如前所述，只有认识并且承认自己的不足和落后，才有可能产生对外开放、向西方国家学习的冲动和要求。就此而言，和魏源一样，徐继畬也是中国近代史上最早主张对外开放的爱国主义者。

　　反侵略思想是鸦片战争以来的重要思想之一，在中国历史的长河中占有非常重要的地位。概而言之，其思想意义主要有三点：（一）丰富了反侵略的思想内容。反对外来侵略是中华民族的优良传统，中国古代史上，一代又一代的中华儿女反抗民族压迫和外来侵略，维护民族团结和祖国统一，谱写出一曲曲动人的诗篇，涌现了一大批可歌可泣的民族英雄。鸦片战争以来的反侵略思想在继承古代反侵略思想的基础上，把反对外来侵略与学习侵略者的"长技"结合起来，从而极大地丰富了反侵略思想的内容。（二）阻止了帝国主义瓜分中国的阴谋。自第一次鸦片战争后，西方列强就一直想把中国变成他们的殖民地。甲午战争后，帝国主义又掀起了以强租海港、划分势力范围为特征的瓜分中国的狂潮。西方列强之所以没有把中国变成完全的殖民地，帝国主义之所以未能实现他们的瓜分中国的阴谋，除他们之间的矛盾外，最根本的原因便是中国各族人民的反侵略斗争及显示出来的伟大力量。（三）推动了近代中国尤其是晚清的社会进步。反侵略思想不仅激励着人们投身反对列强侵略的斗争行列，也激励着人们投身社会变革以及实业救国、教育救国、科学救国、学术救国等各种救国运动。清末一位湖南籍留日学生对此曾做过概括的说明：“今日国势，危险极矣，仁人志士，奔走骇汗，大声疾呼，日谋所以救亡之法。愤于国力之弱也，则曰讲求武备；痛于民生之窘也，则曰讲求实业。政体不更，宪法不立，而武备、实业终莫能兴也，则曰讲求政治，讲求法律。民智不开，民气不伸，而政治、法律卒皆莫能变也，则曰讲求学问，讲求教育。”[1]甲午战后，日益严重的民族危机，促使许多爱国志士走上了维新变法的道路，因为他们认识到，“要救国，只有维新”。20世纪初，又有许多留日学生和青年知识分子，因爱国而放弃改良，转向革命。因为清朝已成为“洋人的朝廷”这一事实，使他们认识到，要救国必须推翻清王朝。与此同时，面对甲午战后帝国主义资本输出的严重威胁，一些爱国之士发出了实业救国的呼声，提出了自办铁路、“设厂自救”以“抵制洋商洋厂”的主张，从而促进了民族资本主义的初步发展；20世纪初的“抵制美货”和“收回利权”等爱国运动，对资本主义的发展同样起过非常重要的促进作用。而“民族资本主义的发展，又为资产阶级的维新和革命提供了一定的物质基础和阶级基础。维新运动的高潮与夭折，辛亥革命的胜利与失败，是同民族资本主义的发展及其发展不充分直接联系着的”。[2]

①《与同志书》，《游学译编》第7册，1903年5月11日。
② 吴雁南、冯祖贻、苏中立主编《清末社会思潮》，福建人民出版社，1990，第88页。

第二节　反"洋教"思想及其局限

一、"洋教"在中国的传播和它的"两面性"

基督教于唐代、元代以及明清之际皆曾传入中国，而近代以来的基督教东传范围最广、程度最深、影响亦最大。明清之际的基督教东传，传教士主要为耶稣会士，因利玛窦等人的惨淡经营而渐卓有成效。然因关于是否允许中国教徒祭祖祭孔的"礼仪之争"等原因触怒清政府，加上传教士卷入康熙晚年夺嫡之争，雍正初年，清政府正式执行禁教政策，其措施包括驱逐传教士至广州（后又驱至澳门），改天主堂为公所，严禁国人信教等。此禁教政策后成为清政府的基本国策，多次被重申，如1793年乾隆皇帝在给马戈尔尼使团的回信中即重申："至于尔国所奉之天主教，原系西洋各国向奉之教，天朝自开辟以来，圣帝明王，垂教创法，四方亿兆率由有素，不敢惑于异说。即在京当差之西洋人等，居住在堂，亦不准与中国人民交结；妄行传教，尤属不可。"[①]从雍正初年至鸦片战争后清政府正式弛禁基督教的120余年间被称为"百年禁教"时期，此阶段传教士及教众受到沉重压制，处于地下状态，处境凄凉，挣扎求生，传教的中心转为澳门甚至南洋地区。

1807年，英国伦敦会传教士马礼逊到达广州，开始了新教对华传教的历史。由于清政府的禁教政策和葡萄牙天主教传教士的排斥，马礼逊的传教工作无法开展，其精力主要用在学习中文上，后与英国女子玛利亚·摩顿成婚，而玛利亚·摩顿的父亲供职于东印度公司，在他的推荐下，马礼逊受雇于东印度公司成为一名翻译。当时，伦敦会对马礼逊来华的指令为："我们相信你能够继续留在广州而不致遭到反对，一直住到你能达到完全学会中文的目标。然后你可转到另一个方向使用你的中文知识做对世界广泛有益的事：一是你可编纂一部中文字典，要超过以前任何这类字典；二是

---

① 梁廷枏：《粤海关志》，广东人民出版社，2014，第463页。

你可把圣经翻译成中文，好使世界三分之一的人口，能够直接阅读中文圣经。"① 即学习中文、编纂字典和翻译《圣经》。马礼逊以大英博物馆中的"巴色译本"《圣经》为基础，从 1808 年开始，历时五年将《新约全书》翻译为中文。自 1814 年开始又在助手米怜的帮助下，历时五年将《旧约全书》翻译完成，从而形成了《圣经》的第一个完整中文译本。在译经的同时，马礼逊也着手编纂《英华字典》，并最终于 1823 年完成了三部六卷本的字典编纂。

在马礼逊的一再请求下，1813 年伦敦会又派遣米怜夫妇来华担任马礼逊的助手，经过艰难探索和考察，马礼逊最终决定将其传教基地建在南洋马六甲，并拟定了"恒河外方布道计划"，其内容包括：（一）由于中国的现状不允许传教事业举办印刷和其他几种事业，甚至个人居留亦不能确定，故必须在信奉基督教的欧洲政府治下的地域，另觅一处邻近中国的基地，成立中国传教事业总部；（二）一俟米怜到马六甲，立即购置地产；（三）尽快开办免收学费的中文书院；（四）拟在马六甲发行中国期刊；（五）总部将以中国事业为对象，但也包括其他；（六）联合中国、马来亚及印度的其他传道会；（七）举办中文、马来文及英文的印刷事业；（八）拟编一份英文期刊，促进教会之间的联合；（九）总部常以中国语言礼拜；等等。② 该计划得到伦敦会的支持，1815 年马礼逊、米怜等在马六甲建立了一个印刷所并创办了《察世俗每月统记传》，是为西方传教士来华后创办的第一家中文报刊。而应马礼逊、米怜请求，1817 年伦敦会又将麦都思派遣至马六甲，担任米怜的助手兼职印刷技师，负责协助管理印刷所并编辑《察世俗每月统记传》。

1818 年，伦敦会又在马六甲成立了集教育、出版、传教于一身的英华书院，由米怜担任院长，马礼逊任校监，是为传教士开办的第一所中文学校，亦为近代中国教会学校之滥觞，也是第一所主要面向华人的新式学校，课程包括英文、中文、数学、天文、地理、历史、伦理及哲学，其宗旨是"交互培养中国和欧洲文学，一方面向欧洲人教授中国文字和文学，另一方面向恒河外各个讲中文的国家如中国、安南和中国东部的藩属琉球、朝鲜、日本等教授英语，以及欧洲文学和科学"。其最终目的则如马礼逊所述，"文

---

① 马礼逊夫人编《马礼逊回忆录》，顾长声译，广西师范大学出版社，2004，第 25—26 页。
② 顾卫民：《基督教与近代中国社会》，上海人民出版社，2010，第 81 页。

学培养不是学院最终的目标，而只是在上帝神灵的福佑下，作为一种使恒河外方读或说中文的各族皈依基督信仰的手段"。其规模起初较小，1818 年仅 7 人，1821 年增至 10—11 人，1824—1826 年增至 26 人，1833 年增至 32 人，1835—1839 年增至 70 人。① 英华书院于 1843 年迁往香港，在马六甲的 25 年间，英华书院毕业生虽然大多数并不从事宣教事业，然其中亦有不少传教士，其中外籍者如马礼逊之子马儒略，以及宏富礼、高大卫等，中国籍最著名者则为何进善，后成为近代中国第一位华人牧师，是本书第三章讲到的早期维新思想家、《新政真诠》作者之一的何启之父。除了教育事业外，书院印刷事业也蓬勃展开，《察世俗每月统记传》之外，书院于 1817 年 5 月创刊了英文季刊《印中搜闻》，由米怜编辑。英华书院院长吉德在 1828 年创办并编辑《天下新闻》。1823 年，马礼逊翻译的全套《圣经》中译本以木版雕刻方式在英华书院印刷所全部刊印完毕，此外书院还出版了大量劝教书、圣史、传教史及传教士回忆录，以及其他一些世俗书籍。据熊月之《西学东渐与晚清社会》一书的统计，1842 年以前，传教士出版中文书籍共 147 种，英华书院印刷出版的即达 47 种。

马礼逊与美国教会关系密切，在马礼逊的多次呼吁下，1830 年美国公理会传教士裨治文被派往中国，成为美国第一位来华的新教传教士，一同抵达中国的还有雅裨理，其受"美国海员之友会"聘请，负责向停泊黄埔港的外国水手布道。最初，裨治文主要从事译经活动，并于 1832 年 5 月创办了英文期刊《中国丛报》。为了更好地推进《中国丛报》的工作，1833 年，美国公理会派遣卫三畏来华以辅助裨治文。卫三畏在到达十三行的第二年，就在美国商馆后建成"公理会广州印刷所"，从事《中国丛报》杂志及各类书籍、宣传册的印刷。裨治文最大的贡献则在于从事了相当多的传教组织的建设。1830 年裨治文与马礼逊、雅裨理联合发起成立了广州基督徒联合会，此后又参与了创设益智会（在华实用知识传播会，1834 年）、马礼逊教育协会（1836 年）、中华医药传教会（1838 年），并在诸多组织中发挥了重要作用。

尤其需要指出的是，在医学传教事业中，裨治文起到了巨大的推动作

---

① 李志刚：《基督教早期在华传教史》，台湾商务印书馆，1985，第 203—211 页。

用。马礼逊是最早利用医药活动传教的新教传教士，早在 1820 年马礼逊就与东印度公司的医生李文斯顿在澳门开设了一间诊所，诊治疾病的同时借机传教。李文斯顿介绍其具体情形称："马礼逊还开设了一个诊所，专门供给贫穷的中国病人以药物和指导，他每天上午用一两个小时专门到诊所去亲自做此事……每天来诊所看病的人大约有 10 到 15 个……不少中国病人已经得到医治。已经有 300 个治愈的病人向他致以衷心的感谢。""这种努力，看来可以迅速地产生最佳效果，这乃是基督教徒的规划，它必定会获得成功。"[1] 在马礼逊的影响下，裨治文逐渐认识到利用医药事业是传教极好的手段，于是请求美教会派传教医师来华，最终 1834 年，伯驾应征来华，在十三行行商的帮助下于 1835 年 11 月在广州开设"眼科医局"（广州博济医院前身），此为西方传教士在近代中国开设的第一所西医医院。伯驾"通过治病救人方式向中国人展示基督教实实在在的仁爱，并创造机会向那些来医院求诊的病人传播基督教义"，由于清政府的禁教政策，伯驾让中国信徒梁发在医院中充当传教士，对前来诊治的患者进行基督教义的宣讲，并散发宗教小册子。[2] 为了进一步推动医学传教事业，伯驾联合郭雷枢、裨治文等于 1838 年成立了中华医学传教会，其宗旨为"通过为中国人治病，向他们传授医学知识和上帝的福音，使他们消除长期存在的偏见和民族排斥情绪"[3]。

第一次鸦片战争后，清政府陆续与各国签署了一系列不平等条约，中美《望厦条约》规定："合众国民人在五港口贸易，或久居，或暂住，均准其租赁民房，或租地自行建楼，并设立医馆、礼拜堂及殡葬之处。"中法《黄埔条约》规定："佛兰西人亦一体可以建造礼拜堂、医人院、周急院、学房、坟地各项，地方官会同领事官，酌议定佛兰西人宜居住、宜建造之地。"[4]1846 年 2 月 20 日，清政府宣布解除天主教禁令，且同意归还天主堂旧址。1842 年，耶稣会重来中国，在不平等条约的保护下，各地的天主教

---

① 马礼逊夫人编《马礼逊回忆录》，第 159—160 页。

② Edward V. Gulick, *Peter Parker and the Opening of China*（Cambridge: Harvard University Press, 1973），P.58. 第一分册，上海人民出版社，1977，第 106—108 页。

③ 赵春晨、郭华清、伍玉西：《宗教与近代广东社会》，宗教文化出版社，2008，第 323 页。

④ 全国人大常委会办公厅研究室编写《中国近代不平等条约汇要》，中国民主法制出版社，1996，第 21 页。

自此走出地下状态。1845 年 10 月 17 日，法使拉萼尼亲自前往上海道台衙门要求发还上海天主堂，经多次交涉最终得偿所愿。于是，耶稣会在上海徐家汇创办了中心会院，此后陆续修建藏书楼、神学院、徐汇公学及教堂等设施，传教事业迅速发展起来，到 1860 年，耶稣会在江南一带发展教徒 7.7 万人，有传教点 400 余处，传教士共 50 余人，教会小学约 90 所。① 传教的大门一旦打开，西方传教士蜂拥而至，不仅在通商口岸进行传教活动，还违约进入内地，因此而激发了相当数量的民教冲突。

在第二次鸦片战争之后，清政府在与各国签署的《天津条约》《北京条约》中给予了西方传教士进入中国内地传教、置产的特权，如中法《北京条约》规定："应如道光二十六年正月二十五日上谕，即晓示天下黎民，任各处军民人等传习天主教、会合讲道、建堂礼拜，且将滥行查拿者，予以应得处分。又将前谋害奉天主教者之时所充之天主堂、学堂、茔坟、田土、房廊等件应赔还，交法国驻扎京师之钦差大臣，转交该处奉教之人，并任法国传教士在各省租买田地，建造自便。"在法国军队的保护下，北京和天津的天主教也重新恢复，全国的天主教教徒在 1860—1870 年达到 37 万至 40 万人。② 基督教新教的传教事业进入了新的发展阶段，传教中心开始陆续从澳门、南洋向通商口岸甚至中国内地发展。1840 年美国传教士罗孝全在香港开教，美国传教士雅裨理、文惠廉于 1842 年在厦门开教，麦都思于 1843 年在上海开教，美以美会传教士柯林和怀德在 1847 年于福州开教。到 1860 年，基督教传教士从 1844 年的 31 人增加到 100 余人，教徒从 6 人增到约 2000 人。到 19 世纪末，传教士增至约 1500 人，教徒增至约 8 万人。③

近代西方传教士的东来及其传教活动，从一开始便没有局限在宗教领域，"而是以各种方式卷入了西方强国的对华政治经济关系，甚至参与这些国家对中国的政治凌迫和军事征服行动"④。陈旭麓就曾指出：从鸦片战争起涌入中国的传教士，大多是"从事侵略活动的伪善者，中国人民久已把他

① 顾卫民：《基督教与近代中国社会》，第 92 页。
② 顾卫民：《基督教与近代中国社会》，第 94 页。
③ 顾长声：《传教士与近代中国》，上海人民出版社，1981，第 117 页。
④ 吴义雄：《在宗教与世俗之间——基督教新教传教士在华南沿海的早期活动研究》，广州教育出版社，2000，第 210 页。

们中的一部分人看作披着宗教外衣的帝国主义分子"①。马礼逊作为首位来华传教的新教传教士,其沟通中西文化之功固然不可磨灭,然其于1809年受雇于东印度公司担任翻译,1816年充任英国阿美士德使团的翻译官,1834年马礼逊又出任英国首任驻华商务监督律劳卑的中文秘书与翻译官,直接参与了大量东印度公司与英国政府对中国的侵略活动。有学者即指出,"伦敦传道会和马礼逊所首倡和实践的把传教与政治、经济掠夺联系在一起的传教策略,为在中国的传教运动埋下了失败的种子,为中国基督教预备了极坏的土壤,被历史证明是失败的"②。

在鸦片战争前后,参与鼓吹对华使用武力的舆论、政治和外交活动的传教士比比皆是,直接参与鸦片贸易、战争活动及不平等条约谈判的传教士亦不乏其人。传教士郭实腊多次前往中国沿海进行情报活动,利用搜集到的诸多情报充当鸦片贩子的翻译,参与大规模的鸦片走私活动,同时向英国政府和东印度公司提供大量第一手有关我国沿海重要港口的军事、地理、政治和经济情报,成为日后英国发动侵华战争的重要依据。第一次鸦片战争期间,郭实腊又充当英军翻译,还担任参谋和向导,并进行了大量的收集情报的工作。郭实腊还与马礼逊之子马儒翰一同作为翻译,参与了中英《南京条约》的谈判、起草与签署。③此外,在中美《望厦条约》的谈判和签订过程中,美国公理会传教士伯驾、裨治文经所属教会认可,充当美国使团的汉文秘书。正是在这个条约中,美国获得了在通商口岸建立教堂和医院的特权。此后,伯驾成为美国驻华使团秘书兼翻译,并于1855年成为美国驻华全权委员。④在中法《黄埔条约》的谈判和签订中,法国传教士罗伯济、李莫瓦、嘉来利也发挥了重要作用。

除了充当西方侵略者的帮凶之外,西方传教士来中国传教,"多是以精神讨伐姿态出现"。早在晚明时利玛窦就曾说过:"我们耶稣会同人依照本会

① 陈旭麓:《传教士与近代中国·序言》,载顾长声《传教士与近代中国》,《序言》第1页。

② 林夕:《早期来华传教士活动特点及其影响——以马礼逊和东印度公司的关系及其参与英国对华外交政治为例》,载中国基督教协会、中国基督教三自爱国运动委员会编《传教运动与中国教会》,宗教文化出版社,2007,第150页。

③ 顾长声:《从马礼逊到司徒雷登——来华新教传教士评传》,上海书店出版社,2005,第45—51页。

④ 顾长声:《从马礼逊到司徒雷登——来华新教传教士评传》,第64—82页。

成立的宗旨，梯山航海……做耶稣的勇兵，替他上阵作战，来征讨这崇拜偶像的中国"，传教事业被视为"精神战争"。[①]到了近代，基督教的教义与殖民主义、帝国主义、种族主义等"西方中心主义"的各种思潮相结合，西方传教士的"精神讨伐""精神战争"意味更加突出。在中西之间，中国文化特别是儒家文化和基督教之间，基本上皆视之为黑暗与光明之相对的关系。郭实腊"我心中长久以来就怀有这样的坚定信念，即在当今的日子里，上帝的荣光一定要在中国显现，龙要被废止，在这个辽阔的帝国里，基督将成为唯一的王和崇拜的对象"[②]。在传教士所活跃的各个领域，此种精神持续灌输其中。

近代以来西学东渐由翻译出版机构主导，此类机构主要分为三类，一是教会创办者，如墨海书馆、广学会、美华书馆、益智书会等；二是官办者，如江南制造局翻译馆、京师同文馆、天津机器局等；三是民办者，如申报馆、商务印书馆、译书公会、时务报馆、科学图书社、同文书局、鸿宝斋、扫叶山房等。[③]在这三类机构中，传教士皆长期占据着主导地位，并出现了傅兰雅、李提摩太、林乐知等著名的西学传播者。傅兰雅受到英国圣公会的派遣，1861年来到香港，任圣保罗书院校长。1863年赴京担任同文馆英文教习。1865年赴沪任英华书院校长。1866年11月始兼任《上海新报》编辑。1868年4月受聘江南制造局翻译馆，担任译员。傅兰雅任职于翻译馆长达28年之久，先后共译书77种，占全馆译书量的三分之一以上。除此之外，傅兰雅还为益智书会翻译了30多种西书。一生译书总数达到129种，涉及西学各种门类。1876年创刊《格致汇编》，同时参与格致书院创设并担任董事、教习。1877年参与益智书会创设并担任委员兼负责干事，1879年担任总编辑，独自编写了42种教科书。1885年又创办格致书室，主要经营各种科技书籍。李提摩太，英国浸礼宗牧师，1870年来华传教。起初在烟台学习中文及传教，丁戊奇荒期间投身赈灾活动而渐获声名，其传教事业也有声有色地开展起来。1890年，李提摩太应时任直隶总督李

---

① 顾长声：《传教士与近代中国》，第5页。
② 顾长声：《传教士与近代中国》，第29页。
③ 张晓灵：《晚清西书的流行与西学的传播》，《档案与史学》2004年第1期；樊娅楠：《"西学东渐"浪潮中晚清出版的转型变革》，《出版广角》2017年第16期。

鸿章之请，于天津任《中国时报》主笔，历时一年之久，所著社论后结集以《时事新论》为题出版。1891 年赴沪任职于同文书会（1894 年改称广学会），此后长期主持该会工作，并与李鸿章、张之洞等中国官绅建立了密切的联系。其本人先后编译出版了《泰西新史要览》《七国新学备要》等，影响巨大。林乐知受到美国南方监理会委派，1860 年 7 月到达上海。1864 年 3 月受聘为上海广方言馆英文教习。1868 年创办《教会新报》（1874 年更名为《万国公报》，1883 年停刊）。1871 年受聘为江南制造局翻译馆译员。1881 年辞去教习及译员之职，创办中西书院。1887 年广学会成立后，参与编译出版书籍报刊之活动，并且于 1889 年将《万国公报》复刊，作为广学会机关刊物。其所编著书籍中影响较大的为《中西关系略论》《中东战纪本末》《文学兴国策》等。传教士在翻译出版机构的主导地位影响深远，如在中国近代史上影响颇巨的商务印书馆，其创办和早期发展都与美国基督教长老会密切相关。商务印书馆于 1897 年在美籍牧师费启鸿的支持下创办，其创办者夏瑞芳、鲍咸恩、鲍咸昌、高凤池皆为基督徒，皆就读于上海清心义塾，并于美华书馆等翻译出版机构工作。鲍咸恩、鲍咸昌兄弟之父鲍哲才早年则就读于宁波崇信义塾，后工作于宁波华花圣经书房，该书房迁往上海后更名为美华书馆，鲍哲才还是"上海长老会第一会堂"清心堂创办人之一，并成为清心堂牧师。李提摩太回忆其开始传播科学的经历称："通过对西方文明的反思，我认识到，对中国文明而言，西方文明的优越性在于它热衷于在自然中探讨上帝的工作方式，并利用自然规律为人类服务。这就是在遵守上帝给予亚当的指令，去支配世间万事万物。在利用科学规律满足人类需要的过程中，西方文明做出了许多奇迹一样的发明创造。我相信，如果通过向官员和学者们作一些演讲，使他们对科学的奇迹产生兴趣，我就能够给他们指出一条路，一条利用蕴涵在自然中的上帝的力量去为他们的同胞谋福利的路。通过这种方式，我就能影响他们去修建铁路、开掘矿藏，以避免饥荒再度发生，去把民众从赤贫之境解救出来。"[1] 即在李提摩太看来，科学与基督教并非对立关系，"上帝的工作方式""自然规律""科学规律"其含义是基本一致的，对科学的热衷就是对上帝的虔诚的

---

[1] 李提摩太：《亲历晚清四十五年——李提摩太在华回忆录》，天津人民出版社，2005，第 136 页。

信仰，同时也是西方文明相较于中国文明的优越性，因此传播科学知识与传教之间产生了极大的契合性。李提摩太称："我在演讲中，证明上帝为人类预备了天然的产物和天然的力，因为人的学识不足，不知应用，在日用生活上受了不当受的苦。……所以当研求上帝为人预备天然力的利用，自可遵他旨意，享受福乐。感谢上帝，不仅赐人物质利用，又赐人以灵性的福气。""在演讲中，天天注重的，为引导他们明白天然的力，因而归向天然的主宰。叫人知道科学的发明有益，不及上帝的慈爱更为有益；科学万能，不及祷告更有万能，圣神的安慰更为有力。这几样真理，最关紧要，能给人以上好的职业，能赐人永远的福气。"[①] 显然，无论如何，宗教信仰依旧是高于科学的。因此有学者即认为在传播西学知识的同时，"传教士并没有根据科学自身的特点、规律和本质来传播西学，而是根据传教需要对翻译出版的内容进行取舍和裁剪"，且由于对西方知识的翻译和介绍上的优先权转化为掌握权力创造真理并使真理为己服务的文化霸权，因此这一传播过程中分解出了中国知识生产者的主动行为和被迫行为，产生或接受或拒斥的两种心理效应，其传播过程更是充斥着矛盾和对抗。[②]

教育领域亦为传教士活跃的领域，近代中国的新式学校主要分为两类，一为传教士及外国侨民兴办，其主体为教会学校；一为国人自办，其代表性的机构如同文馆、上海广方言馆等。面向华人的教会学校以英华书院为最早，但不仅地处南洋，规模亦比较有限。最早在中国创设的教会学校则为1839年在澳门创设的马礼逊学堂。鸦片战争后，教会学校进入新的发展阶段，英华书院于1843年从马六甲搬迁至香港，在各地通商口岸，教会学校迅速发展起来。上海1846年美国圣公会文惠廉创设男塾，1850年天主教耶稣会创设徐汇公学，同年英国圣公会创设英华学塾，美国长老会创设清心书院。厦门1844年英国伦敦会创设英华男塾。宁波1844年阿尔士德女士开设女塾，1855年美国长老会创设崇信义塾。福州1848年美以美会创设男塾，1853年美国公理会创设格致书院、文山女塾等。在1860年以前，

---

① 李时岳：《李提摩太》，中华书局，1964，第18页。

② 崔波、吴彤：《知识入侵中的桥接、誊写、填充——对晚清翻译出版史的思考》，《人文杂志》2008年第4期；张健：《晚清西学东渐：翻译出版的媒介张力》，《北京第二外国语学院学报》2013年第12期。

新教在各地创设的教会学校数量达到 50 所左右，有学生 1000 余人。此类学校，程度极低，仅相当于幼儿园及小学。规模亦较小，数人十数人不等，且所招收学生基本上都是困于衣食的贫苦子弟，因此影响有限。到了 1860 年代，随着洋务运动的逐渐展开，西学人才缺乏的现象日益凸显，清政府的官办新式学校也开始出现，教会学校进入迅速发展的新阶段，程度和规模逐渐增加，其中比较著名的教会学校有上海圣方济书院（1863 年），培雅学堂（1865 年）等。到 1875 年左右，教会学校总数增加到约 800 所，学生约 2 万人，其中基督教传教士所办者有约 350 所。到了 1877 年，基督教在中国各地所办教会学校达到了 462 所，有学生 8522 人。此阶段教会学校仍以小学为主。从 1875 年至 1899 年，教会学校总数增加到了 2000 所左右，学生数量增加到了 4 万人以上，并且出现大学程度的学校，其中 1879 年上海培雅学堂和度恩学堂合并为圣约翰书院，后发展为圣约翰大学。1881 年林乐知创设的中西书院后发展为东吴大学。1889 年创设的广州格致书院后发展为岭南大学。教会学校虽然设立了不同程度的西学课程，但最终目的和重点都是传教。而除了传教之外，教会学校还有它更大的企图，狄考文即称："真正的教会学校，其作用并不单在传教，使学生受洗入教。他们看得更远，他们要进而给入教的学生以智慧和道德的训练，使学生能成为社会上和教会里有势力的人物，成为一般人民的先生和领袖。……不论哪个社会，凡是受过高等教育的人都是有势力的人，他们会控制社会的情感和意见。作为传教士来说，如果我们彻底地训练出一个人，使他能在一生中发生一个受过高等教育的人的巨大影响，就可以胜过半打以上受过一般教育不能在社会上有崇高地位的人。……作为儒家思想支柱的是受过高等教育的士大夫阶层，如果我们要对儒家的地位取而代之，我们就要训练好自己的人，用基督教和科学教育他们，使他们能胜过中国的旧式士大夫，从而能取得旧式士大夫所占的统治地位。"[1] 上海圣约翰大学校长卜舫济也称："我们的学校和大学就是设在中国的西点军校。……当被问到在中国的传教事业的力量来源从何处可最清楚看到时，让我们不单单指出在中国只有一小队英勇的本地的和外国的福音传道人，而且还要指出我们的教育机关正在训练

---

[1] 《基督教在华传教士大会记录，1890 年》，转引自顾长声《传教士与近代中国》，第 233 页。

着未来的领袖和司令官，他们在将来要对中国同胞施加最巨大和最有力的影响。"① 简而言之，即通过教会学校培养一批新的统治阶级，取代儒家士大夫的统治地位，从而实现中国的基督化。从实际效果来看，教会学校固然培养出了一批拥有一定科学知识的新式知识分子，然由于长期受到宗教思想和奴化思想的影响，失去民族自尊心与自信心者比比皆是。这正如梁启超所说："吾尝见乎今之所谓西学者矣，彝其语，彝其服，彝其举动，彝其议论，动曰：中国之弱由于教之不善，经之无用也。推其意直欲举中国文字悉付之一炬。而问其于西学格致之精微有所得乎？无有也。问其于西政富强之本末有所得乎？无有也。之人也，上之可以为洋行之买办，下之可以为通事之西奴，如此而已。"②

近代以来基督教在中国的传播，由于从一开始即未限于宗教领域，而是与世俗生活包括西方国家对中国的各种侵略活动、翻译出版活动、教育活动、医疗活动等各项事业密切关联，因此带有极为典型的"两面性"：一方面，传教士在传播上帝"福音"的同时，又创办了不少教会学校和报刊，并翻译和出版了一些西学书籍，从而将西方一些先进的科学文化知识和教育理念传入中国，这在客观上促进了中国近代教育事业的产生和发展，促进了人们思想和文化观念的变革；另一方面，传教士所传播的上帝"福音"不仅与中国传统的思想和文化格格不入，而且不少传教士是一身二任，既是传播上帝"福音"的传教士，又是西方列强侵略中国的急先锋，他们为西方列强侵略中国绘制地图，搜集情报，制造舆论，有的还与当地土豪恶棍相勾结，强占民产，武断乡曲，干预诉讼，甚至左右地方官吏的升迁，这就不可避免地激起了以儒学为价值依归的广大士绅和下层民众的反对。维新变法时期，湖南的《湘报》曾发表过一篇题为《教祸由来》的文章，其中写道："耶稣之入中国，先由英国与法国用兵，以枪炮逼其立约保护传教，此事一开华人之疑心，至后来每逢闹教一场，传教诸国必以兵威索偿，是无异于传教以势，而非传教以道矣。"③ 因此，自西方传教士大规模进入中国那天起，反"洋教"运动的"教案"就不断发生。

---

① 《基督教在华传教士大会记录，1890年》，转引自顾长声《传教士与近代中国》，第233—234页。
② 梁启超：《饮冰室合集》第1册，文集之一，第126—127页。
③ 《教祸由来》，《湘报》第46号，1898年4月28日。

二、反"洋教"运动的兴起及原因分析

近代中国的反"洋教"运动是中国人民反侵略斗争的重要组成部分，由于近代以来西方的传教活动自觉或者不自觉地成为西方列强亦即后来的帝国主义侵略中国的重要方式和手段，传教士甚至长期充当了帝国主义者侵略中国的马前卒，他们凭借其通过战争及不平等条约获得的政治、经济等特权，以充满进攻性和扩张性的姿态在中华大地上进行传教活动，导致传教活动普遍地受到民众的抵制和反对，甚至不断激发起教案，民教冲突频发成为中国近代以来突出的特点之一，甚至在某种程度上可以说在晚清中国，传教的历史同时便是"教案"的历史。[①]

中国近代的反"洋教"运动以第二次鸦片战争、甲午战争及义和团运动为界大致可分为四个阶段。

第一次鸦片战争之后，随着《黄埔条约》及《望厦条约》等一系列不平等条约的签订，传教士获得在通商口岸建立教堂的权利，但清政府并不允许传教士深入内地传教。传教士对此深为不满，因此潜入内地传教之事时有发生，屡禁不止。1844 年中法《黄埔条约》签订后不久，法国天主教遣使会教士顾铎德即潜赴定海厅城内，建教堂一所，并指派福建籍中国传教士方安之驻堂传教，引起了鸦片战争后的第一起民教纠纷。此外，1844 年，上海法国教士罗伯济向上海道台要求"归还"旧天主堂，横生事端，在法使拉萼尼等支持下，经多次交涉最终得偿所愿。清政府还宣布"所有康熙年间各省旧建之天主堂，除已改为庙宇民居者毋庸查办外，其原旧房屋尚存者，如勘明确实，准其给还该处奉教之人"[②]。自此以后，各地也不断发生"给还旧址"交涉。从 1844 年《黄埔条约》起，到 1858 年《天津条约》签订的15 年间，天主教、基督新教违约非法潜入中国内地的，至少有法国、英国、意大利、葡萄牙、美国、西班牙、德意志等 7 国的 52 名传教士（此前早已潜入内地的数十名尚不计算在内），足迹遍及全中国。[③]此阶段福州黄竹岐民教斗殴（1848 年）、青浦教案（1848 年）、定海教案（1851 年）、西林教案

① 杨国强：《中西交冲：晚清中国的传教和教案》，《思想与文化》2009 年第 4 期。
② 顾长声：《传教士与近代中国》，第 56 页。
③ 张力、刘鉴唐：《中国教案史》，四川省社会科学院出版社，1987，第 332 页。

即马神父事件（1856年）皆是由于传教士潜入内地传教而引起，冲突的规模很小，影响仅及一城一县，引起的对外交涉也很易于处理。

第二次鸦片战争后，由于中法《北京条约》和《天津条约》的签订，传教士不仅获得了内地传教的特权，法国亦借此而获得天主教"保教权"，并得到了教廷的认可。法国利用"保教权"在中国各地攫取政治、经济利益，反"洋教"运动也从贵州开始，迅速扩展到湖南、江西等地，在全国各地风起云涌地发展起来，最终于1870年"天津教案"达到了一个阶段性的高潮。其中代表性的反"洋教"运动有贵阳教案（1861—1862年）、南昌教案（1861—1862年）、衢州教案（1862年）、第一次重庆教案（1863年）、第一次酉阳教案（1865年）、第一次扬州教案（1868年）、台湾凤山教案（1868年）、第二次酉阳教案（1868年）、安庆教案（1869年）、建德教案（1869—1879年）、天津教案（1870年），其中以天津教案规模及影响最大。天津教案后，迫于帝国主义的压力，清政府虽重刑、赔偿及派崇厚赴法致歉等形式最终得到了帝国主义者的"谅解"，却大失民心，各地民教冲突依旧此起彼伏，反"洋教"运动进入新的发展阶段。在新的阶段之中，滋生事端的传教士不再限于天主教，新教传教士也参与其中，如延平教案（1875—1879年）、济南教案（1881年）、第二次重庆教案（1886年）。各地会党也开始参与到反"洋教"斗争之中。至中法战争前后，因各地的法国传教士仰仗其政治、经济特权在直接或间接为法国侵略者服务，或以教堂为据点，四出活动，收集情报，窝藏武器、粮食、弹药，以为法军内应；或指使一些教民为法国提供煤炭和食物，甚至唆使一些教民直接加入法军，充当炮灰。基于义愤，在西南及东南沿海地区如台湾、福建、广东、广西、贵州、云南、四川等各地皆发生了派发反"洋教"揭帖，拆毁、焚烧教堂等设施，驱赶传教士等形式反"洋教"斗争。[①] 此后，中国人民的反"洋教"斗争开始具有许多新的特点，1890年第二次大足教案中，反"洋教"运动在余栋臣、蒋赞臣等的领导下，三次打毁教堂并且与清军发生武装冲突，反"洋教"群众直接以武力形式与团练、清军发生对抗，发展为武装起义。1891

① 徐恭生：《试论中法战争时期的反洋教运动》，载四川省近代教案史研究会、四川省哲学社会学学会联合会合编《近代中国教案研究》，四川省社会科学院出版社，1987，第267—282页。

年在热河东部，民众直接以武装起义的形式掀起反"洋教"运动，大起义攻占了热河东部的和（泉）、建（昌）、赤（峰）、朝（阳）四州县，最终被清政府镇压。1891年，在长江流域的芜湖、丹阳、无锡、武穴、宜昌等各个通商口岸及中小城镇都发生了反"洋教"运动，其组织者皆为各地秘密会党，而斗争的目标从单纯打教堂发展为对列强在华政治、经济机构一齐进行袭击，各地哥老会及其他会党成为反"洋教"斗争的组织者。

甲午战败及《马关条约》签订后，帝国主义掀起了瓜分中国的狂潮，各地的反"洋教"斗争也愈演愈烈，经巨野教案（1897年）、第三次大足教案（1898年）、第二次冠县梨园屯教案（1898年）等，最终汇聚成了义和团运动的沧海横流。义和团运动后，因1901年《辛丑条约》对中国人民反对帝国主义侵略活动的严格防范，反"洋教"运动也进入了一个相对缓和时期。

首先，近代中国反"洋教"运动的兴起，在不同阶段皆有其具体原因，如第一次鸦片战争至第二次鸦片战争期间，反"洋教"运动兴起的直接原因在于传教士违约潜入内地传教，要求"给还旧址"，但从根源上来讲，近代中国反"洋教"运动的兴起，其原因主要有三个：

近代基督教传教活动的侵略性质是反"洋教"运动兴起的根本原因。晚年的冯友兰曾指出："西方帝国主义所强加于中国的不平等条约，大都提出两个要求：一个是通商，一个是传教。通商是向中国的经济侵略，从经济上剥削中国，使中国人永远贫穷；传教是向中国的文化侵略，使中国人永远愚昧。"[1] 应该说冯先生的论断是基于历史事实提出来的。在近代中国，西方国家传教士及其传教活动往往与帝国主义侵略相互配合，传教士凭借武力及不平等条约获得了在中国社会的众多特权，包揽诉讼，干涉中国内政，教会成为凌驾于清政府之上的权威。

由于洋教的传播与列强的武装侵略、经济掠夺联系在一起，传教士就成了侵略者的化身，受到普遍的反感与抵制。如1848年青浦教案，是为基督教新教传入中国后的第一件教案，其事情经过大略而言，传教士麦都思、雒魏林、慕维廉三人违约至青浦县传教，进县城在城隍庙前场地上散发册子，与几名看守停运漕船的山东籍水手发生冲突，雒魏林挥舞手杖将一水

---

① 冯友兰：《中国哲学史新编》第六册，（台北）蓝灯文化事业股份有限公司，1991，第80页。

手击伤，水手遂回船邀集众人前来报复。三人见势不妙，遂立即出逃，在县城外被水手追上打伤，青浦县令闻讯派差役将三人从水手手中救出，派人送到上海，并同时捉拿了两名水手。英国驻上海领事阿礼国紧紧抓住这一机会，趁机扩大对中国的侵略，其先后采用命令英国商船停止缴纳关税，用兵舰封锁上海港，禁止漕船出海和派兵舰到南京去要挟两江总督李星沅等方式迫使清政府捉拿了十个水手，在"在未提付审判之前"，将十人一律在江海关前处以一个月的站笼。十人最终以"殴打和掠夺财物"定罪，"首犯"王明付、倪万年各打一百大板，王明付充军三千里外，倪万年充军三年，其他八人亦皆严办。此外，上海道台咸龄亦被撤职。而"青浦教案"也创造了因教案撤职官员、重惩民众、外国兵舰任意闯入内河等先例，英国侵略者借此进一步扩张了其侵略权益。① 又如 1897 年巨野教案中，德国神父能方济和韩理迦略在张庄教堂深夜为人所杀，德国却趁机命令远东舰队战舰开进胶州湾，并强迫清政府签订《胶澳租界条约》，侵占胶州湾。在强占胶澳之后，德国天主教会以军事力量作后盾，迫使清政府将山东巡抚李秉衡革职，永不叙用。在济宁、曹州及巨野张庄三处各建立天主堂一所，并于巨野、菏泽、郓城、单县、威武、曹县、鱼台七处各建教士住房一所，由中国偿付上述建筑费二万四千两。降谕保护德国传教士，并保证今后不发生类似事件。惠二哑巴、雷协身斩首，萧盛业、姜三绿、张允监禁五年。② 诸如此类的案件不胜枚举，因此有学者即提出"基督教在华传教一事，如不用政治武力强迫推行，虽未能全免于冲突，但未始不可以和平方式为主，由逐渐的相互了解，而达于彼此交流与融合，其所以引起许多重大不幸的惨案，所关乎基督教义与儒家思想根本者，并非甚多，而出于人类贪婪自私的因素，实为主要"③。有的教案甚至是下层群众对外国人平时恶行不满的总爆发。同治九年（1870）发生天津教案，时任天津知府的张光藻后来追忆该案发生的始末时，就特别列举外国人平时的恶行说："天津自通商以后，百货皆用外国轮船装载"，"轮船进口碰伤民船莫敢究诘，民船偶碰

① 马洪林：《一八四八年青浦教案与中英交涉》，《上海师范大学学报》1986 年第 2 期。

② 张力、刘鉴唐：《中国教案史》，第 483—486 页。

③ 吕实强：《中国官绅反教的原因 1860—1874》，（台北）"中央研究院"近代史研究所，1966，第 201 页。

轮船则立擒船户置黑舱中勒赔，修价必厌其所欲"；"本处商民或欠洋人债项，被控到官，勒限三日必还"，"洋商铺伙有欠本处账目者，控之则抗不到案，官莫能追"；"有洋人乘马疾驰践踏人命之案，尸亲控县，莫能指名，洋人亦置不理"。①正是外国人平时的恶行已引起广大民众的痛恨，因而一旦有关教堂迷拐人口、挖眼剖心的传闻盛行，民众便很自然地将平时对外国人的痛恨都指向了教堂，于是就有天津教案的发生。

其次，中西之间的文化冲突，特别是儒家思想与基督教教义之间的冲突也是反"洋教"运动兴起的重要原因。首先便是基督教对圣贤、祖宗和民间信仰的态度，基督教的一神教特征使其带有强烈的排斥"异端"的冲动。早在明末清初，因祖宗及圣贤崇拜问题，便多次发生激烈的冲突，最终因"礼仪之争"而导致了清政府的禁教政策。到了近代，基督教的侵略与进攻性因帝国主义势力的加持而更加嚣张，甚至有意强占祠庙、寺院以及祖宗坟茔等建立教堂，意欲扫除异端，从而建立基督教的绝对权威，因此之故激发了诸多冲突。维护圣教、祖宗与民间信仰也成为反"洋教"运动的重要思想基础。湖南是湘军的发源地，是理学的大本营，也是反基督教最激烈的区域之一。1861 年，当法国传教士从湘潭前往长沙传教，长沙绅士就齐集明伦堂，共同刊发了《湖南合省公檄》，从中国传统的伦理道德的角度，列举了基督教的十条"切肤之害"。②《湖南逐异类公呈》（1862 年）指责教会"无天、无圣、无父、无祖宗、无夫妇，乃无人道，其穷凶极恶益暴扬于天下"③。《湖南士民公传》（1876 年）更是开宗明义写道："我湖湘士民，情溺纲常，俗拘廉耻，食毛践土，久承北阙之恩，肆礼读书，只识东山之教。假令华夷杂处，那堪鸟兽同群。稍有人心者，自应枕戈以待；谁无义愤，是宜投袂而兴。"④创作于 1891 年的《辟邪歌词》，其中有这样的词句："可恨西洋教最邪，邪书遍发煽中华。三纲五常全不要，一点不知贤圣道。仙佛之道也不知，七窍他们通六窍。不敬祖先不敬神，七天一拜老猪精。男

① 张光藻：《北戍草·附录》，光绪二十三年刊本，转引自董丛林《反洋教思潮与义和团运动》，《河北师范大学学报》（哲学社会科学版）第 35 卷第 1 期，2012 年 1 月。
②《湖南合省公檄》，载王明伦选编《反洋教书文揭帖选》，齐鲁书社，1984，第 3—6 页。
③《湖南逐异类公呈》，载《反洋教书文揭帖选》，第 96 页。
④《湖南士民公传》，载《反洋教书文揭帖选》，第 104 页。

女混杂无分别，丑杀神明丑杀人。邪书毁谤中华圣，毁仙毁佛丧良心。妖精之名叫天主，传说他妈是闺女。闺女生儿未有爷，令人听得笑哈哈。堂中说立十字架，妖精钉死架上挂。赤身露体不像人，拜他何不拜畜牲。他妈后又把人嫁，堂后又悬一轴画。说是妖精后头爷，人有两爷真笑话。"①这些檄文、揭帖和歌词所反映出的是不同文化观念的冲突。

再次，为社会层面的冲突，主要因为中国传统社会的若干社会习俗、流行观念与基督教教义之间的冲突，同时也有传教士及其传教活动深入到了中国社会不同利益群体的内部矛盾之中而引发的冲突。这种冲突其直接原因大抵是教民良莠不齐，传教士性情暴躁、行为骄肆，民众"忿教民之恃势也，忿教士之庇私也，忿教堂之愚民也"②，因而一呼百应，酿成冲突。

近代中国的"吃教""仗教"现象从一开始便与传教活动伴随。在处理天津教案时，曾国藩分析教案原因称："自中外通商以来，各国皆相安无事，惟法国以传教一节屡滋事端。及各教流传，如佛、道、回等教，民间皆安之若素，虽西人之耶稣教亦未尝多事。惟天主一教屡滋事端，非偏有爱憎也，良由法人之天主教，但求从教之众多，不问教民之善否，其收入也太滥。故从教者良民甚少，莠民居多。词讼之无理者，教民则抗不遵断。赋役之应出者，教民每抗不奉公。……凡教中犯案，教士不问是非，曲庇教民，领事亦不问是非，曲庇教士。遇有民教争斗，平民恒屈，教民恒胜。教民势焰愈横，平民愤郁愈甚。郁及必发，则聚众而群思一逞。以臣所闻，酉阳、贵州教案，皆百姓积不能平所致。虽和约所载，中国人犯罪由中国官治以中国之法，而一为教民，遂若非中国之民也者。庸懦之吏，既皆莫敢谁何。贤能之吏，一治教民，则往往获咎以去。"③贵州遵义"入教多远来侨寓之人，或门户单弱畏人欺陵者，倚之为保障，或犯罪潜逃，匿迹其中，而狡黠者借为护符亦所不免，求其实心从善者寥寥矣"④，因而激发了遵义教案。周锡瑞在对义和团的研究之中也认为"皈依基督教的人中绝大多数是秘

① 《辟邪歌词》，载《反洋教书文揭帖选》，第205—206页。
② 卫青心：《罗马教廷与中国》，转引自中国社会科学院近代史研究所、比利时鲁汶大学南怀仁研究中心编《基督宗教与近代中国》，社会科学文献出版社，2011，第20页。
③ 曾国藩：《天津府县解京请敕部从轻定拟并请嗣后各教堂由地方管辖片》，载《曾国藩全集·奏稿》（12），第84—85页。
④ 周恭寿修，赵恺、杨恩元纂《续遵义府志》卷三十《宗教》，巴蜀书社，2014，第20页。

密教派成员、土匪和穷人"①。李晓晨根据《拳时北京教友致命》统计其中教徒有明确职业记载的人共512人，以务农者居多，共计254人，约占五成。其次为手工匠人62人、仆人佣工52人、杂役46人，合计160人，约占总人数的三成。另有行医者18人、教书者4人、官差者15人、洋差者6人、商人55人（其中小商贩29人、开铺商人22人、不详者4人）。②由此可见，仅以晚清直隶地区而论，教民基本上都来自社会底层。"许多教民的奉教，其主旨既不在于对教义的向往，而侧重于获得教士们对其世俗事务的保护与支持，自然在处人对事方面，难免逾轨越分，乃至构成政府政令推行及司法审判的障碍及善良百姓的威胁。"③1868年，四川酉阳发生民众与教民冲突事件，经清政府镇压，民团解散，但教民武装在法国传教士的鼓动下，利用民团解散可乘之机，两次窜至纸房溪一带，肆行焚杀。《酉阳州绅民公禀》揭露说："彼时团民已各分散，且手无寸铁，任听屠戮，至伤二百人命之多。尸身堆积，血肉狼藉，惨不忍言。被其戕尤惨者，如将身体支解之秦心元、魏三元、张狗、黄万、任绍元、石新喜六名，轮奸毙命民妇三名，灌油点灯烧毙之黄老万一名，更为目不忍睹，耳不忍闻。似此光景，百姓实无求生之路，死者亦无可伸之冤。哀哀苍天，曷其有极！"④袁世凯一贯主张严禁反洋教斗争，曾在山东大肆屠杀反洋教的义和团，但就是这样一个对反洋教斗争坚决主张镇压的人，在谈到山东反洋教斗争的起因时也承认："东省民教积不相能，推原其故，固由教民之强横，亦多由地方官未能持平办理。……遇有教案，但欲责惩良民，敷衍了事，冀可偷保目前之安，而教民之气焰益张，良民之激怒愈甚，一旦发作，势同决川。"⑤

社会习俗、流行观念方面的冲突，如1848年福州黄竹岐民教斗殴事件即起自法国传教士借口还堂，欲侵占黄竹岐地方的马神堂，其地原是当地村民的茔地，民众愤起护卫祖宗茔地，而教士却带着教民硬要扒坟建堂，于是民教双方发生严重冲突。1891年的山东《滋阳县士民公呈》中指

---

① 周锡瑞：《义和团运动的起源》，江苏人民出版社，1998，第100页。

② 李晓晨：《近代河北乡村天主教会研究》，人民出版社，2012，第205页。

③ 吕实强：《中国官绅反教的原因1860—1874》，第200—201页。

④ 《酉阳州绅民公禀》，载《反洋教书文揭帖选》，第49—50页。

⑤ 国家档案局明清档案馆编《义和团档案史料》上册，中华书局，1959，第28页。

出："盖中国礼法自持，首重男女之别。而教士开堂传教，男女并收，嫌疑所在，众情难堪。"[①]将教堂男女并收，视为反对设立教堂的重要原因。而传教士及其传教活动深入到了中国社会不同利益群体的内部矛盾之中，妄图利用矛盾传教而引发了众多冲突。如 1870 年代发生在建平、宁国府、宁国州、广德等皖南地区的教案，其根源皆在于客民与土民之冲突。皖南地区为清军与太平天国重点争夺之地，太平天国失败之后，这里人烟稀少，田地荒芜，在地方政府的招徕下，大批外地移民涌入，其中尤以两湖、河南及皖北人为最多。因在无主土地上，多采取先占先得之法，导致土客之间、客籍与客籍之间矛盾和争夺极为激烈。由于教会凭借其政治经济特权，能够给予移民一定的保护，移民为了定居和发展，纷纷加入教会，其中尤以湖北客籍为多，教会势力也因之迅速发展起来，而不良教士、教民亦得以横行其间，民怨沸腾。这种深层次的矛盾最终因一细故于 1876 年 7 月间爆发于建平，蔓延至广德、宁国、宣城各县，各地捣毁教堂、学校、教士住宅等 40 余所，其中以湖北移民为主要攻击对象。[②]

三、反"洋教"思想及其评价

近代中国的反"洋教"思想从内容上来看主要包括三个方面：其一卫道，即维护儒家思想的正统地位；其二反对外来侵略，保家卫国；其三带有盲目及愚昧性质的排外与仇洋思想。在反"洋教"运动及思想中，此三个方面的内容往往搅和在一起的，难以截然分清。

中国传统文化的主体是儒家思想，儒家思想长期以来在中国社会占据统治地位，在儒家文化主导的中国社会形成了其独特与稳定的"天经地义"的思想观念，宗教之间的关系模式以及宗教与世俗社会的关系模式，这些观念和关系模式与基督教教义及其传教活动之间产生了激烈的冲突。曾国藩《讨粤匪檄》虽针对太平天国运动，然其揭示儒家思想与基督教义之间的冲突甚为明了。此一思想基本上成为此后反"洋教"思想的基本内容。1861年，反"洋教"斗争首先从偏僻的贵州开始，它以"驱逐异端，崇奉圣教"

---

① 《滋阳县士民公呈》，载《反洋教书文揭帖选》，第 162 页。
② 翁飞：《"皖南教案"述评》，《安徽师大学报》（哲学社会科学版）1985 年第 2 期。

为召号，迅速扩展。四川的《讨西洋教匪檄》宣称："夫洋人之教，非先王之大道，乃夷狄之蛮风。我辈身居中国，为甚不学圣贤，而学蛮夷。蛮夷之人，不敬天地，不礼神明，不奉祖先，不孝双亲……"[①]《湖南合省公檄》写道："至其害之切肤，则尤有不可究极者。不扫墟墓，不祀木主，无祖宗也；父称老兄，母称老姊，无父子也；生女不嫁，留待教主，无夫妇也；不分贫富，入教给钱，无廉耻也；不分男女，赤身共沐，无羞耻也；剖心剜目，以遗体为牛羊；饵药采精，以儿童为蝼蚁；采妇人之精血，利己损人；饮蒙汗之迷汤，蛊心惑志。总其权者白鬼子，行其事者黑老爷，种种所为，牢不可破。反以禹汤文武，尽为妖魔。""不亟防维驱除，将数千年衣冠礼义之邦，一旦易为獉獉狉狉之域，大可恨也。"[②]1867 年，河南《南阳绅民公呈》中更具体地指出："夫人所持为人者，纲纪伦常与夫廉耻礼义也。彼教无君父之尊亲，惟耶苏之是奉，是无纲纪也。无骨肉之亲爱，惟主教之是崇，是无伦常也。且已有妻女任其与主教亵淫，则廉耻丧。只敬天主而不祀神祇祖考，则礼义亡。此等乱夷，行同禽兽，不待教而诛矣！"[③]在义和团运动中，反"洋教"民众所心心念念者亦为此，其称："我中华帝国以圣教著称于天下，诠释天理，教化人伦，文教所及，光照河山。孰料神州巨变，世风日衰"，"端正教化，尊圣崇贤，使圣哲之教光大发扬"。[④]义和团运动失败后，官僚士大夫逐渐认识到，对于洋教的一味排拒，不仅未能达到其所预期的效果，反而给国家民族招来灾难，因此其注意力逐渐转向自强，希望以维新的方式维护圣教。在光绪三十二年（1906）所刊印的四川《越西厅志》中，便载有同知孙锵所作的一首《劝勿打教堂歌》，其歌词略谓："中国欲与西人敌，不当仇教在自强。焚毁教堂杀教士，种种中国反受伤。山东闹教胶州借，拳教相仇联军强。他如各省教案起，无案不苦议赔偿……官吏被议事犹小，脂膏点滴民罷瘵……欲新政教通时务，历年上谕尤煌煌。轮船电线通内地，洋货适用多称良……西人之教从者听，要策总须在自强。若将赔款兴教养，衣有布帛食有粮。设立学堂开民智，语言

[①]《讨西洋教匪檄》，载《反洋教书文揭帖选》，第 78 页。

[②]《湖南合省公檄》，载《反洋教书文揭帖选》，第 2—3 页。

[③]《南阳绅民公呈》，载《反洋教书文揭帖选》，第 17—18 页。

[④] 陈振江、程啸编著《义和团文献辑注与研究》，天津人民出版社，1985，第 50—51 页。

文字通其详。开矿制器习艺事，公司招股战以商。通商惠工周礼备，以时措之孔道昌。百行内修外交睦，庶于周孔乃有光。"①

　　近代基督教传教活动的侵略性质是反"洋教"运动兴起的根本原因，自然而然，反对外来侵略，保家卫国也成为反"洋教"思想的重要内容。曾国藩在处理天津教案时即称："中国欲长全和局，外国欲久传此教，则条约不能不酌增。拟请议定，此后天主、仁慈各堂，皆归地方官管辖。堂内收入一人，或病故一人，必应报明注册，仍由地方官随时入堂查考。如有被拐入堂，或由转卖而来，听本家查认备价赎取。教民与平民争讼，教士不得干预扛帮。请旨敕下总理衙门，可否就此次议结之时，与各公使商订，预杜后来衅端。臣所谓有关大局者，此也。"②曾国藩意图通过地方官管辖教堂，禁止传教士干预诉讼的手段来弥合民教冲突。1880 年延平教案中，反"洋教"民众宣称："当今洋鬼子，诡计多端，存心叵测，殚我民财，鸦片恣其流毒；谋我土地，租买恃其钱财；起洋楼于海口，隐占要关；设教堂于冲途，显招爪牙。无非欺我冲主，谋我中国。正臣子痛心疾首，仇同不共戴天者也。"③在此，传教活动明确被视为西方帝国主义侵略活动的重要组成部分，反"洋教"即为反侵略。在延平教案的处理中，民众认为："真不平，真不平，大朝官竟帮了洋人。""我们议定有一法，每户各自出一丁，南平四万八千户，共集四万八千人。备盘费，即起程，一概齐到福州城。求各宪，把冤伸，先要拿他放枪人。他伤路人是有据，我打洋人是无凭。各宪若凡不肯理，拆洋楼，杀鬼子，并杀教民。一言既出，决不留停。那时候，不受洋人荼毒，亦不受官长欺凌，皇上也出气，百姓也欢心。若非如此斩尽，地方何能安宁？"④同时，在反"洋教"运动中，民众日益深刻地认识到清朝官员媚外、卖国的丑恶面目，反对清政府的专制统治也成为反"洋教"思想的重要组成部分，这也成为反"洋教"运动在 1890 年前后演变为武装斗争与武装起义的重要思想基础。

---

①《越西厅志》卷四十一，第 8 页。
②　曾国藩：《天津府县解京请敕部从轻定拟并请嗣后各教堂由地方管辖片》，载《曾国藩全集·奏稿》（12），第 85 页。
③《延平告白》，载《反洋教书文揭帖选》，第 128 页。
④《延平告白》，载《反洋教书文揭帖选》，第 127 页。

不可否认的是，盲目及愚昧性质的排外与仇洋思想同样是反"洋教"思想的重要内容。早在 1861 年四川的《讨西洋教匪檄》即宣称："而洋人忽又起祸于京都，渐流毒于各省，闻之令人魄散，言之令人心伤。粉他身，碎他骨，寝他皮，食他肉，犹不足以泄其恨。""我非徒以舌锋攻之，笔尖杀之，我必暗连各州县志士仁人，协力同攻，灭尽夷种，方免尸位素餐之诮，遗臭万年之耻。"① 天津教案中，清政府即有部分人认为"正可假民之愤，议撤传教之条，以固天下民之心"，"纵不能乘此机会，尽焚在京夷馆，尽戮在京夷酋，亦必将激变之法国，先与绝和，略示薄惩"。② 此种盲目及愚昧性质的排外与仇洋思想在义和团运动中达到了顶峰。

　　此外，儒家宗教化思想亦可视为反"洋教"思想中的重要来源。官僚士大夫在中西接触之中逐渐形成了一种认识，即西方基督教在其富强之路的形成之中起到了凝聚人心的作用，并进而认识到儒家在此方面的不足，从而意图以西方基督教的宗教组织形式对中国儒家进行改造，促进中国之富强。钟天纬的儒家宗教化思想即在此问题意识下形成，1886 年格致书院秋季考课，时任津海关道周馥命题"中国近日讲求富强之术当以何者为先论"，钟天纬首列"崇圣教"一条，称：西洋各国无不有其教，其宗旨虽虚，而立说近实，是以愚民翕然奉之。我孔子之教，本彝伦日用之经，为夫妇知能之事，自经训诂、性理诸儒愈为推崇，愈形高远，使圣人平易近人之理，转为皆天道、性命之微。然以之训上智则有余，以之训下愚则不足，斯亦可为理障矣。夫愚民既茫然无所归，自不能不趋于歧路，反令释、道、天方、耶稣、天主诸教，趁虚而入，得以簧鼓于其间。今试即天下观之，缝掖之士，不下百万，欲求其化民成俗，砥顽砺愚者，大不及彼教之神甫、教师，斯亦儒者之耻也。欲救其弊，莫如崇奉衍圣公，尊为教主，凡省府州县皆设教士，而京师设教部以总之。一切风俗教养之事，皆听衍圣公主持，即教授训导之官，亦皆禀承衍圣公而行，务使圣教切实易行，家喻户晓。与父言慈，与子言孝，人人自修其庸行，不必借助于轮回果报之说，使举世皆知圣教之真，举世自不惑于异端之诱。孟子所谓人人亲其亲，长

――――――――――――

① 《讨西洋教匪檄》，载《反洋教书文揭帖选》，第 78、81 页。
② 宝鋆等编《筹办夷务始末（同治朝）》卷七十三，第 17—21 页。

其长，而天下平，而天下无余事矣。此议虽近于更张，而实以卫尧、舜、禹、汤、文、武、周公之道，圣人复起，不易斯言。[①]

李元鼎的儒家宗教化思想亦是在此问题意识下形成的。1892 年格致书院春季正课，时任江海关道聂仲芳命题："韩退之《原道》篇云：古之教者处其一，今之教者处其三，以儒教外有二氏也。今考泰西各国有所谓洋教、西教，名目益繁，未可枚举。中国通商口岸皆有，各国教堂果何道而使民教相安，无诈无虞，常敦睦谊。诸生留心时务其各抒所见，著为论说，以备采择焉。"李元鼎应答称："一曰宜正人心也。论者谓从教者多系蠢愚之辈，从无富贵之人，此亦何关轻重？不知正为蠢愚入教，而其信教乃愈深，即其恃教横行乃愈甚，实世道之隐忧也。今亦惟正人心，以待其徐悟而已。正之道奈何，莫如于通衢要道，创设儒教讲堂，选才识优长，口齿伶俐者，宣讲圣谕广训及孔孟程朱之道并定规例：凡民入外教者，如能醒悟，思归正教，皆书堂中，谓之儒民，并颁一儒民字样匾额，以示宠异而资观感，则教民必能渐悟矣。"[②]

近代的"孔教"之名始于康有为，并经康有为的大肆宣扬以及孔教运动的渐次展开，孔子的教主形象逐渐确立起来，尤其是当宗教成为衡量国家文明程度的准则之时，孔子的教主地位更受到一些士大夫的推崇。如李不懈所述："我中国本最重宗教，今欧西亦最重宗教，诚以宗教存则种存国存，宗教亡则种亡国亡，故有教者则谓之文明之邦，无教者则谓之野蛮之国。""我国以黄帝为教化之祖，由黄帝而尧舜，由尧舜而禹汤，由禹汤而文武周公，皆本黄帝之宗旨以相发明者也。及周之末，天生孔子，集其大成，而斯道遂灿若日星，为我祖国亿万世之宗教主。"[③]

近代以来的反"洋教"思想延续了数十年，波及社会各个阶层，并且成为中国近代反侵略爱国思想的重要组成部分。传教士的传教活动及其对世俗领域的深入，特别是与西方帝国主义国家对于中国的侵略活动相互配合的性质，是激发反"洋教"思想兴起和高涨的根本原因。因此，反"洋教"思想对于推动中国人民反抗西方列强即后来的帝国主义侵略起到了一定作

---

①《格致书院课艺》，1886 年秋季正课王佐才卷，光绪丁亥秋，上海大文书局印。
②《格致书院课艺》，1892 年春季正课李元鼎卷，光绪壬辰，弢园选印。
③ 李不懈：《本报起源》，《祖国文明报》第 1 期，1906 年 2 月 8 日。

用。然而，反"洋教"思想所包含的维护儒家思想之正统地位思想带有很强
的文化保守主义性质，其盲目和愚昧排外仇洋的思想内容带有文化偏执和
蒙昧意味，又使得若干西方先进世俗文化内容如科技、教育、出版、医药、
社会慈善、科学、平等思想等在中国的传播受到了一定的影响。

第三节　义和团运动的反帝爱国与盲目排外

一、义和团运动的兴起和清政府对策的演变

甲午之战后，随着《马关条约》的签订，中国社会半殖民地化程度大大
加深，帝国主义掀起瓜分中国的狂潮，中国人民挽救民族危亡的运动高涨，
而义和团运动即是中国人民自发反抗侵略斗争的高潮。义和团运动可以分
为两个阶段，第一阶段主要是 1896 年至 1899 年间义和团在山东的斗争活
动；第二阶段主要为 1900 年义和团在河北、京津等地发展，至 1900 年 8
月 14 日八国联军攻占北京，轰轰烈烈的义和团运动在中外反动势力的联合
绞杀下最终失败。

义和团运动在山东兴起的直接原因在于基督教在山东的侵略活动及其
引发的民教冲突。天主教"圣言会"（亦称斯泰尔修会）于 1875 年由阿诺
尔德·杨森神父为首的部分德国天主教徒在荷兰创设，1879 年圣言会开始
派遣人员前往中国，首次派往中国的为安治泰和福若瑟，二人在香港学习
了一年中文后于 1880 年来到山东传教。此时，山东的沿海城市及中部地区
的城市皆已经被新教及天主教方济各会所占，且山东代牧区由方济各会负
责，在与负责山东省传教事务的方济各会进行长时间的谈判之后，圣言会
于 1881 年 1 月获得山东南部地区主要是兖州、沂州、曹州三地作为自己的
活动范围。1882 年 1 月 2 日，安治泰最终被任命为鲁南传教区的副主教，
暂时仍受意大利方济各会领导。在阿诺尔德·杨森神父的请求下，教廷在
1885 年 12 月把鲁南提升为独立的主教区，安治泰被任命为德国在中国的第
一位传教主教。1887 年，安治泰派人在兖州府城购买一处房产，准备建立

教堂。安治泰之所以选择在此建立教堂，用心险恶，在他看来"兖州府，是一个道台的驻地，是全国闻名的城市。它还是一个'圣地'，孔夫子最主要的讲学活动和政治活动都是在这里进行的，因此，它又是全国教育界的中心"，在孔教生活的中心地区建立一座教堂，"毫无疑义，对于天主教来说，这座教堂意味着一次意义重大的胜利"。[1] 然而安治泰欲在兖州建立教堂的信息传开后，遭到以汤浩、范宝真为首的士绅及民众的反对，绅民封锁城门，捉拿为安治泰买房之人，并将安治泰所买房产拆毁，买归义学、书院，同时散发《兖民揭帖》，提出"斩杀汉奸，以清内乱，驱逐洋教，以靖外尤"。安治泰被驱逐后，因当时天主教保教权为法国所掌管，遂上诉至当时法国公使，公使照会总署要求将绅士汤浩、范宝真等严行惩办，将地基交还，并将匿名揭帖，"严行扫去净尽"。[2] 对此，总署表示："惟兖州府城向无教堂，今安教士辄欲买宅建堂，以致众论哗然，盖亦有故。缘中国信从孔圣之教，备极尊崇。兖州系属孔圣故里，为儒教根本之地。若欲在该处建立教堂，非但本地人忿忿不平，即天下之人亦必闻而惊骇。在教士意在广行西教，亦须因地而施，必不强人以所不愿。现在该处人情汹汹如此，恐将激成事端，地方官亦无词可以禁止。"[3] 此后，总署、山东地方、法国公使以及安治泰等各方屡屡交涉无果，安治泰屡屡欲入城建立教堂不果，民教冲突迭发。而为了拓展在华侵略利益，帝国主义列强围绕在华保教权展开了激烈的竞争，德国政府也蠢蠢欲动，欲挑战法国在华保教权，特别是在中法战争后，法国保教势力严重衰弱的情形下，以安治泰为首的德国传教士与德国政府之间一拍即合。在兖州事件中，德国借口保教，出面争夺保教权，并最终于1891年1月得到了教廷的认可。德国天主教的传教活动及教会势力借由德国的武力为后盾，使世俗权力与宗教权力结合，并通过在乡村增建教堂和祈祷室、扩建传教站和扩展传教活动空间等措施，传教活动得以迅速蔓延开来，而民教冲突也随之愈益激烈。

济宁州嘉祥县为山东民教冲突最为频繁的地区之一。在该地，教会组织是以村社为基本单位，以宗教为纽带，在村庄内部形成了一个超越血缘关

---

[1] 廉立之、王守中编《山东教案史料》，齐鲁书社，1980，第283页。

[2] 廉立之、王守中编《山东教案史料》，第223—224页。

[3] 廉立之、王守中编《山东教案史料》，第225页。

系和村社组织的新的社会团体，这一组织由于洋教士的特权及其背后的教会和保护国势力的加持，而成为缺乏其他社会组织庇护的平民所无法抗衡的力量。民教之间每因细故发生冲突，教民方面则通过教会诬告到官，"所控各案，业已讯明实情类皆教民恃入教为护符，平日横行乡里，鱼肉良民，偶有稍与理校，动辄故意张大其词，意图使人莫可谁何，居心实不可问"①。官员往往采取"遇事抑勒平民，始亦欲调停无事，久之教民恃符逞刁，欺侮凌虐，无所不至，即官亦莫可如何"②之态度，故而民教冲突发生以后，只要与教会稍有关系，均以平民被罚作为解决方式。而其中的勒索酒食、钱财，是教民羞辱平民、捞取实惠的主要手段，并在山东境内迅速地蔓延发展起来。此外，亦有跪献一法，具体而言："夫乡曲间排难解纷，杯酒合欢，风犹近古。初罚筵席，民尚曲从。其最难堪者，挟教士威势凌轹平民，臬桀十跪献一事。相传该教罚席，就室内设筵，群饮聚哗，命俦啸侣。责令罚主亲到，如承大祭，每进一食，须令跪献，门外鼓吹鸣炮，俾众周知。在一乡一社之中，大都聚族而居。若卑幼入教，尊长得罪议罚，则卑幼俨然座客，尊长傑若阶囚，怨毒结于人心，羞恶根于天性。此等举动，教士匪惟不禁，反从而纵之，欣欣以逞强自诩。其招侮之由，实基于此。民间蓄仇忍辱，郁遏未伸，万众一心，待机而发，此红拳等会之所由起也。"③为保身家性命，山东的民众开始通过拜师习武的方式求助于如义和拳、大刀会等活跃在华北农村的各种民间教门、拳会乃至团练，这也成为了义和团运动的组织形态④，而民教冲突的规模和激烈程度亦随之不断增加。

1896年初夏，山东曹县刘堤头教民刘芑臣等恃教会势力强占民地，民众遂邀请大刀会首领刘士端援助，刘士端遂派尤金声、智效忠、彭桂林等率领曹、单大刀会一千多人前往，焚烧了刘堤头教堂，随后，大刀会群众相继焚毁了单县刘庄、李集、薛孔楼，丰县戴套楼，砀山侯庄等十余处教堂。清政府急命两江总督刘坤一与山东巡抚李秉衡派兵镇压，最终大刀会首领曹得礼、杨玉成、孙景伦等皆被捕杀，刘士端也被毓贤诱捕杀害。然

---

① 中国第一历史档案馆编辑部编《义和团档案史料续编》上册，中华书局，1990，第377页。
② 中国史学会主编《中国近代史资料丛刊：义和团（一）》，上海人民出版社，1957，第365页。
③《山东兖沂曹济道彭虞孙致总署函（节选）》，载《反洋教书文揭帖选》，第67页。
④ 周育民：《义和团兴起初嘉祥县民教冲突形态研究》，《历史档案》1997年第2期。

而曹、单大刀会的反教斗争却成为义和团运动爆发的先声，各地的反"洋教"斗争愈演愈烈，大刀会员王义训在即墨攻打教堂并于崂山山谷制造枪炮，声言"灭耶稣、天主两教之后，将洋人一概逐出中原"。光绪二十三年（1897）六月，砀山县誉庄有大刀会四五百人围攻教堂，同期，铜山、丰县聚集一二千人与洋教为仇。[①] 而后又有"巨野教案"。"巨野教案"后，德国直接派军舰侵占了胶州湾，并逼迫清政府展开谈判，安治泰和福若瑟积极活动，迫使清政府于1898年1月5日就传教士遇害赔偿事宜与德国达成协议，其中规定："中国允给济宁教堂工料银六万六千两，匾额用'敕建天主堂'五字，并将结案奏牍立碑教堂门外，以为保护之据。""所有被杀教士，中国允于曹州城内及巨野县各建教堂一所，一切工料照济宁教堂办法，每处各给银六万六千两，地基每堂至少十亩，由中国官先与德国教士商定再为指拨。此则为被戕教士赔偿之意，其被盗失之款另给银三千两。至现获盗犯照例惩办，失察之地方官从重参处。以上教堂二所应照济宁教堂之法，赐立匾额各一方，均用'敕建天主堂'五字，并将此案办结奏牍刊碑教堂门外，以资保护。查曹州府为最危险之地，须设法妥为保卫德国教士。中国现拟给银二万四千两，在巨野、菏泽、郓城、单县、城武、曹县、鱼台七处各为教士盖造两层住房一所，共七所。至以前各教堂及住房盖造费项，中国已拟将银共交德国驻京大臣，转交该教士收令，庶为两便。"[②] 在胶州湾问题上，1898年3月6日签订的中德《胶澳租借条约》规定将胶州湾及南北两岸租与德国，租期九十九年，"中国国家允准德国在山东盖造铁路二道：其一由胶澳经过潍县、青州、博山、淄川、邹平等处，往济南及山东界；其二由胶澳往沂州及由此处经过莱芜县，至济南府"[③]。同时准许德国在铁路左右各三里内开矿。德国还获得了在山东全省优先开办各种企业的特权。此后，山东成为德国的势力范围。经久不决的兖州教堂问题也得到了"解决"，在兖州城建起一座带有皇帝保护牌的"敕建天主堂"。[④]

---

① 张力、刘鉴唐：《中国教案史》，第479页。
② 青岛市档案局、中国第一历史档案馆编《胶州湾事件档案史料汇编》上册，青岛出版社，2015，第66页。
③ 全国人大常委会办公厅研究室编写《中国近代不平等条约汇要》，第185页。
④ 廉立之、王守中编《山东教案史料》，第290页。

1898 年 10 月 26 日以赵三多为首的拳民冠县的起事，标志着山东义和团运动的展开。拳民在冠县的起事源于冠县长期的民教冲突。自 1887 年开始，因传教士屡欲争冠县梨园屯玉皇庙地基改建教堂，由于痛感官府偏袒教民，"时有阎书勤、高小麻等十八人，号十八魁，积不能平，号召民众联络党徒拟诉之武力拆毁教堂"，民教冲突不断。1897 年初，传教士又意欲重建教堂，3 月 24 日梅花拳在梨园屯开展亮拳大会，4 月 27 日"十八魁"和梅花拳聚众攻打梨园屯，并拆毁新建的教堂，反"洋教"运动发展为武装斗争。东昌知府洪用舟亲自前往办理，宣布缉拿以阎书勤为首的"十八魁"，又"以庙基为始祸根由，断令将庙基充公，另为洋人觅地建堂"，同时允许村民建庙，然为时不久传教士又推翻前说，风波又起。[①]1898 年 10 月 26 日以梅花拳首领赵三多为首的拳民在直鲁交界处的冠县蒋家庄马场祭旗起事，旗书"助清灭洋"，这也成为反"洋教"斗争与义和团运动的分界，梨园屯"十八魁"联合梅花拳等拳会组织发展为义和团运动一支重要队伍。在获悉拳民起事后，直东两省的地方官加紧抽调军队向冠县集中并积极招抚义和团，赵三多等皆为之招抚，并宣布解散拳民，而冠县梨园屯"十八魁"拳民流散多地。然而部分返家拳民在红桃园遭教民的挑衅，不胜愤怒，遂联络附近拳民在 11 月 3 日凌晨焚烧了数十间教堂和教民的房屋并杀死两个教民。11 月 4 日，拳民在威县候未村遭清军镇压，16 人被俘，4 人被杀。从冠县蒋家庄起事到被清军镇压，此次拳民起事仅仅坚持了 10 天。然而此时，梅花拳斗争已扩及直隶、山东、河南相毗连的大片地区。[②]

在日照，1898 年 11 月，山东日照教民因细故诬告平民"聚众闹教"，以布恩溥、薛田资为代表的教会势力蛮横无理，强迫群众将该平民送县，引起群众愤怒。群众将薛田资围在村外庙中评理，混乱中，薛田资遭村民揪打，同时部分教民的衣物遭抢。日照县令闻讯后赶往弹压，对薛田资加以安慰保护，接回日照。随后，山东地方与传教士订立了极为苛刻的结案办法，然以安治泰为首的传教士并不满足。他们决定利用驻扎青岛的德国军队进行军事干涉，向当地清政府官员和民众示威。经过与德国胶澳总督

---

① 路遥：《冠县梨园屯教案与义和拳运动》，《历史研究》1986 年第 5 期；江斐：《梨园屯教案与冠县乡村社会》，《济南大学学报》2005 年第 1 期。
② 崔岷：《义和拳冠县起事考》，《史学月刊》2004 年第 2 期。

叶世克和驻北京公使海靖的协商，得到德国政府批准，叶世克率德军占领日照城，抓住了新任知县杨耀林，要求 3 日内将薛田资案内各犯拿办，10日内加以惩处，否则将知县带回青岛监禁。同时德军还焚烧了韩家村，并在四乡多地施虐。至 5 月 25 日，津浦铁路借款谈判结束后，德军才终于从日照撤退。[①]

在义和团兴起的过程中，先后任山东巡抚的李秉衡、张汝梅和毓贤，对义和团基本上都采取了以抚为主、剿抚兼施的政策。他们目睹帝国主义国家在山东的侵略行为，产生了极强的不满和抵抗情绪，对民众的反"洋教"行为也充满了同情。1896 年 8 月 3 日李秉衡上奏朝廷称："而民教之所以积不相能者，则以平日教民欺压平民，教士袒护教民，积怨太深，遂至一发而不可制，其酿乱之由，有不可不亟图挽救者。自西教传入中国，习其教者率皆无业莠民，借洋教为护符，包揽词讼，凌轹乡里，又或犯案惧罪，借为逋逃之薮，而教士则倚为心腹，恃作爪牙。凡遇民教控案到官，教士必为间说，甚已多方啕（恫）喝；地方官恐以开衅取戾，每多迁就了结，曲直未能胥得其平，平民饮恨吞声，教民愈志得意满。久之，民气遏抑太甚，积不能忍，以为官府不足恃，惟私斗尚可泄其忿。于是有聚众寻衅，焚拆教堂之事，虽至身罹法网，罪应骈诛，而不暇恤。是愚民敢于为乱，不啻教民有以驱之也。"因此，李秉衡提出："惟民教相仇，终恐日久生事，拟请旨饬下总理衙门与各国公使酌议，嗣后遇有民教案件，由地方官秉公讯断，教士毋许干预。如或斗殴滋事，查非焚毁洋房，但照应得罪名科断，不得再议赔偿。总期彼此无所偏袒，久之猜嫌渐释，民教或可相安。"[②]1899 年山东巡抚毓贤奏称："奴才窃维东省民教不和，由来已久。缘入教多非安分良民，在二十年前，平民贱视教民，往往有之，并未虐待教民也。迨后，彼强我弱，教民欺压平民者，在所多有。迄来，彼教日益鸱张，一经投教，即倚为护符，横行乡里，鱼肉良民，甚至挟制官长，动辄欺人，官民皆无可如何，断无虐待教民之事。每因教民肆虐太甚，乡民积怨不平，因而酿成巨案。该国主教只听教民一面之词，并不问开衅之由，小则勒索赔偿，

---

① 王守中：《日照教案及德军入侵内地的暴行》，《山东师大学报》（哲学社会科学版）1983 年第1 期。

② 国家档案局明清档案馆编《义和团档案史料》上册，中华书局，1959，第 6—7 页。

大则多端要挟，必使我委曲迁就而后已。……此奴才服官东省二十余年，耳闻目睹，知之甚确者。既钦奉谕旨，嗣后遇有词讼，无论民教，仍一律持平办理。"①

对于李秉衡巡抚山东时对待义和团的态度，时人称："光绪二十一年乙未，李秉衡抚山东，一意仇视西人，闻齐鲁有大刀会以诛锄西教为本旨，李心许之，坐视其滋长。二十三年丁酉，大刀会在在兴谣，行将烧教堂、杀教士，李秉衡不惟不禁，反以为义民。教士乞援于地方官，官知中丞意，不之理。"②巨野教案后，德国强占胶州湾，李秉衡坚持对德抗争，引起了时任德国公使海靖的强烈不满，逼迫清政府将其罢免，清政府曲意保全，让李秉衡移督四川，但未到任即迫于德国压力而被罢免。继任的山东巡抚张汝梅对义和团同样持同情态度，其上奏称："直隶、山东交界各州县，人民多习拳勇，创立乡团，名曰义和，继改称梅花拳，近年复沿用义和名目。远近传讹，以义和为义民，遂指为新立之会，实则立于咸、同年间未有教堂以前，原为保卫身家，防御盗贼起见；并非故与洋教为难。"③张汝梅与时任按察使毓贤共同拟定了"化私会为公举，改拳勇为民团"的招抚方案，称"臣现正檄行各属，办理保甲团防，谨当督饬地方官吏剀切劝谕，严密禁察，将拳民列诸乡团之内，听其自卫身家，守望相助，不准怀挟私忿稍滋事端，以杜流弊而消乱萌"。④这些政策在毓贤时期也基本延续，毓贤坚持"民可用，团应抚，匪必剿"的原则，通过办理保甲团防的方式，承认民众自卫的正当性的同时将其控制在官方可以接受的限度内。在其看来，"与教民为难者即系良民"，毓贤特意在省城济南招纳拳民，并且逐渐停止了对山东各地拳民的镇压，听任各地拳会对洋人、洋教展开攻击。义和团运动不断高涨，民教冲突也愈益激烈，局势一片混乱，"自光绪二十五年夏间官吏倡为义民之说，拳匪因而鸱张。始滥觞于兖沂曹济一带，继窜扰西北各属，蔓延四十余州县。凡掠害教民焚拆教堂之案计共一千余起"。⑤

① 国家档案局明清档案馆编《义和团档案史料》上册，第24页。
② 山东省历史学会编《山东近代史资料》（第三分册），山东人民出版社，1961，第207页。
③ 国家档案局明清档案馆编《义和团档案史料》上册，第15页。
④ 国家档案局明清档案馆编《义和团档案史料》上册，第15—16页。
⑤ 朱金甫主编，中国第一历史档案馆、福建师范大学历史系编《清末教案》第三册，中华书局，1998，第67页。

在美国驻华公使康格的逼迫下，清政府撤换毓贤，改派袁世凯任山东巡抚，武卫右军随其开往山东。袁世凯于 1899 年 12 月受命署理山东巡抚，1900 年 3 月正式出任山东巡抚，1901 年 11 月调任直隶总督而离开山东，总计抚鲁近两年。袁世凯以"护洋人而剿拳匪"为宗旨，以武卫右军为后盾，在山东各地疯狂镇压义和团运动，导致大部分团民由公开斗争转入秘密活动，或暂时解散，或躲避他乡，山东各地的义和团运动陷入了低潮，义和团活动的重心开始向直、鲁交界地区及直隶蔓延。

1900 年 4、5 月间，义和团运动在直隶中部迅猛发展，其势如疾风骤雨，义和团不仅在各地普遍展开了反"洋教"斗争，而且还与前来镇压的清军进行了一系列激烈战斗，其中以涞水大捷及义和团在芦保、京津铁路沿线的斗争影响最大。与此同时，冀中义和团开始大批地进入京、津两地，1900 年 4 月间，在北京城内出现了第一个义和团坛口，地点在东单牌楼西裱褙胡同的于谦祠堂内。在练习神拳的同时，义和团散布了大量的揭帖和乩语，揭露帝国主义的侵略罪行，宣传反"洋教"和反帝主张。清政府对义和团的镇压也不断加剧，直隶总督裕禄派副将杨福同前往涞水镇压义和团运动。5 月 22 日，义和团在石亭设伏将其击毙，义和团趁势攻克北京南面的战略要地涿州。裕禄又赶忙调派聂士成统率"武卫军前军"前往镇压，义和团将芦保线涿州以南到高碑店、以北到琉璃河的铁路进行破坏，并焚毁了高碑店、涿州、琉璃河、长辛店、卢沟桥等地的车站，又袭击京津铁路的丰台车站。由于铁路被拆毁，清朝军队增援路线被截断，最终迫使聂士成回军天津。

义和团的发展，使帝国主义大为震惊。5 月 20 日，在法国公使毕盛的请求下，担任列强驻华首席公使的西班牙公使葛络干召集驻京公使团会议，英国、美国、俄国、法国、德国、意大利、奥地利、西班牙、葡萄牙、比利时和日本等 11 国使节全部出席。次日，葛络干代表列强将联合照会交给了总理衙门，要求："一、凡参与拳会操练，或在街头制造骚乱，或继续张贴、印刷或散发威胁外国人之揭帖者，均予逮捕。二、义和拳集会之庙宇或场所的所有人和监护人，均予逮捕；凡与义和拳共同策划犯罪活动者，均作义和拳论处。三、凡负有责任采取镇压措施之官员，犯有玩忽职守或纵容暴徒之罪行者，均予惩罚。四、凡企图杀人放火、谋财害命之首恶，均予处决。五、凡在目前骚乱中帮助及指点义和拳者，均予处决。六、在北京、直隶及北方其他各省公布这些措施，以便人人知晓。"① 由于对清政府的处置不满，各国驻华公使以"保护使馆"为借口强行调兵进京，清政府劝阻无效，5 月 31 日至 6 月初，外国官兵 400 余名携带机关炮等新式武器强行进入北京，进驻外国使馆。使馆"卫队"进京后又在使馆内外肆意横行，甚至公然在内城大街上向义和团和中国平民开枪开炮，十几天内屠杀中国平民数以百计，还打死了清军数人。6 月 10 日又一支联军由西摩尔中将率领强行开往北京，共 2088 名联军。由于京津线铁轨多处被义和团毁坏，联军走走停停，边走边修，并多次遭到义和团伏击。尤其是 18 日下午在廊坊遭到清军及义和团 2000 余人的阻击，不得不退回杨村。19 日决定放弃铁路，沿北运河两岸撤退，沿途又不断遭到清军及义和团的袭击，最终于 26 日狼狈退回天津。②

在清政府内部，对于义和团的剿抚问题发生了争论，而且又掺杂了帝党后党之争，形成了以总理衙门大臣、吏部侍郎许景澄，兵部尚书徐用仪，总理衙门大臣、太常寺卿袁昶，总理衙门大臣联元和军机大臣荣禄、奕劻、王文韶等人为主的主剿派；主抚派则包括端郡王载漪，军机大臣、吏部尚书刚毅，大学士徐桐，军机大臣、刑部尚书兼顺天府尹赵舒翘，礼部尚书启秀，左都御史、顺天府尹何乃莹，户部尚书崇绮，庄郡王载勋等，此一派以载漪为中心，企图利用义和团来树立自己的权威，为以后废帝立储扫除障碍，因此极力主张招抚义和团。清政府的最高统治者慈禧太后则犹豫不定，先后派刚毅前往涿州"劝散"和"察看"义和团，至 6 月 9 日，慈禧终于下定决心，"决计不将义和团匪剿除，因该团实皆忠心于国之人，如与以上等军械，好为操演，即可成为有用劲旅，以之抵御洋人，颇为有用"③。随后任命载漪主总理衙门，又以"奕劻、徐桐、崇绮主兵事，有请无不从"，自此，主抚派完全控制了局面。在清政府的默许与招抚下，在北京，"外州

① 《英国蓝皮书有关义和团运动资料选译》，胡滨译，丁名楠、余绳武校，中华书局，1980，第 74 页。

② 吴恒：《谁让西摩远征军止步——以亲历者的日记和回忆录为依据复原八国联军的一次失败远征》，《军事历史研究》2011 年第 3 期。

③ 中国史学会主编《中国近代史资料丛刊·义和团（一）》，第 124 页。

县各村庄义和团，不分昼夜，鱼贯而来"，仅6月中旬后十几天内，义和团每日数十起成群结队涌入北京城，城内义和团人数迅速增加到数万人。义和团大量进入京城后，开始在城内进行焚烧教堂、攻击洋人及教民等反洋活动。6月13日，大批义和团在意大利、奥地利使馆附近焚烧教堂，使馆洋兵到使馆外向义和团开枪开炮，打死打伤多人。6月16日因义和团焚烧教堂造成了大栅栏大火，北京城处于一片混乱之中。慈禧紧急调动驻守山海关要塞的宋庆、马玉昆所率武卫左军驰援北京，并命令驻京官兵对城内义和团"严行查挐"，严惩"首犯"，"解散余党，毋任再滋事端"。而由于慈禧主要的关注点在八国联军，因而主抚派对慈禧关于查禁京城内义和团的上谕阳奉阴违。他们表面上调动大批军队在各城门屯扎，在城内巡行，但实际上对义和团行动并不加以严格限制。[①]

随着八国联军侵华的步骤逐渐加快，慈禧对义和团的态度又发生了变化。6月17日八国联军攻占大沽炮台，准备入侵天津。6月21日，慈禧因获悉八国联军进攻大沽而颁布"宣战"上谕，令步军统领衙门左翼总兵英年、署右翼总兵载澜"会同刚毅，办理义和团事宜"[②]。只隔了一天，又正式派载勋、刚毅"统率义和团"，"于是，庄王府设立总坛"，"凡五城散团及新从匪者，皆令赴王府报名注册"。[③]所谓"统率义和团王大臣"还为义和团制定了《团规》，对义和团的行动加以严格的限制。为了抵抗八国联军的侵略，各地允许义和团在政府挂号、造册。"挂号"以后，各地义和团基本已听从清政府的指挥。6月20日下午，慈禧确知战争已无法避免，并决心进行抵抗后，下令对使馆发动进攻，清军发动了对北京使馆区的围攻，在对使馆区的进攻中，义和团也发挥了重要作用，战斗一直持续到8月14日，八国联军攻进北京，使馆之战结束。

6月17日，当各国驻津领事们得知八国联军已经占领大沽炮台后，决定先发制人，于下午二时出兵攻打正对租界的武备学堂，天津驻军忍无可忍，发起反击，攻打天津紫竹林租界区，义和团团民也随即加入战事。八国联军调动数千援军由大沽回援天津，6月23日冲破层层阻击进入租界区。

---

① 林华国：《历史的真相——义和团运动的史实及其再认识》，天津古籍出版社，2002，第98页。
② 中国第一历史档案馆编《光绪朝上谕档》第二十六册，广西师范大学出版社，2008，第142页。
③ 胡思敬：《驴背集》，载《中国近代史资料丛刊：义和团（二）》，第487页。

26 日，西摩尔率领的联军也退到了租界。当时，天津驻扎的清军主要为聂士成部，后清政府又调马玉昆援助天津，7 月 9 日聂士成阵亡，前线军事指挥的重任基本上由马玉昆一人承担。义和团除了承担一部分防守任务外，还在围攻租界、阻断敌军交通线等方面配合清军作战，起了一定的作用。[1]特别是到了战役的关键时刻，7 月 13 日下午马玉昆率部逃跑后，义和团和部分清军肩负起保卫天津城的艰巨任务。然而随着聚集于天津租界的八国联军数量不断增加，中国军民最终力战不敌，7 月 14 日天津城失守。列强成立了天津都统衙门，对天津进行殖民统治，天津经历了长达两年的外国军队占领时期，直到 1902 年 8 月 15 日，清政府代表袁世凯接管天津政权为止。都统衙门的首要任务即是镇压义和团，不计其数的义和团团众被处以斩首的极刑，甚至头颅也被悬挂示众。八国联军的屠刀并不只对准一般义和团民众，一度支持义和团的候补道台谭义焕，在被德国军队从保定撅获后也解到天津，交由都统衙门处决，并于北门外悬首示众。都统衙门还与各国占领军配合，到各村庄清剿义和团。[2]

占领天津后，八国联军顺势于 8 月 4 日向北京进军，由于清政府战和不定，朝令夕改，政出多门，朝中又无人统御军事，八国联军沿途除北仓外，很少遇到有效的抵抗。8 月 13 日，八国联军抵达北京城下，北京城随即沦陷，慈禧于 15 日仓皇出逃。占领北京后，八国联军在北京城展开了对义和团的疯狂报复，庄王府、端王府和凡是设过拳坛的府邸、寺庙、民宅皆被"举火焚之"，仅在庄王府一处，就屠杀和烧死了 1700 多名义和团团民。联军在北京城烧杀抢掠，并特许军队公开抢劫三日，从皇宫、官衙到王府大院、官绅宅邸、平民居所，无不洗劫一空。除此之外，为了报复义和团运动而四处烧杀抢掠，京津一带的山海关、唐山、保定等地皆遭到列强的入侵，列强所到之处大肆屠杀义和团民众，犯下了不可饶恕的罪行。而为了求得列强的原谅，9 月 7 日，慈禧正式下达"剿团"谕旨，将义和团视为"肇祸之由"，并命令护理直隶总督廷雍，"着该护督督饬地方文武，严行查办，务净根株。倘仍有结党横行，目无官长，甚至抗拒官兵者，即责成带

---

[1]　林华国：《历史的真相——义和团运动的史实及其再认识》，第 191 页。
[2]　刘海岩：《八国联军占领期间天津若干问题考析》，《历史档案》2005 年第 2 期。

兵官实力剿办，以清乱源而安氓庶"。[1] 轰轰烈烈的义和团运动在中外反动势力的联合绞杀下最终走向了失败。

二、义和团运动的反帝爱国思想

在义和团运动中，"扶清灭洋"为义和团最主要也是最重要的政治口号，各地义和团运动中类似的口号还有"扶保中华，逐去外洋"，"保护中原，驱除洋寇"，"患难相扶，反对洋教"，"扶保中华，驱逐洋寇"，"替天行道，扶清灭洋"，"扫清灭洋"等等，形式虽略有差别，但"灭洋"的内涵基本相同。这些口号紧扣时代的救亡主题，集中反映了义和团运动的反帝爱国主张。义和团运动兴起之处，即有时人总结原因称："约有三端：一、列国无故分据中土；二、当设铁道时毁坏坟墓，拆卸民房；三、基督教民，倘犯不端，皆极力袒护。"[2] 义和团运动的反帝爱国思想亦主要表现在以下两个方面：

第一，反对基督教及教会势力的侵略。义和团群众认为基督教的侵略活动给民众带来了无休止的灾难，其宣称，"洋鬼挟来邪说，以基督、天主、耶稣诸教相诱，从者芸芸。该教等灭绝伦常，诡诈多端。嗜利之徒，咸居门下。彼等横施强暴，无所不用其极，致使清官廉吏，腐化堕落，饕餮之徒，尽为奴仆。故修铁路、架电报，制造洋枪洋炮；机器工艺，尤为其乖戾之天性所好，奉机车、气球、电灯为上品。洋人虽出入乘轿，与其身分大相径庭"[3]；华人"一旦入教，即可以无所不为耳。犯法者，入教可以逃刑。报怨者，入教可以雪恨。入教之后，不但可以抗官府、免差徭，凡鱼肉乡里之事，可以恣其所为"[4]。"愚民无知，易受笼络，一入其教，则人心但知有教主，不知有国法矣。"[5] 义和团将基督教及其传教活动视为一切苦难的根源，认为"窃有天主教由咸丰年间串结外国洋人，祸乱中华，耗费国帑，拆庙宇，毁佛象，沾（占）民坟，万恶痛恨，以及民之树木禾苗，无一岁不遭

①《着痛加剗除义和上谕》，载《义和团档案史料续编》上册，第753页。
② 中国史学会主编《中国近代史资料丛刊：义和团（四）》，第255页。
③ 陈振江、程啸编著《义和团文献辑注与研究》，第51页。
④《御史高熙喆折》，载《义和团档案史料》上册，第48—49页。
⑤ 王炳燮：《上协揆倭艮峰中堂书》，载《反洋教书文揭帖选》，第27页。

虫旱之灾。国不泰而民不安"①，"天久不雨，皆由上天震怒洋教所致，因其劝人勿拜神鬼也"②。因此主张要用暴力去驱逐和消灭传教士和教民。在义和团运动中，所到之处，矛头首先对准外国传教士为非作歹的据点教堂，其方式即为焚烧教堂及驱逐击杀传教士。

第二，反对帝国主义国家的侵略行为，尤其是对我国领土、主权的侵略行为。甲午之后，帝国主义国家掀起了瓜分中国的狂潮，尤其是其攫取的铁路修筑权和矿山开采权并疯狂借此扩张侵略势力，广大人民群众深受其害。然而，屈服于帝国主义淫威的清政府不敢理直气壮地保护自己的主权，人民群众不得不以传统民间组织和秘密结社的方式组织起来，保家卫国。义和团宣称，义和团之所以兴起，"只因鬼子闹中原"③，其斗争矛头直接对准帝国主义，他们要"焚烧洋楼，修复庙宇，尽毁洋货，斩尽妖魔"④。"不用兵，只用团，要杀鬼子不费难。烧铁道，拔电杆，海中去翻火轮船。大法国，心胆寒，英美俄德哭连连。一概鬼子都杀尽，我大清一统太平年。"⑤"只因四十余年内，中国洋人到处行。三月之中都杀尽，中原不准有洋人；余者逐回外国去，免被割据逞奇能。……众家弟兄休害怕，北京今有十万兵；待等逐尽洋人后，即当回转旧山林。"⑥这些言论反映了义和团运动中广大人民群众自发团结起来保家卫国的信心和决心，虽然其采用的是迷信形式，幻想通过神助的方式达到驱赶帝国主义的目的，但这种迷信激发的是人民群众挺身而出的决心和勇气，正是在这种迷信的支撑下，义和团运动才波澜壮阔地发展起来。义和团宣称"最恨和约，误国殃民。上行下效，民冤不伸。原忍至今，羽翼洋人，趋炎附势，肆虐同群。……待当重九日，剪草自除根"⑦。义和团还曾以伪造谕旨和御前会议与各国拟议约款的形式，进行反对帝国主义侵略的宣传，列有"和约二十五款"，其主旨是针对列强侵华造成中国权益损失的诸多方面，表示收回甚至让外国反偿权益，

① 陈振江、程啸编著《义和团文献辑注与研究》，第26页。
② 陈振江、程啸编著《义和团文献辑注与研究》，第47页。
③ 陈振江、程啸编著《义和团文献辑注与研究》，第30页。
④ 陈振江、程啸编著《义和团文献辑注与研究》，第51页。
⑤ 陈振江、程啸编著《义和团文献辑注与研究》，第31页。
⑥ 陈振江、程啸编著《义和团文献辑注与研究》，第35页。
⑦ 中国史学会主编《中国近代史资料丛刊：义和团（一）》，第112页。

体现了维护和加强国家主权的意愿。具体条款如下：

　　一、各国前所索赔款，一概作废。二、各国应偿中国兵费四百兆两。三、各国兵船已在中国口者，不准驶出。四、各国租价照今加倍。五、将总署交还中国。六、康有为回国治罪。七、所有各国教堂一律充公。八、日本将台湾交还中国。九、德国将胶州交还中国。十、俄罗斯将大连湾交还中国。十一、所有教士各归其国，不准再来。十二、中国仍有管理高丽、安南之权。十三、中国海关仍归华人办理。十四、各国使臣来中国者，照乾隆时所定之例，不许进京。十五、另赔义和拳兵费四百兆。十六、日本亦须照乾隆时例入贡。十七、华人交通西人，及不遵官场约束者，归朝廷治罪。十八、所有东西洋人与中国官场相见，须行叩头之礼。十九、外人不准在中国游历。二十、俄罗斯西伯利亚及各处铁路，均须拆毁。二十一、英国须将新安、九龙交还中国。二十二、各国运来中国货物，合应加倍收税。二十三、洋人商船到口者，须先禀明该处守口中国兵官，方准入口。二十四、大米不准出口。二十五、凡货物运往国外者，亦须加倍收税。①

　　就上述这些条款的内容来看，尽管也反映出义和团"闭塞守旧"和"盲目排外"的心理，但总体而言表达出的是强烈的反对帝国主义侵略的爱国思想。

　　由于义和团运动是以农民为主体的反帝爱国运动，其反帝爱国思想不可避免又带有其一定的局限性。1900 年 9 月 17 日，《中外日报》载《论中国欲自立宜先求开民智之策》一文，评价义和团的"灭洋"思想称："灭洋之说，尤为谬妄。揣若辈之意，殆所谓洋人者不过六七公使，数十商人，数百教士云耳。所谓东西洋各国者，不过区区数岛云耳。苟其一鼓作气，聚而歼旃，使欧美诸人之足迹，永不复见于中国，而后可以复大一统之旧观，而后可以遂闭关独立之夙愿，岂不妙哉。"认为"若辈识见如此，是于东西之大势，既瞢乎其未之闻，中外之大局，茫乎其不晓，而遽以至重之宗社，作彼孤注，付诸一掷，岂寻常之惨痛乎！"②其中虽不免苛责之语，然大体上是能够成立的。但义和团运动的局限性，并不影响乃至否定它反帝爱国

①　中国史学会主编《中国近代史资料丛刊：义和团（一）》，第 259—260 页。
②　中国史学会主编《中国近代史资料丛刊：义和团（四）》，第 211 页。

思想及其实践的伟大意义。作为帝国主义侵略中国的主要代表人物之一的赫德就认为，"盖中国人数千年在沉睡之中，今也大梦将觉，渐有'中国者中国人之中国也'之思想。故义和团之运动，实由其爱国之心所发，以强中国，拒外人为目的者也。虽此次初起，无人才，无器械，一败涂地。然其始羽檄一飞，四方响应，非无故矣。自今以往，此种精神，必更深入人心，弥漫全国。他日必有义和团之子孙，荤格林之炮，肩毛瑟之枪，以行今日义和团未竟之志者"①。1902 年，日本留学生在《开智录》上发表了《义和团有功于中国说》一文，对义和团运动的反帝爱国思想大加表彰，文中写道："义和团之崛起也，唱灭洋之议，率无学之徒，蜂蜂然，轰轰然视死如归，摇动世界，屠外使，火教堂，毁公署，拆铁道，动天下之兵，寒列强之胆，虽坚船云集，巨炮雨飞，而犹苦战多日，前仆后兴，直至政府倾，北京破，国主西狩，然亦雅不欲罢。夫义和团岂不知寡不可敌众，弱不可敌强哉？然出于爱国之心，忍之无可忍，故冒万死以一敌八，冀国民之有排外自立之一日也。而谓二三民贼，托神托鬼，所能使其履险如夷，置生死于不顾哉？"该文还强调了义和团运动的反帝爱国思想和实践的历史意义："然义和团虽一败涂地，为人不齿，而亦为中国种无算之强根，播国民独立之种子，我中国人其知之否耶？敢以所见，略述一二，而使义和团瞑目于九泉之下，我四万万同胞国民知所自任也。"②

三、义和团运动的盲目排外

就性质而言，义和团运动是近代中国人民掀起的一场反帝爱国运动，这是不可否认的，也不应否认。但这只是问题的一方面；问题的另一方面，是义和团运动在反帝爱国的同时，又表现出了较为明显的盲目排外的思想和实践取向。早在 1898 年初，由大刀会所散发的揭帖即明确提出，要"屠戮西人，焚毁其居"③。1900 年张贴于北京的《义和拳告白》中也宣称："中原各省集市村庄人等知悉：兹因天主教并耶稣教堂，毁谤神圣，上欺中华君臣，下压中华黎民，神人共怒，人皆缄默。以致吾等俱练习义和神拳，

---

① 梁启超：《灭国新法论》，《清议报》第 86 册，1901 年 7 月 26 日。
② 张枬、王忍之编《辛亥革命前十年间时论选集》第一卷上册，第 59—60 页。
③ 陈振江、程啸编著《义和团文献辑注与研究》，第 5 页。

保护中原，驱逐洋寇，截杀教民，以免生灵涂炭。自示之后，晓谕村庄人等：无论尔等谁庄，如有教民，急速驱逐自逞，将教堂乃伊等房屋，俱各延烧毋留。谁若招留抗违，隐匿信主之人，吾等到处，一例问罪，用火焚化，以致掣肘。尤恐不谕而诛，吾等不忍无故干受其累，勿违，特示。"①在实际反侵略的斗争中，义和团运动也呈现相当的排外性和破坏性，义和团进入北京之后，首先重在焚毁教堂及对付洋人、教民，其后"匪众遂乘势暴动，以焚烧教堂为名，到处放火。……各处教堂及教士居宅，同时举火。凡教士教民家属，无少长男女，咸被屠戮，伏尸载道。匪中呼洋人为'老毛子'，教民为'二毛子'"。随后，各式洋货及一切有关"洋"的名称皆被排斥，且任意屠戮之事时有发生。时人称："义和团之起，本因与教民为仇，迨津城设坛后，又推及于各洋行……继又推及于各铺户……又推及于各钱店……团中云，最恶洋货，如洋灯、洋磁盂，见即怒不可遏，必毁而后快。于是闲游市中，见有售洋货者，或紧衣窄裤者，或物仿洋式，或上有洋字者，皆毁物杀人。"②"先犹专杀教民，次则凡家有西洋器具货物，或与西人稍有交往者，概加以'二毛子'之名，任意屠掠；次则有无事证，一无所别择。于是全城居民，惊号狂窜，哭声震天地，真一时之浩劫矣。"③因此，"城内城外各行铺户与各街住户，义和团俱饬令避忌'洋'字，如'洋药局'改为'土药局'，'洋货'改为'广货'，'洋布'改为'细布'，诸如此类甚多。凡卖洋货者均逃闭。否则，团民进内，将货物打碎，然后将房焚毁。住户亦是如此"④。"各街市铺面有售卖洋货者，皆用红纸将招牌上'洋'字糊上，改写一'广'字，如洋货铺则改为广货铺之类，以防拳匪焚掠。"⑤"所有城内外凡沾洋字各铺所储洋货，尽行毁坏，或令贫民掠取一空。并令住户人等，不得收藏洋货，燃点洋灯。于是家家将煤油或箱或桶泼之于街。又传言杀尽教民后，将读洋书之学生一律除去，于是学生仓皇失措，所有藏洋

---

① 陈振江、程啸编著《义和团文献辑注与研究》，第21—22页。

② 中国史学会主编《中国近代史资料丛刊：义和团（二）》，第146页。

③ 吴永（述）、刘治襄（记）：《庚子西狩丛谈》，上海书店出版社，1943，第13页。

④ 仲芳氏：《庚子记事》，载中国社会科学院近代史研究所近代史资料编辑室编《庚子记事》，中华书局，1978，第13页。

⑤ 刘孟扬：《天津拳匪变乱纪事》，载《中国近代史资料丛刊：义和团（二）》，第18页。

书之家，悉将洋书付之一炬。"① 更有甚者，"若纸烟，若小眼镜，甚至洋伞、洋袜，用者辄置极刑。曾有学生六人，仓皇避乱，因身边随带铅笔一枝，洋纸一张，途遇团匪搜出，乱刀并下，皆死非命"②。"又哄传各家不准存留外国洋货，无论巨细，一概砸抛，如有违抗存留，一经搜出，将房烧毁，将人杀毙，与二毛子一样治罪。大凡铺户住户大小多寡不拘，谁不使用洋货，弃之可惜，留之不敢，人人惶恐，合城不安。"③ 义和团还将"自洋人教士、教民，以致华人之与洋人往还，通洋学，谙洋语者"，分别等差，列为"十毛之目"，宣称"必杀无赦"。④

义和团运动中有盲目排外的思想和实践，这是事实，同样不能否认，也不应否认，但因此即视义和团为"排外运动""仇教运动"，并将义和团运动简单地理解为"拆铁路、毁电杆、烧学堂、焚译署、杀教民、攻使馆"等，这也是对义和团运动的误读和误解。实事求是地说，义和团运动中的笼统排外有其特定的历史语境和思想渊源。时人对义和团的情形有过这样的描述："由各处所来（北京）团民不下数万，多似乡愚务农之人，既无为首之人调遣，又无锋利器械，且是自备资斧……既不图名，又不为利，奋不顾身，置性命于战场，不约而同，万众一心，况只仇杀洋人与奉教之人，并不伤害良民，以此而论，似是仗义。"⑤ 万众一心的背后凸显了深刻的思想和社会动因的强大。

以义和团对待铁路、电线的态度而言，除了有些铁路、电线的破坏是因战斗的需要之外，义和团对于铁路电线确有极端的厌恶和排斥心理及行为，这与铁路在帝国主义侵略之中的地位和作用有关。在 19 世纪末，"建筑铁路似乎是一种简单的、自然的、民主的、文化的、传播文明的事业。在那些由于粉饰资本主义奴隶制而得到报酬的资产阶级教授看来，在小资产阶级庸人看来，建筑铁路就是这么一回事。实际上，资本主义的线索象千丝万缕的密网，把这种事业同整个生产资料私有制联系在一起，把这种建筑事

---

① 杨典诰：《庚子大事记》，载《庚子记事》，第 86 页。
② 中国史学会主编《中国近代史资料丛刊：义和团（一）》，第 289 页。
③ 仲芳氏：《庚子记事》，第 12—13 页。
④ 中国史学会主编《中国近代史资料丛刊：义和团（一）》，第 271 页。
⑤ 仲芳氏：《庚子记事》，第 15 页。

业变成对十亿人民（殖民地加半殖民地），即占世界人口半数以上的附属国人民，以及对'文明'国家资本的雇佣奴隶进行压迫的工具"①。帝国主义国家同样利用铁路作为侵略压迫中国人民的工具，遭到民众的反抗，如在山东胶济铁路沿线，民众的抗德阻路斗争屡仆屡起。德国凭借条约获得了筑路特权，以武力为后盾，肆意逼迫地方政府及民众，"筑路之始，买地殊为困难，且迁坟移舍，尤为乡民所不乐为。当时均由各县知事召集村庄长恳切开导，分等发给一定之地价，迁坟移屋，另偿以迁移费，有果木种植者，另予赔偿；买卖契约均由村庄长承中立保，由知县转行发给，故进行颇称顺利。然良儒怯官之乡民，亦有领价不得而为中间人所干没者。且铁路经过之处有妨害民间之处，亦多敢怒而不敢言，且乡愚无知，亦不知应向何人发言，惟有隐忍以不了了之而已"②。"是年开始修筑胶济铁路，邑之奸民，附德供役，辄依仗德兵势力诈人钱财，甚或以螺丝抛掷居民院内，诬以盗窃，无故被德兵戕杀者甚众，皆莫敢控告。"③1899 年 6 月，在高密大吕，群众以拔除路标的方式阻挠铁路修建，与修筑铁路公司发生冲突，乡民包围公司驻地，"将通事等打伤三名"，知县葛之覃迅疾赶往大吕，将公司人员护送到县城，极力劝慰，并给被殴小工延医调治。铁路公司总办锡乐巴从胶州赶到了高密，要求中方补插被拔的标杆并惩办殴工闹事者，并与知县进行了商谈。然而，锡乐巴一回到青岛就向胶澳总督叶世克提出了进军请求并得到了允准。6 月 23 日，德军一支约 120 人的军队抵达胶州，24 日赶赴高密，沿途遭到堤东庄民团抵抗，发生冲突，堤东庄被德军攻占。25 日，德军抵达高密县，占领县衙、通德书院并驻扎其中，其间德军焚毁了书院藏书，大肆搜刮军械及进攻周边村寨，杀害乡民，焚毁村庄。莱州知府、胶州知州、高密县令与德军展开谈判，最终于 7 月 2 日签署协议，规定山东铁路公司征购土地须由中国地方官代办，购地款亦由地方转发，购地依照时价公买，铁路不得侵坟压庄，中国政府须保障铁路及其员工的安全。德军随即于 7 月 5 日陆续撤离，7 月 8 日全部撤出高密。然而，人民的抗德斗争却愈演愈烈，在李金榜、孙文等领导下，先后袭击了南流铁路分

---

①《列宁选集》第二卷，第 733 页。
②《德人租借始末》，载《山东近代史资料》（第三分册），第 124 页。
③《胶州县志》，载《山东近代史资料》（第三分册），第 72 页。

局、城东的鲁家庙铁路分局、城东的芝兰庄分局等。在德国及清政府的压力下，山东巡抚袁世凯对民众的镇压愈益升级，清军在柳沟河与民众发生大规模的战斗，民众伤亡惨重，经过这次镇压后，民众的反抗才暂时平息，但各地因铁路而起的冲突依旧屡屡发生。作为八国联军统帅的瓦德西也认为，"铁路建筑，将使全体职工阶级谋生之道减少。——我们于此，最易联想到昔时欧洲方面，亦曾流行之类似思想。——更加以筑路之时，漠视坟墓，以致有伤居民信仰情感。（瓦氏原注：在中国方面，巨大坟园一如我们公共墓地者，极为罕见。乃系无数单坟，散在田野，因修筑铁路地基之故，未曾常常加以重视。）此外了解铁路有益于国之明白人士，为数甚少，因而建筑铁路，尤易引起不良反动"[1]。民众在日常生活经验之中产生和积累了大量的对于铁路的极端厌恶与排斥心理，于是借义和团运动兴起之机以更大规模和更强力度表现了出来。

民众的盲目排外也与帝国主义的经济入侵所导致的小农和手工业生产者的普遍经济破产密切相关。时人称："中国自通商以来，洋货日销，土货日绌。洋纱洋布，岁销五千三百万。其余钟表、机器、呢绒、毡毯、火油、食物、以至纽扣针线之细，皆窥我情形，探我玩好，务夺我小工小贩一手一足之业者。而乃销流日广，始于商埠，蔓于内地，流于边鄙。吾华靡贫靡富，靡长靡幼，日用之需，身体之间，靡不有洋式之物，舍此莫好，相习而忘。故岁耗万万，罔知底极。夫彼耗万万之资财，耗于有形，犹可数计，而小工、小贩因失业以坐失万万之资财者，实耗于无形，而不可以算。"[2] 由于义和团运动的主体为农民和游民阶级，缺乏现代知识，生活世界及经验世界又比较狭隘，只能根据社会生活的表象来认识自己的处境并寻找原因，因此洋货在他们眼中也就理所当然地成为罪魁祸首。

义和团运动虽然在帝国主义和清王朝的共同镇压下失败了，但其历史意义不容否定，这就是阻止了帝国主义瓜分中国的阴谋。自第一次鸦片战争后，西方列强就一直想把中国变成他们的殖民地。甲午战争后，帝国主义又掀起了以强租海港、划分势力范围为特征的瓜分中国的狂潮。西方列强

---

[1] 瓦德西：《瓦德西拳乱笔记》，载《中国近代史资料丛刊：义和团（三）》，第69页。
[2] 刘祯麟：《论各省善堂宜设工艺厂以养贫民》，载倚剑生《中外大事汇记》，"论说汇"卷首之二，华文书局，1968，第24页。

之所以没有把中国变成完全的殖民地，帝国主义之所以未能实现他们的瓜分中国的阴谋，除他们之间的矛盾外，最根本的原因便是以义和团运动为代表的中国各族人民在爱国主义的激励下所进行的反侵略斗争及显示出来的伟大力量，使他们心有余而力不足，从而不得不放弃对中国的瓜分。义和团运动失败后，曾率八国联军与义和团作过战的联军统帅瓦德西在给德皇的上奏中，针对德皇"常有瓜分中国的思想"，提醒德皇说：有一事不应忘记，即中国是一个有着四万万人口的大国，"均系属于一个种族，并且不以宗教信仰相异而分裂，更有'神明华胄'之自尊思想，充满脑中。此外更有一事，亦复不应忘去者，即吾人对于中国群众，不能视为已成衰弱或已失德性之人；彼等在实际上，尚含有无限蓬勃生气；更加以备具出人意外之勤俭巧慧诸性，以及守法易治。余认为中国下层阶级，在生理上，实远较吾国多数工厂区域之下层阶级健全。倘若中国方面将来产生一位聪明而有魄力之人物，为其领袖，更能利用世界各国贡献，与彼之近代文化方法，则余相信中国前途，尚有无穷希望。……至于中国所有好战精神，尚未完全丧失，可于此次'拳民运动'（指义和团运动——引者）中见之"。[1] 因此，他认为西方无法瓜分中国，"吞并土地"。他在天津领事馆的一次讲话中更明确地指出："无论欧美日本各国，皆无此脑力与兵力，可以统治此天下生灵四分之一也，施行统治之善政，乃万事之最难者，况欲制御此亿万之众，岂能遽以轻便之心行之乎？故瓜分一事，实为下策。"[2] 美国前驻华公使田贝也认为："世界上所有国家中，中国是最不宜于瓜分的。没有一个民族像中国人那样更齐一、更团结、更被古老的带子和魅力拴在一起的了。""欧洲列强瓜分中国意味着用武力压服各个部分……将带来经常不断的反抗。"[3] 孙中山在1924年《三民主义·民权主义》讲演中肯定"义和团的勇气始初是锐不可当的"，在杨村一战，与英国提督西摩尔所带三千联军"肉体相搏"，"血肉横飞，但是还不畏惧，还不退却，总是前仆后继。……其勇锐之气殊不可当，真是令人惊奇佩服。所以经过那次血战之后，外国人才知道中国

---

[1] 瓦德西：《瓦德西拳乱笔记》，载《中国近代史资料丛刊：义和团（三）》，第86页。

[2] 佐原笃介：《八国联军志》，载《中国近代史资料丛刊：义和团（三）》，第244页。

[3] 转引自丁名楠《义和团运动评价中的几个问题》，载齐鲁书社编辑部编《义和团运动史讨论文集》，齐鲁书社，1982，第15页。

还有民族思想，这种民族是不可消灭的"。①这就是义和团运动的历史意义！

四、义和团运动的失败：传统民族主义的民众抗争运动的终结②

有学者根据西方民族主义产生于近代这一事实，否认中国古代有民族主义的产生。这值得商榷。西方近代各民族，如法兰西民族、德意志民族、意大利民族等是在文艺复兴和宗教改革的过程中逐渐形成的。由于西方近代各民族形成较晚，其民族主义的产生自然也就较晚。一般认为，西方的近代民族主义兴起于 18 世纪末到 19 世纪中叶，"三大事态构成其主要的直接原因：一是法国大革命，特别是在这场革命中出现的人民主权论；二是作为对启蒙运动及其世界主义思想之反应的德意志浪漫主义和历史主义；三是工业革命及其引起的社会大转型，亦即现今惯称的现代化过程"③。但和西方不同，中国的民族形成很早，最迟到春秋战国时期，华夏族（汉代以后称之为汉族）即已形成。由于中国民族形成较早，其民族主义的产生自然也就较早。章太炎就说过："民族主义，自大古原人之世，其根性固已潜在，远至今日，乃始发达，此生民之良知本能也。"④孙中山也认为："盖民族思想，实吾先民所遗留，初无待于外烁者也。"⑤但中国形成的民族主义是传统民族主义，其思想主要体现在三个方面：一是"华夏中心"观，二是"华尊夷卑"观，三是建立在"华尊夷卑"观基础之上的"华夷之辨"或"夷夏大防"的观念。

关于"华夏中心"观、"华尊夷卑"观和建立在"华尊夷卑"观基础之上的"华夷之辨"或"夷夏大防"的观念，我们在本卷第一章论述鸦片战争后以魏源为代表的先进中国人"开眼看世界"和"师夷之长技以制夷"的思想意义时已经有论及，这里需要指出的，建立在"华尊夷卑"观基础之上

---

① 孙中山：《三民主义·民权主义》，载《孙中山全集》第九卷，第 315—316 页。

② 本节参考了王先明《义和团与民族主义运动的时代转型——立足于近代民众抗争运动的比较分析》（《历史教学》2011 年第 1 期）和王立新《中国近代民族主义的兴起与抵制美货运动》（《历史研究》2000 年第 1 期）的有关内容，在此致谢！

③ 时殷弘：《民族主义与国家增生的类型及伦理道德思考》，载李世涛主编《知识分子立场：民族主义与转型期中国的命运》，时代文艺出版社，2000，第 137 页。

④ 章太炎：《驳康有为论革命书》，载汤志钧编《章太炎政论选集》上册，中华书局，1977，第 194 页。

⑤ 孙中山：《中国革命史》，载《孙中山全集》第七卷，中华书局，1985，第 60 页。

的"华夷之辨"，有两种之辨，一是种族之辨，即所谓"非我族类，其心必异"，种族是辨别"夷"和"夏"的标准，换言之，判断一个人是"夷"还是"夏"，主要是看他出生于何种种族，出生于华夏族（汉族）的是"夏"，出生于少数民族的是"夷"；一是文化之辨，即所谓"诸侯用夷礼则夷之，进于中国则中国之"，文化是辨别"夷"和"夏"的标准，换言之，判断一人是"夷"还是"夏"，主要是看他的文明程度，文明程度高的是"夏"，文明程度低的是"夷"。就此而言，那种认为中国传统民族主义是种族民族主义的观点值得商榷，种族民族主义只是中国传统民族主义的一个方面，另一方面它又是文化民族主义；反之亦然。这种强调民族之间区分的"华夷之辨"或"夷夏大防"观念历来又被称为"春秋大义"，是儒家思想的重要组成部分，尤其当华夏的农耕文化面临周边少数民族的游牧文化入侵时，这种"春秋大义"便成为激励华夏民族（亦即汉民族）抵御外来侵略、保卫先进的农耕文化的有力武器。尽管鸦片战争后，随着中国大门打开程度的不断扩大，人们对世界认识的不断加深，传统民族主义的"华夏中心"观、"华尊夷卑"观和建立在"华尊夷卑"观基础之上的"华夷之辨"或"夷夏大防"的观念开始发生动摇，并逐渐瓦解，但正如俗语所说，"冰冻三尺，非一日之寒"，它的影响还将长期存在，尤其在传统士绅和下层民众中的影响还很大。

与此相一致，鸦片战争以来的民众反抗西方列强亦即后来帝国主义的斗争运动，即从鸦片战争时期的三元里抗英斗争、鸦片战争结束不久的广州民众的反入城斗争，60年代初兴起的反洋教斗争一直到1900年的义和团运动，从性质上来说也都是传统民族主义的民众抗争运动。这主要体现在以下几个方面：

第一，动员民众的思想资源主要是传统的"华夷之辨"。"虽然鸦片战争后有列强割地赔款、通商谋利等一系列攫取利益的问题，但借以动员民众抗争的主要理由却不是民族利益本身，而是'夷性犬羊，难保不生事端'这种注重文化异同的成服远大于民族利益得失的，以文化认同为出发点的'华夷'观念。因此，从三元里斗争到反洋教乃至义和团运动，主要是从传统文化遗存中发掘着动员民众的思想武器，形成以'华夷之辨'，'人禽之

辨'，'正邪之辨'的文化认同，来抵拒'西夷'的入侵。"①实际上，所谓
"人禽之辨""正邪之辨"，都是"华夷之辨"的引申或另一种说法。因为
根据儒家理论，人之所以为人，在于有礼义，没有礼义，即便是人，亦禽
兽不如，所以中国有句骂人的话，叫"衣冠禽兽"。而儒家认为，只有接受
了儒家文化的华夏之人才知礼义，没有接受儒家文化的夷人是不知礼义的，
有礼义的人是正人君子，没有礼义的人是邪恶小人。因此，华夷之辨，也
是"人禽之辨"和"正邪之辨"。我们查阅二十四史就会发现，每当写到少
数民族的姓氏时，大多加有一个"犭"字旁，其原因就在于儒家认为少数
民族是没有礼义的，没有礼义就不能称之为人。我们前面已经讲到，中西
交通后，由于人们对西方及其文化缺乏认识，认为他们和周边的少数民族
一样，也不知礼义，因而也把他们称为"夷"或"番"。"夷"或"番"都
是不文明、落后、野蛮的代称。华夷之间，亦即人禽之间、君子与小人之
间，必须界限分明，不容间杂。比如1842年鸦片战争刚刚结束时，由何大
庚撰写、钱江刊刻、贴于广州府学明伦堂、并对后来广州反入城斗争产生
过重要影响的《全粤义士义民公檄》，就强调了中西之间的"华夷之辨"：
"兹闻逆夷将入珠海，创立码头，不惟华夷未可杂居，人畜不堪并处；直是
开关揖盗，启户迎狼。况其向在海外，尚多内奸，今乃逼近榻前，益增心
患；窃恐非常事变，诚有一言难尽者；若他国群起效尤，将何以策应之？
是则英夷不平，诚为百姓之大害，国家之大忧。"②又比如《福建龙岩州揭
帖》（1883年）称西方传教士为"番兽"，说"番兽不知廉耻"，他们所传
的宗教之书，"若无父子之伦；又有一妇人连纳七夫，阅之真无上下以乱五
伦之番禽兽所为也，不知自辱。其倘敢反说教我等众民，真乃化外番禽兽，
不知礼义，不顾廉耻也"。③我们上面引用过的《湖南士民公传》也同样反
对"华夷杂处"，因为西方人是不知礼的"鸟兽"，知礼义的中国人"那堪
鸟兽同群"，所以该《公传》号召湖南士民，只要"洋夷入境，不问有无情

① 王先明：《义和团与民族主义运动的时代转型——立足于近代民众抗争运动的比较分析》，《历
史教学》2011年第1期。
②《全粤义士义民公檄》，载《中国近代史资料丛刊：鸦片战争（三）》，第355页。
③《福建龙岩州揭帖》，载《反洋教书文揭帖选》，第129页。

弊，立即格杀，毋令遗〔逸〕遁"。①《大名府拒嗫咭唎公檄》（1870 年）开
宗明义便写道："且华夷不可同居，人鬼岂容并域。故王者不勤远略，圣人
不治戎狄。诚以言语文字所不通，性情嗜好之不同。蜉蝣不知朝暮，蟪蛄
不知春秋，夏虫不可语冰，井蛙焉能测海。纵不能用夏而变夷，又安可弃
人而从鬼。欲正无王之罪，先绝猾夏之萌。"②该《公檄》满篇强调的都是"华
夷之辨""人禽之辨"和"正邪之辨"。发表于这一时期的其他公檄、告示、
揭帖等，其内容也都差不多，可以说传统的"华夷之辨"是 19 世纪动员民
众参加民族主义运动最有效的武器。

　　第二，组织民众的方式主要是传统的社会组织机制，如三元里抗英
和反入城斗争的社学、书院、团勇，反洋教斗争的会党和义和团运动的
"坛""拳"等秘密结社。以三元里抗英和反入城斗争为例。"社学"是组
织民众参加抗英斗争的重要方式之一，而据郑海麟研究，"社学"是在各
村"族"的基础上，进一步集合数乡、数十乡的"族"组成的。其后，考
虑到"社学"间统一指挥之必要，便成立了"升平社学""东平社学"等。
"因为社学是以乡作基础，故它对乡人、族人有很强的约束作用。例如，九
图社学对在外乡的乡民不应召立即回乡与英军作战保卫乡里者，以烧毁其
家产作为警告。这种社学、团练以南海、番禺为中心，新安、三水、香山
等各县也广为成立。"除社学外，在反入城斗争中，广州城内的府学"明伦
堂"以及粤秀、越华、羊城各书院，"与在乡村的指挥机关升平社学等起着
大致相同作用"。当时的城市组织分为两种，一种是称为"行"的行会组
织，另一种是 1846 到 1847 年成立的、每条街巷都有的团练。这种团练是
随着"匪"的猖獗而由官方要求成立的，在很大程度上带有保甲性质。最初
有不少的募勇充任，后来为防止"匪徒""无赖"混入，原则上规定从各街
巷的居民、雇工中挑选壮丁充任。费用由各街巷自筹。"1849 年反入城斗争
时，广州的团练号称 10 万。这些行会由会董、理事等行会首领掌握；街巷
的指挥系统由书院绅士—总办绅士—本约理事—各铺户组成。"③1891 年长江

---

① 《湖南士民公传》，载《反洋教书文揭帖选》，第 104 页。
② 《大名府拒嗫咭唎公檄》，载《反洋教书文揭帖选》，第 154 页。
③ 郑海麟：《鸦片战争时期广东以社学为中心的抗英斗争》，《深圳大学学报》（人文社会科学版）
1990 年第 3 期。

流域的反洋教斗争，就是哥老会组织和发动的。美国公使田贝在向美国国务院报告中说："据说，秘密的会社是这些骚乱的根本原因。该项会社以长江流域为最多，他们都是反对外国人的。他们同时也是中国官吏最恐惧的对象。"上海《字林西报》则肯定"哥老会是这些骚乱的根本原因"。薛福成在《外里哥老会匪片》中也认为哥老会是这次斗争的发动者。[①] 这次斗争后因哥老会所托镇江海关帮办英人梅森从香港购买的军火被上海海关查获、哥老会的首领和骨干多人被捕而失败。此后长江中下游爆发的反洋教斗争，大多都是由哥老会等秘密会社发动和组织的，借用清政府"上谕"的话说："江苏、安徽、湖北、江西等省，屡有焚毁教堂之事……半由'会匪'从中主谋，游手之徒相率附和，以致愈聚愈多，动成巨案。"[②] 美国公使向国务院的报告中也写道："这几年来，几乎在长江各通商口岸都有骚乱发生。……据说，秘密会社是这些骚乱的根本原因。"[③] 1891 年 12 月热河爆发的反洋教斗争，是由金丹教发动和组织的。这次反洋教斗争席卷热河全境，声势十分浩大，清政府派出重兵，才将其镇压下去。四川余栋臣反洋教斗争爆发后，他本人也加入了哥老会。至于义和团运动，自始至终都是秘密结社发动和组织的。义和团是由义和拳衍生而来。义和拳，也叫梅花拳，是一种以强身健体、保卫身家为目的的习拳演武的组织。始创于明末清初，早在乾隆年间就在山东冠县等地流传，逐渐延及东、直、豫边区一带，而以东直交界地区最为集中。义和拳本是一种正规的拳术组织，与政治没有多少关系，但在甲午战争后民族危机日益加重的背景下，在"群众性反教会斗争日益发展的形势下，它被卷进了斗争，并表现出了强大的力量"[④]，成为动员和组织民众参加反洋教斗争的主要方式。

第三，"借以动员民众的手段是传统社会中的揭帖、告白、歌谣、俚语等具有隐秘性和隐喻性的载体"[⑤]。1861 年发生在湖南衡州、湘潭的教案，其宣传发动的舆论工具就是《湖南合省公檄》和张贴于道路、街衢的各种反

① 戚其章：《民间秘密结社与近代反洋教运动》，《社会科学研究》1985 年第 4 期。
② 《东华续录（光绪朝）》卷一百零四，第 4 页。
③ 卿汝楫：《美国侵华史》第二卷，生活·读书·新知三联书店，1952，第 600 页。
④ 王如绘、初晓京：《论义和团运动起源的三个阶段》，《东岳论丛》2001 年第 6 期。
⑤ 王先明：《义和团与民族主义运动的时代转型——立足于近代民众抗争运动的比较分析》，《历史教学》2011 年第 1 期。

洋教揭帖。①

　　第四，主力军是传统社会的农民、小手工业者和其他下层民众，组织者和领导者是地方官员、传统士绅和秘密结社的首领。如"三元里抗英起义的群众队伍是首义的三元里乡民与广州东北各乡人民于牛栏岗会盟组成的，大体上由三部分力量构成：一是没有组织的乡民或临时由农民组成的战斗队伍，如韦绍光等三元里临时组成的农民武装以及各乡自动参加战斗的乡民和妇女。一是当地先前有组织的'社学团民'，如肖岗举人何玉成主持的怀清社学团体，梁廷栴等联系的城北十二社学等等。这些是地主阶级知识分子用社学组织起来的武装乡民，'不用国帑'，'无事则负耒力田，闻警则操戈御侮'，他们是三元里斗争的主要力量。此外，还有由地方士绅经政府同意而召募的或受委任召募的壮勇队伍，如文生林福祥召募的水勇。这支武装，虽人数不多，但有一定训练并参加过对英军作战，所以在三元里斗争中成为一支突击力量。《平海心筹》一书中林福祥所说的'三元里之役，义勇协同乡民杀死夷兵'，'义勇'就是指如他带领的水勇等武装，'乡民'则是'社学团民'和临时组织起来的或自动前来参加战斗的农民。三元里抗英斗争的参加者，除主要是'荷锄之农夫'外，其次是'好义善斗'的'机房仔'等手工业工人，还有渔民、盐民、会党群众等社会下层群众。社学武装和义勇的主持者大多是有社会影响的爱国士绅"②。和三元里抗英及反入城斗争一样，反洋教斗争的主力军也主要是农民、小手工业者和其他下层民众，以及秘密结社的会众，但其组织者和领导者前后有所变化。据李时岳研究，从1861年反洋教斗争开始到天津教案的发生，这一时期的"特点"，是"部分清朝地方政府的最高文武长官、高级官僚和权贵豪绅，即封建地主阶级的上层人物，曾经充当斗争的旗手和鼓手"。③反洋教斗争之所以首先从偏僻的贵州兴起，就与这一时贵州省最高文武长官——巡抚何冠英和提督田兴恕有着直接联系。1861年，何冠英和田兴恕联名给全省官吏写了一封公函，其中有这样一段话："异端邪说，最为害民。省中天主教……

① 许顺富：《近代湖南绅士反洋教运动的文化因素》，《湖南城市学院学报》第33卷第1期，2012年1月。
② 赵矢元：《三元里抗英起义及其历史意义》，《历史教学》1962年第6期。
③ 李时岳：《甲午战争前三十年间反洋教运动》，《历史研究》1958年第6期。

近乃肆行无忌，心实叵测"，为了"力挽颓风"，他们要求各级官吏"无论城乡，一体留心稽查。如有来自外方之人，谬称教主等项名目，欲图传教惑人，务望随时驱逐"。① 于是，候补道缪焕章撰《救劫宝训》，在贵阳刊刻传播，号召"屏黜异端"；团务道赵畏三率众焚烧教会学堂，捕杀教民；开州知府戴鹿芝"借"民众控告法国传教士文乃耳破坏礼俗之"故"，逮捕文乃耳等四人，尽用极刑处死，并派团首周国璋"四乡搜寻奉教之人"；兴义知府孙彦清、普安厅同知钱壎、永宁州团首任聚五等也都积极参加了反洋教斗争。天津教案后，曾经"充当斗争的旗手和鼓手"的"部分清朝地方政府的最高文武长官、高级官僚和权贵豪绅，即封建地主阶级的上层人物"退出了反洋教斗争的行列，但"地主阶级的中、下层（乡绅、士绅），在运动中仍然相当活跃，特别是当基督教侵略势力开始进入某一地区，当帝国主义分子企图开辟新的侵略据点的时候，所遇到的反抗往往是全民的"。中法战争后，反洋教斗争发展到了新阶段，封建地主阶级，无论是上层，还是中、下层，都基本上退出了斗争的行列，"民间秘密结社——会党，开始成为斗争的核心力量或主导力量"。② 我们前面已经讲到，19 世纪 90 年代后长江中下游地区发生的反洋教斗争，大多是由哥老会发动和组织的，其领导者便是这些秘密结社的首领。义和团运动的组织者和领导者则是义和团的首领赵三多、曹福田、张德成等。

　　第五，盲目的排外主义。由于这一问题我们已有论及，此不展开。

　　以上是鸦片战争以来的传统民族主义的民众抗争运动所具有的几个特质。传统民族主义的民众抗争运动到义和团运动时达到高潮，而随着义和团运动的失败，传统民族主义的民众抗争运动也走向了终结。

　　进入 20 世纪后，西方近代民族主义开始传入中国，第一个将西方近代民族主义传入中国的人是梁启超。1901 年，梁启超在《国家思想变迁异同论》一文中，率先向国人介绍了"民族主义"和"民族帝国主义"这两个新名词。他认为"今日之欧美，则民族主义与民族帝国主义相嬗之时代也；今日之亚洲，则帝国主义与民族主义相嬗之时代也"。欧美的"民族主

---

① 《筹办夷务始末（同治朝）》第六卷，第 44 页。
② 参见李时岳《甲午战争前三十年间反洋教运动》，《历史研究》1958 年第 6 期。

义，全盛于十九世纪，而其萌达也在十八世纪之下半"，自法国大革命后欧洲"百年来种种之壮剧，岂有他哉，亦由民族主义磅礴冲激于人人之胸中，宁粉骨碎身，以血染地，而必不肯生息于异种人压制之下"。概而言之，先是拿破仑征服欧洲以失败告终，后是希腊、比利时、罗马尼亚、塞尔维亚、爱尔兰等分别获得自治或独立，就是"数百年憔悴于教政帝政下之德意志、意大利，皆新建国称雄于地球矣"。就此而言，"民族主义者，世界最光明正大公平之主义也"。因为民族主义"不使他族侵我之自由，我亦毋侵他族之自由。其在于本国也，人之独立；其在于世界也，国之独立"。世界各国如果都能遵守民族主义的原则，"各明其界限以及于未来永劫"，那么天下也就不会有侵略和压迫的事情发生。然而"自有天演以来，即有竞争，有竞争则有优劣，有优劣，则有胜败，于是强权之义，虽非公理而不得不成为公理。民族主义发达之既极，其所以求增进本族之幸福者，无有厌足，内力既充，而不得不思伸之于外"，于是自 19 世纪下半叶以来民族帝国主义开始"萌达"。民族帝国主义在本质上不同于 18 世纪以前的帝国主义，18世纪以前的帝国主义"昔之政府，以一君主为主体，故其帝国者，独夫帝国也"。19 世纪下半以来的帝国主义"今之政府，以全国民为主体，故其帝国者，民族帝国也"。所以，"凡国未经过民族主义之阶级者，不得谓之为国"。也就像人的成长一样，"民族主义者，自胚胎以至成童所必不可缺之材料也。由民族主义而变为民族帝国主义，则成人以后谋生建业所当有事也"。这也是"萌达"于 19 世纪下半叶的民族帝国主义到了 20 世纪后所以会进入其"全盛"时期的重要原因。但反观中国，民族主义"犹未胚胎"，面对欧美民族帝国主义的竞争，国人还"墨守十八世纪以前之思想，欲以与公理相抗衡"，这只能是以卵击石，"不足道矣"。为此，梁启超大声呼吁国人迅速培养民族主义，以谋抵御欧美的民族帝国主义的侵略，用他的话说："知他人以帝国主义来侵之可畏，而速养成我所固有之民族主义以抵制之，斯今日我国民所当汲汲者也。"[①] 后来，在《论中国学术思想变迁之大势》《论民族竞争之大势》以及《新民说》等文中，梁启超又进一步向国人介绍和宣传了西方近代民族主义。

---

① 梁启超：《国家思想变迁异同论》，载《饮冰室合集》第 1 册，文集之六，第 19—22 页。

　　继梁启超之后，知识界的其他一些人也纷纷加入介绍和宣传西方近代民族主义的行列。1902 年 7 月出版的《新民丛报》第 11 号刊登的一篇题为《论世界经济竞争之大势》文章，在谈到中国如何在世界经济竞争的大潮中"求自存之道"时指出："近世欧洲意大利之独立，日耳曼之联邦，皆以同一种族，建一国家，民族主义之势力，大振于已往之政治界。吾国之不振，非欧族使之然，自族不能建国家之故也。"因此，中国要能够在世界经济竞争的大潮中求得"自存"，就必须向欧洲学习，大力倡导民族主义，建一民族国家。不久，文章的作者"雨尘子"又在《新民丛报》第 28 号上发表《近世欧人之三大主义》一文，认为民族主义和"多数人之权利""租税所得之权利"一样，是"近世欧人之三大主义"之一，近日世界的大事变，如意大利的统一、希腊和罗马尼亚的独立、德意志联邦的形成，"推其中心，无不发于民族主义之动力"。民族主义的实质，就是建立民族国家，"其民族不同者，则独立为一国"，"民族同一者，则结合为一国"，"故十九世纪，实为民族国家发生最盛之时代"。[①] 几乎与此同时，《浙江潮》第 1、2 期连载了余一的《民族主义论》。该文开宗明义便写道："今日者，民族主义发达之时代也，而中国当其冲，故今日而再不以民族主义提倡于吾中国，则吾中国乃真亡矣"，因为"今日欧族列强立国之本，在民族主义，固也；然彼能以民族主义建己之国，复能以民族主义亡人之国"，中国要想不被欧族灭亡，就只有大力提倡民族主义，以建立一民族国家。[②] 1903 年 9 月出版的《游学译编》第 10 册发表的一篇文章要求对国民进行"民族主义之教育"，认为"德意志之所以统一，意大利、希腊之所以独立，腓律宾、图兰斯法耳之所以抗战强敌"，是对其国民进行"民族主义之教育"的结果。所以，中国要实现"民族建国"，也就应该对国民进行"民族主义之教育"。[③] 《江苏》第 7 期发表的《民族主义》一文认为："民族主义有一定之学说行于世者，自伊太利之满基尼始。"而满基尼对民族主义的定义是："民族之于世界犹个人之于社会，对于内有绝对之所有权，对于外有绝对之独立权。若一民族起而

① 雨尘子：《近世欧人之三大主义》，《新民丛报》第 28 号，1903 年 3 月 27 日。
② 余一：《民族主义论（未完）》，《浙江潮》第 1 期，1903 年 2 月 19 日。
③《民族主义之教育》，《游学译编》第 10 册，1903 年 9 月 6 日。

建独立自治之国家，无论何人，无对抗之权。此民族主义之本旨。"①

就梁启超和知识界的其他一些人对于西方近代民族主义的介绍和宣传来看，尽管在一些具体的认识上他们存在着这样或那样的差异，但第一，他们都认为西方近代民族主义的实质就是"民族建国"，而"民族建国"所要建立的是单一民族的国家。用《民族主义之教育》作者的话说："是故民族建国者，以种族为立国之根据地。以种族为立国之根据地者，则但与本民族相提携，而不能与异民族相提携，与本民族相固着，而不能与异民族相固着。必能与本民族相提携、相固着，而后可以伸张本民族之权力。"②梁启超在《论民族竞争之大势》一文中同样指出：在封建时代，分士分民，或同民族而异邦，或同邦而异族，"胡汉吴越，杂处无猜"。但到了封建的末世，"民求自立而先自团，于是种族之界始生，同族则相吸集，异族则相反拨，苟为他族所钳制压抑者，虽粉身碎骨，以图恢复，亦所不辞，若德意志，若意大利，皆以同民族相吸而建新邦，若匈牙利，以异民族而分离于奥地利，皆其最著者也"。所以，民族主义是制造近世单一民族国家"之原动力也"。他认为建立单一民族国家这是世界发展的大势，"苟反抗此大势者，虽有殊才异能，卒归失败"。法国的拿破仑之所以身败名裂，就是因为他"欲强合无数异种异言异教异习之民族，而成一绝大之帝国"。③第二，他们介绍和宣传的主要是德国和意大利的民族主义。一般认为，西方近代民族主义有两个思想源头，一是法国的民族主义，一是德国和意大利的民族主义。就梁启超和知识界的其他一些人对西方近代民族主义的介绍和宣传来看，他们介绍和宣传的主要是德国和意大利的民族主义。比如，他们在举例说明什么是民族主义以及民族主义的意义时几乎都举的是德国和意大利的例子，而很少提到法国。有学者认为，梁启超等人之所以介绍和宣传的主要是德、意的民族主义，而不是法国的民族主义，是因为法国的民族主义是政治民族主义，德、意的民族主义是文化民族主义，而德、意的文化民族主义与中国传统民族主义更接近。这种说法虽然不无道理，但本书认为最根本的原因恐怕还是由两者产生的社会历史背景决定的，法国的民

①《民族主义》，《江苏》第7期，1904年10月9日。
②《民族主义之教育》，《游学译编》第10册，1903年9月6日。
③ 梁启超：《论民族竞争之大势》，载《饮冰室合集》第2册，文集之十，第10页。

族主义产生于法国大革命和法兰西共和国的建立之中，而德国和意大利的民族主义产生于争取民族统一、独立和建立民族国家的斗争之中。相比较而言，德、意的民族主义产生的历史背景更接近于中国，因此也更容易为中国人所接受。第三，他们都视民族主义为救亡图存、建立民族国家的不二法门。用梁启超在《论民族竞争之大势》一文中的话说："今日欲救中国，无他术焉，亦先建设一民族主义之国家而已。以地球上最大之民族，而能建设适于天演之国家，则天下第一帝国之徽号，谁能篡之。特不知我民族自有此能力焉否也。有之则莫强，无之则竟亡，间不容发，而悉听我辈之自择。"① 这可以说是包括梁启超在内的当时积极从事西方近代民族主义介绍和宣传的中国知识界的基本共识。

随着西方近代民族主义的传入，近代民族主义的民众抗争运动开始兴起，如1905年的抵制美货运动，20世纪初的收回铁路矿山利权运动等，都是近代民族主义的民众抗争运动。与鸦片战争以来的传统民族主义的民众抗争运动比较，20世纪初的近代民族主义的民众抗争运动在以下几个方面发生了明显变化。

第一，动员民众的武器已不是传统的"华夷之辨"，而是近代的国家意识和主权观念。如在抵制美货运动中，"国人开始打破地域界限，超越乡土观念，把海外华侨的遭遇看做是整个民族的耻辱，认识到'彼虐待我华侨即辱我全国'，美国排华是对中华民族尊严和国家荣誉的严重侵犯"②。就是在华西方人也惊愕地看到，"觉醒的中国人已经产生了国家意识，对移居美国太平洋沿岸广东华侨的迫害激起的已不再仅仅是广东人的愤怒，它已使全中国人感到羞辱"③。20世纪初的收回路矿利权运动已"不仅仅着眼于经济利益的考量，而是立足于民族—国家主权危亡的深层思虑"，其"动员民众起而奋争的立足点是'亡人国之法，计无巧妙于铁路者'的民族危亡意识"。④人们之所以反对借外国人的钱来修铁路，一个重要原因，是人们认识到"路

---

① 梁启超：《论民族竞争之大势》，载《饮冰室合集》第2册，文集之十，第35页。
② 王立新：《中国近代民族主义的兴起与抵制美货运动》，《历史研究》2000年第1期。
③ 王立新：《中国近代民族主义的兴起与抵制美货运动》，《历史研究》2000年第1期。
④ 王先明：《义和团与民族主义运动的时代转型——立足于近代民众抗争运动的比较分析》，《历史教学》2011年第1期。

权即国权"，路权的丧失，亦即国权的丧失。如时任护理四川总督王人文就曾上奏朝廷，认为湖广铁路借款合同"乃举吾国之国权、路权，一界之四国，而内乱外患不可思议之大祸，亦将缘此合同，循环发生"①。

第二，组织民众的方式已不是传统的社会组织机制，而是"近代性的社团组织，如商会、学生会以及渗入其中的革命党人组织等等"②。比如，抵制美货运动的主要领导者是上海总商会和各地商会。"商会组织兴起于1903年之后，是近代商人国民观念和权利意识发展的产物。商会的宗旨不仅在于振兴民族工商业，同时还立志挽救民族危机。商会的建立也打破了传统会馆、公所的畛域界限和地域壁垒，把商人凝聚成相对统一的整体。正是这一新式社团在抵制美货运动中发挥了主导作用。"③如果说在抵制美货运动中起主导作用的是各地商会，那么，除商会外，在收回路矿利权运动中起主导作用的还有各地的立宪团体，尤其是谘议局，特别是在保路运动期间，许多谘议局的"中心活动就是保卫路权"，谘议局成为"保路运动的领导核心"。④此外，革命党在收回利权运动中的作用也不容低估，其作用与影响，"主要表现在以下两个方面，一是舆论宣传，革命派创办的诸多报刊都曾阐明帝国主义经济侵略与利权丧失的严重危害，大声疾呼收回利权；二是实际参与，福建、广西、云南、山西、浙江、江苏、湖北、湖南等地的革命党人，都曾积极参与了所在省份的收回利权运动"⑤。

第三，动员民众的手段已不是"传统社会中的揭帖、告白、歌谣、俚语等具有隐秘性和隐喻性的载体"，而是"报刊、电报、公告以及特刊，甚至还有各种公开的演讲、报告等，更多地表现为公共性、公开性的载体"。⑥如1905年8月创刊的广东《拒约报》，开辟有社说、短评、要闻、事件、调查、舆论、白话、杂文、歌谣及侨民受虐记等10个栏目，"言论多取切实

---

① 王人文：《辛亥四川路事罪言》，载《四川保路同志会文电要录·奏稿要录》，转引自章开沅、林增平主编《辛亥革命史》中册，人民出版社，1980，第494页。

② 王先明：《义和团与民族主义运动的时代转型——立足于近代民众抗争运动的比较分析》，《历史教学》2011年第1期。

③ 王立新：《中国近代民族主义的兴起与抵制美货运动》，《历史研究》2000年第1期。

④ 林增平：《资产阶级与辛亥革命》，湖南出版社，1991，第215页。

⑤ 朱英：《晚清收回利权运动新论》，《史学集刊》2013年第3期。

⑥ 王先明：《义和团与民族主义运动的时代转型——立足于近代民众抗争运动的比较分析》，《历史教学》2011年第1期。

而可资于外交者"，出版后受到广泛欢迎，第一期很快售光，第二期需事先预订。正因为它影响太大，引起美国领事强烈抗议，1905 年 11 月，该刊出完第九期后即被广州府查禁。时人赞此报说："伟哉此报，命名拒约，舆论轰轰，民气磅礴，天演界中，崭然头角，同胞警钟，社会木铎。不有苛例，此报奚作，苛例不删，永不殒落。一般华工，救生圣药，文字收功，众生极乐。视彼前途，声扬万国。污污国耻，从此一濯，沐浴欢迎，寸衷跃跃。伟哉此报，伟哉拒约。"① 除《拒约报》外，广东的《广东日报》《时事画报》《觉报》，上海的《时报》《申报》《中外日报》，福建的《日日新报》，天津的《大公报》等报纸，也都对"推动反美禁约运动发挥了重要作用"②。梁启超曾对以报纸为代表的民众舆论在抵制美货运动中的作用给予了极高的评价，他指出，世界上具有国际影响力的国家有三种：其一为政府人民一体，如英美等立宪国家是也；其二虽尤人民为后援，而政府之力即能左右世界者，俄罗斯属之；第三种虽无政府之后援，其民族之魔力足以震撼世界，此种国家，环顾世界只有中华一国。③ 梁启超这里所讲的"民族之魔力"指的便是以报纸为代表的民众舆论的强大力量。

第四，主力军已不是传统社会的农民、小手工业者和其他下层民众，而是城市的商人、市民、以新式学堂学生和教师为主体的新式知识分子，组织者和领导者也已不是地方官员、传统士绅和秘密结社的首领，而是资产阶级的代表人物。我们前面已经提出，上海总商会和各地商会在抵制美货运动中起到了重要的作用，而商会是商人的组织。1905 年 7 月 20 日，上海总商会宣布正式实施抵制美货，立即得到广大商人的响应，"各行各业，无不各自聚会，集会动辄以千人计，报业、糖业、豆米业等纷纷集议，制定不用美货办法，表达其不售美货之决心"④。收回利权运动虽然涉及诸多社会阶层和社会力量，甚至可以说"社会各阶层几已全部卷入"⑤，但其主导力量是新兴的近代工商业者。因为"收回利权运动实际上包括两个层面的具体

① 丁又：《1905 年广东反美运动》，载《近代史资料》1958 年第 5 期。
② 王立新：《中国近代民族主义的兴起与抵制美货运动》，《历史研究》2000 年第 1 期。
③ 饮冰（梁启超）：《抵制禁约与中美国交之关系》，《新民丛报》第 68 号，1905 年 5 月 4 日。
④ 马方方：《1905 年抵制美货运动的新视角——近代商人人格特点简析》，《史学月刊》2004 年第 9 期。
⑤ 林增平：《资产阶级与辛亥革命》，第 215 页。

内容，一是收回被列强攫取的铁路、矿山利权；二是自行集资修路与开矿，二者相辅相成，不可分离。收回利权运动的组织者与主导者，绝大多数除采取各种方式争取收回利权之外，同时又都积极参与了集资修筑铁路或开采矿山的经营活动，不管他们原来是绅士的身份，或者原本即是商人，抑或是所谓的绅商，在投资参与商办铁路和开矿之后，都可以说是新兴的近代工商业者"①。从领导者来看，无论是抵制美货运动，还是收回路矿利权运动，都是新兴的资产阶级代表人物，因为抵制美货运动的领导者主要是上海总商会和各地商会的会长、副会长，收回路矿利权运动的领导者，除各地商会的会长、副会长外，还有各地立宪团体尤其是谘议局的议长、副议长，而这些人大多是新兴资产阶级的代表人物，如上海总商会的曾少卿、江苏谘议局的张謇、浙江谘议局的汤寿潜、湖南谘议局的谭延闿、湖北谘议局的汤化龙、四川谘议局的蒲殿俊等。

　　第五，"理性的对外精神"取代了盲目的排外主义。"所谓理性的对外精神包括两方面的含义，一是在反对西方欺凌的同时，并不反对西方先进文化，也并非像义和团那样驱逐所有外国人；二是根据自身的力量和国际形势的变化，选择反抗外强的方式和方法，并清醒地意识到选择的后果，而不是一味地采取暴力手段。"②1905 年抵制美货运动开始之初，《外交报》就曾刊文主张抵制美货的方法应力求"得当"，而"得当"与否则在于"坚持本义不生枝节"。所谓"本义"，即"使美国商务有损，不能不改苛例之说"；而"枝节"指的是"躁妄之夫，为逾分之举"。作者希望这次运动能"始终无涣散之情状，无暴动之枝节，无始勤终怠之积习"，这样"则各国之赞成我者必多"，运动也才能取得胜利。③抵制美货运动开始之后，其主要措施就是发动和要求国民不买不卖美货，具体包括：停办未订之美货、退办已订之美货、不存款美银行、不与美商通商、不购美书籍。④为了保证抵制运动能文明和有序地进行，各地先后出台了一些规定，如厦门拒约公所就规定："如有奸徒妄造谣言，借端生事，与美人为难或毁损其物业，是破坏筹拒美

---

① 朱英：《晚清收回利权运动新论》，《史学集刊》2013 年第 3 期。
② 王立新：《中国近代民族主义的兴起与抵制美货运动》，《历史研究》2000 年第 1 期。
③《论抵制美约》，《外交报》117 期（乙巳年 17 号），1905 年 8 月 5 日。
④ 王立新：《中国近代民族主义的兴起与抵制美货运动》，《历史研究》2000 年第 1 期。

约之盛举，而与我辈为反对也。本公所为此特出赏格，倘有确知实见上项奸徒所为，又有证据可指者，到本所报知，引往缉拿，立即赏银五十大圆。其奸徒送官重办。"[1] 福州商会的抵制美货传单特别声明："我同胞皆亦认定不买不卖美国货为宗旨。至于寓闽之美国人仍当照常宽待，慎勿误会宗旨，别开事端，以明我辈为文明之抵制，有别于野蛮之暴动也。"[2] 收回路矿利权运动，尽管后来演变成了辛亥革命的导火线，但那主要是针对清政府的，在对外一面体现出的也是一种"理性的对外精神"。

总之，义和团运动的失败，标志着鸦片战争以来的传统民族主义的民众抗争运动的终结。进入 20 世纪后，近代民族主义的民众抗争运动开始兴起。

---

[1]《时报》1905 年 8 月 7 日。转引自王立新《中国近代民族主义的兴起与抵制美货运动》，《历史研究》2000 年第 1 期。

[2] 苏绍柄编辑，伊熙绩鉴定《山钟集》，上海油印本，1906，第 123 页。转引自王立新《中国近代民族主义的兴起与抵制美货运动》，《历史研究》2000 年第 1 期。